Teoria do Agir Comunicativo

Jürgen Habermas
Teoria do Agir Comunicativo
1. Racionalidade da ação e racionalização social

Tradução
PAULO ASTOR SOETHE

Revisão técnica
FLÁVIO BENO SIEBENEICHLER

SÃO PAULO 2016

Esta obra foi publicada originalmente em alemão com o título
THEORIE DES KOMMUNIKATIVEN HANDELNS, VOL. 1
por Suhrkamp Verlag Frankfurt am Main
Copyright © Suhrkamp Verlag Frankfurt am Main, 1981
Copyright © 2012, Editora WMF Martins Fontes Ltda.,
São Paulo, para a presente edição.

A tradução desta obra foi apoiada pelo Goethe-Institut.

1ª edição 2012
2ª tiragem 2016

Tradução
PAULO ASTOR SOETHE

Revisão técnica
Flávio Beno Siebeneichler
Acompanhamento editorial
Luzia Aparecida dos Santos
Preparação do original
Renato da Rocha Carlos
Revisões gráficas
Helena Guimarães Bittencourt
Ana Maria de O. M. Barbosa
Edição de arte
Katia Harumi Terasaka
Produção gráfica
Geraldo Alves
Paginação
Studio 3 Desenvolvimento Editorial

Dados Internacionais de Catalogação na Publicação (CIP)
(Câmara Brasileira do Livro, SP, Brasil)

Habermas, Jürgen, 1929- .
 Teoria do agir comunicativo, 1 : racionalidade da ação e racionalização social / Jürgen Habermas ; tradução Paulo Astor Soethe ; revisão da tradução Flávio Beno Siebeneichler. – São Paulo : Editora WMF Martins Fontes, 2012.

 Título original: Theorie des Kommunikativen Handelns.
 ISBN 978-85-7827-460-3

 1. Ação social 2. Comunicação – Filosofia 3. Funcionalismo (Linguística) 4. Racionalismo 5. Sociologia – Filosofia I. Título. II. Título: Racionalidade da ação e racionalização social. III. Série.

11-08437 CDD-301.01

Índices para catálogo sistemático:
1. Ação comunicativa : Teoria : Sociologia   301.01

Todos os direitos desta edição reservados à
Editora WMF Martins Fontes Ltda.
Rua Prof. Laerte Ramos de Carvalho, 133 01325-030 São Paulo SP Brasil
Tel. (11) 3293.8150 Fax (11) 3101.1042
e-mail: info@wmfmartinsfontes.com.br http://www.wmfmartinsfontes.com.br

ÍNDICE

Apresentação à edição brasileira.................................. VII
Prefácio à terceira edição 3
Prefácio à primeira edição 9

I. Introdução: acessos à problemática da racionalidade 17
   1. "Racionalidade" – uma determinação conceitual provisória 31
   2. Alguns traços da compreensão de mundo mítica e moderna 92
   3. Referências de mundo e aspectos da racionalidade do agir em quatro conceitos sociológicos de ação 147
   4. A problemática da compreensão de sentido nas ciências sociais... 196

II. A teoria da racionalização de Max Weber 263
   1. Racionalismo ocidental..................................... 287
   2. O desencantamento das imagens de mundo religioso-metafísicas e o surgimento de estruturas de consciência modernas 335

3. Modernização como racionalização social: o papel da ética protestante 383
4. Racionalização do direito e diagnóstico do presente 426

III. Primeira consideração intermediária: agir social, atividade teleológica e comunicação 473

IV. De Lukács a Adorno: racionalização como reificação 583
1. Max Weber na tradição do marxismo ocidental 593
2. A crítica da razão instrumental 629

Tradução das citações 687

APRESENTAÇÃO À EDIÇÃO BRASILEIRA

Em 1981, duzentos anos após Kant ter lançado sua revolucionária *Crítica da razão pura* (1781), Habermas publicou *Teoria do agir comunicativo*, em dois volumes, que a Editora WMF Martins Fontes agora coloca ao alcance do leitor brasileiro. Esta obra de 1.558 páginas é decisiva para a compreensão do pensamento habermasiano e constitui, no entender de A. Giddens, um "feito esplêndido, e todos nós que trabalhamos com teoria social vamos recorrer a esse livro durante muitos anos depois de a maior parte da literatura atual sobre ciências sociais ter sido esquecida"[1]. De fato, esta obra se tornou, desde o início, um foco central das discussões teóricas no âmbito das ciências sociais e humanas.

Tomo a coincidência, proposital ou não, entre as datas de publicação das duas obras como pretexto para chamar a atenção para paralelismos e similaridades, cuja menção parece útil à compreensão da obra habermasiana.

---

1. Giddens, A. *Em defesa da sociologia. Ensaios, interpretações e tréplicas*. São Paulo: Unesp, 2001, p. 277.

Kant pretendia conquistar para a Filosofia o *status* de um saber equiparado ao das ciências. E imaginou que o caminho indicado para tal intento seria uma crítica radical da razão destinada a purificar a filosofia de pseudossaberes que nela se acumularam no decorrer da história. O zelo por uma filosofia inteiramente esclarecida sobre si mesma e apoiada sobre um conhecimento seguro levou Kant a pensar numa revolução "copernicana", a ser deflagrada no âmago da teoria do conhecimento. Nesta nova perspectiva, o pensamento já não gira em torno das coisas; estas é que giram em torno daquele, visto que o acesso a elas somente é possível graças a formas de representação da consciência transcendental. Como consequência, a busca de garantias para um conhecimento seguro não visa mais, em primeiro lugar, às coisas ou objetos, concentrando-se nas condições sob as quais um sujeito tem acesso a elas[2].

De sua parte, Habermas compartilha com Kant a necessidade de encontrar um caminho seguro para manter a filosofia no nível das ciências. Discorda, porém, quanto ao caminho a ser trilhado e toma a decisão, audaz, de colocar nos trilhos da ciência uma nova teoria da sociedade, em geral tecida com elementos da prática comunicativa cotidiana.

É interessante notar que a teoria do agir comunicativo submete o próprio método kantiano a uma espécie de guinada copernicana, pois sugere que, em vez de abordar o conhecimento segundo uma razão centrada em um sujeito singular ou numa consciência transcendental, devemos pensar que o sujeito, ao tentar conhecer algo, gira

---

2. Kant, I. *Kritik der reinen Vernunft* (ed. W. Weischedel). Frankfurt/M.: Suhrkamp, 1974 (BXX), p. 27.

em torno de outros sujeitos, uma vez que o conhecimento racional resulta de um intercâmbio linguístico entre eles.

As semelhanças destacadas entre os dois projetos teóricos não conseguem ocultar, todavia, dessemelhanças profundas que vale a pena destacar, uma vez que podem lançar luz sobre a construção da teoria do agir comunicativo como um todo.

Para Kant, o autoconhecimento transcendental e intuitivo da razão humana desenvolve-se na esfera de um sujeito solitário que reflete monologicamente sobre si mesmo, ao passo que Habermas situa no início do conhecimento sujeitos providos das faculdades de fala e ação, isto é, dotados de competência comunicativa. Assim, ao buscarem um conhecimento de algo no mundo, os sujeitos já se encontram preliminarmente em uma situação na qual predominam relações intersubjetivas que tornam possível um entendimento entre eles. Isso leva Habermas a afirmar que nessas formas de vida social transparece uma racionalidade comunicativa que se abre em um leque diferenciado de pretensões de validade.

De outro lado, Habermas pretende evitar certos dualismos que o projeto teórico kantiano incorporou, especialmente os que derivam da separação entre esfera transcendental e mundo empírico; entre mundo das coisas em si mesmas e mundo das aparências; entre o reino do inteligível e o reino fenomenal. E aventa, como contraproposta, a reconstrução pragmático-formal de um saber pré-teórico de regras detidas por sujeitos competentes em termos de fala e ação. Trata-se de regras pragmáticas de um uso da linguagem orientado por entendimento, que podem ser reconstruídas quando se pretende explicar o potencial de racionalidade comunicativa inserida nas pretensões de validade que constituem a base racional da fala. Como consequência, as regras gerais do jogo de linguagem comunicativo perdem o *status* de ditames transcendentais em sentido estrito.

A dedução transcendental de conceitos puros da razão, kantiana, visara a um conhecimento não falível, último. De sua parte, Habermas pretende evitar tal fundamentalismo e deixa isso bem claro nos dois volumes aqui apresentados. Aliás, o último parágrafo, que fecha o segundo volume, reitera o repúdio de pretensões fundamentalistas. Isso porque, em seu entender, a reconstrução pragmático-formal do saber de regras usadas por sujeitos falantes e agentes possui caráter hipotético e, por isso, criticável, não último.

Para Kant, a matemática e as ciências naturais constituíam o ideal da racionalidade científica. Já Habermas, não obstante sua pretensão de fundamentar a teoria da sociedade sobre bases de racionalidade científica, rejeita *a limine* qualquer tipo de compreensão cientificista, positivista ou funcionalista da ciência. Em decorrência de tal posicionamento, ele já não pode tomar como protótipo metódico nem a física, nem a matemática. Daí um problema paradoxal: como introduzir a teoria da sociedade no caminho seguro, demarcado por padrões rigorosos da ciência, quando já não se aceitam as ciências exatas como protótipo?

A abordagem dessa questão leva Habermas a tomar duas decisões importantes que vão repercutir em todo o seu trabalho teórico posterior: ele adota, em primeiro lugar, um dualismo metódico que permite não somente uma nova configuração entre a filosofia e as ciências, mas também uma distinção entre duas perspectivas distintas e complementares, a saber: a perspectiva distanciada de

APRESENTAÇÃO À EDIÇÃO BRASILEIRA

um observador objetivo especializado em vocabulários científicos, capaz de inquirir sobre fatos "duros" e cujo critério consiste na objetividade da observação; e a perspectiva participante de um intérprete que o próprio observador é obrigado a adotar, já que ela permite compreender, por meio da linguagem, nexos simbólicos cujo critério é a intersubjetividade do entendimento. As duas perspectivas se complementam, uma vez que nem tudo aquilo a que temos acesso numa delas pode ser atingido inteiramente na outra. Esse dualismo permite acoplagens entre explicações pragmático-formais, filosóficas, e análises empíricas ou históricas.

Em segundo lugar, Habermas foca seu trabalho analítico tanto na problemática da racionalidade da ação de sujeitos singulares como na racionalização da sociedade em geral. As vantagens desse procedimento residem no fato de que ambas podem ser abordadas tanto na linha de uma filosofia pós-metafísica como na de uma sociologia que não se limita a uma pura descrição empírica. E, uma vez que, na compreensão de Habermas, a problemática da racionalidade é ineludível quando se trata da formulação de conceitos da atividade social e da estruturação de métodos – hermenêuticos ou analíticos – destinados à compreensão de um sentido, ela permite colocar a questão central da teoria do agir comunicativo nos seguintes termos: será que processos de modernização da sociedade podem ser analisados sob pontos de vista de uma racionalização e, nesse caso, também sob o ângulo crítico de uma racionalização patológica – colonizadora – do mundo da vida moderno por meios sistêmicos?

O conceito de racionalidade adotado na teoria do agir comunicativo tem a ver, acima de tudo, com formas de aquisição e utilização de saber por parte de sujeitos providos de competência comunicativa. Mesmo assim, e apesar das inúmeras ressalvas, ele é suficientemente amplo e geral, porque reconstruído a partir de pretensões de validade de cunho universalista, cujo critério é a criticabilidade. Isso eleva a obra que o leitor tem em mãos a um patamar inusitado no qual são possíveis não somente sondagens teóricas flexíveis e audazes, explanações significativas e críticas, mas também testes em pesquisas sociais coletivas e cooperativas.

O livro

Os títulos dos capítulos que compõem as duas partes da obra dão a ideia de que se trata de um texto que foge aos padrões geralmente adotados por obras congêneres, especialmente no que tange ao seu fechamento: no lugar de capítulos sistemáticos entram considerações intermediárias e excursos. No entender de seu autor a publicação pode ser tida como conclusão, provisória, de mais de vinte anos de reflexão e pesquisa. Daí seu caráter de projeto de construção ainda em andamento, inacabado, forjado com vários tipos de argumentos – imenso laboratório de pesquisa de uma teoria da atividade comunicativa dos sujeitos humanos e de crítica da sociedade –, não se encaixando facilmente nos parâmetros adotados por trabalhos similares.

Quatro complexos temáticos dominam a obra. Em primeiro lugar, a fundamentação de um conceito de racionalidade comunicativa que serve de base e princípio norteador. Tal princípio abre perspectivas para a fundamentação de uma teoria da atividade humana fundada em uma dicotomia entre agir estratégico ou instrumental e agir comunicativo, a qual permite, em terceiro lugar, a elaboração de uma nova teoria da ordem social que atribui primazia ao agir comunicativo. Para efetivá-la, Habermas contrapõe o conceito de mundo da vida, reconstruído com meios fenomenológicos e hermenêuticos, e o conceito de sistema tomado de empréstimo à teoria de sistemas na versão luhmanniana. Esses dois conceitos ou princípios de ordem configuram, em quarto lugar, o núcleo de um diagnóstico das tendências, crises e patologias das atuais sociedades desenvolvidas, nas quais é possível constatar, segundo Habermas, não somente uma gradual separação entre sistemas e mundo da vida, mas também uma submissão "colonizadora" do mundo da vida a imperativos sistêmicos do poder político e do mercado. No entanto, a análise crítica sugere um redimensionamento do projeto do iluminismo, não um abandono puro e simples.

No primeiro capítulo, que se apresenta como introdução geral, Habermas prepara, por assim dizer, o terreno para a problemática da racionalidade e da racionalização, ao discutir aspectos da racionalidade da ação, especialmente a base de validade da fala que se manifesta por pretensões de validade incondicionais. As reflexões culminam em uma apresentação provisória do conceito "agir comunicativo".

Os capítulos II, IV, V e VII contêm diálogos críticos com pensadores considerados clássicos: no capítulo II, a teoria da racionalização, de Weber, é analisada especialmente sob o ângulo da mudança de estrutura de imagens de mundo religiosas, do potencial cognitivo da ciência, da moral, do direito e da arte, bem como sob o ângulo do padrão seletivo da modernização capitalista. O capítulo IV discute a recepção da tese da racionalização, de Weber, por parte de Lukács, Horkheimer e Adorno, que seguem uma orientação marxista. Nesse capítulo Habermas expõe os limites e aporias derivados do princípio do agir teleológico weberiano, apoiado, segundo ele, numa teoria da consciência; e fornece argumentos a favor de um agir comunicativo. No capítulo V Habermas aborda a teoria da comunicação de G. H. Mead e a sociologia da religião de É. Durkheim. Ambos lhe fornecem conceitos relevantes para uma abordagem da racionalização do mundo da vida, tais como: interação mediada por linguagem e conduzida por normas; e "transformação paulatina do sagrado em linguagem" (*Versprachlichung*). O capítulo VII, o mais extenso, analisa o desenvolvimento da teoria de sistemas, de T. Parsons, com a declarada intenção de encontrar o nível adequado a uma abordagem do problema que envolve acoplagens entre o conceito de "mundo da vida", oriundo de teorias da ação, e o de "sistema" tal como empregado na teoria de sistemas, especialmente por N. Luhmann[3]. Essa abordagem é essencial para a compreensão da racionalização unilateral do mundo da vida moderno.

Duas considerações intermediárias e cinco excursos destinam-se à consignação dos resultados obtidos nos testes desenvolvidos nos diálogos críticos[4]. A primeira con-

---

3. Cf. obra publicada em conjunto por Habermas e Luhmann: *Theorie der Gesellschaft oder Sozialtechnologie*. Frankfurt/M.: Suhrkamp, 1971.

4. O tópico "consideração intermediária", adotado por Habermas, é uma referência explícita à famosa consideração intermediária (*Zwischenbetrachtung*) de M. Weber (cf. WEBER, M. Zwischenbetrachtung, in id., *Gesammelte Aufsätze zur Religionsphilosophie*, 3.ª ed., vol. 1, Tubinga, 1963). Nela, Weber distingue, de modo preciso: tradição cultural, de um lado, e ordens da vida ou sistemas de ação institucionalizados, de outro. Ela possui, tanto em Weber como em Habermas, caráter sistemático, já que se ocupa de um dos problemas fundamentais da teoria da sociedade, não podendo ser entendida como simples "interlúdio", conforme sugestão de algumas traduções.

sideração intermediária (cap. III) destina-se à configuração dos elementos mais relevantes do princípio pragmático-formal da teoria do agir comunicativo, especialmente os temas que envolvem significado e validade (*Geltung*), gênese e validade, pretensões de validade e modos de comunicação, pragmática formal e empírica. Já a segunda consideração intermediária (cap. VI) desenvolve o conceito de "mundo da vida" e persegue a tendência evolucionária à separação entre mundo da vida e sistema, iniciada a partir da transformação do sagrado em linguagem – a qual vai tão longe que sugere a Habermas reformular a tese da racionalização, de Weber, em termos de uma colonização do mundo da vida moderno por imperativos autônomos dos subsistemas do mercado e do poder político.

A consideração final (cap. VIII) pretende imprimir certa unidade ao imenso e paciente trabalho desenvolvido no decorrer da obra – trabalho que em seu ir e vir entre Parsons, Weber, Marx e outros pensadores integra não somente reflexões e reconstruções originais de conceitos clássicos, explicações, argumentações, fundamentações, paradigmas, comparações críticas, mas também testes e análises histórico-sistemáticas. Esse capítulo final tenciona, todavia, ser mais do que simples fecho, uma vez que direciona a teoria do agir comunicativo para novas formas de integração e potenciais de protesto que emergem nas sociedades pós-liberais, na cultura e nos modernos meios de comunicação de massa.

Metodologia dual

A teoria do agir comunicativo liga de modo *sui generis* a construção teórica propriamente dita a reconstruções históricas de ideias e argumentos de pensadores sociais clássicos como K. Marx, M. Weber, É. Durkheim, G. H. Mead, G. Lukács, M. Horkheimer, T. W. Adorno e T. Parsons, tratados como parceiros virtuais de um diálogo crítico sob a alegação de que suas teorias contêm elementos ainda úteis para a compreensão de problemas da sociedade contemporânea. Trata-se de uma escavação histórica com intenção sistemática que pretende não somente criticar e superar eventuais fragilidades teóricas dos autores visados, ou seja, "pensar com eles contra eles", mas, sobretudo, incorporar suas contribuições positivas.

De outro lado, dado o fato de o domínio de objetos da pesquisa social também ser pré-estruturado mediante símbolos e pré-constituído mediante atividades de interpretação de seus membros, Habermas pensa que o estudioso da realidade social somente consegue acessar os objetos sociais pelo caminho de um entendimento interpretativo do sentido. Por isso é necessário adotar uma metodologia dual, já prefigurada por Weber, que combina entre si a perspectiva internalista de um participante e a perspectiva externalista de um observador.

A teoria do agir comunicativo generaliza tal dualismo ao propor que nosso acesso à realidade se dá por dois caminhos, que possuem seu próprio vocabulário e sua gramática: de um lado, o caminho empírico, que privilegia a perspectiva de um observador imparcial ou terceira pessoa gramatical. É o caminho percorrido normalmente pelas ciências da natureza, cuja meta consiste na detecção, observação e descrição de fenômenos, eventos e causas. De outro lado, está a via simbólica delineada na perspectiva performativa de um sujeito participante, o que envolve práticas sociais, culturais, comunicativas e argumentativas.

A utilidade desses dois caminhos complementares de acesso à realidade deriva do fato de que a espécie humana se insere em dois contextos funcionais distintos, a saber: o entorno natural, orgânico, e o mundo social, cultural. Ambos fazem jus a uma característica fundamental do *homo sapiens*, que, graças à sua excepcional capacidade de aprendizagem, enfrenta desafios não somente em contextos naturais, mas também em ambientes sociais complexos. Por essa razão, uma abordagem da realidade deve levar na devida conta duas perspectivas ao mesmo tempo distintas e interconectadas. O argumento principal a favor desse método é de cunho pragmático: mesmo quando exercitamos o papel de um observador ou de um pesquisador, isto é, de uma terceira pessoa, temos de nos situar num contexto em que prevaleçam, sempre, os papéis assumidos por um falante e um ouvinte, que somente podem ser desempenhados nas perspectivas de uma primeira e de uma segunda pessoa.

É importante destacar que a teoria do agir comunicativo entende que os dois vocabulários de acesso à realidade não devem apenas ser considerados de um ponto de vista teórico e hipotético, mas assumidos preliminarmente à luz de um enfoque performativo – isto é, na perspectiva de formas de vida de indivíduos que se socializam em comunidades de linguagem e cooperação que lhes permitem resolver problemas de ordem teórica e prática. E, nesse contexto, o que conta é o fato de que os dois jogos de linguagem aparecem como dois tipos de saber absolutamente indispensáveis ao homem, porquanto constituem a única maneira de investigar e questionar o mundo, a realidade social e a si mesmo.

Em uma perspectiva performativa, que norteia a teoria do agir comunicativo do início ao fim, não se pode, por conseguinte, prescindir de nenhum desses vocabulários, que são, ao mesmo tempo, autônomos, isto é, irredutíveis um ao outro, e acopláveis entre si. Talvez não seja exagero afirmar que a complementaridade, a autonomia e a irredutibilidade dos dois jogos de linguagem constituem o problema hermenêutico fundamental que permeia as discussões teóricas do *opus magnum* habermasiano.

Gênese

O problema crucial da teoria do agir comunicativo pode ser caracterizado nos seguintes termos: como conciliar diagnósticos críticos ou normativos da sociedade atual e análises histórico-empíricas? Ao formular tal questão, Habermas deu-se conta de que o trabalho de elaboração de sua teoria da sociedade crítica fundada sobre bases normativas teria de enfrentar, logo no início, dois grandes desafios. Afinal, de um lado as sociedades atuais já não constituem uma totalidade nos termos delineados por Hegel e Marx, pois se tornam cada vez mais funcionais e descentralizadas, ou melhor, "heterárquicas"; e, de outro lado, a Teoria Crítica urdida por M. Horkheimer e T. W. Adorno, que se apresentou precisamente como crítica dos conceitos de totalidade postulados por Marx e Hegel, não conseguira apresentar argumentos satisfatórios para a justificação de sua pretensão, uma vez que seus argumentos eram forjados com o auxílio de categorias extraídas do paradigma monológico da filosofia do sujeito[5]. Habermas constatou ainda que sua pró-

---

5. Habermas, J. *Philosophische Texte*, v. 1, Frankfurt/M.: Suhrkamp, 2009, p. 9.

pria "teoria da história da espécie", elaborada no texto *Para a reconstrução do materialismo histórico* (1976), também continuava presa, a exemplo da teoria marxiana, a categorias da filosofia do sujeito e da reflexão, porquanto entendia que os processos de aprendizagem da história mundial se concretizariam em classes sociais e povos, isto é, sujeitos superdimensionados.

Diante de tal quadro e estimulado por Thomas McCarthy, Habermas decidiu não somente abandonar as sendas horkheimerianas, lukacsianas e adornianas, mas também remodelar seu próprio projeto de uma crítica radical ao conhecimento elaborada em parceria com K.-O. Apel na obra *Conhecimento e interesse* (1968). Ele o substitui por uma "teoria comunicacional da sociedade", que permite aproximar pontos de vista de uma teoria da racionalidade e de uma teoria da linguagem com base em uma concepção normativa de entendimento intersubjetivo (*Verständigung*).

A passagem para uma teoria pragmática da linguagem abriu espaço para a substituição da consciência transcendental kantiana – tida como fonte e condição de possibilidade de relações sociais – por práticas de uma comunicação que se realiza mediante linguagem comum e assegura, mesmo assim, que a sociedade mantenha relações imanentes com a verdade. O potencial de racionalidade inserido em tal prática comunicativa torna possível estabelecer, por meio do efeito vinculante de pretensões de validade reconhecidas faticamente, uma relação entre racionalidade comunicativa e condições de reprodução da sociedade humana.

O caminho que antecede o conceito de agir ou atividade comunicativa se revela bastante longo: tem início na hermenêutica e na fenomenologia e culmina numa pragmática formal que, por seu turno, aponta para uma semântica inferencial. Podemos constatar que essa trajetória multifacetada é resultado de um rigoroso trabalho evolutivo e interdisciplinar sobre conceitos fundamentais que toma como ponto de partida o conceito weberiano de "agir guiado por normas", passa pelo conceito de "interação mediada por símbolos", de Mead, e culmina no conceito de "agir comunicativo", cujos contornos finais se solidificam no contexto de uma discussão com as teorias dos atos de fala.

Habermas descobre, com J. Searle, que a comunicação por linguagem comum é autorreferente e que os atos de fala possuem uma estrutura dupla, uma vez que a situação em que se busca entendimento exige que ao menos dois agentes produzam simultaneamente uma comunicação em dois níveis, a saber: o nível da intersubjetividade, em que os sujeitos falam entre si; e o nível dos objetos ou estados de coisas sobre os quais eles procuram se entender.

No passo seguinte, Habermas levanta a hipótese de que é possível demonstrar que a vida de uma sociedade constitui um processo de produção mediado por atos de fala. A fim de corroborá-la, ele reinterpreta, num primeiro momento, a função dos atos de fala ilocucionários, de J. Austin, de tal modo que o componente ilocucionário de um ato de fala, formado por verbos performativos, passa a ser a sede onde se justificam discursivamente pretensões de validade, que podem ser de três tipos: pretensão à verdade, à correção ou justeza das normas e à autenticidade do sujeito. Habermas pensa que tal sistema de pretensões de validade permite transformar a teoria do significado dos atos de fala, de J. Searle, em uma teoria do agir comunicativo, na qual esse agir constitui um mecanismo de coordenação de ações.

Num derradeiro lance teórico, Habermas introduz o agir comunicativo como um tipo de atividade social que se caracteriza como uso de atos de fala orientados simetricamente por entendimento. É possível afirmar que o longo caminho percorrido abre perspectivas para um conceito de comunicação que possui, de um lado e mesmo que em sentido amplo, uma ligação com a teoria da verdade. De outro lado, ele se apresenta como *"medium"* imprescindível para a produção de ordem social e como uma chave para abordagem de questões essenciais a uma teoria da sociedade, uma vez que os conceitos opostos que dele emanam, isto é, o de orientação por entendimento e o de orientação pelo sucesso, permitem deslindar por inteiro o campo dos conceitos da sociologia da ação.

O agir comunicativo constitui, no entanto, uma forma altamente improvável de comunicação e de coordenação da ação, tendo em vista que a acoplagem das ações de um agente (Ego) às de outro (Alter) está ameaçada, a cada passo, pela rejeição de pretensões de validade criticáveis. O enfrentamento desse problema leva Habermas a estabelecer uma relação complementar entre o plano das teorias filosóficas da ação – empenhadas unicamente em esclarecer a estrutura teleológica, interna, da escolha racional e das atividades direcionadas a um fim – e o de uma teoria sociológica da ação voltada ao esclarecimento da produção interativa de ações e ordens sociais.

O conjunto de ideias daí resultante abre perspectivas para um novo enfoque da complexidade que acompanha sociedades desenvolvidas que dependem não somente do *medium* do agir comunicativo, mas também de outros *media* coordenadores do agir social, os quais se apresentam na forma de imperativos sistêmicos, tais como o mercado e o poder político: ultrapassa a perspectiva interna de teorias da ação baseadas exclusivamente no *medium* da comunicação linguística. A solução proposta pela teoria do agir comunicativo consiste em tentar uma acoplagem ainda mais sólida entre a teoria da ação construída sobre o conceito pragmático-formal de agir comunicativo e uma teoria comunicacional da sociedade aplicável empiricamente, o que obriga a pensar em um conceito de sociedade que se apresenta, ao mesmo tempo, como mundo da vida estruturado simbolicamente e como sistema.

Convém lembrar, todavia, que a viabilidade da nova configuração teórica depende basicamente do conceito "mundo da vida" entendido como pano de fundo linguístico do agir comunicativo. Habermas confessa que neste ponto a transformação da concepção husserliana de mundo da vida, operada por J. Searle em *Expression and Meaning*, lhe serviu de auxílio decisivo[6]. De acordo com essa transformação, o saber implícito, preliminar e holista, inerente ao pano de fundo, funciona como um modo de certeza que complementa o significado verbal das exteriorizações linguísticas.

É importante salientar que, para Habermas, esse pano de fundo configurado como um conjunto de autoevidências partilhadas intersubjetivamente permite explicar, de um lado e no nível pragmático-formal, por que o mundo da vida é capaz de absorver e amortecer riscos de dissenso inerentes a uma comunicação que flui por entre os escolhos de pretensões de validade que às vezes são aceitas, outras vezes não: o mundo da vida se reproduz mediante ações comunicativas de indivíduos que dele fazem parte durante o tempo em que se nutrem de um pano de fundo – que é também mundo da vida –, o qual se articula em linguagem!

---

6. Searle, J. *Expression and Meaning* (Studies in the Theory of Speech Acts). Cambridge: University Press, 1979.

APRESENTAÇÃO À EDIÇÃO BRASILEIRA XXIII

Nesse ponto é impossível calar a pergunta que se levanta de imediato: como explicar esse evidente círculo lógico?

Segundo Habermas, a aparente circularidade não se solidifica em erro lógico porque não imuniza os agentes contra experiências negativas realizadas no trato recíproco cotidiano com outros agentes, em que é frequente a rejeição de pretensões de validade. Ela também não os poupa de desenganos na confrontação com eventos da realidade empírica. Ou seja, o fato de a projeção do mundo da vida e de sua linguagem própria, a qual franqueia o acesso à realidade, não ser imune à força de revisão inerente a processos de aprendizagem que se desenrolam no interior do mundo objetivo pode ser tomado como um argumento contra a circularidade viciosa entre agir comunicativo e mundo da vida e a favor de uma complementação fecunda.

De outro lado, a dualidade metódica que domina a teoria do agir comunicativo exige que a justificação realizada em uma perspectiva pragmático-formal de participantes seja completada pela de um observador formado em ciências sociais, isto é, capaz de analisar determinada forma de vida sociocultural como uma entre muitas outras. A passagem de uma perspectiva a outra é possível, de um lado, graças a um detalhamento de tipos de ações de fala e pretensões de validade. De outro lado, ela implica uma diferenciação entre: esquemas de interpretação suscetíveis de consenso tal como o saber cultural; relações interpessoais ordenadas legitimamente, das quais jorra solidariedade social; e estruturas da personalidade individual decorrentes da socialização. E com isso o mundo da vida, inacessível em princípio, pode tornar-se, até certo ponto, palpável na esfera empírica (*Teoria do agir comunicativo*, VI, 1, 4).

Há que considerar, em terceiro lugar, que a acoplagem entre dois tipos de integração, a social e a sistêmica, proposta pela teoria do agir comunicativo abre o caminho para a compreensão de um dos maiores problemas da teoria do agir comunicativo, cuja solução constitui sua grande ambição (*Teoria do agir comunicativo*, VII, 1, [3]): o problema das patologias sociais ou "abstrações reais", na linguagem de K. Marx, tidas por Habermas na conta de "comunicações sistematicamente distorcidas". Ele confecciona o critério de sua crítica em contraste com a concepção de M. Horkheimer e T. W. Adorno, que avaliavam os processos de modernização da sociedade capitalista como desvio ou descarrilamento. Por isso, no lugar de uma crítica da razão instrumental, reificadora ou descarriladora, entra a crítica da razão funcionalista, uma crítica à racionalidade sistêmica que se torna cada vez mais independente da racionalidade comunicativa inerente ao mundo da vida.

Nas sociedades desenvolvidas, a desacoplagem progressiva entre a integração social pelos caminhos do mundo da vida e a integração sistêmica pode radicalizar-se a ponto de originar uma submissão do mundo da vida a imperativos como o mercado e o poder administrativo ou político. E nesse caso teríamos uma verdadeira "mediatização" do mundo da vida, isto é, uma submissão incondicional a meios sistêmicos de que resultaria uma "colonização" do mundo da vida.

No entender de Habermas, esse processo pode assumir dimensões patológicas sempre que a intervenção de imperativos sistêmicos no núcleo da reprodução cultural, da integração social e da socialização dos indivíduos atinge um nível tal que a reprodução simbólica do mundo da vida é obstaculizada. Isso acontece quando processos de burocratização ou monetarização provocam assimetrias no uso dos potenciais de racionalidade, as quais podem afetar os recursos da solidariedade social que flui do mundo da vida (*Teoria do agir comunicativo*, VIII, 1, 3).

É interessante observar que a dualidade metódica permite à teoria do agir comunicativo conceber o ordenamento da sociedade como resultante de interações entre esses dois tipos de mecanismos, cujo *modus operandi* é diferente: os mecanismos de integração social se configuram como orientações da ação conectadas ao agir comunicativo e ao mundo da vida que estão presentes intuitivamente na mente dos participantes, porém na forma de um saber pré-reflexivo e indisponível, que funciona como pano de fundo. Já os mecanismos integradores do sistema perpassam sequências de ações que se desenvolvem à revelia do agir comunicativo e do mundo da vida de participantes, permanecendo exteriores às estruturas da ação.

Os mecanismos configuradores da ordenação social não se encontram, pois, disponíveis diretamente na consciência nem na vivência imediata dos participantes de uma interação. Segundo Habermas, ambos aparecem somente em dois momentos: quando se trata de avaliar o grau de evolução de uma sociedade e quando tentamos explicar crises ou patologias nela presentes. Aí topamos, por assim dizer, com dois tipos de crises: crises de integração social, quando o que está em jogo tem a ver com a autocompreensão dos atingidos; e crises sistêmicas de controle acessíveis apenas a uma observação neutra. O importante é que cada tipo de crise só se revela em uma determinada perspectiva, que permite descobrir aspectos diferentes da mesma sociedade: quando se toma como fio condutor da análise de uma sociedade, a integração social faz emergir o conceito de mundo da vida que subjaz implicitamente nas estruturas do agir comunicativo. E quando se analisa a integração por via do sistema manifestam-se sequências de ações conectadas funcionalmente mediante o conceito de sistema mantenedor de limites (*Teoria do agir comunicativo*, VII, 2, 3).

Vale a pena inquirir, no final destas considerações preparatórias: até que ponto o caminho encetado pela teoria do agir comunicativo permite justificar a revolução dialógica operada por seu autor que submete o paradigma kantiano, a filosofia da consciência e a teoria crítica da sociedade inaugurada por Marx a uma revisão? É possível convencer a filosofia e as ciências acerca da ineludibilidade da metodologia dual? A fundamentação da teoria do agir comunicativo sobre bases linguísticas – de cunho pragmático-formal – não afeta seu perfil crítico? Essas e outras questões despontarão no decorrer da leitura desta obra singular, e sua discussão certamente estimulará uma compreensão mais profunda, diversificada e complexa dos problemas que rondam atualmente o homem e sua sociedade.

Flávio Beno Siebeneichler

Para Ute Habermas-Wesselhoeft

PREFÁCIO À TERCEIRA EDIÇÃO

A preparação de uma nova edição do livro acontece quando já está em curso uma recepção séria da obra. As primeiras reações de aversão e incompreensão arrefeceram; e também no âmbito da opinião pública especializada[1] a agressão verbal e as reações sobretudo defensivas[2] vão cedendo lugar ao debate objetivo[3]. Na crítica exerci-

---

1. St. Breuer. "Die Depotenzienrung der kritischen Theorie", *Leviathan*, 10, 1982, pp. 133 ss.; E. Vollrath. "J. Habermas' fundamentalistischer Fehlschluss", *Der Staat*, 22, 1983, pp. 406 ss. [Agradeço à cientista social Ana Paula Carvalho e ao tradutor Ricardo Hiendlmayer o auxílio na organização e tradução preliminar de todas as notas deste volume. (N. do T.)]

2. R. Bubner. "Rationalität und Lebensform", in *Handlung, Sprache und Vernunft*. Frankfurt/M., 1982, pp. 295 ss.; N. Luhmann. "Autopoiesis, Handlung und komunikative Verständigung", in *Zeitschrift für Soziologie*, ano II, 1982, pp. 366 ss.; R. Münch. "Von der Rationalisierung zur Verdinglichung der Lebenswelt", *Soz. Revue*, ano 5, 1982, pp. 390 ss.

3. H. Brunkhorst. "Paradigmakern und Theoriedynamik der kritischen Theorie der Gesellschaft", *Soz. Welt*, ano 34, 1983, pp. 22 ss.; do mesmo autor: "Kommunikative Vernunft und rächende Gewalt", *Sozialwiss. Literatur-Rundschau*, fascs. 8/9, 1983, pp. 7 ss.

da até o momento, delineiam-se duas frentes que no contexto atual não causam surpresa. Trata-se de defender a filosofia da consciência contra a mudança de paradigma ora em curso, e em particular o conceito fenomenológico de mundo da vida, contra a tentativa de uma reformulação por parte da teoria da comunicação[4]. Richard Rorty impõe restrições à pretensão universalista em que uma reconstrução do conceito de razão no sentido da racionalidade comunicativa precisa firmar-se apesar do retorno de uma rigorosa observância da fundamentação, por parte da filosofia transcendental em suas origens[5]. Th. McCarthy faz ao conceito procedimental de racionalidade a acusação de trazer em si parte da herança hegeliana, na medida em que não se dá por satisfeito com a dispersão da razão em diferentes complexos de racionalidade e respectivos aspectos de validade[6]. Nesse contexto situa-se também a crítica renovada ao formalismo éti-

---

A. Giddens. "Reason without Revolution?", *Praxis International*, vol. 2, 1982, pp. 318 ss.

D. Misgeld. "Critical Theory and Sociological Theory", *Philos. Soc. Science*, 14, 1984, pp. 78 ss.

T. Nørager. "Normativieten hos Habermas", in J. E. Andersen, H. J. Hanz, P. Stounbjers (orgs.). *Det Moderne*. Aarhus, 1983, pp. 68 ss.

D. M. Rasmussen. "Communicative Action and Philosophy", *Philos. and Social Criticism*, vol. 9, 1982, pp. 1 ss.

J. Thompson. "Reading and Understanding", *TSL*, 8 abr. 1983.

A. Wellmer. "Reason, Utopia and the Dialetic of Enlightenment", *Praxis International*, vol. 3, 1983, pp. 83 ss.

4. U. Matthiessen. *Das Dickicht der Lebenswelt und die Theorie des kommunikativen Handelns*. Munique, 1983.

5. R. Rorty. "Habermas and Lyotard on Postmodernity", in *Praxis International*, vol. 3, 1983, pp. 32 ss.

6. Th. McCarthy. "Rationality and Relativism", in J. B. Thompson; D. Held (orgs.). *Habermas – Critical Debates*. Londres, 1982, pp. 57 ss.; do mesmo autor: "Reflections on Rationalization in the Theory of Communicative Action", in *Praxis International*, vol. 4, 1984, pp. 177 s.

co, ou seja, a defesa da eticidade contra a mera moralidade[7]. H. Schnädelbach defende com veemência um uso descritivo do conceito de racionalidade e contesta as implicações normativas da compreensão de sentido, que tenciono fundamentar com base no nexo interno entre significado e validade[8].

Se entendo bem, trata-se mais, nesses casos, de contestações que me desafiam sobretudo a continuar desenvolvendo minhas teses e a torná-las mais precisas, e não tanto da correção de erros[9]. Eis por que a nova edição vem a público inalterada; apenas integrei a ela duas correções feitas para a edição norte-americana (vol. I, pp. 476-7 e 549-50) e acrescentei-lhe algumas indicações bibliográficas.

Gostaria ao menos de mencionar duas contestações especiais que me parecem justas. J. Berger[10] advertiu-me de uma parcialidade desnecessária no que diz respeito à tese da colonização. Manifestações que hoje chamam a atenção dos analistas de época não podem ser explicadas apenas por meio de defeitos do mundo da vida racionalizado por via comunicativa, tidos como sistematicamente induzidos; os imperativos do mundo da vida, mais que isso, desencadeiam de sua parte bloqueios em um sistema econômico capitalista que se dedica à neutralização dos

---

7. R. Bubner. "Rationalität, Lebensform und Geschichte", in H. Schnädelbach. *Rationalität*. Frankfurt/M., 1984, pp. 198 ss.; sobre isso, cf. J. Habermas. "Über Moralität und Sittlichkeit", in Schnädelbach, 1984, pp. 218 ss.

8. H. Schnädelbach. "Transformation der kritischen Theorie", in *Philos. Rundschau*, 29, 1982.

9. Nesse ínterim, dei continuidade ao desenvolvimento da teoria discursiva da ética em: J. Habermas. *Moralbewusstsein und kommunikatives Handeln*. Frankfurt/M., 1983.

10. J. Berger. "Die Versprachlichung des Sakralen und die Entsprachlichung der Ökonomie", *Zeitschrift für Soziologie II*, 1982, pp. 353 ss.

entornos. Diante do objetivo de reformular de maneira sensata o conceito marxista de abstração real, concentrei-me muito intensamente em uma única perspectiva ao fazer minhas considerações sobre um diagnóstico da época; por isso não explorei por completo o potencial analítico da abordagem aqui desenvolvida.

E. Skjei[11] apontou-me uma dificuldade na análise de imperativos simples (vol. I, pp. 518 s.). Para entender uma ação exortativa "Ip" não autorizada, não basta conhecer as condições para a execução de "p", isto é, não é suficiente saber o que cabe ao destinatário fazer ou deixar de fazer. O ouvinte só entende o sentido ilocucionário da intimação quando sabe que é permitido ao falante criar a expectativa de que ele mesmo possa impor sua vontade ao ouvinte. O ouvinte precisa reconhecer que o falante associa à sua intimação uma pretensão de poder que ele mesmo, o falante, pode apoiar sobre um potencial de sanção disponível. Portanto, ao lado das condições de execução, também as condições para a aplicação de sanções fazem parte das condições de aceitabilidade de uma externação fáctica da vontade. E as condições para a aplicação de sanções por certo não derivam do teor de significado do próprio ato ilocucionário; um potencial de sanções sempre está associado a uma ação de fala de maneira contingente ou externa. Essa circunstância levou-me a aceitar que imperativos simples como esses deveriam ser tratados como perlocuções (vol. I, p. 565). Mas com isso seria preciso que atos ilocucionários, entre os quais os imperativos certamente se incluem, pudessem ser alojados em contextos de um agir estratégi-

---

11. O artigo de Skjei e minha resposta a ele aparecem em *Inquiry*, 28, 1985, n. I.

co; e disso adviria uma consequência paradoxal: para a execução de imperativos como esses, o falante precisaria ser capaz de agir orientado, ao mesmo tempo pelo êxito e pelo entendimento, e isso *em um mesmo sentido*. Em minha resposta a Skjei, apontei o caminho que pretendo trilhar para enfrentar essa dificuldade[12].

Aceitando uma sugestão de Klaus Schüller, ampliei o sumário para proporcionar aos leitores uma visão detalhada do conjunto e facilitar-lhes a orientação. A esse mesmo fim destinam-se os "Estudos prévios e acréscimos à teoria do agir comunicativo", que vieram a público neste ínterim.

J.H.
Frankfurt, maio de 1984.

---

12. É certo que, com imperativos simples, um efeito de atrelamento que coordene a ação seja mesmo obtido por meio de uma pretensão de poder – e não por meio de uma pretensão de validade. Foi um erro, no entanto, analisar o funcionamento dessa reivindicação de poder seguindo o modelo da influência estratégica sobre um opositor. Ora, é apenas em *casos-limite* que se atende a uma externação imperativa da vontade somente em razão de uma mera sujeição ao poder de sanções anunciadas. Em casos normais, imperativos simples funcionam perfeitamente *no âmbito da ação comunicativa*, porque a posição de poder sobre a qual o falante sustenta a pretensão que manifestou com seu imperativo é reconhecida pelos destinatários – e é reconhecida mesmo que embasada em um poder facticamente internalizado, ou em um poder que, em todo caso, não esteja embasado em uma autoridade normativa. Quero tornar plausível, portanto, que delimitações claras entre imperativos autorizados por via normativa e imperativos simples não se sustentam, e que o que há é muito mais um *continuum* entre o poder facticamente internalizado e o poder transformado em autoridade normativa. Pois assim se torna possível analisar – de acordo com o modelo de exortações normativamente autorizadas – *todos* os imperativos aos quais atribuímos uma força ilocucionária. O que eu havia considerado de maneira errônea como uma diferença categorial reduz--se, segundo essa visão, a uma diferença meramente gradual.

PREFÁCIO À PRIMEIRA EDIÇÃO

No prefácio à *Logik der Sozialwissenschaften* [Lógica das ciências sociais], há pouco mais de uma década, prefigurei o surgimento de uma teoria do agir comunicativo. De lá para cá, o interesse metodológico que eu havia associado, na época, a uma "fundamentação teórico-lingüística das ciências sociais" agora deu lugar a um interesse substancial. A teoria do agir comunicativo não é uma metateoria, mas o início de uma teoria social que se empenha por demonstrar seus parâmetros críticos. Não entendo a análise das estruturas gerais do agir orientado pelo entendimento como continuação da teoria do conhecimento por outros meios. Assim, certamente serviu como modelo a teoria da ação desenvolvida por T. Parsons na obra *The Structure of Social Action* [A estrutura da ação social], de 1937, com sua ligação entre análise conceitual e reconstrução da história da teoria; ao mesmo tempo, porém, essa teoria também me induziu a erros, haja vista seu direcionamento metodológico. Afinal, como diria um bom hegeliano, a formação de conceitos básicos e a resposta a perguntas substanciais mantêm um nexo indissolúvel.

A expectativa inicial de que eu apenas precisaria retrabalhar as *lectures* feitas por mim em 1971 na cátedra Christian Gauss da Universidade de Princeton – e que pretendo publicar em outro contexto – não se cumpriu. Quanto mais fundo eu me embrenhava na teoria da ação, na teoria do significado, na teoria dos atos de fala e em outros domínios similares da filosofia analítica, tanto mais perdia de vista o objetivo da empreitada, em meio a detalhes. Quanto mais procurava satisfazer as pretensões explicativas do filósofo, mais me afastava do interesse do sociólogo, que devia perguntar-se sobre a serventia das análises conceituais. Eu tinha dificuldade de encontrar o plano da representação adequado ao que eu queria dizer. Ora, já sabemos desde Hegel e Marx[1] que os problemas da representação não são externos aos problemas objetivos. Nessa situação, foi muito importante contar com o conselho de Thomas A. McCarthy, que me encorajou a tentar um novo começo.

O presente livro, na forma como se apresenta, foi escrito por mim nos últimos quatro anos, interrompido apenas durante os semestres em que trabalhei nos Estados Unidos como professor convidado. É na primeira consideração intermediária que desenvolvo o conceito fundamental de agir comunicativo, abrindo caminho para três complexos temáticos ligados entre si: trata-se primeiro de um conceito de racionalidade comunicativa desenvolvido com boa dose de ceticismo, mas mesmo assim resistente às limitações cognitivo-instrumentais impostas pela razão; em seguida, trata-se de um conceito de sociedade em dois níveis, que vincula, de maneira não apenas retórica, os paradigmas "mundo da vida" e "sis-

---

1. M. Theunissen. *Sein und Schein*. Frankfurt/M., 1978.

tema"; por fim, trata-se de uma teoria da modernidade que, para esclarecer o tipo das patologias sociais presentes hoje de maneira sempre mais visível, adota a ideia de que os campos da vida estruturados por via comunicativa estão submissos a imperativos de sistemas acionais autonomizados e formalmente organizados. A teoria do agir comunicativo, portanto, deve possibilitar uma conceitualização do contexto social da vida que se revele adequada aos paradoxos da modernidade.

A Introdução fundamenta a tese de que a problemática da racionalidade não pode ser trazida para o âmbito da sociologia como que vinda de fora. Para *cada* sociologia que pretende ser teoria social, o problema do emprego de um conceito de racionalidade (sempre impregnado de teor normativo) apresenta-se em três planos: a sociologia não pode eximir-se da questão metateórica sobre as implicações que seus conceitos de ação acarretam para a racionalidade; nem pode eximir-se da questão metodológica sobre as implicações que um acesso ao campo de objetos pela via da compreensão de sentido acarreta para a racionalidade; e tampouco pode se eximir, enfim, da questão empírico-teórica sobre o sentido em que se pode descrever a modernização das sociedades como racionalização.

A apropriação sistemática da história da teoria ajudou-me a encontrar o plano integrativo em que as intenções filosóficas desenvolvidas de Kant a Marx podem frutificar hoje, do ponto de vista científico. Weber, Mead, Durkheim e Parsons são tratados por mim como clássicos, ou seja, como teóricos da sociedade que ainda têm algo a nos dizer. Os excursos distribuídos ao longo desses capítulos, assim como a Introdução e as duas Considerações intermediárias, são dedicados a questões sistemáticas. Depois, a Consideração final sintetiza as investigações sistemáticas e as investigações dedicadas à história da teoria. Por um lado, a Consideração final, ao abordar tendências de juridificação [*Verrechtlichung*], tratará de tornar plausível a interpretação de modernidade sugerida; por outro lado, tratará de precisar as tarefas que hoje se impõem a uma teoria crítica da sociedade.

Tal investigação, que emprega sem pejo o conceito de razão comunicativa, expõe-se hoje à suspeita de se enredar na armadilha de uma abordagem fundamentalista. Mas as supostas semelhanças da abordagem formal-pragmática em relação à filosofia transcendental clássica conduzem a uma trilha errada. Aos leitores que manifestarem essa desconfiança gostaria de recomendar que lessem primeiro a parte final[2]. Se já não tivéssemos diante de nós, ainda que de maneira fragmentária e deturpada, as formas existentes de uma razão que depende da corporificação simbólica e da assunção de uma posição histórica[3], não poderíamos nos assegurar da estrutura interna racional do agir que se orienta pelo entendimento.

Fica evidente a motivação de época. As sociedades do Ocidente, desde o final da década de 1960, aproximam-se de um estado em que a herança do racionalismo ocidental deixa de ser incontestavelmente válida. A estabilização dos liames internos alcançados com base em um acerto socioestatal (de proporções particularmente impressionantes na República Federal da Alemanha) exige agora uma paga sociocultural e psicológica sempre crescente; também vem à consciência a fragilidade das relações entre as superpotências, que no momento está re-

---

2. Cf. vol. 2, pp. 718 ss.

3. Sobre a relação entre verdade e história, cf. C. Castoriadis. *Durchs Labyrinth*. Frankfurt/M., 1981, pp. 16 s.

calcada mas jamais se superou. Quando se trata da elaboração teórica desses fenômenos, recorre-se à substância das tradições e inspirações ocidentais.

Os neoconservadores insistem a qualquer custo em se apegar ao modelo capitalista da modernização econômica e social. Dão prioridade absoluta ao crescimento econômico provocado pelo acerto socioestatal – mas que se mostra sempre mais estrangulado por ele. Contra efeitos colaterais desse crescimento que se revelem socialmente desintegradores, tratam de se refugiar em tradições desenraizadas de uma cultura burguesa pretensamente requintada e aconchegante, que evocam por via retórica. Difícil entender que uma realocação dos problemas que o mercado vem legando ao Estado desde o final do século XIX, com boas razões para isso, possa trazer novos estímulos; ou seja, é difícil entender que se possam gerar estímulos com esquivanças diante dos problemas, empurrados de lá para cá entre os *media* poder e dinheiro. Ainda menos plausível é a tentativa de restaurar, a partir de uma consciência historicamente esclarecida, o revestimento já carcomido pela modernização capitalista. Em resposta à apologética neoconservadora, manifesta-se uma crítica muitas vezes aguçada por um viés antimodernista, que se volta contra a complexidade excessiva dos sistemas de ação administrativos e econômicos e contra a corrida armamentista que se autonomizou. Experiências com a colonização do mundo da vida, que o outro lado tenciona capturar e abafar por via tradicionalista, conduzem, do lado de cá, a uma oposição radical. Quando essa oposição se agudiza para tornar-se exigência de autonomizar-se e diferir a qualquer preço, perde-se uma diferenciação importante. Limitar o crescimento da complexidade monetário-administrativa não significa o mesmo que abandonar formas de vida modernas. Em mundos da vida estruturalmente diferenciados e autonomizados, revela-se um potencial de racionalidade que não cabe simplesmente igualar ao conceito de intensificação da complexidade sistêmica.

Por certo, essa consideração diz respeito tão somente ao pano de fundo motivacional[4] e não ao tema propriamente dito. Escrevi este livro para os que tomam especial interesse nos fundamentos da teoria social. As citações extraídas de obras em língua inglesa para as quais não haja traduções disponíveis serão feitas no original. As agradecíveis traduções [para o alemão] das citações em francês foram providenciadas por Max Looser.

Meu primeiro agradecimento vai para Inge Pethran, que produziu as diferentes versões do manuscrito assim como a lista de referências bibliográficas; na verdade, esse é apenas um elo na corrente da estreita cooperação que já completa uma década e sem a qual eu estaria bastante desamparado. Sou grato, além disso, a Ursula Hering, que auxiliou no trabalho de providenciar a bibliografia, bem como a Friedhelm Herborth da Editora Suhrkamp.

O livro baseia-se entre outras coisas nas preleções feitas por mim na Universidade de Frankfurt, na Universidade da Pensilvânia, Filadélfia, e na Universidade da Califórnia, Berkeley. Sou grato a meus alunos pelas estimulantes discussões, bem como a colegas nesses diversos locais, especialmente a Karl-Otto Apel, Dick Bernstein e John Searle.

Se minha apresentação, como espero, está marcada por fortes traços discursivos, isso apenas reflete o am-

---

4. Cf. meu diálogo com A. Honneth, E. Knödler-Bunte e A. Widmann, in *Ästhetik und Kommunikation*, 45, 1981.

biente argumentativo de nosso ambiente de trabalho do Instituto de Starnberg. Nos colóquios de quintas-feiras, dos quais participaram Manfred Auwärter, Wolfgang Bonß, Rainer Döbert, Klaus Eder, Günter Frankenberg, Edit Kirsch, Sigrid Meuschel, Max Miller, Gertrud Nunner-Winkler, Ulrich Rödel e Ernst Tugendhat, foram discutidas diversas partes do manuscrito, de uma forma muito proveitosa para mim; além disso, sou muito grato a Ernst Tugendhat por um grande número de anotações. Ademais, foram muito instrutivas as conversas mantidas com colegas sediados por um período relativamente longo no Instituto – como Johann Paul Arnasson, Sheila Benhabib, Mark Gould e Thomas McCarthy – ou que visitaram regularmente o Instituto – como Aaron Cicourel, Helmut Dubiel, Lawrence Kohlberg, Claus Offe, Ulrich Oevermann, Charles Taylor e Albrecht Wellmer.

J.H.
Instituto Max Planck de Ciências Sociais
Starnberg, agosto de 1981

I
INTRODUÇÃO: ACESSOS À PROBLEMÁTICA DA RACIONALIDADE

A racionalidade de opiniões e ações é um tema cuja elaboração se deve originalmente à filosofia. Pode-se dizer, até mesmo, que o pensamento filosófico tem sua origem no fato de a razão corporificada no conhecer, no falar e no agir tornar-se reflexiva. O tema fundamental da filosofia é a razão[1]. A filosofia empenha-se desde o começo por explicar o mundo como um todo, mediante princípios encontráveis na razão, bem como a unidade na diversidade dos fenômenos. E não o faz em comunicação com uma divindade além do mundo, nem pela retrogradação ao fundamento de um cosmo que abranja a natureza e a sociedade. O pensamento grego não visa a uma teologia, nem a uma cosmologia ética no sentido das grandes religiões mundiais. Ele visa sim à ontologia. Se

---

1. B. Snell. *Die Entdeckung des Geistes*. Hamburgo, 1946; H.-G. Gadamer. *Platon und die Vorsokratiker. Kleine Schriften III*. Tübingen, 1972, pp. 14 ss.; do mesmo autor: "Mythos und Vernunft", in *Kleine Schriften IV*. Tübingen, 1977, pp. 48 ss.; W. Schadewaldt. *Die Anfänge der Philosophie bei den Griechen*. Frankfurt/M., 1978.

há algo comum às doutrinas filosóficas, é a intenção de pensar o ser ou a unidade do mundo pela via de uma explanação das experiências da razão em seu trato consigo mesma.

Ao falar dessa maneira, utilizo a linguagem da filosofia da Era Moderna [*Neuzeit*]. Contudo, ao sugerir a possibilidade de uma imagem de mundo baseada na filosofia, a tradição filosófica torna-se questionável[2]. Hoje, a filosofia já não pode remeter-se ao mundo, à natureza, à história ou à sociedade como um todo, no sentido de um saber totalizante. Os substitutivos teóricos de imagens de mundo perderam valor não em virtude do avanço fáctico das ciências empíricas, mas também, e principalmente, pela consciência reflexiva que acompanhou esse avanço. Por meio dessa consciência, o pensamento filosófico retrocede de maneira autocrítica a um ponto anterior a si mesmo; com a pergunta sobre o que é capaz de conquistar com suas competências reflexivas *no âmbito* das convenções científicas, o pensamento filosófico transforma-se em metafilosofia[3]. Aí o tema se transforma, e ainda assim continua o mesmo. Onde quer que se tenham formado núcleos temáticos mais rijos na filosofia contemporânea, e uma argumentação mais coerente, seja em lógica ou epistemologia, nas teorias da linguagem e do significado, em ética ou na teoria da ação, até mesmo em estética, o interesse logo se volta às condições formais da racionalidade do conhecer, do entendimento verbal mútuo e do agir, seja no cotidiano, seja no plano das ex-

---

2. J. Habermas. "Wozu noch Philosophie?", in J. Habermas. *Philosophisch-politische Profile*. Frankfurt/M., 1981, pp. 15 ss.

3. R. Rorty (org.). *The Linguistic Turn*. Chicago, 1964; do mesmo autor: *Philosophy and the Mirror of Nature*. Nova York, 1979; trad. al.: Frankfurt/M., 1981.

periências metodicamente instituídas ou dos discursos metodicamente instituídos. Com isso, a teoria da argumentação ganha significado especial, porque é dela a tarefa de reconstruir os pressupostos e condições formal-pragmáticos de um comportamento explicitamente racional.

Se esse diagnóstico não conduz à direção errada, e se está mesmo certo afirmar que a filosofia em suas correntes pós-metafísicas e pós-hegelianas aflui ao ponto de convergência de uma teoria da racionalidade, de que maneira a sociologia pode fazer valer suas competências no que diz respeito à problemática da racionalidade?

Parece que o pensamento filosófico que abandona a referência à totalidade perde também o comedimento em relação a si mesmo. Ao objetivo de uma análise formal das condições de racionalidade não se deixam associar esperanças ontológicas por teorias materialmente substanciais sobre a natureza, a história, a sociedade etc., tampouco esperanças transcendental-filosóficas de uma reconstrução apriorística do aparato de um sujeito específico não empírico, de uma consciência em geral. Fracassaram todas as tentativas de fundamentação última em que continuassem vivas as intenções da filosofia original[4]. Nessa situação, desponta uma nova constelação na relação entre filosofia e ciências. Como se pode ver pelo exemplo da epistemologia ou da história das ciências, ocorre entre as explanações formais das condições de racio-

---

4. Sobre a crítica da filosofia da origem [*Ursprungsphilosophie*], cf. Th. W. Adorno. "Metakritik der Erkenntinistheorie", in *Gesammelte Schriften*, vol. 5. Frankfurt/M., 1971; para uma posição diversa, cf. K.-O. Apel. "Das Problem der philosophischen Letztbegründung im Lichte einer tranzendentalen Sprachpragmatik", in B. Kanitschneider (org.). *Sprache und Erkenntnis*. Innsbruck, 1976, pp. 55 ss.

nalidade e a análise empírica da corporificação e desenvolvimento histórico das estruturas de racionalidade um imbricamento bastante peculiar. As teorias das ciências empíricas modernas – estejam elas voltadas à linha do empirismo lógico, do racionalismo crítico ou do construtivismo metódico – revelam uma pretensão normativa e universalista já desprovida de qualquer resguardo proporcionado por assunções fundamentalistas de natureza ontológica ou transcendental-filosófica. A pretensão dessas ciências só pode ser checada com base na evidência de exemplos contrários; e só é possível ampará-la, afinal, caso a teoria reconstrutiva logre tomar aspectos internos da história das ciências e prepará-los de modo que seja possível explicar sistematicamente a história das ciências (história factual e narrativamente documentada), no contexto de desdobramentos sociais e com a devida vinculação a análises empíricas[5]. O que vale para um arcabouço de racionalidade cognitiva tão complexo como a ciência moderna aplica-se também a outras formas do espírito objetivo, ou seja, a corporificações da racionalidade ora cognitiva e instrumental, ora até mesmo prático-estética.

Quanto aos conceitos fundamentais, é preciso que investigações desse tipo, empiricamente direcionadas, se apresentem de tal modo que seja possível associá-las a reconstruções racionais de nexos de sentido e soluções

---

5. Cf. a discussão que se seguiu a: Th. S. Kuhn. *Die Struktur wissenschaftlicher Revolutionen*. Frankfurt/M., 1967, principalmente: I. Lakatos, A. Musgrave. *Criticism and the Growth of Knowledge*. Cambridge, 1970; W. Diederich (org.). *Beiträge zur diachronischen Wissenschaftstheorie*. Frankfurt/M., 1974; R. Bubner. "Dialektische Elemente einer Forschungslogik", in R. Bubner. *Dialektik und Wissenschaft*. Frankfurt/M., 1973, pp. 129 ss.; Th. S. Kuhn. *Die Entstehung des Neuen*. Frankfurt/M., 1977.

de problemas⁶. A psicologia cognitivista do desenvolvimento oferece um exemplo disso. Na tradição piagetiana, conceitua-se o desenvolvimento cognitivo em sentido estrito (e também os desenvolvimentos sociocognitivo e moral) como uma sequência de estágios de competência passível de reconstrução interna em um momento posterior⁷. Se, ao contrário, como ocorre na teoria comportamental, as pretensões de validade com que se podem mensurar soluções de problemas, orientações racionais para a ação, níveis de aprendizado etc. são interpretadas por via empirista, e aí se prescinde de as definir, então os processos de corporificação das estruturas racionais podem ser interpretados não como processos de aprendizagem em sentido estrito, mas como um aumento das capacidades de adaptação.

Nas ciências sociais, é a sociologia que está mais intimamente ligada, em seus conceitos fundamentais, à problemática da racionalidade. Como bem revela a comparação com outras disciplinas, isso se deve a razões objetivas e ligadas à história das ciências. Consideremos inicialmente a *ciência política*. Ela teve de se emancipar do direito natural racional. Também o direito natural moderno ainda tomava como ponto de partida a concepção arcaico-europeia, segundo a qual a sociedade se representa como uma coletividade constituída politicamente e integrada por meio de normas do direito. Na verdade, as novas concepções do direito formal burguês ofereceram

---

6. U. Oevermann. "Programmatische Überlegungen zu einer Theorie der Bildungsprozesse und einer Strategie der Sozialisationsforschung", in K. Hurrelmann. *Sozialisation und Lebenslauf*. Hamburgo, 1976, pp. 34 ss.

7. R. Döbert, J. Habermas, G. Nunner-Winkler (orgs.). *Entwicklung des Ichs*. Colônia, 1977.

a possibilidade de agir construtivamente e esboçar a ordem jurídico-política como um mecanismo racional, sob pontos de vista normativos[8]. E disso uma ciência política de orientação empírica teria de se desprender de maneira radical. Pois tal ciência ocupa-se da política enquanto sistema parcial da sociedade e, com isso, desencarrega-se da tarefa de conceber a sociedade como um todo. Na contracorrente em relação ao normativismo do direito natural, exclui da consideração científica as questões prático-morais sobre a legitimidade, ou as trata como questões empíricas de uma *crença* na legitimidade, que cabe apreender caso a caso por um viés descritivo. Dessa forma, ela rompe sua ligação com a problemática da racionalidade.

É bastante diferente o que acontece com a *economia política*. No século XVIII, ela entrou em concorrência com o direito natural racional e deu forma à autossuficiência de um sistema de ações constituído por meio de funções, e não primordialmente por normas[9]. *Enquanto* economia política, a ciência econômica ainda manteve de início a referência à sociedade como um todo, pelo viés da teoria da crise. Ela se interessa pela questão sobre como a dinâmica do sistema econômico tinha efeito sobre as ordens que, normativamente, integravam a sociedade. Disso a economia, que se tornou uma ciência especializada,

---

8. W. Hennis. *Politik und praktische Philosophie*. Neuwied, 1963; H. Maier. *Die ältere deutsche Staats- und Verwaltungslehre*. Neuwied, 1966; J. Habermas. "Die klassische Lehre von der Politik in ihrem Verhältnis zur Sozialphilosophie", in J. Habermas. *Theorie und Praxis*. Frankfurt/M., 1971, pp. 48 ss.

9. F. Jonas. "Was heißt ökonomische Theorie? Vorklassisches und klassisches Denken", in *Schmollers Jahrbuch* 78, 1958; H. Neuendorff. *Der Begriff des Interesses*. Frankfurt/M., 1973.

acabou por se desprender. Da mesma forma, ela também se ocupa hoje da economia como um sistema parcial da sociedade e desonera-se das perguntas acerca da legitimidade. A partir dessa perspectiva parcial, pode minimizar os problemas da racionalidade, reduzindo-os a considerações sobre o equilíbrio econômico e a perguntas acerca da escolha racional.

Em face disso, a *sociologia* surgiu como disciplina cuja competência abrangeria exatamente os problemas deixados de lado pela política e pela economia, em seus respectivos percursos até se tornarem ciências especializadas[10]. Seu tema são as transformações da integração social ocasionadas na estrutura de sociedades europeias mais antigas mediante a autonomização e diferenciação de um sistema econômico regulado pelo mercado. A sociologia torna-se a ciência da crise *par excellence*, que se ocupa sobretudo dos aspectos anômicos da dissolução de sistemas sociais tradicionais e da formação de sistemas sociais modernos[11]. Por certo, sob essas condições iniciais a sociologia também poderia ter se restringido a um subsistema único. Consideradas do ponto de vista da história das ciências, de qualquer maneira, a sociologia da religião e a sociologia do direito formam o cerne da nova disciplina.

Para fins ilustrativos, e de início sem maiores esclarecimentos, permito-me recorrer ao esquema de funções proposto por Parsons; sem grandes artifícios, resultam dele relações entre *disciplinas das ciências sociais* e *subsistemas da sociedade*:

---

10. F. Jonas. *Geschichte der Soziologie*, tomos I-IV. Reinbek, 1968-69; R. W. Friedrichs. *A Sociology of Sociology*. Nova York, 1970; T. Bottomore, R. Nisbet. *A History of Sociological Analysis*. Nova York, 1978.

11. J. Habermas. "Kritische und konservative Aufgaben der Soziologie", in J. Habermas, 1971, pp. 290 ss.

Fig. 1

A: adaptação
I: integração
G: alcançamento de objetivos
L: manutenção de modelos de estruturas

Naturalmente não faltaram esforços para fazer também da sociologia uma ciência especializada em integração social. Mas não é por acaso (é antes um sintoma) que os grandes teóricos da sociedade que abordarei tenham começado como sociólogos. A sociologia foi a única das disciplinas das ciências sociais que conservou a referência a problemas da sociedade como um todo. Ela jamais deixou de ser *também* teoria da sociedade, e por isso não pôde afastar de si as questões da racionalização, não pôde redefini-las nem restringi-las a formatos reduzidos, como fizeram outras disciplinas. Entendo que há em especial duas razões para isso. A primeira aplica-se em igual medida à *antropologia cultural* e à sociologia.

A atribuição de funções básicas a subsistemas sociais impede de ver que as interações sociais em campos que se revelam importantes segundo aspectos da reprodução cultural, da integração social e da socialização não se especializam da mesma maneira como ocorre com as interações nos campos de ação da economia e da política. Tanto a sociologia quanto a antropologia cultural estão confrontadas com *todo o espectro* dos fenômenos do agir social, e não com os tipos de ação relativamente bem delimitados, os quais, diante de problemas relativos à maximização do lucro ou da renda e ao emprego do poder político, deixam-se estilizar como variantes do agir racional-finalista. Aquelas duas disciplinas ocupam-se da práxis cotidiana em contextos ligados ao mundo da vida e, portanto, têm de levar em consideração *todas* as formas de orientação simbólica da ação. Para elas, não é tão simples pôr de lado a problemática fundamental da teoria da ação e de uma interpretação voltada a entender o sentido. Nisso, porém, deparam com estruturas do mundo da vida que subjazem aos outros sistemas parciais especificados com maior precisão, do ponto de vista funcional, que de certa maneira são mais fortemente autonomizados e diferenciados. Mais adiante, ainda nos ocuparemos do modo pelo qual as conceitualidades de "mundo da vida" e "sistema" relacionam-se uma com a outra[12]. Aqui, gostaria apenas de destacar que a investigação da comunidade e da cultura sociais não se deixam desacoplar do paradigma de mundo da vida e dos problemas básicos afetos à ciência social com tanta facilidade quanto a investigação dos sistemas parciais econômicos e políticos. Isso explica a ligação renitente entre sociologia e teoria da sociedade.

Mas ainda é preciso considerar outra circunstância para entender que é a sociologia e não a antropologia cultural que revela uma disposição especial a assumir o problema da racionalidade. A sociologia nasce como teoria da sociedade burguesa; cabe a ela a tarefa de explicar como evolui a modernização capitalista de sociedades pré-

---

12. Cf. vol. 2, cap. VI, pp. 207 ss.

-burguesas e quais são as formas anômicas sob as quais esta se manifesta[13]. Essa proposição do problema, resultante da situação histórica objetiva, constitui o ponto de referência sob o qual a sociologia também processa seus próprios problemas fundamentais. Em um *plano metateórico*, ela seleciona conceitos fundamentais talhados segundo o crescimento da racionalidade no mundo da vida moderno. Os pensadores clássicos da sociologia, quase sem exceção, procuram apresentar sua teoria da ação de maneira que as categorias que a integram atinjam os aspectos mais importantes da transição de "comunidade" para "sociedade"[14]. E, em um *plano metodológico*, o problema do acesso interpretativo ao campo dos objetos simbólicos considerados como tais é tratado de maneira correspondente; a compreensão de orientações racionais da ação torna-se ponto de referência para a compreensão de todas as orientações da ação.

Esse nexo entre (a) a questão *metateórica* de um âmbito vinculado à teoria da ação e concebido mediante aspectos do agir passíveis de racionalização e (b) a questão *metodológica* de uma teoria da compreensão de sentido que aclare as relações internas entre significação e validade (entre a explanação do significado de uma externação simbólica e o posicionamento em face de suas pretensões de validade implícitas) será associado por fim (c) à questão *empírica* sobre a possibilidade de descrever a modernização da sociedade sob o ponto de vista de uma racionalização cultural e social e, caso essa descrição seja

---

13. H. Neuendorff. "Soziologie", in *Evangelisches Staatslexikon*. 2ª ed., Stuttgart, 1975, pp. 2424 ss.

14. Em relação aos "conceitos-pares" da velha sociologia, cf. J. Habermas. *Technik und Wissenschaft als Ideologie*. Frankfurt/M., 1968a, pp. 60 s.; C. W. Mills. *Kritik der soziologischen Denkweise*. Neuwied, 1963.

possível, sobre o sentido em que ela ocorre. Esse nexo está particularmente marcado na obra de Max Weber. Sua hierarquia dos conceitos de ação está voltada ao tipo do agir racional-finalista, de tal maneira que todas as demais ações podem ser niveladas como desvios específicos em relação a esse tipo. Ao analisar o método da compreensão de sentido, Weber procede de tal modo que se precisam referir os casos mais complexos ao caso-limite da compreensão do agir racional-finalista: a compreensão do agir subjetivamente orientado ao êxito requer ao mesmo tempo uma valoração objetiva desse mesmo agir (segundo critérios da racionalidade de correção). Por fim, evidencia-se o nexo entre essas decisões metodológicas e vinculadas à conceitualidade básica e a questão central para Weber, do ponto de vista teórico, sobre como o racionalismo ocidental pode ser explicado.

Esse nexo poderia ser contingente; poderia ser simplesmente um sinal de que Max Weber havia se ocupado desse questionamento, e de que esse interesse antes casual, do ponto de vista teórico, havia logrado chegar aos fundamentos da formação da teoria. Quando se desfaz o liame entre os processos de modernização e o conceito de racionalização, e quando se submetem esses processos a *outros* pontos de vista, isso é o bastante para que, por um lado, os fundamentos ligados à teoria da ação desprendam-se de quaisquer conotações da racionalidade da ação e, por outro, a metodologia da compreensão de sentido se desprenda de um imbricamento problemático entre questões ligadas à significação e questões ligadas à validade. Em face dessas dúvidas, gostaria de defender a tese de que Max Weber, ao ocupar-se da questão *casual* do racionalismo ocidental ("casual" em sentido histórico, ou ao menos no sentido de uma psicologia da pesquisa acadêmica), isto é, ao ocupar-se da pergunta sobre o significado da modernidade e sobre as causas e efeitos secundários da modernização capitalista da sociedade, iniciada na Europa, trata-a – por razões *coercivas* – sob pontos de vista do agir racional, da condução racional da própria vida e das imagens de mundo racionalizadas. Gostaria de defender a tese de que existem razões sistemáticas para haver nexo entre as três temáticas da racionalidade, tal como se pode apreendê-lo da leitura da obra de Weber. Quero dizer com isso que para *cada* sociologia com pretensão de teoria social, desde que proceda de maneira suficientemente radical, o problema da racionalidade apresenta-se ao mesmo tempo em *um plano metateórico, um plano metodológico* e *um plano empírico*.

Começo com uma discussão provisória sobre o conceito de racionalidade (1), para então inseri-lo na perspectiva evolucionária do surgimento de uma compreensão moderna do mundo (2). Depois desses preparativos, tenciono provar o nexo interno entre teoria da racionalidade e teoria social; de um lado, pretendo fazê-lo para o plano metateórico, à medida que demonstrar as implicações, para a racionalidade, dos conceitos operativos sociológicos hoje em uso (3); e, de outro lado, para o plano metodológico, à medida que demonstrar como essas implicações são também semelhantes às que resultam do acesso intelectivo ao campo de objetos da sociologia (4).

Esse esboço da argumentação quer deixar claro que, se pretendemos retomar de maneira adequada a problemática da racionalização social, praticamente proscrita da discussão sociológica especializada desde Weber, precisamos de uma teoria do agir comunicativo.

1. "RACIONALIDADE" – UMA DETERMINAÇÃO CONCEITUAL PROVISÓRIA

Sempre que usamos a expressão "racional", supomos uma estreita relação entre racionalidade e saber. A estrutura de nosso saber é proposicional: opiniões podem ser representadas explicitamente sob a forma de enunciados. Pretendo assumir como pressuposto esse conceito de saber, sem maiores explicações, pois racionalidade tem menos a ver com a posse do conhecimento do que com a maneira pela qual os sujeitos capazes de falar e agir *adquirem e empregam o saber*. Nas exteriorizações verbais, manifesta-se o saber de maneira explícita, e nas ações orientadas para um fim ganha expressão uma capacidade, um saber implícito; fundamentalmente, esse *know-how* também pode ser transposto para a forma de um *know-that*[15]. Quando procuramos por sujeitos gramaticais que possam completar a expressão predicativa

---

15. G. Ryle. *The Concept of Mind.* Londres, 1949; ver a esse respeito: E. v. Savigny. *Die Philosophie der normalen Sprache.* Frankfurt/M., 1974, pp. 97 ss.; D. Carr. "The Logic of Knowing how and Ability", *Mind*, 88, 1979, pp. 394 ss.

"racional", apresentam-se, de início, dois candidatos. Racionais, com maior ou menor intensidade, podem ser tanto pessoas que dispõem de saber quanto declarações simbólicas, ações verbais e não verbais, comunicativas ou não comunicativas que concretizem o saber. Como "racionais" podemos designar homens e mulheres, crianças e adultos, ministros de Estado ou motoristas de ônibus; mas não os peixes ou os sabugueirinhos-do-campo, as montanhas, ruas ou cadeiras. Podemos chamar de "irracionais" as desculpas, os atrasos, as intervenções cirúrgicas, as declarações de guerra, os consertos, os planos de construção ou as resoluções expedidas em conferências, mas não uma tempestade, um acidente, um sorteio na loteria ou um adoecimento. O que significa, afinal, comportar-se "racionalmente" em determinada situação? E, se suas exteriorizações podem ser consideradas "racionais", o que isso quer dizer?

Pode-se criticar o saber como inconfiável. A relação estreita entre saber e racionalidade permite supor que a racionalidade de uma exteriorização depende da confiabilidade do saber nela contido. Consideremos dois casos paradigmáticos: uma asserção, com a qual A expressa determinada opinião com intenção comunicativa, e uma intervenção no mundo, orientada para um fim, com a qual B persegue determinado objetivo. Ambos os casos corporificam um saber falível; ambos são tentativas que podem fracassar. As duas exteriorizações, a ação comunicativa e a teleológica, podem ser criticadas. Um ouvinte pode contestar que a asserção proposta por A seja *verdadeira*; um observador pode contestar que a ação executada por B tenha *êxito*. Nos dois casos, a crítica refere-se a uma pretensão que os sujeitos em ação vinculam necessariamente a suas exteriorizações, desde que estas sejam intencionadas enquanto asserções ou ações orientadas para um fim. A necessidade dessa vinculação é de natureza conceitual. Se A não manifesta pretensão de verdade para o enunciado "p" que assevera, e se não manifesta, com isso, sua convicção de que seja possível *fundamentar* esse enunciado em caso de necessidade, então A não propõe asserção alguma. E se B acha que a ação que planeja executar não tem boa expectativa, e se manifesta assim sua convicção de que é possível *fundamentar* a escolha que fez dos meios nas circunstâncias dadas, então B não cumpre ação alguma orientada para um fim, ou seja, não pretende tornar efetivo nenhum objetivo.

Assim como A pleiteia verdade para seu enunciado, B pleiteia perspectiva de êxito para seu plano de ação, ou então eficácia para a regra de ação segundo a qual executa esse plano. A eficácia asseverada significa a pretensão de que os meios escolhidos sob determinadas circunstâncias sejam adequados para alcançar o fim proposto. A eficácia de uma ação mantém relação interna com a verdade dos prognósticos condicionados que o plano ou a regra de ação implica. Assim como a *"verdade"* refere-se à existência de estados de coisas no mundo, a *"eficácia"* refere-se a intervenções no mundo, com cujo auxílio se podem criar estados de coisas já existentes. Com sua asserção, A refere-se a algo que de fato *ocorre* no mundo objetivo, ao passo que B, com sua atividade finalista, refere-se a algo que *deve ocorrer* no mundo objetivo. Ao fazer isso, ambos manifestam, com suas exteriorizações simbólicas, *pretensões* que podem ser criticadas e defendidas, ou seja, *fundamentadas*. A racionalidade de suas exteriorizações pode ser mensurada pelas relações internas entre o teor de significado, as condições de validade e as razões que necessariamente precisam ser acrescentadas, seja em prol de sua validade, da verdade do enunciado ou da eficácia da regra de ação.

As reflexões feitas até aqui sugerem que se atribua a racionalidade de uma exteriorização à sua disposição de sofrer críticas e à sua capacidade de se fundamentar. A exteriorização cumpre os pressupostos de racionalidade à medida que concretiza o saber falível: com isso, ela faz referência ao mundo objetivo, ou seja, mantém relação com os fatos e permanece acessível a um julgamento objetivo. Um julgamento pode ser objetivo quando emitido com base numa pretensão *transubjetiva* de validade que tenha o mesmo significado para quaisquer observadores e destinatários, assim como para o próprio sujeito que age. Verdade e eficiência são pretensões desse tipo. Assim, sobre asserções e sobre ações orientadas para um fim, vale dizer o seguinte: quanto melhor se puder fundamentar a pretensão de eficiência ou de verdade proposicional associada a elas, tanto mais racionais elas serão. De acordo com isso é que se aplica a expressão "racional", enquanto predicado dispositivo, a pessoas das quais se podem esperar exteriorizações desse tipo, sobretudo em situações difíceis.

Essa sugestão de atribuir a racionalidade de uma exteriorização à sua disposição de sofrer críticas tem certamente dois pontos frágeis. Por um lado, a caracterização é muito abstrata, pois deixa de expressar certas diferenciações importantes (1). Por outro, ainda é muita estrita porque não empregamos a expressão "racional" somente em conjunto com exteriorizações que possam ser verdadeiras ou falsas, eficazes ou ineficientes. A racionalidade presente na prática comunicativa estende-se a um espectro mais amplo. Ela indica formas diversas de argumentação, bem como diversas possibilidades de dar prosseguimento ao agir comunicativo por meio de recursos reflexivos (2). Como a ideia do resgate discursivo de pretensões de validade tem papel central na teoria do agir comunicativo, acrescentarei um longo excurso sobre a teoria da argumentação (3).

(1) De início, ficarei com a versão cognitiva (em sentido estrito) do conceito de racionalidade. Ele se define exclusivamente com referência ao emprego do saber descritivo e pode ser desmembrado em duas direções diferentes.

Quando partimos do uso não comunicativo do saber proposicional em ações orientadas por um fim, tomamos uma decisão prévia em favor do conceito de *racionalidade cognitivo-instrumental*, que, por meio do empirismo, marcou fortemente a autocompreensão da modernidade. Ele traz consigo conotações de uma autoafirmação exitosa, que se vê possibilitada pela adaptação inteligente às condições de um meio contingente e pela disposição informada dessas mesmas condições. Nós, ao contrário, ao adotar como ponto de partida o emprego comunicativo do saber proposicional em ações de fala, tomamos uma decisão prévia em favor de outro conceito de racionalidade, filiado a noções mais antigas do *lógos*[16]. Esse conceito de *racionalidade comunicativa* traz consigo conotações que, no fundo, retrocedem à experiência central da força espontaneamente unitiva e geradora de consenso própria à fala argumentativa, em que diversos participantes superam suas concepções inicialmente subjetivas para então, graças à concordância de convicções racionalmente motivadas, assegurar-se ao mesmo tempo da uni-

---

16. Sobre a história do conceito, cf. K.-O. Apel. *Die Idee der Sprache in der Tradition des Humanismus von Dante bis Vico*. Bonn, 1963.

dade do mundo objetivo e da intersubjetividade de seu contexto vital[17].

Suponhamos que a opinião "p" represente o mesmo cabedal de saber de que A e B dispõem. Ora, A (que é um entre muitos falantes) participa de uma comunicação e propõe a asserção "p", ao passo que B, como ator (solitário), escolhe os meios que ele, em virtude da opinião "p", considera apropriados numa dada situação para alcançar um efeito desejado. A e B empregam *o mesmo* saber de maneira *diversa*. Num dos casos, a referência a fatos e a capacidade de fundamentação da exteriorização possibilitam o entendimento mútuo entre participantes da comunicação sobre algo que acontece no mundo. É constitutivo para a racionalidade da exteriorização que o falante manifeste uma pretensão de validade criticável em favor do enunciado "p" que possa ser aceita ou refutada pelo ouvinte. No outro caso, a referência a fatos e a capacidade de fundamentação da regra de ação tornam possível a possibilidade de uma intervenção bem-sucedida no mundo. Para a racionalidade da ação, é constitutivo que o ator faça estar subjacente a seu agir um plano que implique a verdade de "p" e segundo o qual o objetivo estabelecido possa ser realizado sob dadas circunstâncias. Ora, uma asserção pode ser designada racional somente quando o falante satisfaz a condição necessária

---

17. Dando seguimento a Wittgenstein, D. Pole. *Conditions of Rational Inquiry*. Londres, 1961; do mesmo autor, "The Concept of Reason", in R. F. Dearden, D. H. Hirst, R. S. Peters (orgs.). *Reason*, vol. 2. Londres, 1972, pp. 1 ss. Os aspectos sob os quais Pole elucida o conceito de racionalidade são principalmente: objectivity, publicity and interpersonality, truth, the unity of reason, the ideal of rational agreement. Sobre o conceito de racionalidade de Wittgenstein, ver principalmente: St. Cavell. *Must We Mean What We Say?* Cambridge, 1976; do mesmo autor: *The Claim of Reason*. Oxford, 1979.

para que se alcance o fim ilocucionário, qual seja chegar a um entendimento mútuo sobre alguma coisa do mundo com pelo menos mais um participante da comunicação; a ação orientada para um fim, por sua vez, só pode ser designada racional quando o ator satisfaz as condições necessárias para a realização da intenção de intervir no mundo de forma bem-sucedida. As duas tentativas podem fracassar – o consenso almejado pode não ser alcançado, e o efeito esperado pode não acontecer. E também nesse tipo de fracasso confirma-se a racionalidade da exteriorização – tentativas fracassadas podem ser explicadas[18].

Nas duas linhas, a análise da racionalidade pode ter seu ponto de partida nos conceitos de saber proposicional e de mundo objetivo; mas os casos mencionados distinguem-se quanto ao *tipo de emprego* do saber proposicional. Como *télos* inerente à racionalidade revela-se sob o primeiro aspecto uma *disposição instrumental*, e sob o outro, um *entendimento comunicativo*. A análise, conforme o aspecto sobre o qual se concentra, leva a direções diferentes.

---

18. As razões certamente assumem *papéis pragmáticos* diversos, conforme o que se deve explicar com sua ajuda: ora um dissenso entre parceiros de um diálogo, ora o fracasso de uma intervenção. O falante que faz uma afirmação precisa dispor da "cobertura" de algumas boas razões para, em caso de necessidade, convencer seus interlocutores da verdade do enunciado e poder alcançar um comum acordo motivado racionalmente. Por outro lado, não é necessário para o êxito de uma ação instrumental que o ator possa fundamentar uma regra de ação que se cumpriu. No caso de ações teleológicas, as razões servem apenas para o esclarecimento do fato de que a aplicação de uma regra tenha sido (ou pudesse ter sido) bem-sucedida ou não, sob dadas circunstâncias. Em outras palavras: é provável que haja um nexo interno entre a validade (efetividade) de uma regra de ação técnica ou estratégica e as explicações que se possam dar para a validade dela, mas o conhecimento desse nexo não é condição subjetivamente necessária para uma aplicação bem-sucedida dessa mesma regra.

Gostaria de explicar brevemente as duas posições. A primeira, para esclarecer as condições do comportamento racional, assume como ponto de partida o pressuposto ontológico do mundo como quintessência do que o caso é; por questões de simplicidade, chamarei tal posição de "realista" (a). A outra posição, que podemos chamar de "fenomenológica", impõe a essa questão uma reviravolta transcendental; ela reflete sobre a circunstância de que os que se comportam racionalmente têm de pressupor, eles mesmos, um mundo objetivo (b).

(a) O realista pode se limitar a analisar as condições a serem cumpridas pelo sujeito agente para que ele possa estabelecer objetivos e realizá-los. De acordo com esse modelo, as ações racionais têm fundamentalmente o caráter de estados de coisas [*Sachverhalte*] orientados para um fim e presentes no sucesso de intervenções feitas de maneira controlada sobre o mundo. Max Black menciona uma série de condições que uma ação tem de cumprir para que se possa considerá-la racional (*reasonable*) em maior ou menor intensidade e para que ela se faça acessível a um julgamento crítico (*dianoetic appraisal*):

1. Only actions under actual or potential control by the agent are suitable for dianoetic appraisal...
2. Only actions directed towards some end-in-view can be reasonable or unreasonable...
3. Dianoetic appraisal is relative to the agent and to his choice of end-in-view...
4. Judgments of reasonableness are apropriate only where there is partial knowledge about the availability and efficacy of the means...
5. Dianoetic appraisal can always be supported by reasons.[19]

---

19. Max Blanck. "Reasonableness", in *Dearden, Hirst, Peters*, 1972.

Quando se desenvolve o conceito de racionalidade sob o fio condutor de ações orientadas a um fim, isto é, de ações destinadas a solucionar problemas[20], também se torna possível compreender um uso linguístico derivado que se faz do termo "racional". De vez em quando, fala-se da "racionalidade" de um comportamento incitado por estímulos, ou da "racionalidade" da mudança de estado num sistema. Reações assim podem ser *interpretadas* como soluções de problemas, sem que o observador suponha na *adequação* ao propósito interpolado da reação observada uma *atividade* propositada, e sem que ele a atribua, como ação, a um sujeito capaz de decisões e usuário do saber proposicional.

Reações comportamentais de um organismo incitado por estímulos e mudanças de estado de um sistema autorregulado, induzidas pelo meio ambiente, até podem ser entendidas como *semiações*, ou seja, como se nelas se exteriorizasse a capacidade de ação de um sujeito[21]. Contudo, nesses casos só se pode falar de racionalidade em sentido metafórico. Pois a capacidade de fundamentação exigida para proceder a exteriorizações racionais significa que o sujeito ao qual elas podem ser atribuídas deve, *ele mesmo*, ter condições de apresentar fundamentos, sob circunstâncias apropriadas.

(b) O fenomenólogo não se serve irrestritamente desse fio condutor das ações orientadas para um fim ou destinadas a solucionar problemas. Pois ele não parte simplesmente do pressuposto ontológico de um mundo objetivo,

---

20. Para um resumo, ver W. Stegmüller. *Probleme und Resultate der Wissenschaftstheorie und Analytischen Philosophie*. Berlim, Heidelberg, Nova York, 1969, vol. 1, pp. 335 ss.

21. N. Luhmann. *Zweckbegriff und Systemrationalität*. Tübingen, 1968.

mas faz deste último um problema, ao se perguntar pelas condições sob as quais se constitui a unidade de um mundo objetivo para os integrantes de uma comunidade de comunicação. O mundo só conquista objetividade ao tornar-se *válido* enquanto mundo único *para uma comunidade de sujeitos* capazes de agir e utilizar a linguagem. O conceito abstrato de mundo é condição necessária para que os sujeitos que agem comunicativamente possam chegar a um entendimento mútuo sobre o que acontece no mundo ou sobre o que se deve fazer nele. Com essa *prática comunicativa*, eles ao mesmo tempo se asseguram do contexto vital que têm em comum, isto é, de seu *mundo da vida* intersubjetivamente partilhado. Esse mundo se vê limitado pelo conjunto das interpretações pressupostas pelos integrantes, que consistem em um saber fundamental [*Hintergrundwissen*]. Para esclarecer o conceito de racionalidade, portanto, o fenomenólogo tem de investigar as condições de um consenso almejado por via comunicativa; precisa analisar o que Melvin Pollner, em uma referência a A. Schütz, denomina "raciocínio mundano" (*mundane reasoning*): "That a community orients itself to the world as essentially constant, as one which is known and knowable in common with others, provides that community with the warrantable grounds for asking questions of a particular sort of which a prototypical representative is: 'How come, he sees it and you do not?'"[22]

Segundo esse modelo, exteriorizações racionais têm o caráter de ações sensatas, compreensíveis em seu próprio contexto e com as quais o ator se refere a alguma coisa no mundo objetivo. As condições de validade das exteriorizações simbólicas remetem a um saber funda-

---

22. M. Pollner. "Mundane Reasoning", *Phil. Soc. Sci.*, 4, 1974, p. 40.

mental partilhado intersubjetivamente pela comunidade de comunicação. Todo dissenso representa um desafio peculiar para esse pano de fundo do mundo da vida: "The assumption of a commonly shared world (Lebenswelt) does not function for mundane reasoners as a descriptive assertion. It is not falsifiable. Rather, it functions as an incorrigible specification of the relations which exist in principle among a community of perceivers' experiences of what is purported to be the same world (objektive Welt)... In very gross terms, the anticipated unanimity of experience (or, at least of accounts of those experiences) presupposes a community of others who are deemed to be observing the same world, who are psychcally constituted so as to be capable of veridical experience, who are motivated so as to speak 'truthfully' of their experience, and who speak according to recognizable, shared schemes of expression. On the occasion of a disjuncture, mundane reasoners are prepared to call these and other features into question. For a mundane reasoner, a disjuncture is compelling grounds for believing that one or another of the conditions otherwise thought to obtain in the anticipation of unanimity, did not. For example, a mundane solution may be generated by reviewing whether or not the other had the capacity for veridical experience. Thus, 'halluciantion', 'paranoia', 'bias', 'blindness', 'deafness', 'false consciousness' etc., in so far as they are understood as indicating a faulted or inadequate method of observing the world, serve as candidate explanations of disjunctures. The significant feature of these solutions – the feature that renders them intelligible to other mundane reasoners as possibly correct solutions – is that they bring into question not the *world's intersubjectivity* but the adequacy of the methods through which the world is experienced and reported upon."[23]

A esse conceito de racionalidade comunicativa mais abrangente, desenvolvido a partir de um enfoque fenomenológico, pode-se acrescentar um conceito de racionalidade cognitivo-instrumental, desenvolvido a partir do enfoque realista. Pois há relações internas entre a capacidade de percepção descentrada e a manipulação de coisas e acontecimentos, por um lado, e a capacidade de entendimento intersubjetivo sobre coisas e acontecimentos, por outro. É por isso que J. Piaget opta pelo modelo combinado de cooperação social, segundo o qual diversos sujeitos coordenam suas intervenções no mundo objetivo por meio da ação comunicativa[24]. Apenas quando se tenta *separar* a racionalidade cognitivo-instrumental deduzida a partir da aplicação monológica do saber descritivo e a racionalidade comunicativa, tal como normalmente ocorre nas tradições empiristas de pesquisa, é que se evidenciam os contrastes, por exemplo em conceitos como imputabilidade e autonomia. Apenas pessoas imputáveis podem comportar-se de maneira racional. Se sua racionalidade é mensurada pelo sucesso das intervenções orientadas por um fim, é suficiente exigir que elas possam escolher entre alternativas e controlar (algumas) condições do entorno. Mas, se sua racionalidade é medida pelo êxito de processos de entendimento, então não é suficiente recorrer a capacidades como es-

---

23. Pollner, 1974, pp. 47 s.
24. J. Piaget. *Die Entwicklung des Erkennens III*. Stuttgart, 1973, p. 190. Na cooperação social vinculam-se dois tipos de efeitos correlatos: o "efeito correlato entre sujeito e objeto", mediado pelo agir teleológico, e o "efeito correlato entre o sujeito e os outros sujeitos", mediado pelo agir comunicativo. Ver infra pp. 134 ss.

sas. Em contextos de ação comunicativa, só pode ser considerada imputável a pessoa que, como participante de uma comunidade de comunicação, seja capaz de orientar seu agir segundo pretensões de validade intersubjetivamente reconhecidas. Aos diferentes conceitos de imputabilidade podem ser associados diferentes conceitos de autonomia. Uma maior medida de racionalidade cognitivamente instrumental proporciona uma maior independência em relação a limitações que o mundo circundante e contingente impõe à autoafirmação de sujeitos que agem orientados para um fim. Racionalidade comunicativa em maior medida, por sua vez, amplia no interior de uma comunidade de comunicação o espaço de ação estratégica para a coordenação não coativa de ações e a superação consensual de conflitos de ação (desde que estes remontem a dissonâncias cognitivas, em sentido estrito).

A restrição feita acima entre parênteses é necessária se desenvolvemos o conceito de racionalidade comunicativa tendo como fio condutor as exteriorizações comprovativas. M. Pollner também restringe *mundane reasoning* aos casos em que surge um dissenso sobre algo no mundo objetivo[25]. Mas a racionalidade de pessoas não se revela explicitamente apenas na capacidade de alcançar consenso e agir de modo eficiente.

(2) Por certo, asserções fundamentadas e ações eficientes são um sinal de racionalidade. Denominamos racionais os sujeitos capazes de agir e falar que na medida do possível não se enganam quanto a fatos e relações entre meio e fim. Mas é evidente haver também *outros*

---

25. Pollner elege exemplos empíricos provenientes da justiça do trânsito (1974, pp. 40 ss.).

tipos de exteriorizações para as quais pode haver boas razões, mesmo que não vinculadas a pretensões de verdade ou êxito. Em contextos de comunicação, não chamamos de racional apenas quem faz uma asserção e é capaz de fundamentá-la diante de um crítico, tratando de apresentar as evidências devidas. Também é assim chamado de racional quem segue uma norma vigente e se mostra capaz de justificar seu agir em face de um crítico, tratando de explicar uma situação dada à luz de expectativas comportamentais legítimas. E é chamado de racional até mesmo quem exterioriza de maneira sincera um desejo, um sentimento ou um estado de espírito, quem revela um segredo, admite ter cometido um ato qualquer etc., e então se mostra capaz de dar a um crítico a certeza dessa vivência revelada, tratando de tirar consequências práticas disso e comportar-se a partir dali de maneira consistente.

Assim como as ações comprovativas de fala, também as *ações reguladas por normas* e as *autorrepresentações expressivas* têm o caráter de exteriorizações sensatas e compreensíveis em seu contexto, vinculadas a uma pretensão de validade passível de crítica. Em vez de referência fática, elas fazem referência a normas e vivências. O agente tem a pretensão de que seu comportamento seja correto, com referência a um contexto normativo e legitimamente reconhecido, ou de que a exteriorização expressiva de uma vivência privilegiadamente acessível a ele seja veraz. Tais exteriorizações também podem fracassar, assim como se dá com ações comprovativas de fala. E para a racionalidade delas também é constitutiva a possibilidade de que haja o reconhecimento intersubjetivo de uma pretensão de validade criticável. Contudo, o saber corporificado em ações reguladas por normas ou em exteriorizações expressivas não remete à existência de estados de coisas, mas sim à validade deôntica de normas e à exibição de vivências subjetivas. Com elas, o falante não pode referir-se a alguma coisa no mundo objetivo, mas apenas a algo presente no mundo social partilhado ou no mundo subjetivo próprio a cada um. Nesse ponto, contento-me em mencionar de maneira provisória a existência de atos comunicativos caracterizados por referências ao mundo *diversas* das que caracterizam as exteriorizações constatativas, e vinculados a pretensões de validade *diversas* daquelas a que as exteriorizações constatativas se vinculam.

Exteriorizações ligadas a pretensões de correção normativa e pretensões de veracidade subjetiva, similarmente ao que se dá com outros atos que se vinculam à pretensão de verdade e eficiência proposicional, cumprem o pressuposto central de racionalidade: elas podem ser fundamentadas e criticadas. Isso vale até mesmo para exteriorizações que não dispõem de uma pretensão de validade muito bem delineada, a saber: as *exteriorizações avaliativas*. Elas não são nem simplesmente expressivas, isto é, não dão expressão a um sentimento ou carência meramente particulares, nem rogam para si uma obrigatoriedade normativa, ou seja, mantêm-se em conformidade com uma expectativa de comportamento generalizada. E mesmo assim pode haver boas razões à disposição de exteriorizações avaliativas como essas. O desejo de tirar férias, a preferência por paisagens de outono, sua recusa ao serviço militar e o ciúme que ele sente dos colegas: diante de um crítico, o agente pode encontrar explicações para todas essas coisas, com auxílio de juízos de valor. Padrões de valor não têm a universalidade de normas reconhecidas intersubjetivamente e tampouco são pura e simplesmente particulares. Mesmo assim, fazemos distinção entre um uso racional e um uso irracional desses padrões, a que os integrantes de uma comunidade linguística e cultural recorrem para interpretar suas próprias carências. R. Norman deixa isso claro a partir do seguinte exemplo: "To want simply a saucer of mud is irrational, because some further reason is needed for wanting it. To want a saucer of mud because one wants to enjoy its rich river-smell is rational. No further reason is needed for waiting to enjoy the rich river-smell, for to characterize what is wanted as 'to enjoy the rich-river-smell' is itself to give an acceptable reason for wanting it, and therefore this want is rational."[26]

Enquanto os atores usarem predicativos como "temperado", "atraente", "estranho", "horrível", "nojento" etc. de modo que os demais integrantes de seu mundo da vida consigam reconhecer nessas descrições as reações que eles mesmos poderiam ter diante de situações semelhantes, então o comportamento dos atores estará sendo racional. Ao contrário, se utilizarem o padrão valorativo de maneira tão arbitrária que não possam mais contar com uma compreensão culturalmente habitual, seu comportamento será idiossincrático. Em meio a valorações particulares como essas, pode haver algumas que apresentem caráter inovador. Estas certamente se destacam por apresentar uma expressão autêntica, por exemplo por meio da forma estética de uma obra de arte, isto é, de uma forma que instigue os sentidos. Exteriorizações idiossincráticas, ao contrário, seguem modelos rígidos; seu

---

26. R. Norman. *Reasons for Actions*. Nova York, 1971, pp. 63 s.; Norman (pp. 65 ss.) discute o *status* de expressões avaliativas, que são designadas "palavras Jano" por autores como Hare e Nowell-Smith, haja vista seu significado ora normativo ora descritivo.

teor de significado não se torna acessível por meio da força do discurso poético ou pela conformação criativa, e ele dispõe tão somente de um caráter privado. O espectro de exteriorizações como essas vai de manias inofensivas, como a preferência pelo cheiro de maçãs apodrecidas, até sintomas clinicamente evidentes, como uma reação enojada diante de lugares públicos, por exemplo. Quem explica a própria reação libidinosa diante de maçãs podres com referências a um odor "deslumbrante", "fascinante", "estonteante", e quem explica sua reação desregrada em lugares públicos por seu vazio "paralisante", "plúmbeo", "absorvedor", encontrará muito pouca compreensão no contexto do *dia a dia* da maioria das culturas. Para essas reações tidas como abjetas, não basta a força *justificante* dos valores culturais associados. Esses casos-limite só vêm confirmar que também as parcialidades e suscetibilidades de desejos e sentimentos expressos em juízos de valor mantêm relação interna com razões e argumentos.

Em resumo, pode-se dizer que as ações reguladas por normas, as autorrepresentações expressivas e as exteriorizações avaliativas servem de complemento às ações de fala constatativas, para que estas se tornem uma prática comunicativa voltada à conquista, manutenção e renovação do consenso, ante o pano de fundo do mundo da vida: um consenso baseado no reconhecimento intersubjetivo de pretensões de validade criticáveis. A racionalidade inerente a essa prática revela-se no fato de que um comum acordo que se pretende alcançar por via comunicativa precisa, *ao fim e ao cabo*, sustentar-se sobre razões. E a racionalidade dos que participam dessa prática comunicativa pode ser mensurada segundo sua maior ou menor capacidade de fundamentar suas exteriorizações *sob circunstâncias apropriadas*. Portanto, a racionalidade inerente à prática comunicativa cotidiana remete à prática argumentativa como instância de apelação que possibilita dar prosseguimento ao agir comunicativo com outros meios, quando não se pode mais abrandar um dissenso por meio das rotinas do dia a dia, mas ainda se deve, não obstante, decidir sobre ele sem o emprego imediato ou estratégico de violência. Eis por que considero necessária uma teoria da argumentação capaz de explicitar devidamente esse conceito de racionalidade comunicativa, referida a um contexto sistemático de pretensões universais de validade ainda não esclarecido.

Denominamos *argumentação* o tipo de discurso em que os participantes tematizam pretensões de validade controversas e procuram resolvê-las ou criticá-las com argumentos. Um *argumento* contém razões que se ligam sistematicamente à *pretensão de validade* de uma exteriorização problemática. A "força" de um argumento mede-se, em dado contexto, pela acuidade das razões; esta se revela, entre outras coisas, pelo fato de o argumento convencer ou não os participantes de um discurso, ou seja, de o argumento ser capaz de motivá-los, ou não, a dar assentimento à respectiva pretensão de validade. Em face disso, também podemos julgar a racionalidade de um sujeito capaz de falar e agir segundo sua maneira de se comportar em cada caso enquanto participante da argumentação: "Anyone participating in an argument shows his rationallity, or lack of it, by the manner in which he handles and responds to the offering of reasons for or against claims. If he is 'open to argument', he will either acknowledge the force of those reasons or seek to reply to them, and either way he will deal with them in a 'rational' manner. If he is 'deaf to argument', by contrast, he may either ignore contrary reasons or reply to them with dogmatic assertions, and either way he fails to deal with the issues 'rationally'."[27] A capacidade de fundamentar exteriorizações racionais, por parte das pessoas que se portam racionalmente, corresponde à sua disposição de se expor à crítica e participar regularmente de argumentações, sempre que necessário.

Exteriorizações racionais, em virtude da possibilidade de serem criticadas, são também *passíveis de correção*: podemos corrigir tentativas malsucedidas quando logramos identificar os erros que nos tenham passado despercebidos. O conceito de *fundamentação* está intimamente ligado ao de *aprendizado*. Também no caso dos processos de aprendizado a argumentação desempenha um papel importante.

Assim, denominamos racional uma pessoa que, no campo cognitivo-instrumental, age de maneira eficiente e exterioriza opiniões fundamentadas; contudo, essa racionalidade continua sendo apenas casual quando não se liga à capacidade de aprender a partir de fracassos, a partir da refutação de hipóteses e do insucesso de algumas intervenções.

O *discurso teórico* constitui o *medium* em que essas experiências negativas podem ser *elaboradas* de modo produtivo e, por conseguinte, a forma de argumentação na qual pretensões de verdade controversas podem ser transformadas em tema. Algo semelhante acontece na esfera prático-moral. Consideramos racional a pessoa capaz de justificar suas ações perante contextos normativos existentes. E isso vale especialmente para quem age de forma razoável no caso de conflitos normativos em contextos

---

27. St. Toulmin, R. Rieke, A. Janik. *An Introduction to Reasoning*. Nova York, 1979, p. 13.

de ação, isto é, para quem se esforça não somente em avaliar o conflito de modo imparcial, sob pontos de vista morais, mas também em superá-lo de modo consensual, não seguindo simplesmente seus afetos ou interesses imediatos. O *discurso prático*, ou melhor, a forma de argumentação que permite tematizar pretensões à correção normativa, constitui o *medium* que permite examinar hipoteticamente se determinada norma de ação, reconhecida faticamente ou não, pode ser justificada de modo imparcial.

Na ética filosófica se discute ainda hoje se as pretensões de validade, ligadas a normas da ação e sobre as quais os mandamentos e as frases com sentido deôntico se apoiam, podem ser resgatadas discursivamente em analogia com as pretensões de verdade. No dia a dia, porém, ninguém entra numa argumentação moral num círculo de atingidos sem se apoiar intuitivamente numa forte pressuposição, a saber, que é possível chegar, em princípio, a um consenso fundamentado. Essa conclusão se impõe, no meu entender, quando se analisa o *sentido* das pretensões de validade normativas. Na sua esfera de validade, as normas de ação, tendo em vista uma matéria a ser regulada, surgem com a pretensão de exteriorizar um interesse *comum* a *todos* os atingidos. Por isso, elas pretendem *merecer* um reconhecimento geral, o que equivale a afirmar que, sob condições que neutralizam todos os motivos, com exceção da busca cooperativa da verdade, as normas válidas devem estar em condições e encontrar o assentimento racional de todos os atingidos[28]. Sempre nos apoiamos sobre esse saber intuitivo quando

---

28. Cf. A. R. White. *Truth*. Nova York, 1970, pp. 57 ss.; G. Patzig. *Tatsachen, Normen, Sätze*. Stuttgart, 1981, pp. 155 ss.

argumentamos moralmente; o *"moral point of view"* tem suas raízes nessas pressuposições[29]. Isso não significa necessariamente que essa intuição de leigos possa ser de fato justificada de modo reconstrutivo; mesmo assim, nessa questão ética fundamental me inclino a uma posição cognitivista segundo a qual questões práticas podem ser decididas de uma forma precipuamente argumentativa[30]. Com certeza, só podemos defender que essa posição tenha perspectivas promissoras quando evitamos assimilar precipitadamente os discursos práticos (que se ca-

---

29. K. Baier. *The Moral Point of View*. Ithaca, 1964; trad. al.: Düsseldorf, 1973.

30. Cf. J. Rawls. *Eine Theorie der Gerechtigkeit*. Frankfurt/M., 1975; sobre esse livro, ver O. Höffe (org.). *Über J. Rawls Theorie der Gerechtigkeit*. Frankfurt/M., 1977; J. Rawls. "Kantian Constructivism in Moral Theory", *J. Phil.*, 77, 1980, pp. 515 ss.; sobre o enfoque construtivista, ver O. Schwemmer. *Philosophie der Praxis*. Frankfurt/M., 1971; F. Kambartel (org.). *Praktische Philosophie und konstruktive Wissenschaftstheorie*. Frankfurt/M., 1975; sobre o enfoque transcendental-pragmático, ver K.-O. Apel. "Das Apriori der Kommunikationsgemeinschaft und die Grundlagen der Ethik", in K.-O. Apel. *Transformation der Philosophie*, vol. 2, Frankfurt/M., 1973a, pp. 358 ss. [ed. bras.: "O a priori da comunidade de comunicação e os fundamentos da ética", in K.-O. Apel. *Transformação da filosofia II*. São Paulo, Loyola, 2000, pp. 407 ss.]; do mesmo autor: "Sprechakttheorie und transzendentale Sprachpragmatik, zur Frage ethischer Normen", in K.-O. Apel (org.). *Sprachpragmatik und Philosophie*. Frankfurt/M., 1976a, pp. 10 ss.; sobre o enfoque da teoria do discurso, ver J. Habermas. "Wahrheitstheorien", in H. Fahrenbach (org.). *Wirklichkeit und Reflexion*. Pfullingen, 1973, pp. 211 ss.; R. Alexy. *Theorie juristischer Argumentation*. Frankfurt/M., 1978; do mesmo autor: "Eine Theorie des praktischen Diskurses", in W. Oelmüller (org.). *Normenbegründung, Normendurchsetzung*. Paderborn, 1978, pp. 22 ss.; W. M. Sullivan. "Communication and the Recovery of Meaning", *Intern. Philos. Quart.*, 18, 1978, pp. 69 ss. Para uma visão de conjunto: R. Wimmer. *Universalisierung in der Ethik*. Frankfurt/M., 1980; R. Hegselmann. *Normativität und Rationalität*. Frankfurt/M., 1979.

racterizam por uma referência interna às carências interpretadas das *pessoas atingidas*) aos discursos teóricos (que fazem referência às experiências interpretadas por um *observador*).

Um *medium* reflexivo subsiste não apenas para o campo cognitivo-instrumental e para o campo moral-prático, mas também para exteriorizações avaliativas e expressivas.

Denominamos racional uma pessoa que interpreta sua natureza elementar à luz de padrões valorativos culturalmente aprendidos; mas muito mais quando ela é capaz de assumir uma postura reflexiva diante dos próprios padrões valorativos que interpretam as carências elementares. Valores culturais não surgem como normas de ação com pretensão de universalidade. Eles tratam, isto sim, de se *candidatar* a interpretações sob as quais um círculo de pessoas atingidas pode, *conforme o caso*, descrever e normatizar um interesse comum. A corte que se instala em torno dos valores culturais para render-lhes reconhecimento intersubjetivo ainda não corresponde de modo algum a uma pretensão de capacidade de concordância geral, ou mesmo universal, no âmbito da cultura. Por isso, argumentações que se põem a serviço da justificação de padrões valorativos não satisfazem as condições exigidas por discursos. No caso prototípico, elas assumem a forma da *crítica estética*.

Esse tipo de crítica apresenta variações de uma forma de argumentação que assume como tema a adequação de padrões valorativos e de expressões de nossa linguagem avaliativa. Isso ocorre de forma indireta nas discussões da crítica literária, artística e musical. As razões, nesse contexto, têm a função peculiar de pôr em evidência uma obra ou uma apresentação, de tal modo que possam ser percebidas como expressão autêntica de uma experiência exemplar, ou mesmo como corporificação de uma pretensão de autenticidade[31]. De sua parte, uma obra validada pela percepção estética fundamentada pode fazer as vezes de um argumento e pleitear em favor da aceitação dos padrões segundo os quais ela mesma é considerada uma obra autêntica. Assim como as razões no discurso prático devem servir para provar que a norma proposta expressa um interesse generalizável, as razões na crítica estética servem para direcionar a percepção e evidenciar a tal ponto a autenticidade de uma obra, que essa experiência venha tornar-se por si mesma o motivo racional da aceitação dos respectivos padrões de valor. Essa reflexão torna plausível a razão pela qual argumen-

---

31. Cf. R. Bittner. "Ein Abschnitt sprachanalytischer Ästhetik", in R. Bittner, P. Pfaff. *Das Ästhetische Urteil*. Colônia, 1977, p. 271: "... o que importa é a própria percepção do objeto, e os juízos procuram orientá-la, dar-lhe indicações e abrir-lhe perspectivas. Nas palavras de Hampshire: trata-se de levar alguém a que perceba as qualidades especiais de um objeto especial. Ou, como disse Isenberg de forma negativa: sem a presença ou a lembrança direta do objeto que se discute, o julgamento estético é supérfluo e insensato. As duas determinações certamente não contradizem uma à outra. Na terminologia dos atos de fala, a situação pode ser descrita de tal maneira que o ato ilocucionário (normalmente executado com exteriorizações do tipo 'O desenho X é particularmente equilibrado') pertence ao gênero dos enunciados, ao passo que o ato perlocucionário (executado via de regra com exteriorizações como essas) é uma iniciação à própria percepção das qualidades estéticas do objeto. Emito um enunciado e com ele oriento alguém em sua percepção estética, exatamente da mesma maneira como se pode emitir um enunciado e com isso informar alguém sobre a respectiva situação, ou como se pode fazer uma pergunta e, por meio dela, lembrar algo a alguém." Com isso, Bittner assume uma linha de argumentação caracterizada por trabalhos de M. McDonald, A. Isenberg e St. Hampshire; cf. a bibliografia, loc. cit., pp. 281 ss.

tos estéticos são menos coercivos para nós do que argumentos que utilizamos em discursos teóricos ou mesmo em discursos práticos.

Algo semelhante vale para os argumentos de um psicoterapeuta especializado em treinar um analisando a poder assumir uma postura reflexiva diante de suas próprias exteriorizações expressivas. Pois também denominamos racional, e de forma particularmente acentuada, o comportamento de uma pessoa que esteja disposta e em condições de se libertar de ilusões, e mais especificamente de ilusões que não se baseiem em erro (acerca de fatos), mas em autoengano (acerca de vivências próprias). Isso diz respeito à exteriorização de desejos e pendores próprios, sentimentos e estados de espírito que surgem com a pretensão de veracidade. Em muitas situações, um ator tem boas razões para esconder suas vivências de outras pessoas, ou para enganar o parceiro da interação quanto a suas vivências "verdadeiras". Ele não externa aí nenhuma pretensão de veracidade, mas em todo caso a simula ao comportar-se estrategicamente. Exteriorizações desse tipo não podem ser criticadas objetivamente em virtude de sua falta de veracidade; mais que isso, é preciso julgá-las de acordo com o êxito que se almejava para elas. Exteriorizações expressivas só podem ser medidas de acordo com sua veracidade no contexto de uma comunicação que intenta chegar ao entendimento.

Quem se engana sistematicamente sobre si mesmo comporta-se de maneira irracional. No entanto, quem está em condições de aceitar esclarecimentos sobre sua irracionalidade dispõe da racionalidade de um sujeito capaz de emitir juízos e agir de modo que se oriente racionalmente a um fim; dispõe da racionalidade de um sujeito capaz de discernir moralmente, que se revela confiável do ponto de vista prático, que atribui valor com sensibilidade e está esteticamente aberto; e mais que isso: alguém assim dispõe sobretudo da energia necessária para se comportar de maneira reflexiva diante da própria subjetividade e para entrever as limitações irracionais a que estão sistematicamente submetidas suas exteriorizações cognitivas, prático-morais e prático-estéticas. Em um *processo de autorreflexão* como esse, as razões também têm um papel a desempenhar; Freud investigou o tipo de argumentação respectivo com base no modelo do diálogo terapêutico que se dá entre médico e analisando[32]. No diálogo analítico os papéis estão distribuídos assimetricamente, médico e paciente não se comportam como proponente e oponente. Só se podem satisfazer os pressupostos de um discurso depois que a terapia tem êxito. É por isso que denomino *crítica terapêutica* a forma de argumentação voltada ao esclarecimento de autoenganos sistemáticos.

Em um plano diverso mas igualmente reflexivo, residem finalmente as formas de comportamento de um intérprete que, diante de sérias dificuldades de se chegar a um entendimento, e para munir-se de algum tipo de ajuda, vê-se induzido a tomar a própria via para o entendimento como objeto da comunicação. Denominamos racional uma pessoa que se comporta com disposição positiva diante do entendimento e, diante de problemas de comunicação, reage de modo que reflita sobre as regras da linguagem. Trata-se aí, por um lado, da checagem da

---

32. J. Habermas. *Erkenntnis und Interesse*. Frankfurt/M., 1968a, caps. 10 s.; P. Ricouer. *Die Interpretation*. Frankfurt/M., 1969, Livro Terceiro, pp. 352 ss.; sobre isso, cf. W. A. Schelling. *Sprache, Bedeutung, Wunsch*. Berlim, 1978.

compreensibilidade ou da boa formulação de exteriorizações simbólicas, ou seja, da pergunta pela adequação da produção de expressões simbólicas, isto é, a pergunta pela concordância entre elas e o respectivo sistema de regras de produção. A pesquisa linguística pode servir aqui de modelo. Por outro lado, trata-se de uma explicação do significado de exteriorizações – uma tarefa hermenêutica para a qual a prática da tradução oferece um modelo apropriado. Comporta-se de maneira irracional quem utiliza dogmaticamente seus próprios meios simbólicos de expressão. O *discurso explicativo*, ao contrário, é a forma de argumentação em que a compreensibilidade, a boa formulação ou a regularidade de expressões simbólicas deixa de ser suposta ou resguardada de maneira ingênua, para tornar-se tema de discussão, como um apelo cercado de controvérsia[33].

Podemos resumir assim nossas reflexões: entendemos racionalidade como uma disposição de sujeitos capazes de falar e agir. Ela se exterioriza nos modos de comportamento para os quais, a cada caso, subsistem boas razões. Isso significa que exteriorizações racionais são acessíveis a um julgamento objetivo – o que vale para todas as exteriorizações simbólicas que estejam ligadas ao menos implicitamente a pretensões de validade (ou a pretensões que mantenham uma relação interna com uma pretensão de validade passível de crítica). Toda checagem explícita de pretensões de validade controversas demanda uma forma ambiciosa e precisa de comunicação que cumpra os pressupostos da argumentação.

---

33. Sobre o discurso explicativo, cf. Schnädelbach, *Reflexion und Diskurs*. Frankfurt/M., 1977, pp. 277 ss.

Fig. 2 *Tipos de argumentação*

Formas de argumentação \ Grandezas referenciais	Exteriorizações problemáticas	Pretensões de validade controversas
discurso teórico	cognitivo-instrumentais	verdade de proposições; eficiência de ações teleológicas
discurso prático	moral-práticas	correção das normas de ação
crítica estética	avaliativas	adequação de padrões valorativos
crítica terapêutica	expressivas	veracidade de expressões
discurso explicativo	- - - - -	compreensibilidade ou boa formulação de construtos simbólicos

As argumentações tornam possível um comportamento considerado racional em um sentido peculiar, qual seja o aprendizado a partir de erros explícitos. Enquanto a possibilidade de críticas a exteriorizações racionais e a capacidade de fundamentação que lhes é própria limitam-se a *dar indício* da possibilidade de argumentação, os processos de aprendizado *dependem* de argumentações; e é por meio destes últimos que angariamos conhecimentos teóricos e discernimentos morais, renovamos e ampliamos a linguagem avaliativa e suplantamos autoenganos e dificuldades de entendimento.

(3) *Excurso sobre a teoria da argumentação*

O conceito de racionalidade introduzido até aqui de maneira antes intuitiva refere-se a um sistema de pretensões de validade que, como mostra a figura 2, precisaria ser esclarecido por meio de uma teoria da argumentação. Essa teoria, no entanto, apesar de uma tradição filosófica honorável que remonta a Aristóteles, ainda está em fase inicial. A lógica da argumentação, diferentemente da lógica formal, não se refere a concatenações de raciocínio entre unidades semânticas (proposições), mas a relações internas, inclusive não dedutivas, entre unidades pragmáticas (ações de fala) das quais os argumentos se compõem. Ocasionalmente, a lógica da argumentação aparece sob o nome de uma "lógica informal"[34]. Para o primeiro simpósio internacional sobre questões de lógica informal, os organizadores mencionaram as seguintes razões e motivos:

"– Serious doubt about whether deductive logic and the standard inductive logic approaches are sufficient to model all, or even the major, forms of legitimate argument.

– A conviction that there are standards, norms, or advice for argument evaluation that are at once logical – not purely rhetorical or domainspecific – and at the same time not captured by the categories of deductive validity, soundness and inductive strenght.

– A desire to provide a complete theory of reasoning that goes beyond formal deductive and inductive logic.

– A belief that theoretical clarification of reasoning and logical criticism in non-formal terms has direct implications for such other branches of philosophy as epistemology, ethics and the philosophy of language.

---

34. Para o contexto de língua alemã, cf. o relatório de pesquisa de P. L. Völzing. "Argumentation", *Zeitschrift für Literaturwissenschaft und Linguistik*, 19, 1980, pp. 204 ss.

– An interest in all types of discursive persuasion, coupled with an interest in mapping the lines between the different types and the overlapping that occurs among them."[35]

Essas convicções caracterizam uma posição que S. Toulmin desenvolveu em sua inovadora pesquisa *The Uses of Argument*[36] [Os usos do argumento], ponto de partida para suas próprias investigações sobre *Human Understanding*[37] [Entendimento humano], sob a perspectiva da história das ciências.

De um lado, Toulmin critica concepções absolutistas que atribuem conhecimentos teóricos, discernimentos prático-morais e valorações estéticas e argumentos dedutivamente coercivos ou evidências empiricamente coercivas. À medida que são coercivos no sentido de raciocínio lógico, os argumentos não fomentam o aparecimento de nada que seja substancialmente novo; e à medida que têm teor substancial, qualquer que seja, eles se apoiam sobre evidências e carências que podem ser interpretadas de diversas maneiras, com o auxílio de diversos sistemas de descrição e à luz de teorias cambiantes, de modo que não oferecem, portanto, uma base última e conclusiva. De outro lado, Toulmin critica com igual veemência concepções *relativistas* que não explicam a coação não coativa do melhor argumento e não podem fazer jus, portanto, às conotações universalistas de preten-

---

35. J. A. Blair, R. H. Johnson (orgs.). *Informal Logic*. Iverness, Cal., 1980, p. X.
36. St. Toulmin. *The Uses of Argument*. Cambridge, 1958; ed. al.: Kronberg, 1975. [Trad. bras. *Os usos do argumento*, São Paulo, Martins Fontes, 2.ª ed., 2006.]
37. St. Toulmin. *Human Understanding*. Princeton, 1972; ed. al.: *Kritik der kollektiven Vernunft*. Frankfurt/M., 1978.

sões de validade tais como a verdade de proposições ou a correção de normas: "Toulmin argues that neither position is reflexive; that is, neither position can account for its 'rationality' within is own framework. The absolutist cannot call upon another First Principle to justify his initial First Principle to secure the status of the doctrine of First Principles. On the other hand, the relativist is in the peculiar (and self-contradictory) position of arguing that his doctrine is somehow above the relativity of judgments he asserts exist in all other domains."[38]

Contudo, se a validade de exteriorizações não pode ser nem empiricamente ignorada, nem absolutistamente fundamentada, surgem aí as perguntas para as quais a *lógica da argumentação* deve dar resposta: Como se podem sustentar com boas razões as pretensões de validade que se tornaram problemáticas? Como criticar as razões? O que torna alguns argumentos mais fortes ou mais fracos que outros (e com eles as razões referidas de maneira relevante a pretensões de validade)?

Na fala argumentativa podem-se distinguir três aspectos. Considerada como *processo*, trata-se de uma forma de comunicação inverossímil, já que muito próxima de condições ideais. Diante disso, procurei apresentar os pressupostos comunicativos gerais da argumentação como determinações de uma situação ideal de fala[39]. Essa sugestão, em seus detalhes, acaba sendo insatisfatória; como antes, porém, parece-me correta a intenção de reconstruir as condições gerais de simetria que todo falante competente precisa supor suficientemente satisfeitas, tão logo

---

38. B. R. Burleson. "On the Foundations of Rationality", in *Journ. Am. Forensic Assoc.*, 16, 1979, p. 113.

39. Habermas, 1973c.

ele pense em tomar parte de uma argumentação. Participantes de uma argumentação têm de pressupor de maneira geral que a estrutura de sua comunicação, em virtude de traços que cabe descrever de maneira puramente formal, exclui toda coação (quer ela atue a partir de fora sobre o processo de entendimento mútuo, quer se origine dele), exceto a coação do melhor argumento (o que implica também a desativação de todos os motivos, exceto o da procura cooperante pela verdade). Sob esse aspecto, pode-se conceber a argumentação como um *prosseguimento reflexivamente direcionado do agir que se orienta por outros meios ao entendimento*.

Em segundo lugar, ao se considerar a argumentação um *procedimento*, tem-se uma forma de interação *especialmente regulamentada*. E o processo de entendimento discursivo passa a ser normatizado sob a forma cooperativa de uma divisão de trabalho entre proponentes e oponentes. Isso ocorre, então, de maneira que os partícipes:

– tematizem uma pretensão de validade problemática;

– assumam um posicionamento hipotético, ao estarem desonerados da pressão acional e experiencial; e

– cheguem mediante razões, e tão somente mediante elas, se a pretensão defendida pelo proponente tem razão de subsistir ou não.

Por fim, a argumentação pode ser levada em conta a partir de um terceiro ponto de vista: ela se volta a *produzir* argumentos procedentes e convincentes, em razão de propriedades intrínsecas com que é possível resolver ou refutar pretensões de validade. Argumentos são meios com os quais é possível obter o reconhecimento intersubjetivo de uma pretensão de validade levantada pelo proponente de forma hipotética; com eles pode-se transformar opinião em saber. Toulmin caracteriza a estrutura geral dos argumentos como a seguir: um argumento compõe-se tanto da exteriorização problemática para a qual se manifesta uma pretensão de validade (*conclusion*) quanto do fundamento (*ground*) com que essa pretensão deve ser estabilizada. Assegura-se (*warrant*) o fundamento com a ajuda de uma regra (uma regra conclusiva, um princípio, uma lei etc.), que se apoia em evidências de diversos tipos (*backing*). Conforme o caso, a pretensão de validade precisa ser modificada ou restringida (*modifyer*)[40]. Essa proposta, sobretudo em face da diferenciação entre os vários planos da argumentação, carece de aprimoramento; mas toda e qualquer teoria da argumentação vê-se confrontada com a tarefa de apontar características gerais dos argumentos procedentes. Para isso, a descrição formal-semântica das proposições utilizadas em argumentos é necessária, mas não suficiente.

Os três aspectos analíticos mencionados podem revelar os pontos de vista teóricos sob os quais é possível demarcar as disciplinas do cânone aristotélico: a Retórica ocupa-se da argumentação enquanto *processo*; a Dialética ocupa-se dos *procedimentos* pragmáticos da argumentação; e a Lógica, de seus *produtos*. De fato, sob cada

---

40. Toulmin fez essa análise em: Toulmin, Rieke, Janik, 1979. Ele a sintetiza como a seguir: "It must be clear just what *kind* of issues the argument is intended to raise (aesthetic rather than scientific, say, or legal rather than psychiatric) and what its underlying *purpose* is. The *grounds* on which it rests must be relevant to the *claim* made in the argument and must be sufficient to support it. The *warrant* relied on to guarantee this support must be applicable to the case under discussion and must be based on solid *backing*. The *modality*, or strengh, of the resulting claim must be made explicit, and the possible *rebuttals* or exceptions, must be well understood" (p. 106).

um desses aspectos surgem estruturas *diversas* em cada argumentação: as estruturas de uma situação de fala ideal e especialmente imunizada contra repressão e desigualdade; logo a seguir, as estruturas de concorrência ritualizada em torno de argumentos melhores; enfim, as estruturas que determinam a constituição de argumentos individuais e as relações que eles mantêm entre si. Porém, em nenhum desses planos analíticos pode se desenvolver de maneira satisfatória a ideia inerente ao discurso argumentativo. Sob o aspecto processual, a intuição fundamental que vinculamos à argumentação pode caracterizar-se em primeiro lugar por meio da intenção de convencer um *auditório universal* e de obter concordância geral em face de uma exteriorização; sob o aspecto procedimental, por meio da intenção de pôr fim à controvérsia em torno das pretensões de validade hipotéticas, mediante um *comum acordo racionalmente motivado*; e sob o aspecto do produto, por meio da intenção de fundamentar ou *resgatar* uma pretensão de validade pelo uso de argumentos. É interessante, porém, que a tentativa de analisar os conceitos básicos da teoria da argumentação, tais como "concordância de um auditório universal"[41], "anseio de um comum acordo racionalmente motivado"[42] ou "solução discursiva de uma pretensão de validade"[43], acaba por revelar, isso sim, a impossibilidade de sustentar a separação dos três planos analíticos.

---

41. Ch. Perelman, L. Olbrechts-Tyteca. *La nouvelle rhétorique*. 2.ª ed. Bruxelas, 1970.
42. Habermas, 1973c. O importante conceito de motivação racional certamente ainda não foi analisado satisfatoriamente; cf. H. Aronovitch. "Rational Motivation", *Philos. Phenom. Res.*, 15, 1979, pp. 173 ss.
43. Toulmin, 1958.

Gostaria de comprovar tal coisa, de maneira exemplar, a partir de uma tentativa recente de abordar a teoria da argumentação com base em *apenas um* desses planos de abstração, a saber, o da argumentação como processo. O enfoque de Wolfgang Klein[44] é digno de recomendações por sua intenção de ocasionar no questionamento retórico uma reviravolta empírico-científica muito consistente. Klein seleciona a perspectiva externa do observador que pretende descrever e explicar os processos argumentativos. Para isso, não procede de maneira objetivista, no sentido de aceitar apenas o comportamento observável dos participantes da argumentação; sob pressupostos rigorosamente behavioristas, afinal, o comportamento argumentativo não se distingue do comportamento verbal em geral. Klein envolve-se com o sentido das argumentações; mesmo sem uma valoração objetiva dos argumentos utilizados, ele quer investigá-los a partir de um posicionamento rigorosamente descritivo. Assim, distancia-se não apenas de Toulmin, que apregoa não se poder chegar ao sentido de argumentações sem uma valoração ao menos implícita dos argumentos nelas utilizados; Klein afasta-se também da tradição da retórica, mais interessada na dicção persuasiva do que em seu teor de verdade: "De certa forma, o esquema de Toulmin está mesmo muito mais próximo de argumentações efe-

---

44. W. Klein. "Argumentation und Argument", in *Zeitschrift für Literaturwissenschaft und Linguistik*, 38/39, 1980, pp. 9 ss. Com ênfases um pouco diversas, Max Miller também aplicou essa abordagem a grupos de discussão moral com crianças e adolescentes. Cf. M. Miller. "Zur Ontogenese moralischer Argumentation", *Zeitschrift für Literaturwissenschaft und Linguistik*, 38/39, 1980, pp. 58 ss.; do mesmo autor: "Moralität und Argumentationen", in *Newsletter Soziale Kognition*, 3, Technische Universität Berlin, 1980.

tivas do que as abordagens formais que ele critica; mas ainda se trata de um esquema do argumentar *corretamente*. Ele não fez investigações empíricas sobre como as pessoas argumentam de fato. Isso vale também para Perelman e Olbrechts-Tyteca, embora entre todas as abordagens filosóficas seja a deles a que mais se aproxima das argumentações reais; nela, porém, o *auditoire universel*, um dos conceitos centrais, certamente não é um grupo de pessoas realmente existentes, tal como a atual população da Terra; ele é uma instância qualquer – e nada fácil de tornar concreta, a propósito... Para mim, não importa o que seja uma argumentação racional, razoável ou correta, e sim a maneira como as pessoas argumentam, sejam elas tolas como forem."[45]

Gostaria agora de demonstrar como Klein, buscando separar claramente o argumentar "factual" do argumentar "válido" por meio da assunção de uma perspectiva externa, incide em contradições bastante instrutivas.

De início, Klein define o âmbito da interlocução argumentativa: "Em uma argumentação, com ajuda do que é coletivamente vigente, tenta-se transformar algo coletivamente questionável em algo coletivamente vigente."[46] Participantes de uma argumentação pretendem decidir sobre pretensões de validade, e fazê-lo com base em razões; sua força de convencimento, eles a extraem de um saber coletivamente partilhado e não problemático. A redução empirista do sentido da argumentação revela-se na maneira como Klein emprega o conceito de "coletivamente vigente". O termo abrange, para ele, apenas as concepções realmente partilhadas por determinados gru-

---

45. Klein, 1980, p. 49. Ver também M. A. Finocchiaro. "The Psychological Explanation of Reasoning", *Phil. Soc. Sc.*, 9, 1979, pp. 277 ss.
46. Klein, 1980, p. 19.

pos em determinadas épocas; Klein retira do conceito a seguir todas as relações internas entre o que se aceita *faticamente* como vigente e o que deve ter *validade*, no sentido de uma pretensão que transcende limitações sociais, locais e temporais: "*O que é vigente e o que é questionável*: as duas coisas são relativas, e sempre com referência a pessoas e momentos."[47]

Ao limitar o "coletivamente vigente" a cada uma das convicções faticamente exteriorizadas e aceitas, ele conduz as argumentações a uma descrição que subtrai das tentativas de convencimento uma dimensão decisiva. De acordo com sua descrição, as razões é que motivam os participantes da argumentação a se deixar convencer por alguma coisa; mas essas razões são *concebidas como ensejos opacos de mudança de postura*. A descrição de Klein neutraliza todos os parâmetros que possibilitariam uma valoração da racionalidade das razões; ela proíbe ao teórico ter uma perspectiva interna a partir da qual pudesse adotar alguns parâmetros de julgamento. Enquanto os conceitos propostos por Klein estiverem à nossa disposição, um argumento valerá tanto quanto qualquer outro, bastando que, por causa dele, "uma fundamentação seja aceita de maneira imediata"[48].

---

47. Klein, 1980, p. 18. Com fins ilustrativos, Klein refere-se a um grupo sectário que, para fundamentar a sentença segundo a qual a religião é prejudicial ao povo, indica que ela foi escrita por Lênin. Nesse grupo, a remissão à autoridade de Lênin é suficiente para transformar algo "coletivamente questionável" em algo "coletivamente vigente". Klein utiliza esses conceitos para evitar propositadamente a pergunta sobre que razões essas pessoas que nos parecem sectárias usariam para convencer outras pessoas de que as explicações teóricas oferecidas por Lênin para os respectivos fenômenos são superiores a outras explicações concorrentes, por exemplo as de Durkheim ou Weber.

48. Klein, 1980, p. 16.

O próprio Klein percebe o perigo que ameaça a *lógica* da argumentação, quando se substitui o conceito de validade pelo de aceitação: "... em uma abordagem como essa – é possível pensar –, deixa de haver verdade e referência à realidade, embora também se devesse tratar delas em uma argumentação, caso fosse possível; parece que nessa forma de abordagem só importa quem se impõe, e não quem tem razão; isso seria um erro grave..."[49]

A lógica da argumentação exige uma circunstância conceitual que permite fazer jus ao fenômeno da coação do melhor argumento, não coativa em um sentido peculiar: "O desenvolvimento de um argumento como esse não é de modo algum a unificação amigável em vista de opiniões quaisquer. O que tem vigência coletiva pode ser até mesmo muito incômodo para cada participante em particular, do ponto de vista pragmático; mas, se é assim em razão de transições que têm seu ponto de partida no que é vigente, eis o que vale – não obstante o participante querer tal coisa ou não. É quase impossível defender-se do pensamento. Transições do vigente para o vigente cumprem-se em nós, sem importar se elas nos agradam ou não."[50] Por outro lado, é inevitável haver consequências relativistas quando se toma o que é coletivamente vigente apenas como fato social, isto é, quando não se concebe uma relação interna com a racionalidade das razões que fundamentam o que têm vigência coletiva: "Fica parecendo [...] que o fato de isto ou aquilo alcançar validade junto a um indivíduo ou uma coletividade é algo arbitrário: alguns creem nisto, outros, naquilo, e o que se impõe depende dos acasos, de uma maior habilidade re-

---

49. Klein, 1980, p. 40.
50. Klein, 1980, pp. 30 s.

tórica ou da força física. Isso leva a algumas consequências pouco satisfatórias. Seria preciso aceitar que para uma valha 'Ama teu próximo como a ti mesmo', e para outro, 'Mata teu próximo se ele se tornar um incômodo para ti'. Também seria difícil entender a razão por que fazer pesquisa ou buscar o conhecimento; pois para uns vale que a Terra é plana, para outros, que ela é esférica, ou talvez ela tenha mesmo a forma de um peru; a primeira coletividade é a maior, a terceira, a menor, e a segunda, a mais agressiva; não se pode garantir para ninguém um direito maior (embora seja indubitável que a segunda concepção seja verdadeira)."[51]

Assim, o dilema consiste em que Klein não quer assumir o ônus das consequências relativistas, não obstante queira conservar a perspectiva externa do observador. Ele se nega a distinguir entre a *validade social* e a *validade* dos argumentos: "Conceitos de 'verdadeiro' e 'verossímil' que ignorem os sujeitos cognoscentes e a maneira como eles alcançam seu conhecimento podem até ser úteis, mas para argumentações são irrelevantes; o que importa aí é o que vale para os indivíduos."[52]

Como saída desse dilema, Klein procura um caminho singular: "A divisa que demarca diferenças no interior do que está vigente não é o teor diverso de verdade do que está vigente – pois quem é que decide sobre isso? –, mas a lógica da argumentação com sua eficácia imanente."[53] Nesse contexto, a expressão "eficácia" tem uma ambiguidade sistemática. Se argumentos são válidos, o discernimento sobre as condições internas de sua validade pode ter uma força racionalmente motivadora. Con-

---
51. Klein, 1980, pp. 47 s.
52. Klein, 1980, p. 47.
53. Klein, 1980, p. 48.

tudo, os argumentos também podem exercer influência sobre o posicionamento de destinatários independentemente de sua validade; basta, para tanto, que eles sejam expressos sob condições que assegurem sua aceitação. Ao passo que se poderia explicar aqui a "eficácia" dos argumentos com auxílio de uma psicologia da argumentação, faltaria uma lógica da argumentação que pudesse explicar o primeiro caso. Klein, no entanto, postula uma terceira coisa: uma lógica da argumentação que investigue *nexos de validade como regularidades empíricas*. Sem regredir a conceitos de validação objetiva, cabe a essa lógica representar as leis a que estão submetidos os participantes da argumentação em cada caso, contra as propensões deles mesmos e à revelia de ações efetivas externas. Uma teoria assim precisa tomar o que aos olhos dos envolvidos assume a aparência de nexos entre exteriorizações válidas e analisar tal coisa enquanto nexos externos entre acontecimentos nomologicamente vinculados.

Em face do dilema que ele mesmo identifica, Klein só logra disfarçá-lo à custa de um erro categorial (assumido como ônus estratégico?) que consiste em atribuir à lógica da argumentação uma tarefa da qual só se poderia dar conta com uma teoria nomológica do comportamento observável: "Creio que com a análise sistemática das argumentações factuais – assim como em toda e qualquer *análise empírica* – é possível identificar *regularidades* fixas, segundo as quais se dá a argumentação entre os seres humanos – a saber, a lógica da argumentação. E creio, além disso, que esse conceito satisfaz grande parte das questões concebidas sob a expressão 'racionalidade da argumentação'."[54] Klein pretende apresentar a lógica

---

54. Klein, 1980, pp. 49 s.

da argumentação como uma teoria nomológica e por isso tem de fazer equivaler regras e regularidades causais, razões e causas[55]. Consequências paradoxais desse tipo resultam da tentativa de esboçar a lógica da argumentação *exclusivamente* com base na perspectiva do decurso de processos de comunicação, e da tentativa de evitar que se analisem os processos de formação de consenso, desde o início, como intenção de alcançar um comum acordo racionalmente motivado e como solução discursiva de pretensões de validade. A *restrição ao plano de abstração da retórica* tem por consequência certa negligência em face da perspectiva interna de uma construção de nexos de validade que se dê posteriormente. Falta um conceito de racionalidade que permita constituir uma relação interna entre os "nossos" padrões e os "deles", entre o que vale "para eles" e o que vale "para nós".

É interessante notar como Klein fundamenta a eliminação da referência de verdade dos argumentos: para isso, também recorre ao fato de que não se podem atribuir, em uma argumentação, todas as pretensões de va-

---

[55]. Isso explica por que Klein compara, por exemplo, desvios patológicos de regras da argumentação com a sobredeterminação de fenômenos físicos, e isso de uma maneira extremamente implausível: "É óbvio que em uma argumentação ainda atuam outras legalidades além da lógica delas mesmas, e nem tudo que se diz na argumentação corresponde a essa lógica. É certo: as maçãs que caem seguem a lei da gravidade, e é possível estudar essa lei utilizando maçãs que caem, ou ainda outros corpos em movimentos, relativos uns aos outros. Mas o movimento das maçãs também é determinado por outras leis. Menciono tal coisa porque, de minha parte, vejo na referência a argumentações que se dão entre loucos uma restrição tão imprópria contra a explicação que se deu há pouco quanto imprópria seria a restrição contra a lei da gravidade com base na referência ao arremesso de uma maçã" (Klein, 1980, p. 50).

lidade potencialmente controversas a pretensões de verdade. Em muitas argumentações, "não se trata absolutamente de asserções sobre as quais cabe decidir se são 'verdadeiras' ou 'verossímeis', mas de questões sobre o que é bom, sobre o que é belo ou sobre o que se deve fazer. Entende-se que se trata aqui, primeiramente, do que vale, e do que vale para pessoas determinadas e em momentos determinados"[56]. O conceito de verdade proposicional é de fato muito estrito para dar conta de todas as coisas para as quais os participantes de uma argumentação reivindicam validade, em sentido lógico. A teoria da argumentação precisa mesmo dispor de um conceito de validade mais abrangente, e não restrito à validade da verdade. Não decorre disso, porém, uma necessidade de renunciar a conceitos de validade *análogos à verdade*, nem necessidade alguma de eliminar do conceito de validade todos os momentos contrafactuais, nem tampouco de equiparar validade a aceitação social.

Vejo a vantagem do enfoque proposto por Toulmin justamente no fato de ele admitir uma pluralidade de pretensões de validade sem com isso negar o sentido de validade que transcende restrições críticas, temporais, espaciais e sociais. No entanto, esse enfoque também padece de não haver nele uma mediação clara entre os planos de abstração do que é lógico e do que é empírico.

Toulmin escolhe um ponto de partida na linguagem do cotidiano, que de saída não o obriga a distinguir entre esses dois planos. Ele reúne exemplos de tentativas de exercer influência, por via argumentativa, na postura do participante de uma interação. Isso pode acontecer de tal maneira que acabemos revelando uma informação,

---

56. Klein, 1980, p. 47.

manifestemos a pretensão de ter um direito, interponhamos restrições à aceitação do emprego de uma nova estratégia (de política empresarial, por exemplo) ou de uma nova técnica (em provas esportivas ou na produção de aço, por exemplo), critiquemos uma apresentação musical, defendamos uma hipótese científica, apoiemos um candidato em seleção para uma vaga de emprego etc. Esses casos têm em comum a forma de uma argumentação: esforçamo-nos por sustentar uma pretensão com boas razões; a qualidade das razões e sua relevância podem ser questionadas pela contraparte; deparamos com restrições e, conforme o caso, vemo-nos coagidos a modificar a exteriorização original.

Na verdade, as argumentações distinguem-se de acordo com o *tipo das pretensões* que o proponente tenciona defender. E as pretensões variam de acordo com os contextos de ação. De início, podem-se caracterizar estes últimos por meio de instituições, tais como tribunais, congressos científicos, reuniões de conselhos administrativos de empresas, aconselhamentos médicos, seminários universitários, audiências parlamentares, discussões de engenheiros sobre a escolha de um determinado *design* etc.[57] Diante da multiplicidade de contextos em que pode haver argumentações, é possível submetê-la a uma análise funcional e reduzi-la a umas poucas arenas ou "campos" sociais. A estes correspondem diversos tipos de pretensões, e diversos tipos de argumentação, em igual número. Assim, Toulmin faz distinção entre o esquema geral em que fixa as marcas invariantes de argumentos, de campo a campo, e as regras de argumentação especiais, que dependem de um campo em particular e são consti-

---

57. Toulmin, 1979, p. 15.

tutivas dos jogos de linguagem ou ordenações da vida nos campos da jurisdição, medicina, ciência, política, crítica de arte, administração de empresas, esporte etc. Não podemos julgar a força de argumentos, nem entender a categoria das pretensões de validade a cuja solução eles se destinam, se não entendemos o sentido do respectivo *empreendimento* que cabe apoiar por meio da argumentação: "What gives judicial arguments their force in the context of actual court proceedings?... The status and force of those arguments – as *judicial* arguments – can be fully understood only if we put them back into their practical contexts and recognize what functions and purposes they possess in the actual enterprise of the law. Similarly the arguments advanced in a scientific discussion must be presented in an orderly and relevant manner if the initial claims are to be criticized in a rational manner, open to all concerned. But what finally gives strength and force to those arguments is, once again, something more than their structure and order. We shall understand their status and force fully only by putting them back into their original contexts and recognizeing how they contribute to the larger enterprise of science. Just as judicial arguments are sound only to the extent that they serve the deeper goals of the legal process, scientific arguments are sound only to the extent that they can serve the deeper goal of improving our scientific urderstanding. The same is true in other fields. We understand the fundamental force of medical arguments only to the extent that we understand the enterprise of medicine itself. Likewise for business, politics, or any other field. In all these fields of human activity, reasoning and argumentation find a place as central elements within a larger human enterprise. And to mark this feature – the fact that all these activities place reliance on the presentation and critical assessment of 'reasons' and 'arguments' — we shall refer to them all as rational enterprises."[58]

Certamente há uma ambiguidade nessa tentativa de atribuir a multiplicidade de tipos de argumentação e pretensões de validade a "empreendimentos racionais" diversos e a "campos de argumentação" respectivamente institucionalizados. Não fica claro se essas totalidades de direito e medicina, ciência e administração, arte e engenharia podem ser delimitadas entre si apenas de maneira funcional, por via sociológica, por exemplo, ou também de maneira lógico-argumentativa. Afinal, Toulmin concebe esses "empreendimentos racionais" como manifestações institucionais de formas de argumentação que cabe caracterizar internamente, ou ele diferencia os campos de argumentação *somente* segundo critérios institucionais? Toulmin tende a esta segunda alternativa, sobre a qual incide um ônus da prova menor.

Quando nos servimos da distinção acima sugerida, entre aspectos de processo, de procedimento e de produto, o que Toulmin faz é contentar-se, para a lógica da argumentação, com o terceiro plano de abstração; e nele trata de perseguir o estabelecimento e o nexo de argumentos individuais. Para apreender a distinção entre campos de argumentação diversos, recorre a pontos de vista da institucionalização. Ao fazê-lo, distingue entre *modelos de organização*[59] orientados ou ao conflito ou ao consenso, no plano procedimental; e distingue entre *contextos de ação funcionalmente especificados*, no plano processual, isto é, contextos em que a dicção argumentativa se

---

58. Toulmin, 1979, p. 28.
59. Toulmin, 1979, pp. 279 ss.

aloja como mecanismo para a solução de problemas. É preciso recorrer indutivamente a esses diversos campos de argumentação, acessíveis somente a uma análise capaz de generalizar por via empírica. Toulmin delineia cinco campos de argumentação representativos, a saber: direito, moral, ciência, administração e crítica de arte. "By studying them we shall identify most of the characteristic modes of reasoning to be found in different fields and enterprises, and we shall recognize how they reflect the underlying aims of those enterprises."[60]

Essa declaração de intenções certamente não é tão unívoca quanto a que apresentei aqui. Toulmin cumpre seu programa de maneira que extrai dos modos de argumentação dependentes dos diversos campos sempre o mesmo esquema de argumentação; com isso, os cinco campos de argumentação podem ser concebidos como *diferenciações e autonomizações institucionais de uma única demarcação conceitual* das argumentações em geral. Com essa leitura, a tarefa da lógica da argumentação estaria restrita a explicar uma demarcação aplicável a argumentações possíveis. Assim, empreendimentos diversos como direito e moral, ciência, administração e crítica de arte deveriam sua racionalidade a esse cerne comum. Em outros contextos, porém, Toulmin volta-se de forma veemente contra uma concepção universalista desse tipo; pois duvida da possibilidade de apelo direto a uma demarcação fundamental e imutável da racionalidade. Ele contrapõe, então, ao procedimento aistórico da teoria normativa da ciência proposta inicialmente por Popper uma investigação histórico-reconstrutiva da mudança de concepção e paradigma. Para chegar ao conceito de ra-

---

60. Toulmin, 1979, p. 200.

cionalidade, é preciso fazê-lo somente com base em uma análise empírica e historicamente orientada da mudança dos empreendimentos racionais.

De acordo com essa leitura, a lógica da argumentação teria de se estender sobretudo àquelas concepções substanciais que, ao longo da história, se tornam constitutivas para cada uma das racionalidades de empreendimentos, como ciência, técnica, direito, medicina etc. Toulmin tem por objetivo uma "crítica da razão coletiva", que evite tanto uma exclusão apriorística de argumentações quanto definições de ciência ou direito ou arte, introduzidas abstratamente: "Quando empregamos expressões categoriais como 'ciência' e 'direito', não temos em mente nem o seguimento atemporal de ideias abstratas, que seriam definidas independentemente de nosso entendimento sempre mutável acerca das carências e problemas das pessoas, nem o que as pessoas chamam casualmente de 'ciência' ou 'direito' em um ambiente qualquer. Mais que isso, trabalhamos com determinadas noções gerais, 'abertas' e historicamente mutáveis acerca do que os empreendimentos científicos e jurídicos *devem alcançar*. Chegamos a essas noções conteudísticas à luz da empiria, isto é, à luz dos objetivos que as pessoas se propuseram alcançar nos diferentes ambientes, quando deram forma a seus próprios empreendimentos racionais, e à luz do tipo de êxitos que elas de fato almejam quando se empenham em cumprir esses objetivos."[61]

Não obstante, para evitar parâmetros racionais aprioristicos, Toulmin não está disposto a pagar o preço do relativismo. Na mudança de empreendimentos racionais e de seus padrões de racionalidade, não pode valer *apenas*

---

61. Toulmin, 1978, pp. 575 s.

o que os envolvidos consideram "racional". O historiador que age com intenção reconstrutiva, quando quer "comparar de maneira razoável" as formas do espírito objetivo, precisa orientar-se segundo um parâmetro crítico. Toulmin identifica tal parâmetro com "a posição imparcial do juízo racional" e, assim como Hegel na "Fenomenologia", por certo não pretende *pressupô-lo* arbitrariamente, mas *conquistá-lo* a partir da apropriação compreensiva do empreendimento racional coletivo do gênero humano.

Infelizmente, Toulmin não empreende tentativa alguma de análise da *posição de imparcialidade*, tomada de maneira realmente abrangente. Com isso, ele se torna passível de contestação por abandonar a lógica da argumentação a noções de racionalidade *previamente existentes*: essa mesma lógica que ele conduz no plano do esquema argumentativo geral, mas não nos planos dos procedimentos e processos. Enquanto Toulmin não esclarece os pressupostos e procedimentos comunicativos gerais para a procura cooperativa da verdade, ele também não pode indicar, por via formal-pragmática, o que significa assumir uma posição imparcial enquanto participante da argumentação. Essa "imparcialidade" não pode ser lida a partir do estabelecimento dos argumentos empregados; pode-se apenas esclarecê-la por meio da solução discursiva das pretensões de validação. E esse conceito fundamental da teoria da argumentação aponta por sua vez para os conceitos básicos do comum acordo racionalmente motivado e da concordância de um auditório universal: "Although Toulmin recognizes that the validity of a claim... is ultimately established by community-produced consensual decisions, he only implicitly recognizes the crucial difference between warranted and unwarranted consensually achieved decisions. Toulmin does not clearly differentiate between these distinct types of consensus."[62] Toulmin não leva a lógica da argumentação longe o suficiente para que ela adentre os campos da dialética e da retórica. Não fixa corretamente os recortes entre as *marcações institucionais* casuais da *argumentação*, de um lado, e as *formas argumentativas* determinadas por estruturas internas, de outro.

Isso vale primeiramente para a delimitação tipológica entre uma instalação argumentativa orientada ao conflito e outra, orientada ao entendimento mútuo. Contendas no tribunal e estabelecimento de acertos servem a Toulmin como exemplos de argumentações organizadas como *litígio*; discussões científicas e morais, mas também a crítica de arte, ele as considera exemplos de argumentações instaladas como *processos que encaminham à união*. De fato, porém, os modelos de conflito e consenso não estão lado a lado como formas de organização em igualdade de condições. A negociação de acertos não se presta de modo algum a solucionar pretensões de validade de maneira estritamente discursiva, mas ao ajuste de interesses que não podem ser generalizados, com base em posturas de poder equilibradas. A argumentação diante do tribunal (da mesma forma que outros tipos de discussão jurídica, tais como aconselhamentos judiciais, discussões dogmáticas, comentários da lei etc.) difere de discursos práticos gerais, dado seu vínculo com o direito vigente, e dadas também as restrições especiais de uma ordem processual que faça jus à exigência de uma decisão autorizada e do direcionamento ao êxito, por

---

62. Burleson, 1979, p. 112; cf. W. R. Fischer. "Toward a Logic of Good Reasons", *Quart. J. Speech*, 64, 1978, pp. 376 ss.

parte de cada uma das partes litigantes[63]. Não obstante, a argumentação em juízo contém elementos essenciais que só podem ser apreendidos de acordo com o modelo da argumentação moral ou com o modelo da discussão sobre a correção de declarações normativas. Por isso – estejam elas relacionadas ou a questões do direito e da moral ou a hipóteses científicas e obras de arte –, todas as argumentações exigem *a mesma* forma básica de organização relativa à procura cooperativa da verdade, que subordina os meios da erística ao objetivo de gerar convicções intersubjetivas, em virtude dos melhores argumentos.

Sobretudo na divisão dos campos de argumentação, fica claro que Toulmin deixa de distinguir, de um lado, as diferenciações e autonomizações (internamente motivadas) referentes às diversas *formas de argumentação* e, de outro, as diferenciações e autonomizações dos diversos *empreendimentos racionais*. O erro parece residir, a meu ver, no fato de ele não separar claramente as *pretensões de validade universais* das *pretensões convencionais*, dependentes de contextos de ação. Consideremos alguns dos exemplos que ele privilegia:

(1) The Oakland Raiders are a certainty for the Super Bowl this year.
(2) The epidemic was caused by a bacterial infection carried from ward to ward on food-service equipment.

---

63. Essa circunstância moveu-me inicialmente a conceber negociações em tribunal como agir estratégico (Habermas, Luhmann. *Theorie der Gesellschaft*. Frankfurt/M., 1971, pp. 200 s.) Nesse meio-tempo, deixei-me convencer por R. Alexy (1978, pp. 263 ss.) de que é preciso conceber as argumentações jurídicas, em todas as suas manifestações institucionais, como um caso particular de discurso prático.

(3) The company's best interim policy is to put this money into short term municipal bonds.
(4) I am entitled to have access to any papers relevant to dismissals in our firm's personnel files.
(5) You ought to make more efforts to recruit women executives.
(6) This new version of KING KONG makes more psychological sense than the original.
(7) Asparagus belongs to the order of Liliaceae.

As sentenças (1) a (7) representam exteriorizações com que um proponente pode manifestar uma pretensão em face de um oponente. O tipo de pretensão surge do contexto, na maioria das vezes. Quando um torcedor fecha uma aposta com outro e ao fazê-lo exterioriza a sentença (1), não se trata aí, sob qualquer hipótese, de uma pretensão de validade resgatável com argumentos, mas de uma pretensão de vitória sobre a qual se pode decidir segundo as regras convencionais do jogo. Por outro lado, se a sentença (1) é exteriorizada em um debate entre especialistas em esporte, tem-se um prognóstico que se pode sustentar e discutir com base em razões. Ora, mesmo no caso em que se possa depreender das sentenças o fato de elas só poderem ser exteriorizadas se vinculadas a pretensões de validade resgatáveis por via discursiva, é apenas o contexto que decide sobre *o tipo* da pretensão de validade. Tanto leigos quanto biólogos, por exemplo, podem discutir sobre a classificação botânica de "aspargo" e, ao fazê-lo, exteriorizar a sentença (7); nesse caso, o falante manifesta a pretensão de verdade de uma proposição. Se, por outro lado, um professor explica a taxonomia lineana na aula de Biologia e, ao exteriorizar a sentença (7), corrige um aluno que não classifica "aspargo" corretamente, ele manifesta com isso a pretensão de compreensibilidade de uma regra semântica.

Tampouco os campos de argumentação discriminam suficientemente os diferentes tipos de pretensões de validade. Embora caiba distribuir as sentenças (4) e (5) em campos argumentativos diversos, a saber o direito e a moral, um falante, com essas sentenças e sob condições habituais, só pode manifestar pretensões de validade normativas: nos dois casos ele recorre a uma norma de ação; e no caso da sentença (4) essa norma de ação provavelmente está sob prescrições organizacionais de uma empresa, assumindo assim um caráter jurídico.

Além disso, a mesma pretensão de validade, trate-se aí de verdade proposicional ou de correção normativa, surge sob formas modalizadas. Diante de afirmações formuladas com auxílio de sentenças predicativas simples, de enunciados gerais ou de sentenças existenciais, ou, de maneira similar, diante de promessas ou ordens, formuladas com o auxílio de sentenças deônticas singulares ou gerais, pode-se entender todas elas como paradigmáticas em relação ao *modo de ser fundamental* das exteriorizações aptas à verdade ou à correção. Contudo, em predições como (1), explicações como (2) ou descrições classificatórias como (7), em justificações como (4) e exortações como (5), fica claro que o *modo de ser* de uma exteriorização geralmente significa algo mais específico: ele expressa também a perspectiva objetiva ou espacial e temporal assumida pelo falante quando este se refere a uma pretensão de validade.

Campos argumentativos como medicina, administração de empresas, política etc. referem-se em essência a exteriorizações aptas à verdade; eles se distinguem, porém, em sua remissão à práxis. Uma recomendação de estratégias (ou tecnologias) como na sentença (3) está imediatamente ligada a uma pretensão de efetividade das providências sugeridas; para isso, apoia-se sobre a verdade das respectivas prognoses, explicações e descrições. Ao contrário, uma exteriorização como (2) apresenta uma explicação da qual se podem deduzir, sem quaisquer empecilhos, recomendações técnicas em contextos práticos, como por exemplo na área da saúde, em que há o imperativo de impedir a propagação de epidemias.

Essa e outras reflexões depõem contra a tentativa de transformar a manifestação institucional de campos de argumentação em fio condutor da lógica da argumentação. As diferenciações externas tratam antes de enfocar diferenciações internas entre formas diversas de argumentação, inacessíveis a uma consideração que se adapte a funções e fins próprios a empreendimentos racionais. Formas de argumentação diferenciam-se de acordo com pretensões de validade universais; e estas são *reconhecíveis* somente em meio ao contexto de uma exteriorização, o que não equivale a dizer que sejam *constituídas* por contextos e campos de ação.

Se isso está correto, certamente incide sobre a teoria da argumentação um ônus da prova bastante significativo; pois nesse caso ela tem de ser capaz de indicar um *sistema de pretensões de validade*[64]. Na verdade, ela não precisa oferecer, para um sistema como esse, uma "dedução" no sentido de derivações transcendentais; basta aqui um procedimento confiável para a checagem das respectivas hipóteses reconstrutivas. Neste contexto, dou-me por satisfeito com uma mera reflexão preliminar.

Uma pretensão de validade pode ser manifestada por um falante diante de (no mínimo) um ouvinte. Geral-

---

64. Sobre a relação entre a teoria das pretensões de validade e a lógica da argumentação, cf. V. L. Völzing. *Begründen, Erklären, Argumentieren*. Heidelberg, 1979, pp. 34 ss.

mente, isso ocorre de maneira implícita. Ao exteriorizar uma sentença, o falante manifesta uma pretensão que poderia assumir, caso ele o fizesse explicitamente, a forma: "é verdadeiro que 'p'" ou "é correto que 'h'", ou ainda "tenho em mente o que digo, quando exteriorizo 's' aqui e agora", em que "p" representaria um enunciado, "h" a descrição de uma ação e "s" uma sentença vivencial. Uma pretensão de validade equivale à afirmação de que as *condições de validade* de uma exteriorização tenham sido cumpridas. Não obstante o falante manifestar uma pretensão de validade implícita ou explicitamente, o ouvinte só tem a opção de aceitá-la, rejeitá-la ou adiá-la temporariamente. As reações admissíveis são tomadas de posição do tipo "sim/não" ou então distanciamentos. Por certo, não é todo "sim" ou "não" em face de uma sentença exteriorizada com intenção comunicativa que constitui tomada de posição diante de uma pretensão de validade criticável. Se denominamos "imperativos" exigências que não estejam autorizadas do ponto de vista normativo e sejam portanto arbitrárias, então um "sim" ou um "não" em face de um imperativo também expressam concordância ou refutação, mas isso somente no sentido da disposição ou da recusa a se submeter à exteriorização da vontade de um outro. Essas tomadas de posição do tipo "sim/não" em face de *pretensões de poder* são elas mesmas expressão de uma *arbitrariedade*. Por outro lado, tomadas de posição do tipo "sim/ não" em face de pretensões de validade significam que o ouvinte concorda com uma exteriorização criticável ou discorda dela, e que o faz *com base em razões*; tais tomadas de posição são expressão de um *discernimento*[65].

---

65. Essa distinção importante é negligenciada por E. Tugendhat. *Vorlesungen zur Einführung in die sprachanalytische Philosophie*. Frankfurt/M., 1976, pp. 76 s., 219 ss.

Se repassamos a lista de sentenças mencionadas acima sob o ponto de vista do que um ouvinte poderia afirmar ou negar caso a caso, resultam daí as seguintes pretensões de validade: se a sentença (1) é concebida no sentido de uma predição, o ouvinte, ao dizer "sim" ou "não", toma posição diante da *verdade de uma proposição*. O mesmo vale para a sentença (2). Um "sim" ou "não" diante da sentença (4) significa a tomada de posição diante de uma pretensão jurídica ou, de forma mais geral, diante da *correção normativa de um modo de agir*. O mesmo vale para (5). Uma tomada de posição diante de (6) significa que o ouvinte considera *adequado* ou não o *emprego de um padrão valorativo*. Quanto à sentença (7), ela pode ser empregada no sentido de uma descrição ou como explicação de uma regra de significação, e dependendo do caso o ouvinte, com sua tomada de posição, refere-se respectivamente ou a uma pretensão de verdade, ou a uma pretensão de compreensibilidade ou boa formulação.

O *modo de ser fundamental* dessas exteriorizações é determinado de acordo com as pretensões de validade de verdade, correção, adequação ou compreensibilidade (ou boa formulação) manifestadas implicitamente através delas mesmas. Uma *análise das formas do enunciado sob enfoque semântico* faz chegar aos mesmos modos de ser. Sentenças descritivas, que em sentido amplo servem à constatação de fatos, podem ser afirmadas ou negadas sob o aspecto da verdade de uma proposição; sentenças normativas (ou obrigacionais), que servem à justificação de ações, sob o aspecto da correção (ou da "justeza") de um modo de agir; sentenças avaliativas (ou juízos de valor), que se prestam à valoração de algo, sob o aspecto da adequação dos padrões valorativos (ou sob o aspecto do que é "bom")⁶⁶; e explicações, que servem para esclarecer operações como falar, classificar, fazer cálculos, deduzir, julgar etc., sob o aspecto da compreensibilidade ou boa formulação das expressões simbólicas.

Partindo da análise das formas de enunciados, podem-se aclarar de início as condições semânticas sob as

---

66. Refiro-me aqui a juízos de valor "autênticos", aos quais não subjazem padrões valorativos de tipo não descritivo. Valorações que se prestam a calcificar algo por ordem de precedência segundo critérios aplicáveis por via descritiva podem ser formuladas como enunciados aptos à verdade e portanto não integram o conjunto de juízos de valores em sentido estrito. Nesse sentido, P. W. Taylor distingue entre "valor de graduação" ("value grading") e "valor de ordenação" ("value ranking"): "In order to make clear the difference between value gradings and value rankings, it is helpful to begin by considering the difference between two meanings of the word 'good'. Suppose we are trying to decide whether a certain president of the United States was a good president. Do we mean good as far as presidents usually go? Or do we mean good in an absolute sense, with an ideal president in mind? In the first case, our class of comparison is the thirty-five men who have actually been president. To say that someone was a good president in this sense means that he was *better than average*. It is to claim that he fulfilled certain standards to a higher degree than most of the other men who were president. 'Good' is being used as a ranking word. In the second case, our class of comparison is not the class of actual presidents but the class of all possible (imaginable) presidents. To say that a certain president was good in this sense means that he fulfilled to a high degree those standards whose complete fulfillment would define an ideal president. 'Good' is here used as a grading word. It is not possible to specify exactly to what degree the standards must be fulfilled for a man to be graded as a good president rather than as mediocre or bad. That depends on what standards one is appealing to (that is, what conception of an ideal president one has in mind), how clearly those standards are defined, to what extent the degrees to which they can be fulfilled are measurable, and how distant from reality is one's ideal." P. W. Taylor. *Normative Discourse*. Englewood Cliffs, 1961, pp. 7 s.

quais uma respectiva sentença *tem validade*. Contudo, tão logo a análise avance para as possibilidades de fundamentação da validade de enunciados, aí se revelam as *implicações pragmáticas* do conceito de validade. Só é possível explicar o que quer dizer fundamentação quando se dispõe das condições para chegar à solução discursiva de pretensões de validade. Justamente por se distinguir entre enunciados descritivos, normativos, avaliativos, explicativos e também expressivos, segundo sua forma, as análises semânticas chamam atenção para o fato de que, com a forma do enunciado, também se altera de maneira específica o *sentido de fundamentação*. A fundamentação de enunciados descritivos significa a comprovação da existência de estados de coisas; a fundamentação de enunciados normativos, a comprovação da aceitabilidade de ações ou de normas para as ações; a fundamentação de enunciados avaliativos, a comprovação da condição de preferência dos valores; a fundamentação de enunciados expressivos, a comprovação da transparência de autorrepresentações; e a fundamentação de enunciados explicativos, a comprovação de que expressões simbólicas são realmente geradas. Para explicar o sentido das pretensões de validade diferenciadas a cada caso, pode-se recorrer à especificação das condições lógico-argumentativas sob as quais é possível levar adiante uma comprovação como essa, a cada caso.

Não posso continuar discorrendo neste momento sobre os pontos de ligação formal-semânticos relevantes para uma sistematização das pretensões de validade; ainda gostaria, no entanto, de apontar para duas restrições importantes para uma teoria das pretensões de validade: pretensões de validade não estão contidas *somente* em exteriorizações comunicativas; e nem *todas* as pretensões de validade contidas em exteriorizações comunicativas têm ligação direta com as respectivas formas da argumentação.

A sentença (6) oferece um exemplo de valoração estética; o enunciado avaliativo refere-se ao valor de um filme. O filme é tomado aí como obra que se apresenta, ela mesma, com a pretensão de uma corporificação instrutiva de experiências exemplares, uma pretensão de representação autêntica, digamos. Podemos assim imaginar que, em uma discussão sobre a avaliação relativamente positiva do *remake* que, segundo o falante, desenvolve com sutileza as ambivalências na relação entre King Kong, o monstro, e sua vítima, o padrão valorativo empregado por ele, inicialmente de maneira ingênua, é colocado em questão e assumido como tema. Um deslocamento semelhante acontece em argumentações morais quando se põe em dúvida a própria norma a que se recorre para justificar uma ação problemática. Assim, a sentença (5) também poderia ser entendida no sentido de uma sentença obrigacional geral ou no sentido de uma norma para cuja pretensão de validade um ouvinte cético passa a exigir justificação. De maneira semelhante, o discurso a que se associa a sentença (2) pode se deslocar para as assunções teóricas subjacentes, acerca de doenças infecciosas. Assim que os sistemas culturais de ação como ciência, direito e arte se diferenciam e conquistam certa autonomia, as argumentações perpetuadas pelas instituições, estabelecidas profissionalmente e portanto conduzidas por especialistas passam a referir-se a pretensões de validade de nível mais elevado, que se apegam não a exteriorizações comunicativas individuais, mas a objetivações culturais, obras de arte, normas morais e jurídicas, ao saber objetivado ou a teorias. Nesse nível do saber culturalmente acumulado e objetivado, a propósito, também residem tecnologias e estratégias em que se organiza o saber teórico e prático-profissional no contexto de determinadas referências práticas como medicina e prevenção da saúde, técnica militar, administração de empresas etc. Apesar dessa diferença de nível, a análise de exteriorizações individuais feitas sob uma intenção comunicativa continua sendo um ponto de partida capaz de oferecer suporte heurístico à sistematização de pretensões de validade, já que não há, no nível das objetivações culturais, nenhuma pretensão de validade que deixe de estar contida *também* em exteriorizações comunicativas.

Por outro lado, não é por acaso que entre os exemplos de exteriorizações criticáveis, e por assim dizer argumentativamente aptas à réplica, não se encontre sentença alguma do tipo:

(8) Preciso admitir que me preocupa o péssimo estado em que se encontra meu colega desde que voltou do hospital.

Essa ausência surpreende já à primeira vista, pois sentenças como essa, exteriorizadas em primeira pessoa, estão totalmente vinculadas a uma pretensão de validade. Outro colega, por exemplo, poderia fazer a seguinte pergunta: "Você pensa isso mesmo, ou será que não ficou mais tranquilo ao ver que nesse momento ele não pode concorrer com você?" Sentenças expressivas que se põem a serviço da exteriorização de vivências podem ser afirmadas ou negadas sob o aspecto da veracidade da autorrepresentação de um falante. Mas a pretensão de veracidade vinculada a exteriorizações expressivas não é do tipo que se possa solucionar imediatamente com argumentos, como se dá com pretensões de verdade ou de correção. Em todo caso, o falante pode comprovar por suas ações seguintes se ele realmente tinha em mente o que disse. A veracidade de expressões não se deixa *fundamentar*; ela só pode ser *demonstrada*. A falta de veracidade, por sua vez, pode apenas *delatar-se* pela pouca consistência entre uma exteriorização e as ações que se ligam a ela por via interna.

É claro que a crítica de um terapeuta diante dos autoenganos de seu analisando também pode ser entendida como tentativa de influenciar atitudes com auxílio de argumentos, ou seja, como tentativa de *convencer* o outro. O paciente que não conhece a si mesmo em seus desejos e sentimentos e está atado a ilusões sobre suas vivências realmente deve ser levado, na entrevista analítica, a entrever a falta de veracidade de suas exteriorizações expressivas que até então passavam despercebidas. No entanto, a relação que se mantém entre a pretensão de veracidade de uma sentença vivencial exteriorizada com intenção comunicativa e a dicção argumentativa não é a mesma que subsiste entre uma pretensão de validade que tenha se tornado problemática e o debate discursivo. A argumentação, aqui, conecta-se de maneira diversa à pretensão de validade contida na exteriorização comunicativa. Pois em uma conversação terapêutica orientada ao autoconhecimento não são satisfeitos pressupostos que seriam importantes para um discurso: a pretensão de validade não é reconhecida desde o princípio como problemática; o analisando não assume uma atitude hipotética diante do que se diz; da parte dele, está-se longe de desativar todos os motivos a não ser o da procura cooperativa da verdade; também não há relações simétricas entre os participantes da conversação etc. Não obstante, do ponto de vista da psicanálise a força curativa da interlocução analítica repousa *também* sobre a força de convencimento dos argumentos nela utilizados. Do ponto de vista terminológico, para ter em conta essas circunstâncias especiais, procuro falar de "crítica", e não de "discurso", sempre que se empregam argumentos sem que os envolvidos tenham de *pressupor* o cumprimento das condições de uma situação de fala livre de coações externas e internas.

As coisas são um pouco diferentes quando se trata da discussão sobre padrões valorativos, cujo modelo é dado pela crítica estética[67]. Também nas disputas sobre questões de gosto depositamos nossa confiança na força racionalmente motivadora do melhor argumento, mesmo que um debate dessa natureza se afaste caracteristicamente das controvérsias sobre questões de verdade ou de justiça. Se for correta a descrição que sugerimos acima[68], cabe aqui aos argumentos o papel de abrir os olhos dos participantes, ou seja, o papel de *conduzi-los* a uma percepção estética apreciativa. Mais importante, porém, é que o tipo das pretensões de validade com que os valores culturais vêm a público não transcende barreiras locais de maneira tão radical quanto o fazem as pretensões de verdade e de correção. Valores culturais não têm validade universal; como o nome já diz, eles estão situados nos limites do horizonte do mundo da vida de determinada cultura. Valores só podem se tornar plausíveis no contexto de uma forma de vida em particular. É por isso que a crítica de padrões valorativos pressupõe nos parti-

---

67. J. Zimmermann. *Sprachanalytische Ästhetik*. Stuttgart, 1980, pp. 145 ss.

68. Ver p. 52 ss. supra.

cipantes da argumentação uma pré-compreensão comum; este, no entanto, não está à disposição, mas constitui e limita a um só tempo o campo das pretensões de validade tematizadas[69]. Há somente algumas pretensões de validade universais que, segundo seu sentido, podem ser testadas em discursos: a verdade das proposições, a correção das normas morais de ação e a compreensibilidade ou boa formulação das expressões simbólicas. Somente em discursos teóricos, práticos e explicativos os participantes da argumentação não têm outra saída senão partir da pressuposição (frequentemente contrafactual) de que se cumpriram, em uma aproximação satisfatória, as condições para uma situação ideal de fala. De minha parte, só pretendo falar em "discursos" quando o sentido da pretensão de validade que estiver sendo problematizada compelir conceitualmente os participantes à suposição de que se pode almejar, por princípio, um comum acordo racionalmente motivado; e a expressão "por princípio" expressa aqui a seguinte ressalva idealizadora: só quando a argumentação puder ser conduzida de maneira suficientemente aberta e puder prosseguir por um tempo suficientemente longo[70].

---

69. Cf. o relatório de conferências: G. Großklaus, E. Oldemeyer (orgs.). *Werte in kommunikativen Prozessen*. Stuttgart, 1980.

70. Quanto a essa teoria da verdade formal-pragmática que remonta a Peirce, ver H. Scheit. *Studien zur Konsensustheorie der Wahrheit*. Tese de livre-docência. Universidade de Munique, 1981.

2. ALGUNS TRAÇOS DA COMPREENSÃO DE MUNDO MÍTICA E MODERNA

Coube a esse excurso, feito na antessala da teoria da argumentação, servir de complemento a nossas determinações provisórias do conceito de racionalidade. Havíamos tomado o emprego da expressão "racional" como um fio condutor em nosso objetivo de aclarar as condições de racionalidade, tanto de exteriorizações como de sujeitos capazes de agir e de usar a linguagem. Entretanto, dado seu talhe individualista e a-histórico, esse conceito não é utilizável sem restrições quando se tem em vista uma consideração sociológica.

Basta querer julgar a racionalidade de pessoas enquanto indivíduos para perceber que não é suficiente recorrer a esta ou àquela exteriorização. A questão, antes de mais nada, é se A ou B ou um grupo de indivíduos comportam-se racionalmente *em geral*; e se é conveniente ou não esperar que haja boas razões para suas exteriorizações; e se convém esperar de suas exteriorizações que elas sejam adequadas ou exitosas em uma dimensão cognitiva, confiáveis e clarividentes em uma dimensão moral-prática, prudentes e elucidativas em uma dimensão avaliativa, sinceras e autocríticas em uma dimensão expressiva, compreensivas em uma dimensão heurística, ou mesmo "racionais" em todas essas dimensões. Se sob todos esses aspectos delineia-se um efeito sistemático que ultrapassa diversos campos de interação e se estende por períodos mais longos (talvez até mesmo para além do tempo de uma vida), cabe falar também da racionalidade da condução de uma vida. E nas condições socioculturais próprias a tal condução da vida talvez se reflita a racionalidade de um mundo da vida partilhado não apenas por indivíduos, mas também por elementos coletivos.

Para esclarecer o difícil conceito de *mundo da vida* racionalizado, vamos tomar como ponto de partida o conceito de racionalidade comunicativa e, então, investigar as estruturas do mundo da vida que possibilitam a indivíduos e a grupos orientações racionais para a ação. De qualquer maneira, o conceito de mundo da vida é complexo demais para que eu possa explicá-lo satisfatoriamente no âmbito da introdução[71]. Em vez disso, refiro-me primeiramente aos sistemas interpretativos ou imagens de mundo culturais, os quais espelham o saber básico de grupos sociais, além de garantir um nexo em face da multiplicidade das orientações desses grupos para a ação. Assim, quero informar-me inicialmente sobre as condições que as estruturas das imagens de mundo voltadas à ação têm de satisfazer, caso uma condução racional da vida deva ser mesmo possível para os que partilham uma imagem de mundo desse tipo. Esse procedimento oferece duas vantagens: obriga-nos, por um lado, a passar de uma análise conceitual a uma análise de as-

---

71. Cf. vol. 2, pp. 218 ss.

pecto empírico e a buscar as estruturas de racionalidade corporificadas em imagens de mundo por via simbólica; e obriga-nos, por outro lado, a não supor como universais – sem comprovação alguma – as estruturas racionais determinantes da compreensão moderna de mundo, e sim considerá-las a partir de uma perspectiva histórica.

À medida que procuramos aclarar o conceito de racionalidade com base no uso da expressão "racional", tivemos de nos apoiar sobre uma pré-compreensão que se encontra ancorada em posicionamentos modernos da consciência. Até o momento, partimos do pressuposto ingênuo de que na compreensão de mundo moderna expressam-se certas estruturas da consciência que pertencem a um mundo da vida racionalizado e por princípio possibilitam uma condução racional da vida. Implicitamente, relacionamos à nossa compreensão de mundo ocidental uma pretensão de universalidade. Para entender o significado dessa pretensão de universalidade, recomenda-se fazer uma comparação com a compreensão de mundo mítica. Em sociedades arcaicas, os mitos cumprem de maneira exemplar a função unificadora própria às imagens de mundo. Ao mesmo tempo, no âmbito das tradições culturais a que temos acesso, eles proporcionam o maior contraste em relação à compreensão de mundo dominante em sociedades modernas. Imagens de mundo míticas estão muito longe de nos possibilitar orientações racionais para a ação, no sentido que as entendemos. No que diz respeito às condições da condução racional da vida no sentido anteriormente apontado, constituem até mesmo uma contraposição à compreensão de mundo moderna. Portanto, na face do pensamento mítico não teriam de se fazer visíveis os pressupostos do pensamento moderno tematizado até o momento.

Ora, a já antiga discussão acerca das teses de Levy-Bruhl sobre o "pensamento dos povos naturais"[72] demonstrou que, diante do pensamento "primitivo", não podemos postular nenhum nível "pré-lógico" do conhecer ou do agir[73]. As famosas investigações de Evans-Pritchard sobre a crença em bruxas pela tribo africana azande comprovaram que as diferenças entre o pensamento mítico e o moderno não residem no plano das operações lógicas[74]. Foi evidenciado que o grau da racionalidade das

---

72. L. Levy-Bruhl. *La mentalité primitive*. Paris, 1922.
73. E. Cassirer. *Philosophie der symbolischen Formen II: Das mytische Denken*. Darmstadt, 1958; R. Horton. "Levy Bruhl, Durkheim and the Scientific Revolution", in R. Horton, R. Finnegan (orgs.). *Modes of Thought*. Londres, 1973, pp. 249 ss.
74. E. E. Evans-Pritchard, "Witchcraft". *Oracles and Magic among the Azande*. Oxford, 1937; trad. al.: Frankfurt/M., 1978. Evans-Pritchard formula sua crítica a Levy-Bruhl ("Levy-Bruhl's Theory of Primitive Mentality", in *Bulletin of the Faculty of Arts* 2, 1934, pp. 1 ss.) da seguinte forma:
"O fato de considerarmos que a chuva é causada unicamente por condições meteorológicas, enquanto os selvagens acreditam que deuses e espíritos podem influenciar a ocorrência da chuva, não é prova de que nossos cérebros funcionem de modo distinto dos deles. [...] A essa conclusão não fui eu mesmo que cheguei, por meio de observações e raciocínios. Na verdade tenho muito poucos conhecimentos acerca dos processos meteorológicos que levam à chuva. Sei apenas aquilo que qualquer outro em minha sociedade também sabe: que a chuva tem causas naturais. [...] Dessa forma, um selvagem que acredita que a chuva possa ser influenciada por meios mágicos adequados, se submetida a condições naturais e rituais apropriadas, não pode ser considerado menos inteligente. Ele não chegou a essa crença por suas próprias deduções e observações, mas somente assumiu essa crença como o fez com o restante de sua herança cultural, ou seja, por ter nascido em meio à sua cultura. Ambos pensamos segundo modelos de pensamento que nos foram postos à disposição pela sociedade em que vivemos. Seria insensato dizer que o selvagem pensa misticamente sobre a chuva e nós, em oposição, pensamos cientificamente sobre ela. Em ambos os casos estão envolvidos os mesmos processos mentais e o conteúdo do pensamento foi alcançado de modo semelhante. No entanto, podemos dizer que o con-

imagens de mundo não varia conforme o nível do desenvolvimento cognitivo dos indivíduos que orientam seu agir segundo determinada imagem de mundo. Temos de tomar como ponto de partida que os membros adultos de sociedades tribais primitivas são fundamentalmente capazes de adquirir as mesmas operações formais adquiridas por membros de sociedades modernas, ainda que as competências de nível mais elevado surjam naquelas sociedades com frequência menor e de maneira mais seletiva, isto é, ainda que sejam aplicadas em âmbitos mais restritos da vida[75]. Não se mede a racionalidade de imagens de mundo segundo qualidades lógicas e semânticas, mas segundo conceitos básicos que essas imagens de mundo põem à disposição dos indivíduos para que interpretem seu mundo. E, desde que o conceito de ontologia (que advém da tradição da metafísica grega) ficasse restrito à referência cognitiva ao mundo do ente e não a uma referência especial ao mundo, poderíamos falar até mesmo de "ontologias" instaladas nas estruturas de imagens de mundo. Não houve na filosofia a formação de outro conceito equivalente que incluísse a referência ao mundo objetivo tanto quanto ao mundo social e ao mundo subjetivo. Ora, cabe à teoria do agir comunicativo compensar essa deficiência.

---

teúdo social de nosso pensamento sobre a chuva é científico e está de acordo com fatos objetivos, ao passo que o conteúdo social do pensamento selvagem é não científico por não coincidir com a realidade e também por ser místico, já que crê na existência de forças sobrenaturais" (citado a partir de: H. G. Kippenberg. "Zur Kontroverse über das Verstehen fremden Denkens", in H. G. Kippenberg, B. Luchesi [orgs.]. *Magie*. Frankfurt/M., 1978, pp. 33 ss.).

75. M. Cole, J. Gay, J. Glick, D. Sharp. *The Cultural Concept of Learning and Thinking*. Nova York, 1971; P. R. Dasen. "Cross-Cultural Piagetian Research", in *J. Cross Cult. Psych.*, 3, 1972, pp. 23 ss.; B. B. Lloyd. *Perception and Cognition*. Harmondsworth, 1972.

De início, gostaria de caracterizar em linhas gerais a compreensão de mundo mítica. Ao fazê-lo, em prol da simplicidade vou estar restrito a resultados das investigações estruturalistas feitas por C. Lévi-Strauss, sobretudo aos resultados que foram objeto de destaque nas análises de M. Godelier (1). Nesse quadro geral serão delineados conceitos básicos constitutivos da compreensão de mundo moderna, que por isso nos são intuitivamente familiares. Assim, com um bom distanciamento cultural-antropológico poderemos reatar a discussão sobre o conceito de racionalidade já introduzido anteriormente (2). A discussão desencadeada pelo provocativo artigo de P. Winch sobre o caráter convencional da racionalidade científica nos dará oportunidade de esclarecer em que sentido a compreensão do mundo moderna pode pleitear universalidade (3). Por fim, retomo o conceito piagetiano de descentração, a fim de indicar a perspectiva evolucionária que podemos assumir quando pretendemos afirmar, com Max Weber, um processo universal-histórico de racionalização da imagem de mundo. Esse processo desemboca em uma compreensão de mundo que abre caminho para uma racionalização do mundo da vida (4).

(1) Quanto mais fundo alguém se embrenha no entrelace de uma interpretação mítica de mundo, mais intensamente percebe a força totalizadora do pensamento selvagem[76]. Por um lado, há nos mitos informações precisas e consistentes sobre o entorno natural e sociológico, ou seja, neles se elaboram conhecimentos geográfi-

---

76. C. Lévi-Strauss. *Strukturale Anthropologie*, vol. I. Frankfurt/M., 1967; vol. II. Frankfurt/M., 1975; do mesmo autor: *Das wilde Denken*. Frankfurt/M., 1973; a esse respeito: W. Lepenies, H. H. Ritter (orgs.). *Orte des wilden Denkens*. Frankfurt/M., 1970.

cos, astronômicos e meteorológicos, conhecimentos sobre a fauna e a flora, sobre vínculos de natureza técnica e econômica, ritos, relações de parentesco complexas, práticas curativas, atividades bélicas etc. Por outro lado, essas experiências são organizadas de tal maneira que cada fenômeno em particular, em seus aspectos típicos, ou se assemelha a todos os demais fenômenos, ou contrasta com eles. Por meio dessas relações de semelhança ou de contraste a pluralidade das observações passa a compor uma totalidade. O mito "constrói um gigantesco jogo de espelhamentos em que, *ad infinitum*, as imagens contrapostas do mundo e do homem se refletem, partem-se e recompõem-se no prisma das relações entre natureza e cultura. [...] Através da analogia o mundo todo ganha um sentido, tudo se torna significativo e a tudo se pode atribuir significado no interior de uma ordem simbólica em que se encaixam todos [...] os conhecimentos positivos, na completa profusão de seus detalhes"[77]. Os estruturalistas explicam esse funcionamento sintético ao dizer que o pensamento selvagem atém-se de maneira concretista à superfície plástica do mundo, para então ordenar essas percepções através da conformação contrastiva e analógica[78]. A relação entre campos fenomênicos é estabelecida e classificada sob os pontos de vista de homologia e dessemelhança entre si, equivalência e divergência, identidade e contradição. Lévi--Strauss afirma que o mundo dos mitos é ao mesmo tem-

---

77. M. Godelier. "Mythos und Geschichte", in K. Eder (org.). *Die Entstehung von Klassengesellschaften*. Frankfurt/M., 1973, pp. 301 ss., aqui p. 316.

78. Em relação a um caráter analógico do pensamento selvagem, cf. S. J. Tambiah. "Form and Meaning of Magical Acts", in Horton, Finnegan, 1973, pp. 199 ss.

po redondo e oco. O pensamento analogístico entretece todos os fenômenos e faz deles uma única malha de correspondências, mas suas interpretações não avançam superfície adentro, para o interior do que se apreende de maneira plástica.

O concretismo de um pensamento atrelado à impressão plástica e a produção de relações de semelhança e contraste são dois aspectos formais sob os quais se pode comparar o pensamento selvagem com graus ontogenéticos do desenvolvimento cognitivo[79]. Pelo contrário, as categorias ou conceitos fundamentais das imagens de mundo míticas provêm de campos experienciais que precisam ser analisados sociologicamente. De um lado, as estruturas de reciprocidade dos sistemas de afinidades, as relações de dar e receber entre as famílias, entre as linhagens e entre as gerações oferecem-se como esquema interpretativo de múltiplas aplicações: "O fato de que sociedades imaginárias povoadas de mitos e figuras ideais que vivem, morrem e sempre revivem, e que mantêm sempre uma organização baseada nas relações sanguíneas e de alianças, não pode ter sua origem nos 'princípios puros do pensamento, nem em um modelo qualquer que subsista na natureza."[80] Por outro lado, as categorias do agir conquistam um significado constitutivo de imagens de mundo míticas. Ator e capacidade de ação, intenção e demarcação de objetivos, êxito e fracasso, ativo e passivo, ataque e defesa – são essas as categorias em que se elabora a experiência fundamental das sociedades arcaicas: a experiência de um abandono inde-

---

79. J. Piaget. *The Child's Conception of Physical Causality*. Londres, 1930.

80. Godelier, 1973b, p. 314.

fenso às contingências de um entorno indominado[81]. Em um estado não desenvolvido das forças produtivas, não há como manter esses riscos sob controle. Surge assim a necessidade de estancar esse mar de contingências, ou seja, de se livrar dele por via interpretativa, ou fática ou imaginariamente: "Através da formação de analogias, conferem-se características humanas às causas e forças invisíveis que geram e determinam o mundo não humano (natureza) e o mundo humano (cultura); ou seja, essas causas e forças apresentam-se espontaneamente ao ser humano como seres dotados de uma consciência, uma vontade, uma autoridade e um poder, isto é, como seres análogos ao ser humano, mas que se distinguem dele por saber o que ele não sabe, por fazer o que ele não é capaz de fazer, por controlar o que ele não controla; distinguem-se dele, portanto, por lhe serem superiores."[82]

Quando se reflete sobre como essas categorias – interpretadoras de experiências da interação com uma natureza prepotente e apreendidas segundo o modelo do sistema de afinidades – agem em conjunto com as operações de um pensamento dado a construir analogias plásticas, podem-se compreender melhor os famosos traços fundamentais mágico-animistas das imagens de mundo míticas. O mais espantoso para nós é o peculiar nivelamento dos diversos campos da realidade: natureza e cultura são projetados sobre um mesmo plano. Da as-

---

81. B. Malinowski acentua esse motivo em: *Argonauts of the Western Pacific*. Nova York, 1922. Malinowski mostra que os pescadores do arquipélago de Trobriand utilizam-se de práticas mágicas principalmente quando descobrem a insuficiência de seus conhecimentos e reconhecem as fronteiras de seus métodos racionais. A esse respeito, B. Malinowski. *Magie, Wissenschaft und Religion*. Frankfurt/M., 1973.

82. Godelier, 1973b, p. 307.

similação recíproca da natureza pela cultura e, ao contrário, da cultura pela natureza, surge por um lado uma natureza dotada de traços antropomórficos, integrada à rede comunicativa dos sujeitos sociais – uma natureza humanizada, nesse sentido –, e por outro lado uma cultura que, naturalizada e reificada, acaba como que sendo absorvida pelo contexto objetivo da interação entre poderes anônimos. Segundo a perspectiva do pensamento ilustrado, o pensamento selvagem gera uma dupla ilusão: "... uma ilusão sobre si mesmo e uma ilusão sobre o mundo: sobre si, porque confere a identidades que ele próprio gera espontaneamente uma existência exterior ao ser humano e independente dele, alienando-se assim (de si mesmo) em suas próprias imagens de mundo; e uma ilusão sobre o mundo, que o próprio pensamento adorna com seres imaginários análogos ao ser humano e que estão em condições de se envolver com as súplicas dele, seja para acolhê-las, seja para refutá-las"[83]. Tal interpretação do mundo, segundo a qual cada fenômeno mantém com todos os demais uma relação de correspondência por meio da ação de poderes místicos, possibilita haver não apenas uma teoria que explique o mundo por via narrativa e o torne plausível, mas também uma práxis com a qual se possa controlar o mundo por via imaginária. A técnica da intervenção mágica no mundo é uma decorrência lógica da relação mítica de reciprocidade de perspectivas entre os seres humanos e o mundo, entre a cultura e a natureza.

Concluído esse esboço bastante geral dos traços fundamentais do pensamento mítico, gostaria de retornar à pergunta sobre por que essas estruturas de imagem de

---

83. Godelier, 1971b, p. 308.

mundo não permitem chegar a nenhuma orientação para a ação que se possa denominar racional segundo parâmetros usuais nos dias de hoje.

(2) Nós que fazemos parte de um mundo da vida moderno ressentimo-nos, em um mundo interpretado miticamente, de não lograrmos fazer certas diferenciações fundamentais para nossa compreensão de mundo (ao menos não de maneira suficientemente precisa). De Durkheim a Lévi-Strauss, muitas vezes os antropólogos chamaram a atenção para uma confusão peculiar entre natureza e cultura. Podemos entender esse fenômeno, em primeiro lugar, como uma mistura de dois campos de objetos: os campos da natureza física e do entorno sociocultural. O mito não permite uma diferenciação conceitual básica clara entre coisas e pessoas, entre objetos que podem ser manipulados e agentes aos quais atribuímos ações e externações linguísticas, sujeitos capazes de agir e fazer uso da linguagem. Assim, é de esperar que práticas mágicas desconheçam a diferença entre agir teleológico e agir comunicativo, entre uma intervenção instrumental e finalista em situações objetivamente dadas, de um lado, e a criação de relações interpessoais, de outro. A inabilidade à qual se deve o insucesso técnico ou terapêutico de uma ação voltada a determinado fim incide na mesma categoria em que está a culpa por erro normativo-moral assumida por uma interação que fere ordens sociais vigentes; o fracasso moral está entremeado com o fracasso físico, e o mal conceitualmente entremeado com o nocivo, na mesma medida em que o bem está entremeado com o que é saudável ou o vantajoso. Ao inverso, a desmitologização da visão de mundo significa uma dessocialização da natureza e ao mesmo tempo uma desnaturalização da sociedade.

Ao que parece, esse processo de fácil acesso por via intuitiva, tratado frequentemente de maneira descritiva, mas sem ter sido submetido sob hipótese alguma a uma análise exaustiva, conduz a uma *diferenciação* conceitual básica *entre* natureza e cultura como *campos de objetos*. Essa visão das coisas não leva suficientemente em conta que a distinção categorial entre campos de objetos depende, por sua vez, de um processo de diferenciação que pode ser mais bem analisado através de *atitudes básicas* em face de *mundos*. O conceito mítico de "poderes" e o conceito mágico de "evocação" impedem sistematicamente a separação entre a atitude objetivadora em face de um mundo de estados de coisas existentes e a atitude conforme (ou desconforme) em face de um mundo de relações interpessoais legitimamente regrado. Tomadas como campos de objetos, a natureza e a cultura pertencem ao mundo dos fatos sobre o qual é possível haver enunciados verdadeiros; mas tão logo devamos indicar explicitamente o que distingue coisas e pessoas, causas e motivos, acontecimentos e ações etc., temos de recuar a um ponto que antecede a diferenciação e autonomização dos campos de objetos; ou seja, temos de voltar à diferenciação entre um posicionamento básico diante do mundo objetivo atinente ao que o caso é e um posicionamento objetivo diante do mundo social atinente ao que se pode esperar de modo legítimo, ao que é permitido ou ao que se deve. Fazemos recortes conceituais corretos entre relações da natureza e ordens normativas da sociedade na mesma medida em que tomamos consciência da alternância de perspectivas e posicionamentos que cumprimos quando transitamos de observações ou manipulações para a observância ou inobservância de normas de ação legítimas.

Ademais, a confusão entre natureza e cultura não significa de modo algum apenas o *emaranhamento conceitual* do mundo objetivo e do mundo social, mas também uma diferenciação (que percebemos como precária) entre *linguagem* e *mundo*, isto é, entre a linguagem como *medium* da comunicação e aquilo *sobre o que* se pode chegar a um entendimento na comunicação verbal. Na forma de considerar totalizadora, própria às imagens de mundo míticas, parece difícil encontrar de maneira suficientemente precisa as *distinções semióticas* (tão triviais para nós) entre o substrato sígnico de uma expressão lingüística, seu teor semântico e o referente a que um falante pode reportar-se com auxílio de uma expressão. A relação mágica entre nomes e objetos designados, a relação concretista entre significado de expressões e estados de coisas representados comprovam o baralhamento sistemático entre os nexos *internos de sentido* e os nexos *externos* objetivos. Relações internas subsistem entre expressões simbólicas, e relações externas entre entidades que existem no mundo. Nesse sentido, a relação lógica entre razão e consequência é considerada interna, a relação causal entre causa e efeito, externa (*physical vs. symbolic causation*). A interpretação mítica do mundo e o domínio mágico do mundo podem intervir sem interferência um no outro porque as relações internas e externas ainda estão conceitualmente integradas. De maneira evidente, ainda não há um conceito preciso para a validade não empírica que atribuímos a exteriorizações simbólicas. A validade confunde-se com efetividade empírica. Assim, não podemos pensar em pretensões de validade especiais: no pensamento mítico há várias pretensões de validade, como verdade proposicional, correção normativa e verossimilhança expressiva, que ainda não chegaram a diferenciar-se e autonomizar-se. Nem mesmo o difuso conceito de validade em geral está livre de acréscimos empíricos; conceitos de validades como moralidade e verdade estão amalgamados com conceitos de ordem empíricos como causalidade e saúde. Por isso, a imagem de mundo constituída verbalmente pode ser identificada tão amplamente com a ordem do mundo, a ponto de poder ser vista não como intepretação do mundo, como explicação interpretativa passível de erro e acessível à crítica. Sob tal aspecto, a confusão entre natureza e cultura assume o significado de uma reificação da imagem de mundo.

A comunicação verbal e a tradição cultural que aflui até ela só se distinguem da natureza e da sociedade enquanto realidade com regras próprias na medida em que se diferenciem e se autonomizem concepções de mundo formais e pretensões de validade não empíricas. Hoje em dia, em processos de entendimento tomamos como ponto de partida as *suposições formais de traços comuns* necessárias a que possamos fazer referência a alguma coisa no mundo objetivo único, idêntico a todos os observadores, ou então a alguma coisa em nosso mundo social intersubjetivamente partilhado. As pretensões de verdade proposicional ou de correção normativa tornam atuais essas suposições de traços comuns a cada exteriorização em particular. Assim, a verdade de um enunciado significa que um estado de coisas que se afirmou existe como algo no mundo objetivo; e a correção válida para uma ação em face de um contexto normativo subsistente significa que a relação interpessoal construída como parte legítima do mundo social merece reconhecimento. Pretensões de validade podem ser criticadas em princípio porque se apoiam em concepções de mundo formais.

Elas pressupõem um só mundo idêntico para *todos os possíveis observadores*, ou um mundo intersubjetivamente partilhado *pelos participantes* sob uma forma abstrata, ou seja, sob uma forma desprendida de todos os conteúdos determinados. Além disso, as pretensões de validade demandam que haja o posicionamento racional de um interlocutor.

Atores que propõem pretensões de validade têm de renunciar à emissão de juízos prévios, do ponto de vista do conteúdo, sobre a relação entre linguagem e realidade, entre veículos da comunicação e aquilo sobre o que se comunica. Sob o pressuposto de conceitos de mundo formais e de pretensões de validade universais, é preciso fazer a disjunção entre os conteúdos da imagem de mundo linguística e a própria ordem do mundo suposta. Só então se pode formar o conceito de uma tradição cultural, de uma cultura temporalizada, em que venha à consciência que as interpretações variam em face da realidade natural e social, e que variam também as opiniões e valores em face do mundo objetivo e do mundo social. Diante disso, imagens de mundo míticas impedem um desacoplamento categorial entre natureza e cultura, e isso não apenas no sentido de um emaranhamento conceitual de mundo social e mundo objetivo, mas também no sentido de uma reificação da imagem de mundo linguística, o que tem por consequência que a concepção de mundo seja preenchida dogmaticamente com determinados conteúdos privados de um posicionamento racional e, com isso, privados de crítica.

Até aqui, ao falar de uma fórmula para a confusão entre natureza e cultura, tivemos sempre em mente a natureza *exterior* ou o mundo objetivo. No entanto, também se pode comprovar um emaranhamento análogo entre campos de realidade quando se aborda a relação entre cultura e natureza *interior* ou mundo subjetivo. Somente na medida em que se forma a concepção formal de um mundo exterior, isto é, de um mundo objetivo de estados de coisas existentes como um mundo social de normas vigentes, é que se pode obter um conceito complementar de mundo interior ou de subjetividade ao qual se destinam todas as coisas que não se podem incorporar ao mundo exterior e ao qual o indivíduo tem um acesso privilegiado. Opiniões só podem se manifestar como sistematicamente falsas, intenções de ação como sistematicamente despropositadas, pensamentos como meras fantasias ou invencionices, caso estejam situados sobre o pano de fundo de um mundo objetivo, e desde que sejam dimensionados, todos eles, segundo pretensões criticáveis de verdade e de êxito; também intenções, desejos, atitudes e sentimentos só podem se manifestar como ilegítimos ou apenas idiossincráticos, não generalizáveis ou meramente subjetivos quando situados ante o pano de fundo de uma realidade normativa que tenha se tornado objetal, e desde que sejam dimensionados segundo uma pretensão criticável de correção normativa. Se imagens de mundo míticas dominam cognições e orientações para a ação, é nessa mesma medida que parece não ser possível delimitar com clareza um campo de subjetividade. Intenções e motivos ficam tão pouco separados das ações e suas consequências quanto se separam os sentimentos e as externações deles mesmos, quando normativamente firmadas e estereotipadas. Nesse contexto, é característico observar que, em grande medida, os membros de sociedades arcaicas vinculam sua própria identidade aos detalhes do saber coletivo miticamente estabelecido e às minúcias formais das prescrições rituais. Quanto menos eles dispõem de uma concepção de mundo formal que lhes possa garantir a identidade da realidade natural e social em face das múltiplas interpretações de uma tradição cultural secularizada, tanto menos cada indivíduo pode se amparar em uma concepção formal do eu capaz de assegurar identidade própria em face de uma subjetividade autonomizada e posta em movimento.

Apoiado pelo uso coloquial da linguagem, em que utilizamos os conceitos simétricos de mundo interior e mundo exterior, falo do mundo subjetivo distinguindo-o do mundo objetivo e do mundo social. Por certo, nesse contexto a expressão "mundo" suscita mal-entendidos. O campo da subjetividade mantém uma relação complementar com o mundo exterior, o qual se define por ser partilhado com outras pessoas. Sobre o mundo objetivo, supõe-se que ele seja algo como a soma dos fatos, sendo significado de "fato" que um enunciado sobre a existência de determinado estado de coisas "possa" ser visto como verdadeiro. E supõe-se como mundo social a soma de todas as relações interpessoais, reconhecidas como legítimas pelos envolvidos. Diante disso, considera-se mundo subjetivo a soma das respectivas vivências às quais um só indivíduo tem acesso privilegiado. Na verdade, a expressão "mundo" subjetivo só se justifica quando se trata, também nesse caso, de uma concepção abstrata que delimita para cada envolvido, sob a forma de pressuposições em comum, um *campo de traços não comuns* em face dos mundos objetivo e social. O conceito de mundo subjetivo tem um *status* semelhante ao de seus conceitos complementares. Isso também se nota pelo fato de podermos analisar essa concepção recorrendo a uma nova atitude básica e a uma nova pretensão de validade.

A atitude expressiva de um sujeito que dê a conhecer um pensamento, ou deixe entrever um desejo, ou expresse um sentimento ou exponha parte de sua subjetividade aos olhos de outras pessoas distingue-se da atitude objetivadora de um sujeito que apenas observe ou manuseie, quando defrontado com coisas e acontecimentos, e da atitude conforme (ou desconforme) de um participante que interaja, quando confrontado com expectativas normativas. Além disso, ainda vinculamos externações expressivas a uma pretensão de validade criticável, a saber: a pretensão de veracidade. Eis por que os mundos subjetivos podem ser incluídos na comunicação pública como campos de traços não comuns dotados de acesso privilegiado.

Até o momento, discutimos o "fechamento" das imagens de mundo sob dois pontos de vista: primeiro, sob o ponto de vista da diferenciação deficiente que há entre as atitudes fundamentais em face dos mundos objetivo, social e subjetivo; segundo, sob o ponto de vista da reflexividade falha dessa imagem de mundo, que não se pode identificar enquanto imagem de mundo, enquanto produto da tradição cultural. Imagens de mundo míticas não são entendidas pelos envolvidos como sistemas interpretativos atrelados a uma tradição cultural, constituídos por nexos internos de sentido, simbolicamente referidos à realidade, vinculados a pretensões de validade e, portanto, passíveis de crítica e aptos a revisão. Dessa maneira é possível ler, nas estruturas cheias de contrastes do pensamento selvagem, importantes pressupostos da moderna compreensão do mundo. Com isso, no entanto, ainda não se demonstrou se a pretensa racionalidade de nossa compreensão do mundo não se limita a refletir traços particulares de uma cultura marcada pela ciência, ou se ela tem mesmo razão ao manifestar uma pretensão de universalidade.

(3) Essa questão tornou-se atual quando, no fim do século XIX, teve início a reflexão sobre os fundamentos das ciências humanas históricas. A discussão desenvolveu-se basicamente sob dois aspectos. Sob pontos de vista metodológicos, concentrou-se sobre a pergunta acerca da objetividade do compreender, até encontrar um certo desfecho com as investigações de Gadamer sobre a hermenêutica filosófica[84]. Ao mesmo tempo, sob o título de problema do historismo, tratou-se especialmente da pergunta substancial acerca do caráter único das civilizações e visões de mundo e da possibilidade de comparação entre elas. No fim dos anos 1920, essa parte da discussão mais esboroou-se que foi concluída[85], já que não se conseguiu dar contornos suficientemente precisos ao problema. Isso se deve, entre outras coisas, ao fato de o campo de objetos das ciências humanas – em especial testemunhos intelectualmente elaborados e preservados por escrito, provenientes dos períodos de florescimento das culturas desenvolvidas – não ter requerido tanto quanto o fizeram as tradições míticas, ritos, magia etc. uma confrontação *radical* com a seguinte questão básica: se, e sob que aspecto, os estágios de racionalidade que os cientistas assumem como orientação para si mesmos (ao menos de maneira intuitiva) podem almejar validade universal. Na antropologia cultural, desde o início essa pergunta desempenhou um papel importante; desde os

---

84. H. G. Gadamer. *Wahrheit und Methode*. Tübingen, 1960.
85. E. Troeltsch. *Der Historismus und seine Probleme*. Tübingen, 1922; K. Mannheim. "Historismus", in *Archive für Sozialpol.*, 52, 1924, pp. 1 ss.; do mesmo autor: *Ideologie und Utopie*. Bonn, 1929; em relação ao complexo global, cf. J. Rüsen. *Für eine erneuerte Historik*. Stuttgart, 1976.

anos 1960 ela volta a estar no centro de uma discussão entre cientistas sociais e filósofos[86]. Ela foi desencadeada por duas publicações de P. Winch[87]. Por sua importância neste nosso contexto, seguirei apenas uma das linhas de argumentação[88]. Para facilitar, vou construí-la como uma sequência de seis pares de argumentos, favoráveis e contrários, a uma posição universalista. A ordem que seguirei não corresponde, é claro, ao verdadeiro desenrolar da discussão.

a) A primeira rodada ainda se dá no campo preliminar da discussão. Steven Lukes chama atenção para uma decisão prévia que poderia tornar dispensável a própria discussão: "When I come across a set of beliefs which appear *prima facie* irrational, what should be my attitude towards them? Should I adopt a critical attitude, taking it as a fact about the beliefs that they *are* irrational and seek to explain how they came to be held, how they ma-

---

86. B. R. Wilson (org.). *Rationality*. Oxford, 1970; Horton, Finnegan (orgs.), 1973; K. Nielsen. "Rationality and Relativism", in *Philosophy of the Social Sciences*, 4, 1974, pp. 313 ss.; E. Fales, "Truth, Tradition, Rationality", in *Philosophy of the Social Sciences*, 6, 1976, pp. 97 ss.; I. C. Jarvie. "On the Limits of Symbolic Interpretation in Anthropology", *Curr. Anthr.*, 1976, pp. 687 ss.; R. Horton, "Professor Winch on Safari", *Arch. Eur. Soc.*, 17, 1976, pp. 157 ss.; K. Dixon. "Is Cultural Relativism Self-Refuting?", *Brit. J. Soc.*, 1977, pp. 75 ss.; J. Kekes. "Rationality and Social Sciences", *Philosophy of the Social Sciences*, 9, 1979, pp. 105 ss., L. Hertzberg. "Winch on Social Interpretation", *Philosophy of the Social Sciences*, 10, 1980, pp. 151 ss.

87. P. Winch. *The Idea of a Social Science*. Londres, 1958; trad. al.: Frankfurt/M., 1966; do mesmo autor: "Understanding a Primitive Society", in Wilson, 1970, pp. 78 ss.

88. Sigo aqui Th. A. McCarthy. "The Problem of Rationality in Social Anthropology", *Stony Brook Studies in Philosophy*, 1974, pp. 1 ss.; do mesmo autor: *The Critical Theory of Jürgen Habermas*. Cambridge, 1978, pp. 317 ss.; as ideias básicas devo principalmente a uma palestra não publicada de A. Wellmer, *On Rationality*, I-IV, 1977.

naged to survive unprofaned by rational criticism, what their consequences are, etc.? Or should I treat such beliefs *charitably*: should I begin from the assumption that what appears to me to be irrational may be interpreted as rational when fully understood in its context? More briefly, the problem comes down to whether or not there are *alternatives standards of rationality*?"[89] Lukes parece supor que o antropólogo, em face de uma externação opaca, *prima facie* inevidente e incompreensível, tem a opção de desistir ou não da tentativa de um esclarecimento hermenêutico de seu significado. Além disso, afirma, de maneira implícita, que à decisão em favor de um procedimento hermenêutico subjazeria uma assunção de parâmetros alternativos de racionalidade. Winch, com boas razões, pode contestar as duas teses.

Se uma exteriorização que, de saída, mostra-se irracional opõe-se duramente a tentativas de interpretação, o intérprete pode passar a explicar a exteriorização inacessível no sentido da ocorrência de um acontecimento empírico; e pode fazê-lo com ajuda de condições iniciais e hipóteses causais, de maneira psicológica ou sociológica, por exemplo. Essa posição contrária a Winch é defendida, entre outros, por MacIntyre[90]. Em uma leitura vinculada a tais estratégias de pesquisas, o argumento de Lukes não oferece problemas; mas em um sentido metodológico estrito a alternativa afirmada por Lukes não subsiste. Exteriorizações simbólicas de sujeitos capazes

---

89. St. Lukes. "Some Problems about Rationality", in Wilson, 1970, p. 194.
90. A. MacIntyre. "The Idea of Social Science", in A. MacIntyre. *Against the Self Images of the Age*. Londres, 1971, pp. 211 ss.; do mesmo autor: "Rationality and the Explanation of Action", in A. MacIntyre, 1971, pp. 244 ss.

de agir e fazer uso da linguagem só podem ser identificadas sob condições que se referem às orientações da ação (e às possíveis razões) de um ator. Por isso o intérprete não tem escolha senão submeter à prova se uma exteriorização obscura (ou seja, não uma exteriorização pura e simplesmente incompreensível, mas incompreensível sob certos aspectos) não assumirá mesmo uma aparência racional quando se aclararem as pressuposições das quais o ator parte, quando está em seu próprio contexto: "Notice that in ascribing irrationality to him we should be pointing to the incoherence and incompatibility between the beliefs and criteria which he already possessed and his new behavior. It is not just that his behavior would be at odds with what we believe to be appropriate; it would be at odds with what we know him to believe to be appropriate."[91] Para o intérprete, tomar como ponto de partida a racionalidade presuntiva de uma exteriorização questionável não é questão de *caridade* hermenêutica, mas um mandamento metodológico para assegurar-se, se for o caso, da irracionalidade dessa exteriorização. Somente a *intransigência* hermenêutica em face das próprias pressuposições pode eximir o intérprete de exercer crítica sem autocrítica, e mesmo de incidir no erro que Winch tem razão em imputar aos antropólogos vitorianos – impingir parâmetros de racionalidade da própria cultura, pretensamente universais, a culturas estrangeiras.

Ademais, dessa posição metodológica não resulta de modo algum, como quer afirmar Lukes, uma decisão prévia sobre parâmetros alternativos de racionalidade. Quando o intérprete se embrenha nas razões alegadas por um

---

91. MacIntyre, 1971b, pp. 251 s.

ator para sua exteriorização, ou nas razões que ele poderia alegar sob condições apropriadas, mergulha em uma dimensão na qual, diante de pretensões de validade criticáveis, tem de assumir posição com "sim" ou "não". O que, caso a caso, pode contar como uma boa razão depende claramente de critérios que se alteraram no correr da história (também no correr da história das ciências). Essa dependência dos critérios ante o contexto – critérios que levam os integrantes de diferentes culturas, em diferentes épocas, a julgar de maneira diferenciada a validade das exteriorizações – não significa, porém, que as ideias de verdade, de correção normativa e de veracidade ou autenticidade subjacentes apenas de maneira intuitiva à escolha de critérios sejam dependentes do contexto em igual medida. Em todo caso, não é com um acesso hermenêutico ao campo de objetos que se estará prejulgando essa questão em um sentido afirmativo. Respondê-la no sentido da posição universalista, pretensamente defendida por Lukes, será tanto mais possível quanto mais fundo se for na investigação sobre a problemática da compreensão de sentido. Em breve retomarei esse assunto.

b) A pesquisa de Evans-Pritchard sobre bruxaria, oráculos e magia na tribo africana azande é um dos melhores exemplos de que, mesmo em face de exteriorizações obscuras, pode-se exercer uma grande clemência hermenêutica sem chegar às conclusões relativistas que para Lukes estão vinculadas a esse procedimento. Gostaria de iniciar a segunda rodada com um argumento de Evans-Pritchard, tão esclarecedor sobre a crença em bruxas, e com isso também sobre as razões para as práticas mágicas correspondentes, que seus leitores podem mesmo reconhecer a coerência da imagem de mundo azande. Ao mesmo tempo ele se atém, como antropólogo, a parâmetros de racionalidade científica sempre que se trata de julgar objetivamente as concepções e as técnicas dessa tribo. Evans-Pritchard distingue entre a exigência lógica de consistência, que a crença azande em bruxas cumpre plenamente, e exigências metódicas, às quais os conhecimentos empíricos sobre processos naturais, bem como a intervenção em processos naturais, deveriam obedecer; nesse sentido, o pensamento mítico é evidentemente inferior ao pensamento moderno: "Scientific notions are those which accord with objective reality both with regard to the validity of their premisses and to the inferences drawn from their propositions... Logical notions are those in which according to the rules of thought inferences would be true were the premisses true, the truth of the premisses being irrelevant... A pot has broken during firing. This is probably due to grit. Let us examine the pot and see if this is the cause. That is logical and scientific thought. Sickness is due to witchraft. A man is sick. Let us consult the oracles to discover who is the witch responsible. That is logical and unscientific thought."[92]

À medida que interpreta exteriorizações de nativos, o antropólogo relaciona-as tanto a outras exteriorizações quanto a algo no mundo. Na primeira dimensão, ele pode apoiar-se sobre um sistema de regras que vale da mesma maneira para os dois lados – a saber: princípios da lógica formal dominados intuitivamente. No que respeita à dimensão da referência ao mundo, o antropólogo também tem de se remeter, em casos de dúvida, à classe de externações cujas regras de uso não sejam problemáticas. Ao fazê-lo, supõe que todos os envolvidos

---

92. Citado de: P. Winch, in Wilson, 1970.

partem da mesma concepção acerca de um mundo de entidades, e que em dada situação os nativos apreendem mais ou menos a mesma coisa, interpretando a situação mais ou menos da mesma maneira como ele mesmo[93].

Certamente, as partes não podem recorrer aqui, como no caso da lógica, a um código de regras interpretativas intersubjetivamente válidas isento de ambiguidades. Quando se dá um dissenso manifesto sobre a verdade de proposições, e quando intervenções revelam-se eficazes, o antropólogo – eis como entendo Evans-Pritchard – precisa abandonar-se a métodos de exame cuja validade universal só pode vir à consciência depois de cientificamente aprimorados no âmbito de nossa cultura.

Assim, Winch apoia suas objeções a Evans-Pritchard em um conceito de linguagem culturalista e inspirado por Wittgenstein. Ele entende por "linguagem" as imagens de mundo verbalmente articuladas e as formas de vida respectivamente estruturadas. Imagens de mundo armazenam o saber cultural com cujo auxílio cada uma das comunidades linguísticas interpreta o mundo. Toda cultura estabelece na própria língua uma referência à realidade. Em tal medida, "real" e "irreal", "verdadeiro" e "inverdadeiro" são conceitos inerentes a todas as línguas, e não presentes apenas nesta língua e ausentes naquela outra; porém, cada cultura marca essas distinções categoriais no interior de seu próprio sistema linguístico: "Reality is not what gives language sense. What is real and what is unreal shows itself *in* the sense that language

---

93. O *status* dessa suposição formal de traços comuns é pertinentemente caracterizado por M. Hollis. "The Limits of Rationality", in Wilson, 1970, pp. 214 ss.

has. Further, both the distinction between the real and the unreal and the concept of agreement with reality, themselves belong to our (i. e. to each different, J. H.) language... If then we wish to understand the significance of these concepts, we must examine the use they actually to have – *in* the language."[94]

Assim, é claro que os azandes e os antropólogos falam línguas diversas; isso já se evidencia pelo enorme esforço interpretativo que os antropólogos têm de despender. E o próprio Evans-Pritchard deixa claro que a língua dos azandes reflete uma imagem de mundo coerente. Assim como a compreensão do mundo moderna, ainda que de maneira diversa, essa imagem de mundo demarca as distinções categoriais entre real e não real e determina como distinguir se uma concepção está de acordo ou em desacordo com a realidade. Portanto, Winch considera insensato supor que os dois lados partem de uma mesma concepção de mundo. O antropólogo não tem direito de julgar a crença em bruxas e a magia segundo parâmetros de racionalidade científica. Se Evans-Pritchard reivindica a si esse direito, é porque parte da assunção insustentável de "that the conception of 'reality' must be regarded as intelligible and applicable *outside* the context of scientific reasoning itself, since it is that to which scientific notions do, and unscientific notions do not, have a relation. Evans-Pritchard, although he emphasizes that a member as scientific culture has a different conception of reality from that of a Zande believer in magic, wants to go beyond merely registering this fact and making the differences explicit, and to say, finally, that the scientific conception agrees with what

---

94. Winch, in Wilson, 1970, p. 82.

reality actually is like, whereas the magical conception does not."⁹⁵

c) Antes de expor, na terceira rodada, as debilidades da contestação de Winch, precisamos primeiro explicar em que consiste exatamente sua força. Linguagem, imagem de mundo linguisticamente articulada, forma de vida, todos são conceitos que se referem por um lado a algo particular; pois linguagens, imagens de mundo e formas de vida somente ocorrem no plural. Por outro lado, referem-se a totalidades; para os integrantes de uma mesma cultura, os limites de sua língua são os limites de seu mundo. Esses integrantes podem expandir como queiram o horizonte de seu mundo da vida, mas não podem sair desse horizonte; em tal medida, cada interpretação é também um processo de assimilação. Ao se referirem a uma totalidade, as imagens de mundo, mesmo que se possa submetê-las à prova, não são reconstituíveis como articulação de uma compreensão de mundo. Nesse sentido, assemelham-se a um retrato cuja pretensão é representar uma pessoa por inteiro.

Um retrato não é *figuração*, no sentido de um mapa que pode ser preciso ou impreciso, nem *reprodução de um estado de coisas*, no sentido de uma proposição que pode ser verdadeira ou falsa. Mais que isso, o retrato oferece um ângulo de visão a partir do qual a pessoa representada surge de certa maneira. Por isso, pode haver muitos retratos de uma mesma pessoa; eles podem destacar diferentes aspectos e mesmo assim ser igualmente considerados autênticos, justos e adequados. De modo semelhante, as imagens de mundo estabelecem demarcações relativas aos conceitos básicos, no âmbito das quais to-

---

95. Winch, in Wilson, 1970, p. 81.

mamos tudo que sucede no mundo como sendo algo, para então interpretarmos tal coisa de determinada maneira. As imagens de mundo podem ser tão pouco verdadeiras ou falsas quanto pouco verdadeiros ou falsos os retratos[96].

Por outro lado, imagens de mundo distinguem-se de retratos por possibilitarem enunciados individuais passíveis de verdade. Em tal medida, elas têm uma referência de verdade, ainda que indireta; e essa circunstância Winch deixa de levar em consideração. É certo que, por sua referência totalizante, as imagens de mundo estão eximidas da dimensão em que faz sentido um julgamento segundo critérios de verdade; até mesmo a escolha de critérios segundo os quais se julga a verdade de enunciados pode depender do contexto de uma imagem de mundo que seja relativo a conceitos básicos. Não decorre disso, porém, que se possa entender a própria ideia de verdade de maneira particularista. Seja qual for o sistema linguístico que escolhamos, sempre partimos intuitivamente do pressuposto de que a verdade seja uma pretensão universal de validade. Quando um enunciado é verdadeiro, merece assentimento universal, tenha ele sido formulado nesta ou naquela língua. Portanto, à tese desenvolvida por Winch pode-se obstar que imagens de mundo não só podem ser comparadas entre si sob os pontos de vista da coerência, profundidade, economia,

---

96. Devo essa comparação a uma formulação de Patrick Burke abertamente inspirada em Wittgenstein, sobre "Truth and Worldviews" (1976), que me foi disponibilizada por R. Rorty: "World views, like portraits, are cases of 'seeing as'. We have a world view, when we suceed in seeing the sum total of things as something or other. It is not necessary that we give an account of all the items in the world individually, but of the whole as the whole. So in one sense a world view must embrace everything, but in another sense not" (Ms. p. 3).

completude etc. – pontos de vista como que estéticos e indiferentes à verdade –, mas também sob o ponto de vista da adequação cognitiva. A adequação de uma imagem de mundo linguisticamente articulada é uma função dos enunciados verdadeiros que sejam possíveis nesse sistema lingüístico[97].

Certamente, pode-se refutar essa restrição de Winch como sendo um mal-entendido cognitivista. Imagens de mundo linguisticamente articuladas estão de tal modo enredadas com formas de vida, isto é, com a práxis cotidiana de indivíduos socializados, que não se pode reduzi-las às funções de conhecimento e disponibilização da natureza exterior: "Language games are played by men who have lives to live – lives involving a wide variety of different interests, which have all kinds of different bearings on each other. Because of this, what a man says or does may make a difference not merely to the performance of the activity upon which he is at present engaged, but to his life and to the lives of other people... What we may learn by studying other cultures are not merely possibilities of different ways of doing things, other techniques. More importantly we may learn different possibilities of making sense of human life, different ideas about the possible importance that the carrying out of certain activities may take on for a man, trying to contemplate the sense of his life as a whole."[98] No âmbito de sua imagem de mundo, os participantes de uma comunidade linguística chegam a se entender sobre temas centrais de sua vida pessoal e social. Se pretendemos comparar uns

---

97. Para a caracterização teórica de sistemas de linguagem utilizáveis, introduzi o critério da "adequação" nesse sentido em: J. Habermas, 1973c, pp. 245 ss.

98. Winch, 1970, pp. 105 s.

aos outros os padrões de racionalidade alojados em diferentes sistemas culturais de interpretação, não podemos nos restringir à dimensão de ciência e técnica fornecida por *nossa* cultura, nem fazer da possibilidade de enunciados verdadeiros e técnicas eficientes o parâmetro para a racionalidade *dos outros* sistemas culturais; as imagens de mundo são comparáveis apenas no que diz respeito a seu vigor na geração de sentido. Imagens de mundo lançam luzes sobre os temas existenciais recorrentes em todas as culturas, temas como nascimento e morte, doença e miséria, culpa, amor, solidariedade e solidão. Elas abrem possibilidades equiprimordiais *"of making sense of human life"*. Com isso, estruturam formas de vida *incomparáveis em seu valor*. A racionalidade das formas de vida não se deixa atribuir à adequação cognitiva das imagens de valor a elas subjacentes.

d) Com esse argumento, Winch se desvia em direção a aspectos de conteúdo, muito embora fosse preciso identificar a racionalidade de imagens de mundo e formas de vida a partir de qualidades formais. Podemos iniciar a próxima rodada da argumentação demonstrando em que sentido Winch se afasta do problema em questão. A adequação cognitiva de imagens de mundo, a saber, a coerência e verdade dos enunciados nelas possíveis, bom como a efetividade dos planos de ação que dependem disso, por certo se reflete também na prática de condução da vida. O próprio Winch retoma a observação de Evans-Pritchard de que os azandes podem até mesmo resolver certas contradições com a ajuda da crença em bruxas (quando essas contradições ocorrem, por exemplo, entre dois oráculos ou entre uma premonição do oráculo e os resultados que se verificam), mas afirma que isso se dá apenas até certo ponto. Com base no exemplo das diversas noções sobre a herança de forças mágicas, Evans-Pritchard discute as contradições que inevitavelmente surgem a partir de assunções básicas da imagem de mundo animista. E não deixa dúvida quanto ao fato de os próprios azandes considerarem incômodas algumas absurdidades inevitáveis, tão logo se deixem envolver em uma prova severa de consistência tal como a que o antropólogo aplica. Uma exigência desse tipo, porém, é *trazida até eles*, ou seja, não surge no âmbito de sua própria cultura. E em geral os azandes se eximem dela quando confrontados com tal coisa por um antropólogo. Essa recusa, porém, e a tolerância maior em relação a contradições, não é ela mesma um sinal de condução irracional da vida? Não temos de denominar "irracionais" orientações de ação capazes de se estabilizar somente à custa do recalcamento de contradições? Eis o que Winch contesta.

Winch remete-se à observação de Evans-Pritchard de que os azandes não têm nenhum interesse teórico em acompanhar o problema mencionado, quando confrontados com ele cara a cara: "It might now appear as though we had clear grounds for speaking of the superior rationality of European over Zande thought, in so far as the latter involves a contradiction which it makes no attempt to remove and does not even recognize: one, however, which is recognizable as such in the context of European ways of thinking. But does Zande thought on this matter really involve a contradiction? It appears from Evans-Pritchard's account that Azande do not press their ways of thinking about witches to a point at which they would be involved in contradictions."[99] Winch

---

99. Winch, 1970, p. 92.

não considera legítimo tomar a exigiência de consistência mais adiante do que o fazem os azandes *por si mesmos*: ele chega à conclusão de que "that it is the European, obsessed with pressing Azande thought where it would not naturally go – to a contradiction – who is guilty of misunderstanding, not the Azande. The European is in fact committing a category-mistake"[100].

Uma crença em magia não pode ser confundida com uma semiteoria; pois com sua crença os azandes *não* querem compreender processos no mundo *com a mesma atitude objetivadora* com que o faz um físico moderno ou um médico formado nos moldes das ciências naturais.

e) A acusação de erro categorial feita ao antropólogo europeu pode ser entendida em um sentido atenuado ou em um sentido forte. Se ele simplesmente está dizendo que o cientista não poderia impor aos nativos o interesse dele mesmo pela solução de inconsistências, surge prontamente a réplica: essa carência de interesse não pode ser atribuída justamente ao fato de que a imagem de mundo dos azandes sugere padrões de racionalidade menos exigentes? E ela não é, nesse sentido, menos racional que a compreensão de mundo da modernidade? Com isso abre-se a penúltima rodada da discussão.

R. Horton desenvolve esse argumento referindo-se à distinção de Popper entre mentalidades "abertas" e "fechadas" e as respectivas formas de vida de sociedades modernas e aferradas à tradição. Ele aceita a concepção de Winch de que as estruturas de imagens de mundo se expressam em formas de vida, mas insiste na possibilidade de avaliar imagens de mundo, se não segundo o grau de sua adequação cognitiva, ao menos segundo a

---

100. Winch, 1970, p. 93.

proporção em que elas fomentam ou obstruem processos cognitivo-instrumentais de aprendizagem: "For the progressive acquisition of knowledge, man needs both the right kind of theories and the right attitude to them."[101] Horton e Winch buscam apoio praticamente nos mesmos trechos do relatório de Evans-Pritchard sobre a atitude acrítica dos azandes; mas Horton não atribui essa atitude a uma racionalidade própria à imagem de mundo azande, equivalente, em princípio, à racionalidade científica. Mais que isso, a crença na magia revela uma estrutura que, mais ou menos cegamente, vincula a consciência dos azandes a interpretações da tradição, não permitindo que possa haver interpretações alternativas: "In other words, absence of any awareness of alternatives makes for an absolute acceptance of the established theoretical tenets, and removes any possibility of questioning them. In these circumstances, the established tenets invest the believer with a compelling force. It is this force which we refer to when we talk of such tenets as sacred... Here, then, we have two basic predicaments: the 'closed' – characterized by lack of awarness of alternatives, sacredness of beliefs, and anxiety abouth threats to them; and the 'open' – characterized by awareness of alternatives, diminished sacredness of beliefs, and diminished anxiety about threats to them."[102]

Com a dimensão fechamento *versus* abertura, parece apresentar-se um parâmetro para a racionalidade de imagens de mundo, independente de um contexto específico. O ponto de referência fixa-se claramente sobre a ciência moderna; pois Horton atribui o caráter "sagrado"

---

101. R. Horton. "African Thought and Western Science", in Wilson, 1970, p. 153.
102. Horton, 1970, pp. 154 s.

das imagens de mundo fechadas, ou seja, o caráter que trata de lhes assegurar sua identidade, a uma imunização contra alternativas de interpretação, que contrasta em muito com disposição ao aprendizado e com capacidade de crítica, traços que sobressaem no espírito científico. Por certo, Horton não tem pejo em subsumir a crença em magia sob exigências de uma protociência; mas ele julga a estrutura dessa crença tão somente sob o ponto de vista da incompatibilidade entre a noção míticomágica do mundo e a atitude reflexiva básica sem a qual não podem surgir as teorias científicas. A contestação segundo a qual um europeu moderno estivesse cometendo, nesse caso, um erro categorial renova-se portanto em outra dimensão.

Mesmo que estejamos dispostos a admitir que disposição ao aprendizado e capacidade de crítica não sejam de forma alguma traços exclusivos e idiossincráticos de nossa cultura, há ao menos certa parcialidade em julgar imagens de mundo segundo sua capacidade de obstruir ou fomentar uma mentalidade científica. Nesse ponto, MacIntyre está de acordo com Winch: "It is right to wonder whether, sophisticated as we are, we may not sometimes at least continue to make Frazer's mistake, but in a more subtle way. For when we approach the utterances and activities of an alien culture with a well-established classification of genres in our mind and ask of a given rite or other practice 'Is it a piece of applied science? Or a piece of symbolic and dramatic activity? Or a piece of theology?' We may in fact be asking a set of questions to which any answer may be misleading... For the utterances and practice in question may belong, as it were, to all and to none of the genres that we have in mind. For those who engage in the given practice the question of how their utterances are to be interpreted – in the sense of 'interpretation' in which to allocate a practice or an utterance to a genre is to interpret it, as a prediction, say, rather than as a symbolic expression of desire, or vice versa – may never have arisen. If we question them as to how their utterances are to be interpreted, we may therefore receive an answer which is sincere and yet we may still be deceived. For we may, by the very act of asking these questions, have brought them to the point where they cannot avoid beginning to construe their own utterances in one way rather than another. But perhaps this was not so until we asked the question. Perhaps before that time their utterances were poised in ambiguity... Myths would then be seen as perhaps potentially science *and* literature *and* theology; but to understand them as myths would be to understand them as actually yet none of these. Hence the absurdity involved in speaking of myths as misrepresenting reality; the myth is at most a possible misrepresentation of reality, for it does not aspire, while still only a myth, to be a representation."[103]

Horton define o "fechamento" e a "abertura" de imagens de mundo segundo a dimensão de seu sentido para alternativas teóricas. Para ele, uma imagem de mundo é tanto mais fechada quanto mais ela regulamenta *sem alternativas* o trato com a realidade externa, ou seja, com aquilo que se pode apreender e com aquilo de que se pode tratar no mundo objetivo. Essa confrontação entre imagens de mundo e uma realidade com a qual elas possam estar mais ou menos de acordo já sugere a noção de que a formação teórica seja o sentido primeiro das ima-

---

103. A. MacIntyre, 1971c, pp. 252 s.

gens de mundo. De fato, porém, as estruturas das imagens de mundo determinam uma práxis vital que de modo algum se confunde com o tratamento cognitivo-instrumental da realidade externa. Imagens de mundo, mais que isso, são *em toda sua abrangência* constitutivas de processos de entendimento e de socialização, em que os participantes se referem tanto às ordens do mundo social que têm em comum e às vivências de seus respectivos mundos subjetivos quanto aos processos no mundo objetivo único. Se o pensamento mítico *ainda não permite* a separação categorial entre referências ao mundo cognitivo-instrumentais, moral-práticas e expressivas, e se as exteriorizações dos azandes estão cheias de ambiguidades para nós, isso é um sinal de que o "fechamento" de sua imagem de mundo animista não pode ser descrito somente com posicionamentos em face do mundo objetivo, assim como a "abertura" da compreensão moderna do mundo não pode ser descrita somente por intermédio de qualidades formais da mentalidade científica.

f) Essa objeção já não se situa inteiramente na linha argumentativa de Winch; ela já não está voltada ao abalo da posição universalista, senão a uma sutil defesa dessa posição. Ora, no início desta sexta e última rodada cabe então à posição universalista elencar um avanço, ponto a ponto. Gellner também censura o fato de que Horton, sob o critério "sensibilidade para alternativas teóricas", apresente uma compreensão muito estreita do fechamento ou abertura de imagens de mundo e de formas de vida[104]. Os fenômenos que Horton menciona nes-

---

104. E. Gellner. "The Savage and the Modern Mind", in Horton, Finnegan, 1973, pp. 162 ss.

se contexto não se deixam comprimir nos limites dessa dimensão única, mas exigem, sim, um sistema mais complexo de referências capaz de apreender a diferenciação e autonomização *simultânea* de *três conceitos formais de mundo*.

As observações de Horton e Gellner[105] associam-se sem grandes empecilhos aos pontos de vista formal-pragmáticos mediante os quais caracterizei acima o fechamento de imagens de mundo míticas ou a abertura da compreensão moderna do mundo[106]. Sob as palavras-chave *"mixed vs. segregated motives"* ou *"low vs. high cognitive division of labor"*, os dois autores, de acordo entre si, descrevem a crescente separação categorial entre mundo objetivo, social e subjetivo, a especialização de questionamentos cognitivo-instrumentais, moral-práticos e expressivos, e sobretudo a diferenciação e autonomização de aspectos de validade sob os quais é possível trabalhar cada um desses problemas. Em seguida, Horton e Gellner destacam a crescente diferenciação entre realidade e imagem de mundo linguística. Discutem diversos aspectos sob as palavras-chave *"magical vs. non-magical attitudes to words"*; *"ideas bound to occasions vs. ideas bound to ideas"* (um traço que diz respeito à separação entre nexos de sentido internos e nexos objetivos externos, recorrente em Gellner sob as palavras-chave *"the use of idiosyncratic norms"*). Por fim, a confrontação de *"unreflective vs. reflective thinking"* refere-se às *"second-order intellectual activities"* que tornam possíveis não apenas disciplinas científicas, como matemática, lógica, gra-

---

105. A esse respeito, cf. Horton, 1970, pp. 155 ss.; e Gellner, 1973, pp. 162 ss.
106. Cf. supra pp. 109-10.

mática etc., mas, de modo geral, o processamento sistemático e a configuração formal de sistemas simbólicos.

Imagens de mundo, porém, não são constitutivas apenas para processos de entendimento, mas também para a socialização dos indivíduos. Elas cumprem a função de gerar e assegurar identidade, à medida que fornecem aos indivíduos um suprimento fundamental de conceitos básicos e assunções básicas, que não se podem submeter a revisão sem afetar a identidade dos indivíduos e dos grupos sociais. Esse *saber assegurador de identidade* é tanto mais formal quanto mais se avança da imagem de mundo fechada para a aberta; ele se fixa a estruturas que se desvinculam sempre mais dos conteúdos passíveis de revisão. Gellner fala de "*entrenched constitutional clauses*", que no pensamento moderno retraem-se, restringindo-se a um mínimo formal: "There is a systematic difference in the distribution of the entrenched clauses, of the sacred, in this sense, as between savage and modern thought-systems. In a traditional thought-system, the sacred or the crucial is more extensive, more untidily dispersed, and much more pervasive. In a modern thought-system, it is tidier, narrower, as it were economical, based on some intelligible principles, and tends not to be diffused among the detailed aspect of life. Fewer hostages are given to fortune; or, looking at it from the other end, much less of the fabric of life and society benefits from reinforcement from the sacred and entrenched convictions."[107] Horton subsume um tal desenvolvimento sob os termos-chave "*protective vs. destructive attitude*" e concebe o tabu, nesse contexto, como instituição que protege os fundamentos categoriais da imagem

---

107. Gellner, 1973, p. 178.

de mundo sempre que surgem experiências regularmente dissonantes e sempre que há ameaça de baralhar distinções fundamentais[108].

Quando analisamos sob uma ótica formal-pragmática o uso antropologicamente informado que Horton e Gellner fazem do par conceitual de Popper "aberto *versus* fechado", deparamos com uma perspectiva que torna compreensíveis as reservas de Winch contra a hipostasiação da racionalidade científica e, ao mesmo tempo, permite livrá-las de conclusões apressadas. A racionalidade científica pertence a um complexo racional cognitivo-instrumental que está certamente apto a reivindicar validade para além do contexto de culturas individuais. Contudo, mesmo depois de termos discutido e desarmado os argumentos de Winch, ainda resta uma porção de seu *pathos* à qual não fizemos jus: "My aim is not to engage in moralizing, but to suggest that the concept of *'learning from'* which is involved in the study of other cultures is closely linked with the concept of *wisdom*."[109]

---

108. Horton, 1970, p. 165: "Perhaps the most important occasion of taboo reaction in traditional African cultures is the commission of incest. Incest is one of the most flagrant defiances of the established category-system: for he who commits it treats a mother, daughter, or sister like a wife. Another common occasion for taboo reaction is the birth of twins. Here, the category distinction involved is that of human beings versus animals – multiple births being taken as characteristic of animals as opposed to men. Yet another very generally tabooed object is the human corpse, wich occupies, as it were, a classificatory no-man's land between the living and the inanimate. Equally widely tabooed are such human bodily excreta as faeces and menstrual blood, wich occupy the same no-man's-land between the living and the inanimate. Taboo reactions are often given to occurrences that are radically strange or new; for these too (almost by definition) fail to fit into the established category system."

109. Winch, 1970, p. 106.

Não podemos, nós que integramos sociedades complexas, aprender alguma coisa a partir da compreensão de formas de vida alternativas, especialmente pré-modernas? Não deveríamos – para além da romantização dos estágios de desenvolvimento já vencidos e para além do apelo exótico de conteúdos culturais estrangeiros – lembrar-nos das perdas cobradas pelo próprio caminho até a modernidade? R. Horton tampouco considera essa pergunta insensata: "As a scientist, it is perhaps inevitable that I should at certain points give the impression that traditional African thought is a poor, shackled thing when compared with the tought of the sciences. Yet as a man, here I am living by choice in a still-heavily-traditional Africa rather than in the scientifically oriented Western subculture I was brought up in. Why? Well, there may be a lots of queer, sinister, unacknowledged reasons. But one certain reason is the discovery of *things lost* at home. An intensely poetic quality in everyday life and thought, and a vivid enjoyment of the passing moment – both driven out of sophisticated Western life by the quest for purity of motive and the faith in progress."[110]

Na expressão *"quest for purity of motive"* ressoa uma vez mais a diferenciação de concepções de mundo e aspectos de validade na qual teve origem a compreensão moderna de mundo. Ao acrescentar a seguinte frase à sua observação: "How necessary these are for the advance of science; but what a disaster they are when they run wild beyond their appropriate bounds!", ele confere à posição universalista um acento autocrítico. Não é a racionalidade científica como tal que parece pertencer aos traços idiossincráticos da cultura ocidental, mas sua hi-

---

110. Horton, 1970, p. 170.

postasiação; também esta última parece apontar para um modelo da racionalização cultural e social que ajuda a racionalidade cognitivo-instrumental a alcançar um domínio unilateral, não apenas na lida com a natureza externa, mas igualmente na prática comunicativa do dia a dia.

Talvez se possa resumir o passo da argumentação da seguinte maneira: os argumentos de Winch são muito fracos para firmar a tese de que a toda imagem de mundo linguisticamente articulada e a toda forma de vida cultural seja inerente um conceito incomparável de racionalidade. Mas sua estratégia argumentativa é forte o suficiente para, diante da pretensão de universalidade (em princípio justificada) favorável a uma racionalidade que ganha expressão na compreensão de mundo moderna, distingui-la de uma autoexegese acrítica da modernidade, fixada sobre o conhecimento e disponibilização da natureza externa.

(4) O debate sobre a racionalidade ocorrido na Inglaterra sugere a conclusão de que, embora existam estruturas gerais de racionalidade subjacentes à compreensão de mundo moderna, as sociedades modernas do Ocidente fomentam uma compreensão desfigurada de racionalidade, aferrada a aspectos cognitivos-instrumentais e, em tal medida, bastante particular. Para concluir, gostaria de apontar algumas implicações de uma concepção como essa.

Se a racionalidade de imagens de mundo pode ser julgada na dimensão fechamento/abertura, cuja determinação é formal-pragmática, então contamos com mudanças sistemáticas nas estruturas de imagens de mundo que não podem ser explicadas somente por via psicológica, econômica ou sociológica, ou seja, somente com a ajuda de fatores externos, mas que também se podem atribuir a um crescimento de saber passível de reconstituição posterior. Os processos de aprendizagem, por sua vez, certamente precisam ser explicados com a ajuda de mecanismos empíricos; mas estão concebidos de tal maneira como solução para os problemas, que se revelam acessíveis a uma avaliação sistemática por meio de *condições internas de validade*. A posição universalista obriga à assunção de que a racionalização de imagens de mundo cumpre-se por meio de processos de aprendizagem (essa assunção, a propósito, está ligada à teoria da evolução, ao menos no que diz respeito ao enfoque). Isso não significa de modo algum, porém, que os desenvolvimentos de imagens de mundo tenham de se cumprir de maneira contínua, linear ou necessária, no sentido de uma causalidade idealista. Com essa assunção não se prejulgam as questões da dinâmica do desenvolvimento. Caso se queiram entender como processos de aprendizagem as transições históricas ocorridas entre diversos sistemas interpretativos estruturados, é preciso satisfazer, entretanto, a exigência de uma análise formal dos nexos de sentido, a qual permita reconstruir o encadeamento empírico de imagens de mundo como uma sequência de etapas de aprendizagem testável por via intersubjetiva, além de claramente reconstituível a partir da perspectiva de participantes.

MacIntyre faz contra Winch a objeção de que este se veria obrigado a reinterpretar *desenvolvimentos cognitivos* em saltos descontínuos: "I refer to those transitions from one system of beliefs to another which are necessarily characterized by raising questions of the kind that Winch rejects. In seventeenth-century Scotland, for example the question could not but be raised, 'But are there witches?' If Winch asks, from within what way of social life, under what system of belief was this question asked, the only answer is that it was asked by men who confronted alternative systems and were able to draw out of what confronted them independent criteria of judgement. Many Africans today are in the same situation."[111] O reverso dessa objeção, naturalmente, é o ônus da prova que MacIntyre impõe à posição universalista. De acordo com ele, seria preciso supor que o cientista pertencente a uma sociedade moderna não poderia entender de maneira séria a crença dos azandes em magia, ou mesmo a crucificação de Cristo, sem antes construir (em traços gerais) os processos de aprendizagem que teriam possibilitado a transição do mito a uma religião mundial, ou a transição de uma imagem de mundo religioso-metafísica à compreensão de mundo moderna[112].

No segundo capítulo, com base na sociologia da religião de Weber, pretendo fazer a tentativa de conceber o desenvolvimento de imagens de mundo religiosas sob o ponto de vista teórico da formação de concepções formais de mundo, isto é, como um processo de aprendizagem. Para isso me servirei tacitamente de uma concepção de aprendizagem que Piaget desenvolveu para a ontogênese de estruturas da consciência. Como se sabe, Piaget distingue entre diferentes níveis do desenvolvimento cognitivo, que se caracterizam não segundo novos conteúdos, mas segundo níveis da capacidade de aprender descritas estruturalmente. No caso da emer-

---

111. MacIntyre, 1971b, p. 228.
112. Sob esse pressuposto, a crença em bruxas disseminada pela Europa no início da Idade Moderna deveria ser entendida como uma regressão cognitiva. Sobre isso, cf. R. Döbert. "The Role of Stage-models within a Theory of Social Evolution, illustrated by the European Witch-craze", in R. Harré, U. J. Jenses (orgs.). *Studies in the Concept of Evolution.* Brighton, 1981.

gência de novas estruturas de imagens de mundo, também se poderia tratar de algo semelhante. As cisões entre as formas de pensamento mítica, religioso-metafísica e moderna estão caracterizadas por mudanças no sistema de conceitos básicos. Não obstante a aparência *de seu conteúdo*, as interpretações de um nível ultrapassado, com a transição para o nível seguinte, veem-se *categorialmente desvalorizadas*. Não é esta ou aquela razão que deixa de convencer, mas o *tipo* de razão apresentada é que já não convence. O que ocorreu nas culturas desenvolvidas, quando da dissolução das figuras de pensamento mítico narrativas, e na Era Moderna, com a dissolução das figuras de pensamento religiosas, cosmológicas ou metafísicas, foi a desvalorização do potencial de esclarecimento ou justificação de tradições inteiras. Esses surtos de desvalorização parecem estar relacionados a novos níveis de aprendizado; com eles alteram-se as condições do aprendizado tanto na dimensão do pensamento objetivador quando na do discernimento moral-prático e na capacidade de expressão estético-prática.

A teoria de Piaget não é útil apenas para a distinção entre os aprendizados estrutural e conteudístico, mas para a conceitualização de um desenvolvimento que se estende a imagens de mundo como um todo, ou seja, a diversas dimensões da compreensão de mundo ao mesmo tempo. O desenvolvimento cognitivo em sentido estrito refere-se a estruturas do pensar e do agir que a pessoa em crescimento adquire construtivamente em uma confrontação ativa com a realidade externa, com processos correntes no mundo objetivo[113]. Piaget, no entanto, per-

---

113. Um apanhado geral pode ser encontrado em J. Piaget. *Abriß der genetischen Epistemologie*. Olten, 1974; além disso, cf. J. H. Flavell. *The Developmental Psychology of Jean Piaget*. Princeton, 1963; H. G. Furth. *Piaget and*

segue esse desenvolvimento cognitivo no contexto da "formação dos universos externo e interno"[114]. A pessoa em crescimento elabora as concepções de mundo exterior e de mundo interior a partir de uma origem comum, ao lidar de maneira prática com os objetos e consigo mesma. Piaget distingue aí entre o trato com objetos físicos e o trato com objetos sociais, a saber: "a atuação correlata entre o sujeito e o objeto e a atuação correlata entre o sujeito e os demais sujeitos"[115]. Em consonância com isso, o universo exterior diferencia-se, por um lado, no mundo dos objetos perceptíveis e manipuláveis, por outro lado, no mundo das relações interpessoais regradas. Enquanto o contato com a natureza externa, gerado através do agir instrumental, medeia a aquisição construtiva do "sistema de normas intelectual", a interação com outras pessoas abre caminho para o crescimento construtivo em meio ao "sistema de normas morais" socialmente reconhecido. Os mecanismos de aprendizagem, adaptação e acomodação tornam-se especificamente efetivos através dessas duas maneiras de agir: "Quando [...] as atuações correlatas entre sujeito e predicado modificam ambos, fica evidente *a fortiori* que toda atuação correlata entre sujeitos individuais modifica-os reciprocamente. Toda relação social, portanto, é uma totalidade em si, que cria novas qualidades, à medida que transforma o indivíduo em sua estrutura espiritual."[116]

Knowledge. Chicago, 1981; B. Kaplan. "Meditation on Genesis", *Hum. Developm.*, 10, 1967, pp. 65 ss.; N. Rotenstreich. "An Analysis of Piagets Concept of Structure", *Phil. Phenom. Res.*, 37, 1977, pp. 368 ss.

114. J. Piaget. *Die Entwicklung des Erkennens*, vol. 3. Stuttgart, 1973, p. 179.

115. Piaget, 1973, p. 190; cf. J. M. Broughton. "Genetic Metaphysics", in R. W. Rieber (org.). *Body and Mind*. Nova York, 1980, pp. 177 ss.

116. Piaget, 1973, p. 190.

Resulta assim, para Piaget, um desenvolvimento cognitivo em sentido amplo, que não é entendido apenas como construção de um universo externo, mas como a construção de um sistema de referências para a delimitação *simultânea* entre os mundos social e objetivo e o mundo subjetivo. Desenvolvimento cognitivo significa em geral a *tomada de uma posição descentralizada* por parte de uma *compreensão de mundo egocentricamente marcada*.

Somente na medida em que o sistema formal de referências dos três mundos se diferencia e se autonomiza, pode formar-se um conceito reflexivo de mundo e alcançar-se o acesso ao mundo pelo *medium* composto de diferentes esforços interpretativos, no sentido de uma negociação cooperativa de definições situacionais. A concepção de mundo subjetivo permite-nos apartar do mundo exterior não apenas o mundo interior próprio, mas também os mundos subjetivos dos outros. O *ego* pode refletir sobre a maneira como, a partir da perspectiva de um outro – ou seja, como parte da subjetividade de um outro –, se representam determinados fatos (aquilo que ele mesmo toma por um estado de coisas existente no mundo objetivo) e determinadas expectativas normativas (aquilo que ele considera um acervo legítimo do mundo social tido em comum); além disso, ele pode refletir sobre o fato de que o *alter*, por sua vez, também reflete sobre o que ele mesmo considera estados de coisas existentes e normas vigentes a partir da perspectiva do *ego*, ou seja, como parte constituinte do mundo subjetivo do *ego*. Assim, os mundos subjetivos dos participantes podem servir como tabuleiros de jogo sobre o qual se refletem aleatoriamente o que há de objetivo, o que há de normativo e o que há, no outro, de subjetivo. Mas as concepções de mundo formais têm justamente a função de evitar que os acervos de coisas em comum não se dissolvam em meio à série de subjetividades que, iterativamente, refletem-se umas às outras; elas tornam possível que se assuma em comum a perspectiva de um terceiro ou de alguém não diretamente envolvido.

Todo ato de entendimento pode ser concebido como parte de um procedimento cooperativo de interpretação, voltado a alcançar definições situacionais intersubjetivamente reconhecidas. Para tanto, são úteis os conceitos dos três mundos enquanto sistema de coordenadas suposto em comum, no qual os contextos situacionais podem ser ordenados de tal forma que se chegue a uma concordância sobre o que é que os envolvidos podem tratar como fato ou como norma vigente ou como vivência subjetiva.

Nesse ponto, posso introduzir o *conceito de mundo da vida*, inicialmente como correlato dos processos de entendimento. Sujeitos que agem comunicativamente buscam sempre o entendimento no horizonte de um mundo da vida. O mundo da vida deles constitui-se de convicções subjacentes mais ou menos difusas e sempre isentas de problemas. Esse pano de fundo ligado ao mundo da vida serve como fonte de definições situacionais que podem ser pressupostas pelos partícipes como se fossem isentas de problemas. Em suas realizações interpretativas, os envolvidos em uma comunidade de comunicação estabelecem limites entre o mundo objetivo único e seu mundo social intersubjetivamente partilhado, de um lado, e os mundos subjetivos de indivíduos e de (outras) coletividades. As concepções de mundo e as pretensões de validade correspondentes constituem o arcabouço formal com que os que estão agindo comunicativamente ordenam os respectivos contextos situacionais problemáticos (isto é, carentes de acordo), dispondo-os em seu mundo da vida pressuposto de maneira não problemática.

O mundo da vida acumula o trabalho interpretativo prestado pelas gerações precedentes; ele é o contrapeso conservador que se opõe ao risco de dissenso, que surge com todo processo atual de entendimento. Pois as pessoas que agem comunicativamente podem alcançar um entendimento apenas acerca de posicionamentos positivos ou negativos sobre pretensões de validade criticáveis. *A relação entre esses pesos altera-se com a descentração das imagens de mundo.* Quanto mais descentrada estiver a imagem de mundo que proporciona a reserva cultural de saber, tanto menos a carência de entendimento estará velada *de antemão* por um mundo da vida que se interpreta de uma maneira aversa a críticas; e quanto mais se tiver de satisfazer essa carência com realizações interpretativas dos próprios participantes, ou seja, mediante uma concordância arriscada, porque racionalmente motivada, tanto mais frequentemente poderemos esperar orientações racionais para a ação. Daí caracterizar-se primeiramente a racionalização do mundo da vida em uma dimensão de "concordância normativamente prescrita" *versus* "entendimento comunicativamente alcançado". Quanto mais as tradições culturais tomarem uma decisão prévia sobre quais pretensões de validade devem ser aceitas – e quando, onde, com que fim, por quem e diante de quem –, tanto menos os participantes terão a possibilidade de explicitar e testar as potenciais razões sobre as quais apóiam seus posicionamentos positivos ou negativos.

Quando julgamos sistemas interpretativos culturais sob esse ponto de vista, evidencia-se o porquê de as imagens de mundo míticas representarem um caso-limite elucidativo. Na medida em que se interpreta o mundo da vida de um grupo social por meio de uma imagem de mundo mítica, priva-se o participante individual tanto do ônus da interpretação como da chance de aproximar-se de um comum acordo criticável. Enquanto a imagem de mundo continuar sendo sociocêntrica no sentido piagetiano[117], ela não permitirá que ocorra uma diferenciação entre o mundo dos estados de coisas existentes, o mundo das normas vigentes e o mundo das vivências subjetivas passíveis de expressão. A imagem de mundo linguística é reificada como ordenação do mundo e não se deixa entrever enquanto um sistema interpretativo criticável. No interior de tal sistema organizacional, as ações não logram alcançar a zona crítica em que um comum acordo almejado por via comunicativa depende de tomadas autônomas de posição de tipo sim/não, em relação a pretensões de validade criticáveis.

Diante disso, fica claro quais são as qualidades formais que as tradições culturais devem necessariamente apresentar, caso deva ser possível haver orientações racionais para a ação em um mundo da vida interpretado de tal maneira, e caso caiba a elas agregar-se no sentido de uma condução racional da vida:

a) A tradição cultural precisa disponibilizar concepções formais para os mundos objetivo, social e subjetivo, precisa admitir pretensões de validade diferenciadas (verdade proposicional, correção normativa, veracidade subjetiva) e ainda estimular (de maneira objetivadora, adequada à norma e expressiva) o alcance de uma diferenciação de posicionamentos básicos. Aí sim as exter-

---

117. Piaget, 1973, p. 229.

nações simbólicas podem ser geradas em um nível formal em que elas estejam sistematicamente vinculadas a razões e acessíveis a um julgamento objetivo.

b) A tradição cultural precisa permitir-se uma relação reflexiva consigo mesma; precisa despir-se de seu dogmatismo a ponto de se poder pôr profundamente em questão as interpretações herdadas da tradição e de submetê-las a uma revisão crítica. Aí sim pode-se trabalhar sistematicamente com nexos de sentido internos e podem-se investigar interpretações alternativas de maneira metódica. Surgem atividades cognitivas de segunda ordem: processos de aprendizagem orientados com base em hipóteses e argumentativamente depurados, em áreas do pensamento objetivador, do discernimento moral-prático e da percepção estética.

c) A tradição cultural, em seus componentes cognitivos e avaliativos, tem de se deixar realimentar a tal ponto com argumentações especializadas, que os respectivos processos de aprendizagem possam ser socialmente institucionalizados. Por essa via podem surgir subsistemas culturais para a ciência, a moral e o direito, a música, a arte e a literatura, nos quais possam formar-se tradições argumentativamente embasadas e densificadas por uma crítica duradoura, mas ao mesmo tempo asseguradas de maneira profissional.

d) A tradição cultural, por fim, tem de interpretar o mundo da vida de maneira que o agir voltado ao êxito seja liberado dos imperativos de um entendimento que precise ser continuamente renovado por via comunicativa e possa ser desacoplado, ao menos parcialmente, do agir orientado para o entendimento. Com isso se tornará possível uma institucionalização social do agir racional-finalista em favor de propósitos generalizados: em favor, por exemplo, da formação de um subsistema monitorado com dinheiro e poder, para o gerenciamento econômico racional e para uma administração racional. Max Weber, como veremos, considera a formação dos subsistemas mencionados em (c) e (d) uma diferenciação e autonomização das esferas de valor que representam, para ele, o cerne da racionalização cultural e social na modernidade.

Ao utilizar dessa maneira o conceito piagetiano de descentração como fio condutor para esclarecer o nexo interno entre as estruturas de uma imagem de mundo – do mundo da vida enquanto contexto para os processos de entendimento – e as possibilidades de uma condução racional da vida, deparamos uma vez mais com o conceito de racionalidade comunicativa. Este refere a compreensão de mundo descentrada à possibilidade da solvência discursiva de pretensões de validade criticáveis. A. Wellmer caracteriza o conceito da seguinte maneira, em continuidade ao debate antropológico: "'Discursive rationality' is not a 'relational' conception of rationality in the same sense as the 'minimal' notions of rationality advocated by Winch, MacIntyre, Lukes and others, are. Such minimal conceptions of rationality are simple derivatives of the law of non-contradiction and can be expressed in the form of a postulate of coherence. Now, 'discursive rationality' does not just signify a specific standard of rationality which would be 'parasitic' on the minimal standard of rationality, as e. g. the specific standards of rationality are which are operative in primitive magic or in modern economic systems. 'Discursive rationality' rather signifies (a) aprocedural conception of rationality, i. e. a specific way of coming to grips with incoherences, contradictions and dissension, and (b) a formal standard of rationality which operates on a 'meta-level' vis-à-vis all those 'substantive' standards of rationality which are 'parasitic' on a minimal standard of rationality in Lukes' sense."[118] Para Wellmer, tal conceito de racionalidade é complexo o suficiente para assumir produtivamente como questionamentos as justificadas objeções de Winch: tanto seu ceticismo em face da autoexegese parcialmente cognitivo-instrumental da racionalidade da Era Moderna quanto seu mote de que se deve aprender com outras culturas para poder perceber essa parcialidade da autocompreensão moderna.

Quando se toma o conceito de egocentrismo tão amplamente quanto o de descentração, e quando se supõe que o egocentrismo se renova a cada estágio, o que segue aos processos de aprendizagem é a sombra dos erros sistemáticos[119]. E bem poderia ocorrer, assim, que com

---

118. Wellmer IV, *MS* 12 ss. Ver também K.-O. Apel. "The Common Presuppositions of Hermeneutics and Ethics", in J. Bärmark (org.). *Perspectives on Metascience*. Göteborg, 1980, pp. 39 ss.

119. D. Elkind, para a ontogênese, descreve impressionantemente as formas específicas do egocentrismo atinentes a cada nível: "Egozentrismus in der Adoleszenz", in Döbert, Habermas, Nunner-Winkler (orgs.). *Entwicklung des Ichs*. Colônia, 1977, pp. 170 ss.

Cf. o resumo das pp. 177 s.: "Na tenra infância, o egocentrismo se externa na ideia de que os objetos e sua percepção são idênticos. Essa forma de egocentrismo vai ser superada pelo desenvolvimento da função simbólica. Durante os anos da pré-escola, surge o egocentrismo na forma da suposição de que os símbolos contêm as mesmas informações que os objetos que eles representam. Com o surgimento de operações concretas, a criança pode diferenciar o símbolo do objeto designado e desse modo superar essa forma de egocentrismo. O egocentrismo da pré-adolescência é caracterizado pela suposição de que as próprias representações do pensamento correspondem a uma forma superior de realidade perceptiva. Com o emprego do pensamento formal-operacional e da capacidade de levantar hipóteses contrafactuais, resolve-se essa forma de egocen-

a compreensão de mundo descentrada surgisse também uma ilusão especial – a saber: a noção fantasiosa *de que a diferenciação e autonomização de um mundo objetivo signifique, de maneira geral, a desvinculação do mundo social e do mundo subjetivo em relação ao campo do entendimento racionalmente motivado.*

Essa ilusão de um pensamento *reificado* ainda será objeto de nossas considerações. Um erro complementar da modernidade, a propósito, é o *utopismo*, que crê ser possível, a partir do conceito da compreensão de mundo descentrada e da racionalidade procedimental, alcançarmos "ao mesmo tempo o ideal de uma forma de vida que se torne perfeitamente racional"[120]. Formas de vida não são constituídas apenas de imagens de mundo que podemos nivelar como mais ou menos descentradas, sob pontos de vista estruturais; tampouco são constituídas somente de instituições que bem se prestam a enquadrar-se sob o aspecto da justiça. Winch insiste com razão em que as formas de vida representam "jogos de linguagem" concretos, configurações históricas constituídas de práticas habituais, integrações em determinados grupos, modelos interpretativos culturais, formas de socialização, competências, posicionamentos etc. Seria insensato, diante de tal conjunto, querer julgá-lo em seu todo, en-

---

trismo, pois o adolescente pode reconhecer então a arbitrariedade de suas representações do pensamento. Na primeira adolescência, finalmente o egocentrismo aparece como a noção de que os pensamentos dos outros estariam concentrados sobre o próprio si-mesmo. Essa variante de egocentrismo vai ser superada mediante a experiência da disparidade entre as reações antecipadas pelo adolescente e as reações que de fato se manifestam."

120. A. Wellmer. "Thesen über Vernunft, Emanzipation und Utopie", *MS*, 1979, p. 32.

quanto *totalidade de uma forma de vida*, e isso sob aspectos *individuais* de racionalidade. Se não queremos renunciar totalmente a padrões com base nos quais se pudesse julgar uma forma de vida como mais ou menos errônea, desvirtuada, infeliz ou alienada, temos à disposição o caso modelar da doença e da saúde. Formas de vida e histórias de vida, nós as julgamos tacitamente segundo padrões de normalidade que não admitem uma *aproximação a valores-limite ideais*. Talvez devêssemos, em vez disso, falar de uma compensação entre momentos que carecem de complementação, uma combinação do que é cognitivo com o que é moral e estético-expressivo.

Contudo, a tentativa de indicar um equivalente para o que antes se associava à ideia do bem-viver não pode levar ao erro de querer *deduzir* uma ideia de bem-viver a partir do conceito procedimental de racionalidade, com o qual ficamos para trás, abandonados pela compreensão de mundo descentrada própria à modernidade: "Por essa razão podemos apenas apontar determinadas *condições* formais de uma vida racional – tais como consciência moral universalista, direito universalista, uma identidade coletiva que tenha se tornado reflexiva etc.; tão logo se trate da possibilidade de uma vida racional em sentido substancial, porém, já não há nenhum valor-limite descritível em termos de estruturas formais; há sim, mais que isso, somente o êxito ou o malogro do empenho por alcançar uma forma de vida em que a identidade não coativa dos indivíduos, e com ela a reciprocidade não coativa entre os indivíduos, se torne uma realidade."[121] Com o discurso sobre uma "vida racional em sentido substancial", Wellmer naturalmente não pretende

---

121. Wellmer, 1979, p. 53.

sugerir um retrocesso à conceitualidade das imagens de mundo substancialmente racionais. Mas, se é preciso renunciar a isso, só resta a crítica aos desvirtuamentos que se acrescem duplamente às formas de vida das sociedades que se modernizaram em moldes capitalistas: por um lado através da desvalorização de sua substância tradicional e, por outro, através de sua submissão a imperativos de uma racionalidade parcializada e limitada ao que é cognitivo-instrumental[122].

Uma crítica como essa pode certamente se embasar sobre o conceito procedimental de racionalidade comunicativa, desde que se possa comprovar que a descentração da compreensão de mundo e a racionalização do mundo da vida são condições necessárias para uma sociedade emancipada. Utópica é tão somente a confusão entre uma infraestrutura comunicativa altamente desenvolvida e atinente a formas de vida *possíveis*, de um lado, e a articulação histórica de uma forma de vida *bem-sucedida*, de outro.

---

122. Cf. J. Habermas. "Replay to my Critics", in D. Held, W. Thompson (orgs.). *Habermas: Critical Debates*. Cambridge, 1982.

3. REFERÊNCIAS DE MUNDO E ASPECTOS DA RACIONALIDADE DO AGIR EM QUATRO CONCEITOS SOCIOLÓGICOS DE AÇÃO

O conceito de racionalidade comunicativa, que resultou da análise provisória do emprego da expressão linguística "racional" e do debate antropológico sobre a posição da compreensão do mundo moderna, precisa de uma explicação mais exata. Procurarei cumprir essa tarefa de maneira indireta, a saber, na trilha de um esclarecimento formal-pragmático do conceito de agir comunicativo, e isso tão somente nos limites de uma passagem sistemática por diversas posições ao longo da história da teoria. Podemos sustentar, em primeiro lugar, que o conceito da racionalidade comunicativa deva ser analisado segundo o fio condutor de um entendimento linguístico. O conceito de entendimento remete a um comum acordo almejado pelos participantes e racionalmente motivado, que se mede segundo pretensões de validade criticáveis. As pretensões de validade (verdade proposicional, correção normativa e veracidade subjetiva) caracterizam diferentes categorias de um saber que se corporifica simbolicamente em exteriorizações. Essas exteriorizações podem ser analisadas mais de perto: por um lado, sob o aspecto da possibilidade de fundamentar exteriorizações como essas; por outro, sob o aspecto de como os atores se relacionam, por meio delas, com alguma coisa no mundo. O conceito da racionalidade comunicativa remete a diversas formas de resgate discursivo das pretensões de validade (daí Wellmer falar também de uma racionalidade "discursiva") e, também, a referências de mundo aceitas pelas pessoas que agem comunicativamente, à medida que manifestam pretensões de validade para suas exteriorizações (e por isso a descentração da compreensão do mundo revelou-se como a dimensão mais importante da formação de uma compreensão do mundo). Não continuarei a seguir o rastro das discussões atinentes à teoria da argumentação; no entanto, se regredirmos à tese desenvolvida no início, de que para toda sociologia o problema da racionalidade se coloca ao mesmo tempo em uma dimensão metateórica e em uma dimensão metodológica, acabaremos deparando com a linha de investigação dos conceitos de mundo formais.

Essa primeira tese parcial, gostaria de fundamentá-la de maneira que eu explicite os pressupostos "ontológicos", em sentido amplo, de quatro *conceitos de ação* relevantes para a formação da teoria em ciências sociais. Analisarei as implicações de racionalidade desses conceitos com base nas *referências entre ator e mundo* aí pressupostas. Em geral, nas teorias sociológicas da ação não se contrói de maneira explícita o nexo entre as ações sociais e as referências de mundo dos atores. Constitui exceção o trabalho de I. C. Jarvie, que faz um uso interessante da teoria dos três mundos de Popper[123]. Para aprofundar os conceitos de mundos objetivo, social e subjetivo,

---

123. I. C. Jarvie. *Die Logik der Gesellschaft*. Munique, 1974, pp. 227 ss.

introduzidos por mim de maneira provisória, quero em primeiro lugar abordar a teoria de Popper sobre o terceiro desses mundos (1). A seguir, analisarei os conceitos de agir teleológico, agir regulado segundo normas e agir dramatúrgico, segundo conceitos de referências de mundo dos atores (2). Essa reconstrução possibilitará, então, a introdução provisória do conceito de agir comunicativo (3).

(1) Em sua conferência "Teoria do conhecimento sem sujeito cognoscente", proferida em 1967, Popper faz uma sugestão surpreendente: "... podem-se distinguir os três mundos ou universos a seguir: primeiro, o mundo dos objetos físicos ou dos estados físicos; em segundo lugar, o mundo dos estados de consciência ou dos estados espirituais, ou talvez o mundo das disposições comportamentais para a ação; e, terceiro, o mundo dos *conteúdos objetivos do pensamento*, principalmente dos pensamentos científicos e poéticos e das obras de arte"[124]. Mais tarde, Popper fala de maneira geral sobre o mundo dos "produtos do espírito humano"[125]. Ele destaca que relações internas como essas, entre estruturas simbólicas que ainda aguardam sua própria descoberta e explicação pelo espírito humano, também precisam ser incluídas no terceiro dos mundos[126]. Não são de grande interesse, em nosso contexto, as considerações gnosiológicas especiais que levam Popper a referir-se ao conceito de "pensamento" de Frege, assumir para si a crítica de Husserl ao psicologismo e atribuir um *status* independente de atos e

---

124. K. R. Popper. *Objektive Erkenntnis*. Hamburgo, 1973, p. 123.

125. K. R. Popper, J. C. Eccles. *The Self and its Brain*. Nova York; Heidelberg, 1977, p. 38.

126. K. R. Popper. "Reply to my Critics", in P. A. Schilp (org.). *The Philosophy of K. Popper II*. La Salle/III., 1974, p. 1050.

estados mentais ao teor de significado de produtos simbólicos do espírito humano, geralmente objetivados por meio da linguagem; tampouco desperta interesse aqui a sugestão especial de solução para o problema da relação entre corpo e espírito que ele desenvolve com auxílio do conceito do terceiro mundo[127]. Interessante, porém, é a circunstância de que Popper, nos dois casos, confronta-se com a concepção empirista fundamental segundo a qual o sujeito encontra-se imediatamente em face do mundo, recebe dele suas impressões por meio das percepções de sentido, ou intervém por meio de ações sobre os estados presentes no mundo.

Esse contexto atinente ao problema explica por que Popper entende sua doutrina do espírito objetivo como ampliação do conceito empirista, e por que introduz tanto o espírito objetivo como o espírito subjetivo enquanto "mundos", ou seja, conjuntos especiais de *entidades*. As teorias mais antigas do espírito objetivo, desenvolvidas na tradição histórica e na tradição neo-hegeliana por Dilthey até Theodor Litt e Hans Freyer, tomam como ponto de partida o primado de um espírito ativo que se interpreta nos mundos que ele mesmo constitui. Popper, diante disso, mantém-se apegado ao primado do mundo em face do espírito e, em analogia com o primeiro mundo, concebe o segundo e o terceiro de maneira *ontológica*. Nesse sentido, sua construção do terceiro mundo lembra sobretudo a teoria do ser espiritual de Nicolai Hartmann[128].

O mundo é considerado a totalidade do que o caso é; e o que é o caso pode ser constatado sob a forma de

---

127. Popper, Eccles, 1977, pp. 100 ss.
128. N. Hartmann. *Das Problem des geistigen Seins*. Berlim, 1932.

proposições verdadeiras. Partindo desse conceito geral de mundo, Popper especifica os conceitos do primeiro, segundo e terceiro mundos com base na maneira pela qual os estados de coisas existem. As entidades, segundo sua concernência a um dos três mundos, têm seu modo específico de ser: trata-se de objetos físicos e acontecimentos; estados mentais e episódios interiores; e teores de significado de estruturas simbólicas. Tal como Nicolai Hartmann distingue entre espírito objetivado e espírito objetivo, assim também Popper distingue entre teores de significado explícitos, *corporificados* em fenômenos e signos de escrita, em cor ou em pedra, em máquinas etc., por um lado, e teores implícitos de significado que ainda não foram "descobertos", ainda não foram objetivados em objetos portadores próprios ao primeiro mundo, por outro lado, sendo apenas inerentes aos significados já corporificados.

Esses "unembodied world 3 objects"[129] são um importante indicador da independência do mundo do espírito objetivo. Embora sejam geradas pelo espírito humano produtivo, as estruturas simbólicas se defrontam com o espírito subjetivo – não obstante serem elas mesmas produtos – dotadas da objetividade de um nexo de sentido ressecado, problemático, impensado e carente de trabalho intelectual para se desvelar. Os *produtos* do espírito humano voltam-se inapelavelmente contra ele enquanto *problemas*: "Esses problemas são notadamente *autônomos*. Não são de modo algum criados por nós; na verdade, nós os *descobrimos*, e nesse sentido eles já existem antes de sua descoberta. Além disso, pelo menos alguns desses problemas são insolúveis. Para solucioná-

---

129. Popper, Eccles, 1977, pp. 41 ss.

-los, talvez inventemos novas teorias. E mais uma vez essas teorias são criadas por nós: são produto de nosso pensamento crítico e criativo, em que outras teorias do terceiro mundo nos caem muito bem. Só que basta criarmos essas teorias para que elas gerem novos problemas, indesejados e inesperados: problemas autônomos que precisam ser descobertos. Explica-se assim por que o terceiro mundo, em sua origem um produto nosso, revela-se *autônomo* se considerado, digamos assim, segundo seu *status* ontológico. Explica-se também por que somos capazes de trabalhar esse mundo, mesmo que ser humano nenhum seja capaz de dominar mesmo uma pequena parte dele. Todos contribuímos para seu crescimento, mas quase todas essas contribuições são irrisoriamente pequenas. Todos tentamos compreender esse mundo, e nenhum de nós pode viver sem um vínculo com ele, pois todos usamos a linguagem, sem a qual praticamente não seríamos humanos. Mesmo assim, porém, o terceiro mundo cresceu para muito além da apreensão não só do indivíduo, mas até mesmo de todos os seres humanos (como bem revela a existência de problemas insolúveis)."[130]

Dessa determinação do *status* do terceiro mundo resultam duas consequências notáveis. A primeira diz respeito à *interação entre os mundos*; a segunda, à *interpretação do terceiro mundo reduzida por via cognitivista*.

Na concepção de Popper, o primeiro e o segundo mundos mantêm um intercâmbio tão imediato quanto o segundo e o terceiro. O primeiro e o terceiro mundos, por outro lado, só interagem pela mediação do segundo. Isso representa uma renúncia a duas concepções empiristas fundamentais. De um lado, as entidades do tercei-

---

130. Popper, 1973, pp. 180 s.

ro mundo não podem ser reduzidas a estados mentais, como se fossem formas de expressão do espírito subjetivo, ou seja, não se pode reduzi-las a entidades do segundo mundo; de outro lado, as relações entre entidades do primeiro e do segundo mundos não podem ser concebidas exclusivamente segundo o modelo causal que vale para as relações entre as entidades do primeiro mundo. Popper procura evitar uma concepção psicologista do espírito objetivo, tanto quanto a concepção fisicista do espírito subjetivo. Mais que isso, a autonomia do terceiro mundo garante que o conhecimento de estados do mundo objetivo e a intervenção nesses mesmos estados sejam mediados pela descoberta do sentido próprio de nexos internos de sentido: "... e por isso não se pode ver o terceiro mundo simplesmente como uma expressão do segundo, nem conceber o segundo como mera versão empalidecida do terceiro"[131].

De outra parte, Popper permanece atrelado ao contexto empirista do qual ele pretendia distanciar-se. Também para ele as relações cognitivo-instrumentais entre o sujeito cognoscente e o sujeito atuante, de um lado, e as coisas e acontecimentos que surgem no mundo objetivo, de outro lado, estão a tal ponto no centro das interpretações, que dominam o intercâmbio entre espírito subjetivo e espírito objetivo. O processo de elaboração dos produtos do espírito humano, de exteriorização que se dá com base neles, de perscrutação no interior deles e de sua apropriação serve em primeira linha ao crescimento do *saber teórico* e à expansão do *saber tecnicamente aplicável*. O desenvolvimento científico – que Popper concebe como um processo circular cumulativo entre problema inicial,

---

131. Popper, 1973, pp. 168 s.

elaboração criativa de hipóteses, checagem crítica, revisão e descoberta de um novo problema – serve não apenas como modelo para a captura do espírito subjetivo e sua inserção no mundo do espírito objetivo; mais que isso, na opinião de Popper, o terceiro mundo *constitui-se essencialmente* de problemas, teorias e argumentos. Ao lado de teorias e ferramentas, é provável que Popper também mencione instituições sociais e obras de arte como exemplos de entidades do terceiro mundo; mas vê nelas apenas variantes de uma corporificação de teores proposicionais. A rigor, o terceiro mundo é o conjunto de "pensamentos" fregianos, sejam eles verdadeiros ou falsos, corporificados ou não: "Teorias ou asserções ou proposições são os objetos linguísticos mais importantes no terceiro mundo."

Popper entende o terceiro mundo, e não apenas ontologicamente, como um conjunto de entidades de determinada natureza ôntica; e nesse âmbito entende-o também *unilateralmente* a partir da perspectiva conceitual do desenvolvimento da ciência: o terceiro mundo abrange os componentes cognitivos da tradição cultural cientificamente elaborados. Os dois aspectos, em face da tentativa de tomar o conceito popperiano de terceiro mundo e torná-lo útil a uma fundamentação da sociologia, revelam-se como restrições bastante sensíveis. I. C. Jarvie filia-se à sociologia do conhecimento de cunho fenomenológico, inspirada em Alfred Schütz, que concebe a sociedade como uma construção social do mundo cotidiano, a qual tem seu ponto de partida nos processos interpretativos dos sujeitos agentes e flui em direção à objetividade[132]. No entanto, para analisar o *status* onto-

---

132. P. Berger, Th. Luckmann. *Die gesellschaftliche Konstruktion der Wirklichkeit*. Frankfurt/M., 1969.

lógico do nexo vital da sociedade, que é produzido pelo espírito humano e não obstante preserva uma relativa autonomia diante dele, Jarvie assume o modelo do terceiro mundo: "Sugerimos que o social é um campo entre o mundo material 'duro' e o mundo mental 'suave'. Esse campo, essa realidade, esse mundo – seja como queiramos chamá-lo – é muito diferenciado e complexo, e as pessoas na sociedade, em suas tentativas, anseiam permanentemente por ter êxito na relação com esse mundo, anseiam por poder cartografá-lo e coordenar seus mapas. A vida em uma sociedade mutável e inabarcavelmente grande não permite nem uma cartografação perfeita nem uma coordenação perfeita dos mapas. Isso significa que os participantes se encontram em um processo continuado de autodescobrimento e de autogeração."[133] Essa proposta elucida por um lado o interessante nexo que há entre um conceito de ação sociológico e as referências de mundo do ator, aí pressupostas. Por outro lado, *quando se transpõe a teoria popperiana do terceiro mundo* de contextos ligados à *teoria do conhecimento* para contextos ligados à *teoria da ação*, as debilidades dessa construção tornam-se evidentes.

Ao adotar o conceito popperiano de terceiro mundo para a caracterização das relações e instituições sociais, Jarvie, para apresentar sujeitos que agem socialmente, precisa recorrer ao modelo de cientistas que estejam elaborando teorias e solucionando problemas; no mundo da vida, as teorias cotidianas concorrem de maneira semelhante às teorias científicas na comunidade de comunicação dos pesquisadores: "Pessoas que vivem em uma sociedade precisam situar-se nela tanto para alcançar o

---

133. Jarvie, 1974, pp. 254 s.

que querem quanto para evitar o que não querem. Pode-se dizer que elas adotam para si um mapa espiritual-conceitual da sociedade com seus traços próprios e incluem nesse mapa sua posição própria, caminhos que as levem a seus destinos e também perigos à margem desses diversos caminhos. Esses mapas são, de certa maneira, 'mais suaves' que mapas geográficos: como mapas oníricos, eles criam a paisagem que representam. De determinada maneira, no entanto, essa realidade é 'mais dura': mapas geográficos jamais são reais, mas às vezes apresentam paisagens reais; os mapas sociais, por sua vez, *são* paisagens que as demais pessoas devem estudar e apreender cartograficamente."[134] Essa proposta enfrenta ao menos três dificuldades:

(a) De início, Jarvie borra a diferença entre um posicionamento performativo e um posicionamento hipotético-reflexivo em face das tradições culturais. Na prática comunicativa cotidiana, o ator, para chegar a definições de situações passíveis de consenso, serve-se da provisão de saber cultural válida. Daí podem resultar dissensos que obriguem à revisão de modelos interpretativos individuais; contudo, isso ainda não significa que a aplicação de saber herdado e preocupado em dar continuidade à tradição equivalha ao processamento semicientífico de um saber sistematicamente posto em questão. Sob a pressão de tomar decisões em uma dada situação de ação, o leigo participa de interações com a intenção de coordenar as ações dos envolvidos por meio de um processo de entendimento mútuo, ou seja, mediante o emprego de um saber cultural comum. É certo que o cientista também participa de interações; mas em seu caso os processos

---

134. Jarvie, 1974, p. 248.

interpretativos cooperativos servem ao fim de pôr à prova a validade de componentes problemáticos do saber. O fim não está na coordenação de ações, mas na crítica e expansão do saber.

(b) Além disso, Jarvie negligencia os componentes da tradição cultural que não possam ser atribuídos a "pensamentos" ou enunciados aptos à verificação. Os nexos de sentido que os sujeitos agentes criam ou descobrem, ele os restringe a *modelos interpretativos cognitivos* em sentido estrito. Sob esse ponto de vista, o modelo popperiano do terceiro mundo é especialmente implausível; pois, quando se trata de interações, a força de valores culturais é mais importante que a força de teorias. Assim, ou se equipara o *status* de entidades sociais ao *status* de teorias, e com isso não se pode explicar de que maneira estruturas sociais são capazes de impor marcas a motivos da ação; ou não se leva a sério o modelo de teorias científicas no que diz respeito ao fato de que nas teorias do cotidiano os significados descritivos, normativos e avaliativos interpenetram-se, e com isso torna-se inteiramente possível imaginar uma realimentação dos motivos a partir de conceitos de um terceiro mundo.

Essa versão exigiria, no entanto, uma ampliação da versão popperiana do terceiro mundo, no sentido de que a realidade normativa da sociedade não adquirisse sua independência diante do espírito subjetivo mediante a autonomia de pretensões de verdade, mas, antes, por meio do caráter obrigante de normas e valores. Nesse caso, conviria perguntar como os componentes das tradições culturais, relevantes para a integração social, podem ser entendidos como sistemas de saber e associados a pretensões de validade análogas à verdade.

(c) Entendo como a maior debilidade da proposta de Jarvie o fato de ela não permitir nenhuma distinção entre corporificações institucionais de valores em normas e valores culturais. As instituições devem surgir de maneira semelhante a partir dos processos de entendimento entre os sujeitos que agem (para então adensar-se em face deles como um nexo objetivo de sentido), tal como os problemas, teorias e argumentos surgem dos processos cognitivos, segundo a concepção de Popper. Com esse modelo, podemos explicar até mesmo a natureza conceitual e a relativa autonomia da realidade social, mas não a opositividade e o caráter coercivo das normas vigentes e das instituições subsistentes, pelo qual se distinguem os complexos sociais em relação aos complexos culturais. O próprio Jarvie faz a seguinte observação: "Mas diferentemente de um verdadeiro pensamento, cujo *status* não se vê ameaçado por uma descrença geral, as entidades sociais podem correr perigo sob uma descrença geral – sob uma aversão generalizada a levá-las a sério."[135] Portanto, no sentido de Parsons, recomenda-se distinguir entre o campo dos valores institucionalizados e o campo dos valores culturais que transitam livremente; estes últimos não dispõem do mesmo caráter vinculativo que as normas legítimas de ação.

Considero instrutiva a estratégia de Jarvie de utilizar a teoria do terceiro mundo de Popper, porque ela evidencia os *pressupostos ontológicos* que se fazem presentes nos conceitos sociológicos de ação. Caso se queira evitar as debilidades que se agregam à proposta de Jarvie, faz-se necessária uma revisão da teoria do terceiro mundo que lhe subjaz. Por certo, objetivações culturais não se dei-

---

135. Jarvie, 1974, p. 236.

xam reduzir à atividade generativa de sujeitos cognoscentes que falam e agem, nem às relações espaçotemporais e causais entre coisas e acontecimentos. Por isso, Popper concebe os teores semânticos dos complexos simbólicos como entidades de um "terceiro mundo". Ele apoia tal concepção sobre um conceito ontológico de "mundo" que se introduziu para dar conta de um conjunto de entidades. Antes que possa tornar-se frutífero do ponto de vista da teoria da ação, o conceito de mundo tem de ser modificado sob os três aspectos mencionados.

Sobre (a): Em primeiro lugar, gostaria de substituir o conceito ontológico de mundo por outro, ligado à teoria da constituição, e adotar o par conceitual "mundo" e "mundo da vida". São os próprios sujeitos socialmente coletivizados que, ao tomar parte de processos interpretativos cooperativos, empregam implicitamente o conceito de mundo. Em face disso, a tradição cultural introduzida por Popper mediante a expressão "produtos do espírito humano" assume papéis distintos: ora ela funciona como provisão cultural de saber da qual os participantes da interação retiram suas interpretações, ora ela mesma é transformada em objeto de processamento intelectual. No *primeiro* caso, a tradição cultural partilhada por uma comunidade é constitutiva do mundo da vida que o partícipe individual encontra, já interpretado em seu conteúdo. Esse *mundo da vida* intersubjetivamente partilhado conforma o pano de fundo do agir comunicativo. Por isso fenomenólogos como A. Schütz referem-se ao mundo da vida como o horizonte dado atematicamente, no interior do qual os participantes da comunicação se movem em comum, quando se referem tematicamente a algo no *mundo*. No *outro* caso, os próprios componentes individuais da tradição cultural passam a ser o tema. E nesse caso os envolvidos veem-se diante da necessidade de se posicionar reflexivamente diante de modelos interpretativos culturais que normalmente *tornam possíveis* suas realizações interpretativas. Essa mudança de posicionamento significa que a validade do modelo interpretativo tematizado é suspensa e que se problematiza o saber; ao mesmo tempo, a mudança de posicionamento coloca o componente problemático da tradição cultural sob a categoria de um estado de coisas ao qual pode referir-se de maneira objetivadora. A teoria popperiana do terceiro mundo explica como os teores de significado culturais e os objetos simbólicos podem ser entendidos como algo no mundo e como, ao mesmo tempo, se pode distingui-los como objetos superiores de eventos físicos (observáveis) e mentais (vivenciáveis).

Sobre (b): A seguir, gostaria de suplantar a versão unilateralmente cognitivista do conceito de "espírito objetivo", em prol de um conceito de saber cultural que se diferencia de acordo com diversas pretensões de validade. O terceiro mundo de Popper abrange entidades superiores, acessíveis em um posicionamento reflexivo, que preservam uma autonomia relativa em face do espírito subjetivo por formarem, em razão de seu referencial de verdade, uma rede de nexos problemáticos passíveis de investigação. Na linguagem do neokantismo se poderia dizer que o terceiro mundo goza da independência de uma esfera de validade. As entidades do terceiro mundo aptas à verificação mantêm uma relação especial com o *primeiro* mundo. Os problemas, teorias e argumentos atribuídos ao terceiro mundo servem por fim à descrição e explicação de processos do primeiro mundo. E ambos, por sua vez, são mediados pelo mundo do espírito subjetivo, por atos do conhecer e do agir. Assim, os componentes não cognitivos da cultura incorrem em uma posição marginal muito particular. Justamente eles, no entanto, são de grande importância para uma teoria sociológica da ação. Da perspectiva da teoria da ação, é só de maneira insatisfatória que as atividades do espírito humano podem ser restritas à confrontação cognitivo-instrumental com a natureza exterior; ações sociais orientam-se por valores culturais. Estes últimos, porém, não contam com um referencial de verdade.

Assim, coloca-se a seguinte alternativa: ou negamos aos componentes não cognitivos da tradição cultural o *status* assumido pelas entidades do terceiro mundo graças à alojação delas em uma esfera de nexos de validade, e então nivelamos esses mesmos componentes de maneira empirista, como formas enunciativas do espírito subjetivo; ou procuramos *equivalentes* para o *referencial de verdade que está ausente*.

Esta segunda via, como veremos, é escolhida por Max Weber. Ele distingue diversas esferas culturais de valor – ciência e técnica, direito e moral, bem como arte e crítica. E também as esferas de valor não cognitivas constituem esferas de validade. Noções jurídicas e morais podem ser criticadas e analisadas sob o ponto de vista da correção normativa; obras de arte, sob o ponto de vista da autenticidade (ou beleza). Ou seja, pode-se trabalhá-las como campos autônomos de problemas. Weber entende a tradição cultural *no todo* como uma provisão de saber, a partir da qual se podem formar esferas especiais de valor e sistemas especiais de saber, sob pretensões de validade distintas. Por isso ele atribuiria ao terceiro mundo tanto os componentes culturais avaliativos e expressivos quanto os cognitivo-instrumentais. Quando se escolhe essa alternativa, é preciso esclarecer o que podem significar "validade" e "saber" em face dos componentes não cognitivos da cultura. Estes últimos, diversamente de teorias e enunciados, não podem ser ordenados a entidades do primeiro mundo. Valores culturais não cumprem uma função representativa.

Sobre (c): Esse problema dá ensejo a liberar o conceito de mundo de suas conotações *ontológicas* restritas. Popper introduz diversos conceitos de mundo para delimitar regiões do ser *no interior* do mundo objetivo. Nas publicações mais tardias, ele valoriza não o falar sobre mundos diversos, mas o falar sobre *um* mundo com os indicadores 1, 2 e 3[136]. Diante disso, gostaria de insistir no discurso sobre três mundos (que por sua vez cabe distinguir do mundo da vida). Só se pode entender um deles como correlato da totalidade dos enunciados verdadeiros, a saber: o mundo objetivo; somente esse conceito contém, em sentido estrito, o significado de uma totalidade de entidades. De outra parte, os mundos no todo constituem um sistema de referências que se supõe em processos de comunicação. Com esse sistema de referências, os envolvidos estabelecem, afinal de contas, sobre o que é *possível* haver entendimento. Os participantes da comunicação que chegam a um entendimento entre si não estabelecem apenas uma relação com o mundo objetivo único, segundo sugere o modelo pré-comunicativo dominante no empirismo. Eles não se referem de modo algum apenas ao que pode subsistir ou surgir no mundo objetivo, ou ao que se pode criar nele, mas também a algo no mundo social ou no mundo subjetivo. Falantes e ouvintes manejam um *sistema de mundos equiprimordiais*. Isso não quer dizer que dominem apenas

---

136. Popper, 1974, p. 1050. Popper adota essa terminologia tomando por base J. C. Eccles. *Facing Realities*. Nova York; Heidelberg, 1970.

um nível, no qual possam representar estados de coisas com a fala que se autonomiza e diferencia proposicionalmente – segundo sugere a divisão popperiana em funções mais elevadas e mais baixas da linguagem –; mas ocorre, isto sim, que todas as três funções – representativa, apelativa e expressiva – se encontram em um único e mesmo patamar evolucionário.

(2) A seguir não usarei mais a terminologia de Popper. Referi-me à aplicação da teoria dos três mundos de Popper por Jarvie no âmbito da teoria da ação apenas para preparar a tese de que em geral, ao deparar com a escolha de determinados conceitos sociológicos de ação, deixamo-nos envolver por determinados pressupostos ontológicos. Das referências de mundo que supomos haver no ator dependem, por sua vez, os aspectos da possível racionalidade de seu agir. A profusão de conceitos de ação empregados em teorias das ciências sociais, muitas vezes de maneira implícita, pode-se atribuir essencialmente a quatro conceitos básicos, que podem ser distinguidos por via analítica.

Desde Aristóteles, o conceito de *agir teleológico* está no centro da teoria filosófica da ação[137]. O ator realiza um propósito ou ocasiona o início de um estado almejado, à medida que escolhe em dada situação meios auspiciosos, para então empregá-los de modo adequado. O conceito central é o da *decisão* entre diversas alternativas, voltada à realização de um propósito, derivada de máximas e apoiada em uma interpretação da situação.

O modelo teleológico do agir é ampliado a modelo *estratégico* quando pelo menos um ator que atua orienta-

---

137. R. Bubner. *Handlung, Sprache und Vernunft*. Frankfurt/M., 1976, pp. 66 ss.

do a determinados fins revela-se capaz de integrar ao cálculo de êxito a expectativa de decisões. Esse modelo de ação é frequentemente interpretado de maneira utilitarista; aí se supõe que o ator escolhe e calcula os meios e fins segundo aspectos da maximização do proveito ou das expectativas de proveito. Esse modelo de ação, em economia, sociologia e psicologia social, está subjacente às abordagens vinculadas à decisão ou à teoria lúdica[138].

O conceito de agir *regulado por normas* não se refere ao comportamento de um ator, em princípio solitário, que encontra outros atores no entorno, mas a membros de um grupo social, que orientam seu agir segundo valores em comum. O ator individual segue uma norma (ou colide com ela), tão logo as condições se apresentem em uma dada situação na qual se possa empregá-las. As normas expressam o comum acordo subsistente em um grupo social. Todos os membros de um grupo em que vale determinada norma podem esperar uns dos outros que cada um execute ou omita as ações preceituadas de acordo com determinadas situações. O conceito central de *cumprimento da norma* significa a satisfação de uma expectativa de comportamento generalizada. A expectativa de comportamento não tem o sentido cognitivo da expectativa de um acontecimento prognosticado, mas o sentido normativo de que o partícipe goze do direito à

---

138. Sobre a teoria da decisão, cf. H. Simon. *Models of Man*. Nova York, 1957; G. Gäfgen. *Theorie der wirtschaftlichen Entscheidung*. Tübingen, 1968; W. Krelle. *Präferenz- und Entscheidungstheorie*. Tübingen, 1968; sobre a teoria dos jogos, cf. R. D. Luce, H. Raiffa. *Games and Decisions*. Nova York, 1957; M. Shubik. *Spieltheorie und Sozialwissenschaften*. Frankfurt/M.; Hamburgo, 1965; sobre as abordagens da psicologia social baseadas na teoria das trocas, cf. P. P. Ekeh. *Social Exchange Theory*. Londres, 1964.

expectativa de um comportamento. Esse modelo normativo da ação subjaz à teoria dos papéis[139].

O conceito do agir *dramatúrgico* não se refere primeiramente ao ator solitário, nem ao membro de um grupo social, mas aos participantes de uma interação que constituem uns para os outros um público a cujos olhos eles se apresentam. O ator suscita em seu público uma determinada imagem, uma impressão de si mesmo, ao desvelar sua subjetividade em maior ou menor medida. Todo aquele que age pode controlar o acesso público à esfera de suas próprias intenções, pensamentos, posicionamentos, desejos, sentimentos etc., à qual somente ele mesmo tem acesso privilegiado. No agir dramatúrgico, os partícipes fazem uso dessa circunstância e monitoram sua interação por meio da regulação do acesso recíproco à subjetividade própria. Portanto, o conceito central de *autorrepresentação* não significa um comportamento expressivo espontâneo, mas a estilização da expressão de vivências próprias, endereçada a espectadores. Esse modelo dramatúrgico de ação serve em primeira linha a descrições da interação fenomenologicamente orientadas; até o momento, porém, ele não foi elaborado a ponto de constituir uma abordagem teoricamente generalizante[140].

---

139. Th. R. Sarbin. "Role-Theory", in G. Lindsey (org.). *Handbook of Social Psychology*, vol. 1. Cambridge, 1954, pp. 223-58; T. Parsons. "Social Interaction", in *IESS*, vol. 7, pp. 1429-41; H. Joas. *Die gegenwärtige Lage der Rollentheorie*. Frankfurt/M., 1973; D. Geulen. *Das vergesellschaftete Subjekt*. Frankfurt/M., 1977, pp. 68 ss.

140. G. J. McCall, J. L. Simmons. *Identity and Interactions*. Nova York, 1966; E. Goffman. *Interaktionsrituale*. Frankfurt/M., 1971; do mesmo autor: *Das Individuum im öffentlichen Austausch*. Frankfurt/M., 1974; do mesmo autor: *Rahmenanalyse*. Frankfurt/M., 1977; R. Harré, P. F. Secord. *Explanation of Behavior*. Totowa/N. J., 1972; R. Harré. *Social Beeing*. Oxford, 1979.

O conceito do agir *comunicativo*, por fim, refere-se à interação de pelo menos dois sujeitos capazes de falar e agir que estabeleçam uma relação interpessoal (seja com meios verbais ou extraverbais). Os atores buscam um entendimento sobre a situação da ação para, de maneira concordante, coordenar seus planos de ação e, com isso, suas ações. O conceito central de interpretação refere-se em primeira linha à negociação de definições situacionais passíveis de consenso. Nesse modelo de ação a linguagem assume, como veremos, uma posição proeminente[141].

O conceito de ação teleológico tornou-se produtivo pelas mãos dos fundadores do neoclassicismo, primeiramente para uma teoria econômica das ações eletivas, e por Neumann e Morgenstern para uma teoria dos jogos estratégicos. Para a formação de teorias no campo das ciências sociais, o conceito de agir regulado por normas alcançou importância paradigmática por meio de Durkheim e Parsons; o conceito de agir dramatúrgico por meio de Goffman; e o de agir comunicativo por meio de Mead e, mais tarde, Garfinkel. Não posso apresentar aqui em maiores detalhes a explanação analítica desses quatro conceitos. Interessam-me muito mais as implicações das respectivas estratégias conceituais para a racionalidade. À primeira vista, apenas o conceito teleológico de ação parece colocar à disposição um aspecto da racionalidade da ação; o agir concebido como atividade propositada pode ser considerado sob o aspecto da racionali-

---

141. Uma síntese sobre o interacionismo simbólico e sobre a etnometodologia é fornecida, p. ex., pelo relator do Grupo de Trabalho de Sociólogos de Bielefeld (org.). *Alltagswissen, Interaktion und gesellschaftliche Wirklichkeit*, 2 vols. Hamburgo, 1973; além disso, cf. H. Steinert. "Das Handlungsmodell des symbolischen Interaktionismus", in H. Lenk (org.). *Handlungstheorien*, vol. 4. Munique, 1977, pp. 79 ss.

dade teleológica. Eis um ponto de vista sob o qual as ações podem ser planejadas ou cumpridas de maneira mais ou menos racional, ou julgadas de maneira mais ou menos racional por uma terceira pessoa. Nos casos elementares da atividade propositada, pode-se representar o plano de ação sob a forma de um raciocínio prático[142]. Os três outros modelos de ação aparentemente não posicionam o agir sob o ângulo da racionalidade e da possível racionalização. Mas bem se vê que essa aparência engana quando se têm presentes as pressuposições "ontológicas" em sentido mais amplo que, de maneira conceitual, estão necessariamente ligadas a esses modelos de ação. Nos modelos teleológico, normativo e dramatúrgico, nessa sequência, as pressuposições tornam-se não apenas sempre mais complexas, mas desvelam ao mesmo tempo implicações para a racionalidade sempre mais intensas.

(a) O conceito do agir teleológico pressupõe relações entre um ator e um mundo de estados de coisas existentes. Esse mundo objetivo é definido como conjunto dos estados de coisas que subsistem ou passam a existir, ou que podem ser criados por meio de intervenções voltadas a esse fim. O modelo mune o agente de um "complexo cognitivo-volitivo", de tal modo que, por um lado (pela mediação de percepções), ele pode formar *opiniões* sobre estados de coisas existentes e, por outro, pode desenvolver *intenções* cujo fim é conferir existência a estados de coisas desejados. No plano semântico, estados de coisas como esses são representados como teores proposicionais de sentenças enunciativas ou intencionais. Sobre suas opiniões e intenções, o ator pode apreen-

---

142. Dando continuidade a G. E. M. Anscombe. *Intention*. Oxford, 1957, cf. G. H. von Wright. *Explanation and Understanding*. Londres, 1971, pp. 96 ss.

der basicamente duas classes de relações racionais com o mundo. E chamo de racionais essas relações porque são acessíveis a um julgamento objetivo, de acordo com a direção adaptativa correspondente[143]. Em uma das direções coloca-se a pergunta sobre o êxito do ator em fazer concordar suas percepções e opiniões com o que é o caso no mundo; na outra direção coloca-se a pergunta sobre seu êxito em fazer concordar o que é o caso no mundo com suas opiniões e intenções. De uma maneira ou de outra, o ator pode criar externações que podem ser julgadas por um terceiro sob o ponto de vista de *fit* ou *misfit*: o ator pode compor asserções que sejam *verdadeiras* ou *falsas* e praticar intervenções voltadas a um fim que têm êxito ou fracassam, isto é, que *alcançam* ou *malogram* no mundo o efeito almejado. Essas relações entre ator e mundo admitem exteriorizações que podem ser julgadas segundo critérios de *verdade* ou de *eficácia*.

Em vista dos pressupostos ontológicos, podemos classificar o *agir teleológico* como conceito que pressupõe *um* mundo, a saber, o mundo objetivo. O mesmo vale para o conceito de *agir estratégico*. Aí tomamos como ponto de partida ao menos dois sujeitos que estejam agindo vol-

---

[143]. J. L. Austin fala da *direction of fit* ou do *onus of match*. A. Kenny. *Will, Freedom and Power*. Oxford, 1975, p. 38, explica esses conceitos da seguinte maneira: "Any sentence whatever can be regarded as – *inter alia* – a description of a state of affairs... Now let us suppose that the possible state of affairs described in the sentence does not, in fact, obtain. *Do we fault the sentence, or do we fault the facts?* In the former, then we shall call the sentence assertoric, if the latter, let us call it for the moment imperative." Então, podemos apresentar as sentenças intencionais como imperativos que o falante endereça a si mesmo. Sentenças enunciativas e intencionais são então representativas para as duas possibilidades de concordância entre sentença e estado de coisas, ambas acessíveis ao julgamento objetivo.

tados a um fim e concretizem seus propósitos pela via da orientação segundo decisões de outros atores, e pela via da influenciação de outros atores[144].

O êxito da ação também é dependente de outros atores que se orientam cada qual segundo seu próprio êxito e se comportam cooperativamente apenas na medida em que isso corresponda a seu cálculo egocêntrico das vantagens[145]. Sujeitos que agem de maneira estratégica, por-

---

144. G. Gaefgen, "Formale Theorie des strategischen Handelns", in H. Lenk (org.). *Handlungstheorien*, vol. 1. Munique, 1980, pp. 249 ss.

145. Cf. O. Höffe, "Strategien der Humanität". Munique, 1975: "Um jogo estratégico compõe-se de quatro elementos:

(1) dos *jogadores*, unidades de decisão soberanas que perseguem seus objetivos e agem segundo suas próprias reflexões e diretrizes;

(2) das *regras*, que definem as variáveis que cada jogador pode controlar: as condições da informação, os subsídios e outros aspectos relevantes do ambiente; o sistema de regras define o tipo de jogo, a totalidade das possibilidades de comportamento e, no fim, o vencedor ou perdedor de cada jogo; uma mudança nas regras faz com que se crie um novo jogo;

(3) do resultado final ou dos *pagamentos* (*pay offs*), do benefício ou valor, ao qual estão relacionados os resultados alternativos das partidas (no xadrez, vitória, derrota, empate; na política, cargos, prestígio, poder ou dinheiro);

(4) das *estratégias*, planos de ação abrangentes e alternativamente possíveis. Eles serão construídos sob o respeito e aplicação das regras, bem como sob a consideração de respostas alternativamente possíveis de cada adversário; as estratégias representam um sistema de instruções que, de antemão e com frequência somente de maneira global, determinam como escolher, em cada situação possível de jogo, um movimento entre os movimentos (*moves*, ações particulares) permitidos pelas regras do jogo. Na interpretação oferecida pela teoria dos jogos acerca da realidade social, determinadas estratégias geralmente são vantajosas apenas a uma das partes do embate; para as outras partes, precisa-se então desenvolver novas estratégias; as estratégias individuais assumem o significado de estratégias parciais no âmbito de uma estratégia geral abrangente.

O critério racional da teoria dos jogos não se refere à escolha de uma jogada em particular, e sim à escolha das estratégias. Na forma de uma máxima de decisão, o modelo fundamental aprega: 'Escolha a es-

tanto, têm de estar muito bem equipados cognitivamente, a ponto de que para eles não possa haver somente objetos físicos no mundo, mas também sistemas ocupados em tomar decisões. Eles têm de ampliar seu aparato conceitual para o que pode ser o caso, mas não precisam de pressuposições *ontológicas* mais ricas. Com a complexidade das entidades intramundanas, o conceito de mundo objetivo não se torna mais complexo. E também a atividade propositada que se diferencia e autonomiza como agir estratégico continua sendo um *conceito de mundo único*, a julgar por seus pressupostos ontológicos.

(b) De outra parte, o conceito de agir regulado por normas pressupõe relações entre um ator e exatamente dois mundos. Ao mundo objetivo dos estados de coisas existentes vem somar-se o mundo social, que o sujeito, ao desempenhar seu papel, integra da mesma forma que outros atores capazes de apreender interações normativamente regradas entre si. Um mundo social é constituído de um contexto normativo que estabelece quais interações pertencem ao conjunto de relações interpessoais justificadas. E os atores para os quais as normas têm validade (os atores pelos quais elas são aceitas como válidas) integram o mesmo mundo social.

Tal como se explica o sentido do mundo objetivo com referências à existência de estados de coisas, também se pode explicar o sentido do mundo social com referências à subsistência de normas. Quanto a isso, é importante *não* entender a subsistência de normas no sentido de sentenças existenciais que enunciem haver fatos sociais do tipo de regulamentações normativas. A sen-

---

tratégia que, no âmbito das regras do jogo e em face dos oponentes, promete o resultado mais favorável.'" (pp. 77 s.).

tença "É o caso que q seja um mandamento" tem certamente um significado diferente da sentença "q constitui um mandamento". Esta última sentença expressa uma norma ou determinado mandamento se externada de forma apropriada, com pretensão à correção normativa, ou seja, se externada de tal maneira que pretenda ter *validade* para um círculo de destinatários. E dizemos que uma norma subsiste ou goza de *validade social* quando é *reconhecida como válida* ou como justificada pelos destinatários dela mesma.

Estados de coisas existentes estão representados por enunciados verdadeiros, e normas subsistentes por mandamentos ou sentenças deontológicas gerais, que os destinatários das normas consideram justificados. Que uma norma *valha* significa em termos ideais: ela *recebe* assentimento de todos os atingidos, porque regulamenta os problemas da ação em prol do interesse comum desses mesmos atingidos. Que uma norma *subsista* facticamente significa, por outro lado, o seguinte: a pretensão de validade com a qual ela se apresenta é reconhecida pelos atingidos, e esse reconhecimento intersubjetivo fundamenta a *validade social* da norma.

Não vinculamos tal pretensão normativa de validade a valores culturais; no entanto, os valores pleiteiam a corporificação em normas; em face de uma matéria que careça de regulamentação, eles *podem* obter obrigatoriedades gerais. À luz de valores culturais, as carências de um indivíduo revelam-se plausíveis também para outros indivíduos situados na mesma tradição. Carências interpretadas de maneira elucidativa, contudo, só se transformam em motivos legítimos de ação na regulamentação de determinadas situações problemáticas, quando os valores correspondentes se tornam normativamente obrigatórios para um círculo de atingidos. Nesse caso, os envolvidos podem esperar uns dos outros que cada um deles, em situações correspondentes, oriente seu agir segundo valores preceituados de maneira normativa para todos os atingidos.

Essa reflexão deve tornar compreensível que o modelo normativo de ação mune os atores não apenas de um "complexo cognitivo", mas também de um "complexo motivacional" que possibilita um comportamento adequado à norma. Além disso, o modelo de ação passa a vincular-se a um modelo de aprendizagem da internalização de valores[146]. De acordo com esse modelo, as normas vigentes adquirem força motivadora de ação na mesma medida em que os valores nelas corporificados representam os padrões segundo os quais se interpretam as carências no círculo dos destinatários da norma, e segundo os quais elas se transformam em posicionamentos de carência ao longo de processos de aprendizagem.

Sob esses pressupostos o ator pode, por sua vez, assumir relações com um mundo (o mundo social, neste caso) acessíveis a um julgamento objetivo de acordo com a direção adaptativa. Em uma das direções coloca-se a pergunta quanto aos motivos e às ações de um ator, se estão de acordo com as normas subsistentes ou desviam-se delas. Na outra direção, cabe perguntar se as normas vigentes corporificam, elas mesmas, valores que expressem interesses dos atingidos, interesses passíveis de generalização em face de determinada situação problemática e merecedores, com isso, de um assentimento dos destinatários da norma. Em um dos casos as ações são

---

146. H. Gerth, C. W. Mills. *Character and Social Structure*. Nova York, 1953; trad. al.: Frankfurt/M., 1970.

julgadas tendo em vista se concordam com um contexto normativo subsistente ou se se desviam dele; ou seja, se estão corretas ou não com referência a um contexto normativo reconhecido como legítimo. No outro caso, as normas são julgadas tendo em vista se é possível justificá-las: ou seja, se merecem ser reconhecidas como legítimas[147].

Em vista de suas pressuposições ontológicas em sentido mais amplo, podemos classificar o *agir regulado por normas* como um conceito que pressupõe *dois mundos*: o mundo objetivo e o mundo social. O agir adequado à

---

147. Com isso não fica prejulgada a pergunta quanto a assumirmos, enquanto sociólogos ou filósofos, uma posição cognitivista ou uma posição cética, ao depararmos com questões moral-práticas; não fica prejulgada a pergunta quanto a considerarmos possível uma justificação de normas de ação, que é relativa (e não apenas a propósitos dados). T. Parsons, p. ex., partilha com Weber uma posição de ceticismo quanto a valores. Mas, quando empregamos o conceito de um agir regrado por normas, precisamos descrever os atores *como se* eles – não obstante o âmbito metafísico, religioso ou teórico – considerassem acessível a legitimidade das normas de ação próprias a um julgamento fundamentalmente objetivo. De outra maneira, eles não poderiam basear seu agir no conceito de um mundo de relações interpessoais legitimamente regradas, nem poderiam orientar-se em normas vigentes, mas somente em fatos sociais. O agir sob um posicionamento que se assuma em conformidade com normas exige uma compreensão intuitiva da validade normativa; e esse conceito pressupõe uma possibilidade *qualquer* de fundamentação normativa. Não se pode excluir *a priori* que essa *necessidade conceptual* seja um engano alojado nas convenções lingüísticas de significado, e que careça, portanto, de ilustração; a ilustração pode ocorrer, p. ex., na maneira como modifiquemos o conceito de "validade normativa", ora por via emotivista ora decisionista; ou na maneira como reformulemos esse mesmo conceito com o auxílio de outros conceitos como externação de sentimentos, apelo ou comando. Contudo, conceitos do agir regrado por normas já não serviriam para descrever o agir de atores a que só se pudessem atribuir orientações de ação categorialmente "depuradas".

norma pressupõe que o ator possa distinguir em sua situação acional os componentes fácticos dos componentes normativos, ou seja, distinguir condições e meios, de um lado, e valores, de outro. O modelo de ação normativo parte de que os envolvidos podem assumir um posicionamento objetivador diante do que é o caso ou do que não é o caso, bem como um posicionamento adequado às normas em face do que (com ou sem razão) lhes é ordenado. Da mesma maneira que no modelo teleológico, porém, a ação é apresentada *primeiramente* como relação entre o ator e um mundo – ora como relação com o mundo objetivo com que o ator depara, conhecendo-o, ou no qual ele pode intervir orientado por certos objetivos, ora como relação com o mundo social que o ator integra em seu papel de destinatário da norma e no qual ele pode estabelecer relações interpessoais legitimamente regradas. Nem em um caso nem em outro, pressupõe-se o *próprio* ator como um mundo diante do qual ele mesmo possa comportar-se reflexivamente. Somente o conceito de agir dramatúrgico exige a pressuposição ampliada de um mundo subjetivo, ao qual o ator se refere quando se põe em cena, ao agir.

(c) O conceito de agir dramatúrgico está menos claramente marcado na bibliografia das Ciências Sociais, quando comparado aos conceitos do agir teleológico e do agir dirigido por normas. Em 1956, Goffman é o primeiro a introduzi-lo de maneira explícita em sua investigação sobre a "Autorrepresentação no dia a dia"[148].

---

148. Ele caracteriza com esse conceito uma determinada perspectiva analítica da descrição de interações simples: "Os pontos de vista empregados nessa descrição são os de uma apresentação teatral, ou seja, são derivados da dramaturgia. Abordarei a maneira como o indivíduo apresenta-se para os outros em situações normais de trabalho, como

Sob o ponto de vista do agir dramatúrgico, entendemos interação social como o encontro em que os participantes constituem, uns para os outros, um público visível. Aí, as encenações são recíprocas. *"Encounter"* e *"performance"* são os conceitos-chave. O espetáculo de um grupo diante de terceiros é apenas um caso especial. Um espetáculo serve para que o ator se apresente diante de seus espectadores de determinada maneira; à medida que manifesta algo de sua subjetividade, ele pretende ser visto e aceito pelo público de determinada maneira.

As qualidades dramatúrgicas do agir são de certo modo parasitárias; ficam sujeitas à estrutura de um agir que se orienta segundo fins determinados: "For certain purposes people control the style of their actions... and superimpose this upon other activities. For instance work may be done in a manner in accordance with the principles of a dramatic performance in order to project a certain impression of the people working to an inspector or manager... In fact what people are doing is rarely pro-

---

apresenta a si mesmo e sua atividade; com que meios controla e dirige a impressão que causa neles; e quais são as coisas que pode e não pode fazer quando quer afirmar-se diante deles. Não se pretende esconder a evidente insuficiência de tal modelo comportamental. No palco, fingem-se muitas das coisas apresentadas. Na vida, por outro lado, representam-se coisas altamente prováveis, que são autênticas mas ensaiadas de maneira insatisfatória. E o que é ainda mais decisivo: no palco, o ator se apresenta sob o disfarce de caráter que está diante de outros caracteres, por sua vez desempenhados por outros atores; o público é o terceiro parceiro no interior da interação – um parceiro importante, mas que não existiria se a apresentação fosse realidade. Na vida real, os três parceiros estão reduzidos a dois; o papel desempenhado por um indivíduo está ajustado aos papéis que os outros desempenham; mas ao mesmo tempo os outros também constituem o público." E. Goffman. *Wir spielen alle Theater. Die Selbstdarstellung im Alltag.* Munique, 1969, p. 3.

perly described as *just* eating, or *just* working, but has stylistic features which have certain conventional meanings associated with recognized types of personae."[149]

Por certo há papéis especiais, talhados para autoencenações virtuosísticas: "O papel do boxeador profissional, do cirurgião, do violinista e do policial são bons exemplos disso. Essas atividades permitem um grau tão intenso de expressão dramática que quem as exerce de maneira exemplar – na realidade ou nos romances – logo fica famoso e ocupa um lugar especial nos devaneios comercialmente organizados da nação."[150] Contudo, o traço ora estilizado como elemento do papel profissional, a saber, o caráter reflexivo da autorrepresentação diante dos outros, é mesmo constitutivo de interações sociais em geral, desde que consideradas apenas sob o aspecto do encontro entre as pessoas.

No agir dramatúrgico o ator, ao apresentar uma visão de si mesmo, tem de se relacionar com seu próprio mundo subjetivo. Defini este mundo como a totalidade das vivências subjetivas, à qual o ator tem um acesso privilegiado, em comparação com o de outros[151]. Esse cam-

---

149. Harré, Secord, 1972, pp. 215 s.
150. Goffman (1969), p. 31.
151. Em favor da simplicidade, restrinjo-me a vivências intencionais (incluindo também disposições fracamente intencionais), a fim de não ter de tratar das sensações [*Empfindungen*], um caso-limite complicado. E a complicação consiste em que a assimilação entre sentenças vivenciais e proposições, embora extraviadora, pareça ser algo evidente. Sentenças vivenciais que expressam uma sensação tem quase o mesmo significado que sentenças enunciativas referentes a um respectivo estado interior suscitado por estimulação dos sentidos. Sobre a discussão ampliada acerca da externação das sensações de dor, suscitada por Wittgenstein, cf. H. J. Giegel. *Zur Logik seelischer Ereignisse*. Frankfurt/M., 1969; P. M. S. Hacker. *Illusion and Insight*. Oxford, 1972, pp. 251 ss.; trad. al.: Frankfurt/M., 1978; cf. infra, pp. 540 ss.

po da subjetividade só merece a designação "mundo" se o significado do mundo subjetivo puder ser explicitado de maneira semelhante àquela pela qual explanei o significado do mundo social com referência a um subsistir de normas análogo ao existir dos estados de coisas. Talvez se possa dizer que o que é subjetivo representa-se por meio de sentenças vivenciais externadas com veracidade, da mesma maneira que os estados de coisas existentes o são por meio de enunciados verdadeiros, e as normas válidas, por meio de sentenças obrigacionais válidas. Não podemos apreender vivências subjetivas como estados mentais ou episódios interiores; com isso, nós os equipararíamos a entidades, ou seja, a componentes do mundo objetivo. Podemos conceber o "ter vivências" como algo análogo ao "existir" dos estados de coisas, sem no entanto assimilar uma coisa à outra. Um sujeito apto a expressar-se não "tem" ou "possui" desejos ou sentimentos no mesmo sentido em que um objeto observável tem ou possui extensão, peso, cor e qualidades semelhantes. Se um ator tem desejos e sentimentos, isso se dá no sentido de poder externar essas vivências como quiser, diante de um público, e de tal modo que esse público, desde que confie nas externações expressivas do ator, conceda-lhe serem esses desejos e sentimentos algo realmente subjetivo.

Desejos e sentimentos, nesse contexto, ocupam uma posição exemplar. Com certeza as cognições fazem parte do mundo subjetivo, assim como as opiniões e intenções; estas últimas, porém, mantêm uma relação interna com o mundo objetivo. Opiniões e intenções só virão à consciência *como* objetivas se a elas, no mundo objetivo, não corresponder estado de coisas algum que exista ou que seja trazido à existência. Logo que se constata a inverdade de um enunciado, passa-se a tratá-lo como uma "mera" opinião, ou seja, uma opinião errada. E diz-se simplesmente que a intenção foi "boa" (o que equivale a dizer: ineficiente) quando se constata que a respectiva ação não se realizou ou fracassou. De maneira semelhante, sentimentos vinculativos como vergonha ou culpa, por exemplo, mantêm relação interna com o mundo social. Mas em geral sentimentos e desejos podem ser exteriorizados *apenas* como algo subjetivo. Não podem ser exteriorizados *de outra maneira*, não podem estabelecer relação com o mundo exterior, nem com o mundo objetivo nem com o mundo social. Por isso, a expressão de desejos e sentimentos não se mede somente segundo o relacionamento reflexivo do falante com seu mundo interior.

Desejos e sentimentos são dois aspectos de uma parcialidade que têm suas raízes em carências[152]. Carências têm uma dupla face. Elas se diferenciam, de acordo com a parte volitiva, em pendores e desejos e, de acordo com a outra parte, a intuitiva, em sentimentos e estados de espírito. Desejos orientam-se segundo situações de suprimento das carências; e sentimentos apreendem situações à luz de um possível suprimento das carências. A natureza carencial é como que o pano de fundo de uma parcialidade que determina nossos posicionamentos subjetivos em face do mundo objetivo. Esses posicionamentos externam-se tanto no anseio ativo por bens quanto na apreensão afetiva de situações (desde que essas situações não estejam objetivadas como algo no mundo e não tenham perdido, com isso, seu caráter de situação). Na dimensão da linguagem, a parcialidade dos desejos e sen-

---

152. Cf. a análise de desejos e sentimentos em Ch. Taylor. "Erklärung des Handelns", in *Erklärung und Interpretation in den Wissenschaften vom Menschen*. Frankfurt/M., 1975.

timentos expressa-se na interpretação de carências, ou seja, em avaliações para as quais se têm expressões apreciativas à disposição. A partir do duplo teor descritivo-prescritivo dessas expressões apreciativas e voltadas a interpretar carências, pode-se aclarar o sentido de juízos de valor. Eles servem para tornar compreensível uma tomada de posição. Esse componente da justificação[153] é a ponte entre a subjetividade da vivência e a transparência intersubjetiva que a vivência ganha ao ser exteriorizada com veracidade e ao ser atribuída ao ator pelos espectadores, sobre tal base. Ao caracterizar, por exemplo, um objeto ou uma situação como grandiosos, ricos, edificantes, felizes, perigosos, terríveis, horrendos etc., tentamos expressar uma tomada de posição e, ao mesmo tempo, justificar que ela se torne plausível por meio do apelo a padrões de valoração que estão, de qualquer modo, difundidos na própria cultura. Expressões apreciativas ou padrões de valor apreciativos têm força justificante quando caracterizam uma carência de maneira que seus destinatários, no âmbito de uma tradição cultural em comum, possam reconhecer sob essas interpretações suas próprias carências. Isso esclarece por que, no agir dramatúrgico, coisas como marcas de estilo, expressão estética, qualidades formais em geral, têm um peso tão grande.

Também no caso do agir dramatúrgico a relação entre ator e mundo está acessível a um julgamento objetivo. Como o ator, na presença de seu público, dirige-se ao mundo subjetivo de si mesmo, por certo só pode haver *uma* direção adaptativa. Em face de uma autorrepresentação, surge a pergunta sobre o ator expressar no momento apropriado as vivências que tem, sobre ele de fato

---

153. Norman, 1971, pp. 65 ss.

pensar o que *diz* ou simplesmente simular o que está exteriorizando. Quando se trata de opiniões ou intenções, a pergunta sobre alguém estar dizendo ou não o que pensa certamente não passa de uma questão de veracidade. Mas com desejos e sentimentos nem sempre é esse o caso. Em situações nas quais está em jogo a exatidão da expressão, às vezes é difícil separar a questão da veracidade e a questão da autenticidade. Com frequência nos faltam palavras para dizer o que sentimos; e isso, por sua vez, coloca os sentimentos sob suspeita.

De acordo com o modelo dramatúrgico de ação, os envolvidos no papel de ator só podem assumir uma posição em face da própria subjetividade se têm consciência de que o mundo interior do *ego* está limitado por um mundo exterior; e o mesmo se aplica aos envolvidos no papel de público, quando se trata de assumirem posição em face de exteriorizações expressivas de outro ator. Nesse mundo exterior, por certo o ator é capaz de distinguir entre componentes normativos e não normativos da situação de ação; mas no modelo de ação de Goffman não se prevê que o ator se comporte em relação ao mundo segundo um posicionamento *conforme com normas*. Ele leva em conta como fatos sociais apenas as relações interpessoais regulamentadas de maneira legítima. Por isso me parece correto classificar o *agir dramatúrgico* como um conceito que pressupõe *dois mundos*, a saber: um mundo interior e um mundo exterior. Externações expressivas encenam a subjetividade delimitando-a em relação ao mundo exterior; em face desse mundo, em princípio o ator apenas pode assumir um posicionamento objetivador. E isso vale, distintamente do que ocorre no caso do agir regulado por normas, não só para objetos físicos, mas também para objetos sociais.

Em razão dessa opção, de maneira latente o agir dramatúrgico poderá assumir traços estratégicos na medida em que o ator não trate os espectadores como público mas como *adversários*. A escala da autorrepresentação vai desde a comunicação sincera de algumas intenções, desejos, estados de espírito etc. até o direcionamento cínico das impressões que o ator desperta nos outros: "Aí temos de um lado o representador, que se vê completamente aprisionado por seu próprio jogo; ele pode estar francamente convencido de que a impressão de realidade encenada por ele é realidade 'verdadeira'. Se o público partilha a crença em seu jogo – e este parece ser normalmente o caso –, então ao menos o sociólogo ou quem esteja socialmente desenganado levantará algumas dúvidas sobre a 'realidade' do que é representado. Por outro lado [...] é possível que o representador só esteja interessado em influenciar as convicções de seu público de forma mediata e com outros propósitos, de modo que, por fim, a concepção com que ele depara com esse público e com sua situação seja mesmo indiferente. Se o representador não está convencido de seu próprio papel e não está seriamente interessado em seu público, chamemo-lo então de cínico, ao passo que reservamos o termo 'sincero' para representadores que creem na impressão que sua própria apresentação ocasiona."[154]

A criação manipuladora de impressões falsas – e Goffman estuda as técnicas desse *impression management* desde a segmentação inofensiva até o controle informacional instalado a longo prazo – certamente não é idêntica ao agir estratégico. Também ela é dependente de um público que presume estar presenciando uma apresenta-

---

154. Goffman, 1969, pp. 19 s.

ção e que ignora seu caráter estratégico. A autoencenação estrategicamente colocada tem de ser entendida, também ela, como uma exteriorização que vem a público com a pretensão de veracidade subjetiva. Ela só deixaria de adequar-se à descrição de agir dramatúrgico se passasse a ser julgada por seu público unicamente segundo critérios de êxito. Seria o caso de uma interação estratégica em que os envolvidos tivessem enriquecido a tal ponto o mundo objetivo, conceitualmente, que nele poderiam surgir não só adversários que agissem de maneira racional-finalista, mas também adversários capazes de se exprimir expressivamente.

(3) Com o conceito de agir comunicativo, passa a ter vez o pressuposto adicional de um *medium linguístico* em que o referencial de mundo do ator reflete-se *como tal*. Nesse nível de formação conceitual, a problemática da racionalidade, que antes só se constituía para o *cientista social*, passa a integrar a perspectiva *do próprio ator*. Precisamos aclarar em que sentido se introduz com isso o entendimento linguístico enquanto mecanismo da coordenação da ação. Também o modelo estratégico de ação *pode* ser entendido de tal modo que as ações dos participantes da ação direcionadas segundo cálculos egocêntricos de proveito e coordenadas por condições de interesse sejam *mediadas* por atos de fala. Para o agir regulado por normas, assim como para o agir dramatúrgico, *tem-se* mesmo de supor uma formação de consenso (de natureza linguística, em princípio) entre os participantes da comunicação. Nesses três modelos de ação, porém, a linguagem, sob pontos de vista diversos, é concebida de maneira *unilateral*.

O modelo teleológico de ação aborda a linguagem como um entre muitos *media* com os quais falantes orientados pelo próprio êxito atuam uns sobre os outros; determinados falantes têm, assim, o intuito de ensejar que seus adversários formem ou apreendam opiniões ou intenções que eles mesmos, os falantes, tenham almejado de acordo com interesses próprios. Essa concepção de linguagem que toma como ponto de partida o caso-limite do entendimento indireto está subjacente, por exemplo, à semântica intencional[155]. O modelo normativo de ação pressupõe a linguagem como um *medium* que transmite valores culturais e sustenta um consenso que simplesmente se reproduz com qualquer ato adicional de entendimento. Essa concepção de linguagem culturalista é difundida na antropologia cultural e na linguística de orientação conteudística[156]. O modelo dramatúrgico de ação pressupõe a linguagem como *medium* da autoencenação; aí se deprecia o significado cognitivo dos componentes proposicionais e o significado interpessoal dos componentes ilocucionários em prol de suas funções expressivas. A linguagem é assimilada a partir de formas de expressão estilísticas e estéticas[157]. Somente o modelo comunicativo de ação pressupõe a linguagem como um *medium* de entendimento não abreviado, em que falantes e ouvintes, a partir do horizonte de seu mundo da vida previamente interpretado, referem-se simultaneamente a algo no mundo objetivo, social e subjetivo a fim

---

155. Ainda voltarei a essa teoria nominalista da linguagem desenvolvida por H. P. Grice; cf. infra pp. 477 s.

156. B. L. Whorf. *Language, Thought, and Reality*. Cambridge, 1956; quanto a isso: H. Gipper. *Gibt es ein sprachliches Relativitätsprinzip?* Frankfurt/M., 1972; P. Henle (org.). *Sprache, Denken, Kultur*. Frankfurt/M., 1969.

157. Harré, Secord, 1972, pp. 215 ss.; e principalmente Ch. Taylor. *Language and Human Nature*. Carleton University, 1978.

de negociar definições em comum para as situações. Essa concepção interpretativa da linguagem está subjacente a diversos esforços em favor de uma pragmática formal[158].

A unilateralidade das três outras concepções de linguagem revela-se no fato de os três tipos de comunicação assinalados por cada uma delas constituírem casos-limite do agir comunicativo, a saber: *primeiro*, o entendimento indireto dos que têm em vista somente a realização de seus próprios propósitos; *segundo*, o agir consensual dos que apenas tratam de atualizar uma concordância normativa já subsistente; e, *terceiro*, a autoencenação direcionada a espectadores. Com isso, tematiza-se apenas uma função da linguagem a cada vez: o desencadeamento de efeitos perlocutórios, a criação de relações interpessoais e a expressão de vivências. Ao contrário, o modelo comunicativo de ação – marcado por tradições das ciências sociais filiadas ao interacionismo simbólico de Mead, à concepção wittgensteiniana de jogo de linguagem, à teoria dos atos da fala de Austin e à hermenêutica gadameriana – leva em consideração todas as funções da linguagem em igual medida. Como se demonstra nas abordagens etnometodológicas e filosófico-hermenêuticas, certamente há aqui o risco de reduzir o *agir* social às realizações interpretativas dos participantes da comunicação, e de equiparar agir a falar, interação a conversação. De fato, contudo, o entendimento por via linguística é apenas o mecanismo da coordenação da ação que, em face dos planos de ação e das atividades propositadas dos envolvidos, integra tais planos e atividades à interação.

Nesse ponto gostaria de introduzir o conceito de agir comunicativo, ainda de maneira provisória. Ao fazê-

---

158. F. Schütze, 2 vols., Munique, 1975.

-lo, limito-me a considerações (a) sobre o caráter de ações autônomas e (b) sobre a referência reflexiva ao mundo por parte dos atores no processo de entendimento.

(a) Para não errar de antemão ao situar o conceito de agir comunicativo, gostaria de caracterizar o grau de complexidade das ações de fala, que expressam a um só tempo um teor proposicional, a oferta de uma relação interpessoal e uma intenção do falante. No procedimento de uma análise, ficaria claro quanto esse conceito deve às investigações lingüístico-filosóficas que se possam reportar a Wittgenstein; justamente por isso considero apropriada a indicação de que há limitações no conceito de cumprimento de regras, que serve de enfoque inicial à filosofia analítica. Quando se apreendem convenções lingüísticas sob a perspectiva conceitual do cumprimento de regras, e quando se as explica com auxílio de uma concepção de intenção acional atribuída à consciência das regras, perde-se o aspecto do agir comunicativo que me é tão importante, a saber: a *tripla referência* ao mundo[159].

---

159. É por razões semelhantes que M. Roche insiste na distinção entre convenções *linguísticas* e *sociais*: "É característico que a escola da análise dos conceitos não tenha visto oposição alguma entre intenção e convenção; de acordo com a noção que essa escola tem, a última contém a primeira e vice-versa" (M. Roche. "Die philosophische Schule der Begriffsanalyse", in R. Wiggershaus [org.]. *Sprachanalyse und Soziologie*. Frankfurt/M., 1975, p. 187). Para Roche, poder-se-ia afirmar "que convenções comunicativas são um tipo muito peculiar de convenções sociais; que a vida da linguagem normal e seu emprego em situações sociais podem ser descritos independentemente de interações em situações sociais. Essa afirmação, porém, seria difícil de fundamentar, e a análise conceitual também não tem interesse algum em esclarecê-la. Geralmente ela assume, e com razão, que a análise de conceitos exige uma análise de 'jogos de linguagem' e 'formas de vida' sociais (Wittgenstein), ou então que a análise dos atos de fala exige uma análise de atos sociais (Austin). Daí, porém, ela conclui erroneamente que as convenções da co-

Denomino ações apenas aquelas exteriorizações simbólicas com que o ator faz referência a pelo menos um mundo (sendo o mundo objetivo *também* um deles, de todo modo); isso já constatamos nos casos do agir teleológico – regulamentado por normas e dramatúrgico – investigados até aqui. Distingo de ações os *movimentos corporais* e *operações*, os quais se cumprem com as ações mas têm papel *secundário* na consecução da autonomia das ações, ou seja, um papel que se cumpre pelo *alojamento em uma práxis lúdica* ou *didática*. O exemplo dos movimentos do corpo deixa isso muito claro.

Sob o aspecto de processos observáveis no mundo, as ações aparecem como movimentos corporais de um organismo. Esses movimentos corporais conduzidos a partir do sistema nervoso central são o substrato em que se cumprem as ações. Com seus movimentos, o ator modifica algo no mundo. Por certo podemos distinguir entre movimentos com que um sujeito intervém no mundo (com os quais ele age de maneira instrumental) e movimentos com que um sujeito corporifica um significado (com os quais ele se exterioriza comunicativamente). Em ambas as vezes, os movimentos corporais ocasionam uma modificação física no mundo; em um dos casos essa modificação é causalmente relevante; no outro, semanticamente relevante. Exemplos de movimentos corporais causalmente relevantes de um ator são: retesar o corpo, estender a mão, erguer o braço, dobrar a perna etc. Exemplos de movimentos corporais semanticamente relevantes

---

municação sejam paradigmas das convenções sociais que a cercam; e que a relação entre um uso da linguagem e as convenções comunicativas seja a mesma que entre uma ação social e uma convenção social" (op. cit., pp. 188 s.).

são: os movimentos da garganta, língua, lábios etc. durante a produção de sons fonéticos; assentimento com a cabeça, movimentos das costas quando se "dá de ombros", movimentos dos dedos ao tocar piano, movimentos da mão ao escrever ou desenhar etc.

A. C. Danto analisou esses movimentos como *basic actions*[160]. A isso seguiu-se uma ampla discussão, já prejulgada pela noção de que os movimentos corporais não representam o substrato por meio do qual as ações surgem no mundo; elas mesmas são ações primitivas[161]. Uma

---

160. A. C. Danto. "Basishandlungen", in G. Meggle (org.). *Analytische Handlungstheorie I: Handlungstheoriebeschreibungen*. Frankfurt/M., 1977, pp. 89 ss.; do mesmo autor: *Analytical Philosophy of Action*. Londres, 1973; trad. al.: Königstein, 1979.

161. A falsa impressão de que os movimentos corporais coordenados pela ação sejam, eles mesmos, ações de base pode apoiar-se, em todo caso, na remissão a determinados exercícios nos quais justamente almejamos ações não autônomas *como tais*. Em eventos terapêuticos ou no treinamento esportivo, quando se trata de uma apresentação de anatomia, na aula de canto ou de língua estrangeira, ou para a exemplificação de afirmações no âmbito da teoria da ação, é certo que cada sujeito capaz de falar e de agir possa, quando solicitado, levantar o braço esquerdo, contrair o dedo direito, espichar a mão, repetir determinadas vogais em um certo ritmo, produzir chiados, traçar com um lápis de desenho um movimento circular ou serpenteante, copiar desenhando uma linha meândrica, pronunciar em "th" inglês, esticar o corpo, virar os olhos, acentuar uma frase segundo determinado ritmo de versificação, altear ou abaixar a voz, espichar as pernas etc. Mas o fato de que esses movimentos corporais possam ser feitos intencionalmente não contradiz a tese de que eles representam *ações não autônomas*. Isso se revela no fato de que, mesmo quando se executam intencionalmente esses movimentos corporais, a *estrutura mediadora* normal do agir:

(1) não está presente, p. ex., quando S abre a janela, ao executar com sua mão o movimento de girar; pois seria artificial dizer:

(2) S levanta (intencionalmente) seu braço direito ao levantar seu braço direito.

ação complexa, segundo tal noção, caracteriza-se pelo fato de ela ser feita "por meio" do cumprimento de outra ação: "por meio" do acionamento do interruptor, acendo a luz; "por meio" do levantar de meu braço direito, dou um aceno; "por meio" de um chute forte em uma bola, faço um gol. Essas ações se cumprem "por meio" de uma ação básica. Uma ação básica, por sua vez, é caracterizada pelo fato de que não pode ser realizada por intermédio de outra ação adicional. Considero falsa essa concepção.

Em certo sentido, ações são realizadas por meio de movimentos do corpo, mas somente de tal modo que o ator *participe no cumprimento* desses movimentos, ao seguir uma regra de ação técnica ou social. Esse cumprimento conjunto significa que o ator tenciona a execução de um plano de ação, mas não o movimento do corpo com cuja ajuda ele realiza suas ações[162]. *Um movimento corporal é elemento de uma ação, mas não uma ação.*

No que respeita a ações não autônomas, os *movimentos corporais* equivalem exatamente às *operações* com base

---

É evidente, porém, que se pode entender o movimento corporal executado de maneira intencional como parte de uma *práxis*:

(2') S ergue o braço ao cumprir a ordem de que erga o braço, dada pelo professor de educação física durante a aula de ginástica.

Tipicamente, ações não autônomas têm de ser integradas a uma práxis de treinamento ou de apresentação pública, caso se deva poder vê-las *enquanto* ações. Ordens do tipo que se mencionou situam-se sempre no contexto de uma práxis que manifesta publicamente ou trata de treinar os elementos não autônomos das ações *como tais*. Esse aprendizado pelo treinamento pode pertencer à formação normal de alguém em fase de crescimento, mas também pode fazer parte de uma práxis de treinamento preparatório para ações especiais: preparatório de *habilidades*.

162. A. I. Goldmann. *A Theory of Action*. Englewood Cliffs, 1970.

nas quais Wittgenstein desenvolveu sua concepção de regra e cumprimento de regras.

Operações de pensamento e fala só se cumprem mediante participação em *outras* ações. Em todo caso, elas podem *autonomizar-se* e transformar-se em ações no âmbito de uma práxis de aplicação – por exemplo quando um professor de Latim apresenta, no âmbito da aula, a transformação do passivo a partir do exemplo de uma frase escrita na forma ativa que possa servir de modelo.

Isso também explica o proveito heurístico especial do modelo de jogos de mesa; Wittgenstein esclarece primorosamente as regras operacionais a partir do jogo de xadrez. Só que não vê que esse modelo tem um valor limitado. Certamente podemos entender o calcular ou falar como uma prática que se constitui por regras da aritmética ou de uma gramática (monolíngue), de forma semelhante ao que se dá com a prática de jogar xadrez por meio das regras do jogo já conhecidas. As duas práticas diferem uma da outra assim como o movimento do braço difere do exercício de ginástica executado com a ajuda desse mesmo movimento do braço. À medida que empregamos regras aritméticas ou gramaticais, criamos objetos simbólicos como cálculos ou sentenças; mas estas não têm existência autossuficiente. Com a ajuda de contas e sentenças, normalmente realizamos *outras* ações, como por exemplo trabalhos escolares ou ordens. Estruturas geradas operativamente, consideradas por si mesmas, podem ser julgadas como mais ou menos corretas, conformes com a regra ou bem formadas; porém, não são como as ações, que estão acessíveis a uma crítica sob pontos de vista da verdade, eficiência, correção ou veracidade; pois é só como infraestrutura de outras ações que elas ganham uma referência ao mundo. *Operações não tocam o mundo*.

Isso se revela, entre outras coisas, no fato de as regras das operações poderem servir para identificar uma estrutura gerada operativamente como sendo mais bem formada ou menos bem formada; ou seja, essas regras podem tornar *compreensível* tal estrutura, mas não servem para *explicar* o surgimento dela. Permitem dar uma resposta, no caso de alguns símbolos rabiscados, à pergunta sobre serem símbolos, sentenças, medições ou contas e, dependendo do caso, sobre que contas são essas. A comprovação de que uma pessoa fez contas, e mesmo contas corretas, não explica, no entanto, *por que* ela teria feito tais contas. Quando queremos responder a *essa* pergunta, precisamos recorrer a uma regra *da ação*, por exemplo à circunstância de que um aluno tenha utilizado essa folha ao resolver uma tarefa de matemática. Com ajuda de uma regra aritmética, podemos até mesmo *fundamentar* por que esse aluno continua a sequência de números 1, 3, 6, 10, 15... com 21, 28, 36 etc.; mas não podemos *explicar* por que ele escreve essa sequência de números em uma folha. Com isso, explicitamos o significado de uma estrutura simbólica sem darmos uma explicação racional para seu surgimento. Regras operacionais não têm força explanatória; pois cumpri-las não significa – como ocorre no caso do cumprimento de regras de ação – que o ator esteja se referindo a algo no mundo, nem se orientando, com isso, de acordo com determinadas pretensões de validade que se vinculem a razões motivadoras da ação.

(b) Essa reflexão deve tornar claro por que não podemos analisar os atos de entendimento constitutivos do agir comunicativo de maneira semelhante ao que se faz com as sentenças gramaticais com cujo auxílio elas são realizadas. Para o modelo de ação comunicativo, a linguagem só é relevante do ponto de vista pragmático de que os falantes, ao empregar sentenças orientados pelo entendimento, estabeleçam referências ao mundo – e isso não apenas de maneira direta, como no agir teleológico, dirigido por normas ou dramatúrgico, mas de maneira reflexiva. Os falantes tomam as três concepções formais de mundo existentes nos outros modelos de ação, aos pares ou individualmente, e integram-nas em um sistema, pressupondo-o conjuntamente como uma moldura interpretativa, no interior da qual eles logram alcançar o entendimento. Não fazem mais referência *pontual* a algo no mundo objetivo, social ou subjetivo, mas relativizam sua exteriorização de acordo com a possibilidade de que sua validade seja contestada por outros atores. O entendimento só funciona como mecanismo de coordenação da ação à medida que os participantes da interação se põem de acordo quanto à *validade* pretendida para suas exteriorizações, ou seja, à medida que reconhecem intersubjetivamente as *pretensões de validade* que manifestam reciprocamente. Para fazer valer uma pretensão criticável, um falante tem de se referir com sua exteriorização a pelo menos um "mundo"; e para conclamar seu interlocutor a um posicionamento racionalmente motivado tem de recorrer à circunstância de que essa relação entre ator e mundo é fundamentalmente acessível a um julgamento objetivo. O conceito do agir comunicativo pressupõe a linguagem como *medium* de uma espécie de processos de entendimento ao longo dos quais os participantes, quando se referem a um mundo, manifestam de parte a parte pretensões de validade que podem ser aceitas ou contestadas.

Com esse modelo de ação supõe-se que os participantes da interação mobilizam expressamente o potencial de racionalidade presente nas três referências do ator ao mundo (como analisadas até aqui) em prol do objetivo almejado cooperativamente de chegar ao entendimento. Quando deixamos de lado a boa conformação da expressão simbólica utilizada, um ator orientado nesse sentido em favor do entendimento tem de manifestar com sua exteriorização, de maneira implícita, exatamente três pretensões de validade, a saber:

– a pretensão de que o enunciado feito seja verdadeiro (ou de que os pressupostos existenciais de um teor proposicional mencionado sejam realmente cumpridos);

– a pretensão de que a ação de fala esteja correta com referência a um contexto normativo vigente (ou de que o contexto normativo que ela deve cumprir seja legítimo); e

– a pretensão de que a intenção expressa do falante corresponda ao que ele pensa.

O falante, portanto, reivindica: verdade para enunciados ou pressuposições existenciais, correção para ações reguladas de maneira legítima e para seu contexto normativo, e veracidade para a manifestação de vivências subjetivas. Aí voltamos a reconhecer sem dificuldade as três relações ator-mundo; e, se até o momento sua suposição ocorria mediante os conceitos de ação analisados pelo *cientista social*, com o conceito de agir comunicativo elas passam a ser atribuídas à perspectiva *dos próprios falantes e ouvintes*. São os próprios atores que procuram o consenso e o medem conforme a verdade, a correção e a veracidade; ou seja, são eles que distinguem *fit* ou *misfit* entre a ação de fala, de um lado, e os três mundos com que o ator estabelece relação por meio de sua exteriorização, de outro. Uma tal relação subsiste, respectivamente, entre a exteriorização

– e o mundo objetivo (como conjunto de todas as entidades sobre as quais é possível haver enunciados verdadeiros);

– e o mundo social (como conjunto de todas as relações interpessoais legitimamente reguladas);

– e o mundo subjetivo (como conjunto de vivências do falante privilegiadamente acessíveis).

Todo processo de entendimento acontece ante o pano de fundo de um pré-entendimento exercitado culturalmente. Em seu todo, o saber que serve de pano de fundo permanece não problemático; só a parte do estoque de saber utilizada e tematizada caso a caso pelos participantes da interação será submetida a prova. À medida que as definições situacionais vão sendo negociadas pelos *próprios* envolvidos, até mesmo esse recorte temático do mundo da vida passa a estar à disposição, e isso a cada negociação de uma nova definição situacional.

Uma definição de situação produz uma nova ordem. Com ela, os participantes da comunicação ordenam os diversos elementos da situação da ação a um dos três mundos, conforme o caso, e incorporam assim a situação atual da ação a seu mundo da vida previamente interpretado. A definição de situação de um interlocutor que *prima facie* desvia-se da definição de situação própria representa um problema de natureza peculiar; pois em processos de interpretação cooperativos nenhum dos envolvidos detém o monopólio interpretativo. Para as duas partes, a tarefa interpretativa consiste em integrar a interpretação da situação feita pelo outro à própria interpretação da situação; e isso de tal maneira que o mundo exterior "dele" e o meu "mundo exterior", em uma versão revisada, se relativizem diante do pano de fundo de "nosso mundo da vida" e "do mundo"; e de tal maneira, enfim, que as definições da situação discordantes umas das outras possam superpor-se em suficiente medida. Isso certamente não significa que as interpretações tenham de levar em cada caso, ou ao menos normalmente, a uma ordenação *estável* e *univocamente diferenciada*. Na prática comunicativa cotidiana, estabilidade e univocidade constituem antes a exceção. Mais realista aqui é a imagem, assinalada pela etnometodologia, de uma comunicação difusa, frágil, sob permanente revisão e bem-sucedida apenas em momentos isolados; aí, os envolvidos apoiam-se em pressuposições problemáticas e ainda obscuras e tateiam de um traço comum a outro, os quais se revelam apenas ocasionalmente.

Para evitar mal-entendidos, quero repetir que o modelo comunicativo de ação não equipara agir e comunicação. A linguagem é um *medium* de comunicação a serviço do entendimento, ao passo que os atores, à medida que logram entender-se uns com os outros com o intuito de coordenar suas ações, perseguem determinados fins, conforme o caso. Dessa forma, a estrutura teleológica é fundamental a *todos* os conceitos de ação[163]. Os conceitos de *agir social*, porém, distinguem-se segundo a abordagem que enfoca a coordenação das ações ligadas a determinados fins, vinculadas aos diversos participantes da interação: ora como a imbricação de cálculos de proveito egocêntricos (o grau de conflito e cooperação varia com as situações de interesse dadas); ora como uma concordância sociointegrativa sobre valores e normas, regulada por meio da tradição e da socialização; ora como relação consensual entre público e representadores; ora, justamente, como entendimento no sentido de

---

163. R. Bubner, 1976, pp. 168 ss.

um processo cooperativo de interpretação. Em todos os casos, a estrutura teleológica de ação é pressuposta a ponto de se atribuir aos atores a capacidade de demarcar propósitos e de agir de acordo com determinados fins, bem como o interesse pela realização de seus planos de ação. No entanto, apenas o modelo estratégico de ação *dá-se por satisfeito* com a explanação das características do agir imediatamente voltado ao êxito; os demais modelos de ação, por sua vez, especificam as condições sob as quais o ator persegue seus fins – condições de legitimidade, de autorrepresentação ou do comum acordo linguisticamente almejado, sob as quais o *alter* pode "juntar" suas ações às do *ego*.

No caso do agir comunicativo, os desempenhos interpretativos a partir dos quais se constroem processos cooperativos de interpretação representam o mecanismo de coordenação das ações; a *ação comunicativa* não se confunde com o *ato de entendimento* interpretativamente encenado. Quando escolhemos como unidade de análise um simples *ato de fala* realizado por S, ao qual pelo menos um participante da interação pode se posicionar com *sim* ou *não*, podemos aclarar as condições de *coordenação* comunicativa *da ação*, indicando qual é a importância, para um ouvinte, de entender o significado do que se diz[164]. Contudo, o agir comunicativo assinala interações que se coordenam por ações de fala, sem no entanto coincidir com elas.

---

164. Cf. infra pp. 511 ss.

4. A PROBLEMÁTICA DA COMPREENSÃO DE SENTIDO NAS CIÊNCIAS SOCIAIS

A mesma problemática da racionalidade com que deparamos na investigação dos conceitos sociológicos de ação revela-se a partir de outro viés quando procuramos responder à questão sobre o que significa entender ações sociais. Os conceitos fundamentais do agir social e a metodologia da compreensão de ações sociais mantêm um nexo entre si. Diferentes modelos de ação pressupõem, cada qual, relações diversas do ator com o mundo; e essas referências de mundo são constitutivas não apenas de aspectos da racionalidade do agir, mas também da racionalidade própria à interpretação dessas ações por um intérprete (p. ex., um intérprete advindo das ciências sociais). Pois com uma concepção formal de mundo o ator vê-se imerso em suposições de traços comuns que, a partir da perspectiva do próprio ator, apontam para além do círculo dos imediatamente envolvidos e reivindicam validade para um intérprete proveniente de fora.

Esse nexo pode ser facilmente esclarecido a partir do caso do agir teleológico. O conceito de mundo objetivo pressuposto com esse modelo de ação – um mundo objetivo em que o ator pode intervir orientado por um fim – tem de valer da mesma maneira para o próprio ator e para qualquer intérprete de suas ações. Eis por que Max Weber pode constituir para o agir teleológico o tipo ideal do agir racional-finalista, e, para a interpretação de ações racional-teleológicas, o parâmetro de uma "racionalidade objetiva da correção"[165].

Para denominar o agir orientado por um fim, Max Weber usa a expressão "subjetivamente racional-teleológica"; nesse caso, segundo suas palavras, o agir "está exclusivamente orientado por meios considerados (subjetivamente) adequados a fins assumidos de maneira (subjetivamente) unívoca"[166]. Pode-se descrever a orientação da ação segundo o esquema de raciocínios práticos (proposto por G. H. von Wright)[167]. Um intérprete pode ir além dessa orientação *subjetivamente* racional-teleológica da ação e comparar o decurso factual da ação com o caso de um respectivo decurso da ação *objetivamente* racional-teleológica, construído de maneira artificial. O intérprete pode construir esse caso típico ideal sem incorrer em arbitrariedade, porque quem age refere-se de maneira subjetivamente racional-teleológica a um mundo que, por razões categoriais, é idêntico para o ator e para o observador, ou seja, é acessível de uma mesma maneira por via cognitivo-instrumental. Basta ao intérprete constatar "de que modo o agir *teria* decorrido mediante o conhecimento de

---

165. Sobre o nexo entre os pressupostos ontológicos de Weber e a teoria do agir e da metodologia do compreender, cf. S. Benhabib. "Rationality and Social Action", *Philos. Forum*, vol. XII, 1981, pp. 356 ss.

166. M. Weber. *Methodologische Schriften*. Frankfurt/M., 1968, p. 170.

167. Sobre a discussão dessa proposta, cf. K.-O. Apel, J. Manninen, R. Tuoemala (orgs.). *Neue Versuche über Erklären und Verstehen*. Frankfurt/M., 1978.

todas as circunstâncias e de todas as intenções dos envolvidos e mediante uma escolha rigorosamente racional-teleológica dos meios, orientada segundo a experiência que parecesse válida *para nós*"[168].

Quanto mais univocamente uma ação corresponder ao decurso objetivamente racional-finalista, tanto menos serão necessárias reflexões *psicológicas* adicionais para explicá-la. No caso do agir objetivamente racional-teleológico, a descrição (feita com auxílio de um raciocínio prático) de uma ação tem também força explanatória no sentido de uma explicação intencional[169]. No entanto, a constatação da racionalidade propositada objetiva de uma ação não significa de modo algum que o agente também *precise* comportar-se de maneira subjetivamente racional-teleológica; por outro lado, é natural que um agir subjetivamente racional-finalista possa estar subotimizado, segundo um julgamento objetivo: "Confrontamos o agir fático com o agir que, visto 'teleologicamente', seja racional de acordo com regras gerais e causais da experiência. E fazemos tal confrontação *ou* para constatar um motivo racional que o ator *possa* ter direcionado e que pretendemos averiguar – e isso por meio da demonstração de que suas ações fáticas são meios apropriados para um fim que ele *pudesse* ter perseguido –; *ou* então para tornar compreensível por que um motivo do agente que já conhecíamos acabou tendo, em decorrência da escolha dos meios, um sucesso diverso do que ele esperava subjetivamente."[170]

Para que uma ação possa ser interpretada como mais racional-finalista ou menos racional-finalista, é preciso

---

168. M. Weber. *Wirtschaft und Gesellschaft*. Colônia, 1964, p. 5.
169. G. H. v. Wright. "Erwiderungen", in: K.-O. Apel et al., 1978, p. 266.
170. Weber, 1968, pp. 116 s.

haver padrões de julgamento que o ator e seu intérprete aceitem em igual medida como válidos, ou seja, como parâmetros de um julgamento objetivo ou imparcial. À medida que o intérprete propõe uma intepretação racional, segundo Weber, ele mesmo assume posição em face da pretensão com que as ações racional-teleológicas vêm a público; ele mesmo abandona o posicionamento de uma terceira pessoa em favor do posicionamento de alguém envolvido, que testa uma pretensão de validade problemática e, conforme o caso, critica-a. Interpretações racionais são feitas sob um posicionamento performativo porque o intérprete pressupõe uma base de avaliação compartilhada por todas as partes.

Um fundamento semelhante é oferecido pelas outras duas referências de mundo. As ações reguladas por normas e as ações dramatúrgicas também estão acessíveis a uma interpretação racional. Certamente, a possibilidade de uma reconstrução racional de orientações da ação não é tão evidente nesses casos, e de fato é menos descomplicada que no caso do agir racional-teleológico que acabamos de considerar.

No caso de ações reguladas por normas, o ator refere-se a alguma coisa no mundo social à medida que estabelece uma relação interpessoal. O ator que age de maneira subjetivamente "correta" (no sentido de correção normativa) é o mesmo que acredita com sinceridade estar seguindo uma norma de ação válida; e para que ele aja de maneira objetivamente correta é preciso que essa norma seja, de fato, considerada válida no círculo dos destinatários. Nesse plano, é claro que a questão de uma interpretação racional ainda não se coloca, já que um observador pode constatar descritivamente se uma ação coincide com uma norma dada, e se essa norma, de sua parte, tem validade social ou não. Ora, de acordo com os pressupostos desse modelo de ação, um ator só pode seguir regras (ou colidir com regras) que ele considere subjetivamente válidas ou justificadas; e com esse reconhecimento de pretensões de validade normativas ele se expõe a um julgamento objetivo. Ele desafia o intérprete a testar não apenas a *conformidade* factual de uma ação às normas, ou a validade fática de uma norma, mas a própria correção dessa norma. E o intérprete pode aceitar o desafio, ou então refutá-lo como insensato, a partir de um posicionamento de ceticismo em relação a valores.

Se o intérprete defender tal posicionamento cético, ele explicará – com auxílio de um manejo não cognitivista da ética – que o ator está enganado sobre a capacidade de fundamentação de normas, e que em todo caso ele, para o reconhecimento de normas, pode pôr em cena motivos empíricos em vez de razões. Quem argumenta assim terá de considerar teoricamente inadequado o conceito de agir regulado por normas; e se empenhará por substituir uma descrição feita a partir de conceitos ligados ao agir regulado por normas por outra, tal como uma descrição causalista-behaviorista, por exemplo[171]. Se por outro lado o intérprete estiver convencido da fertilidade teórica do modelo normativo do agir, ele terá de acatar as suposições de traços comuns associadas ao conceito formal de mundo social e abrir a possibilidade de testar o *mérito* de um reconhecimento de normas que o ator considere corretas. Tal interpretação racional do agir regulado por normas apoia-se na comparação entre a validade social fática e a validade de um contexto normati-

---

171. A controvérsia entre teoria causalista da ação e teoria intencionalista da ação está documentada em A. Beckermann (1977).

vo dado, construída de maneira contrafática. Quero eximir-me aqui de discutir as dificuldades metódicas de um discurso prático conduzido de maneira advocatícia, ou seja, conduzido pelo intérprete como representante de sujeitos agentes[172].

O julgamento prático-moral de normas de ação certamente coloca o intérprete diante de dificuldades ainda maiores, tais como controlar o êxito de regras do agir racional-finalista. Mas em princípio podem-se interpretar racionalmente tanto ações reguladas por normas quanto ações teleológicas.

Uma consequência semelhante resulta do modelo dramatúrgico do agir. Aqui o ator refere-se a alguma coisa em seu mundo subjetivo à medida que se expõe a um público. De outra parte, a concepção formal de mundo oferece um fundamento que o agente e seu intérprete partilham ao fazer o julgamento. Um intérprete pode ler racionalmente a ação, de maneira que, ao fazê-lo, apreenda elementos de engano ou de autoengano. Quando o intérprete compara o teor manifesto do enunciado, ou seja, o que o ator diz, com o que ele mesmo tem em mente, pode revelar o caráter potencialmente estratégico de uma autorrepresentação. Além disso, o intérprete poderá revelar o caráter sistematicamente desfigurado de processos de entendimento mútuo, à medida que lo-

---

172. Cf. as indicações em J. Habermas. *Legitimationsprobleme im Spätkapitalismus*. Frankfurt/M., 1973, pp. 150 ss. Sobre a reconstrução crítica da gênese fática de um sistema de normas, cf. P. Lorenzen. "Szientismus vs. Dialektik", in R. Bubner, K. Cramer, R. Wiehl (orgs.). *Hermeneutik und Dialektik*. Tübingen, 1970, I, pp. 57 ss.; do mesmo autor: *Normative Logic and Ethics*. Mannheim, 1969, pp. 73 ss.; P. Lorenzen, O. Schwemmer. *Konstruktive Logik, Ethik und Wissenschaftstheorie*. Mannheim, 1973, pp. 209 ss.

gre mostrar como os envolvidos se externam com veracidade subjetiva e não obstante dizem objetivamente algo diferente do que têm em mente (sem nem estar conscientes disso). O procedimento hermenêutico profundo de interpretar motivos inconscientes vem, uma vez mais, trazer dificuldades distintas das trazidas pelo julgamento advocatício de interesses objetivamente imputados e pela checagem do teor empírico de regras de ação técnicas e estratégicas. Mas com o exemplo da crítica terepêutica pode-se chegar à clareza sobre a possibilidade de interpretar ações dramatúrgicas de modo racional[173].

Nas ciências sociais, os procedimentos de interpretação racional contam com uma reputação questionável, apenas. A crítica ao platonismo modelar vinculado às ciências econômicas demonstra que alguns contestam o teor empírico e a fertilidade elucidativa dos modelos racionais de decisão; restrições às abordagens cognitivistas da ética filosófica e reparos à crítica da ideologia formada na tradição hegeliano-marxista revelam que outros, por sua vez, duvidam da possibilidade de uma fundamentação prático-moral de normas de ação e da compensação entre interesses particulares e interesses passíveis de generalização; e a difundida crítica à cientificidade da psicanálise revela que muitos já consideram problemática a *concepção* do inconsciente e o conceito do significado duplo e potencialmente manifesto, que se considera próprio às exteriorizações de vivências. Penso que essas restrições se baseiam em assunções fundamentais empiristas ques-

---

[173]. J. Habermas. "Der Universalitätsanspruch der Hermeneutik", in J. Habermas (org.), *Hermeneutik und Ideologiekritik*. Frankfurt/M., 1971, pp. 120 ss.; W. A. Schelling (1978); A. Lorenzer. *Sprachzerstörung und Rekonstruktion*. Frankfurt/M., 1970; Th. Mischel. *Psychologische Erklärungen*. Frankfurt/M., 1981, pp. 180 ss.

tionáveis[174]. Mas não preciso tratar dessa controvérsia aqui, já que não quero comprovar a *possibilidade* e a fertilidade teórica das interpretações racionais, senão apenas fundamentar a afirmação mais vigorosa de que, com o acesso ao campo de objetos do agir social (acesso voltado à compreensão de sentido), a problemática da racionalidade se mostra *iniludível*. Ações comunicativas sempre exigem uma interpretação que seja racional desde o início. Em princípio, as relações de quem age ante o mundo objetivo, o mundo social ou o mundo subjetivo, seja de maneira estratégica, seja segundo a regulação por normas, seja dramaturgicamente, estão acessíveis a um julgamento objetivo – tanto para o ator quanto para um observador, em igual medida. No agir comunicativo, até mesmo o ponto de partida da interação torna-se dependente de que os envolvidos tenham sido capazes entre si de entrar em acordo sobre um julgamento *intersubjetivamente válido* de suas referências ao mundo. Segundo esse modelo de ação, uma interação só pode lograr êxito à medida que os envolvidos cheguem a um consenso uns com os outros; e esse consenso, por sua vez, depende de posicionamentos do tipo sim/não em face de pretensões potencialmente baseadas em razões. Ainda analisarei essa *estrutura racional interna do agir orientado pelo entendimento*. Neste momento, trata-se de perguntar se a estrutura interna do entendimento que os atores estabelecem entre si configura-se na compreensão de um intérprete não envolvido, e como isso acontece, conforme o caso.

A tarefa de descrever os nexos do agir comunicativo não consiste simplesmente na explanação o mais preci-

---

174. A. MacIntyre. *Das Unbewußte*. Frankfurt/M., 1968.

sa possível do sentido das exteriorizações simbólicas que compõem a sequência observada? E essa explanação de significado não é totalmente independente da racionalidade (em princípio comprovável) dos posicionamentos que dão sustento à coordenação interpessoal das ações? Isso teria validade apenas para o caso de a compreensão do agir comunicativo permitir uma forte separação entre questões de significado e questões de validade; é justamente esse o problema. Certamente precisamos distinguir entre as realizações interpretativas de um observador que tenha a intenção de entender o sentido de uma exteriorização simbólica, de um lado, e as realizações interpretativas dos participantes da interação, de outro, os quais coordenam suas ações por meio do mecanismo de entendimento. Diversamente dos que têm envolvimento direto, o intérprete não está empenhado em chegar a uma interpretação passível de consenso, para que possa conciliar seus planos de ação com os dos outros atores. Mas talvez as realizações interpretativas de observador e participante distingam-se somente em sua função e não em sua estrutura. Pois mesmo na simples descrição, na simples explanação semântica de uma ação de fala, já é preciso insinuar-se desde o início aquele posicionamento de tipo sim/não por parte do intérprete pelo qual se distinguem, como vimos, as intepretações racionais dos decursos de ação facilitados de uma maneira ideal-típica. Ações comunicativas não podem ser interpretadas de outro modo senão de um modo "racional", em um sentido que ainda tratarei de elucidar. Gostaria de desenvolver essa tese inquietante tendo como fio condutor a problemática da compreensão de sentido nas ciências sociais. Primeiro a discutirei a partir da perspectiva da teoria da ciência (1) e em seguida, uma após a outra, a partir das visões das escolas fenomenológica, etnometodológica e hermenêutica da sociologia compreensiva (2).

(1) Na tradição que remonta a Dilthey e Husserl, deu-se a caracterização *ontológica* do compreender como traço fundamental do ser-aí humano por Heidegger, em *Sein und Zeit* [Ser e tempo] (1927), e do entendimento como traço fundamental da vida histórica por Gadamer, em *Wahr heit und Methode* [Verdade e método] (1960). De modo algum pretendo apoiar-me sistematicamente sobre esse tipo de abordagem, mas constatar que a discussão *metodológica* conduzida nas últimas décadas sobre os fundamentos das ciências sociais conduziu a resultados semelhantes:

> The generation of descriptions of acts by everyday actors is not incidental to social life a ongoing *Praxis* but is absolutely integral to its production and inseparable from it, since the characterization of what others do, and more narrowly their intentions and reasons for what they do, is what makes possible the intersubjectivity through which the transfer of communicative intent is realized. It is in these terms that *verstehen* must be regarded: not as a special method of enry to the social world peculiar to the social sciences, but as the ontological condition of human society as it is produced and reproduced by its members.[175]

A sociologia tem de procurar um acesso compreensivo a seu campo objetal porque encontra nele processos de entendimento pelos quais e nos quais o campo objetal

---

175. A. Giddens. *New Rules of Sociological Method*. Londres, 1976, p. 151; do mesmo autor: "Habermas' Critique of Hermeneutics", in A. Giddens. *Studies in the Social and Political Theory*. Londres, 1977, pp. 135 ss.

já se havia constituído de antemão, ou seja, antes de qualquer intervenção teorética. O cientista social depara com *objetos simbolicamente pré-estruturados*; eles corporificam estruturas do saber pré-teórico com cujo auxílio alguns sujeitos aptos a falar e agir geraram esses objetos. A renitência de uma realidade simbolicamente pré-estruturada com que o cientista social vai deparar ao constituir seu campo de objetos está sediada nas regras gerativas segundo as quais, direta ou indiretamente, os sujeitos aptos a falar e agir presentes nesse campo de objetos engendram a coesão da vida social. O campo de objetos das ciências sociais abrange tudo a que se presta a descrição "parte constituinte de um mundo da vida". O que significa essa expressão pode ser aclarado intuitivamente por meio de remissões aos objetos simbólicos que criamos ao falar e agir: a começar por exteriorizações imediatas (como atos de fala, atividades voltadas a um fim, cooperações), passando por sedimentos dessas exteriorizações (como textos, transmissões orais, documentos, obras de arte, teorias, objetos da cultura material, bens, técnicas etc.), até construtos criados por via indireta, aptos a organizar-se, que se estabilizam por si mesmos (instituições, sistemas sociais e estruturas de personalidade).

Falar e agir são conceitos fundamentais inexplicados, aos quais recorremos quando queremos aclarar (mesmo de maneira provisória) o pertencer a um mundo da vida sociocultural, o ser-parte de um mundo como esse. Ora, o problema do "compreender" nas ciências humanas e sociais ganhou importância metodológica sobretudo porque o cientista não consegue acesso à realidade simbolicamente pré-estruturada somente por meio da observação, e porque a compreensão de sentido não se deixa controlar metodicamente da mesma maneira que a observação em experimentos científicos. O cientista social não tem acesso diverso ao mundo da vida do que tem o leigo em ciências sociais. De certa maneira, ele já tem de fazer parte do mundo da vida cujas partes constituintes pretende descrever. Para descrevê-las, tem de ser capaz de entendê-las; para entendê-las, tem de ser em princípio capaz de participar de sua geração; e participação pressupõe ser-parte. Como veremos, essa circunstância proíbe ao intérprete a separação entre questões de significado e questões de validade que poderia assegurar à compreensão de sentido um caráter descritivo insuspeito. Sobre isso, gostaria de propor quatro reflexões.

(a) A problemática do compreender traz em si o cerne de uma concepção dualista de ciência. O historismo (Dilthey, Misch) e o neokantismo (Windelband, Rickert) construíram para as ciências naturais e humanas um dualismo no plano da oposição explicar *versus* compreender. A "primeira rodada" na controvérsia sobre explicar/compreender já perdeu sua atualidade[176]. Com a recepção de abordagens fenomenológicas, linguístico-analíticas e hermenêuticas na sociologia resultou, porém – em continuidade a Husserl-Schütz, Wittgenstein-Winch e Heidegger-Gadamer – uma discussão em que se fundamenta um *status* diferenciado para as ciências sociais em face das ciências naturais prototípicas (como a física) no que diz respeito ao papel metodológico da experiência comunicativa. De outra parte, a teoria empirista da ciência defendeu a concepção das ciências unitárias, já presente no neopositivismo de Viena. Apesar de alguns ecos

---

176. K.-O. Apel. *Die Erklären/Verstehen-Kontroverse*. Frankfurt/M., 1979.

tardios[177], pode-se considerar encerrada essa discussão. Os críticos, que se apoiavam sobretudo em Abel[178], haviam entendido erroneamente o compreender como empatia, como ato misterioso do insuflar-se nos estados mentais de um sujeito alheio; não estavam comprometidos com pressupostos empiristas de reinterpretar experiências comunicativas no sentido de uma teoria empática do compreender[179].

Uma fase seguinte da discussão foi instaurada com a virada pós-empirista da teoria analítica da ciência[180]. Mary Hesse empenhou-se em demonstrar que a essa oposição usual entre ciências naturais e sociais está subjacente uma concepção já ultrapassada das ciências naturais, e mesmo das ciências empírico-analíticas em geral. O debate sobre a história da física moderna provocado por Kuhn, Popper, Lakatos e Feyerabend teria revelado: (1) que os dados com base nos quais é possível checar as teorias não podem ser descritos sem a linguagem teórica correspondente; (2) que as teorias normalmente não são escolhidas segundo princípios do falsificacionismo, mas em uma relação de dependência com paradigmas que se relacionam entre si de maneira semelhante ao que se dá com as formas particulares de vida, como bem demonstrou a tentativa de exatificar as relações interteóricas: "I take it that it has been sufficiently demons-

---

177. H. Albert. "Hermeneutik und Realwissenschaft", in *Plädoyer für kritischen Rationalismus*. Munique, 1971, pp. 106 ss.
178. Th. Abel. "The Operation Called Verstehen", *AJS* 53, 1948, pp. 211 ss.
179. Habermas, 1970, pp. 142 ss.; Apel, 1973a, pp. 59 ss. Uma ótima síntese sobre a discussão pode ser encontrada em F. R. Dallmayr, Th. A. McCarthy (orgs.). *Understanding and Social Inquiry*. Notre Dame, 1977.
180. Kuhn, 1971; Lakatos, Musgrave, 1970; Diederich, 1974.

trated, that data are not detachable from theory, and that their expression is permeated by theoretical categories; that the language of theoretical science is irreducibly metaphorical and unformalizable, and that the logic of science is circular interpretation, reinterpretation, and self-correction of data in terms of theory, theory in terms of data."[181] Mary Hesse conclui daí (3) que a dependência em relação a interpretações passíveis de análise segundo o modelo hermenêutico do compreender não se revela menor na formação de teorias no âmbito das ciências naturais do que ela seria na formação de teorias no âmbito das ciências sociais. Justamente sob esse aspecto da problemática do compreender parece não ser possível fundamentar um *status* privilegiado das ciências sociais[182].

De outra parte, Giddens trata de demonstrar, com razão, que nas ciências sociais se coloca uma tarefa específica, a saber, uma tarefa hermenêutica *dupla*: "The mediation of paradigms or widely discrepant theoretical schemes in science is a hermeneutic matter like that involved in the contacts between other types of meaning-frames. But sociology, unlike natural science, deals with a pre-interpreted world where the creation and reproduction of meaning-frames is a very condition of that which it seeks to analyse, namely human social conduct: this is why there is a double hermentic in the social sciences..."[183]

---

181. M. Hesse. "In Defence of Objectivity", in *Proc. Aristol. Soc. 1972*. Londres, 1973, p. 9.

182. Não me aprofundo aqui na problemática do conceito de paradigma introduzido nas ciências naturais por Kuhn, o qual só pode ser empregado com ressalvas às ciências sociais; cf. D. L. Eckberg, L. Hill. "The Paradigm Concept and Sociology: A Critical Review", *ASR*, 44, 1979, pp. 925 ss.; cf. também infra pp. 259 ss.

183. Giddens (1976), p. 158.

Giddens fala de uma hermenêutica "dupla" porque nas ciências sociais os problemas do compreender não entram em cena só por meio da dependência da descrição de dados em relação à teoria e por meio da dependência das linguagens teóricas em relação ao paradigma; aqui, uma problemática do compreender já surge abaixo do plano da formação de teorias, ou seja, durante a *aquisição* dos dados, e não somente durante sua *descrição teórica*. Pois a experiência cotidiana que, à luz de conceitos teóricos e com auxílio de operações mensuradoras, pode ser *transformada* em dados científicos já está simbolicamente estruturada e inacessível à mera observação[184].

Se a descrição teórica de dados, dependente do paradigma, exige um nível 1 de interpretação que coloca todas as ciências diante de tarefas estruturalmente *semelhantes*, pode-se comprovar para as ciências sociais a *inadequação* de um nível 0 da interpretação, no qual se apresenta um problema *a mais* para a relação entre a linguagem da observação e a linguagem da teoria. E não se trata apenas de que a linguagem da observação seja dependente da linguagem da teoria; *antes* da escolha de qualquer dependência teórica, o "observador" oriundo das ciências sociais – como participante dos processos de entendimento, por meio dos quais ele conquista o acesso a seus dados – tem de se servir da linguagem encontrada no campo de objetos. A problemática *específica* do compreender consiste em que o cientista social não pode "servir-se" da linguagem "preexistente" no campo de objetos como se ela fosse um instrumento neutro. Não pode

---

184. A. V. Cicourel. *Methode und Messung in der Soziologie*. Frankfurt/M., 1975; K. Kreppner. *Zur Problematik der Messung in den Sozialwissenschaften*. Stuttgart, 1975.

"embarcar" nessa linguagem sem recorrer ao saber pré-científico do participante de um mundo da vida, a saber, seu próprio mundo da vida, que ele, como leigo, domina intuitivamente e integra, sem analisá-la, em todo processo de entendimento.

Este certamente não é um discernimento novo, mas exatamente a tese defendida desde o início pelos críticos da concepção da ciência unitária. Ela é colocada sob nova luz porque a teoria analítica da ciência, com sua recente virada pós-empirista, *reconstituiu* por caminhos *próprios* esse discernimento crítico que antes os teóricos do compreender lhe impingiam. Esse discernimento, de qualquer maneira, já estava presente na linha da lógica pragmática da ciência, de Peirce a Dewey[185].

(b) Mas em que consistem as dificuldades metodológicas especiais do compreender nas ciências que precisam desvendar seu campo de objetos por meio da interpretação? Essa questão já foi tratada em 1959 por H. Skjervheim[186]. Skjervheim está entre os que reiniciaram o debate sobre o objetivismo das ciências sociais, discussão que teve um encerramento provisório com a síntese de R. F. Bernstein *The Restructuring of Social and Political Theory* [A reconstrução da teoria social e política] (1976). Sob a impressão espetacular causada pelo livro *The Idea of a Social Science* [O conceito de uma ciência social], de P. Winch (1958), não se atentou o suficiente para o fato de ter sido Skjervheim o primeiro a elaborar as consequências metodologicamente chocantes da problemática do compreender, ou seja, o que há de problemático no compreender.

---

185. R. F. Bernstein. *Praxis and Action*. Filadélfia, 1971, pp. 165 ss.; K.-O. Apel. *Der Denkweg von Charles S. Peirce*. Frankfurt/M., 1975.

186. H. Skjervheim. *Objectivism and the Study of Man*. Oslo, 1959, republicado em *Inquiry* (1974), pp. 213 ss. e 265 ss.

Skjervheim começa com a tese de que a compreensão de sentido é uma modalidade da experiência. Quando se aceita o *sentido* como conceito teórico básico, é preciso considerar os significados simbólicos como dados: "What is of interest for us... is, that *meanings* – the meaning of other people's expressions and behaviour, the meanings of written and spoken words – *must be regarded as belonging to that which is given*... In other words, what we propose is a perceptial theory of meaning, and of our knowledge of other minds."[187] A análise da "percepção" de exteriorizações simbólicas deixa claro em que a compreensão de sentido se diferencia da percepção de objetos físicos: a primeira exige a apreensão de uma *relação intersubjetiva* com o sujeito que criou a exteriorização. A assim chamada teoria perceptiva do significado explica o conceito da experiência comunicativa e depara, ao fazê-lo, com o "tema esquecido" na teoria analítica da ciência: a intersubjetividade, que no agir comunicativo se produz entre o *ego* e o *alter ego*. Skjervheim acentua a diferença entre dois posicionamentos básicos. Quem observa alguma coisa no mundo, ou manifesta um enunciado sobre algo no mundo, tendo assumido o papel de uma *terceira pessoa*, assume um posicionamento objetivador. Por outro lado, quem participa da comunicação e, no papel da *primeira pessoa (ego)*, estabelece uma relação intersubjetiva com uma *segunda pessoa* (que, como *alter ego*, comporta-se em relação ao *ego* vendo nele a segunda pessoa) assume um posicionamento não objetivador ou performativo, como diríamos hoje.

Observações, cada um as faz para si mesmo, e é também cada um que testa por si mesmo os enunciados so-

---

187. Skjervheim, 1974, p. 272.

bre observações (se necessário, com base em mensurações). Quando esse processo – entre diversos observadores, aleatórios em princípio – leva a enunciados concordantes, a objetividade de uma observação pode valer como suficientemente assegurada. A compreensão de sentido, por outro lado, por ser uma experiência comunicativa, é experiência irrealizável por via solipsista. O *compreender* uma exteriorização simbólica exige em princípio a participação em um processo de *entendimento*. Significados, estejam eles corporificados em ações, instituições, produtos do trabalho, palavras, relações cooperativas ou documentos, só podem ser desvendados *a partir de dentro*. A realidade pré-estruturada de maneira simbólica forma um universo que, em face do vislumbre de um observador inapto à comunicação, teria de ficar hermeticamente cerrada, incompreendida mesmo. O mundo da vida abre-se somente a um sujeito que faz uso de sua competência para a linguagem ou para a ação. O acesso se cria por meio da participação (ao menos virtual) do sujeito nas comunicações dos envolvidos, de modo que ele mesmo se torne um envolvido (ao menos potencial).

O cientista social, diante disso, tem de fazer uso de uma competência e de um saber dos quais ele dispõe intuitivamente, como leigo. Enquanto, porém, não identificar e não analisar exaustivamente esse saber pré-teórico, tampouco será capaz de controlar em que medida e com que efeitos ele também *intervém* nesse processo de comunicação (modificando-o, inclusive) em que havia *ingressado* com o intuito de apenas entendê-lo. O processo de compreender, de maneira inexplicada, mantém uma relação de retroalimentação com um processo de criação. A problemática do compreender, com isso, pode ser resumida à breve questão: como conciliar a *objetividade do compreender* com o posicionamento performativo de quem participa de um processo de entendimento?

O que Skjervheim faz é analisar o significado metodológico da alternância entre um posicionamento objetivador e um posicionamento performativo. A seu ver, uma certa ambiguidade das ciências sociais está relacionada a essa troca. E essa ambiguidade "é o resultado da ambiguidade fundamental da situação humana; de que o outro existe tanto como um objeto para mim quanto como outro sujeito a meu lado. "Which is the result of the fundamental ambiguity of the human situation; that the other is there both as an object for me and as another subject with me. This dualism crops up in one of the major means of intercourse with the other – the spoken word. We may treat the words that the other utters as sounds merely; or if we understand their meaning we may still treat them as facts, registering the fact that he says what he says; or we may treat what he says as a *knowledge claim*, in which case we are not concerned wich that he says as a fact of his biography only, but as something which can be true or false. In both the first cases the other is an object for me, although in different ways, while in the latter he is a fellow-subject who concerns me as one on an equal footing with myself, in that we are both concerned with our common world"[188].

---

188. Skjervheim, 1974, p. 265. Skjervheim filia-se explicitamente à teoria transcendental da subjetividade proposta por Husserl; de fato, porém, sua análise tangencia mais de perto as noções fundamentais da filosofia dialógica que remonta a M. Buber e F. Rosenzweig; M. Theunissen concebe a filosofia do diálogo, que ele atribui também a Rosenstock-Huessy e Grisebach, como um projeto oposto à fenomenologia transcendental cartesiana, isto é, à filosofia de abordagem monológica. Cf. M. Theunissen. *Der Andere*. Berlim, 1965. Sobre Husserl, cf. P. Hutcheson. "Husserl's Problem of Intersubjectivity", *J. Brit. Soc. Phenomenol.*, 11, 1980, pp. 144 ss.

Skjervheim chama a atenção para o fato curioso de que o posicionamento performativo de uma primeira pessoa em face de uma segunda pessoa significa ao mesmo tempo uma orientação de acordo com pretensões de validade. Em meio a esse posicionamento, o *ego* não pode tratar uma pretensão de verdade manifestada pelo *alter* como algo que existe no mundo objetivo; o *ego* depara *frontalmente* com essa pretensão, tem de levá-la a sério, reagir diante dela com "sim" ou "não" (ou então postergar, como indecidida, a pergunta sobre a razão de existir dessa pretensão). O *ego* precisa apreender a exteriorização do *alter* como um saber simbolicamente corporificado. Isso se explica a partir do caráter dos processos de entendimento. Quem pretende estabelecer um entendimento precisa submeter-se a padrões comuns com base nos quais os participantes podem decidir se firmarão um consenso. Contudo, se participação em processos de comunicação significa que cada um tem de tomar posição diante das pretensões de validade do outro, então o cientista social não tem sequer a opção de apreender a exteriorização de seu interlocutor como mero fato, nem mesmo no momento em que está apenas *compilando* experiências comunicativas. Aí se coloca a pergunta sobre se ele pode tratar como separados e independentes os casos dois e três elencados por Skjervheim, a saber: de um lado, a compreensão do teor semântico de uma exteriorização e, de outro, a reação à pretensão de ser válida, vinculada a essa exteriorização. Skjervheim não oferece uma análise satisfatória, mas sua reflexão já aponta para conclusões importantes em nosso contexto.

(c) Se a compreensão de sentido é concebida como um modo da experiência, e se a experiência comunicativa só é possível no posicionamento performativo de um participante da interação, o cientista social que observa e compila dados dependentes da linguagem tem de assumir um *status* semelhante ao do leigo em ciências sociais. Qual é o alcance da semelhança estrutural entre as realizações interpretativas de um e de outro? Para responder a essa pergunta é útil lembrar que falar e agir não são a mesma coisa. Na prática comunicativa cotidiana, os imediatamente envolvidos perseguem intenções *ligadas à ação*; a participação no processo cooperativo de interpretação serve à criação de um consenso, com base no qual eles coordenam seus planos de ação e podem concretizar suas intenções. O intérprete ligado às ciências sociais não busca realizar intenções acionais *dessa natureza*. Ele participa do processo de entendimento em virtude do compreender e não em virtude de um propósito em favor do qual se tivessem de coordenar o agir do intérprete e o agir dos imediatamente envolvidos, cada qual orientado por um fim. O sistema de ações em que o cientista social se move *como ator* situa-se em um plano diverso; via de regra, ele é um segmento do sistema da ciência, e em todo caso não coincide com o sistema de ação observado. Deste último, o cientista social participa como que *abdicando de suas qualidades de ator*, à medida que, como falante e ouvinte, concentra-se exclusivamente no processo de entendimento.

Isso fica claro ao se pensar no modelo do cientista das humanidades que decifra documentos legados pelo passado, traduz textos, analisa tradições etc. Nesse caso, os participantes do processo original de entendimento não podem sequer notar a participação virtual do intérprete que ingressa nesse processo com grande distância temporal. Esse exemplo também ilumina o modelo oposto, do observador participativo cuja presença ativa inevitavelmente modifica o cenário original. Mesmo nesse caso, as ações com que o intérprete procura integrar-se no contexto dado, de maneira menos ou mais discreta, têm apenas *funções acessórias* para a participação desempenhada como fim em si mesma no processo de entendimento, que é a chave para a compreensão das ações dos *outros* atores. Eximo-me de tornar mais precisa a expressão "funções acessórias", que careceria de maiores esclarecimentos, e falo de uma participação meramente "virtual" porque o intérprete, tão logo seja considerado em sua qualidade de ator, passa a buscar determinados fins que não se referem mais ao contexto atual, e sim a *outro* sistema de ações. Em tal medida o intérprete, dentro do contexto de observação, não persegue intenções de ação *próprias*.

O que significa então o *papel do participante virtual* para a questão da objetividade da compreensão de um intérprete ligado às ciências sociais? Vejamos as alternativas mencionadas por Skjervheim. Quando o intérprete se restringe à observação em sentido estrito, ele somente percebe os substratos físicos das exteriorizações, sem entendê-las. Para ter experiências comunicativas, ele tem de assumir um posicionamento performativo e participar do processo original de entendimento, ainda que de maneira virtual, seja ela qual for. Mas cabe perguntar: o intérprete pode se restringir, como admite Skjervheim, a uma apreensão descritiva do teor semântico de exteriorizações, como se esse teor fosse um fato, e isso sem reagir às pretensões de validade que os envolvidos manifestam com suas exteriorizações? O intérprete pode prescindir totalmente de um julgamento da validade das exteriorizações que ele se propõe apreender descritivamente?

Para compreender uma exteriorização e, modelarmente, uma ação de fala voltada ao entendimento, o intérprete precisa conhecer as condições de sua validade;

precisa saber sob que condições a pretensão de validade vinculada a essa exteriorização é aceitável, ou seja, sob que condições ela normalmente deveria merecer o reconhecimento de um ouvinte. Só entendemos um ato de fala se sabemos o que o torna aceitável. Mas de onde o intérprete deveria tirar esse conhecimento, senão do contexto da comunicação que ele observa a cada vez, ou então de contextos análogos? Ele só pode entender o significado dos atos comunicativos porque estes estão alojados no contexto de um *agir* orientado pelo entendimento – eis o discernimento central de Wittgenstein e o ponto de partida para sua teoria do significado orientada pelo uso[189]. O intérprete observa sob que condições as exteriorizações simbólicas são aceitas como válidas e em que momento a pretensão de validade a elas vinculada é criticada e refutada; e o faz à medida que examina em que momento os planos de ação dos participantes são coordenados por meio do estabelecimento de consensos, e em que momento as ligações entre as ações de diversos atores se rompem por falta de consenso. O intérprete, portanto, não pode ter clareza sobre o teor semântico de uma exteriorização, senão considerando os contextos de ação em que os participantes reagem com "sim", "não" ou com abstenções à exteriorização sobre a qual se discute. E esses posicionamentos do tipo sim/não, por sua vez, ele não os entende se não pode ter diante dos olhos as razões implícitas que levam os participantes a assumir seus posicionamentos. Pois concordância e dissenso, à medida que possam ser mensurados de acordo com pretensões de validade manifestadas reciprocamente, e à

---

189. P. Alson. *Philosophy of Language*. Englewood Cliffs, 1964; Savigny, 1974, pp. 72 ss.

medida que não são ocasionados somente por circunstâncias externas, apoiam-se sobre razões das quais os participantes de fato dispõem, ou das quais dispõem pretensamente. Essas razões (implícitas, na maioria das vezes) constituem os eixos sobre os quais avançam os processos de entendimento. Mas, quando o intérprete, para compreender uma exteriorização, precisa *ter presentes as razões* com que um falante necessariamente defenderia a validade de sua exteriorização sob circunstâncias apropriadas, então ele mesmo, o intérprete, vê-se envolvido no processo de julgamento das pretensões de validade.

Pois as razões são feitas de tal material, que não se deixam descrever de modo algum sob o posicionamento de uma terceira pessoa, ou seja, sem que haja uma reação afirmativa, negativa ou de abstenção. O intérprete não entenderia o que é uma "razão" se não a reconstruísse com a pretensão de fundamentação própria a ela; ou seja, no sentido de Max Weber: se ele não a *interpretasse de maneira racional*. A *descrição* de razões exige *eo ipso* uma *valoração* mesmo quando aquele que faz a descrição se encontra, naquele momento, sem condições de julgar a consistência dessa descrição. Alguém só pode compreender razões na mesma medida em que compreende *por que* elas são consistentes ou não e por que (ainda) não é possível, conforme o caso, tomar uma decisão sobre as razões serem boas ou ruins. É por isso que um intérprete não pode aclarar o significado de exteriorizações sem assumir posição diante delas, desde que se trate aí de exteriorizações que representem um saber e estejam ligadas a razões por meio de pretensões de validade criticáveis. E para assumir posição o intérprete tem de firmar padrões *próprios* de julgamento, ao menos padrões que ele tenha assumido como seus. Esses padrões relacionam-se de maneira crítica com outros padrões de julgamento divergentes. Com o posicionamento em face de uma pretensão de validade manifestada pelo *alter*, empregam-se em todo caso alguns padrões que o intérprete não apenas encontra, mas que ele precisará ter aceitado como corretos. Nesse sentido, uma participação meramente virtual não dispensa o intérprete de cumprir as obrigações de um participante imediato: no ponto decisivo para a questão da objetividade do compreender exige-se de ambos, tanto do observador ligado às ciências sociais quanto do leigo nessas ciências, o mesmo tipo de realização interpretativa.

A reflexão desenvolvida até aqui deveria deixar claro que o método da compreensão de sentido põe em questão o tipo usual de objetividade do conhecimento, porque o intérprete, mesmo sem intenções próprias de ação, tem de envolver-se em uma participação no agir comunicativo e vê-se confrontado com as próprias pretensões de validade que surgem no campo de objetos. Com uma interpretação que é racional em sua abordagem, ele precisa deparar com a estrutura racional interna de um agir orientado segundo pretensões de validade. E neutralizar essa sua interpretação racional lhe custaria assumir um *status* de observador que privilegiaria a objetivação; a partir daí, no entanto, os nexos internos de sentido são totalmente inacessíveis. Portanto, subsiste um *nexo fundamental entre a compreensão de ações comunicativas e as interpretações* em princípio *racionais*. Esse nexo é fundamental porque as ações comunicativas não se deixam interpretar *em dois níveis*, primeiro entendidas em seu decurso fático e só depois comparadas com um modelo de decurso ideal-típico. Mais que isso, um intérprete que participa virtualmente e sem intenções de ação próprias só pode apreender descritivamente o sentido de um processo corrente de entendimento sob o pressuposto de que está julgando a concordância e o dissenso, as pretensões de validade e as razões potenciais com que ele se confronta, a partir de um fundamento comum, *partilhado* em princípio por ele e pelos participantes imediatos. Esse pressuposto, de qualquer modo, é inapelável quando se trata de um intérprete advindo das ciências sociais que apoia suas descrições sobre um modelo comunicativo de ação. Isso resulta, como gostaria de mostrar, por fim, dos pressupostos ontológicos desse modelo (ontológicos em sentido lato).

(d) Quando descrevemos um comportamento como agir teleológico, supomos que o agente faz determinadas suposições ontológicas, supomos que ele conta com um mundo objetivo no qual possa conhecer algo e no qual possa intervir orientado por um fim. Nós, que observamos o ator, fazemos ao mesmo tempo pressuposições ontológicas em relação a seu mundo subjetivo. Distinguimos entre "o" mundo e o mundo como ele se manisfesta a partir do ponto de vista do ator. Podemos constatar descritivamente o que o ator *considera* verdadeiro, por oposição ao que é verdadeiro (segundo nossa opinião). A escolha entre uma interpretação descritiva e uma interpretação racional consiste em que nos decidamos ou por ignorar ou por levar a sério a pretensão de verdade que o ator vincula a suas opiniões e a pretensão de êxito referida à verdade que o ator vincula a suas ações teleológicas como pretensões acessíveis ao julgamento racional. Ao ignorá-las como pretensões de validade, nós tratamos opiniões e intenções como algo subjetivo, isto é, como algo que deveria ser situado no mundo subjetivo tão logo o ator as revelasse diante de um público, as expressasse ou as apresentasse como sua opinião ou sua intenção. Nesse caso neutralizamos as pretensões de verdade ou de êxito por tratarmos opiniões e intenções como exteriorizações expressivas; e estas só poderiam ser julgadas objetivamente sob pontos de vista da veracidade ou da autenticidade. Esses pontos de vista, porém, não podem ser aplicados ao agir teleológico de um ator que em princípio fosse solitário, ou desprovido de um público, por assim dizer. Ao contrário, se levamos a sério as pretensões do ator da exata maneira como ele as concebe por via racional, nós submetemos suas (pretensas) perspectivas de êxito a uma crítica que se apoia em *nosso* saber e na comparação que fazemos entre o decurso fático da ação e o decurso racional-teleológico da ação esboçado de maneira ideal-típica. Por certo, o ator só poderia *responder* a essa crítica se o muníssemos de outras competências que não as admitidas pelo modelo teleológico da ação. Uma crítica *recíproca* só seria possível se o ator, de sua parte, pudesse assumir relações interpessoais, se pudesse agir comunicativamente e até mesmo participar da comunicação especial e plena de pressupostos a que demos o nome de discurso [*Diskurs*].

Podemos instituir um experimento intelectual análogo para o caso de descrevermos um comportamento como agir regulado por normas. Supomos aí que o ator conta com um segundo mundo, a saber, o mundo social, no qual pode distinguir entre o comportamento que está conforme com as normas e o comportamento que se afasta delas. E uma vez mais, como observadores, tratamos ao mesmo tempo de fazer pressuposições ontológicas com relação ao mundo subjetivo do ator, de modo que podemos distinguir entre o mundo social como aparece para o ator, o mundo social como aparece para os envolvidos e *o* mundo social como aparece *para nós*. A escolha entre uma interpretação racional e uma interpretação descritiva consiste, também aqui, *mutatis mutandis*, na decisão de que levemos a sério a pretensão normativa de validade que o ator vincula a suas ações, ou de que a reinterpretemos como algo meramente subjetivo. Também aqui a interpretação descritiva repousa sobre uma reinterpretação do que o ator concebe por via racional à medida que segue uma norma legitimamente reconhecida. Também aqui, no caso de uma interpretação racional, continua subsistindo a assimetria entre nós e um ator que, no limite do modelo normativo da ação, não estaria munido da capacidade de *debater* a validade de normas a partir do posicionamento hipotético que pudesse assumir como participante do discurso.

Essa assimetria continua existindo quando descrevemos um comportamento como agir dramatúrgico e munimos o ator com as concepções de mundo correspondentes. Nós, observadores, no caso de uma interpretação racional, recorremos a uma competência julgadora contra a qual o próprio ator não pode interpor recurso algum. Pois nós, conforme o caso e a partir de certos indícios, podemos nos atrever a criticar como autoengano uma exteriorização expressiva, mesmo que manifestada pelo ator com pretensão de veracidade, e isso sem que o ator nos limites do modelo dramatúrgico de ação estivesse em condições de se defender diante de nossa interpretação racional.

Os conceitos fundamentais do agir teleológico, do agir regulado por normas e do agir dramatúrgico asseguram um *desnível metodologicamente relevante* entre o plano em que se interpreta a ação e o plano da ação interpretada. Mas, assim que tratamos de descrever um comportamento a partir de conceitos do agir comunicativo, nossas próprias pressuposições ontológicas deixam de ser mais complexas que as que atribuímos ao próprio ator. A diferença entre os planos conceituais das ações linguisticamente coordenadas e os da interpretação que delas fazemos enquanto observadores não tem alcance maior que o de um filtro protetor. Pois, segundo os pressupostos do modelo comunicativo de ação, quem age dispõe de uma competência interpretativa tão rica quanto a do observador. Agora, o ator não só está munido de três concepções de mundo, mas também pode utilizá--las reflexivamente. O sucesso do agir comunicativo depende, como vimos, de um processo de interpretação em que os envolvidos no sistema referencial dos três mundos podem chegar a uma definição comum da situação. Todo consenso repousa sobre o reconhecimento intersubjetivo de pretensões de validade criticáveis; pressupõe-se aí que os que agem comunicativamente são *aptos à crítica mútua*.

Contudo, tão logo municiemos os atores com *essa* aptidão, perdemos enquanto observadores nossa *posição privilegiada* em face do campo de objetos. Deixamos de ter a opção de dar ou uma interpretação descritiva ou uma interpretação racional a uma sequência interativa que observamos. Ao atribuir aos atores a mesma competência julgadora a que recorremos como intérpretes de suas exteriorizações, renunciamos a uma imunidade que até então estava metodologicamente assegurada. Vemo--nos coagidos (ainda que sem intenções próprias de ação) a participar do processo de entendimento que pretendemos descrever. Com isso, assumimos *como princípio* a prática de expor nossa interpretação à mesma crítica a que se submetem de maneira recíproca os que agem comunicativamente quando avaliam suas interpretações. Isso significa, no entanto, que a distinção entre interpretação descritiva e racional torna-se insensata nesse nível. Ou melhor: a interpretação no início *racional* revela-se aqui como caminho único para a abertura do decurso *fático* do agir comunicativo. Essa interpretação não pode ter o *status* de um tipo ideal formado *ad hoc*, ou seja, não pode ter o *status* de um modelo racional criado em um momento posterior, porque *não pode haver* uma descrição independente do decurso fático da ação com que se possa compará-la.

A partir daqui projeta-se em retrospecto uma nova luz sobre as interpretações racionais dos tipos de ação do primeiro nível. A comparação do decurso fático da ação com um modelo que estilize a ação sob um único aspecto de racionalidade (da verdade proposicional, da efetividade ou do êxito instrumental, da correção normativa, da autenticidade ou da veracidade) exige uma descrição da ação que *independa* da interpretação racional. Essa realização hermenêutica predecessora não é tematizada nos modelos de ação de primeiro nível; de maneira ingênua, ela é apenas pressuposta. A descrição de um transcurso fático da ação exige por si mesma uma interpretação complexa que recorre implicitamente à conceituação do agir comunicativo e que apresenta em sua abordagem os traços de uma interpretação racional, assim como se dá com as próprias interpretações cotidianas. A possibilidade de escolha entre uma interpretação descritiva e uma interpretação racional só ocorre quando um dos modelos de ação não comunicativa obriga o observador a abstrair; ou seja, quando o obriga a destacar apenas um aspecto de cada vez, em meio à complexidade da interação que avança com base em pretensões de validade.

(2) Quando enriquecemos conceitualmente os modelos de ação de primeiro nível a tal ponto que a interpretação e a compreensão de sentido acabam por surgir como traços fundamentais do agir social, não se pode mais tomar a pergunta sobre como as realizações compreensivas do observador ligado às ciências sociais vinculam-se à hermenêutica natural da prática comunicativa cotidiana – isto é, sobre como transformar experiências comunicativas em dados – para somente reduzi-la ao formato de um problema parcial de técnicas de pesquisa. Com a etnometodologia[190] e a hemenêutica filosófica[191], esse discernimento volta a ser atual e inquieta a autocompreensão convencional da sociologia, determinada pelo postulado da isenção valorativa[192]. Nessas discussões inabarcáveis[193], apenas em tempos recentes delineou-se a proposta sobre a qual pretendo concentrar-me; pois também é possível considerar a circunstância da qual resulta o problema da compreensão de sentido como a chave para sua solução[194].

---

190. H. Garfinkel. *Studies in Ethnomethodology*. Englewood Cliffs, 1967.

191. J. Habermas, 1970, pp. 251 ss.

192. A. W. Gouldner. *The Coming Crisis of Sociology*. Nova York, 1970; trad. al.: Hamburgo, 1974; A. Albert, E. Topitsch (orgs.). *Werturteilsstreit*. Darmstadt, 1971; M. Beck. *Objektivität und Normativität*. Hamburgo, 1974. Nesse contexto, não vou entrar no significado metodológico da tese de Quine sobre a indeterminação radical da tradução; a esse respeito, cf. D. Wrighton. "The Problem of Understanding", *Phil. Soc. Sci.*, 11, 1981, pp. 49 ss.; R. Feleppa. "Hermeneutic Interpretation and Scientific Truth", *Phil. Soc. Sci.*, 11, 1981, pp. 53 ss.

193. Essas discussões se ampliaram na República Federal da Alemanha com a chamada controvérsia do positivismo: Th. W. Adorno et al. *Der Positivismusstreit in der deutschen Soziologie*. Neuwied, 1969.

194. D. Böhler. "Philosophische Hermeneutik und hermeneutische Methode", in H. Hartung, W. Heistermann, P. M. Stephan (orgs.). *Fruchtblätter*. Berlim, 1977, pp. 15 ss.; W. Kuhlmann. *Reflexion und kommunikative Erfahrung*. Frankfurt/M., 1975.

Se o cientista social tem de participar ao menos virtualmente das interações cujo significado ele gostaria de compreender, e se essa participação significa que ele implicitamente precisa assumir posição diante das pretensões de validade que vinculam os imediatamente envolvidos no agir comunicativo a suas exteriorizações, então o cientista social não poderá ligar seus próprios conceitos ao conjunto de conceitos previamente dados no contexto, senão de igual maneira como o fazem os leigos em sua prática comunicativa. Ele se move no interior das mesmas estruturas de entendimento possível em que os imediatamente envolvidos realizam suas ações comunicativas. Porém, as estruturas comunicativas mais gerais que os sujeitos aptos a falar e agir aprenderam a dominar não dão apenas *acesso* a determinados contextos; não se limitam a possibilitar a *união* a contextos (e o avanço na formação desses mesmos contextos) que os participantes, como pode parecer em um primeiro momento, atraem para a zona do que é meramente particular. Essas mesmas estruturas oferecem ao mesmo tempo os recursos críticos para perscrutar um dado contexto, implodi-lo a partir de dentro e transcendê-lo; recursos para, se necessário, *intervir severamente* em um consenso faticamente estabelecido, revisar erros cometidos, corrigir mal-entendidos etc. *As mesmas estruturas que possibilitam o entendimento também cuidam da possibilidade de um autocontrole reflexivo do processo de entendimento.* É esse potencial de crítica alojado no próprio agir comunicativo que o cientista social pode usar sistematicamente ao se envolver como participante virtual nos contextos do agir cotidiano, bem como validá-lo, a partir dos diversos contextos, contra a particularidade deles mesmos. Gostaria de esboçar brevemente a maneira pela qual esse discernimento afinal se impôs na discussão metodológica que a sociologia compreensiva acompanhou desde o início.

(a) No contexto da sociologia alemã dos anos 1920, A. Schütz[195] foi quem refletiu da maneira mais consequente sobre as implicações do acesso hermenêutico à realidade simbolicamente pré-estruturada. Ele percebe que nós, com a escolha de conceitos fundamentais ligados à teoria da ação, tomamos ao menos três decisões metodológicas prévias. *Primeiro*, a decisão de descrever a realidade social de tal modo que ela seja concebida como uma construção do mundo cotidiano surgida das realizações interpretativas dos que estão imediatamente envolvidos: "[...] o mundo social [...] tem uma estrutura peculiar de sentido e de relevância para as pessoas que nele vivem, pensam e agem. Em diferentes construções da realidade cotidiana, elas subdividem e interpretam esse mundo, e são objetos intelectuais como esses que determinam o comportamento dessas pessoas, os fins de suas ações e os recursos para a realizações de tais fins"[196]. A compreensão de sentido é o *modus* de experiência privilegiado dos participantes de um mundo da vida. E o cientista social certamente também precisa servir-se desse *modus* da experiência. É por meio dele que chega a seus dados.

Eis a *segunda* decisão, que Schütz (com M. Weber e W. I. Thomas) formula como um postulado: "Para poder explicar o agir humano, o cientista precisa perguntar que modelo de ser individual se pode construir e que conteúdos típicos devem ser atribuídos a ele para que os fatos observados sejam explicados como resultado da atividade

---

195. A. Schütz. *Der sinnhafte Aufbau der sozialen Welt*. Viena, 1932.
196. A. Schütz. *Gesammelte Aufsätze I*. Den Haag, 1971, p. 6.

de tal indivíduo em um contexto compreensível. O cumprimento desse postulado garante a possibilidade de remeter todo tipo de agir humano ou seu resultado ao sentido subjetivo que esse agir ou seu resultado tiveram para o ator"[197].

Esse postulado, porém, não tem para Schütz somente um significado relevante para as técnicas de pesquisa; resulta dele, em *terceiro* lugar, sobretudo uma restrição específica à formação teórica. Os conceitos teóricos em que o cientista social formula suas hipóteses precisam associar-se de certa maneira aos conceitos pré-teóricos em que os envolvidos interpretam tanto sua situação como o contexto da ação de que participam. Schütz não fundamenta em detalhes a razão pela qual resultaria da "dupla" tarefa hermenêutica do cientista social uma tal retroalimentação interna da teoria pela compreensão cotidiana dos participantes cujas exteriorizações devem ser explicadas com auxílio da teoria. Ele apenas postula: "Todo conceito em um modelo científico do agir humano precisa ser construído de tal maneira que uma ação executada de acordo com a construção típica por um indivíduo no interior do mundo da vida seja tão compreensível para o próprio ator quanto para seus semelhantes, e isso tudo no âmbito do pensamento cotidiano. O cumprimento desse postulado garante a consistência das construções do cientista social em relação às construções formadas pela realidade social no pensamento cotidiano"[198].

Assim, os jogos de linguagem que o cientista social encontra em seu campo de objetos e dos quais ele tem de participar ao menos de forma virtual têm, cada um deles,

---

197. Schütz, 1971, pp. 49 s.
198. Schütz, 1971, p. 50.

uma natureza particular. De que maneira uma teoria ligada às ciências sociais pode ao mesmo tempo estar ligada à conceptualidade de um mundo da vida concreto e desprender-se de sua particularidade? Schütz é de opinião que o observador ligado às ciências sociais assume um *posicionamento teórico* que lhe permite alçar-se acima da perspectiva vinculada ao mundo da vida, assumida tanto em sua própria práxis vital quanto na práxis vital que ele investiga. Enquanto estamos envolvidos em uma relação do tipo "nós", como participantes de um mundo da vida; assumimos um lugar específico ao eu e ao grupo, no sistema de coordenadas do mundo da vida; comportamo-nos como *ego* em face do *alter* ou do *alius*; distinguimos ascendentes, contemporâneos e descendentes; acatamos obviedades culturais etc., o observador vindo das ciências sociais rompe com seu posicionamento *natural* (ou performativo) e se desloca a um lugar para além de seu mundo da vida, para além de um mundo da vida seja ele qual for; ele se desloca a um lugar extramundano: "Como o cientista social não dispõe de um 'aqui' no mundo social, ele tampouco ordena esse mundo em camadas à volta de si mesmo. Jamais pode estabelecer uma relação pessoal do tipo 'nós' com alguém que esteja em ação no mundo social sem adbicar, ao menos por alguns momentos, de seu posicionamento científico. O observador envolvido participativamente – quem realiza pesquisa de campo, por exemplo – constrói uma relação com o grupo investigado, como uma pessoa entre as demais; somente o sistema de graus de relevância que lhe serve como esquema de escolha e interpretação é determinado pelo posicionamento científico, e continua sem receber atenção até segunda ordem."[199]

---

199. Schütz, 1971, pp. 45 s.

O posicionamento teórico caracteriza-se como sendo o de um observador "desinteressado"; em geral, cabe a esse posicionamento preservar a distância em relação aos interesses cotidianos biograficamente enraizados. Já que, de maneira diversa de Husserl, Schütz não pode remeter-se a um método especial da omissão de juízos (*epokhê*), ele se vê obrigado a explicar de outro modo a neutralização da perspectiva ligada ao mundo da vida. E explica-a com uma mudança específica do sistema de graus de relevância. A *decisão* de substituir o sistema valorativo de sua práxis cotidiana pelo sistema valorativo das ciências ("by establishing the life-plan for scientific work"), tomada pelo cientista, deve bastar para que ocorra a *troca de um posicionamento natural por um posicionamento teorético*. Essa explicação não pode ser satisfatória. Se o posicionamento teorético fosse determinado tão somente pelos valores da ciência como subsistema, Schütz teria de explicar o papel metodológico dessas orientações valorativas especiais. Teria de demonstrar por que justamente essas orientações ajudam a resolver o problema, que consiste no seguinte: estabelecer elos entre a formação da teoria e o saber pré-teórico descoberto por via comunicativa, que o cientista social já encontra de antemão no campo objetal, sem no entanto vincular a validade de seus enunciados ao contexto do mundo da vida (seja ele previamente dado ou participativamente construído).

Schütz faz apenas de passagem um comentário que permite entrever o ponto de partida para uma solução: "O compreender não é de modo algum um assunto particular do observador, que não possa ser testado por meio das experiências de outros observadores. Ele é testável ao menos na mesma medida em que se pode ter controle sobre as percepções sensoriais particulares de um indivíduo, sob determinadas circunstâncias."[200] Se os possíveis corretivos contra experiências comunicativas desencaminhadoras estão embutidos, por assim dizer, no próprio agir comunicativo, o cientista social não pode garantir a objetividade de seus conhecimentos com o mero deslizar para o papel fictício de um "observador desinteressado" e, desse modo, evadir-se a um lugar utópico externo ao nexo vital acessível. Mais que isso, ele terá de procurar as condições da objetividade do compreender nas estruturas gerais dos processos de entendimento nos quais ele se envolve, para então constatar se, tendo conhecimento dessas condições, ele pode assegurar-se reflexivamente das implicações de sua participação.

(b) Na breve história da etnometodologia, esse é um questionamento central que ocasiona grandes divisões[201]. Por um lado, os etnometodólogos acentuam o caráter processual e meramente particular da práxis cotidiana criada pelos participantes por via interpretativa e tiram conclusões metodológicas do fato de o cientista social ter, em princípio, o *status* de um participante. Eles destacam os dois aspectos de forma mais precisa que A. Schütz, ao qual se remetem. Daí resulta um dilema que permanece insolúvel enquanto os processos cooperativos de interpretação não são compreendidos como um entendimento orientado segundo pretensões de validade.

A cada sequência interativa, os que agem de maneira comunicativa renovam a impressão de uma sociedade normativamente estruturada; de fato, porém, eles apenas

---

200. Schütz, 1971, pp. 64 s.
201. P. Attewell. "Ethnomethodology since Garfinkel". *Theory and Society*, 1, 1974, pp. 179 ss.; D. H. Zimmermann, "Ethnomethodology", *Am. Sociologist*. 13, 1978, pp. 6 ss.

tateiam, indo de um consenso momentâneo e problemático para outro. Como todas as concepções e orientações de ação que ultrapassam uma situação específica têm de ser negociadas desde o começo a cada vez, o ocasionalismo do que é especial prevalece sobre o que é geral; assim, é só por meio da remissão ao respectivo contexto que se pode garantir a aparência de uma continuidade que se estende sobre diversas seqüências de ação[202].

Essa visão explica por que Garfinkel e seus alunos se interessam pela dependência da comunicação cotidiana em relação ao contexto e, nesse sentido, pela importância de expressões indiciativas. O significado de sentenças em que aparecem termos singulares como "eu" e "tu", "aqui" e "agora", "este" ou "aquele" varia conforme a situação de fala. As referências feitas com auxílio dessas expressões só podem ser entendidas mediante o conhecimento da situação de fala. Na condição de participante da interação, o intérprete ou já tem de conhecer o contexto em que o falante se apoia, ou exigir do falante que

---

202. "The features of a setting attended to by its participants include, among other things, its historical continuity, its structure of rules and the relationship of activities within it to those rules, and the ascribed (or achieved) statuses of its participants. When viewed as the temporally situated *achievement* of parties to a setting, these features will be termed the occasioned corpus of setting features. By use of the term *occasioned* corpus, we wish to emphasize that the features of socially organized activities are particular, contingent accomplishments of the production and recognition work of parties to the activity. We underscore the occasioned character of the corpus in contrast to a corpus of member's knowledge, skill, and belief standing prior to and independent of any actual occasion in wich such knowledge, skill, and belief is displayed or recognized. The latter conception is usually referred to by the term culture." D. H. Zimmermann, M. Power. "The Everyday World as a Phenomenon", in J. D. Douglas (org.), *Understanding Everyday Life*. Londres, 1971, p. 94.

ele formule expressamente seus pressupostos. Para satisfazer essa exigência, o falante teria de substituir as expressões indiciais referentes ao contexto por expressões que independessem da situação, expressões de tempo e espaço ou outras designações, por exemplo. Na comunicação cotidiana, esses esforços por tornar parcialmente explícito um saber sobre o contexto e por afastar mal-entendidos sobre pressuposições são bastante usuais. Mas as tentativas levam a uma regressão: toda nova explanação também depende, por sua vez, de novas pressuposições. O contexto da fala pode ser aclarado passo a passo no âmbito da comunicação cotidiana, mas ele é, por princípio, *iniludível*. Garfinkel destaca com razão que não se pode de modo algum "pôr em ordem" as exteriorizações em que ocorrem expressões indiciativas simplesmente porque a dependência em relação a um contexto não é uma mácula, senão uma condição necessária para o uso normal de nossa linguagem. Essa observação trivial certamente recebe de Garfinkel traços dramáticos muito próprios e presta-se a que no processo de interpretação surjam com grande destaque, ao lado do momento explorativo, também o momento criativo da *projeção* e o momento da *geração* cooperativa de traços comuns ocasionais. Isso esclarece a vinculação hermenêutica do intérprete a sua posição inicial.

Em comunicações cotidianas, uma exteriorização nunca está lá por si mesma; acrescenta-se a ela a partir do contexto um teor de significado cuja compreensão o falante pressupõe no ouvinte. Também o intérprete tem de introduzir-se nesse nexo de referências como parceiro participativo na interação. O momento explorativo, voltado ao conhecimento, não se deixa desvincular do momento criativo e construtivo, orientado a que se alcance um consenso. Pois o intérprete não pode alcançar a pré-compreensão do contexto, da qual depende a compreensão de uma exteriorização nele situada, se não participa do processo de formação e avanço desse contexto. Tampouco o observador vindo das ciências sociais tem acesso privilegiado ao campo objetal; ele precisa servir-se dos procedimentos interpretativos que domina por meio da intuição, depois de tê-los aprendido desde o início como participante de seu grupo social.

Enquanto não está consciente dessa circunstância, o sociólogo partilha de maneira ingênua o seu *status* com o de um leigo em ciências sociais e, como este último, hipostasia a realidade social, tomando-a por alguma coisa que subsiste em si mesma. Assim, o sociólogo convencional não se dá conta de que ele só pode objetivar o nexo da ação sobre o qual se debruça à medida que se serve previamente de si mesmo como fonte de informação. Não percebe que, enquanto participante interativo, já toma parte na produção do nexo da ação que analisa como objeto. A crítica da etnometodologia gera variações sempre novas sobre esse tema da confusão entre "resource and topic". Ela quer mostrar que as construções usuais das ciências sociais têm em princípio o mesmo *status* que as construções cotidianas dos integrantes leigos.

As interpretações do sociólogo também permanecem atreladas ao contexto social que lhes cabe explicar, porque sucumbem ao objetivismo da consciência cotidiana: "Se nesse plano elementar a única possibilidade de o observador identificar ações prévias consiste em trilhar o caminho da interpretação documental, então as descrições de interações não são verificáveis de modo intersubjetivo, em um sentido rigoroso qualquer; e isso porque as interpretações de diferentes indivíduos só podem estar afinadas quando eles são capazes de negociar uma realidade social em comum e estão em condições de fazê-lo, e porque descrições como essas não são independentes de seu contexto. Quando descreve interações, o observador não pode evitar a construção de um modelo subjacente que, como contexto imprescindível, serve para ver o que as situações e as ações 'realmente' são; por sua vez, essas mesmas situações e ações são um recurso imprescindível para determinar o que o contexto 'realmente' é."[203] Por certo, essa crítica ao método torna-se um problema também para os etnomedologistas, tão logo eles começam a desenvolver teorias no âmbito das ciências sociais. No território dos etnometodólogos encontram-se principalmente *três* reações a essa dificuldade.

A *autoaplicação radical* da crítica ao método leva à conclusão de que ciências interpretativas precisam abdicar da pretensão de gerar saber científico. O discernimento de que a interpretação de um nexo da ação pressupõe a participação nesse contexto e a influência construtiva sobre ele apenas traz um dilema à consciência – não o resolve. O discernimento sobre o caráter inevitavelmente autorreferencial da prática investigativa não abre caminho para um saber independente do contexto. Por isso, a pesquisa social deveria ser considerada uma forma particular de vida ao lado de outras formas de vida. O trabalho teórico, como a religião ou a arte, é uma atividade marcada pela reflexividade; porém, o fato de tematizar expressamente os procedimentos interpretativos a partir dos quais o pesquisador cria não permite ao tra-

---

203. Th. P. Wilson. "Theorien der Interaktion und Modelle soziologischer Erklärung", in *Arbeitsgruppe Bielefelder Soziologen*, 1973, pp. 54 ss., aqui: pp. 84 ss.

balho teórico dissolver seu vínculo com a situação. A universalidade da pretensão de verdade é mera aparência; o que se aceita como verdade, caso a caso, é assunto da convenção: "We must accept that there are no adequate grounds for establishing criteria of truth except the grounds that are employed to grant or concede it – truth is conceivable only as a socially organized up-shot of contingent courses of linguistic, conceptual, and social courses of behavior. The truth of a statement is not independent of the conditions of its utterance, and so to study truth is to study the ways truth can be methodically conferred. It is an acription... Actually, this principle applies to any phenomenon of social order."[204]

Para escapar à consequência de um relativismo autodestrutivo, faz-se a tentativa de embotar o dilema por meio da *trivialização*. Os representantes da sociologia convencional não hesitam em adotar uma exigência que, seja como for, situa-se na linha de seus ideais de objetividade: os métodos de pesquisa precisam ser melhorados de modo que as teorias cotidianas deixem de se imiscuir irrefletidamente nas mensurações. Esse argumento é defendido em duas versões. Ou se admite, por princípio, a dependência de *todas* as interpretações advindas das ciências sociais em relação à compreensão prévia por parte dos envolvidos – e aí é preciso mostrar que as consequências disso são inofensivas –; ou se trata a dependência de intepretações ligadas às ciências sociais desde o início como uma questão de pragmática científica, isto é, uma questão de grau e não de princípio[205]. Alguns etno-

---

204. P. McHugh. "On the Failure of Positivism", in Douglas, 1971, p. 329.
205. J. H. Goldthorpe. "A Revolution in Sociology?", in *Sociology*, 7, 1973, p. 429.

metodólogos também se apropriam dessa reação, com o objetivo de levar metodicamente em consideração o posicionamento performativo do intérprete, ou seja, sua participação no texto que quer entender, e de reformar a pesquisa social de tal maneira que ela possa corresponder ainda mais a seus próprios ideais de objetividade. Nesse espírito, A. Cicourel empenha-se por obter *designs* novos e mais elucidativos, que evitem o objetivismo do método de interrogatório e do método de esquadrinhamento[206]. Com isso, a etnometodologia certamente abandonaria sua pretensão de estabelecer um novo paradigma em lugar das teorias da ação convencionais. Os alunos ortodoxos de Garfinkel continuam insistindo em uma *mudança de paradigma*.

Garfinkel tencionava cumprir o programa fenomenológico de uma apreensão das estruturas universais de mundos da vida em geral, procurando nas atividades interpretativas do agir cotidiano rotineiro os procedimentos segundo os quais os indivíduos buscam, cada qual, a aparência objetiva de uma ordem social. Ele transforma o "common sense knowledge of social structure" em objeto de análise, para mostrar de que maneira os "routine grounds of everyday activities" se estabelecem como resultado de desempenhos concentrados no agir cotidiano. Uma *teoria geral da construção e reprodução de situações acionais* refere-se às *invariâncias dos procedimentos interpretativos* dos quais os integrantes do agir comunicativo se servem. Aí, o interesse está mais direcionado a marcas universais do sistema de referências para relações falante-

---

[206]. A. V. Cicourel. "The Social Organization of Juvenile Justice". Nova York, 1968; do mesmo autor: "Cross-Modal Communication", in *Cognitive Sociology*. Londres, 1973, pp. 41 ss.; do mesmo autor, *Theory and Method in a Study of Argentine Fertility*. Nova York, 1974.

-ouvinte, a saber: organização narrativa de distâncias temporais, objetividade de um mundo em comum, expectativas básicas de normalidade, compreensão diante da dependência contextual e carência interpretativa de exteriorizações comunicativas etc.[207]

À medida que a etnometodologia deixa de surgir somente como crítica ao método para surgir como teoria de direito próprio, podem-se reconhecer os contornos do programa de uma pragmática formal. Aqui se recoloca a pergunta sobre como se pode realizar tal pesquisa sobre universais se as interpretações advindas das ciências sociais dependem do contexto, da mesma maneira que dele dependem as interpretações cotidianas: "If interpretative practices are to be opened up as a topic for investigation, then 'interpretive' methods can scarcely provide the appropriate means for so doing... On the contrary,... any explanation of invariant features of interactions will need to be through a language other than that of the everyday actor, and in terms which will be decidedly revelatory to him."[208]

Zimmermann procura resguardar-se dessa contestação no estilo de Alfred Schütz: "The Ethnometodologists treats the fact that he lives and acts within the same social world that he investigates in quite a different way than do the varieties of traditional sociologists."[209] Cabe ao sociólogo crítico, portanto, abandonar o posicionamento natural que impede o leigo e o sociólogo convencional, em igual medida, de tratar a realidade normativa

---

207. F. Schütze, W. Meinfeld, W. Springer, A. Weymann. "Grundlagentheoretische Voraussetzungen methodisch kontrollierten Fremdverstehens", in *Arbeitsgruppe Bielefelder Soziologen*, 1973, vol. 2, pp. 433 ss.

208. Goldthorpe, 1973, p. 430.

209. D. H. Zimmermann, M. Power, 1971, p. 289.

da sociedade como *fenômeno*, ou seja, como consciência produzida. Diante disso, ele se orienta em especial segundo as ingenuidades de seus poucos colegas esclarecidos, porque estes ainda reconstituem as ingenuidades cotidianas dos leigos de forma metódica, ou seja, de forma bem palpável.

Não se tem clareza sobre até que ponto essa reflexão sobre os pressupostos comunicativos gerais se assegura metodologicamente. Zimmermann teria ou de indicar um acesso privilegiado ao campo de objetos, por exemplo ao denominar um equivalente da redução transcendental de Husserl[210]; ou precisaria mostrar de que forma uma análise feita pelas ciências sociais, embora possa ligar-se a interpretações cotidianas, pode também perscrutá-las reflexivamente e extrapolar a tal ponto o respectivo contexto, que se torna possível uma reconstrução dos pressupostos comunicativos *gerais*. Se não me engano, a maior parte dos etnometodólogos aferra-se, indecisa, a essa alternativa: não *podem* escolher o primeiro caminho sem com isso entrar em contradição com seus discernimentos de crítica ao método; e não querem escolher o segundo caminho porque nele teriam de avançar até a estrutura interna racional de um agir orientado por pretensões de validade.

Sobre o reconhecimento intersubjetivo das pretensões de validade baseia-se todo comum acordo almejado por meio da linguagem – por mais que a formação do consenso seja ocasional, frágil e fragmentária. Mesmo assim, Garfinkel trata as pretensões de validade *como meros fenômenos*. Ele não distingue entre um consenso váli-

---

210. E. Husserl. "Formale und transzendentale Logik", in *Jahrbuch für Philosophie und phänomenologische Forschung*, vol. X. Halle, 1929.

do para o qual os participantes teriam obrigatoriamente de apresentar suas razões, de um lado, e um assentimento desprovido de validade, conseguido *de facto*, seja com base na ameaça de sanções, truculência retórica, atitude calculista, desespero ou resignação, de outro lado. Garfinkel trata os padrões de racionalidade e todas as demais convenções como resultados de uma práxis interpretativa *casual* que podem até ser descritos, mas não podem ser valorados de maneira sistemática, ou seja, com base em parâmetros firmados intuitivamente pelos próprios participantes. Pretensões de validade que apontam para além de limites locais, temporais e culturais são tratadas pelo sociólogo etnometodológico esclarecido como algo que os participantes apenas *tomam* por universal: "Thus, a leading policy is to refuse serious consideration to the prevailing proposal that efficiency, efficacy, effectiveness, intelligibility, consistency, planfulness, typicality, uniformity, reproducibility of activities – i. e., that *rational properties* of practical activities – be assessed, recognized, categorized, described by using a rule or a standard obtained outside actual settings within which such properties are recognized, used, produced, and talked about by settings' members. All procedures whereby *logical* and *methodological* properties of the practices and results of inquiries are assessed in their general characteristics by rule of interest as *phenomena* for ethnomethodological study but not otherwise... All 'logical' and 'methodological'properties of action, every feature of an activity's sense, facticity, objectivity, accountability, communality is to be treated as a *contingent accomplishment of sociallly organized common practices*. The policy is recommended that any social setting be viewed as self-organizing with respect to the intelligible character of its own appearances as either representations of or as evidences-of-a-social-order. Any setting organizes its activities to make its properties as an organized environment of practical activities detectable, countable, recordable, reportable, tell-a-story-aboutable, analyzable in short, *accountable*."[211]

Mas, se leva a sério essa recomendação, Garfinkel precisa reservar para o etnometodólogo a posição privilegiada de um observador "desinteressado", que examina com atenção os que estão imediatamente envolvidos, o modo como formulam suas exteriorizações para que outras pessoas possam entendê-los e o modo como interpretam, por sua vez, as exteriorizações dos outros, vistas como compreensíveis. O etnometodólogo que se aventura a tanto arroga, para seus próprios enunciados, critérios de validação forçosamente situados *fora* do campo dos critérios de validade empregados pelos próprios envolvidos. Se não atribui a si mesmo tal posição extramundana, ele não pode reivindicar um *status* teórico para seus enunciados. Em todo caso, para os jogos de linguagem dos teóricos ele pode anunciar um tipo a mais de critérios de validade: os padrões de racionalidade da ciência seriam tão particulares quanto outros tipos de critérios de validade que funcionam à sua maneira em outros campos da vida[212].

Garfinkel só poderia escapar ao dilema entre um absolutismo husserliano e o relativismo admitido por Von Blum e McHugh se levasse a sério, como indício da *base de validade da fala*, a pretensão de universalismo implicitamente alojada nas ideias de verdade e correção. O intérprete proveniente das ciências sociais, ao assumir no

---

211. Garfinkel, 1967, p. 33.
212. P. McHugh et al. *On the Beginning of Social Inquiry*. Londres, 1974.

mínimo o papel de um participante virtual, tem de por princípio orientar-se de acordo com *as mesmas* pretensões de validação que orientam os participantes imediatos. Por isso e nessa medida, ele pode levar a sério a racionalidade que os participantes pleiteiam para suas exteriorizações e ao mesmo tempo testá-las por via crítica, sempre tendo como ponto de partida essa razoabilidade imanente da fala, partilhada desde o início de maneira implícita. Quem tematiza o que os participantes apenas pressupõem, e ainda assume um posicionamento reflexivo quanto ao *interpretandum*, não se coloca *fora* do nexo comunicativo analisado, mas aprofunda-o e radicaliza-o por uma via em princípio aberta a *todos* os participantes. Esse *caminho que leva do agir comunicativo ao discurso* está bloqueado de diversas maneiras em contextos naturais, mas sempre disponível na estrutura do agir orientado pelo entendimento.

(c) A etnometodologia tem interesse pela competência interpretativa de falantes adultos porque tenciona investigar como se coordenam ações na trajetória que leva a processos cooperativos de aclaramento [*Deutung*]. Ela se ocupa da interpretação [*Interpretation*] como *realização duradoura* dos participantes de uma interação; ocupa-se dos microprocessos de aclaramento de situações e de asseguramento de consensos, altamente complexos mesmo que os envolvidos possam remeter-se sem grande esforço a uma compreensão da situação ocorrida em contextos estáveis de ação. Sob uma visão microscópica, *todo* entendimento revela-se ocasional e frágil. A hermenêutica filosófica, de sua parte, investiga a competência interpretativa de falantes adultos sob o aspecto da maneira pela qual um sujeito apto a falar e agir, imerso em um ambiente estranho, trata de tornar exteriorizações incompreensíveis compreensíveis para si. A hermenêutica ocupa-se com a interpretação enquanto *realização excepcional* que só se torna obrigatória quando recortes relevantes do mundo da vida passam a ser problemáticos, quando no plano de base culturalmente internalizado desmoronam algumas certezas e quando fracassam os recursos normais do entendimento. Sob uma visão macroscópica, o entendimento só parece estar ameaçado em casos extremos de incursão por uma língua estrangeira, uma cultura desconhecida ou uma época distante, e tanto mais em campos da vida patologicamente deformados. Em nosso contexto esse questionamento hermenêutico apresenta uma vantagem. Pois no caso experimental de uma comunicação disturbada não se pode evitar por muito tempo o problema que a sociologia compreensiva deixa de lado, nas duas variantes apresentadas até aqui: é possível, em última instância, separar questões de explanação de significado e questões de reflexão sobre a validade, ou não?

Cabe declarar que há distúrbios na comunicação quando não se cumprem (algumas) condições linguísticas para um entendimento entre (pelo menos) dois participantes da interação. Quero partir aqui de um caso ainda visível em seu conjunto, em que os envolvidos empreguem sentenças gramaticais de uma língua que todos dominam (ou que se possa traduzir sem dificuldades). O caso exemplar hermenêutico é a interpretação de um texto legado pela tradição. Inicialmente, o intérprete parece entender as sentenças do autor; na sequência, porém, faz a experiência inquietante de não entender o texto tão bem a ponto de poder *responder* a questões ao autor, se assim for o caso[213]. O intérprete toma isso como

---

213. Sobre o significado metodológico de pergunta e resposta com referência a Collingwood, cf. W. Kuhlmann, 1975, pp. 94 ss.

um sinal de que ele, erroneamente, havia situado o texto em *outro* contexto e que estava partindo de outras questões que não as do próprio autor.

Pode-se definir a tarefa da interpretação de tal maneira que o intérprete aprende a distinguir entre o próprio contexto de compreensão – que antes imaginava partilhar com o autor, mas de fato apenas lhe imputava – e o contexto de compreensão que de fato concerne ao autor. A tarefa consiste em descobrir a partir do mundo da vida do autor e de seus destinatários as definições situacionais que o texto pressupõe.

Como vimos, um mundo da vida constitui o horizonte de processos de entendimento por meio dos quais os envolvidos se embatem ou se põem de acordo sobre algo que está no mundo objetivo, em seu mundo social ou em um mundo subjetivo em particular. O intérprete pode pressupor tacitamente que partilha essas referências de mundo formais com o autor e os contemporâneos deste. Procura entender *por que* o autor, tendo pensado que determinados estados de coisas existem, determinados valores e normas têm validade, determinadas vivências podem ser atribuídas a determinados sujeitos, fez então em seu texto determinadas asserções, respeitou ou quebrou determinadas convenções, expressou determinadas intenções, disposições, sentimentos etc. O intérprete só entenderá o que o autor possa ter *pensado*, à medida que discernir as *razões* que possibilitem considerar *razoáveis* as exteriorizações do autor. Sobre esse plano de base, eventualmente podem ser identificadas idiossincrasias particulares, ou seja, trechos que não se tornam compreensíveis nem mesmo a partir dos pressupostos do mundo da vida que o autor partilhou com seus contemporâneos.

Assim, o intérprete entende o significado de um texto na mesma medida em que obtém clareza sobre por que o autor se sente autorizado a propor determinadas asserções (como verdadeiras), reconhecer determinados valores e normas (como corretos) e externar determinadas vivências (como verazes). O intérprete precisa tornar claro para si o contexto que o autor e seu público contemporâneo precisam ter pressuposto como saber partilhado para que, a seu tempo, não tivessem de surgir as dificuldades que o texto hoje nos impõe, e para que pudessem surgir entre os contemporâneos *outras* dificuldades que hoje nos parecem triviais. Apenas sobre o plano de base dos componentes cognitivos, morais e expressivos da provisão cultural de saber a partir da qual o autor e seus contemporâneos constituíram suas interpretações é que o sentido do texto pode desvendar-se. De outra parte, porém, o intérprete nascido em época posterior não pode identificar esses pressupostos se não assume posição ao menos implícita em relação às pretensões de validade vinculadas ao texto.

Isso se explica a partir da racionalidade imanente que o intérprete tem de presumir em todas as exteriorizações (mesmo que inicialmente opacas) tão logo ele as atribua a um sujeito qualquer de cuja *imputabilidade* não tenha razão para duvidar. O intérprete não poderá entender o teor de significado de um texto enquanto não estiver em condições de tornar atuais as razões que o autor poderia ter apresentado sob circunstâncias apropriadas. E, porque a consistência de razões (seja para a asserção de fatos, seja para a recomendação de normas ou valores ou para a expressão de vivências) não é idêntica ao "considerar consistentes" essas mesmas razões, o intérprete *não* pode *torná-las atuais* de forma alguma *sem julgá-las*, sem assumir posição positiva ou negativa em relação a elas. Pode até ocorrer que o intérprete deixe em suspenso determinadas pretensões de validade, que ele decida não considerar determinadas questões como resolvidas, como faz o autor, mas tratá-las como problemas. Se, no entanto, ele não desse início a uma avaliação *em princípio sistemática* – isto é, se não suspendesse um posicionamento (talvez implícito) diante de razões que o autor pudesse tornar válidas para seu texto e, mais que isso, se não visse em tal posicionamento algo inconciliável com o caráter descritivo de sua empresa –, então não poderia tratar as razões tal como são pensadas. E nesse caso o intérprete não poderia *levar a sério* seu interlocutor como um sujeito responsável.

O intérprete só pode esclarecer o significado de uma exteriorização opaca à medida que explica como surge essa opacidade, ou seja, se explica por que as razões que o autor poderia ter dado em seu contexto já deixaram há muito de ser aceitáveis para nós. Se o intérprete nem mesmo propusesse questões relativas à validade, poderíamos perguntar-lhe com razão se ele está interpretando, ou seja, se empreende algum esforço para reativar a comunicação disturbada entre o autor, seus contemporâneos e nós. Em outras palavras: o intérprete está conclamado a manter a postura performativa que assume como agente comunicativo também (e em especial) quando pergunta quais são as pressuposições sob as quais um texto incompreensível se encontra[214].

---

214. W. Kuhlmann trabalhou muito energicamente acerca do caráter performativo da prática interpretativa e demonstrou que a compreensão de sentido só é possível pela via de um acordo mútuo ao menos virtual sobre o próprio objeto: o compreender de um texto exige o acordo mútuo com o autor, que, enquanto for considerado um sujeito imputável, não poderá ser em hipótese alguma totalmente objetivado. Pois a imputabilidade como capacidade de se orientar segundo pretensões de

Gadamer, nesse contexto, fala de um "recurso prévio à perfeição". O intérprete precisa supor que o texto legado, apesar de sua inacessibilidade inicial ao intérprete, representa uma exteriorização racional, isto é, uma exteriorização passível de fundamentação sob determinadas pressuposições. Aí, "não se pressupõe apenas uma unidade de sentido imanente que confere liderança ao leitor; aliás, a compreensão do leitor é, também ela, constantemente direcionada por expectativas de sentido transcendentais que provêm de seu relacionamento com a verdade do que é pensado. Assim como o destinatário de uma carta entende as notícias que ela contém e de início vê as coisas com os olhos do missivista, ou seja, toma por verdadeiro o que o missivista escreve, sem procurar ver as opiniões do missivista como esdrúxulas, também nós tratamos de entender os textos legados com base nas expectativas de sentido criadas a partir de nosso próprio entendimento objetivo prévio. [...] Somente o fracasso da tentativa de fazer valer como verdadeiro o que se diz leva ao esforço por 'entender' o texto – psicológica ou historicamente – como opinião de um outro. Portanto, o juízo prévio sobre a perfeição contém não apenas o aspecto formal de que um texto deva proferir perfeitamente

---

validade que almejem reconhecimento intersubjetivo significa que o ator, diante do intérprete, precisaria continuar *tendo sua razão*; e também precisaria ser capaz, no fundo, de *aprender* com uma crítica a suas pressuposições exercida pelo intérprete: "O outro será conhecido e reconhecido como sujeito – também (e justamente) aos olhos de quem quer saber algo sobre ele – apenas se ele (1) continuar, em princípio, em condições de dizer algo realmente *novo e surpreendente*; se ele (2) puder em princípio externar *algo superior* aos olhos de quem queira conhecê-lo, ou seja, se este no fundo puder aprender algo com aquele; e se o outro (3) mantiver em princípio a possibilidade de dizer algo *verdadeiro*" (cf. Kuhlmann, 1975, p. 84).

sua opinião, mas também de que o que ele diz seja a verdade. E também aqui se garante que compreender signifique primeiramente: entranhar-se em alguma coisa para entendê-la; e só secundariamente: destacar e entender a opinião do outro como tal. Assim, a primeira de todas as condições hermenêuticas continua sendo a pré-compreensão, que provém do ter-a-ver com a coisa mesma"[215].

Gadamer emprega "verdade" aqui no sentido tradicionalmente filosófico de uma verdade proposicional, uma racionalidade que abrange correção normativa, autenticidade e veracidade. Atribuímos racionalidade a todos os sujeitos que estejam orientados pelo entendimento e com isso por pretensões de validade universais, fazendo subjazer a suas realizações interpretativas um sistema referencial de mundos intersubjetivamente válido ou, digamos, uma compreensão de mundo descentralizada. Esse comum acordo subjacente que nos vincula de antemão, e com base no qual se pode criticar todo comum acordo faticamente alcançado, faz de um mundo da vida coabitado a base para a utopia hermenêutica do diálogo universal e ilimitado[216]. Toda interpretação bem--sucedida é acompanhada da expectativa de que o autor e seus destinatários possam partilhar a compreensão que temos do texto deles, bastando para isso que seja transposta a "distância temporal" por meio de um processo de aprendizagem complementar a nosso procedimento interpretativo. Em um processo de entendimento contrafático capaz de transpor épocas, o autor teria de se des-

---

215. Gadamer, 1960, p. 278.
216. Sobre o postulado do "acordo mútuo ilimitado", ver K.-O. Apel. "Szientismus oder transzendentale Hermeneutik", in Apel, 1973b; aqui pp. 272 ss.

vencilhar do horizonte de seu tempo, de maneira semelhante a como nós ampliamos nosso próprio horizonte, enquanto intérpretes, ao nos envolvermos com o texto dele. Gadamer usa para tanto a imagem da fusão de horizontes.

Na verdade, Gadamer confere ao modelo interpretativo do compreender uma *virada* notavelmente *unilateral*. Se, mediante um posicionamento performativo de participantes virtuais do diálogo, tomamos como ponto de partida que a exteriorização de um autor tenha *por si mesma* a suposição de racionalidade, nós não apenas admitimos a possibilidade de que o *interpretandum* seja exemplar *para nós*, isto é, de que podemos aprender algo com ele, mas contamos *também* com a possibilidade de que o autor pode aprender algo *conosco*. Gadamer continua apegado à experiência do filólogo que trabalha com textos clássicos – e "clássico é o que se sustenta em face da crítica histórica"[217]. O saber corporificado no texto, na opinião de Gadamer, é fundamentalmente superior ao saber do intérprete. Contrasta com isso a experiência do antropólogo, ao ensinar que de forma alguma a posição do intérprete é sempre a de inferioridade. Para entender satisfatoriamente a crença dos azandes na magia, um intérprete moderno teria até mesmo de reconstruir os processos de aprendizagem que nos separam deles e que são capazes de explicar o que distingue o pensamento mítico do pensamento moderno, em traços essenciais. Aqui a tarefa da interpretação amplia-se a uma tarefa propriamente teórica: a de acompanhar a descentralização da compreensão de mundo e ainda perceber de que maneira ocorreu nesse trajeto o cruzamento dos processos

---

217. Gadamer, 1960, p. 271.

de aprender e de desaprender. Apenas uma história sistemática da racionalidade, da qual ainda estamos muito distantes, poderia nos preservar ou de incidir em puro relativismo, ou de propor ingenuamente nossos padrões de racionalidade como absolutos.

O benefício metodológico da hermenêutica filosófica pode ser resumido brevemente como a seguir:

– o intérprete só pode esclarecer o significado de uma exteriorização simbólica enquanto participante virtual no processo de entendimento entre os imediatamente envolvidos;

– embora o posicionamento performativo vincule-o à pré-compreensão da situação hermenêutica de partida,

– essa vinculação não precisa restringir a validade de sua interpretação,

– porque o intérprete pode fazer uso da estrutura interna racional do agir orientado pelo entendimento, além de recorrer reflexivamente à competência julgadora de um participante imputável da comunicação,

– a fim de relacionar o mundo da vida do autor e seus contemporâneos a seu próprio mundo da vida

– e então reconstruir o significado do *interpretandum* como substância objetiva (julgada ao menos de forma implícita) de uma exteriorização criticável.

Gadamer põe em risco sua visão hermenêutica básica porque atrás do modelo de um tratamento humanístico de textos canonizados esconde-se na verdade o caso problemático da *exegese dogmática de escritos sagrados*. É apenas sobre esse pano de fundo que se pode analisar a interpretação exclusivamente de acordo com a *aplicação*, ou seja, de acordo com o ponto de vista "de que toda compreensão de texto representa uma apropriação atualizadora do sentido do texto pelo intérprete, em vista de situações possíveis em seu mundo"[218]. A hermenêutica filosófica afirma com razão a existência de um nexo interno entre questões de significado e questões de validade. Entender uma exteriorização simbólica *não* significa, porém, assentir à sua pretensão de validade sem consideração do contexto. A hermenêutica de Gadamer, de tendência tradicionalista, deu no mínimo certo impulso a essa identificação entre compreensão e comum acordo: "O estar de acordo não é de modo algum condição necessária de um posicionamento dialógico em relação ao que quer ser entendido. Também se pode ter um comportamento dialógico diante do sentido expresso entendido em sua pretensão, mas ao qual não se permite ter validade, no fim das contas. [...] Entender a si mesmo como destinatário de uma pretensão não significa ter de aceitar a pretensão, mas levá-la a sério. E também leva a sério uma pretensão quem submete sua justificação à prova – quem portanto argumenta e quem a aplica de imediato. Quem empreende uma checagem argumentativa, um discurso com o propósito de empreender um julgamento fundamentador, também se porta dialogicamente no plano da validade. [...] Uma *mera* aplicação fica

---

218. D. Böhler, 1977, pp. 15 ss. Böhler descreve o caso especial da hermenêutica dogmática: "A exegese de textos institucionais, cuja validade na comunidade é pressuposta, assume para si a tarefa de fazer a ligação das diferenças entre o texto e cada uma das situações dadas, de maneira que seja possível conferir a elas um efeito orientador da ação na atualidade, isto é: de maneira que seja possível empregá-las à situação presente do intérprete. Esse estabelecimento de tarefas de atualização, apropriação e emprego situativos de um sentido prático obrigatório é refletido e levado metodologicamente a bom termo pela *hermenêutica dogmática*, desenvolvida tanto pela teologia judaica e cristã quanto pela jurisprudência, podendo considerar-se sua precursora sociofilosófica a doutrina aristotélica da *phronesis*" (p. 37).

em dívida com a correspondência dialógica, porque é só em meio a um discurso que se pode reconhecer a pretensão *enquanto* pretensão de validade. Uma pretensão de validade contém em si a asserção de que algo seja *digno de reconhecimento.*"[219]

A discussão sobre conceitos fundamentais da teoria da ação e da metodologia da compreensão de sentido revelou que a problemática da racionalidade não vem de fora ao encontro da sociologia, mas irrompe de dentro dela. Está centrada em um conceito de entendimento fundamentado de maneira metateórica e metodológica, em igual medida. Esse conceito interessou-nos sob os dois aspectos da coordenação de ações e do acesso compreensivo ao campo de objetos. Processos de entendimento visam a um consenso baseado no reconhecimento intersubjetivo de pretensões de validade. Estas, porém, podem ser reciprocamente manifestadas pelos participantes da comunicação e criticadas em seus fundamentos. Na orientação segundo pretensões de validade atualizam-se as referências de mundo dos atores. À medida que se referem a algo no mundo com cada uma de suas exteriorizações, eles pressupõem traços formais em comum que sejam constitutivos para o entendimento em geral. Se não é possível desviar-se dessa problemática da racionalidade nos conceitos fundamentais do agir social

---

219. Böhler, 1977, pp. 40 s. A crítica de Böhler a Gadamer é seguida por K. O. Apel, 1973a, vol. 1, pp. 22 ss.; J. Habermas, 1970, pp. 282 ss.; do mesmo autor, 1976b, pp. 174 ss.; E. Tugendhat. *Der Wahrheitsbegriff bei Husserl und Heidegger*. Berlim, 1970, pp. 321 ss.; cf. também D. Böhler. "Philosophische Hermeneutik und hermeneutische Methode", in M. Fuhrmann, H. R. Jauss, W. Pannenberg (orgs.). *Text und Applikation*. Munique, 1981, pp. 483 ss.

e do método da compreensão de sentido, o que dizer então da pergunta substancial acerca de ser possível analisar os processos de modernização sob pontos de vista da racionalização e, conforme o caso, acerca de como analisá-los?

A sociologia, que surgiu como teoria da sociedade, ocupou-se desse tema desde o início. Aí se espelham preferências que, conforme se mencionou, têm a ver com as condições de aparecimento dessa disciplina; pode-se explicá-las de maneira histórica. Além disso, porém, subsiste uma relação *interna* entre a sociologia e uma teoria da racionalização. A seguir, introduzirei a teoria do agir comunicativo a partir dessa temática.

Quando um conceito de racionalidade *qualquer* se instala inevitavelmente nos fundamentos da sociologia próprios à teoria da ação, a formação teórica corre o risco de se ver restrita desde o princípio a uma perspectiva determinada, vinculada cultural ou historicamente; e isso ocorre a menos que se possam abordar os conceitos básicos, de modo que o conceito de racionalidade implicitamente *coestabelecido* seja *geral* e *abrangente*, ou seja, a menos que ele satisfaça exigências universalistas. A exigência de um conceito de racionalidade como esse resulta de ponderações metodológicas. Se a compreensão de sentido tem de ser entendida como experiência comunicativa, e se essa experiência só é possível mediante o posicionamento performativo de quem age comunicativamente, então a base experiencial de uma sociologia voltada à compreensão de sentido só poderá conciliar-se com sua pretensão de objetividade se os procedimentos hermenêuticos puderem apoiar-se, ao menos intuitivamente, em estruturas de racionalidade gerais e abrangentes. Sob os dois pontos de vista, metateórico e metodológico, não poderíamos esperar objetividade do conhecimento ligado à teoria social, se os conceitos de agir comunicativo e de interpretação, correspondentes entre si, exprimissem uma perspectiva de racionalidade meramente particular, entretecida com determinada tradição cultural[220].

Anteriormente, caracterizamos a estrutura interna racional dos processos de entendimento: (a) com as três referências de mundo dos atores e com os três respectivos conceitos de mundo objetivo, social e subjetivo; (b) com as pretensões de validade – verdade proposicional, correção normativa e veracidade ou autenticidade; (c) com o conceito de um comum acordo racionalmente motivado, ou seja, apoiado no reconhecimento intersubjetivo de pretensões de validade criticáveis; e (d) com a concepção do entendimento enquanto negociação cooperativa de definições situacionais comuns. Se couber satisfazer a exigência de objetividade, será preciso comprovar agora que essa mesma estrutura interna é *universalmente válida*, em determinado sentido. Eis uma exigência for-

---

220. A. MacIntyre defende essa tese com excepcional clareza: "... if I am correct in supposing rationality to be an inescapable sociological category, then once again the positivist account of sociology in terms of a logical dichotomy between facts and values must break down. For to characterize actions and institutionalized practices as rational or irrational is to evaluate them. Nor is the case that this evaluation is an element superadded to an original merely descriptive element. To call an argument fallacious is always at once to describe and to evaluate it. It is highly paradoxical that the impossibility of deducing evaluative conclusions from factual premises should have been advanced as a truth of logic, when logic is itself the science in which the coincidence of description and evaluation is most obvious. The social scientist is, if I am right, committed to the values of rationality in virtue of his explanatory projects in a stronger sense than the natural scientist is. For it is not only the case that his own procedures must be rational; but he cannot escape the use of the concept of rationality in his inquiries". MacIntyre, 1971c, p. 258.

te demais para quem opera sem retaguarda metafísica e já não confia no cumprimento de um severo programa transcendental-pragmático, com pretensões a uma fundamentação última.

É evidente que o tipo do agir orientado pelo entendimento, cuja estrutura interna racional esboçamos de maneira muito provisória, por certo não se encontra sempre nem em todo lugar como o caso normal de prática comunicativa cotidiana[221]. Eu mesmo apontei para contradições entre compreensão de mundo mítica e moderna, para contrastes entre orientações da ação que se manifestam de modo típico em sociedades arcaicas e modernas. Se pretendemos que *nosso* conceito de racionalidade tenha validade universal (por mais reparos que lhe façamos) mas não nos filiamos a uma crença totalmente insustentável no progresso, assumimos então um ônus da prova significativo. O peso desse ônus ficará totalmente claro quando passarmos dos contrastes agudos e altamente simplificadores, que sugerem uma superioridade do pensamento moderno, às contradições menos escancaradas trazidas pela comparação intercultural entre as formas de pensamento das diferentes religiões e civilizações mundiais. Mesmo que essa pluralidade de imagens de mundo sistematizadas e altamente diferenciadas pudesse colocar-se em uma relação hierárquica com a compreensão de mundo moderna, depararíamos, o mais tardar no âmbito da modernidade, com um pluralismo de poderes advindos de crenças tão forte e complexo, que seria muito difícil extrair deles um cerne universal.

---

221. Cf. Th. A. McCarthy. "Einwände", in W. Oelmüller (org.). *Transzendentalphilosophische Normenbegründungen*. Paderborn, 1978, pp. 134 ss.

Caso se queira ainda hoje arriscar a tentativa de expor a universalidade do conceito de racionalidade comunicativa sem recorrer a garantias da grande tradição filosófica, apresentam-se em princípio três caminhos. O *primeiro* é o da elaboração formal-pragmática do conceito de agir comunicativo, já introduzido de maneira propedêutica. Penso com isso na tentativa de uma reconstrução racional de regras gerais e de pressupostos necessários de ações de fala orientadas ao entendimento, em continuidade à semântica formal, à teoria dos atos da fala e outras abordagens da pragmática lingüística. Um programa como esse visa a reconstruções hipotéticas do saber pré-teórico que falantes competentes empregam sempre que utilizam sentenças em ações orientadas ao entendimento. O programa não tem como perspectiva alcançar o equivalente de uma dedução transcendental dos universais comunicativos que descreve. As reconstruções hipotéticas, porém, teriam de ser testadas segundo as intuições de falantes que abarcassem um espectro sociocultural o mais amplo possível. Em sentido transcendental-filosófico, por essa via da reconstrução racional de intuições naturais a pretensão universalista da pragmática formal não se resolve *de maneira concludente*, mas torna-se plausível[222].

Em *segundo* lugar, podemos empreender a tentativa de avaliar a utilidade empírica de discernimentos formal-pragmáticos. Para tanto se oferecem principalmente três campos de pesquisa: a explicação de modelos de comunicação patológicos, a evolução dos fundamentos de

---

222. Sobre a produtividade de argumentos transcendentais atenuados no sentido de Strawson, cf. G. Schönrich. *Kategorien und transzendentale Argumentation*. Frankfurt/M., 1981, pp. 182 ss.

formas de vida socioculturais e a ontogênese de capacidades acionais. (a) Se a pragmática formal reconstrói condições gerais e necessárias do agir comunicativo, é preciso que se possam retirar daí padrões não naturalistas para formas de comunicação que não apresentem distúrbios. Distúrbios de comunicação podem remontar ao descumprimento das condições de normalidade assinaladas de maneira formal-pragmática. Hipóteses desse tipo poderiam ser testadas sob pontos de vista clínicos, mediante modelos de uma comunicação sistematicamente desfigurada e com base em material reunido até o presente momento sobretudo em famílias patogênicas e avaliado sob o prisma da teoria da socialização. (b) Também a antropogênese deveria ser esclarecedora sobre a possibilidade de levar a sério a pretensão universalista da pragmática formal. Seria preciso que as estruturas de um agir orientado ao êxito e ao entendimento, descritas de maneira formal-pragmática, pudessem ser lidas com base em características emergentes que se manifestam no percurso de hominização e caracterizam a forma de vida de indivíduos socializados por via sociocultural. (c) Por fim, a pretensão universalista da pragmática formal poderia ser testada com base no material que a psicologia evolutiva apresenta para a aquisição de capacidades comunicativas e interativas. A reconstrução de um agir orientado ao entendimento teria de se prestar à descrição das competências cuja ontogênese já vem sendo pesquisada sob pontos de vista universalistas na tradição piagetiana.

Obviamente, cumprir essas três perspectivas de investigação científica, ainda que somente por meio de uma avaliação secundária das pesquisas empíricas nesse campo, exige grandes esforços. Um pouco menos exigente é, em *terceiro* lugar, o processamento das abordagens sociológicas para uma teoria da racionalização social. Aqui podemos dar sequência a uma tradição da teoria social já bem delineada. *Esse* é o caminho que escolho, certamente sem a intenção de proceder a investigações históricas. Mais que isso, pretendo retomar as estratégias conceituais, assunções e argumentações de Weber a Parsons, com a intenção sistemática de abordar problemas que possam ser resolvidos com auxílio de uma teoria da racionalização desenvolvida por meio de conceitos básicos do agir comunicativo. Não é a história das ideias que pode conduzir a esse fim, mas a história da teoria, com intuito sistemático. O tateamento flexível e a exploração exaustiva e pertinaz de construções teóricas significativas erigidas com propósitos explanativos possibilitarão, assim espero, um procedimento fértil e concentrado nos problemas. Em excursos e considerações parciais, sob os pontos de vista teóricos desenvolvidos na introdução, pretendo assegurar-me dos benefícios sistemáticos alcançados.

Esse caminho da história da teoria com intenção sistemática não se recomenda de forma alguma em razão de uma *falsa* comodidade que se insinua sempre que ainda não estamos em condições de enfrentar um problema de frente. Creio que a essa alternativa – refúgio na história da teoria *versus* processamento sistemático – subjaz uma avaliação errônea do *status* da teoria social, e sob dois aspectos. De um lado, a posição que a concorrência entre paradigmas ocupa nas ciências sociais é diversa da que ela ocupa na física moderna. A originalidade dos grandes teóricos da sociedade como Marx, Weber, Durkheim e Mead, assim como nos casos de Freud e Piaget, consiste em que todos eles introduziram paradigmas que de certa maneira concorrem ainda hoje *de maneira igualmente justificada*. Esses teóricos continuaram sendo contemporâneos, ou em todo caso não se tornaram "históricos" como Newton, Maxwell, Einstein ou Planck, que conquistaram avanços ao esgotar teoricamente um único paradigma fundamental[223]. De outro lado, os paradigmas das ciências sociais estão *internamente* vinculados ao contexto em que eles surgem e se tornam efetivos. Neles refletem-se a autocompreensão e a compreensão de mundo de coletividades: indiretamente, eles servem à interpretação de interesses sociais, horizontes de aspirações e expectativas[224]. Para toda teoria social, portanto, sua *ligação com a história da teoria* é também uma espécie de teste: quanto menos coercivamente ela pode assumir em si as intenções das tradições teóricas antecedentes, explicá-las, criticá-las e dar-lhes continuidade, tanto mais ela se protege contra o perigo de que, sem que se perceba, interesses particulares possam buscar validar-se em sua perspectiva teórica.

Ademais, reconstruções ligadas à história da teoria têm a vantagem de que, com elas, podemos transitar entre conceitos básicos da teoria da ação, assunções teóricas e evidências empíricas ilustrativamente evocadas, e ao mesmo tempo firmar como ponto de referência o problema básico, qual seja: a modernização capitalista pode ser concebida como um processo de racionalização parcializada? E, se assim for, de que maneira? Quanto a isso,

---

223. A. Ryan. "Normal Science or Political Ideology?", in P. Laslett, W. G. Runciman, Q. Skinner (orgs.). *Philosophy, Politics and Society*, vol. 4. Cambridge, 1972.

224. Sh. S. Wolin. "Paradigms and Political Theories", in P. King, B. C. Parekh (orgs.). *Politics and Experience*. Cambridge, 1968; R. F. Bernstein. *Restruktuierung der Gesellschaftstheorie*. Frankfurt/M., 1979, pp. 103 ss.

percorrerei o seguinte caminho: a teoria da racionalização de Max Weber debruça-se, de um lado, sobre as alterações estruturais de imagens de mundo religiosas e sobre o potencial cognitivo das esferas de valores ciência, moral e arte (todas elas autonomizadas e diferenciadas); por outro, debruça-se sobre o modelo seletivo da modernização capitalista (cap. II). Com base no passo aporético da recepção marxista da tese weberiana da racionalização, desde Lukács até Horkheimer e Adorno, revelam-se os limites da abordagem proposta pela teoria da consciência e as razões para uma mudança de paradigma, da atividade propositada ao agir comunicativo (cap. IV). Sob essa luz, a fundamentação das ciências sociais por G. H. Mead no âmbito da teoria da comunicação e a sociologia da religião de E. Durkheim aliam-se de tal modo que a concepção de uma interação regida por normas e mediada pela linguagem pode ser explicada no sentido de uma gênese conceitual. A ideia da transformação do sagrado em linguagem [*Versprachlichung*] apresenta-se como o ponto de vista em que convergem as assunções de Mead e de Durkheim sobre a racionalização do mundo da vida (cap. V).

Com o desenvolvimento da teoria por T. Parsons, pode-se analisar o problema da ligação entre conceptualidades básicas ligadas ora à teoria sistêmica ora à teoria da ação. Aí serão acolhidos os resultados de minhas considerações parciais dedicadas a questões sistemáticas (cap. VII). A primeira consideração intermediária toma como ponto de partida a teoria da ação de Max Weber, para representar a abordagem formal-pragmática de uma teoria do agir comunicativo (cap. III). A segunda consideração intermediária primeiro desenvolve a concepção de mundo da vida, para depois levar tão longe a tendência evolucionária de disjunção entre sistema e mundo da vida, que poderá reformular a tese da racionalização de Max Weber e empregá-la às circunstâncias presentes (cap.VI). A consideração final faz convergir as investigações sistemáticas e as investigações da história da teoria; cabe-lhe, por um lado, testar a interpretação da modernidade feita com base em tendências de juridificação e, por outro lado, tornar mais precisas as tarefas que hoje se impõem a uma teoria crítica da sociedade (cap.VIII).

II
A TEORIA DA RACIONALIZAÇÃO DE MAX WEBER

Max Weber, entre os clássicos da sociologia, foi o único que rompeu com as premissas do pensamento histórico-filosófico e com as assunções fundamentais do evolucionismo, ao mesmo tempo que pretendeu ver a modernização da sociedade europeia arcaica como resultado de um processo de racionalização universal-histórico. Max Weber tornou processos de racionalização acessíveis a uma investigação empírica abrangente, sem no entanto direcionar sua interpretação de maneira empirista; com isso evitou que, nos processos sociais de aprendizagem, desaparecessem justamente os aspectos de racionalidade. A obra de Max Weber chegou-nos em estado fragmentário; contudo, há em sua teoria da racionalização um fio condutor que permite reconstruir o esboço do conjunto; essa perspectiva interpretativa que havia preponderado nas discussões sobretudo filosóficas dos anos 1920[1], e que foi depois rejeitada em favor de

---

1. K. Löwith. "Max Weber und Karl Marx", in do mesmo autor, *Gesammelte Abhandlungen*. Stuttgart, 1960, pp. 1 ss.; S. Landshut. *Kri-*

uma interpretação estritamente sociológica e voltada "à economia e à sociedade", voltou a impor-se na pesquisa weberiana mais recente[2]. Justamente sob a perspectiva que vê a obra como um todo, surgem mais claramente algumas inconsistências, sendo a seguinte bastante instrutiva: para analisar o *processo histórico-religioso de desencantamento* que deve satisfazer as condições internas necessárias ao surgimento do racionalismo ocidental, Weber recorre a um conceito de racionalidade complexo, ainda que amplamente inexplicado; por outro lado, ao fazer a análise da racionalização social tal como ela se impõe na modernidade, deixa-se conduzir pela ideia bastante restrita da racionalidade teleológica [*Zweckrationalität*]. Weber compartilha esse conceito com Marx, de um lado, e com Adorno e Horkheimer, de outro. Inicialmente, pretendo tornar clara a perspectiva de meu questionamento por meio de uma comparação tosca dessas três posições[3].

Segundo Marx, a racionalização social impõe-se de maneira imediata no desenvolvimento das forças produtivas, ou seja, na ampliação do saber empírico, na melhora das técnicas de produção e na mobilização, qualifica-

---

tik der Soziologie. Leipzig; Neuwied, 1969, pp. 12 ss.; H. Freyer. *Soziologie als Wirklichkeitswissenschaft*. Darmstadt, 1964, pp. 145 ss. A esse respeito, cf. minha indicação em: O. Stammer (org.). *Max Weber und die Soziologie heute*. Tübingen, 1965, pp. 74 ss., republicado em: Habermas, 1970, pp. 313 ss. Nessa tradição, conta-se ainda com a compilação de textos de D. Käsler (org.). *Max Weber*. Munique, 1972; N. Birnbaum. "Konkurrierende Interpretationen der Genese des Kapitalismus: Marx und Weber", in C. Seyfarth, M. Sprondel (orgs.). *Religion und gesellschaftliche Entwicklung*. Frankfurt/M., 1973, pp. 38 ss.

2. St. Kalberg. "The Discussion of Max Weber in Recent German Sociological Literature", in *Sociology*, 13, 1979, pp. 127 ss.

3. Cf. também Wellmer, MS, 1977.

ção e organização sempre mais eficientes da força de trabalho socialmente utilizável. Por outro lado, as relações de produção, ou seja, as instituições que expressam a repartição do poder social e regulam o acesso diferenciador aos meios de produção, são revolucionadas tão somente sob a pressão racionalizadora das forças produtivas. Max Weber julga de maneira diferente o entorno institucional da economia capitalista e do Estado moderno: não como relações de produção que aprisionam o potencial racionalizador, mas como subsistemas de um agir racional-teleológico nos quais o racionalismo ocidental se desenvolve socialmente. Ele teme claramente, como conseqüência da burocratização, uma reificação das relações sociais que asfixie os impulsos motivacionais da condução racional da vida. Horkheimer e Adorno, e mais tarde também Marcuse, interpretam Marx a partir dessa perspectiva weberiana. Sob o signo de uma razão instrumental autonomizada, a racionalidade da dominação da natureza mescla-se à irracionalidade do domínio de classes, e as forças produtivas desencadeadas estabilizam as relações de produção alienadoras. A "dialética do esclarecimento" elide a ambivalência que Max Weber ainda suscitava diante de processos de racionalização e inverte precipitadamente a avaliação positiva de Marx. A ciência e a técnica, que para Marx ainda encerravam um potencial emancipatório inequívoco, tornam-se elas mesmas o *medium* de repressão social.

Por ora não me interessa saber qual das três posições teria razão; interessa-me muito mais a fragilidade teórica que todas partilham. Por um lado, Marx, Weber, Horkheimer e Adorno identificam a racionalização social com o crescimento da racionalidade instrumental e estratégica dos contextos das ações; por outro, paira diante deles – seja no conceito da associação de produtores livres, nos modelos históricos da condução eticamente racional da vida, ou na ideia de um tratamento fraterno diante da natureza regenerada – uma *racionalidade social abrangente* pela qual se pode mensurar o *status* relativo dos processos de racionalização descritos empiricamente. Seria preciso, no entanto, que se pudesse balizar o conceito abrangente de racionalidade no mesmo plano em que se balizam as forças produtivas, os subsistemas do agir racional-teleológico e os detentores totalitários da razão instrumental. Isso não acontece. Por um lado, vejo que tal fato se deve a impasses da teoria da ação: os conceitos de ação que Marx, Max Weber, Horkheimer e Adorno tomaram por base não são suficientemente complexos para apreender nas ações sociais todos os aspectos em que a racionalização social pode ter início[4]. Por outro, ela está na mescla de conceitos básicos da teoria da ação e da teoria dos sistemas: a racionalização de orientações para a ação e de estruturas de mundos da vida não é a mesma coisa que o avanço da complexidade em sistemas acionais[5].

De outra parte, gostaria de esclarecer desde o início que Max Weber abriga a temática da racionalidade em um contexto científico que já liquidou todas as hipotecas da filosofia da história e do evolucionismo do século XIX filosófico-historicamente marcado. A teoria da racionalização não integra a tradição especulativa de que a sociologia, na condição de ciência, teria de livrar-se. Quando a sociologia, no encalço da filosofia moral escocesa e do socialismo da fase inicial, formou-se como uma discipli-

---

4. J. Habermas. "Some Aspects of the Rationality of Action", in F. Geraets (org.). *Rationality Today*. Ottawa, 1979, pp. 185 ss.
5. N. Luhmann. *Zweckbegriff und Systemrationalität*. Tübingen, 1968.

na com problemática própria, com abordagens teóricas próprias, e versando sobre o surgimento e desenvolvimento da sociedade moderna[6], ela já tinha diante de si o tema da racionalização social: ele já havia sido abordado no século XVIII pela filosofia da história, para depois ser assumido e transformado pelas teorias sociais evolucionistas no século XIX. Eu gostaria de recordar brevemente essa história prévia, para caracterizar a situação do problema com que Max Weber se confronta. Os principais motivos do pensamento histórico-filosófico estão contidos em *Esquisse d'un Tableau Historique des Progrès de L'Esprit Humain* [Esboço de um quadro histórico dos progressos do espírito humano] escrito por Condorcet em 1794[7]. O modelo de racionalidade é oferecido pelas ciências naturais matemáticas. Seu cerne é a física newtoniana: ela teria descoberto o "verdadeiro método do estudo da natureza"; "observação, experimento e cálculo" são as três ferramentas com que a física desvenda os segredos da natureza. Como Kant, Condorcet também está impressionado pelo "passo seguro" dessa ciência. Ela se torna o paradigma do conhecimento em geral porque seu método alça o conhecimento científico para cima das contendas escolares dos filósofos, além de rebaixar a filosofia desenvolvida até aquele momento à condição de mera opinião: "A matemática e as ciências naturais constituem, por si mesmas, uma grande área. Como elas se embasam sobre o cálculo e a observação, e como suas lições independem de opiniões que cindem as escolas, ambas se

---

6. H. Strasser. *The Normative Structure of Sociology*. Londres, 1976, pp. 44 ss.

7. Cito a partir da edição teuto-francesa do texto providenciada por W. Alff: Condorcet. *Entwurf einer historischen Darstellung der Fortschritte des menschlichen Geistes*. Frankfurt/M., 1963.

desmembraram da filosofia."[8] Condorcet não procura, como Kant, esclarecer os fundamentos do conhecimento metódico e, com eles, as condições de racionalidade das ciências; interessa-se, isso sim, pelo que Max Weber chamará de "significado cultural" da ciência, ou seja, pela questão sobre como o crescimento metodicamente assegurado do saber teórico tem efeito sobre o avanço do espírito humano e do contexto cultural da vida em seu todo. Condorcet pretende conceber a história da humanidade segundo o modelo da história das ciências modernas, ou seja, como processo de racionalização. Em essência, ele apresenta quatro considerações.

(a) Em primeiro lugar, Condorcet atribui novo significado ao conceito de perfeição, de acordo com o modelo científico. Perfeição não significa mais, como havia sido na tradição aristotélica, a realização de um *télos* alojado na natureza da coisa, mas um processo de aperfeiçoamento que, embora direcionado, não está teleologicamente delimitado de antemão. Interpreta-se a perfeição como progresso. Condorcet pretendeu demonstrar em sua obra "que a natureza não impõe limites ao aperfeiçoamento das faculdades humanas; que de fato a capacidade do homem para o aperfeiçoamento é imprevisível; que os progressos dessa faculdade de aperfeiçoamento [...] encontram limites apenas no estado temporal do planeta, dos quais a natureza nos fez dependentes"[9]. Os progressos do espírito humano não são limitados por um *télos* que lhes seja inerente; eles se cumprem sob condições contingentes. O conceito de *progresso* está ligado à ideia de *aprender*. O espírito humano não deve seus

---

8. Condorcet, 1963, p. 125.
9. Condorcet, 1963, p. 29.

avanços à aproximação a um *télos*, mas à ativação de sua inteligência sem impedimentos, isto é, a um mecanismo de aprendizagem. Aprender significa a superação inteligente de empecilhos; Condorcet caracteriza a "constituição de nossa inteligência" por meio da "relação entre nossos meios de descobrir a verdade e a resistência que a natureza oferece à realização de nossos esforços"[10].

(b) Entre essas resistências oferecidas pela natureza está a superstição. Como que de um só golpe, a concepção de conhecimento desenvolvida segundo o modelo das ciências naturais desvaloriza as concepções legadas por religião, filosofia, moral e política. Em face do poder dessa tradição, as ciências ganham a *função de esclarecimento*. No final do século XVIII, avança a tal ponto a institucionalização das ciências como um subsistema independente da teologia e da retórica humanista, que a organização da busca da verdade torna-se modelo para a organização do Estado e da sociedade. Esclarecimento transforma-se no conceito político em prol da emancipação que afasta preconceitos, por meio da difusão de conhecimentos científicos repleta de consequências práticas, ou, nas palavras de Condorcet: em prol da eficácia da filosofia sobre a *opinião pública*. O progresso científico só poderá concretizar-se em uma racionalização da vida social se os cientistas assumirem a tarefa da educação pública com o objetivo de transformar os princípios de seu próprio trabalho em princípios das relações sociais como um todo. O cientista e sua função esclarecedora procuram "anunciar em alto e bom som" o direito que ele tem de "submeter toda opinião à prova por meio de nossa própria razão. [...] Em pouco tempo surgiu na

---

10. Condorcet, 1963, p. 253.

Europa uma classe de pessoas menos ocupadas com descobrir ou fundamentar a verdade que com difundi-la. Essas pessoas dedicaram-se à tarefa de perseguir todos os preconceitos até os covis mais recônditos em que o clero e as escolas, os governos e as corporações tradicionais lhes houvessem dado abrigo; procuraram fama mais na destruição dos erros disseminados entre o povo que na ampliação dos limites do saber humano". E, mesmo no cárcere, Condorcet ainda acrescenta: "Serviram mais ao progresso do conhecimento de maneira indireta, o que não foi nem menos perigoso, nem menos útil."[11]

(c) O conceito de esclarecimento serve de ponte entre a ideia de progresso científico e a convicção de que as ciências também estão a serviço do aperfeiçoamento das pessoas. No embate com os poderes tradicionais da Igreja e do Estado, o esclarecimento exige coragem de servir-se do próprio entendimento, ou seja, exige autonomia ou maturidade. Além disso, o *páthos* do esclarecimento pode apoiar-se sobre a experiência de que os preconceitos moral-práticos tenham sido abalados de fato pelo poder crítico das ciências. "Todos os erros políticos e morais têm início em erros filosóficos, por sua vez também ligados a erros em física. Não há sistema religioso, devaneio algum que paire acima da natureza, que possa estar fundamentado sobre o desconhecimento das leis da natureza."[12] Assim, recomendava-se a Condorcet não apenas confiar nas ciências sob um ponto de vista crítico, mas também esperar delas o auxílio para a solução de questões normativas: "As ciências físicas e matemáticas servem ao aperfeiçoamento das técnicas demandadas por

---

11. Condorcet, 1963, p. 275.
12. Condorcet, 1963, p. 325.

nossas carências mais singelas: não repousa também sobre a ordem natural necessária que o progresso das ciências morais e políticas tenha o mesmo efeito sobre os motivos que determinam nossas sensações e nossas ações?"[13] Tanto em questões moral-práticas quanto em questões cognitivas, Condorcet conta com a possibilidade do aprendizado e de uma organização científica de processos de aprendizagem. Assim como o ser humano é apto "para adquirir conceitos morais", ele também logrará trazer as ciências morais ao nível já alcançado pelas ciências naturais: "O único fundamento da credibilidade das ciências naturais é a ideia de que as leis gerais que determinam os fenômenos, quer as conheçamos quer não, são necessárias e duradouras; e por que razão esse princípio deveria ter menor validade para o desenvolvimento das faculdades intelectuais e morais do que para os demais processos da natureza?"[14]

(d) Se, no entanto, o esclarecimento pode apoiar-se sobre as ciências humanas, cujo progresso cognitivo está metodologicamente tão bem assegurado como o das ciências naturais, podemos ter a expectativa de avanços não apenas na moralidade do ser humano enquanto indivíduo, mas também nas formas do convívio civilizado. Assim como Kant, Condorcet vê o progresso da civilização na linha de uma república que garanta as liberdades civis, de uma ordem internacional que traga consigo uma paz duradoura, de uma sociedade que acelere o crescimento econômico e o avanço tecnológico e faça desaparecer as desigualdades sociais ou pelo menos as compense. Entre outras coisas, ele espera a extinção dos pre-

---

13. Condorcet, 1963, p. 381.
14. Condorcet, 1963, p. 345.

conceitos "que criaram uma desigualdade de direitos entre os dois sexos"[15]; espera a extinção da criminalidade e do abandono social, a superação da miséria e da doença por meio da higiene e da medicina; e crê "que deve chegar um tempo em que a morte se torne nada mais que o efeito de circunstâncias excepcionais"[16].

Em outras palavras: Condorcet crê na vida eterna antes da morte. Essa concepção é representativa para o pensamento histórico-filosófico do século XVIII, ainda que só possa ter alcançado uma formulação tão aguda por parte de um contemporâneo da Revolução Francesa. Justamente a radicalidade vem permitir que se evidenciem os pontos de ruptura do pensamento histórico-filosófico. Principalmente quatro pressuposições tornaram-se problemáticas no período seguinte e deram impulso a uma transformação da interpretação histórico-filosófica da modernidade.

Em *primeiro* lugar, tenho em mente as pressuposições que Condorcet tem de fazer ao apoiar uma concepção linear de progresso sobre o progresso científico representado pelas ciências naturais modernas. Ele pressupõe (a) que se podem reconstruir a história da física e as ciências orientadas por esse modelo como se elas estabelecessem uma linha contínua de desenvolvimento. Diante disso, a teoria pós-empirista da ciência acentua hoje a dependência da formação teórica em relação aos paradigmas; ela torna consciente que o *continuum* da racionalidade teórica não se produz imediatamente no plano da formação de teorias, mas no plano das relações interteóricas, ou seja, no plano da relação entre diferen-

---

15. Condorcet, 1963, p. 383.
16. Condorcet, 1963, p. 395.

tes paradigmas, sobre a qual não se tem uma visão de conjunto. Mais arriscado ainda, porém, (b) é continuar pressupondo que todos os problemas cujas respostas foram dadas até hoje pelas doutrinas filosóficas e religiosas podem ou ser transformados em problemas cientificamente trabalháveis e, nesse sentido, resolvidos de maneira racional, ou ser desmascarados como pseudoproblemas, de modo que se possa fazê-los desaparecer de maneira objetiva. A expectativa de Condorcet de que se pudesse desativar a morte não é apenas um fato curioso. Por trás disso esconde-se a concepção de que as experiências de contingência e os problemas de sentido, aclarados até então pela religião e solucionados por via cultual, podem ser radicalmente *embotados*. Do contrário restaria um resíduo do problema, insolúvel por via racional, que inevitavelmente representaria uma sensível relativização do valor de uma capacidade de solucionar problemas embasada exclusivamente na ciência. Esse é um dos pontos de partida na tentativa de Max Weber de perseguir os processos de racionalização social pela trilha não do desenvolvimento científico, mas do desenvolvimento das imagens de mundo religiosas.

Em *segundo* lugar, Condorcet, como filho do século XVIII, não tem clareza sobre o alcance da pretensão universalista que ele manifesta, ao conceber a unidade da história humana sob o referencial de uma racionalidade que tem na ciência moderna seu representante. Para Condorcet não há dúvida de que um dia *todas* as nações "estarão próximas do grau de civilização já alcançado pelos povos mais esclarecidos, livres e sem preconceitos, como os franceses e os anglo-americanos"[17].

---

17. Condorcet, 1963, p. 345.

Em última instância, ele justifica essa convicção com o argumento de que a racionalidade surgida com as ciências naturais não reflete apenas um patamar próprio da civilização ocidental, mas é inerente ao espírito humano em geral. Esse pressuposto de uma razão universal foi questionado pela Escola Histórica e mais tarde pela antropologia cultural; é até hoje um tema controverso, como bem demonstra o debate sobre a racionalidade apresentado na Introdução. Para o prosseguimento da filosofia da história no século XIX, no entanto, foram ainda duas outras as pressuposições que mais tiveram importância.

Em *terceiro* lugar, Condorcet vincula, como vimos, os aspectos cognitivos do progresso científico aos aspectos moral-práticos do alcance de uma maturidade no sentido da libertação em relação ao dogmatismo e à autoridade inata. Ele opera aí com um conceito pré-crítico de "natureza", que volta a aparecer refletido nos escritos de Kant sobre a filosofia da história; com esse conceito, Condorcet pressupõe a unidade entre razão teórica e razão prática. Esta última não aparece como um problema em Condorcet, muito embora esteja claro desde Hume não ser possível deduzir, a partir de sentenças do saber empírico, sentenças normativas da teoria moral ou da teoria do Estado. Esse tema foi trabalhado em primeiro lugar no âmbito da filosofia, de Kant a Hegel. A mediação dialética entre razão teórica e prática elaborada por Hegel em sua filosofia do direito ingressou depois na teoria social, por meio de Marx, e por uma dupla via. *Por um lado*, Marx criticou a autossuficiência de uma reflexão filosófica de viés retrospectivo. Com a temporalização histórica da dialética hegeliana surgiu o tema constante da mediação entre teoria e práxis. Quanto às questões que incorram no campo de responsabilidade da razão prática, já não se deverá poder resolvê-las apenas com recursos filosóficos; elas ultrapassam o horizonte da mera argumentação: as armas da crítica precisam da crítica das armas. Com o seguimento que se dê à teoria com outros recursos (a saber: recursos práticos), não há muito que dizer em geral; e o que se possa dizer sobre isso é objeto da teoria da revolução[18].

Por outro lado, Hegel tornou-se eficiente também pela via de uma apropriação acrítica do aparato conceitual dialético; a unidade entre razão prática e razão teórica entrou de tal maneira nos conceitos fundamentais da crítica da economia política que os fundamentos normativos da teoria marxista estão obscurecidos até hoje. No marxismo, essa falta de clareza foi ora evitada, ora acobertada, mas jamais resolvida de modo apropriado: ela foi evitada com a partição da teoria social marxista em pesquisa social e socialismo ético (M. Adler); e foi acobertada tanto por meio de uma vinculação ortodoxa a Hegel (Lukács, Korsch) quanto por meio de uma assimilação às teorias desenvolvimentistas do século XIX de cunho mais fortemente naturalista (Engels, Kautsky). Essas teorias constituem a ponte sobre a qual a temática da racionalização – tratada inicialmente de maneira histórico-filosófica – migrou para a sociologia[19].

Para essas teorias é relevante sobretudo a *quarta* pressuposição sob a qual Condorcet desenvolve sua concepção da história. Ele só pode atribuir os avanços da civilização aos avanços do espírito humano caso conte

---

18. M. Theunissen. *Die Verwirklichung der Vernunft*. Caderno especial (Beiheft) n.º 6 de *Philosophische Rundschau*. Tübingen, 1970.

19. Habermas, 1976a, Einleitung (Introdução).

com a eficácia empírica de um saber teórico em constante melhoramento. Toda aproximação interpretativa que aborda fenômenos históricos sob pontos de vista da racionalização tem de assumir como ponto de partida que o potencial argumentativo de conhecimentos e discernimentos venha tornar-se *empiricamente eficaz*. Mas Condorcet não investiga os mecanismos de aprendizagem e as condições sob as quais os processos de aprendizagem acontecem; nem explica de que maneira os conhecimentos se transformam em progresso técnico, em crescimento econômico ou em uma organização racional da sociedade; tampouco chega a considerar a possibilidade de que os conhecimentos se tornem efetivos por via de *efeitos colaterais não pretendidos*. Ele se abandona a uma efetividade automática do espírito; ou seja, confia em que a inteligência humana esteja voltada à acumulação de saber e em que ela ocasione avanços da civilização por meio de uma difusão do saber *per se*. Esse automatismo, no entanto, ocorre sob dois aspectos que mantêm uma relação inversa entre si. *Da perspectiva prática* dos envolvidos, os avanços civilizadores surgem como resultados de uma práxis da propagação do saber, da influência dos filósofos sobre a opinião pública, da reforma da educação escolar, da formação do povo etc. De sua parte, essa prática dos iluministas, que tencionavam alcançar outros avanços do espírito humano, é fruto da filosofia da história; pois esta é a primeira a trazer o processo de humanidade à consciência teórica dos que o podem fomentar de modo prático. Por isso, *da perspectiva teórica* do cientista os avanços científicos se apresentam como fenômenos que podem ser explicados de acordo com leis da natureza. Da mesma maneira que de um lado a racionalização aparece como prática comunicativa mantida com a consciência e a vontade, de outro lado ela surge como um processo cognitivo que transcorre segundo leis. Os dois processos estão um imediatamente ao lado do outro; e só se coadunam de uma maneira não problemática quando se concebe o espírito humano, de modo idealista, como um poder que se desenvolve segundo uma lógica própria e *ao mesmo tempo* a partir de um moto próprio.

As teorias evolucionistas do século XIX, que culminam em Spencer, submetem então a concepção da temática da racionalização a uma revisão decisiva: de maneira darwinista, tratam de aclarar os avanços da civilização como evolução de sistemas orgânicos[20]. O paradigma para o aclaramento de mudanças cumulativas deixa de ser o progresso teórico das ciências e passa a ser a *evolução natural das espécies*. Com isso desloca-se a temática da racionalização para a temática da evolução social. Com essa mudança de perspectiva também se pôde fazer mais jus às principais experiências históricas do século XIX:

– Com a revolução industrial, tomou-se consciência do desenvolvimento das técnicas de produção como uma dimensão importante da evolução social. O desenvolvimento da força produtiva, que no início não se deu pela implementação de conhecimentos científicos, apresentou-se como um modelo com o qual se podia, de maneira empírica, conceber melhor o progresso social, em comparação ao que se lograva com o modelo de desenvolvimento das ciências naturais modernas.

– Algo semelhante valia para as reviravoltas políticas que haviam começado com a Revolução Francesa e levado à criação de constituições burguesas. Nos processos

---

20. L. Sklair. *The Sociology of Progress*. Londres, 1970, pp. 56 ss.

de institucionalização das liberdades burguesas podia-se perceber o progresso de maneira mais palpável do que em um desenvolvimento (em si, bastante questionável) das ciências humanas.

– Com o crescimento capitalista, por fim, a economia havia surgido como um sistema parcial funcionalmente autônomo, representado na Economia Política com auxílio de modelos circulatórios. Com isso, tiveram vez tanto os pontos de vista holísticos, sob os quais os fenômenos da divisão social do trabalho não poderiam mais ser atribuídos a agregações de indivíduos, quanto os pontos de vista funcionalistas, sob os quais as sociedades podiam ser consideradas mediante uma analogia com organismos, enquanto sistemas que se autossustentam.

Os dois primeiros motivos favoreceram a releitura empirista dos processos de racionalização e de crescimento, ao passo que o terceiro facilitou a assimilação da história da sociedade pelo modelo evolutivo que Darwin havia firmado para esclarecer a história da natureza. Foi assim que Spencer pôde erigir uma teoria da evolução social que eliminava o idealismo vago da filosofia da história e considerava os avanços da civilização uma continuidade da evolução natural, para subsumi-los todos sob leis naturais, sem todas aquelas dubiedades.

Tendências como o desenvolvimento científico, o crescimento econômico, o estabelecimento de Estados constitucionais, o surgimento de administrações modernas etc. puderam ser tratadas de maneira tão imediata como fenômenos empíricos e concebidos como consequências da diferenciação estrutural de sistemas sociais. Não tiveram mais de ser interpretadas tão somente como indicadores empíricos de uma história interna do espírito, que remontasse a processos de aprendizagem e acumulação de saber; tampouco como sinais de uma racionalização, no sentido da filosofia da história.

Com um olhar sobre as *quatro pressuposições* da filosofia da história ilustradas com base em Condorcet, é possível caracterizar de maneira simplificada as teorias vitorianas do desenvolvimento, como a seguir: elas não puseram em questão nem o racionalismo nem o universalismo do Esclarecimento, portanto ainda não estavam sensibilizadas para os perigos do eurocentrismo; repetiam os paralogismos naturalistas da filosofia da história, ainda que de maneira menos vistosa, já que ao menos davam a impressão de estar interpretando enunciados teóricos sobre intensificações evolutivas no sentido de juízos de valor sobre avanços moral-práticos; por outro lado, orientavam-se mais fortemente conforme as ciências sociais e preenchiam, com seu conceito de evolução ao gosto da biologia e de aparência científico-experimental, a lacuna deixada pela filosofia da história, cuja dicção sobre as regularidades históricas assumia um tom marcadamente idealista.

A situação histórico-científica de partida, dentro da qual Max Weber retoma a temática da racionalização para torná-la um problema sociologicamente trabalhável, está determinada pela crítica a essas teorias evolutivas do século XIX. Os principais pontos de ataque da crítica podem ser apontados esquematicamente com base nas palavras-chave mencionadas há pouco. Para tanto, percorrerei de trás para a frente as pressuposições mencionadas, ainda implicitamente ligadas à filosofia da história: os principais pontos de ataque são o determinismo evolutivo, o naturalismo ético, bem como o universalismo e racionalismo das teorias evolutivas.

Determinismo evolutivo. A ascensão das ciências humanas, que se concretizou desde os tempos de Ranke e Savigny no âmbito da Escola Histórica, viu-se acompanhada de reflexões metodológicas[21]. Foi a partir de Dilthey, o mais tardar, que essas reflexões assumiram forma sistemática – enquanto *historismo*. A crítica histórica volta-se com igual intensidade contra teorias históricas e sociais tanto de cunho dialético quanto evolucionista. Em nosso contexto interessa principalmente *um* dos resultados desse debate, a saber: o descrédito da tentativa de encontrar leis evolutivas para uma cultura interpretada de modo naturalista. O historismo havia entendido e formulado a peculiaridade da cultura como um campo de objetos constituído por nexos de sentido, dotado de regularidades estruturalistas, mas não de regularidades nomológicas, e menos ainda de regularidades evolutivas. Por ironia, foi justamente essa deposição histórica das ciências da cultura pelos modelos biológicos, ou ligados às ciências naturais em geral, que deu a Max Weber o ensejo para situar uma vez mais o problema do surgimento das sociedades modernas sob o ponto de vista da racionalização, totalmente aistórico. Mudanças dirigidas e cumulativamente eficientes, caso se quisesse levar a sério a crítica historicista, teriam de ser remetidas à lógica interna dos nexos de sentido ou das ideias, e não a mecanismos evolutivos de sistemas sociais; precisariam ser explicadas de maneira estruturalista e não em razão de leis da evolução social. Por outro lado, essa herança historicista impediu por completo que Weber fizesse jus ao funcionalismo de sistemas em seus aspectos metodologicamente menos preocupantes.

---

21. E. Rothacker. *Logik und Systematik der Geisteswissenschaften*. Bonn, 1948.

Naturalismo ético. O próprio Weber situa-se na tradição do *neokantismo* do sudoeste alemão[22]. Na teoria das ciências da cultura e do espírito, Windelband e Rickert defendem posições semelhantes às de Dilthey e outros filósofos da Escola Histórica. Para a confrontação com as abordagens evolucionistas nas ciências sociais, porém, o neokantismo assumiu, por causa de sua teoria do valor, um significado especial que ultrapassa sua filosofia dualista da ciência. Em um plano metodológico, faz valer a distinção entre ser e dever, entre as constatações dos fatos e os juízos de valor; e na filosofia prática volta-se decididamente contra todas as formas de naturalismo ético. Esse é o universo de referências que embasa a posição de Max Weber na controvérsia sobre o juízo de valor. Weber critica conceitos de progresso e de evolução justamente quando eles desempenham um papel implicitamente normativo nas ciências empíricas. A sensibilidade contrária a paralogismos naturalistas em um plano ético, aguçada em Kant e na filosofia neokantiana do valor, ou contra a mescla de enunciados descritivos e avaliativos em geral, certamente tem um lado inverso. Em Weber, ela se associa a uma desconfiança historista, pouco kantiana, em relação à aptidão argumentativa da razão prática. Em um plano metodológico, Weber refuta com igual veemência tanto o cognitivismo ético quanto o naturalismo ético.

Universalismo. As pesquisas das ciências do espírito e das ciências da cultura no século XIX tinham aguçado o olhar que se voltava à amplitude da variação das for-

---

22. Th. Burger. *Max Weber's Theory of Concept Formation*. Durham, 1976; R. H. Howe, "Max Weber's Elective Affinities", *AJS*, 84, 1978, pp. 366 ss.; M. Barker. "Kant as a Problem for Weber", *Brit. J. Soc.*, 31, 1980, pp. 224 ss.

mas de vida, tradições, valores e normas na sociedade. Diante da experiência básica da relatividade das próprias tradições e formas de pensamento, o historismo potencializou-a e transformou-a no seguinte problema: os padrões de racionalidade pressupostos nas ciências empíricas não são, eles mesmos, partes integrantes de uma cultura limitada no tempo e a uma determinada região, a saber, a cultura europeia da Era Moderna? E esses padrões não têm então de refrear sua pretensão de validade universal, manifestada de maneira ingênua? Mas o historismo não havia perguntado suficientemente a sério se do pluralismo das culturas não decorreria também um relativismo epistemológico. Enquanto nas ciências do espírito, que se ocupam essencialmente das tradições da cultura escrita, insinua-se a impressão intuitiva de uma igualdade por princípio entre as civilizações, a antropologia cultural, que se ocupa com sociedades que antecedem a alta cultura, não pode ignorar tão facilmente o desnível de desenvolvimento entre sociedades arcaicas e modernas. Além disso, jamais houve na antropologia cultural de diretrizes funcionalistas o perigo de condenar junto com o determinismo evolucionário qualquer forma da análise nomológica e ansiosa por regularidades, nem de já tirar daí conclusões relativistas. Max Weber, como veremos, assumiu nessa controvérsia uma posição cautelosamente universalista; não considerou processos de racionalização um fenômeno especial do Ocidente, muito embora a racionalização comprovável em todas as religiões mundiais tenha conduzido apenas na Europa a uma forma de racionalismo que revela ao mesmo tempo traços especiais (ou seja, ocidentais) e gerais (ou seja, traços que caracterizam a modernidade em geral).

Racionalismo. Em filosofias da história e teorias evolutivas, a ciência e a técnica serviram de modelo de racionalização. Há boas razões para seu caráter paradigmático, e Max Weber não as nega. Para servir de modelos aos conceitos de progresso e evolução, porém, ciência e técnica têm de ser valoradas, quer no sentido iluminista, quer no sentido positivista; ou seja, precisam receber distinção enquanto mecanismos de solução de problemas, mecanismos significativos do ponto de vista da história da espécie humana. Contra essa sobrevalorização vicário-metafísica sublevou-se a *crítica cultural burguesa do século XIX tardio*, que teve em Nietzsche e nos filósofos da vida contemporâneos seus representantes mais influentes. Tampouco Max Weber está livre da avaliação pessimista acerca de uma civilização dominada pela ciência[23]. Ele desconfia dos processos de racionalização descurados, desligados de orientações éticas de valor, observados por ele em sociedades modernas; e isso a tal ponto que ciência e técnica perdem em sua teoria da racionalização a posição paradigmática. As pesquisas de Weber concentram-se sobre os fundamentos moral-práticos da institucionalização do agir racional-teleológico.

Sob os quatro aspectos mencionados, o ponto de partida científico privilegia que se retome, pela via de uma abordagem experimental-científica – e de modo algum por via empirista redutora –, a questão sobre como conceber o surgimento e o desenvolvimento das sociedades modernas enquanto processo de racionalização. Abordarei primeiramente os fenômenos que Weber interpreta como sinais de racionalização social para então

---

23. Sobre a influência de Nietzsche em Max Weber, cf. E. Fleischmann. "De Weber à Nietzsche", in *Arch. Europ. Soc.*, 5, 1964, pp. 190 ss.

explicar os diferentes conceitos de racionalidade sobre os quais ele embasa sua investigação, frequentemente de maneira implícita (1). A teoria de Weber estende-se à racionalização religiosa e social; ou seja, por um lado ela se estende ao surgimento universal-histórico de estruturas modernas de consciência e, por outro, à corporificação dessas estruturas de racionalidade em instituições sociais. Sob pontos de vista sistemáticos, reconstruirei essas relações complexas para formular, com base em trabalhos de sociologia da religião, a lógica da racionalização de imagens de mundo (2) e a partir dessa lógica deduzir um modelo estrutural para a racionalização social; aí então tratarei primeiro do papel da ética protestante (3) e em seguida da racionalização do direito (4).

1. RACIONALISMO OCIDENTAL

Na famosa "Observação preliminar" à coletânea de seus artigos de sociologia da religião[24], Max Weber menciona com olhar retrospectivo o "problema universal-histórico" por cuja elucidação ele se teria empenhado ao longo de toda a vida: Por que razão, fora da Europa, "nem o desenvolvimento científico, nem o artístico, nem o estatal, nem o econômico tinham se encaminhado pelas trilhas da racionalização próprias ao Ocidente"? Nesse contexto, Weber lista um grande número de fenômenos que caracterizam "o racionalismo da cultura ocidental de tipo específico". A lista das realizações originais do racionalismo ocidental é longa. Weber menciona em primeiro lugar a ciência moderna, que confere forma matemática ao saber teórico e o submete a provas com auxílio de experimentos controlados; a isso, Weber acrescen-

---

24. Sobre a bibliografia, cf. C. Seyfarth, G. Schmidt. *Max Weber Bibliographie*. Stuttgart, 1977; G. Roth. "Max Weber, A Bibliographical Essay", in *Zeitschrift für Soziologie*, 1977, pp. 91 ss.; D. Käsler (org.). *Klassiker des Soziologischen Denkens*, vol. II. Munique, 1978, pp. 424 ss.

ta a atividade sistemática das ciências, organizadas de forma universitária; menciona as publicações da literatura produzidas para o mercado e a atividade cultural institucionalizada por meio do teatro, museus, revistas etc.; a música harmônica com as formas da sonata, sinfonia, ópera, e os instrumentos orquestrais órgão, piano e violino; a utilização da perspectiva linear e aérea na pintura e os princípios construtivos das grandes edificações monumentais; e continua e enumerar: as doutrinas jurídicas cientificamente sistematizadas, as instituições do direito formal e uma jurisdição exercida por funcionários especializados e com formação jurídica; a administração moderna do Estado por meio de uma organização racional do funcionalismo público, operante com base no direito estatutário; além disso, a circulação mensurável do direito privado e a empresa capitalista operando em busca do lucro, o que pressupõe a separação entre conjunto doméstico e estabelecimento comercial ou industrial (ou seja, a separação jurídica entre fortuna pessoal e haveres da empresa que dispõem de uma contabilidade racional), organiza o trabalho formalmente livre sob o ponto de vista da eficiência e utiliza conhecimentos científicos para o melhoramento das instalações produtivas e da organização empresarial; por fim, Weber aponta para a ética econômica capitalista, como parte de uma condução racional da vida – "pois, assim como o racionalismo econômico depende da técnica racional e do direito racional, ele depende também, em seu surgimento, da capacidade e da disposição das pessoas a observar determinados tipos de uma *condução da vida* que seja racional de um ponto de vista *prático*"[25].

---

25. M. Weber. *Die protestantische Ethik*, vol. 1. Hamburgo, 1973, p. 20.

Essa listagem das formas de manifestação do racionalismo ocidental é atordoante. Para obter uma primeira visão de conjunto, escolho trilhar dois caminhos: o da ordenação segundo o conteúdo (1) e o da elucidação conceitual (2) dessas manifestações, para então testar se Weber concebe o racionalismo ocidental como uma peculiaridade cultural ou como um fenômeno de significado universal (3).

(1) *As manifestações do racionalismo ocidental*. Para a classificação a seguir, sirvo-me da divisão, usual desde Parsons, em (a) sociedade, (b) cultura e (c) personalidade.

(a) De maneira semelhante a Marx, Max Weber concebe a *modernização da sociedade* como *autonomização e diferenciação* da economia capitalista e do Estado moderno. Os dois se complementam em suas funções de modo que se estabilizam reciprocamente. O cerne organizacional da economia capitalista é constituído pela empresa capitalista, que

– está separada da economia doméstica e

– com auxílio da contabilização do capital (contabilidade racional)

– orienta decisões de investimento de acordo com as chances dos mercados de bens, de capitais e de trabalho,

– emprega de maneira eficiente as forças de trabalho formalmente livres e

– utiliza tecnicamente os conhecimentos científicos.

O cerne organizacional do Estado, por sua vez, é constituído pelo aparato estatal, que

– com base em um sistema fiscal centralizado e perenizado

– dispõe de um poder militar permanente e conduzido de maneira centralizada,

– monopoliza a legislação e o emprego legítimo da força e

– organiza a administração burocraticamente, isto é, sob a forma de um corpo de funcionários especializados[26].

Como instrumento de organização para a economia capitalista e o Estado moderno, bem como para o rela-

---

26. Bendix caracteriza tal domínio da seguinte maneira: "Um mecanismo contínuo e vinculado a regras, envolvendo atividades de incumbências públicas no âmbito:
– de uma competência que significa: a) um campo de obrigações de serviços objetivamente delimitado em virtude da divisão de tarefas, b) com a destinação do poder ordenador *mais ou menos* necessário para isso e c) com uma demarcação fixa dos meios coercivos eventualmente permitidos e dos pressupostos para o emprego desses meios.

A isso vem acrescer-se:
– o princípio da hierarquia das incumbências públicas, isto é, a ordenação de funções fixas de controle e de inspeção para cada repartição pública com direito de recurso ou queixa pelos subalternos diante dos postos mais elevados. Nesse caso, está regulamentada diversamente a questão quanto à instância queixosa substituir a própria determinação a ser modificada por uma determinação 'correta' (e quando isso se daria), ou se ela confere essa tarefa à repartição pública que lhe é subordinada e junto à qual apresenta sua queixa.

– Prevalece [...] o princípio da separação total entre o pessoal da administração e os recursos administrativos e aquisitivos. Os funcionários públicos, trabalhadores contratados e trabalhadores temporários do pessoal administrativo não dispõem da propriedade particular dos recursos administrativos e aquisitivos, mas estes lhes são enviados sob a forma de bens *in natura* ou de recursos financeiros dos quais são obrigados a prestar contas.

– No caso pleno de racionalidade falta toda e qualquer apropriação do posto da repartição por seu detentor. Onde se constitui um 'direito' à 'repartição' [...] isso não se dá com o propósito de uma apropriação pelo funcionário, mas sim de um asseguramento do trabalho puramente objetivo ('independente') na repartição pública em que ele trabalha, vinculado a normas.

– Vale o princípio da adequação da administração ao registro em atas, mesmo quando a discussão oral é de fato uma regra ou justamente uma prescrição" (R. Bendix. *Max Weber. Das Werk*. Munique, 1964, pp. 321 s.).

cionamento entre os dois, apresenta-se ainda o direito formal baseado no princípio estatutário. Os três elementos, pesquisados sobretudo em *Wirtschaft und Gesellschaft* [Economia e sociedade], são constitutivos para a racionalização da sociedade. Weber considera esta última como expressão do racionalismo ocidental e ao mesmo tempo como fenômeno central a ser explicado. Distingue da racionalização da sociedade os fenômenos de racionalização situados nos planos da cultura e da personalidade. Neles, o racionalismo ocidental também se manifesta; mas na construção da teoria weberiana, diversamente da racionalização social, eles não assumem a posição de um *explanandum*.

(b) Para apreender *a racionalização cultural*, Weber debruça-se sobre a ciência e a técnica modernas, sobre a arte autônoma e a ética orientada por princípios e ancorada de maneira religiosa.

Ele denomina racionalização toda e qualquer ampliação do saber empírico, da capacidade prognóstica, do domínio instrumental e organizacional de procedimentos empíricos. Com a *ciência* moderna, procedimentos de aprendizagem desse tipo tornam-se reflexivos e podem ser institucionalizados no meio científico. Assim, embora desenvolva um conceito de ciência claro e normativamente substancioso em seus trabalhos metodológicos e epistemológicos, é só de passagem que Weber se dedica ao fenômeno do surgimento das ciências modernas (que se caracterizam, a propósito, por uma objetivação metódica da natureza e se estabelecem pela improvável combinação entre o pensamento discursivo instruído escolasticamente, a formação teórica de cunho matemático, a atitude instrumental diante da natureza e o trato experimental com ela). Mais tarde, também as inovações técnicas são acopladas ao desenvolvimento científico. Porém, "a inclusão metódica das ciências naturais no serviço à economia é apenas um dos fechos do desenvolvimento da 'metódica da vida' em geral, para a qual contribuíram determinadas influências da Renascença, bem como da Reforma"[27]. Weber considera "de um lado a história da *ciência* moderna e suas relações práticas com a economia, desenvolvidas apenas na Era Moderna, e de outro a história da *condução da vida* em seu significado prático para esta última [...] como coisas 'profundamente diferentes'"[28]. Em seus trabalhos materiais, ele só se interessou pela última. A história da ciência e da técnica é um aspecto importante da cultura ocidental; mas Weber, em sua *tentativa sociológica* de *explicar* o surgimento da sociedade moderna, trata-as somente como condições adjacentes.

É característico que esse papel secundário causal-genético atribuído ao desenvolvimento do saber contraste com o papel principal desempenhado pela *estrutura* do pensamento científico na *apreensão analítica das formas de racionalidade*. A compreensão científica cunhada pelas ciências é o ponto de referência do processo de desencantamento universal-histórico em cujo término se encontra uma "aristocracia não fraterna do patrimônio cultural racional"[29]: "Mas, sempre que a cognição racionalmente empírica concretiza de maneira consistente o desencantamento do mundo e a transformação deste em um mecanismo causal, aí surge, em definitivo, a tensão

---

27. M. Weber. *Die protestantische Ethik*, vol. 2. Hamburgo, 1972, p. 325.
28. Weber, 1972, p. 324.
29. M. Weber. *Gesammelte Aufsätze zur Religionsoziologie*, vol. 1, 1963, p. 569.

contrária às pretensões do postulado ético de que o mundo seja um cosmo ordenado por Deus e orientado de alguma maneira eticamente *sensata*. Pois a consideração empírica do mundo – e de maneira plena a consideração matemática do mundo – desenvolve por princípio uma aversão a toda forma de considerar que se pergunte, seja lá como for, por um 'sentido' dos acontecimentos intramundanos."[30] Sob esse ponto de vista, Max Weber entende a ciência moderna como um poder que atua sobre o destino da sociedade racionalizada.

Contudo, não é somente a ciência que Weber inclui entre as formas de manifestação da racionalização cultural, mas também a *arte autônoma*. Os padrões de expressão artisticamente estilizados, que inicialmente estavam integrados ao culto religioso como decoração na igreja ou no templo, como dança ou canto ritual, como encenação de episódios significativos, de textos sagrados etc., autonomizam-se sob as condições da produção artística cortês-mecênica, inicialmente, e burguês-capitalista, em um momento posterior: "A arte constitui-se como um cosmo de valores próprios autônomos, apreendidos de maneira sempre mais consciente."[31]

Em primeiro lugar, autonomização significa que a "autolegitimidade da arte" possa se desenvolver. Por certo, Weber não considera essa autolegitimidade, em primeira linha, sob o aspecto do estabelecimento de um meio artístico (com a institucionalização de um público fruidor de arte e de uma crítica de arte que exerçam como que uma mediação entre produtores e receptores de arte). Ele se concentra muito mais sobre os efeitos que uma

---

30. Weber, 1963, p. 564.
31. Weber, 1963, p. 555.

apreensão consciente de valores estéticos próprios ocasiona sobre o domínio do material, ou seja, nas técnicas da produção artística. Em um escrito publicado postumamente sobre os *Rationalen und soziologischen Grundlagen der Musik* [Fundamentos racionais e sociológicos da música], Weber investiga a formação da harmonia de acordes, o aparecimento da notação musical moderna e o desenvolvimento da fabricação de instrumentos (sobretudo do piano como instrumento de cordas percutíveis especificamente moderno). Nessa linha, Adorno analisou o desenvolvimento vanguardista da arte e demonstrou de que maneira os processos e meios da produção artística tornam-se reflexivos, de que maneira a arte moderna transforma os próprios procedimentos de domínio do material em tema da representação. Ele é notadamente cético diante dessa "autonomização do método em face do objeto": "Sem dúvida avançam os materiais históricos e seu domínio: a técnica; invenções como a perspectiva na pintura, a polifonia na música são aí os exemplos mais toscos. Além disso, não há como negar o progresso no interior de formas de proceder já firmadas, sua modelação consequente; assim foi com a diferenciação da consciência harmônica desde a época do baixo-contínuo até o limiar da nova música, ou a transição do impressionismo para o pontilhismo. Tal avanço inconfundível, porém, não é, sem mais, um avanço da qualidade; somente a cegueira pode negar os recursos conquistados de Giotto e Cimabue a Piero de la Francesca; mas inferir daí que os quadros de Piero sejam melhores que os afrescos de Assis é parlapatice."[32] A racionalização, teria dito Max

---

32. Th. W. Adorno. "Ästhetische Theorie". *Gesammelte Schriften*, vol. 17. Frankfurt/M., 1970, p. 313.

Weber, estende-se às técnicas de concretização de valores e não aos valores em si mesmos.

Não obstante, a autonomização da arte significa uma liberação em relação à autolegitimidade da esfera estética de valor, possibilitada apenas por uma racionalização da arte e, com ela, por um cultivo das experiências no tratamento da natureza interna, ou seja, pela exposição metódico-expressiva da subjetividade, liberada das convenções cotidianas do conhecer e do agir. Weber segue o encalço dessa tendência também com base na boêmia, em estilos de vida correspondentes ao desenvolvimento moderno da arte. Weber fala da consistente autonomização e estilização de uma "esfera conscienciosamente cultivada e não rotineira" do amor sexual, de um erotismo que se pudesse intensificar até o "delírio orgiástico" ou uma "obsessão patológica".

Em Weber, o desenvolvimento das artes desempenha um papel tão pouco importante para a explicação *sociológica* da racionalização social quanto a história das ciências. A arte não pode sequer acelerar esses processos, como é o caso de uma ciência que tenha se transformado em força produtiva. A arte autônoma e uma autor-representação expressiva da subjetividade mantêm antes uma relação de complementaridade com a racionalização do cotidiano. Elas assumem o papel compensatório de uma "*salvação* intramundana em relação ao cotidiano e sobretudo em relação à crescente pressão do racionalismo teórico e prático"[33]. A conformação da esfera estética de valores e do subjetivismo previvido de maneira exemplar pela boêmia constitui um mundo oposto ao "cosmo reificado" do trabalho profissional.

---

33. Weber, 1963, p. 555.

Por certo, a contracultura esteticamente marcada também integra o todo da cultura racionalizada, junto com a ciência e a técnica, de um lado, e as *noções modernas de moral e direito*, de outro. Mas o que se considera como o complexo central do surgimento da sociedade moderna é mesmo o racionalismo ético e jurídico.

Pois Weber também denomina racionalização a autonomização cognitiva do *direito* e da *moral*, ou seja, a dissociação de discernimentos moral-práticos, doutrinas, princípios, máximas e regras de decisão éticas e jurídicas em relação a imagens de mundo nas quais estavam alojados no início. Em todo caso, imagens de mundo cosmológicas, religiosas e metafísicas são estruturadas de tal maneira que as diferenças internas entre razão prática e teórica ainda não conseguem vir à tona. A linha de autonomização do direito e da moral conduz ao direito formal e a éticas profanas da consciência e da responsabilidade. Ambos são sistematizados mais ou menos ao mesmo tempo que a ciência experimental, no âmbito da filosofia prática da Era Moderna – como direito natural racional e ética formal. Essa autonomização ainda tem início, com certeza, no interior de sistemas interpretativos religiosos. As profecias de redenção radicalizadas levam à dicotomização aguda entre uma busca de salvação, orientada de acordo com bens salvíficos e meios de redenção interiores e espiritualmente sublimados, e o conhecimento de um mundo exterior e objetivado. Weber demonstra de que maneira se desenvolvem, a partir da religiosidade do sentimento moral, abordagens próprias a uma ética do sentimento moral: "Isso ocorreu a partir do senso de redenção e da essência da doutrina profética da salvação, assim que esta última passou a ser uma ética racional e nesse caso orientada por bens salvíficos religiosos *interiores* enquanto meios de salvação."[34]

Sob pontos de vista formais, essa ética caracteriza-se por ser *universalista* e *orientada segundo princípios*. A religiosidade comunitária soteriológica fundamenta uma ética abstrata da fraternidade que, com o referencial do "próximo", suprassume a separação entre moral interior e moral exterior (caracterizadora da ética dos clãs ou de vizinhança, bem como da ética do Estado): "De certa maneira, sua exigência ética sempre esteve direcionada a uma fraternidade universalista, que ultrapassa todas as barreiras das agremiações sociais, inclusive as barreiras da própria agremiação em torno da fé."[35] A isso corresponde uma ruptura radical com o tradicionalismo de linha jurídica.

Da perspectiva de uma ética formal e apoiada sobre princípios universais, desvalorizam-se normas jurídicas (bem como a criação e aplicação do direito) que se remetam a magia, tradições sacras, revelação etc.: normas são vistas como meras convenções, acessíveis a uma consideração hipotética e passíveis de um estatuto positivo. Quanto mais fortemente se desenvolvem as noções do direito de modo complementar a uma ética da consciência, tanto mais as normas, procedimentos e matérias jurídicas se tornam objeto de discussão racional e de decisão profana. Acentuo *as duas coisas*: o princípio de que as normas devam ser fundamentadas e o princípio da constituição de estatutos. Em consonância com o positivismo jurídico de seu tempo, Weber deu especial destaque ao segundo momento, isto é, à noção fundamental de que

---

34. Weber, 1963, p. 541.
35. Weber, 1963, pp. 543 s.

todo e qualquer direito possa ser criado e alterado através da prática estatuinte formalmente arbitrada. Daí decorrem as principais marcas do domínio da legalidade, que ora reproduzo de acordo com o resumo de Bendix:

– "Todo e qualquer direito pode ser estatuído com a pretensão de expectativa de que seja seguido por todos os que estão submetidos ao domínio da comunidade política.

– O direito como um todo consiste em um sistema de regras abstratas estatuídas intencionalmente, e o cultivo do direito consiste na aplicação dessas regras a casos particulares. Da mesma forma, a administração estatal está vinculada por regras do direito e é exercida segundo princípios gerais e participáveis, que são aceitos, ou que ao menos não são refutados.

– Os detentores dos cargos mais altos do funcionalismo público não são soberanos pessoais, mas 'prepostos' que exercem temporariamente uma função e detêm assim um poder restrito.

– As pessoas que obedecem ao poder constituído segundo o direito são cidadãos e não súditos, e obedecem ao direito e não ao funcionário que o faz valer."[36]

Tão importante quanto o princípio da constituição de estatutos é a noção fundamental de que toda decisão jurídica carece de fundamentação. Daí resulta, entre outras coisas, que

– "não é permitido ao Estado intervir na vida, na liberdade ou na propriedade sem a concordância do povo ou de seus representantes eleitos. Todo direito, portanto, precisa ter como fundamento, em sentido material, um ato de legislação"[37].

---

36. Bendix, 1964, p. 320.
37. Bendix, 1964, p. 320.

Em resumo, a racionalização cultural da qual nascem as estruturas de consciência típicas da sociedade moderna estende-se às partes elementares cognitivas, estético-expressivas e moral-valorativas da tradição religiosa. Com a ciência e a técnica, com a arte autônoma e seus valores de autorrepresentação expressiva e com as noções universalistas de direito e de moral, chega-se a uma autonomização e diferenciação de *três esferas de valor, que seguem cada qual uma lógica própria*. Com isso, não são apenas as "autolegitimidades internas" dos elementos cognitivos, expressivos e morais da cultura que vêm à consciência; com sua autonomização e diferenciação aumenta também a tensão entre essas esferas. Enquanto o racionalismo ético mantém de início uma certa afinidade com o contexto religioso do qual ele provém, ética e religião mantêm ambas uma relação de oposição com as demais esferas de valor. Max Weber vê aí "uma consequência do desenvolvimento geral (e também muito importante para a história da religião) que vai da posse de bens ao que é racional e conscientemente almejado ao que é sublimado pelo *saber*"[38]. E é esse, por sua vez, o ponto de partida para uma dialética da racionalização que Weber, como veremos, desenvolverá em busca de um diagnóstico de época.

(c) Em um plano do sistema da personalidade, o que corresponde à racionalização cultural é a *condução metódica da vida*, por cujo fundamento motivacional Weber cultiva interesse central, já que vê aí um dos mais importantes fatores do aparecimento do capitalismo, se não *o* mais importante. Nas orientações valorativas e nas disposições de ação desse estilo de vida, Weber descobre os

---

38. Weber, 1963, p. 542.

correlatos, no âmbito da personalidade, a uma ética do sentimento moral direcionada por princípios, universalista e religiosamente ancorada, tal como assumida pelas camadas dirigentes do capitalismo. Em primeira linha, portanto, o racionalismo ético infunde-se nessa direção: do plano da cultura ao plano do sistema da personalidade. De fato, a forma concreta da ética protestante, centrada na ideia da profissão, significa que o racionalismo ético oferece o fundamento de uma atitude cognitivo--instrumental em face de procedimentos intramundanos, particularmente em face de interações sociais no campo do trabalho social. Também a racionalização cognitiva e jurídica adentra nas orientações valorativas desse estilo de vida, na mesma medida em que se refere à esfera profissional. De outra parte, os elementos estético-expressivos de uma cultura racionalizada estabelecem correspondências específicas com a personalidade, em disposições de ação e em orientações de valor que se comportam de maneira contrária à condução metódica da vida.

Weber investiga os fundamentos religiosos da condução racional da vida com base na consciência cotidiana de seus dirigentes exemplares, nas noções dos calvinistas, pietistas, metodistas e nas seitas advindas dos movimentos anabatistas. Como traços principais, ele formula energicamente:

– a condenação radical de recursos mágicos, de todos os sacramentos inclusive, enquanto meios da busca de salvação, e isso significa: o desencantamento definitivo da religião;

– a isolação inexorável do crente individual em um mundo que é fonte do perigo de se idolatrar a criatura e em uma comunidade soteriológica que nega a identificação visível dos eleitos;

– a ideia de profissão, inicialmente de acento luterano, segundo a qual o crente se assegura no mundo por meio do cumprimento mundano de suas obrigações profissionais, como obediente instrumento de Deus;

– a reformulação da aversão judaico-cristã ao mundo enquanto uma ascese intramundana do trabalho profissional incessante, em que o êxito exterior não representa a razão verdadeira, mas uma razão para o conhecimento do destino individual de salvação;

– por fim, o rigor metódico de uma condução da vida de um eu autônomo, pautada por princípios e autocontrolada, que perscruta sistematicamente todos os campos da vida, porque colocada sob a ideia do asseguramento da salvação.

Até aqui, ordenei e comentei os fenômenos de racionalização enumerados por Weber no Prefácio a seus artigos de sociologia da religião, nos planos da sociedade, da cultura e do estilo de vida pessoal. Antes de testar em que sentido realmente se pode falar aí de "racional" e "racionalidade", gostaria de representar de maneira esquemática o nexo empírico que Weber presume haver entre as diferentes manifestações do racionalismo ocidental. Com esse propósito, quero distinguir primeiramente as *esferas culturais de valor* (ciência e técnica, arte e literatura, direito e moral) como partes elementares da cultura que, com a transição para a modernidade, e a partir do acervo cultural das imagens de mundo religioso-metafísicas, autonomizam-se e diferenciam-se na linha do legado grego e sobretudo judaico-cristão – um processo que começa no século XVI e termina no século XVIII; além disso, os *sistemas culturais de ação*, em que os legados são trabalhados de maneira sistemática sob aspectos particulares de validade: o meio científico (uni-

Fig. 3 *Formas de manifestação do racionalismo ocidental à época do surgimento da modernidade*

	Elementos cognitivos	Elementos avaliativos		Elementos expressivos
Cultura	Ciências naturais modernas	Direito natural racional	Ética protestante	Autonomização da arte
	Meio científico (universidades, academias, laboratórios)	Doutrina jurídica universitária, formação específica em direito	Associações religiosas	Meio artístico (produção, comércio, recepção, crítica de arte)
Sociedade	Economia capitalista	Aparato estatal moderno	Família nuclear burguesa	
Personalidade	Disposições de ação e orientações de valor			
	A condução metódica			Estilos de vida da contracultura

versidades e academias), o meio artístico (com as instituições da produção, distribuição e recepção artística, e com as instâncias mediadoras da crítica de arte), o sistema jurídico (com a formação específica em direito, jurisprudência científica, esfera pública jurídica), e por fim a comunidade religiosa (na qual uma ética pautada por princípios, e com exigências universalistas, é ensinada e vivida, ou seja, corporificada de maneira institucional); também *os sistemas centrais de ação, que fixam a estrutura da sociedade*: economia capitalista, Estado moderno e família nuclear; e finalmente, no plano do *sistema da personalidade*, as disposições de ação e orientações de valor típicas da condução metódica da vida e de sua contraparte subjetivista.

A figura 3 caracteriza a economia capitalista e o aparato estatal moderno como *os fenômenos* que Weber é capaz de *explicar* com ajuda de uma teoria da racionalização social. É somente nas sociedade do Ocidente que a autonomização e deferenciação desses dois sistemas parciais, referidos entre si de maneira complementar, faz chegar a um ponto em que a modernização logra desligar-se de suas constelações de partida e seguir caminho por via autorreguladora. Max Weber consegue *descrever* essa modernização como racionalização social porque a atividade capitalista é talhada para o agir econômico racional, e o aparato estatal moderno, para o agir administrativo racional; ou seja, ambos são talhados para o tipo do agir racional-teleológico. Mas esse é apenas um aspecto por meio do qual não se pode negligenciar um segundo aspecto, aliás mais importante do ponto de vista metodológico. Pois Weber pretende sobretudo *explicar* a *institucionalização do agir racional-teleológico* mediante conceitos de um processo de racionalização. Desse processo de racionalização, que assume no esquema explicativo o papel de um *explanans*, resulta apenas a difusão do agir racional-teleológico. Para o *estado inicial* da modernização, dois momentos são especialmente importantes: a condução da vida de empresários e funcionários do Estado, metódica e direcionada segundo a ética profissional, e o recurso de organização do direito formal. A ambos estão subjacentes as mesmas estruturas de consciência, se consideradas de um ponto de vista formal: noções pós-tradicionais de moral e de direito. Enquanto as noções modernas do direito, sistematizadas sob a forma do direito natural racional, ingressam no sistema jurídico e na organização jurídica da circulação econômica por meio da ciência jurídica universitária, da formação profissional de juristas, da esfera pública do direito inspirada por conhecimentos técnicos especializados etc., a ética protestante, por meio de agências de socialização das comunidades e da família religiosamente inspirada, transforma-se em orientações de ação profissional-ascéticas e passa a estar ancorada motivacionalmente nas camadas dirigentes do capitalismo. Nas duas sendas, corporificam-se estruturas de consciência moral-práticas: por um lado, em instituições e, por outro, em sistemas de personalidade. Esse processo leva à disseminação de orientações de ação racional-teleológicas, sobretudo em sistemas de ação econômicos e administrativos; mantém, assim, *uma referência* à racionalidade proposta. Para Weber, porém, é decisivo que esse processo represente, *ele mesmo*, um processo de racionalização, em virtude do tipo das estruturas de consciência às quais ele confere eficácia institucional e motivacional. Pois o racionalismo ético e jurídico, como a ciência moderna e a arte autônoma, deve-se a uma autonomização e diferenciação de esferas de valor que são, de sua parte, o resultado de um processo de desencantamento refletidos sobre o plano das imagens de mundo. O racionalismo ocidental é precedido por uma racionalização religiosa. Esse processo do desencantamento de sistemas de interpretação míticos também é colocado por Max Weber, premeditadamente, sob o conceito da racionalização.

Podemos discernir dois grandes impulsos de racionalização investigados por Weber, de um lado nos estudos sobre a ética econômica das religiões mundiais e, de outro lado, em seus estudos sobre o aparecimento e desenvolvimento da economia capitalista e do Estado moderno (inclusive nos estudos sobre a ética protestante). Por um lado, Weber se interessa pela *racionalização de imagens de mundo*; para tanto, tem de aclarar os aspectos estruturais do desencantamento e as condições sob as quais os questionamentos cognitivos, normativos e expressivos podem ser desacoplados e então desenvolvidos de acordo com sua lógica interna. Por outro lado, interessa-se pela corporificação institucional das estruturas modernas de consciência formadas por via da racionalização religiosa; ou seja, interessa-se pela *transformação da racionalização cultural em uma racionalização social*. Para tanto, tem de aclarar os aspectos estruturais do direito e da moral, à medida que (a) eles possibilitem a organização do domínio exercido legalmente e, no âmbito do direito privado, a relação entre sujeitos que ajam de maneira estratégica; ou à medida que (b) eles criem a motivação intrínseca para uma condução da vida planejada, orientada de acordo com o trabalho profissional permanente e disciplinado.

(2) *Conceitos de racionalidade*. Repetidas vezes, Weber recorda que "racionalismo" pode significar coisas bem dis-

tintas: "Isso já ocorre, por exemplo, quando se pensa ou no tipo de racionalização praticada pelo sistematizador pensante em face da imagem de mundo – domínio crescentemente teórico da realidade por meio de conceitos abstratos cada vez mais precisos – ou, mais que isso, quando se pensa em racionalização no sentido do enriquecimento metódico de determinado fim prático já dado, pelo cálculo sempre mais preciso dos meios adequados. Uma e outra são coisas diversas, embora sejam indissociavelmente complementares, em última análise."[39] Weber, portanto, atinge primeiro a distinção entre domínio teórico e prático da realidade. Naturalmente, ele se interessa em primeira linha pela *racionalidade prática*, no sentido de parâmetros pelos quais os sujeitos que agem aprendem a controlar seu entorno: "Age de maneira racional-teleológica quem orienta seu agir segundo propósitos, meios e efeitos secundários e, ao fazê-lo, *pondera* racionalmente tanto os meios em relação aos propósitos quanto os propósitos em relação aos efeitos adjacentes e, por fim, os diversos propósitos possíveis uns em relação aos outros; ou seja, quem em todo caso não age nem movido pelos afetos, nem pela tradição."[40] O conceito de agir racional-teleológico é a chave para entender o complexo conceito da racionalidade ora considerada (inicialmente sob aspectos práticos). Essa racionalidade mais abrangente, porém, à qual subjaz o tipo de racionalização burguesa que se tornou corriqueira no Ocidente desde os séculos XVI e XVII, ainda está longe de significar a mesma coisa que racionalidade propositada. Gostaria de

---

39. Weber, 1963, pp. 265 s.
40. M. Weber. *Wirtschaft und Gesellschaft*. Colônia, 1964, p. 18.

reconstruir, em cinco passos, a maneira como Weber estabelece o complicado conceito de "racionalidade prática"[41].

(a) Weber parte de um conceito amplo de "técnica" para tornar evidente que o aspecto do *emprego regrado de recursos* seja relevante para a racionalidade do comportamento em sentido muito abstrato. Ele denomina "técnica racional" o emprego de recursos "que [esteja] orientado pela reflexão e por experiências, de maneira consciente e planejada [...]"[42]. O conceito de "técnica" permanece muito geral enquanto não são especificadas as técnicas, sua área de atuação e a base empírica sobre a qual se pode checar sua eficácia, quando for o caso. Nesse sentido, toda regra e todo sistema de regras que permite um agir fidedignamente reprodutível, seja ele planejado ou habitual, presumível pelos participantes da interação e *calculável* a partir da perspectiva do observador, é uma técnica: "Portanto, há técnica para todo e qualquer agir: técnica para a oração, [...] técnica de ascese, técnica para o pensamento e a pesquisa, técnica mnemônica, técnica de ensino, técnica bélica, técnica musical (de um virtuose, por exemplo), técnica de um escultor ou pintor [...], e todas são capazes de um grau de racionali-

---

41. Considero insatisfatórias as tentativas de esclarecimento do conceito feitas até aqui: D. Claessens. "Rationalität redivivert", in *KZSS*, 17, 1965, pp. 465 ss.; U. Vogel. "Einige Überlegungen zum Begriff der Rationalität bei Max Weber", in *KZSS*, 25, 1973, pp. 533 ss.; A. Swidler. "The Concept of Rationality in the Work of Max Weber", in *Soc. Inquiry*, 43, 1973, pp. 35 ss.; A. Eisen. "The Meanings and Confusions of Weberian Rationality", *British Journal of Sociology*, 29, 1978, pp. 57 ss.; W. M. Sprondel, C. Seyfarth (orgs.). *Max Weber und das Problem der gesellschaflichen Rationalisierung*. Stuttgart, 1981; bastante útil: St. Kalberg. "Weber's Types of Rationality: Cornerstones for the Analysis of Rationalisation Process in History", *AJS*, 85, 1980, pp. 1145 ss.

42. Weber, 1964, p. 14.

dade altamente diverso. A apresentação de uma *questão* 'técnica' sempre significa que persistem dúvidas sobre os *recursos* mais racionais."[43] Nesse sentido, também a concentração da iluminação mística, impassível de checagem objetiva, ou o domínio ascético de pulsões e afetos, terão sido "racionalizados". O único critério pelo qual se pode mensurar a racionalização "técnica" no sentido mais amplo é a regularidade de um comportamento reprodutível sobre o qual *outros* comportamentos possam ajustar-se de maneira calculada[44].

(b) Weber delimita esse significado amplo de "técnica" e "racionalização dos recursos" no momento em que especifica estes últimos. Pois, quando se consideram somente recursos com os quais um sujeito apto a agir possa realizar propósitos *por meio da intervenção sobre o mundo objetivo*, entra em jogo o critério de julgamento da eficácia. A racionalidade do emprego de recursos é medida de acordo com a eficácia de uma intervenção (ou de uma omissão com fim específico) que se possa testar objetivamente. Isso permite distinguir entre ações "subjetivamente racional-teleológicas" e "objetivamente corretas"; em um sentido objetivo, também se pode falar de uma "racionalidade progressiva dos recursos": "Se o comportamento humano (seja de que tipo for) está orientado de

---

43. Weber, 1964, pp. 44 s.
44. Dando prosseguimento a esse conceito, podemos introduzir o conceito de tecnicização, que será utilizado mais tarde com relação à teoria dos meios de comunicação. Tecnicizadas são ações e processos comunicativos que possam ser arbitrariamente automatizados e repetidos em função de uma regra ou de um algoritmo; ou seja, ações que se possam desonerar da apreensão e formulação do saber intuitivo exigido. Cf. N. Luhmann. *Macht*. Stuttgart, 1975, p. 71, que adota esse conceito de tecnicização referindo-se a Husserl.

maneira tecnicamente 'mais correta' do que até aquele momento, tem-se um 'progresso técnico'."⁴⁵ Esse conceito de técnica também tem um alcance amplo; estende-se não apenas às regras instrumentais de domínio da natureza, mas da mesma forma às regras do domínio artístico de materiais ou, por exemplo, a técnicas "de manejo político, social, pedagógico ou publicitário de pessoas"⁴⁶. Nesse sentido, podemos falar de regras sempre que os propósitos realizáveis com auxílio delas são concebidos enquanto componentes do mundo objetivo; também as técnicas sociais só podem abordar relações sociais, interações, instituições ou símbolos quando estes, mediante um posicionamento objetivador, são pressupostos como objetos passíveis de manipulação: "No campo especial usualmente denominado 'técnica', bem como no campo da técnica de comércio, e ainda no da técnica jurídica, [...] pode-se falar de um 'progresso' (no sentido da progressiva racionalidade técnica dos recursos) *se* é assumido aí, como ponto de partida, um *status* claramente determinado de composição concreta."⁴⁷

(c) De início, portanto, Weber só leva em conta a racionalidade sob o aspecto do emprego de recursos. Ele diferencia esse conceito à medida que distingue nas ações voltadas a um fim dois aspectos passíveis de racionalização: não apenas os recursos, e o tipo de emprego que deles se faz, podem ser menos ou mais racionais, isto é, menos ou mais efetivos em vista de certos fins; também os próprios fins podem ser menos ou mais racionais, isto é, escolhidos de maneira objetivamente correta quando se trata de certos valores, recursos e condi-

---

45. Weber, 1968a, p. 264.
46. Weber, 1968a, p. 265.
47. Weber, 1968a, p. 265.

ções adjacentes. A essas condições do agir racional-finalista pertence não apenas uma *racionalidade instrumental* subjetivamente presumida ou empiricamente constatável, mas também a *racionalidade eletiva* de uma proposição de fins elegida segundo valores. Sob esse aspecto, uma ação só pode ser racional na medida em que não seja cegamente direcionada por afetos ou guiada por tradições: "*Um* componente essencial da 'racionalização' do agir é, em vez da integração ao costume já consolidado, sua substituição por uma adaptação planejada a situações de interesse."[48] Tal racionalização pode ocorrer tanto à custa de um agir afeccional [*affektuell*] quanto à custa do agir tradicional.

Nesse contexto, cabe colocar a importante distinção entre *racionalidade formal e material*. As formulações do próprio Weber não são muito claras. A racionalidade formal refere-se a decisões de sujeitos que agem segundo a racionalidade eletiva, que procuram perseguir seus interesses de acordo com preferências claras e máximas de decisão dadas, como ocorre de maneira exemplar na circulação econômica: "Enquanto racionalidade *formal* de uma atividade econômica, cabe assinalar aqui a medida do cálculo que lhe seja tecnicamente possível e realmente empregado por ela [...]. De outra parte, o conceito de racionalidade *material* [...] afirma apenas o seguinte [...]: que se fazem *exigências* éticas, políticas, utilitárias, hedonistas, classistas, igualitárias ou de qualquer outra natureza, para então mensurar – pela via da *racionalidade de valores* ou pela via *material* racional-teleológica – a atividade econômica, por mais 'racional' que ela seja do ponto de vista formal."[49]

---

48. Weber, 1964, p. 22.
49. Weber, 1964, p. 60.

Tão logo um ator se veja liberado de vinculações tradicionais ou de direcionamentos afetivos, de modo que passe a estar consciente de suas preferências e possa escolher seus objetivos em razão das preferências (e máximas de decisão) já esclarecidas, torna-se possível julgar uma ação sob os dois aspectos: sob o aspecto instrumental da efetividade dos recursos e sob o aspecto de estar correta a dedução de objetivos a partir das preferências, condições adjacentes e recursos dados. Racionalidade *formal* é o termo usado por Weber para denominar esses dois aspectos da *racionalidade instrumental* e da *racionalidade eletiva*, tomados em conjunto; ele os distingue, assim, do julgamento *material* do próprio sistema de valores subjacente às preferências.

(d) Sob pontos de vista da racionalidade formal, pode-se simplesmente fazer a exigência de que quem age esteja consciente de suas preferências, saiba precisar os valores subjacentes a elas e submetê-los a uma prova de consistência, possa colocá-las segundo as possibilidades em uma ordem transitiva etc. Em questões normativas, Weber é um cético; está convencido de que a decisão entre diferentes sistemas de valor (por mais que sejam explicados analiticamente) não pode ser fundamentada, ou seja, não pode ser motivada de maneira racional; mais precisamente não existe, ao se vislumbrar seus conteúdos, uma *racionalidade de postulados valorativos* ou de poderes de crença. Não obstante, a maneira *como* o ator fundamenta suas preferências, *como* ele se orienta segundo valores, constitui para Weber um aspecto sob o qual se pode ver uma ação como apta à racionalização: "Age de maneira *puramente* racional-valorativa quem age sem consideração diante de consequências previsíveis a serviço de sua convicção sobre o que lhe parecem ordenar o dever, a dignidade, a orientação religiosa, a piedade ou a importância de uma 'coisa', seja ela de que natureza for. O agir racional-valorativo é sempre um agir segundo 'mandamentos' ou de acordo com 'exigências' que o ator crê serem dirigidas a ele."[50] A racionalidade dos valores subjacentes a preferências de ação não se mede por seu teor material, mas de acordo com qualidades formais, isto é, se eles são tão fundamentais que possam fundamentar uma *forma de vida pautada por princípios*. Somente valores que possam ser abstraídos e *generalizados* sob a forma de proposições fundamentais, que possam ser internalizados como princípios amplamente *formais* e aplicados de maneira *procedimental* têm uma força tão intensa de orientação da ação, a ponto de abranger situações individuais, imiscuir-se sistematicamente em todos os campos da vida e situar toda uma biografia, até mesmo a história de grupos sociais, sob uma idéia geradora de identidade.

Nesse contexto, é relevante a distinção entre *interesses* e *valores*. Os posicionamentos de interesse mudam, ao passo que valores generalizados sempre valem para mais que um tipo de situação. O utilitarismo não leva em conta essa distinção categórica criada e operada pelo neokantismo. Ele faz a tentativa inútil de *conferir novo significado* às orientações de interesse, tomando-as por princípios éticos, e de hipostasiar, porém, a racionalidade propositada, fazendo dela um valor. Portanto, a doutrina utilitarista jamais alcançará, segundo Weber, o *status* e a eficiência de uma ética pautada por princípios.

(e) Weber diferenciou o conceito de racionalidade prática sob três aspectos: *emprego de recursos*, *demarcação*

---

50. Weber, 1964, p. 18.

de propósitos e *orientação segundo valores*. A racionalidade instrumental de uma ação é medida de acordo com o planejamento efetivo do emprego de recursos diante de propósitos dados; a racionalidade eletiva de uma ação, de acordo com a correção do cálculo dos propósitos, mediante valores apreendidos com exatidão, recursos dados e condições adjacentes; e a racionalidade normativa de uma ação, de acordo com a força e penetração (capazes de sistematizar e criar unidade) próprias aos princípios e parâmetros valorativos subjacentes às preferências. Weber chama de "racional-teleológicas" [*zweckrational*] as ações que satisfazem as condições da racionalidade de valores e da racionalidade eletiva; ações que satisfazem as condições de racionalidade normativa, ele as denomina "racional-valorativas" [*wertrational*]. Esses aspectos podem variar, independentes um do outro. Progressos na dimensão da racionalidade propositada podem "transcorrer em favor de um agir descrente de valores, meramente racional-teleológico, e à custa de um agir vinculado racional-valorativamente"[51]. É nessa direção que a cultura ocidental racionalizada parece desenvolver-se. Mas também há provas documentais do caso recíproco de uma racionalização da orientação de valores sob um concomitante refreamento do agir racional-teleológico. Isso se aplica, por exemplo, ao budismo da fase inicial, que Weber considera uma ética racional "no sentido de uma dominação permanente e desperta de toda a instintividade natural"[52], mas que ao mesmo tempo desencaminha de todo o assenhoreamento disciplinado do mundo.

A vinculação entre agir racional-teleológico e agir racional-valorativo resulta no tipo de ação que satisfaz as

---

51. Weber, 1964, p. 22.
52. Weber, 1964, p. 483.

condições da *racionalidade prática no todo*. Se pessoas e grupos generalizam ações desse tipo no tempo e em diversos campos sociais, Weber fala então de uma *condução da vida racional-metódica*. E ele vê na ascese protestante do trabalho profissional própria ao calvinismo e às primeiras seitas puritanistas a primeira aproximação histórica a esse tipo ideal: "Uma unidade incessante, sistemática e de princípio entre ética intramundana do trabalho e certeza religiosa da salvação foi trazida, no mundo inteiro, tão somente pela ética do trabalho do protestantismo ascético. Só aqui o mundo é significativo em sua viciosidade criatural, de maneira única e exclusivamente religiosa, enquanto objeto do cumprimento de obrigações por meio do agir racional, conforme a vontade de um Deus pura e simplesmente supramundano. O caráter coercivo do agir – racional, sóbrio e não entregue ao mundo – e de seu êxito é o sinal de que a bênção de Deus repousa aí. Não é a castidade, como no monge, mas a desativação de todo 'desejo' erótico; não a pobreza, mas a desativação de todo usufruto agregador de renda e da vivaz ostentação feudal da riqueza; não a mortificação ascética do mosteiro, mas a condução da vida exercida com domínio racional e desperto e a evitação de toda entrega à beleza do mundo, ou à arte ou aos próprios sentimentos e estados de espírito: são essas, diversamente de qualquer outra religiosidade do mundo, as exigências da ascese ocidental intramundana; e, da mesma forma, o disciplinamento e a metódica da condução da vida são seu objetivo claro, a 'pessoa dedicada à profissão', seu representante típico, a reificação e coletivização racional das relações sociais, sua consequência específica."[53]

---

53. Weber, 1964, p. 433.

A condução metodicamente racional da vida está marcada por perpetuar o tipo complexo de ação que, *sob todos os três aspectos*, está voltado para a racionalidade e para uma intensificação da racionalidade, e que une de tal maneira essas estruturas de racionalidade entre si que elas se estabilizam reciprocamente, à medida que os êxitos em uma das dimensões em parte pressuponham e em parte estimulem os êxitos nas demais dimensões. A um só tempo, a condução metodicamente racional da vida possibilita e premia êxitos da ação:

– na solução de tarefas técnicas e na construção de recursos eficazes, sob o aspecto da racionalidade instrumental;

– na escolha consistente entre alternativas de ação, sob o aspecto da racionalidade eletiva (falamos de racionalidade estratégica quando as decisões de adversários racionais têm de ser levadas em conta); e finalmente

– na solução de tarefas moral-práticas no âmbito de uma ética pautada por princípios, sob o aspecto da racionalidade normativa.

Aos três aspectos da racionalidade da ação podem ser associadas diversas categorias do *saber*. Por meio de técnicas e estratégias, ingressa um *saber tanto empírico quanto analítico* nas orientações do agir racional-teleológico – e esse saber pode fundamentalmente assumir a forma de exatidão do saber preservado por via científica. Por outro lado, por meio de competências e motivos, ingressa nas orientações do agir racional-valorativo um saber *moral-prático* (bem como estético-expressivo). Esse saber é exatificado e melhorado em dois níveis de desenvolvimento, a saber: primeiro no interior das imagens de mundo religiosas, e mais tarde no âmbito das esferas de valor do direito, moral (e arte), que terão se tornado autônomas. Nesse ponto revela-se "a complementaridade terminantemente indissociável" entre a racionalização de ações e formas de vida e a racionalização de imagens de mundo.

O complexo conceito de racionalidade prática, que Max Weber faz estrear como um tipo ideal a partir do exemplo da condução metódica da vida nas seitas protestantes, continua sendo parcial. Ele aponta para um conceito de racionalidade que abrange as duas coisas: racionalidade teórica e prática. Em todo caso, Weber faz a leitura desse conceito com base em estruturas de consciência que encontram expressão não de maneira imediata em ações e formas de vida, mas primeiramente em legados culturais, em sistemas de símbolos. As duas expressões-chave sob as quais Weber investiga uma racionalização cultural correspondente são: sistematização das imagens de mundo e lógica interna das esferas de valor. Essas expressões referem-se a outros conceitos de racionalidade que não estão ligados à teoria da ação, como os que abordamos até aqui, mas dependem, sim, da teoria da cultura.

(f) Weber denomina racional a plena conformação formal de sistemas de símbolos, particularmente de sistemas religiosos de interpretação, bem como noções jurídicas e morais. Ele atribuiu grande importância às classes intelectuais tanto para a formação das religiões salvíficas integralmente racionalizadas de maneira dogmática[54] quanto para o desenvolvimento do direito formal. Pois os intelectuais são especializados em processar e melhorar, sob pontos de vista formais, sistemas simbólicos legados pela tradição, tão logo eles estejam firmados

---

54. Weber, 1964, pp. 393 ss.

por escrito. Trata-se aí da exatificação de significados, da explicação de conceitos, da sistematização de motivos nocionais, da consistência de sentenças; trata-se da constituição metódica e da concomitante intensificação da complexidade e especificidade do saber que se possa ensinar. Essa *racionalização das imagens de mundo* tem seu início nas *relações internas* dos sistemas simbólicos.

A melhora das qualidades formais, que Max Weber destaca como resultado do trabalho analítico dos intelectuais, tem na verdade *dois aspectos* diferentes. De um lado, imagens de mundo racionalizadas satisfazem em grande medida as exigências do *pensamento formal-operacional*. Esse aspecto da racionalização pode ser bem estudado, por exemplo, com base na formalização, sistematização científica e especialização profissional do saber jurídico específico, internalizado inicialmente na prática profissional do direito[55]. Por outro lado, no entanto, imagens de mundo racionalizadas também satisfazem em grande medida as *exigências de uma compreensão do mundo moderna*, que categorialmente pressupõe o *desencantamento do mundo*. Weber investiga esse aspecto da racionalização sobretudo com base na "racionalização ética" das religiões salvíficas; em todos os "tipos de ética prática orientados de maneira sistemática e inequívoca segundo objetivos rigorosos de salvação", Weber denomina "racional" (no sentido de um mundo categorialmente desencantado) "a distinção entre o que está 'vigente' por via normativa e o que está empiricamente dado"[56]. Ele entende que a grande realização racionalizadora das grandes religiões mundiais está na superação

---

55. Sobre o assunto, cf. Eisen, 1978, pp. 61 s.
56. Weber, 1973, p. 266.

da crença mágica; essa *irrupção* categorial *rumo a uma concepção do mundo moderna e desencantada* expressa-se também em uma plena configuração formal-operacional dos acervos da tradição, mas não é idêntica a ela.

O próprio Max Weber obscurece essa distinção, por exemplo, no início de seu estudo sobre o judaísmo antigo, em que anota as seguintes questões em face do grau de racionalização dessa imagem de mundo: "se determinadas concepções israelitas [...] 2. são menos ou mais intelectualizadas e menos ou mais racionalizadas (no sentido do abandono de noções mágicas); 3. se são sistematizadas de maneira menos ou mais unificada; 4. se surgem menos ou mais voltadas a uma ética do sentimento moral (se surgem menos ou mais sublimadas)"[57].

Enquanto a terceira questão refere-se à plena configuração formal do sistema simbólico religioso, a segunda e a quarta dizem respeito a categorias da compreensão de mundo. Com frequência, mesmo nas interpretações especializadas da obra de Weber, esses dois aspectos não são claramente discernidos.

J. Weiss caracteriza a racionalização da imagem de mundo como "um pensar até o fim, de maneira consequente e sistemática, os teores de sentido e de valor dados. E pensar até o fim significa aqui retornar aos últimos princípios subjacentes, bem como desenvolver as consequências mais extremas desses raciocínios, ou seja, seu todo sistemático"[58]. Weiss separa essa realização racionalizadora do que denomina racionalismo ético. Em contrapartida, W. Schluchter une as duas coisas: "Raciona-

---

57. M. Weber. *Gesammelte Aufsätze zur Religionsoziologie*, vol. 3. Tübingen, 1966a, p. 2, nota.

58. J. Weiss. *Max Webers Grundlegung der Soziologie*. Munique, 1975, pp. 137 s.

lismo significa [...] a sistematização de nexos de sentido, a elaboração intelectual e a consciente sublimação de 'fins de sentido'. É a consequência de uma 'coação interna' do homem cultural a que não apreenda o mundo como um cosmo sensato, mas a que, mesmo assim, tome posição diante dele; é portanto um racionalismo *ético--metafísico* no sentido mais amplo."[59] Essas ausências de clareza desaparecem (a) quando se separam analiticamente os aspectos de uma configuração formal de imagens de mundo, de um lado, e uma autonomização e diferenciação categorial de conceitos de mundo, de outro; e (b) quando se explica, com auxílio da psicologia genética de Piaget, por que a aplicação de operações formais a imagens de mundo talvez represente uma condição necessária para a irrupção da compreensão de mundo moderna, mas não uma condição suficiente. É evidente que o "remeter aos princípios" significa algo diverso da "sistematização de conteúdos da crença" – não somente uma ampliação e desespecialização do campo de aplicação de operações de pensamento formais, mas também uma descentralização de perspectivas de mundo, a qual se torna impossível sem uma mudança simultânea de estruturas de consciência moral-práticas profundamente arraigadas[60].

---

59. W. Schluchter. "Die Paradoxie der Rationalisierung", in W. Schluchter, *Rationalismus der Weltbeherrschung*. Frankfurt/M., 1980, p. 10, com alusão a Weber (1964), p. 304.

60. Em seu livro *Die Entwicklung des okzidentalen Rationalismus* (Tübingen, 1979), Schluchter presta contas a essa circunstância, à medida que torna a teoria moral de L. Kohlberg frutífera para sua interpretação de Weber. A partir daí surgem muitos pontos de contato com a interpretação dada. Cf. W. M. Maryl. "Genetic Structuralism and the Analisys of Social Consciousness", *Theory and Society*, 5, 1978, pp. 19 ss.

(g) Na mesma medida em que a racionalização das imagens de mundo conduz à autonomização e diferenciação dos componentes cognitivos, normativos e expressivos da cultura (a uma compreensão moderna do mundo, no sentido de nosso contexto), ela cumpre as condições iniciais de uma *racionalização cultural* em sentido estrito. Tal racionalização tem início quando "a autolegitimidade interna" das esferas de valor, ou seja, "das esferas do patrimônio cultural exterior e interior, religioso e secular, tornam-se *conscientes* nas consequências que acarretam [...]"[61]. Na medida em que as esferas de valor individuais forem "delimitadas e preparadas em sua demarcação racional", virão à consciência pretensões de validade universais segundo as quais se medem os avanços ou "intensificações de valor" culturais. Weber faz distinção entre o avanço na racionalidade técnica dos recursos e a "intensificação de valor". Tão logo a ciência, a moral e a arte tenham se autonomizado e diferenciado cada qual sob *um* parâmetro abstrato de valor, *uma* pretensão de validade universal – ora a verdade, ora a correção normativa, ora a autenticidade ou beleza –, de modo que se tornem uma esfera de valor autônoma, os avanços, perfeições e intensificações objetivos passam a ser possíveis, cada qual em um sentido específico. A racionalização "intensificadora de valores" apreende não somente os componentes cognitivos (em sentido estrito), mas também os componentes (sociointegrativos) da tradição cultural: ela se estende ao saber empírico-teórico da natureza exterior, ao saber moral-prático dos integrantes de sua sociedade e ao saber estético-expressivo do indivíduo acerca de sua própria subjetividade ou natureza interior.

---

61. Weber, 1963, p. 541.

Em princípio, no campo das ciências empíricas modernas o significado de "intensificação de valor" não apresenta problemas: quer dizer avanço do conhecimento no sentido de uma ampliação do saber teórico. Mais problemática é a intensificação de valor na esfera das noções morais e jurídicas; aqui, Weber conta com uma mudança estrutural, uma elaboração sempre mais precisa dos princípios universalistas da teoria do direito e da teoria moral; do contrário, ele não poderia estabelecer hierarquia alguma entre éticas normativas vinculadas à tradição, éticas do sentimento moral e éticas da responsabilidade. A "perfeição" do saber, a propósito, está aqui intimamente ligada a sua implementação. Por fim, no que diz respeito à intensificação de valor no campo estético, a ideia de progresso fica empalidecida e restringe-se à ideia de renovação e revigoramento, à ideia de uma vitalização inovativa de experiências autênticas.

Tal como no campo moral-prático, também no campo estético-expressivo é preciso ter grande cuidado ao fazer a distinção entre os progressos que se apresentam sob pontos de vista da racionalidade instrumental e as intensificações da racionalidade valorativa. Weber acentua "que o emprego de determinada *técnica*, por mais 'avançada' que seja, não diz coisa alguma sobre o valor *estético* da obra de arte. Obras de arte com uma técnica ainda bastante 'primitiva' – pinturas sem nenhum conhecimento de perspectiva, por exemplo – logram igualar-se esteticamente às mais perfeitas obras de arte criadas no terreno da técnica racional, desde que se assuma o pressuposto de que o querer artístico tenha estado restrito às formações adequadas àquela técnica 'primitiva'. De início, a criação de novos recursos técnicos significa apenas uma diferenciação crescente e ocasiona somente a *possibilidade* de uma maior 'riqueza' da arte, no sentido da intensificação do valor. De fato, não foram poucos os casos em que ela teve até mesmo o efeito contrário de um 'empobrecimento' da sensação formal"[62]. "Avanços" no âmbito da arte autônoma visam à elaboração sempre mais radical e mais pura de experiências estéticas fundamentais, ou seja, a uma elaboração de experiências estéticas desse tipo sempre mais isenta de intromissões teóricas e morais. A arte de vanguarda, entretanto, alcançou essa intensificação de valor pela via da reflexividade das técnicas artísticas: a racionalidade instrumental intensificada de uma arte que torna transparentes seus processos de produção coloca-se aqui a serviço da intensificação de valor estética.

Nossa passagem pelos diferentes conceitos de racionalidade (a-g) revela que Max Weber situa a problemática da racionalização no plano das estruturas da consciência; ou então: nos planos da personalidade e da cultura, para usar os termos de Parsons. Por um lado, Weber conquista o conceito de *racionalidade prática* a partir de um tipo de ação que está representado na forma histórica de uma *condução da vida* adequada à ética protestante e apto a conciliar as racionalidades do emprego de recursos, da consecução de propósitos e da consideração de valores. Por outro lado, confronta a racionalidade das orientações da ação a outras duas: à das *perspectivas de mundo* e à das *esferas de valor*. Os pontos de referência da racionalização cultural, ele os situa na ciência moderna, na consciência pós-tradicional moral e jurídica, e na arte autônoma. Entretanto, os fenômenos de racionalização

---

62. Weber, 1968a, p. 261; algo semelhante se dá em Adorno, cf. supra p. 294.

que Weber pretende *explicar* situam-se no plano da sociedade: "Nossa vida social e econômica europeu-americana está 'racionalizada' de maneira específica e em um sentido específico. Explicar a racionalização [...] é uma das tarefas centrais de nossas disciplinas."[63] Veremos como Weber, diante desses fenômenos da racionalização social – em especial diante dos fenômenos das instituições do capitalismo e do Estado moderno –, abriga-os sob conceitos que ele mesmo já havia tratado de explicar, só que com base em fenômenos da racionalização *motivacional* e *cultural*.

Para concluir, gostaria ainda de aclarar um aspecto conceitual: sob qual ponto de vista o que Max Weber chama de racionalismo ocidental é um tipo particular da cultura europeu-americana mais recente? E sob qual ponto de vista expressa-se aí um traço universal da "condição cultural própria ao ser humano"?

(3) É notório que Max Weber inicia seu famoso "Prefácio" com uma pergunta ambígua: "É inevitável e justificado que o filho do mundo cultural europeu moderno venha tratar de problemas da história universal sob o seguinte questionamento: que encadeamento de circunstâncias ocasionou que justamente no âmbito do Ocidente, e somente aqui, tenham surgido fenômenos culturais situados em uma trajetória evolutiva de importância e validade *universais* – conforme ao menos nos agrada imaginar?"[64] Há ambiguidade na formulação porque ela deixa em aberto a seguinte pergunta: o processo de racionalização – a partir de cuja perspectiva *nós*, os filhos da modernidade, observamos o desenrolar das culturas

---

63. Weber, 1968a, p. 263.
64. Weber, 1973, p. 9.

desenvolvidas – tem mesmo validade universal, ou só *parece* tê-la, a *nossos* olhos? Defenderei a tese de que das abordagens de Weber, até o ponto em que as acompanhamos, decorre uma *posição universalista*. Não obstante, não foi sem fazer restrições que Weber chegou a suas conclusões universalistas. Segundo revela seu diagnóstico de época, ele assumiu um posicionamento muito ambivalente diante do racionalismo ocidental, quando o fez de maneira pré-científica, no contexto das experiências de seu dia a dia. Por isso procurou um ponto de referência sob o qual a racionalização bipartida da sociedade pudesse ser relativizada como desenvolvimento cultural *especial*. Para Weber, o racionalismo "ocidental" não o é apenas no sentido de terem surgido no Ocidente as constelações históricas sob as quais ele apareceu pela primeira vez como um fenômeno de natureza geral; ele também é "ocidental" por ser um tipo especial, que expressa traços dessa cultura particular.

Por outro lado, Weber não defende irrestritamente uma posição culturalista. Em todo caso, ele revoga "o significado *e validade*" do racionalismo ocidental no plano da reflexão metodológica: "O racionalismo da dominação do mundo é *nosso* ponto de vista, e com ele, qual fôssemos uma lanterna, iluminamos um recorte da história do mundo; à medida que *a nosso ver* está pautado pela continuidade, tem para *nós* uma pretensão de correção. Pertence a *nosso* ponto de partida hermenêutico que não apenas surgiu de maneira contingente, mas também continua sendo um ponto de partida especial. Ao mesmo tempo, a cultura ocidental moderna é tal que *todos* os seres humanos de cultura podem interessar-se por ela. Pois ela trouxe consigo uma nova leitura da condição cultural própria ao ser humano, uma leitura historicamente desconhecida até então. Isso faz dela não apenas um fenômeno especial, mas confere-lhe também uma posição especial. E, por ser assim, ela propõe um problema universal-histórico e assume um significado e uma validade universais. Também o homem de cultura que não escolhe para si essa alternativa vê-se obrigado a reconhecer nela uma leitura possível da condição cultural própria ao ser humano, uma leitura com base na qual ele não pode relativizar sua própria escolha, é bem verdade, mas à qual pode referir essa escolha, *desde que pretenda viver conscientemente*. Portanto, o ponto de vista destacado por Weber, o critério direcionador descoberto por ele, constitui de fato uma consequência. Contudo, à medida que essa consequência está carregada não apenas de pretensões heurísticas, mas também correcionais, ela continua sendo uma consequência para nós."[65]

Com essa caracterização, é provável que Schluchter tenha alcançado a autocompreensão do próprio Max Weber: mas é uma compreensão que medeia apenas de forma aparente os dois posicionamentos opostos em relação à pretensão de universalidade da compreensão do mundo moderna. Se não delineamos o racionalismo ocidental a partir da perspectiva conceitual da racionalidade propositada e da dominação do mundo e, mais que isso, se tomamos como ponto de partida a racionalização das imagens de mundo resultante em uma compreensão de mundo descentralizada, impõem-se as seguintes perguntas: Onde se expressa um acervo formal de estruturas universais da consciência? Não é, afinal, nas esferas de valor culturais desenvolvidas de maneira obstinada sob os parâmetros valorativos abstratos de verdade, cor-

---

65. Schluchter, 1979, pp. 36 s.

reção normativa e autenticidade? O que constitui, afinal, o patrimônio da "comunidade dos homens de cultura", presente como ideia reguladora? Não são as estruturas do pensamento científico, das noções jurídicas e morais pós-tradicionais e da arte autônoma – tal como formadas no âmbito da cultura ocidental? A posição universalista não precisa negar o pluralismo e incompatibilidade das marcas históricas da "condição cultural própria ao ser humano", mas percebe que essa multiplicidade das formas de vida está *restrita aos conteúdos culturais* e afirma que toda cultura, se fosse o caso de alcançar um certo grau de "conscientização" ou "sublimação", teria de compartilhar certas qualidades formais da compreensão do mundo moderna. A assunção universalista refere-se, portanto, a algumas características estruturais e necessárias próprias a mundos da vida modernos. Por outro lado, quando tomamos essa concepção universalista como coerciva somente *para nós*, o relativismo que se refuta no plano teórico acaba retornando no plano metateórico. Não creio que um relativismo de primeiro ou de segundo grau possa conciliar-se com o âmbito conceitual em que Weber situa a problemática da racionalização. No entanto, Weber faz restrições relativistas. Elas se devem a um motivo que só teria deixado de existir se Weber não tivesse atribuído o que há de especial no racionalismo ocidental a uma *peculiaridade cultural*, e sim ao *modelo seletivo que os processos de racionalização assumiram sob as condições do capitalismo moderno*.

Em face dos fenômenos do racionalismo ocidental enumerados em seu "Prefácio", Weber faz a seguinte observação: "... evidentemente, em todos os casos peculiares mencionados, trata-se de um 'racionalismo' de natureza específica próprio à cultura ocidental. Esse termo pode significar coisas muito diferentes – como bem demonstrarão as representações posteriores, reiteradamente. Há por exemplo 'racionalizações' da contemplação mística – e portanto de um comportamento especificamente 'irracional', quando visto de outros campos da vida –, bem como racionalizações da economia, da técnica, do trabalho científico, da educação, da guerra, do trato jurídico [*Rechtspflege*] e da administração. Além disso, pode-se 'racionalizar' cada um desses campos sob pontos de vista e direcionamentos de finalidade altamente diversos; o que é 'racional' a partir de um ponto de vista pode ser 'irracional', se considerado de outro. Portanto, já houve racionalizações nos mais diversos campos da vida, em todos os círculos culturais e das mais diversas maneiras. Característico para sua distinção histórico-cultural é, em primeiro lugar: *quais* esferas foram racionalizadas, e em que direção. Mais uma vez, depende de reconhecer a *peculiaridade* do racionalismo ocidental e, nesse âmbito, do racionalismo ocidental moderno, além de explicá-los em seu aparecimento"[66]. Essa frase central, que parece exprimir uma posição culturalista, reaparece quase literalmente no artigo sobre a ética protestante: "Pode-se 'racionalizar' [...] a vida sob pontos de vista últimos altamente diversos e em direções muito díspares."[67] Mas, se (e de que maneira, conforme o caso) o *relativismo dos conteúdos de valor* tange ao *direcionamento dos processos de racionalização*, isso depende do plano em que o pluralismo de "pontos de vista últimos" esteja situado. Uma posição culturalista tem de exigir que se possa indicar *em um mesmo plano*, para cada forma de ra-

---

66. Weber, 1973, p. 20.
67. Weber, 1963, p. 62.

cionalidade (e para formas correspondentes de intensificação da racionalidade), ao menos um ponto de vista abstrato sob o qual também se possa descrever essa mesma forma como "irracional". É exatamente isso que Weber parece querer afirmar em relação aos conceitos de racionalidade que percorremos. Contudo, ele não consegue sustentar essa afirmação. Refiro-me, a seguir, aos itens de (a) a (g), conforme os designei na parte anterior.

Sobre (a): Racionalidade no sentido de uma *tecnicização* de ações que se tornam reprodutíveis por meio de instruções metódicas e com isso assumem um caráter regular ou planejado, conforme o caso. Como exemplos da irracionalidade de ações que, nesse sentido, foram racionalizadas, Max Weber menciona "o método da ascese em diferentes graus, ou da ascese mágica, ou da contemplação em suas formas mais consequentes, como na ioga ou nas manipulações de mecanismos de oração pelo budismo tardio"[68]. Quais são os pontos de vista abstratos sob os quais um disciplinamento técnico como esse pode ser julgado "irracional"? Por certo, a partir da visão de uma compreensão do mundo moderna é possível criticar como irracionais as imagens de mundo religiosas que dão sentido aos exercícios ascéticos, aos aprofundamentos místicos, à ioga etc. Essa crítica, porém, não se refere em primeiro lugar à racionalização técnica das próprias ações, mas à interpretação religiosa de ações rituais; em segundo lugar, ela só iria apoiar as assunções relativistas básicas se fosse possível demonstrar que a compreensão moderna pode ser colocada, sob pontos de vista formais, em um mesmo patamar que as imagens de mundo ainda atreladas a formas de pensamento mágicas.

---

68. Weber, 1963, p. 266.

Sobre (b) e (c): Racionalidade formal. Weber aponta para racionalizações da economia, da técnica, do trabalho científico, da educação, da guerra, do trato jurídico e da administração que possam parecer "especificamente irracionais, se vistas a partir de outros campos da vida"[69]. Essa crítica, porém, não se refere às tecnologias e estratégias com cujo auxílio esses campos da ação são racionalizados, mas à importância relativa que se atribui a esses campos de ação *no todo de uma cultura*. Se um campo de ação em geral pode ser racionalizado, e enquanto isso ocorre, podem-se medir os progressos de acordo com critérios (invariáveis de cultura para cultura) de disponibilidade de processos naturais e sociais que possam ser encontrados como algo no mundo objetivo.

Sobre (d): Racionalidade de valores. No interior de esferas individuais da vida, como economia, religião, educação etc., podem variar os modelos valorativos sob os quais se age segundo uma racionalidade dos recursos ou de maneira racional-teleológica. Esses valores, por sua vez, têm uma forma historicamente concreta, são de natureza particular e oferecem os pontos de referência para o que Weber chamou erroneamente de "racionalidade material". As ideias de redenção das religiões mundiais são provavelmente o exemplo mais impressionante de um pluralismo de postulados valorativos "últimos": "Se [...] o tipo dos bens salvíficos almejados tiver sido fortemente influenciado pelo tipo de posicionamento de interesses exterior e pelo tipo de condução da vida pelas classes dominantes adequado a esse posicionamento, e se ele tiver sido influenciado, portanto, pela própria distribuição em classes, então o direcionamento de toda a

---

69. Weber, 1973, p. 20.

condução da vida, por mais que tenha sido racionalizado de modo planejado, terá sido determinado de maneira muito profunda pelos valores últimos segundo os quais essa racionalização tenha sido orientada."[70] Em um plano diverso desses *conteúdos* de valor, ao contrário, situam-se os *parâmetros* de valor abstratos, ou seja, os aspectos formais de validade, sob os quais Weber investiga a racionalidade das religiões de salvação. Assim, as éticas do sentimento moral devem sua força sistematizadora e penetrante às estruturas de consciência pós-tradicionais que permitem separar questões de justiça, de um lado, e questões de verdade ou gosto, de outro. Com isso, fixa-se em primeiro lugar a dimensão em que as imagens de mundo podem ser mais ou menos racionalizadas, de um ponto de vista ético.

Sobre (f) e (g): Compreensão de mundo moderna e lógica própria das esferas de valor. Quando fala de "pontos de vista últimos" sob os quais se pode racionalizar a vida, Weber nem sempre está pensando nos valores culturais, ou seja, nos conteúdos que se formam em configurações históricas *no interior* de uma esfera de vida; está pensando às vezes, isso sim, nas ideias abstratas que são *como tais* determinantes para a autolegitimidade de uma esfera de valor: essas ideias são verdade e consequência, para a esfera cognitiva; justiça e correção normativa em geral, para a esfera de valor moral-prática; beleza, autenticidade e verossimilhança, para a esfera de valor expressiva. Tais ideias (ou aspectos de validade) não podem ser confundidas com as matérias valorativas, os *conteúdos* especiais das esferas de valor em particular. Na concepção de Weber, as esferas culturais de valor são importantes

---

70. Weber, 1963, p. 259.

para o desenvolvimento de sociedades modernas porque orientam a diferenciação e autonomização dos sistemas parciais ou das esferas da vida na sociedade. Da perspectiva de cada esfera da vida em particular, é natural que a racionalização de todas as outras pareça ser "irracional" em certo sentido: essa é a tese que Weber desenvolve em sua "Consideração intermediária". Ele está convencido de que "a preparação da qual resulta a peculiaridade específica de cada esfera especial existente no mundo" sempre faz surgir de maneira abrupta incompatibilidades e conflitos cujo fundamento está na autolegitimidade das esferas de valor. Mas essa crítica não se refere ao desdobramento racional da lógica própria das esferas de valor em particular, e sim a uma *autonomização de algumas esferas da vida, à custa de todas as outras*.

Ao menos é preciso que vejamos como empírica a questão sobre as tensões entre as esferas da vida cada vez mais racionalizadas remontarem a uma incompatibilidade de parâmetros de valor abstratos e de aspectos de validação, ou somente a uma racionalização parcial e por isso mesmo *distribuída de maneira desigual*: se elas remontam, por exemplo, ao fato de que a economia capitalista e a administração moderna se expandem à custa de outros campos da vida e comprimem esses campos para dentro delas mesmas sob formas de racionalidade econômica ou administrativa, de modo que contrariam as estruturas conformadas segundo a racionalidade moral-prática e expressiva, própria a eles. Seja qual for a resposta a essa questão, não podemos tomar os aspectos validativos sob os quais as esferas de valor desenvolvidas na modernidade foram formalmente racionalizadas e os campos parciais da sociedade que lhes correspondem e colocá-los em um mesmo nível com *conteúdos* de valor quaisquer, ou com modelos particulares de valor historicamente mutáveis. Aquelas pretensões de validade constituem um sistema cheio de tensões internas que, embora tenha surgido pela primeira vez sob a forma do racionalismo ocidental, roga para si uma validade geral para além da particularidade dessa determinada cultura e ainda obrigatória para *todos* os "homens de cultura".

Sobre (e): Racionalidade da condução metódica da vida. Com frequência, Max Weber destacou o cerne irracional da ética protestante da profissão; e intuitivamente não se pode negar uma certa razão a esses destaques. Weber investigou "qual era a filiação espiritual da forma concreta de pensamento e vida 'racionais' a partir da qual se desenvolveram a noção de trabalho profissional e a dedicação ao *trabalho* profissional (dedicação tão irracional do ponto de vista dos interesses próprios), que foi e ainda é um dos componentes característicos de nossa cultura capitalista. A *nós* interessa aqui justamente a origem daquele elemento *irracional* que está neste e em qualquer outro conceito de 'profissão'"[71]. A repressão que uma inexorável ascese intramundana impôs aos indivíduos em sua lida com a natureza subjetiva própria e em seu tratamento com os parceiros de interação, até mesmo com os irmãos na fé, corresponde à obediência cega em face de uma deliberação pura e simplesmente irracional de Deus sobre a salvação da alma. Embora essa repressão da alma seja, ao menos em parte, funcional para o fundamento motivacional do agir racional-teleológico na esfera do trabalho profissional, ela também revela o preço que se tem de pagar para o cumprimento das condições formais de uma ética do sentimento mo-

---

71. Weber, 1963, p. 62.

ral cheia de consequências para a prática da profissão – um preço que pudesse ser expresso sob os conceitos da racionalidade moral e expressiva. L. Brentano observou com razão, por exemplo, que é preciso entender esse disciplinamento mais como "racionalização em favor de uma condução irracional da vida" do que como exercício voltado a sua condução metódico-racional. Não é muito convincente a reação de Weber a essa contestação: "De fato, é assim que se dá. Algo nunca é 'irracional' em si mesmo, mas sempre a partir de um determinado *ponto de vista* 'racional'. Para quem é irreligioso, toda condução religiosa da vida é 'irracional', assim como toda condução ascética da vida é 'irracional' para o hedonista; e isso por mais que ela seja uma 'racionalização', se medida de acordo com o valor último *dela mesma*. Se este artigo (sobre o "Espírito do capitalismo") puder contribuir para algo, que seja para elucidar o conceito de 'racional', apenas aparentemente unívoco em sua multiplicidade."[72] Ora, o reparo feito por Brentano não se volta de modo algum contra a ética protestante da profissão *enquanto* uma forma de vida ética que coexiste com outras formas de vida determinadas de maneira utilitarista ou estética. Brentano pergunta pela consistência *interna* de uma forma de vida que Weber considera a forma exemplar na qual, pela primeira (e única) vez na história, perpetua-se o tipo complexo de ação que concilia de maneira sistemática as racionalidades dos recursos, dos propósitos e dos valores. Segundo a concepção weberiana, a condução metódica da vida representa uma forma de vida que corporifica a um só tempo três aspectos gerais da racionalidade prática e que portanto não expressa apenas

---

72. Weber, 1963, p. 35, nota 1.

uma peculiaridade cultural. Se, não obstante, essa forma de vida apresenta traços irracionais, esses traços de fato situam-se *no mesmo* plano que a racionalidade em virtude da qual Weber lhe confere destaque em sua análise. Essa *contradição*, como veremos, só poderá ser resolvida quando se puder comprovar o caráter meramente parcial (ou seja, incompleto) dessa figura histórica da racionalização ética.

2. O DESENCANTAMENTO DAS IMAGENS DE MUNDO RELIGIOSO-METAFÍSICAS E O SURGIMENTO DE ESTRUTURAS DE CONSCIÊNCIA MODERNAS

Até aqui, tratamos de estabelecer uma primeira visão de conjunto sobre o racionalismo ocidental e sobre os recursos conceituais que Weber utiliza ao analisar esse fenômeno. Evidenciou-se para nós que Weber considera a autonomização e diferenciação das esferas culturais de valor uma chave para a explicação do racionalismo ocidental; e que ele concebe essa explicação como resultado de uma história interna: a história da racionalização de imagens de mundo. Essa abordagem teórica só pode ser entendida sobre o pano de fundo da filosofia kantiana do valor – muito embora o próprio Weber não tenha feito tentativa alguma de ordenar sistematicamente as esferas de valor, que ele coleciona de maneira indutiva, dando-lhes um tratamento descritivo. Não explicar o conceito sociológico de *ordenação da vida* por meio do conceito de *efetivação de valor* equivale a frustrar, já de saída, uma leitura correta da teoria weberiana da racionalização. Da perspectiva teórica do cientista resulta uma distinção estrita entre as esferas do ser e da validade e, respectivamente, entre enunciados descritivos e avaliativos;

não obstante, também o conhecimento (e não apenas a valoração) acerca da pretensão de verdade vinculada a enunciados descritivos continua referido a uma esfera de validade. O sociólogo faz distinção entre essas esferas como qualquer outro cientista; o recorte da realidade com o qual ele tem a ver, no entanto, sobressai porque nele as esferas do ser e do dever estão particularmente imbricadas: a cultura se constitui, segundo a concepção de Rickert, pela referência dos fatos a um sistema de valores[73]. Em seu agir social, os atores individuais e os grupos orientam-se segundo valores; os valores efetivam-se em objetos culturais e ordens institucionais. Por isso o sociólogo precisa ter em conta que a realidade analisada por ele sob uma postura descritiva *também pode* ser considerada sob aspectos de validade; e precisa ter em conta que os próprios indivíduos que surgem em seu campo de objetos também consideram o mundo deles mesmos sob aspectos de validade, toda vez que se orientam segundo valores concretos ou segundo pretensões de validade abstratas. Essa *referenciação a valores* própria aos objetos pode ser utilizada pelo sociólogo desde que ele vincule a apreensão descritiva das ordenações da vida a uma reconstrução das ideias e valores nelas corporificados.

Weber não poderia ter construído uma teoria da racionalização se não tivesse a plena convicção – como neokantiano que era – de que podia, ao mesmo tempo, observar processos de concretização de valores tanto de dentro quanto de fora, investigá-los ao mesmo tempo como processos empíricos e como objetivações de saber e, ainda, vincular aspectos de verdade e aspectos de validade. É esse o tipo de investigação exigido pelo desen-

---

73. Cf. Habermas, 1970, pp. 74 ss.

cantamento das imagens de mundo religioso-metafísicas. Por isso Schluchter tem razão em destacar: "Weber tem a tendência de apreender as esferas de valor e as ordenações da vida de um modo descritivo, e para considerar a validade assume em primeira linha um posicionamento histórico-empírico. Como pano de fundo dessa teoria, subsiste uma teoria do valor em que as investigações histórico-empíricas precisam estar ancoradas. E isso, a meu ver, vale de maneira muito especial para a teoria histórico--empírica da racionalização."[74] Weber não explicita esse pano de fundo ligado à teoria do valor, mas depende dele quando relaciona ideias e interesses entre si (1) e quando, ao fazer a análise das imagens de mundo, vincula a consideração externa a uma consideração interna (2). Primeiro, gostaria de comentar de maneira muito rápida essa questão, para só então caracterizar a própria racionalização de imagens de mundo, e isso tanto sob aspectos de conteúdo (3) quanto sob o ponto de vista de mudanças estruturais (4). Por fim, menciono algumas das condições que precisam ser cumpridas antes que as estruturas da compreensão religiosa de mundo possam tornar-se efetivas no plano das instituições sociais (5).

(1) *Ideias e interesses*. A racionalização da cultura só passa a ter efeitos empíricos quando se torna uma racionalização das orientações de ação e das ordenações da vida. Essa transformação do saber culturalmente acumulado em conduta de vida por indivíduos e grupos, de um lado, e em formas de vida sociais (ou em esferas de vida e ordenações de vida – é assim que Weber chama os subsistemas sociais), de outro lado, Weber imagina-a como um intercâmbio entre ideias e interesses. Ele parte da

---

74. W. Schluchter, 1979, p. 30.

ideia de que "homens de cultura" ou indivíduos socialmente coletivizados têm carências que por um lado precisam ser satisfeitas e por outro lado mantêm-se ligadas a nexos de sentido que exigem interpretação e geração de novos sentidos. A isso correspondem *interesses materiais* e *ideais*; aqueles visam a bens materiais, como bem-estar, segurança, saúde, vida longa etc.; estes, a bens salvíficos como graça, redenção, vida eterna ou, em um âmbito intramundano, à superação da solidão, da doença, do medo diante da morte etc. No caso de privações materiais, surgem *problemas de necessidades exteriores*; no caso de privações ideais, *problemas de necessidades interiores*. Nessas determinações empírico-antropológicas reflete-se a formação conceitual dicotômica própria à teoria do conhecimento kantiana-neokantiana. Assim, entre ideias e interesses há relações de um lado conceptuais e, de outro, empíricas. São conceptuais porque as carências ideais estão diretamente ligadas a ideias e valores, e as carências materiais precisam ser interpretadas com auxílio de ideias. Por outro lado, ideias e interesses estabelecem relações empíricas entre si tanto nas ordenações da vida em sociedade quanto nas estruturas de personalidade de seus integrantes.

Ordenações da vida podem ser consideradas a partir de dois ângulos. Por um lado, elas regulam a apropriação de bens, ou seja, a satisfação de interesses materiais e ideais; por outro, concretizam ideias e valores. Desse modo, os dois ângulos dependem um do outro. Por meio de normas para as relações sociais, os interesses só podem ser satisfeitos de maneira duradoura caso se vinculem a idéias que sirvam à sua *fundamentação*; e ideias, por sua vez, não logram impor-se empiricamente caso não se aliem aos interesses que conferem *poder*.

Essa perspectiva *geral*, que Marx já havia formulado nos Anuários Germano-Franceses, ganha em Max Weber um emprego levemente idealista, documentado por R. Bendix com uma declaração de O. Hintze: "Quando os interesses são perseguidos com vigor, forma-se também uma ideologia, para sua animização, fortalecimento e justificação; e essa ideologia, como parte imprescindível do processo de vida em que subsiste o agir, é tão real quanto os próprios interesses 'da realidade'. Contudo, quando ideias querem conquistar o mundo, precisam de uma parelha constituída por interesses reais, que com frequência podem desviar o andar da carruagem de seu destino original, com maior ou menor intensidade, ou até mesmo alterar esse destino e falseá-lo."[75] Max Weber já parte de um modelo que Parsons expandirá mais tarde (em versão influenciada por Durkheim): sistemas sociais de ação e "ordenações da vida" integram as duas coisas, ideias e interesses; e isso de tal maneira que eles ordenam chances legítimas da satisfação de interesses materiais e ideais. A interpenetração de ideias e interesses e sua estabilização recíproca servem para regrar a apropriação de bens materiais e ideais e para ancorar esse regramento nos motivos e nas orientações de valor dos atingidos, de modo que exista chance suficiente de um cumprimento médio das respectivas normas. Para que subsistam as instituições nas quais os interesses se expressam, esses interesses têm de estar vinculados a ideias; pois só por meio de ideias uma ordenação da vida pode obter validade legítima.

É possível ter uma boa visão disso quando se toma como exemplo uma ordem "isenta de validade" e fatica-

---

75. Bendix, 1964, p. 44.

mente sustentada. Exceto o caso (instável por si só) de uma ordem coerciva, abertamente repressiva e fundada sobre a intimidação e o temor[76], a "regularidade do decurso de um agir social condicionada pelo uso ou pela situação dos interesses"[77] constitui algo assim. Max Weber denomina *uso* [*Sitte*] uma "habituação com o agir internalizado" já muito "abafada", em que a estrutura interna normativa do hábito já esteja retraída, restando apenas o mero acostumar-se, o cumprimento da regra cujo funcionamento é inconsciente. Ao contrário, uma ordem instrumental fundada sobre o *posicionamento de interesses* apóia-se somente sobre "ponderações racional-teleológicas de vantagens e desvantagens" por parte de sujeitos que agem de maneira estratégica e cujas expectativas complementares se estabilizam mutuamente. Uma ordem, porém, que "estivesse apoiada *apenas* sobre bases desse tipo" – como repressão, e uso ou posicionamento de interesses – "seria relativamente instável"[78]. Portanto, o caso normal é o de uma ordem que dá expressão a posicionamentos de interesse mas ao mesmo tempo é considerada legítima.

Weber fala de validade normativa e legitimidade quando uma ordem é subjetivamente reconhecida como obrigatória. Esse reconhecimento apóia-se *imediatamente* sobre idéias que trazem consigo um potencial de fundamentação e justificação, e não sobre posicionamentos de interesse: "Quanto a um teor de sentido de uma relação social, queremos: a) denominá-lo uma 'ordem' somente se o agir está orientado (na média e por aproxi-

---

76. Weber, 1968a, p. 210.
77. Weber, 1964, p. 22.
78. Weber, 1968a, p. 215.

mação) segundo 'máximas' declaradas. E queremos: b) falar de um 'valer' dessa ordem somente se a orientação factual segundo aquelas máximas ocorre *também* (ao menos) por se poder considerá-las de alguma maneira válidas *para* o agir (isto é, desde que a orientação factual ocorra com algum peso prático): seja pela obrigação, seja pelo exemplo. De fato, são muitos os motivos para que ocorra, nos diversos participantes, a orientação do agir segundo determinada ordem.

Mas a circunstância de que a ordem, *ao lado* de outros motivos, e ao menos para uma parte dos agentes, paire como algo exemplar ou obrigatório – e portanto como algo que *deve* ser válido – aumenta naturalmente a chance de que o agir se oriente de acordo com ela, e com frequência de um modo até mesmo muito significativo. Uma ordem que se sustenta *somente* com base em motivos racional-teleológicos é em geral muito mais instável que a orientação que se dá de acordo com ela mesma e decorre apenas em virtude do uso e por causa da internalização de um comportamento: este tipo de atitude interior, entre todos os outros, é o mais frequente. Mas essa ordem é ainda muito mais instável se comparada a outra que revele em si o prestígio da exemplaridade e da obrigatoriedade, ou seja, da 'legitimidade'."[79]

Enquanto a subsistência de um sistema de ações ou de uma ordenação da vida depender de sua legitimidade, ela também pousará faticamente sobre a "validade do comum acordo". O caráter de comum acordo próprio ao agir comunitário consiste em que os integrantes de um grupo reconheçam a obrigatoriedade de suas normas de ação e saibam, uns sobre os outros, que se sentem mu-

---

79. Weber, 1964, pp. 22 s.

tuamente obrigados a seguir as regras. Nesse conceito de "ordem legítima", é primeiramente importante para a problemática da racionalização que as ideias, mesmo integradas aos interesses de maneira incompleta, criem por meio dessa integração *razões* para si e *eficiência prática* para as *pretensões de validade*.

Em geral, uma esfera de valor à qual pertençam ideias ricas em desdobramentos sociais só pode corporificar-se de maneira incompleta em uma ordem legítima. Isso se revela no poder que, apesar de seu "caráter de comum acordo", está alojado na estrutura das normas de ação. Normas carecem de sanção: ou sanções exteriores (exprobação pelos envolvidos, no caso de *convenções*; aparato coercivo de uma associação, no caso de *normas jurídicas*[80]) ou sanções interiores (como vergonha e culpa no caso de *normas éticas*). Com base no exemplo da ordem econômica juridicamente organizada, Weber esclarece a relação entre a pretensão de validade normativa e a validade social de normas de ação que se embasam sobre o comum acordo fático: "É evidente [...] que a ordem jurídica ideal da 'teoria do direito' nada pode, quando em relação direta com o mundo do agir econômico fático; pois ambos estão em planos diversos: a primeira no plano ideal do dever-valer, o segundo no plano do acontecer real. Quando apesar disso, porém, as ordens econômica e do direito mantêm entre si as mais íntimas relações, não cabe entender esta última em sentido jurídico, mas em sentido sociológico: como validade *empírica*. Nesse caso o sentido da expressão 'ordem do direito' altera-se completamente. A expressão deixa de significar um mundo de normas logicamente dedutíveis como 'cor-

---

80. Weber, 1964, pp. 240 ss.

retas' e passa a significar um complexo de razões fáticas de determinação para o agir humano real."[81]

Dessa distinção entre validade ideal e social resultam duas conseqüências: primeiro, uma consequência metodológica, que desde o embate sobre o juízo de valor atraiu toda a atenção para si. Em seu debate com Stammler, Weber destaca duas diferenciações: de um lado, a diferença entre regularidades fáticas do comportamento e regramentos normativos do agir; de outro, a diferença entre o sentido de uma pretensão de validade normativa e o fato de seu reconhecimento fático. Com isso, Weber critica a confusão de enunciados descritivos sobre padrões de valoração já aceitos e sobre normas vigentes com enunciados que recomendam, expressam ou justificam normas: "Em Stammler, confunde-se sobretudo a 'validade' *ideal* de uma 'norma', isto é, uma 'validade' cientificamente dedutível pelo especialista em ética ou em dogmática jurídica, com a influenciação real do agir empírico ocasionada pelas noções do ser-válido das normas – influenciação que deve, esta sim, tornar-se objeto de consideração empírica."[82] Para os teóricos e os próprios atingidos, questões da validade ideal de normas só podem surgir no posicionamento performativo de alguém que age (ou de um participante do discurso), enquanto questões da validade social de normas e questões que têm a ver com o reconhecimento fático de valores e normas num grupo têm de ser tratadas na perspectiva objetivadora de uma terceira pessoa. A isso corresponde, no nível semântico, a distinção entre juízos de valor e de fato. Weber tem razão ao insistir que os enunciados de um tipo não

---

81. Weber, 1964, p. 234.
82. Weber, 1964, p. 246.

podem ser deduzidos de enunciados de outro tipo. Não obstante, até hoje esse interesse do metodólogo Weber encobriu em boa parte o interesse que o sociólogo Weber manifesta no mesmo contexto.

Pois a problemática da racionalização da sociedade resulta de que as "noções do valer das normas" apoiam-se em razões e portanto também podem ser influenciadas por uma elaboração intelectual de nexos de sentido internos, ou seja, por aquilo que Max Weber denomina "intelectualização". A subsistência de ordens legítimas depende, entre outras coisas, do *factum* do reconhecimento de pretensões de validade normativas. E como essa validade social mantém uma relação interna com razões, e de maneira geral com o potencial de fundamentação de sistemas interpretativos, imagens de mundo e legados culturais, essa sistematização e processamento de imagens de mundo pelos intelectuais tem consequências *empíricas*. Via de regra, a ocupação intelectual com sistemas interpretativos culturais conduz a processos de aprendizagem que o cientista social, ao assumir o mesmo posicionamento performativo que os intelectuais ativos no campo objetal, é capaz de *reconstituir e julgar*. Ao fazer essa reconstrução ulterior dos processos da racionalização cultural (e social), o cientista justamente *não* pode se restringir à descrição de noções fáticas; a força empírica de convencimento das novas ideias e a obliteração das ideias antigas (sua força de convencimento declinante), o cientista social só pode entendê-las na medida em que ele mesmo, no dado contexto da tradição, *torna presentes* para si *as razões* pelas quais as novas ideias se impuseram. Ele não precisa se deixar convencer por essas razões, mas não as entende se não *toma posição diante delas* ao menos implicitamente (ou seja, se não sabe se as partilha ou, conforme o caso, por que não pode partilhá-las, ou então por que adia essa decisão). Não precisamos nos ocupar aqui da face metodológica das reconstruções racionais; gostaria, no entanto, de deixar claro que a distinção entre a validade ideal e a validade social de (valores e) normas tem, em nosso contexto, uma consequência mais importante que o postulado da liberdade de juízo de valor. Processos de racionalização só podem ter início em ordenações sociais da vida porque a subsistência de ordens legítimas depende do reconhecimento fático de pretensões de validade como essas, que podem ser *atacadas* internamente, ou seja, que se podem *abalar* por meio de crítica, de novos discernimentos, processos de aprendizagem etc.

Assim, nas sociedades tradicionais (e não só aí) surgem ideias novas, razões e níveis de fundamentação novos, e não sob as formas de argumentação regulada: "Como é que – neste mundo em que se deve estar posicionado de acordo com o 'regular' enquanto algo 'válido' – acabam surgindo inovações? Vindas de fora, não há dúvida: pela mudança das condições de vida exteriores. Estas, porém, não dão a mínima garantia de que a resposta a elas não será a decadência da vida, em vez de uma nova ordem; ademais, elas não são de modo algum a condição imprescindível e, em muitos casos altamente relevantes de novas ordens, nem mesmo uma condição coparticipante."[83] Weber explica as inovações muito mais pelas "incitações" de figuras carismaticamente eficazes, que dispõe em grande medida da capacidade de gerar sentido. As grandes religiões mundiais remontam sem exceção a figuras fundadoras, que dominavam a palavra

---

83. Weber, 1964, p. 242.

profética e conferiam ênfase a suas ideias por meio de uma condução exemplar da própria vida. Mais tarde, não há dúvida de que foi necessário o trabalho intelectual de sacerdotes, monges e sábios para que as novas ideias e modos de vida recebessem forma dogmática e fossem "racionalizadas" até tornar-se uma doutrina capaz de integrar a tradição. Nesse plano realiza-se o debate intelectual com os motivos, modelos interpretativos e estruturas fundadoras da compreensão de mundo precedente, que era mítica: "Justamente as éticas e interpretações de mundo religiosas que eram racionais segundo sua intenção e que haviam sido criadas por intelectuais estavam fortemente abandonadas ao mandamento da ação consequente. Por menos que, tampouco no caso particular, se submetessem à exigência de 'não contradição', e por mais que quisessem acrescentar a seus postulados éticos posicionamentos que *não* se podiam deduzir racionalmente, o efeito da *ratio* – e mais especialmente: da dedução teleológica de postulados práticos – é de alguma maneira, e com frequência, fortemente perceptível em todas elas."[84]

Com ajuda dessas reflexões podemos apreender mais precisamente a relação entre interesses e ideias. Na Introdução à *Ética econômica das religiões mundiais* encontra-se a famosa passagem em que Weber se refere implicitamente ao Prefácio de Marx à *Crítica da economia política*: "Interesses [...] e não ideias dominam de maneira imediata o agir do homem. E no entanto: frequentemente as 'imagens de mundo' criadas pelas 'ideias' já determinaram, como demarcadoras do itinerário, os trilhos sobre os quais a dinâmica dos interesses impulsiona o

---

84. Weber, 1963, p. 537.

agir."[85] À medida que explicamos o agir social com referências a ordens legítimas (convenções e normas jurídicas), nós tomamos como ponto de partida:
– que "a dinâmica dos interesses" movimenta o agir;
– que essa dinâmica de interesses, porém, tem vez sobretudo nos limites dos regramentos normativos faticamente válidos;
– que a validade de regramentos normativos apoia-se sobre a força de convencimento de ideias que podem ser atraídas para servir-lhes de fundamento; e
– que a força de convencimento fática das ideias depende *também* do potencial (acessível ao julgamento objetivo) de fundamentação e justificação, os quais representam essas ideias em um dado contexto.

A capacidade de subsistência de ordens legítimas está submetida também a restrições estruturais resultantes do potencial de legitimação das ideias e imagens de mundo disponíveis. Esse potencial modifica-se tanto sob condições fáticas de credibilidade (externas) quanto sob condições racionais de validade (internas). O alcance obtido pela eficácia empírica da racionalização de imagens de mundo realizada de maneira renitente e segundo critérios de validade dá-se na mesma medida em que também a facticidade de pretensões de validade já reconhecidas depende das condições internas de reconhecibilidade (ou de validade). A racionalização de imagens de mundo é empiricamente eficaz no sentido de uma "demarcação de itinerário" em meio à qual os interesses podem vincular-se a idéias, rumo a uma ordem legítima.

Com essa assunção teórica, Weber apoia também seu método, qual seja: "por meio de tipos racionais construí-

---

85. Weber, 1963, p. 252.

dos propositadamente, isto é, por meio da preparação de formas internamente 'mais consequentes' de um comportamento prático dedutível de pressupostos dados, facilitar a representação da pluralidade que, do contrário, não seria visível. Afinal, tal experimento da sociologia da religião precisa ser (e quer ser) uma contribuição à tipologia e à sociologia do próprio racionalismo. Portanto, ele parte das formas mais racionais que a realidade *pode* aceitar e procura investigar em que medida se chegou na realidade a certas conclusões racionais teoricamente elaboráveis. E eventualmente: por que não se chegou a elas"[86].

Isso não quer dizer que Weber equipare as imagens de mundo reconstruídas por via racional ao sistema de orientação vigente de maneira imediata no cotidiano; ele as utiliza como recursos cognitivos para avançar até as estruturas da consciência cotidiana, em especial até a ética da economia: "O que se quer apreciar não é a teoria ética dos compêndios teológicos, que serve apenas como recurso cognitivo (ainda que importante, sob certas circunstâncias), mas os *impulsos práticos do agir* fundados nos nexos psicológicos e pragmáticos das religiões."[87]

(2) *Fatores internos e externos do desenvolvimento das imagens de mundo*. Não é apenas no plano da sociedade que ideias e interesses vinculam-se para formar ordens

---

86. Weber, 1963, pp. 537 s. R. Prewo procura estabelecer uma conexão entre metodologia e sociologia da dominação: a formação de tipos ideais só deve ser possível na medida em que se formem sistemas de ação racionalizados por via fática (no sentido de uma institucionalização do agir racional-teleológico) (cf. R. Prewo. *Max Webers Wissenschaftsprogramm*. Frankfurt/M., 1979). Essa interpretação não dá conta de explicar por que Max Weber constrói, por exemplo, tipos ideais na sociologia da religião que têm como ponto de referência não a racionalidade teleológica de ações mas a eticização de imagens de mundo.

87. Weber, 1963, p. 238.

legítimas e campos da vida institucionalmente ordenados; observamos também no campo da cultura uma combinação entre ideias e interesses. Para a análise do desenvolvimento de imagens de mundo religiosas e metafísicas, é de grande importância separar os nexos de validade e os nexos efetivos; e isso de maneira que a *lógica* das *possibilidades de desenvolvimento* apreendidas sob a forma de estruturas de imagens de mundo possa ser referida à *dinâmica* do desenvolvimento de imagens de mundo (ou seja, aos fatores que agem de fora sobre as imagens de mundo), sem que as duas coisas se misturem.

F. H. Tenbruck tem razão ao destacar que Weber, com seus estudos sobre a "Ética econômica das religiões mundiais", não pretendera apenas assegurar sua tese sobre o protestantismo. Tenbruck elabora o processo de desencantamento histórico-mundial como o tema propriamente dito: "Tudo indica que não se trata apenas de saber se em outras culturas foi possível ou não a formação de uma opinião racional sobre a economia, dada a ausência de uma ascese intramundana; em vez disso, a discussão versava sobre uma questão muito mais geral: o modo como a racionalidade se produz e exerce influência no conjunto formado por ideias e interesses."[88] Tenbruck faz três observações que até aqui não receberam destaque suficiente na pesquisa especializada em Weber.

Primeiro, ele entende que Weber, com sua tese da racionalização de *todas* as religiões em uma mesma direção, e apesar de seu ceticismo em face das leis do progresso, encontra-se "subitamente ao lado do evolucionismo contemporâneo, nas questões atinentes à religião"[89].

---

88. F. H. Tenbruck. "Das Werk Max Webers", *KZSS*, 27, 1975, p. 677.
89. Tenbruck, 1975, p. 682.

Além disso, ele aponta para o fato de que Weber admite haver eficácia empírica nas pretensões de validade internas das imagens de mundo religiosas e no desenvolvimento que se dá segundo a lógica que é própria a essas imagens de mundo: "Predominantemente [segundo a concepção de Weber], o desenvolvimento [das imagens de mundo religiosas] deve seguir coações racionais, ou seja, a gênese da religião deve conter um avanço na racionalidade. [...] A prova de sua validade semirreal, ele a retirou dos achados empíricos da ética econômica das religiões mundiais."[90] E, por fim, Tenbruck assinala o problema de conteúdo a que Weber remete o "processo de aprendizagem" que se estende por todas as religiões mundiais: "As coações racionais que devem ser seguidas pelas religiões resultam da necessidade de se ter uma resposta racional para o problema da teodiceia; e os diversos graus de desenvolvimento religioso são versões sempre mais explícitas desse problema e de soluções para ele."[91] A linha em que o pensamento mítico das religiões tribais arcaicas foi racionalizada passo a passo e por fim remodelada até tornar-se uma ética universalista do sentimento moral, ou seja, em que foi "eticizada", é caracterizada por Tenbruck como a seguir: "Quando em um momento qualquer, em face dos poderes com que misteriosamente vinham deparando em seu entorno indomado, as pessoas deixam de considerar esses poderes como forças imanentes situadas nas próprias coisas, para então imaginá-los como essências situadas por trás delas, é nesse momento, segundo Weber, que vem ao mundo uma ideia nova; e, quando essas pessoas fazem des-

---

90. Tenbruck, 1975, p. 682.
91. Tenbruck, 1975, p. 683.

ses poderes entidades pessoais, eis mais uma ideia nova. Da mesma forma, Weber considerava o conceito monoteísta de um Deus supramundano uma nova ideia; ela precisou ser gerada, mas tão logo foi aceita teve consequências de longo alcance. A seguir, constituiu uma ideia completamente nova a noção de que se trataria aí de uma divindade recompesadora e punidora, tanto mais quando surgiu a noção de que os destinos das pessoas neste mundo e no além se orientavam essencialmente segundo a observância de preceitos éticos como tais. Uma nova ideia veio ao mundo com a profecia missionária, justamente no judaísmo, dado que nele o ser humano tinha de se compreender como instrumento de Deus atuante no mundo. E ainda outra ideia surgiu quando o protestantismo acrescentou a isso a predestinação."[92]

Do ponto de vista sistemático, essa racionalização religiosa foi abordada por R. Bellah e R. Döbert[93]. As investigações de Döbert deixaram claro nesse ínterim que Weber (e Tenbruck, na sequência) não faz distinção suficiente entre a problemática *do conteúdo*, em cujo fio condutor realiza-se a racionalização, e as *estruturas* de consciência que nascem da eticização das imagens de mundo.

---

92. Tenbruck, 1975, p. 685.
93. R. N. Bellah. *Beyond Belief*. Nova York, 1970; R. Döbert. *Systemtheorie und die Entwicklung religiöser Deutungssysteme*. Frankfurt/M., 1973; do mesmo autor: "Die Evolutionäre Bedeutung der Reformation", in C. Seyfarth, W. M. Sprondel (orgs.). *Religion und gesellschaftliche Entwicklung*. Frankfurt/M., 1973, pp. 303 ss.; do mesmo autor: "Zur Logik des Übergangs von archaischen zu hochkulturellen Religionssystemen", in K. Eder (org.). *Die Entstehung von Klassengesellschaften*. Frankfurt/M., 1973, pp. 330 ss.; do mesmo autor: "Methodologische und forschungsstrategische Implikationen von evolutionstheoretischen Studienmodellen", in U. Jaeggi, A. Honneth (orgs.). *Theorien des Historischen Materialismus*. Frankfurt/M., 1977, pp. 524 ss.

Enquanto os conteúdos das imagens de mundo refletem as diversas soluções do problema da teodiceia, os aspectos estruturais revelam-se, como veremos, nos "posicionamentos diante do mundo" determinados por concepções de mundo formais. Quando se separam assim os aspectos estruturais e os aspectos de conteúdo, a combinação de ideias e interesses pode ser bem analisada, com base no material difundido por Weber.

Com as investigações feitas por Weber, de início pode-se comprovar *primeiro* que as trilhas da racionalização religiosa – ramificadas na alta cultura desde o princípio, e nos mitos até o limiar da compreensão de mundo moderna – partem do mesmo problema, a saber: o problema da teodiceia; *segundo*, elas apontam em uma mesma direção da compreensão de mundo desencantada, depurada de noções mágicas (ainda que somente a trilha evolutiva ocidental conduza a uma compreensão de mundo completamente descentrada). Ora, quando se assume que a direção do desenvolvimento religioso pode ser explicada pela renitência do problema central e das estruturas de imagens de mundo, e que seria preciso atribuir a manifestação de conteúdo das possibilidades estruturalmente remoduladas a fatores externos, resulta daí uma delimitação metódica muito clara: o trabalho de reconstrução racional estende-se até os nexos internos de sentido e de validade, com o objetivo de ordenar as estruturas das imagens de mundo com base em uma lógica evolutiva, e os conteúdos, de maneira tipológica; pelo contrário, a análise empírica, isto é, a análise sociológica em sentido estrito, volta-se aos determinantes externos dos conteúdos das imagens de mundo e às questões da dinâmica evolutiva. Volta-se, por exemplo, às seguintes questões:

– Como são e como podem ser identificados os conflitos que extrapolam a capacidade interpretativa estruturalmente limitada de uma imagem de mundo subsistente?

– Em que situações conflitivas de causas socioestruturais surge de modo típico uma problemática sobre a teodiceia?

– Quem são os portadores sociais da imposição carismática de uma nova imagem de mundo, ou então de sua racionalização?

– Em que camadas sociais é recebida uma nova imagem de mundo? E em que setores ela tem efeito orientador mais ou menos amplo sobre o agir cotidiano?

– Até que ponto novas imagens de mundo têm de ser institucionalizadas a fim de que possibilitem ordens legítimas? Apenas no interior da elite, ou em uma população total?

– E por fim: como os interesses das camadas dominantes direcionam a seleção dos conteúdos das imagens de mundo?

Antes de me dedicar à análise das imagens de mundo por Weber, gostaria de mencionar os dois pontos de vista sob os quais ela ocorrerá. É notável *em primeiro lugar* que Weber restrinja a racionalização das imagens de mundo ao ponto de vista da *eticização*: ele persegue a formação de uma ética do sentimento moral fundada sobre base religiosa e, em geral, a formação de noções jurídicas e morais pós-tradicionais. Como interessam a ele as pressuposições de subsistência de ordens legítimas – em especial as condições racionais de integração social na transição para sociedades modernas –, é fácil compreender essa restrição. Mas teria sido igualmente possível perseguir a racionalização das imagens de mundo em duas outras dimensões: Weber também teria podido investigar a reformulação dos componentes cognitivos e expressivos a partir do ângulo de visão da ciência moderna e da arte autônoma. Isso ele deixou de lado, embora pressuponha para a racionalização da sociedade (que tem início com a modernidade) a autonomização e diferenciação de *todas as três* esferas.

Em segundo lugar, Weber investiga o processo de desencantamento das imagens de mundo religiosas sob um ponto de referência histórico concreto. Ele reconstrói a história das noções jurídicas e morais não com o olhar voltado às estruturas das éticas do sentimento moral em geral, mas ao surgimento da ética econômica capitalista, porque pretende aclarar justamente as condições culturais sob as quais foi possível realizar a transição para o capitalismo e resolver, dessa maneira, o problema evolucionário central, a saber: integrar socialmente um sistema parcial do agir racional-teleológico, já autonomizado e diferenciado. Por isso, só interessam a ele ideias que tornem possível ancorar, pela via da racionalidade valorativa, o *tipo do agir racional-teleológico* no sistema do trabalho social.

Será útil ter em mente essas duas restrições. Talvez elas esclareçam por que Weber, conforme pretendemos demonstrar, não esgotou o espaço de ação estratégica que sua abordagem teórica lhe oferecia. De acordo com essa abordagem, a institucionalização de novas orientações da ação e o surgimento de ordens legítimas são atribuídos à ação conjunta de ideias e interesses. Assim, os posicionamentos de interesses devem explicar *as duas coisas*: o *impulso inicial* para o desenvolvimento renitente de *estruturas de imagens de mundo* e a *manifestação* seletiva das possibilidades que se abrem com as novas estruturas cognitivas, isto é, a natureza dos *conteúdos das imagens de mundo*. Essa perspectiva teórica está presente no conjunto da obra de Max Weber. Se nos deixamos conduzir por ela durante a *interpretação* dos estudos de sociologia da religião de Weber, resulta daí um contraste mais agudo entre, de um lado, as diversas *possibilidades* de orientação das estruturas modernas da consciência que nascem do processo de desencantamento e, de outro, o perfil (próprio à sociedade capitalista) das possibilidades *realizadas* a partir desse espectro e factualmente concretizadas por via institucional. Weber compreende a racionalização das imagens de mundo como um processo:

– que se cumpre *sob um mesmo direcionamento* em todas as religiões mundiais;

– mas que, por razões externas, só é levado radicalmente a cabo em *uma* das linhas de tradição;

– de modo que libera, no Ocidente, estruturas de consciência que possibilitam uma compreensão de mundo moderna.

Os componentes cognitivos e expressivos da tradição não se veem menos atingidos por essas estruturas da compreensão de mundo que os componentes normativos; mas Max Weber concentra-se na conformação de uma ética universalista do sentimento moral. O fato de que o nível pós-tradicional da consciência moral se torne *acessível* em *uma* cultura, e mais precisamente na cultura europeia, ainda não significa sua imposição social sob a forma da ética protestante. Só se chega a isso quando as estruturas de uma ética do sentimento moral – ética que eleva o agir racional-valorativo a princípio da condução *intramundana* da vida – passam a determinar o estilo de vida de camadas sociais mais amplas, de modo que essa mesma ética possa servir de ancoragem motivacional ao agir econômico racional-teleológico.

Um procedimento paralelo, ainda que não concomitante, precisa ser postulado por Weber em relação ao direito moderno. A eticização de imagens de mundo também significa uma racionalização da consciência jurídica; mas a disponibilidade de noções jurídicas pós-tradicionais ainda não é idêntica à imposição de um sistema jurídico moderno. Apenas com base no direito natural racional logra-se reconstruir as matérias jurídicas sob a forma de conceitos fundamentais do direito formal, de modo que se possam criar instituições jurídicas prontas a satisfazer formalmente os princípios universalistas: justamente *aqueles* princípios que regram a movimentação de negócios particular dos proprietários de mercadorias e a atividade complementar da administração pública.

Na representação weberiana, não se destaca claramente o paralelismo entre esses dois processos (da ancoragem motivacional e da corporificação institucional de noções morais e jurídicas pós-tradicionais); Weber separa a sociologia do direito e a sociologia da religião e refere a racionalização religiosa mais fortemente à ética econômica que ao desenvolvimento jurídico. Isso provavelmente tem a ver com o fato de que não se pode explicar o surgimento do direito natural racional somente com a racionalização ética de imagens de mundo, como também com o fato de que esse direito depende sim do desenvolvimento científico; ele teria fomentado, portanto, uma análise da relação entre componentes cognitivos e prático-morais da imagem de mundo.

Dessa maneira, para tornar clara a distribuição do ônus da prova entre fatores internos e externos, é preciso fazer a distinção entre o resultado da racionalização religiosa (ou seja, a conformação de estruturas modernas de consciência nas dimensões de direito e moral) e o processo de *efetivação do mundo*, pelo qual se estabelece uma forma específica de integração social. De modo abstrato, pode-se delinear o tipo de problemas que dizem respeito à *dinâmica* do desenvolvimento, e que portanto não podem ser explicados com uma *lógica* própria ao desenvolvimento de imagens de mundo ou à diferenciação e autonomização de esferas de valor. Somente uma investigação sociológica dos posicionamentos de interesse pelas camadas dominantes, movimentos sociais, conflitos etc. pode explicar:

– por que a racionalização, alojada internamente em todas as imagens de mundo, só foi levada a cabo na linha de tradição judeo-cristã;

– por que se cumpriram apenas no Ocidente as condições para uma institucionalização de estruturas jurídicas e morais universalistas; e

– por que problemas sistêmicos típicos daqui foram solucionados de tal modo que acabou por surgir a forma de integração social característica das sociedades capitalistas (com a condução metódica da vida e relações jurídicas modernas).

Bem se conhece a contribuição de Max Weber a essas análises da passagem da sociedade feudal para a sociedade moderna (análises que *stricto sensu* são sociológicas). Weber destacou muitos dos fatores externos que hoje desempenham um papel importante na pesquisa sobre a modernização, a saber: o fato de uma cultura relativamente unitária; a descentralização dos poderes políticos; o conflito balanceado entre Estado e igreja; a diferenciação interna desta última em igreja hierárquica, ordens religiosas e leigos; a estrutura especial das cidades burguesas com patriciados e corporações de ofícios; as tendências à comercialização das trocas, à burocratização da administração etc.[94] Não pretendo abordar aqui esses fatores, mas restringir-me aos *fatores internos* da racionalização de imagens de mundo, bem como a *fatores estruturais* da corporificação de estruturas modernas da consciência na ética protestante do trabalho e no sistema jurídico moderno.

(3) *Aspectos de conteúdo*. Weber investigou três grandes religiões mundiais: a religião chinesa (confucionismo, taoísmo), a indiana (budismo, hinduísmo) e o judaísmo antigo. Sobre o cristianismo e o islamismo, já não lhe foi possível realizar as investigações que pretendia. Weber procede de maneira totalmente comparativa, mas apenas em alguns momentos condensa a representação comparativa a fim de obter equiparações sistemáticas (ele o faz sobretudo na Introdução, na Consideração intermediária e no Capítulo final sobre a China)[95]. Basta considerar os pontos de vista mais gerais para notar que Weber trata de diferenciar as imagens de mundo que partem de um tema comum, sobretudo nas dimensões da noção de Deus (Deus pessoal criador *versus* ordem cósmica impessoal) e da orientação salvífica (afirmação do mundo *versus* rejeição do mundo)[96].

(a) *O tema*. A racionalização tem início com um tema comum a todas as religiões mundiais: a pergunta acerca da justificação de uma distribuição desigual entre os homens dos bens que ocasionam felicidade [*Glücksgüter*]. Essa *problemática ética fundamental*, que faz explodir as

---

94. Sobre a atual situação da discussão, cf. R. van Dülmen. "Formierung der europäischen Gesellschaft in der frühen Neuzeit", in *Geschichte und Gesellschaft*, 7, 1981, pp. 5 ss.

95. Weber, 1963, pp. 237-75; 536-73; 512-34; W. Schluchter (org.). *Max Webers Studie über das antike Judentum*. Frankfurt/M., 1981.

96. Cf. a minuciosa descrição de Schluchter, 1979, pp. 230 ss.

fronteiras do mito, resulta da carência de uma explicação religiosa para o sofrimento que se percebe como injusto. Para que se possa perceber a infelicidade individual como injusta, necessita-se em primeiro lugar de uma revalorização do sofrimento; pois em sociedades tribais o sofrimento era considerado sintoma de uma culpa velada: "Quem sempre sofria, estava de luto, doente ou acometido de qualquer outra infelicidade estava ou possuído por um demônio, ou carregava sobre si a fúria de um deus que havia ofendido, dependendo do tipo de sofrimento."[97]

Ademais, os cultos tribais eram concebidos para resolver situações de dificuldade coletiva, e não para resolver destinos individuais. É nova a noção de que a infelicidade individual possa ser imerecida, e de que o indivíduo possa ter esperança de se ver redimido de todo mal, da doença, da miséria, da pobreza, e até mesmo da morte. Também é algo novo a formação de grupos humanos independente de vínculos étnicos, o ensejo da formação de comunidades religiosas voltadas ao destino de salvação dos indivíduos: "A pregação e o anúncio voltam-se naturalmente à massa dos que careçam de *redenção*. Eles e seus interesses passam a estar no centro do exercício profissionalmente organizado da 'pastoral', que na verdade surgiu só então. A constatação da culpa pelo sofrimento: a confissão de 'pecados', isto é, a inobservância de mandamentos rituais, em primeiro lugar; e o aconselhamento: mediante qual comportamento se poderia acabar com o sofrimento – era esta agora a principal atividade de sacerdotes e magos. Seus interesses materiais e ideais podiam de fato pôr-se cada vez mais a serviço de motivos *plebeus*."[98]

---

97. Weber, 1963, pp. 241 s.
98. Weber, 1963, pp. 243 s.

Aqui ressoa uma explicação sociológica que Weber não leva muito adiante: não caem do céu essa nova atribuição de valor ao sofrimento individual e esse surgimento de carências individuais de redenção, que fazem da pergunta sobre o sentido ético do que é insensato o ponto de partida para um pensamento religioso que irrompe em meio aos mitos locais; eis o resultado de processos de aprendizagem que se põem em movimento quando as noções de justiça estabelecidas nas sociedades tribais entram em choque com a nova realidade das sociedades de classe. Religiões mundiais desenvolvem-se sem exceção em meio a culturas desenvolvidas, ou seja, no âmbito de sociedades organizadas sob forma estatal, em que surgem novos meios de produção independentes de sistemas de parentesco, e ainda formas correspondentes de exploração econômica[99]. Certamente foi preciso que o potencial conflitivo fosse desencadeado por profetas, para que as massas, até então "aprisionadas por toda parte na condição solidamente intocada da magia", pudessem ser levadas a "um movimento religioso de caráter ético"[100].

(b) *Imagens de mundo teocêntricas* versus *imagens de mundo cosmocêntricas*. As religiões mundiais partem do mesmo problema fundamental: diante da distribuição evidentemente desigual, entre os seres humanos, dos bens que trazem felicidade, as religiões mundiais procuram satisfazer "o interesse racional por equilíbrio material e ideal" por meio de explicações que cumprem, cada vez mais, exigências sistemáticas: "Sempre havia por trás

---

99. K. Eder, 1973; do mesmo autor: *Die Entstehung staatlich organisierter Gesellschaften*. Frankfurt/M., 1976.
100. Weber, 1963, p. 248.

disso uma *tomada de posição diante de algo* que se percebia no mundo real como especificamente 'insensato'; ou seja, a exigência de que a estrutura do mundo, em sua totalidade, fosse de alguma maneira um 'cosmo' sensato, ou então: que ela pudesse e devesse tornar-se um 'cosmo' sensato."[101]

Contudo, a pergunta sobre a justificação de injustiças patentes não pode ser tratada apenas como questão puramente ética; ela é parte da pergunta teológica, cosmológica e metafísica quanto à constituição do mundo como um todo. Essa *ordenação do mundo* é concebida de tal maneira que aspectos ônticos e normativos ofuscam-se mutuamente. Assim, nesse âmbito do pensamento ordenador religioso-metafísico foram encontradas soluções muito diversas para o mesmo problema. Weber contrasta em especial duas estratégias de conceituação básica: uma delas, ocidental, serve-se da concepção de um Deus pessoal criador que se encontra no além; a outra estratégia, disseminada no Oriente, parte da noção de um cosmo impessoal, não criado. Weber fala também de uma concepção de Deus supramundana e de outra, imanentista: o "deus do agir" está figurado exemplarmente em Javé[102], o "deus da ordem" em Brahma[103]. Em face do deus criador transcendente, o fiel precisa assumir um comportamento diverso do que teria em face do fundamento da ordem cósmica em repouso; o fiel entende-se como *instrumento de Deus*, e não como *recipiente do divino*[104]. Em um caso o fiel procura alcançar o agrado de Deus; no outro, participar do divino.

---

101. Weber, 1963, p. 253.
102. Weber, 1966a, pp. 326 ss.
103. Weber, 1966a, pp. 173 ss.
104. Weber, 1963, p. 257.

Também o fundamento religioso da ética diferencia-se nas duas tradições: à esperança da graça divina contrapõe-se na religiosidade asiática a noção da autorredenção pelo saber. Por isso, em um dos casos faz-se da história da salvação o cerne da interpretação especulativa do mundo, e no outro caso o ser ou o cosmo. E, embora a oposição entre religiosidade de virtuoses e religiosidade de massas esteja por toda parte, as religiões asiáticas têm uma maior afinidade em relação à visão de mundo e à experiência de vida das classes intelectuais.

Weber concebe as religiões mundiais, portanto, como soluções diferentes do mesmo problema fundamental, e as soluções se movem no interior de um mesmo espaço de maleabilidade das concepções de ordem religioso-metafísicas, sem importar que os aspectos do que seja ôntico, normativo ou expressivo se ofusquem mutuamente. Weber explica conteúdos diferenciais com a ajuda de fatores externos. E explora sobretudo "o *posicionamento de interesse* externo, socialmente condicionado, e o posicionamento de interesse interno, psicologicamente condicionado, das camadas sociais que eram portadoras do respectivo método de vida no momento decisivo de seu estabelecimento"[105], quer se tratasse de uma classe de funcionários literariamente ilustrada (confucionismo), de monges mendicantes e itinerantes (budismo), de um campesinato vinculado à natureza (apegada ao pensamento mágico), de uma classe guerreira nômade (islamismo) ou de cidadãos burgueses, artesãos, comerciantes, empresários de economia familiar etc. (protestantismo). Esses pontos de vista que são fundamentalmente da *sociologia* da religião, em sentido estrito, decidem tanto sobre

---

105. Weber, 1963, p. 253.

a dinâmica e as dimensões do processo de racionalização quanto sobre a seleção que ocorrerá entre os conteúdos estruturalmente possíveis.

(c) *Afirmação do mundo* versus *negação do mundo*. Weber diferencia as religiões mundiais não só de acordo com sua manifestação teocêntrica ou cosmocêntrica, mas também de acordo com sua tendência de motivar mais para a afirmação ou mais para a rejeição do mundo como um todo. Trata-se aí, independentemente de posturas de vida ativas ou passivas, de saber se o fiel valoriza "o mundo" (ou seja, sua sociedade e a natureza circundante) de maneira basicamente positiva ou negativa; se o mundo, afinal, tem para ele um valor intrínseco ou não. Uma postura negativa diante do mundo torna-se possível somente por meio do dualismo que caracteriza as religiões de salvação radicais; é indispensável haver uma estrutura da imagem de mundo que menospreza o "mundo" – seja como lugar terreno e historicamente efêmero contraposto ao Deus criador que está no além, seja como um primeiro plano meramente fenomênico contraposto ao fundamento essencial de todas as coisas – e que, como ponto de referência para a busca individual de salvação, constrói uma realidade *por detrás* desse mundo, que decaiu até tornar-se mera aparência. Weber tende a aceitar que uma postura afirmativa do mundo só se sustenta onde o pensamento mágico não seja superado radicalmente e onde não se chegue ao nível de uma interpretação do mundo dualista em sentido estrito. Mesmo assim, teria sido somente ao comparar o confucionismo e o taoísmo com a filosofia grega que ele poderia ter checado se essa concepção está correta, ou se, mais que isso, também não pode ocorrer que desencantamento radical, estrutura dualista da imagem de mundo e afirmação do mundo se coadunem. Nesse caso, a rejeição do mundo dependeria antes de uma radicalização da noção de salvação que conduzisse a uma ênfase (de natureza religiosa e ligada ao sentimento moral) do dualismo presente em *todas* as religiões mundiais e a uma intensificação contrastiva desse dualismo. Uma vez mais, Weber oferece para isso uma explicação sociológica: aponta para os conflitos sociais ocasionados pelo aparecimento de profetas – profecias missionárias como as da tradição judeo-cristã favorecem uma separação especialmente radical entre mundo terreno e mundo do além, assim como formas correspondentes de rejeição do mundo.

O esquema a seguir contém os pontos de vista abstratos sob os quais Max Weber diferencia as imagens de mundo religiosas *quanto ao conteúdo*, no âmbito de uma conceituação básica religioso-metafísica; a propósito, ele parte da ideia de que essas manifestações diferenciais quanto ao conteúdo podem ser explicadas por via fundamentalmente sociológica, ou seja, com ajuda de fatores externos:

Fig. 4 *Imagens de mundo religioso-metafísicas segundo conteúdos típicos*

Valoração do mundo como um todo \ Estratégias conceituais	teocêntricas	cosmocêntricas
afirmação do mundo	—	confucionismo taoísmo
negação do mundo	judaísmo cristianismo	budismo hinduísmo

(4) *Aspectos estruturais*. Para medir a racionalização de uma imagem de mundo, Weber utiliza por um lado a dissolução do pensamento mágico (desencantamento); por outro lado, mede-a com base na conformação sistemática (ou dogmatização – no sentido que lhe atribui Rothacker[106]): "Para o nível de racionalização que uma religião representa há sobretudo dois parâmetros, que mantêm, a propósito, uma relação interna múltipla. Um deles é o grau em que a religião descartou a *magia*. Outro, o grau de unidade sistemática para a qual ela conduz a relação entre Deus e o mundo e, de acordo com isso, sua própria relação ética com o mundo."[107] O fato de Weber destacar mais fortemente a superação das práticas de magia do que as práticas da forma mítica de pensar, na qual se interpreta a magia, pode ser explicado pelo interesse do sociólogo na influência das imagens de mundo sobre a condução prática da vida. A nova conformação dos componentes cognitivos herdados do mito pelas imagens de mundo religiosas é menos relevante para a racionalidade da condução da vida que a nova conformação dos componentes técnico-práticos e sobretudo dos componentes moral-práticos. Quanto a isso, o mundo imaginário da magia coíbe um posicionamento objetivo em face de inovações técnicas, do crescimento econômico etc.[108]; em particular ele impede, nos campos cultuais mais importantes, a formação de uma comunicação pessoal entre o crente e Deus ou a essência divina. Em vez da veneração e oração, predominam as técnicas manipu-

---

106. E. Rothacker. *Die dogmatische Denkform in den Geisteswissenschaften und das Problem des Historismus*. Wiesbaden, 1954 (Abhandlungen der Mainzer Akademie der Wissenschaften und Literatur).

107. Weber, 1963, p. 512.

108. Sobre a China, cf. Weber, 1963, pp. 483 ss.

lativas da coação de Deus, que ainda sobrevivem na forma sublime do sacramento[109]. Para descrever o mundo do "jardim encantado", Weber recorre entre outras coisas à oposição entre a superstição e a fé em milagres[110]. O que significa esse desencantamento sob aspectos estruturais pretendo demonstrar com base nos *posicionamentos diante do mundo*, tal como Weber os distingue. Ao fazê-lo, considerarei por razões sistemáticas não apenas a *eticização* das imagens de mundo, mas também a *nova conformação de seus componentes cognitivos*, ao menos de forma indicativa, para então abordar os aspectos estruturais da transição que vai das imagens de mundo religioso-metafísicas maduras à forma de pensamento moderna.

(a) *Fuga mística do mundo* versus *domínio ascético do mundo*. Imagens de mundo religioso-metafísicas embasam posicionamentos fundamentais em face do mundo. Todo posicionamento diante do mundo, ao orientar-se de maneira unitária e unificadora em direção à natureza e à sociedade *como um todo*, e ao pressupor assim um conceito sistemático de mundo, expressa uma racionalização; é bem possível que ainda não se trate aí de uma concepção de mundo formal[111], mas somente do conceito de uma ordenação concreta do mundo, que remete a multiplicidade de fenômenos a um ponto de unidade, seja por via monoteísta, seja por via cosmológica. Esse princípio é apresentado como Deus criador ou como fundamento do Ser, os quais unificam em si os aspectos universais de ser e dever, essência e aparência. E de fato as imagens de mundo são consideradas tanto mais "ra-

---

109. Weber, 1963, pp. 512 ss.
110. Weber, 1966a, pp. 371 ss.
111. Quanto à maneira como tratamos acima a relação com os pressupostos ontológicos de modelos de ação, cf. supra, pp. 162 ss.

cionais" quanto mais elas permitem apreender ou manejar o mundo terreno ou o mundo dos fenômenos sob *um* desses aspectos que ainda estão indivisos no que têm de supramundano. Weber concentra-se sobre o aspecto normativo do dever-ser ou do ser-um-mandamento, e sobre as estruturas de consciência moral-práticas que permitem haver um posicionamento – totalmente sistematizado do ponto de vista da ética do sentimento moral – por parte do sujeito em relação ao mundo.

Sob esse *aspecto da eticização*, uma imagem de mundo pode ser considerada racionalizada na medida em que, sob princípios práticos, prepara e apresenta "o mundo" (o mundo terreno ou dos fenômenos) como esfera de provação pelos bons usos, e na medida em que *separa esse aspecto de todos os demais*. Uma imagem de mundo eticamente racionalizada apresenta o mundo: a) como campo de atuação prática em geral; b) como palco no qual quem age pode fracassar eticamente; c) como totalidade das situações que cabe julgar segundo princípios morais "últimos" e superar segundo o fornecimento de parâmetros por juízos morais; e portanto d) como um campo de objetos e ensejos do agir ético: o mundo reificado opõe-se a normas morais básicas e à consciência moral dos sujeitos falíveis como algo externo e exterior.

Quando pretende selecionar o posicionamento diante do mundo que mais corresponda a uma imagem de mundo ético-racional vista dessa maneira, Weber procede a dois passos diversos. *Primeiro*, demonstra que as religiões de salvação que conformam o dualismo entre Deus e o mundo a partir do uso de muitos contrastes cumprem melhor as condições para uma racionalização ética, se comparadas a imagens de mundo menos intensamente orientadas à salvação e dotadas de um dualismo atenuado[112]. Uma relação intensiva de tensão entre Deus (ou o divino), por um lado, e as ordenações de mundo profanas, por outro, coloca a busca de salvação, para quem crê, sob uma perspectiva segundo a qual o mundo pode ser desvalorizado e objetivado sob o único ponto de vista abstrato de comprovação religiosa: "Religiões proféticas e de salvação viviam [...] em uma [...] relação permanente de tensão em face do mundo e de sua ordenação. E ainda mais na proporção em que eram verdadeiras religiões de salvação. Isso adveio do sentido da salvação e da essência da doutrina de salvação profética, logo que essa doutrina se desenvolveu (e tanto mais quando baseada em princípios) até tornar-se uma ética racional, orientada segundo bens salvíficos e recursos redentores de natureza religiosa. Ou, como se diria em linguagem coloquial: quanto mais a doutrina de salvação foi sendo sublimada de modo que se afastasse do ritualismo e se aproximasse de uma 'religiosidade do sentimento moral'. De fato, quanto mais intensa ficava a tensão, mais progredia a racionalização e sublimação da propriedade exterior e interior de bens 'terrenos' (em sentido amplo)."[113]

Mas um posicionamento negativo em face do mundo, como resultado da orientação segundo um bem salvífico que transcende o mundo ou está no mais íntimo dele, não é favorável *per se* à racionalização ética da condução da vida. A negação do mundo só leva a uma objetivação do mundo sob aspectos éticos quando se vincula a uma *postura de vida ativa e voltada ao mundo*, e não quando ocasiona uma *repulsa passiva do mundo*.

---

112. W. Schluchter, 1980b, pp. 19 s.
113. Weber, 1963, p. 541.

Por isso, em um *segundo* passo, Weber seleciona entre os posicionamentos que negam o mundo justamente o que almeja dominar ativamente esse mundo depreciado e objetivado.

O que faz a diferença entre esses posicionamentos no interior das religiões de salvação orientadas segundo uma ética do sentimento moral são o tipo da promessa e o *caminho de salvação* que se privilegia, conforme o caso. Se o fiel pode compreender-se como ferramenta de um Deus transcendente, as formas ascéticas de uma busca ativa de salvação apresentam-se mais apropriadas do que se o fiel se vê como receptáculo de um fundamento divino e imanente da essência, e se as formas contemplativas de uma busca mística de salvação apresentam-se como as mais adequadas: "Enquanto contradições no campo da rejeição do mundo, já se apontaram nas observações introdutórias: a ascese ativa, um *agir* almejado por Deus, como ferramenta sua, por um lado; e por outro lado: a *posse* salvífica e contemplativa da mística, que almeja significar um 'ter' e não um agir, e pela qual o indivíduo não é instrumento mas 'receptáculo' do divino, e pela qual o agir no mundo precisa surgir como ameaça do estado salvífico totalmente irracional e extramundano."[114] As "religiões pensativas" do Oriente, voltadas à contemplação, mesmo quando acentuam o motivo da salvação, como o hinduísmo, não direcionam a rejeição do mundo a uma racionalização ética do mundo; a busca passiva de salvação da mística conduz antes à *fuga do mundo*. Apenas as "religiões do sentimento moral" de orientação ascética presentes no Ocidente unem a asseguração religiosa a um agir ético, ao qual um mundo de-

---

114. Weber, 1963, pp. 538 s.

preciado e objetivado sempre oferece novas situações e ensejos. O místico assegura-se ao retirar-se do mundo; o asceta, ao agir nele[115]. O posicionamento de um *domínio ascético do mundo*, partilhado pelo monge cristão e pelo defensor do puritanismo, por certo ainda não significa a expansão de uma condução eticamente racionalizada da vida para campos vitais extrarreligiosos. A *dedicação ao mundo* de uma postura de vida ativa, que contrastei com a fuga do mundo e classifiquei como caminho de salvação da ascese, ainda está longe de significar o mesmo que *condição intramundana*. Para que a busca mística de salvação – que se dedica ao mundo apoiada em um posicio-

---

115. A ordenação de fundamentos teocêntricos/cosmocêntricos de salvação a vias salvíficas ascéticas/místicas só pode ser entendida no sentido de afinidades específicas. Correntes místicas e correntes ascéticas são igualmente conhecidas no âmbito de tradições orientais. Embora se experimentem essas combinações estruturalmente menos prováveis no plano da religiosidade de virtuoses, as religiões culturalmente muito difundidas não se desenvolveram a partir daí. Quanto a isso, cf. Schluchter, 1979, pp. 238 s.: "Isso fica claro por meio de dois casos, que em primeiro lugar apresentam uma semelhança com o protestantismo ascético: o confucionismo intramundano, por um lado, e o jainismo ascético, por outro. Ambos demonstram por completo um efeito que poderia estar na linha do protestantismo ascético: a ética religiosa do confucionismo motiva ao processamento racional do mundo, o do jainismo até mesmo ao capitalismo, se não em sua forma industrial, certamente em sua forma comercial. Mas a condição intramundana do confucionismo não está vinculada à ascese, e o ascetismo do jainismo, de coloração ativa, acaba afinal por desviar das ordens deste mundo. Não é por acaso que não se tenha chegado nem em um caso nem em outro a uma *dominação* do mundo religiosamente motivada. A relação com o mundo por parte do confucionismo é a adaptação a ele; e de parte do jainismo – assim como de todas as religiões de salvação asiáticas radicais – o que se tem é uma indiferença em face do mundo, mesmo a fuga diante dele."

namento negativo em relação a ele – possa expandir-se até tornar-se ascese intramundana, precisa-se de um passo a mais, que de momento deixo em suspenso.

Fig. 5 *Posicionamentos diante do mundo baseados em uma negação do mundo motivada por religiões de salvação*

Caminhos de salvação Valoração do mundo como um todo	dedicação ascética ao mundo	rejeição mística do mundo
negação do mundo	domínio do mundo: judaísmo/ cristianismo	fuga do mundo: hinduísmo

(b) *Contemplação teórica do mundo* versus *adaptação prática ao mundo*. Max Weber analisa o posicionamento de afirmação do mundo apenas sob a forma única de uma *adaptação ao mundo* orientada de maneira prática; para demonstrar essa adaptação, recorre ao exemplo da China: "Exatamente como entre os helenos genuínos, também aí faltava uma ancoragem transcendente da ética; não havia nenhuma tensão entre mandamentos de um Deus supramundano e um mundo criatural; não havia direcionamento algum a um fim situado no além, tampouco a concepção de um mal radical."[116]

Segundo se depreende do anexo a seu estudo sobre a ética econômica das religiões mundiais, Weber valora o confuncionismo e o taoísmo apenas sob o ponto de vista da racionalização ética; por isso, chega à conhecida

---

116. Weber, 1963, p. 515.

(e controversa) avaliação do pequeno potencial de racionalização dessas imagens de mundo, como a seguir: "A pressuposição interna dessa ética da afirmação incondicionada do mundo e da adaptação incondicionada a ele determinou a sobrevivência contínua da religiosidade puramente mágica, que ia desde a postura do imperador – que com sua qualificação pessoal era responsável pela atitude benévola dos espíritos, pela ocorrência de chuva e bom clima para as colheitas – até o culto aos antepassados, fundamental para a religiosidade oficial e para a religiosidade popular em geral, a terapia mágica inoficial (taoísta), e demais formas remanescentes de coerção animista de espíritos e crença antropolátrica e herolátrica em deuses funcionais."[117]

Graças às inovadoras investigações de J. Needham[118], porém, descobriu-se nesse ínterim que entre o século I a.C. e o século XV d.C. os chineses foram claramente mais bem-sucedidos que o Ocidente no desenvolvimento do saber teórico e no uso desse saber para a solução de necessidades práticas. É só a partir da Renascença que a Europa assume a liderança nesse campo. Teria sido aconselhável, portanto, investigar o potencial de racionalidade dessa tradição primeiramente sob o aspecto da racionalização *cognitiva*, e não da racionalização ética. Tanto mais quando se pensa que também a filosofia grega (que partilha com a ética cosmológica dos chineses o posicionamento afirmativo diante do mundo) fez avançar a racionalização da imagem de mundo sobretudo na direção

---

117. Weber, 1963, p. 515.
118. J. Needham. *Wissenschaftlicher Universalismus*. Frankfurt/M., 1977. Em relação a isso, cf. B. Nelson. "Wissenschaften und Zivilisationen, 'Osten' und 'Westen' – J. Needham und Max Weber", in B. Nelson. *Der Ursprung der Moderne*. Frankfurt/M., 1977, pp. 7 ss.

de uma teorização. Além disso, a exitosa ciência chinesa parece ter deparado *prima facie* com a mesma barreira que levou ao fracasso também a visão de mundo metafísica dos filósofos gregos. Lá e cá, o posicionamento eticamente arraigado e não intervencionista em face da natureza e da sociedade impediu "a transição do patamar alcançado por DaVinci ao patamar de Galileu. Na China medieval, os experimentos eram feitos de maneira mais sistemática do que os gregos haviam tentado – e mais sistemática que entre os europeus da Idade Média –; mas, enquanto não houve uma mudança no 'feudalismo burocrático', matemática, observação empírica da natureza e experimento não puderam unir-se de maneira que ocorresse um posicionamento totalmente novo"[119].

No confucionismo e taoísmo, e igualmente na filosofia grega, estão ausentes os traços básicos de uma imagem de mundo apta à racionalização. Com o conceito de ordenação concreta do mundo, a multiplicidade dos fenômenos é apreendida de maneira sistemática e passa-se a referi-la a princípios. Por certo, faltam os motivos de salvação dominantes, que acentuam o dualismo entre o mundo fenomênico e os princípios que transcendem o mundo; porém, a estrutura dualista da imagem de mundo não basta para distanciar o mundo fenomênico, a ponto de se poder objetivá-lo sob *um* dos aspectos (ainda indecidido no plano dos princípios), mais especificamente sob o aspecto cognitivo do ser e do vir a ser. Sob esse aspecto, quanto mais racionais se puderem considerar as imagens de mundo, mais o mundo dos fenômenos será preparado sob pontos de vista abstratos como uma

---

119. T. Spengler. *Die Entwicklung der chinesischen Wissenschafts- und Technikgeschichte*. Introdução a Needham, 1977, pp. 7 ss.

esfera própria *ao ente* ou *ao que seja útil* e mais ele será depurado de outros aspectos, normativos e expressivos. Uma imagem de mundo racionalizada por via cognitiva apresenta o mundo como totalidade de todas as formas e procedimentos acessíveis à presentificação contemplativa. Se as necessidades práticas assumem a liderança nesse contexto (é o que Weber enfatiza em relação à atitude espiritual chinesa), o posicionamento fundamental de afirmação do mundo assume traços de uma *adaptação ao mundo*. De outra parte, a afirmação do mundo só parece levar a uma objetivação do mundo sob aspectos puramente teóricos quando se une a uma forma de vida teórica despojada de necessidades práticas e quando se põe a serviço da intenção de uma *contemplação do mundo*. A classe ilustrada chinesa não pôde apoiar-se – assim como os gregos o fizeram – em um *bíos theoretikós*, uma vida "acadêmica", dedicada à contemplação e afastada da práxis.

Essa hipótese careceria de uma checagem detalhada; neste ponto, posso externar apenas a hipótese de que as tradições chinesas ficam sob uma luz completamente diversa quando consideradas sob pontos de vista da teoria e não da ética, e quando comparadas com as tradições gregas clássicas. A autonomização e diferenciação de um posicionamento diante do mundo que se mostrasse favorável à unificação sistemática do mundo sob aspectos ônticos poderia, por sua vez, tornar-se dependente dos métodos de conquista do bem mais elevado. É evidente não tratar-se aqui de *caminhos de salvação*, como no caso das religiões redentoras ligadas a uma ética do sentimento moral, mas de *caminhos de asseguramento do mundo*. À busca ativa e passiva de salvação por parte do ascetismo e da mística poderiam confrontar-se formas de vida que se prestam ao asseguramento ativo e passivo do mundo: *vita activa* e *vita contemplativa*[120]. Se essa abordagem teórica se sustenta, pode-se ter a expectativa de chegar a quatro posicionamentos diante do mundo capazes de discernir segundo caminhos de salvação ou formas de vida (fig. 6).

Fig. 6 *Posicionamentos diante do mundo*

Valoração do mundo como um todo \ Caminhos de salvação ou de um asseguramento do mundo	ativamente: ascese ou *vita activa*	passivamente: mística ou *vita contemplativa*
negação do mundo	domínio do mundo: judaísmo/cristianismo	fuga do mundo: hinduísmo
afirmação do mundo	adaptação ao mundo: confucionismo	contemplação do mundo: metafísica grega

As tomadas de posição diante do mundo distinguem-se em adaptação ao mundo e contemplação do mundo, quando assumidas com base em uma afirmação do mundo cosmológico-metafísica. Se essas tomadas de posição significassem para a racionalização cognitiva de imagens de mundo o mesmo que domínio do mundo e fuga do mundo significam para a racionalização ética de imagens de mundo (na visão de Weber), poderíamos fa-

---

120. Ver a esse respeito H. Arendt. *The Life of Mind*, vols. I e II. Nova York, 1978.

zer a seguinte assunção: é ao vincular-se a um posicionamento de contemplação do mundo que as imagens de mundo cosmocêntricas dão maior espaço a uma objetivação do mundo sob aspectos do ser e do vir a ser. Segundo essa hipótese, a *forma passiva de asseguramento do mundo* permite uma descentralização mais ampla das imagens de mundo que estejam voltadas, por causa de sua manifestação de conteúdo, a uma racionalização cognitiva; de outra parte, a *forma ativa de busca de salvação* permite uma descentralização das imagens de mundo que estejam voltadas à racionalização ética. Dessa maneira, e numa relação de dependência com a dimensão da racionalização e com o posicionamento diante do mundo, resultaria a estimativa do potencial de racionalização das diferentes imagens de mundo, como expressa na fig. 7.

Fig. 7 *Potencial de racionalização das imagens de mundo*

Dimensão de racionalização \ Potencial de racionalização	alto	baixo	
ética	*domínio do mundo*: judaísmo / cristianismo	*fuga do mundo*: hinduísmo	religiões de salvação
cognitiva	*contemplação do mundo*: filosofia grega	*adaptação ao mundo*: confucionismo	imagens de mundo cosmológico-metafísicas
	Ocidente	Oriente	

Dessa forma, duas imagens de mundo entram em choque no Ocidente, cada qual estruturada de modo que o mundo possa ser mais amplamente objetivado ou *reificado*, conforme o caso, ora sob o aspecto do que é normativo, ora sob o aspecto do que é ôntico.

(5) *Desencantamento e compreensão de mundo moderna*. Weber mede a racionalização de imagens de mundo segundo o grau de superação do pensamento mágico. Na dimensão da racionalização ética, observa o desencantamento sobretudo com base na interação entre os fiéis e Deus (ou a essência divina). Quanto mais esse relacionamento se configura como uma relação puramente comunicativa entre pessoas – entre o indivíduo carente de redenção e uma instância salvífica supramundana e moralmente imperiosa –, mais estritamente o indivíduo pode sistematizar suas relações intramundanas sob os pontos de vista abstratos de uma moral à qual estão submetidos ou somente os eleitos, os virtuoses da religião, ou então todos os fiéis em igual medida. Isso significa: a) a preparação de um conceito que se abstraia sob um único aspecto para a totalidade das relações interpessoais normativamente reguladas; b) a diferenciação e autonomização de um posicionamente puramente ético, em que quem age pode seguir e criticar normas; e c) a formação de um conceito de pessoa, conceito universalista e individualista a um só tempo, com seus correlatos da consciência, imputabilidade moral, autonomia, culpa etc. Com isso, pode-se superar a *vinculação piedosa* a ordenações concretas da vida garantidas pela tradição, em favor de uma livre *orientação segundo princípios gerais*[121].

---

121. B. Nelson, para a forma dos relacionamentos interpessoais que se tornam possíveis mediante uma objetivação ética do mundo, cunhou o conceito de "alteridade universal"; cf. a introdução e o epílogo a Nel-

Na dimensão cognitiva, o desencantamento da manipulação de coisas e acontecimentos convive com uma desmitologização do conhecimento sobre o ente. Quanto mais a intervenção em processos empíricos se afasta da interpretação desses mesmos processos, mais estritamente o indivíduo pode sistematizar suas relações ligadas ao mundo da vida, agora sob os pontos de vista abstratos de uma ordem cosmológico-metafísica a cujas leis submetem-se todos os fenômenos, sem exceção. Isso significa: a) a preparação de um conceito formal de mundo para o ente como um todo, com universais para o nexo entre as entidades em geral, apropriados ao espaço-tempo e conformes com a lei[122]; b) a diferenciação e autonomização de um posicionamento puramente teórico (desvinculado da práxis), no qual o cognoscente se assegure da verdade por via contemplativa e ainda possa fazer e contestar declarações[123]; e c) a conformação de um eu epistêmico que, isento de afetos, interesses ligados ao mundo da vida, preconceitos etc., logre dedicar-se inteiramente a contemplar o ente[124]. Com isso, é possível suplantar a *fixação sobre a superfície dos fenômenos concretos*, ancorada no mito, e favorecer uma habilidosa *orientação segundo leis gerais* subjacentes aos fenômenos.

Acima, associamos a dimensão ética da racionalização às religiões de salvação, e a dimensão cognitiva, por

---

son (1977); do mesmo autor: "Über den Wucher", in R. König, J. Winckelmann (orgs.). *Max Weber*. Suplemento de *KZSS*, 1963, pp. 407 ss.

122. A. Koyré. *Von der geschlossenen Welt zum unendlichen Universum*. Frankfurt/M., 1969.

123. H. Blumenberg. *Der Prozeß der theoretischen Neugierde*. Frankfurt/M., 1973.

124. H. Blumenberg. *Säkularisierung und Selbstbehauptung*. Frankfurt/M., 1974.

outro lado, às imagens de mundo cosmológico-metafísicas. Essa classificação só pode ser entendida de modo que determinadas estruturas e posicionamentos de mundo correspondentes *favoreçam* com maior intensidade a racionalização em uma dessas duas dimensões, respectivamente. Obviamente, da mesma maneira que não se pode reduzir a religião cristã à ética, tampouco se pode reduzir a filosofia grega à cosmologia. É notável que essas duas imagens de mundo (com o mesmo potencial de racionalização estruturalmente máximo) deparem uma com a outra no interior *da mesma* tradição europeia. Por meio disso, surge uma tensão produtiva, que caracteriza a história espiritual da Idade Média europeia. O choque leva a uma polarização, ou seja, a uma elaboração radical dos conceitos fundamentais específicos de uma ética do sentimento moral, por um lado, e a uma cosmologia teoricamente fundamentada, por outro. Ao mesmo tempo, exige sínteses dos dois conceitos de mundo *formais* elaborados sob aspectos éticos e ontológicos. Não foi possível a Max Weber incluir em seus estudos comparativos o cristianismo e o islamismo. Nesse caso, ele poderia ter estudado o surgimento da consciência moderna com base na filosofia e teologia da Baixa Idade Média, nas quais colidem as estratégias conceptuais árabes, patrísticas e aristotélicas. Weber jamais analisou em maiores detalhes as estruturas cognitivas que pudessem cristalizar-se a partir de linhas persistentes de racionalização das imagens de mundo religiosas e metafísicas. Por isso, também não fica suficientemente claro que de fato haja um passo *adiante* entre os resultados da racionalização das imagens de mundo e a compreensão de mundo que é "moderna" em sentido específico.

A unidade de imagens de mundo racionalizadas que se referem à criação ou ao ente como um todo, por via metafísica, está ancorada em conceitos como Deus, ser ou natureza, isto é, em princípios ou "origens" [*"Anfänge"*] supremos, aos quais todos os argumentos são remetidos, sem que estes últimos, de sua parte, fiquem expostos à dúvida argumentativa. Nos conceitos fundamentais, ainda estão fundidos os aspectos descritivos, normativos e expressivos que se dissipam caso a caso *no interior* das imagens de mundo. Justamente nessas "origens" sobrevive uma parcela de pensamento mítico[125] que toma as imagens de mundo racionalizadas *enquanto* imagens de mundo e as defende contra consequências que necessariamente ameaçariam o *modus* da fé piedosa, assegurador da tradição, ou da contemplação temerosa. A maneira moderna de pensar, de sua parte, não conhece na ética, tampouco na ciência, reservas que possam ser excetuadas da força crítica do pensamento hipotético. Para assumir essa barreira, é preciso haver em primeiro lugar uma *generalização* no nível de aprendizado que se tenha conquistado com a conceptualidade das imagens de mundo religioso-metafísicas; ou seja, *em relação a campos profanos da vida e experiências físicas é preciso haver um emprego coerente da maneira de pensar conquistada com a racionalização ética e cognitiva*. De outra parte, isso só será possível caso se possam revogar os *desacoplamentos*, aos quais as formas elevadas da ética do sentimento moral e da cosmologia teoricamente fundada devem seu surgimento: tenho em mente a ruptura da busca ascética

---

125. Cf. a crítica de Th. W. Adorno ao Absolutismo lógico, com base no exemplo das "Investigações lógicas" de Husserl: "Zur Metakritik der Erkenntnistheorie", in Th. W. Adorno. *Gesammelte Schriften*, vol. 5. Frankfurt/M., 1971, pp. 48 ss.

de salvação, assim como o distanciamento de uma entrega contemplativa em relação às ordens profanas deste mundo.

Quando alguém percorre de modo coerente a abordagem teórica de Weber, depara no umbral da modernidade com *dois problemas*; ambos deveriam ser solucionados antes que o potencial de racionalização da tradição ocidental pudesse ser dispensado e se pudesse transformar a racionalização cultural em racionalização social. A ascese religiosa que floresceu nas ordens monásticas medievais tem de perpassar primeiro os *campos extrarreligiosos da vida* para submeter também as ações profanas às máximas da ética do sentimento moral (que antes estava religiosamente ancorada). Esse processo é identificado por Weber no surgimento da ética protestante do trabalho profissional. Contudo, ele dedica menos interesse ao desenvolvimento paralelo e ao surgimento da ciência moderna (sem a qual o desenvolvimento jurídico seria mesmo impensável). Aqui, é preciso superar o desacoplamento entre a teoria e os *campos experienciais da práxis*, sobretudo em relação aos campos do trabalho social. Em especial, a argumentação teórica precisa voltar a ser acoplada aos campos experienciais que se encontram acessíveis no posicionamento técnico assumido por artesãos. Esse segundo problema foi resolvido sob a forma das ciências naturais[126]. Os portadores sociais do conjunto da tradição – que espantosamente se unem: eruditos escolásticos, humanistas e sobretudo engenheiros e artistas da Renascença – desempenham para a separação

---

126. W. Krohn. "Die neue Wissenschaft der Renaissance", in G. Böhme, W. v. d. Daele, W. Krohn. *Experimentelle Philosophie*. Frankfurt/M., 1977, pp. 13 ss.

prático-investigativa do potencial armazenado em imagens de mundo cognitivamente racionalizadas um papel semelhante ao que as seitas protestantes desempenharam em prol da transformação de imagens de mundo ético-racionalizadas em práxis cotidiana[127].

---

127. W. Krohn. "Zur soziologischen Interpretation der neuzeitlichen Wissenschaft", in do mesmo autor (org.), E. Zilsel. *Die sozialen Ursprünge der neutzeitlichen Wissenschaft*. Frankfurt/M., 1976, pp. 7 ss.

3. MODERNIZAÇÃO COMO RACIONALIZAÇÃO SOCIAL: O PAPEL DA ÉTICA PROTESTANTE

O potencial cognitivo gerado com as imagens de mundo racionalizadas de maneira plena e consequente não se torna efetivo já nas sociedades tradicionais dentro das quais se cumpre o processo de desencantamento. Somente nas sociedades modernas ele vem à luz. E esse processo de implementação significa a modernização da sociedade[128]. Com isso, vinculam-se entre si, de um lado, os fatores externos que favorecem a diferenciação e autonomização de um aparato estatal complementar e de um sistema econômico dirigido pelo mercado[129] e, de outro, as estruturas de consciência nascidas de sínteses das tradições judaico-cristã, árabe e grega (todas elas já bastan-

---

128. Para uma teoria da racionalização social, é importante a noção da corporificação institucional e da ancoragem motivacional de estruturas de consciência culturalmente desenvolvidas. Esse modelo, que Max Weber aplica à Reforma, pode ser testado também em relação ao Renascimento e sobretudo ao Esclarecimento. Cf. a interessante coletânea de artigos: H. V. Gumbrecht, R. Reichardt, Th. Schleich (orgs.). *Sozialgeschichte der Französischen Aufklärung*, 2 vols. Munique, 1981.
129. Bendix, 1964, pp. 60 ss. e 219 ss.

te tensas) e já disponíveis, por assim dizer, em um plano cultural. Já que Weber considera ideias e interesses como equiprimordiais, o processo de modernização pode ser lido em igual medida tanto "de cima" quanto "de baixo": seja como ancoragem motivacional e corporificação institucional de estruturas de consciência, seja como solução inovadora de conflitos de interesses resultantes de problemas de reprodução econômica e luta política pelo poder. Por certo, a transição para a sociedade moderna exige uma explicação complexa que leve em conta a ação conjunta de ideias e interesses, sem abandonar-se a assunções *a priori* sobre dependências causais unilaterais (no sentido de um idealismo ou de um materialismo compreendido de forma ingênua). À medida que Weber descreve os processos de modernização – o surgimento da sociedade capitalista, do sistema estatal europeu e seu desdobramento até o século XVIII – como processo de racionalização, ele assume afinal a perspectiva "de cima", como sugerem seus estudos de sociologia da religião. E investiga de que maneira o potencial cognitivo surgido com a racionalização de imagens de mundo torna-se socialmente eficaz.

Por um lado, a compreensão de mundo descentrada abre a possibilidade de um tratamento *cognitivamente objetivado* em face do mundo factual e de um tratamento *jurídica e moralmente objetivado* em face do mundo das relações interpessoais; por outro lado, oferece a possibilidade de um subjetivismo liberado dos imperativos de objetivação, no tratamento de uma natureza das carências individualizada. A transferência dessa compreensão de mundo do plano da tradição cultural para o plano do agir social pode ser acompanhada por três vias. A primeira trilha, que o próprio Weber negligenciou de forma clara, é aberta por *movimentos sociais* inspirados em atitudes de defesa tradicionalistas e noções modernas de justiça, em ideais filosóficos de ciência e arte, e ainda em ideias de cunho burguês e (mais tarde) também socialista. A segunda trilha conduz a *sistemas de ação culturais* especializados na elaboração de componentes diferenciados da tradição cultural. Até o século XVIII surgem o meio científico organizado segundo as várias disciplinas, a doutrina jurídica universitária e um espaço público jurídico informal, bem como o meio artístico organizado por meio do mercado. Diante disso, a igreja vê diminuída sua competência global em relação ao sistema interpretativo cultural; concorrendo com instâncias mundanas, ela afirma para si, ao lado de suas funções diaconais, uma competência parcial em relação a questões moral-práticas. Também a sociologia da cultura própria à modernidade recebe de Weber uma atenção secundária; seu olhar está voltado sobretudo à terceira trilha, o caminho certo e honroso da racionalização: entre os séculos XVI e XVIII chega-se na Europa a uma *institucionalização do agir racional-teleológico* amplamente efetiva e conformadora das estruturas da sociedade em seu todo.

Os dois complexos institucionais em que Weber entende corporificadas de modo especial as estruturas modernas da consciência, e com base nos quais ele identifica de maneira exemplar os processos de racionalização social, são a economia capitalista e o Estado moderno. O que é "racional" aí? A partir da sociologia econômica e da sociologia da dominação, tem-se a impressão de que a atenção de Weber, quando fala de racionalização social, está voltada ao *modelo organizacional* concretizado nos mecanismos capitalistas e na instituição estatal moderna. A racionalidade dessas formas de funcionamento e institucionalização consiste, segundo Weber, em que pri-

meiro os empresários e funcionários públicos, mas a seguir também os trabalhadores, estejam comprometidos com o agir racional-teleológico. O que caracteriza em igual medida os mecanismos capitalistas e a administração estatal moderna, do ponto de vista da organização, é "a concentração dos recursos objetivos de funcionamento" nas mãos de empresários ou dirigentes: "Assim como a autonomia relativa do artesão ou industrial doméstico, camponês feudatário, comendatário, cavaleiro e vassalo estava baseada no fato de que cada um fosse proprietário das ferramentas, provimentos, recursos financeiros e armas – com cujo auxílio cada um cumpria sua função econômica, política e militar e dos quais cada um vivia durante o cumprimento de seus préstimos –, também a dependência hierárquica do trabalhador, vendedor comissionado, contratado técnico, assistente acadêmico, *bem como* do servidor público estatal ou soldado, está baseada no fato de as ferramentas, provimentos e recursos financeiros indispensáveis à empresa e à existência econômica estarem concentrados nas mãos do empresário, em um dos casos, e nas mãos do senhor político, no outro. [...] Esse fundamento econômico decisivo – a 'separação' entre o trabalhador e os recursos empresariais objetivos: os meios de produção na economia, os recursos bélicos no exército, os meios administrativos objetivos na administração pública, os instrumentos de pesquisa no instituto universitário e no laboratório, os recursos financeiros em todos esses casos – é fundamento decisivo comum aos mecanismos estatais modernos, militares, políticos e culturais, e à economia capitalista privada."[130]
Essa concentração dos meios objetivos é uma condição

---

130. Weber, 1964, p. 1047.

necessária à *institucionalização do agir racional-teleológico*. Diante disso, para as decisões racional-teleológicas do empresário capitalista, é necessária uma administração que trabalhe de modo racional-teleológico e seja portanto calculável de antemão: "Também historicamente, no entanto, o 'progresso' em direção ao Estado burocrático que administra e judicia segundo um direito racionalmente estatuído e uma regulamentação racionalmente concebida mantém estreita relação com o desenvolvimento capitalista moderno. Internamente, a empresa capitalista moderna baseia-se sobretudo no cálculo. Precisa, para sua existência, de uma justiça e uma administração cujo funcionamento possa ser, ao menos em princípio, igualmente calculável segundo normas gerais fixas, assim como se calcula a provável produtividade de uma máquina."[131]

Portanto, o ponto de referência sob o qual Weber investiga a racionalização social é o *caráter racional-teleológico do agir empresarial* institucionalizado na empresa capitalista; ele deduz daí algumas outras exigências funcionais: a) orientações racional-teleológicas da ação por parte da força de trabalho integrada em um processo de produção organizado de forma planejada; b) um entorno econômico calculável para a empresa capitalista, ou seja, mercados de bens, de capital e de trabalho; c) um sistema jurídico e uma administração estatal que possam garantir essa possibilidade de cálculo; e portanto d) um aparato estatal que, na administração pública, sancione o direito e institucionalize, de sua parte, as orientações da ação racional-teleológicas. A partir de tal ponto de referência, fica claro o questionamento central que torna

---

131. Weber, 1964, p. 1048.

possível tratar a modernização enquanto racionalização social. Como é possível ocorrer a institucionalização de orientações de ação racional-teleológicas no campo do trabalho social?

A racionalização social consiste no prevalecimento de subsistemas do agir racional-teleológico, a saber, na figura do empreendimento capitalista e da instituição estatal moderna; diante disso, a circunstância a esclarecer não é a condição racional-teleológica do agir econômico e administrativo, mas sua institucionalização. Esta, por sua vez, não pode ser explicada com referência a regulamentações racional-teleológicas, pois a *normatização do agir racional-teleológico* equivale a uma forma de integração social que justamente *ancora* as estruturas da condição racional-teleológica no sistema da personalidade e no sistema de instituições. Essa forma específica de integração social exige, conforme se mencionou:

– uma ética do sentimento moral que sistematize todos os campos e, de maneira racional-valorativa, firme as orientações racional-teleológicas da ação no sistema da personalidade (ética protestante);

– um subsistema social que assegure a reprodução cultural das orientações de valor correspondentes (comunidade religiosa e família);

– um sistema de normas coercivas que, segundo sua estrutura formal, se preste a propor como comportamento legítimo para os que agem a persecução racional-teleológica dos interesses próprios, voltada exclusivamente ao êxito e desenvolvida em um campo moralmente neutralizado (direito civil).

Weber acredita que essas inovações possam firmar-se por meio de uma *corporificação institucional das estruturas de consciência* que, de sua parte, haviam surgido da racionalização ética das imagens de mundo. Com essa interpretação, ele se diferencia dos teóricos funcionalistas da modernização[132].

Por outro lado, é preciso perceber que Weber se aproxima da problemática da modernização sob determinado ponto de vista, caracteristicamente limitado: sua abordagem da modernização representa uma variante que oferece vantagens no que se refere a uma estratégia para a pesquisa, mas que *não exaure* o potencial explicativo de sua própria teoria, construída *em dois níveis*. Se tivermos presente a sistemática da teoria da racionalização de Weber, não explicitada por ele, ficará claro o questionamento que teria dado sequência à análise das religiões mundiais. Já resumimos, de passagem, o produto dessa análise: do processo histórico-universal da racionalização das imagens de mundo, ou seja, do desencantamento de imagens de mundo religioso-metafísicas resultam estruturas de consciência. Essas estruturas de consciência, por sua vez, estão presentes de certa maneira no plano da tradição cultural; na sociedade feudal da Alta Idade Média, porém, só tiveram penetração em uma camada superior e relativamente estreita de virtuoses religiosos, em parte dentro da própria igreja, mas sobretudo nas ordens monásticas e depois também nas universidades. As estruturas de consciência confinadas nos monastérios careciam de implementação em camadas mais amplas, para que as novas ideias pudessem vincular, redirecionar e perpassar os interesses sociais e ainda racio-

---

132. W. Zapf (org.). *Theorien des sozialen Wandels*. Colônia, 1969; do mesmo autor: "Die soziologische Theorie der Modernisierung", *Soz. Welt*, 26, 1975, pp. 212 ss.; um apanhado geral é oferecido por H. U. Wehler. *Modernisierungstheorie und Geschichte*. Göttingen, 1975.

nalizar as ordenações profanas da vida. Dessa perspectiva, surge a pergunta: Como é que as estruturas do mundo da vida já conhecidas, advindas de sociedades tradicionais, precisaram mudar antes que se pudesse exaurir na sociedade o potencial cognitivo nascido da racionalização religiosa, e antes que se pudesse corporificar esse potencial nas ordenações da vida estruturalmente diferenciadas e próprias a uma sociedade que se modernizara por essa via?

Esse *questionamento contrafático* é incomum para o sociólogo que trabalha de modo empírico, mas corresponde à abordagem escolhida por Weber, a partir de uma teoria que distingue entre fatores internos e externos, que reconstrói a história interna das imagens de mundo e colide com a renitência das esferas de valor que se diferenciaram e autonomizaram culturalmente. Pois essa teoria lança novo olhar sobre um nível inusitado de possibilidades de aprendizado, um nível que, fundado sobre a lógica do desenvolvimento, não pode ser descrito sob o posicionamento de uma terceira pessoa, mas tão somente reconstruído segundo o posicionamento performativo de um participante da argumentação. Assim, a teoria da racionalização possibilita questionamentos contrafáticos que nem *a nós*, que estamos atentos a tal estratégia teórica, estariam acessíveis – e eis o inextinguível elemento hegeliano presente ainda em Weber –, caso não pudéssemos apoiar-nos heuristicamente sobre o desenvolvimento *factual* dos sistemas de ação culturais (ciência, direito, moral e arte), e caso não *soubéssemos* qual a possível aparência *in concreto* das *possibilidades* de uma ampliação do saber cognitivo-instrumental, moral-prático e estético-expressivo, possibilidades fundadas *in abstracto* na compreensão moderna de mundo, ou seja, fundadas sobre a lógica do desenvolvimento[133].

Diante desse pano de fundo, uma análise do surgimento e desdobramento da sociedade capitalista ou dos sistemas sociais modernos em geral que estivesse orientada segundo uma teoria da racionalização teria de ter seu ponto de partida na seguinte pergunta: a via de racionalização percorrida na Europa é apenas uma entre outras vias sistematicamente possíveis? Cabe perguntar se é preciso descrever a modernização que se impõe com o capitalismo como uma efetivação apenas parcial das estruturas modernas da consciência, e de que maneira se pode explicar, conforme o caso, o modelo seletivo da racionalização capitalista. É interessante que Max Weber *não* tenha cumprido a sistemática de sua abordagem em dois níveis, que vai da racionalização cultural à racionalização social. Ele tomou como ponto de partida sobretudo o *factum* de que a racionalidade finalista própria ao comércio empresarial tenha sido institucionalizada no empreendimento capitalista, e que a explicação desse *factum* é a chave para a explicação da modernização capitalista. Diversamente de Marx, que nesse ponto propõe considerações teóricas sobre o valor do trabalho, Weber

---

133. E. Tugendhat investigou a relação que estabelecem entre si análises feitas a partir da primeira e da terceira pessoa, relacionando-as com uma teoria do aprendizado moral: "A pretensão de absolutidade da moral e a experiência histórica", *MS* (1979). Apoiam-se nesse conceito G. Frankenberg, U. Rödel. *Von der Volkssouveränität zum Minderheitenschutz: die Freiheit politischer Kommunikation im Verfassungsstaat, untersucht am Beispiel der Vereinigten Staaten von Amerika*. Frankfurt/M., 1981. Cf. também J. W. Patterson. "Moral Development and Political Thinking: The Case of Freedom of Speech", *West. Pol. Quart.*, mar. 1979, pp. 7 ss.

trata de explicar a institucionalização do agir econômico racional-teleológico primeiro com auxílio da cultura protestante da atividade profissional e logo a seguir com auxílio do sistema jurídico moderno. As duas coisas, à medida que corporificam essas noções morais e jurídicas pós-tradicionais, possibilitam uma racionalização social no sentido da expansão de ordenações legítimas do agir racional-teleológico. Com elas surge uma nova forma de integração social, capaz de cumprir os imperativos funcionais da economia capitalista. Weber não hesitou em equiparar *essa* forma de racionalização à racionalização social *em geral*.

Pois ele só leva em consideração o *horizonte de possibilidades* aberto com a compreensão moderna do mundo até o ponto em que esse horizonte esteja a serviço da explicação daquele fenômeno central, indicado já de antemão; é nesse fenômeno que Weber enxerga a forma exemplar e inequívoca da aparição de uma racionalidade socialmente eficiente. O que sugere essa avaliação do empreendimento capitalista, por um lado, é mesmo o fato de a institucionalização do agir empresarial racional-finalista assumir uma importância central para a sociedade moderna, sob um *ponto de vista funcional*; por outro lado, em Max Weber essa avaliação também é sugerida pela posição especial que o elemento da racionalidade teleológica ocupa no plano das orientações da ação. Na transição da racionalização cultural para a social, nota-se um *estreitamento significativo* do conceito de racionalidade, que Weber, como veremos, trata de concretizar em sua teoria da ação, talhada sob medida para o tipo do agir racional-teleológico. Weber, portanto, aborda de maneira *imediata* as formas fáticas do racionalismo ocidental já dadas de antemão, sem contrastá-las com as possibilidades de um mundo da vida racionalizado que pudessem ter sido esboçadas contrafaticamente. Com isso, no entanto, ele não faz desaparecer por completo os vestígios que anunciam problemas em sua abordagem teórica: os problemas recalcados voltam a emergir em diagnósticos de época que o próprio Weber propõe; pois para tanto ele necessita de parâmetros com os quais possa medir e criticar uma racionalização que, retraída, não passa de uma racionalidade teleológica totalizada. Assim, a sistemática da teoria (proposta em dois níveis) sobre a racionalização social – sistemática que não se pusera às claras nos elementos descritivos de "Economia e sociedade" – acaba ganhando destaque no diagnóstico de época sobre o capitalismo contemporâneo.

Primeiramente, pretendo dedicar-me ao papel que Max Weber atribui à ética protestante como fator no surgimento do capitalismo (1) e dispor, assim, de alguns pontos de referência para um modelo de racionalização social pelo qual se possa mensurar a via ocidental de desenvolvimento (2).

(1) Segundo a própria compreensão de Max Weber, os estudos sobre a ética protestante referem-se a uma variável-chave do desenvolvimento cultural do Ocidente como um todo. Pois Weber não considera a moderna cultura profissional apenas de maneira geral como uma derivação das estruturas modernas da consciência, mas justamente como a implementação da ética da conciência com a qual se assegura a racionalidade finalista do agir empresarial, por via motivacional e de maneira eficiente para o empreendimento capitalista. Do ponto de vista da estratégia teórica, os estudos sobre o protestantismo assumem uma posição central. Não obstante, tal posição é sob diversos aspectos metodicamente limita-

da: (a) Os estudos prestam-se a uma análise "de cima", ocupam-se da ancoragem motivacional e da corporificação institucional de ideias, do aproveitamento máximo de um potencial para a solução de problemas que se oferece de acordo com a lógica do desenvolvimento, e portanto precisam ser complementados por uma análise "de baixo", uma investigação dos fatores externos e da dinâmica do desenvolvimento. Além disso, (b) esses estudos têm, como diríamos hoje, um caráter estruturalista e não tratam de qualquer relação causal, mas somente de uma "relação de afinidade eletiva" entre a ética protestante e o espírito do capitalismo infiltrado na cultura moderna da atividade profissional. Por isso, não cumprem tampouco a exigência do próprio Weber de uma análise sobre "o modo como a ascese protestante, em seu nascimento e particularidade, tenha sido influenciada pelo conjunto de condições culturais da sociedade, sobretudo econômicas..."[134]. Esses estudos (c) não permitem nenhuma comparação entre os diferentes componentes dos mundos da vida ligados a classes específicas que tenham sido atraídos pelo sorvedouro da racionalização, nem muito menos uma ponderação entre os estilos de condução da vida de caráter preponderantemente cognitivo-utilitarista, estético-expressivo ou moral-prático. Em nosso contexto, porém, é muito importante que esses estudos (d) *não* assumam para si a pergunta sobre o grau de seletividade da compreensão de mundo que, expressa nas imagens de mundo eticizadas, difunde-se na cultura protestante da atividade profissional. Apenas no contexto dessas questões *adicionais*, atuais ainda hoje e às quais Max Weber faz alusão em outros momentos de

---

134. Weber, 1973, p. 190.

sua obra[135], seria possível determinar a posição cabível à ética protestante na explicação do racionalismo ocidental. Exceto a última, negligenciarei tais questões.

Conforme mencionado, a doutrina calvinista não considera o sucesso da atividade profissional imediatamente como meio para a *conquista* da bem-aventurança, mas como sinal exterior da *asseguração* de um estado de graça fundamentalmente incerto. Com auxílio desse elo ideológico intermediário, Weber explica o significado funcional que o calvinismo veio alcançar, não apenas em prol da difusão de posicionamentos ascético-intramundanos, mas especialmente em prol de uma condução da vida objetivada, sistematizada e *concentrada em torno da atividade profissional racional-teleológica*. Weber não pretende explicar por que sucumbem os empecilhos católicos à ânsia de lucro dos comerciantes; mais que isso, quer explicar de que maneira foi possível haver o redirecionamento "do ganho econômico ocasional" a "um sistema econômico", ou seja, o desenvolvimento que leva "do romantismo da aventura econômica a um metodismo de vida econômico e racional"[136]. No calvinismo e no ambiente das seitas protestantes, Weber descobriu, por um lado, as *doutrinas* que assinalaram a condução metódica da vida como caminho de salvação; na vida religiosa das comunidades, inspiradora também da educação familiar, encontrou, por outro lado, a instituição que cuidava da eficiência socializadora das doutrinas nas camadas superiores do capitalismo em sua fase inicial: "O Deus do calvinismo exigia dos seus não 'boas obras' individuais, mas uma santidade das obras que se elevava à

---

135. Schluchter, 1979, pp. 210 ss.
136. Weber, 1972, p. 232.

condição de *sistema*. Já não se falava do sobe e desce católico entre pecado, contrição, penitência, absolvição e novo pecado, nem de um saldo da vida em seu todo, do qual fosse possível penitenciar-se com padecimentos temporais ou que pudesse ser compensado com graças concedidas pela igreja. A práxis ética da pessoa no cotidiano foi despida da ausência de qualquer plano ou sistema e reformulada para tornar-se um *método* coerente de condução total da própria vida. Não é por acaso que o nome 'metodistas' tenha ficado atrelado aos líderes da última grande revitalização do movimento puritano no século XVIII, tal como o termo 'precisistas' (de sentido equivalente) havia sido empregado para designar seus predecessores espirituais no século XVII. Pois somente em uma mudança fundamental do sentido da vida como um todo, a cada hora e em cada ação, a atuação da graça podia lograr êxito como elevação do ser humano do *status naturae* ao *status gratiae*. A vida do 'santo' estava exclusivamente direcionada a um fim transcendente: a bem-aventurança; mas *justamente por isso* estava totalmente *racionalizada* em seu decurso terreno e dominada pela visão exclusiva de que cabia tornar o nome de Deus mais conhecido sobre a Terra."[137]

Nesse ponto, de início Weber destaca no calvinismo o aspecto que induz o fiel a despojar a práxis cotidiana da falta de sistemática que a caracteriza, ou seja, a praticar a busca da salvação de tal maneira que a consciência ética, a moral orientada por princípios, *perpasse* em igual medida *todas* as esferas e *todos* os estágios da vida. A observação sobre a vida do "santo" alude com certeza a outro aspecto característico da piedade nas seitas; e só esse

---

137. Weber, 1973, pp. 133 ss.

traço vem explicar por que a ética protestante possibilitou não apenas a ascese intramundana em geral, mas em especial as orientações da ação que caracterizam a condução metódica da vida pelos empresários do capitalismo em sua fase inicial, a saber: a sistemática da condução da vida que se instaura quando o leigo precisa regrar sua vida de maneira autônoma, segundo princípios de uma moral pós-convencional, sem poder abandonar-se à graça sacramental proporcionada pelo clero – ao auxílio de uma instituição veiculadora da graça e baseada no carisma hierárquico, como é a igreja católica – e sem poder subdividir seu mundo da vida em esferas vitais relevantes para a salvação, de um lado, e outras não relevantes, de outro.

A condução da vida que Weber denomina "metódica" caracteriza-se sobretudo por "objetivar-se" nela a esfera profissional, ou seja, por *segmentar-se e ao mesmo tempo elevar-se* nela a esfera profissional, do ponto de vista moral. As interações *no interior* da esfera da atividade profissional são moralmente neutralizadas, a ponto de o agir social poder desagregar-se de normas e valores e redirecionar-se à contemplação racional-teleológica de interesses próprios, na busca de êxito; ao mesmo tempo, esse êxito profissional está vinculado de tal maneira ao destino individual de salvação, que a atividade profissional *como um todo* vê-se dramatizada e sobre ela passa a pesar um ônus ético. Essa ancoragem moral de uma esfera racional-teleológica do sucesso profissional já liberada da eticidade tradicional mantém nexo com o traço característico da ética protestante que apenas ressoa na citação: a restrição – particularista e vinculada à graça – a uma ética salvífico-religiosa do sentimento moral, que refuta o convívio de éticas diversas (monástica, sacerdotal e leiga), em prol de uma separação elitista entre religiosidade dos virtuoses e religiosidade das massas.

W. Schluchter elaborou com energia as consequências éticas desse *particularismo da graça* agudamente impregnado no protestantismo das seitas, dando continuidade ao contraste entre seita e igreja proposto por Troeltsch. O isolamento interior do indivíduo e a compreensão do *próximo* como um outro neutralizado em nexos estratégicos da ação são as duas consequências mais notáveis: "O protestantismo ascético formula para o leigo, portanto, uma ética religiosa de virtuoses, que repercute como desumana sob a ótica do católico comum. [...] Seu individualismo absoluto não remonta à comunidade de amor do cristianismo primitivo. Embora admita [...] a ideia da *filiação* em Deus, não admite a da *comunhão* com Deus. [...] A ética religiosa do protestantismo ascético, portanto, é uma ética *monológica* do sentimento moral, de consequências *antifraternas*. Vislumbro justamente aí seu potencial de desenvolvimento."[138] Schluchter vê o potencial de desenvolvimento não em uma racionalização ética da condução da vida em geral, mas de modo especial na objetivação das relações interpessoais necessárias para que o empresário capitalista possa agir de maneira continuadamente racional-teleológica em um campo eticamente neutralizado, ou seja: *de acordo com um posicionamento objetivador*.

Weber certamente supõe que a "objetivação" no sentido da objetificação estratégica das relações interpessoais seja o único caminho possível para uma dissolução racional de relações vitais internalizadas pela tradição e regradas de maneira convencional. Schluchter tem essa

---

138. Schluchter, 1979, pp. 250 s.

mesma visão e prossegue da seguinte maneira, em sequência ao trecho mencionado: a ética do protestantismo ascético "não só coloca a relação do indivíduo com Deus *acima* de suas relações com as demais pessoas, como fazem todas as correntes religiosas salvíficas cristãs que se mostrem consequentes; ela também atribui a essas relações um novo significado, que consiste no abandono da interpretação pautada por conceitos pietistas. Com isso, ela motiva a que se objetivem primeiro as relações religiosas e a seguir as relações inter-humanas extrarreligiosas"[139]. Diante disso, é preciso ter presente que noções jurídicas e morais pós-tradicionais, tão logo se imponham no plano das ordenações legítimas, tornam-se inconciliáveis *per se* com as bases tradicionais de relações de vida substanciais cuja orientação seja pietista. Em princípio, o curso do tradicionalismo também poderia ter sido interrompido *sem o desmembramento de um sistema de ações eticamente neutralizado*. O racionalismo ético, segundo vimos, acarreta uma concepção formal do mundo como conjunto de relações interpessoais regradas de maneira legítima, em que o indivíduo que age de maneira autônoma pode firmar-se moralmente. Essa objetivação que rebaixa todas as normas herdadas da tradição a meras convenções destrói de saída o fundamento legitimador da piedade [*Pietät*]. Para tanto, não se necessita de uma objetivação *especial* (e de fato indispensável à dinâmica econômica capitalista, do ponto de vista funcional) que possibilite a segmentação de um campo juridicamente organizado e destinado ao agir estratégico.

Max Weber negou explicitamente uma possibilidade de desenvolvimento como essa. Mas é interessante que

---

139. Schluchter, 1979, p. 251.

ele não fundamente essa negação com uma alusão empírica à dinâmica do desenvolvimento de um sistema econômico cujos imperativos funcionais só possam ser cumpridos por uma ética que ancore de maneira racional-valorativa a liberação do agir estratégico na esfera do trabalho social. Em vez disso, remete-se a um fato da lógica do desenvolvimento, qual seja a inconciliabilidade *estrutural* entre cada uma das religiões de salvação eticizadas por completo, de um lado, e as ordenações impessoais de uma economia racionalizada e de uma política objetivada, de outro. Por causa do significado sistemático dessa tese, gostaria de apresentar o argumento em detalhes.

Primeiramente, Weber considera a *ética cristã da fraternidade* como forma exemplar de uma ética da consciência racionalmente elaborada: "Quanto mais racionalmente tenha sido apreendida a ideia da salvação, e quanto mais sublimadamente tenha se dado essa sua apreensão, do ponto de vista de uma ética do sentimento moral, mais se terão intensificado interna e externamente os mandamentos nascidos de uma ética da reciprocidade ligada ao vínculo de vizinhança. Externamente, até se atingir o comunismo do amor; internamente, porém, até se atingir o sentimento moral da *caritas*, do amor pelo sofredor como tal, do amor ao próximo, do amor pela humanidade e enfim: do amor pelos inimigos."[140] A apreensão rigorosamente universalista dos princípios morais, a forma do autocontrole subjetivo-autônomo baseado nas orientações para a ação internalizadas e altamente abstratas, bem como o modelo de uma plena reciprocidade das relações entre os envolvidos em uma comunidade comunicacional ilimitada – eis os traços característicos

---

140. Weber, 1963, p. 543.

de uma ética religiosa da *fraternidade*, surgida da "nova comunidade social" advinda de uma "religiosidade comunitária soteriológica" criada por meio de profecias, justamente nos casos em que a eticização da religião de salvação tenha sido levada adiante da maneira mais consequente[141].

Assim, a "Consideração intermediária" pode ser lida como um único argumento em favor da ideia de que essa ética, comunicativa em seu cerne, vá entrar tanto mais intensamente em contradição com as ordenações da vida intramundanas "hostis à fraternidade" quanto mais completamente forem racionalizadas essas mesmas ordenações: "Portanto, o cosmo da economia capitalista racional moderna, quanto mais seguia suas legitimidades próprias e imanentes, tanto mais se tornava inacessível à relação (até mesmo concebível) com uma ética religiosa da fraternidade."[142] Pois tanto aqui quanto na política essa ética teria de ser recebida como "empecilho à racionalidade formal". A ética universalista da fraternidade colide com as formas da racionalidade econômico-administrativa nas quais a economia e o Estado objetivam-se para tornar-se um cosmo hostil à fraternidade: "Assim como o agir racional econômico e político segue suas legitimidades próprias, qualquer outro agir racional no interior do mundo fica inevitavelmente vinculado às condições do mundo hostis à fraternidade, que têm de ser fins ou meios desse mesmo agir; assim, ele de alguma forma entra em choque com a ética da fraternidade."[143]

Uma distensão desse conflito fundado estruturalmente na tensão entre fraternidade e antifraternidade só

---

141. Weber, 1963, pp. 542 s.
142. Weber, 1963, p. 544.
143. Weber, 1963, p. 552.

é possível por duas vias: ou pelo retraimento até uma "fraternidade acosmística" da mística cristã; ou pela via que conduz à ascese intramundana e com isso ao "paradoxo da ética protestante da atividade profissional, ética que, como religiosidade de virtuoses, renunciou ao universalismo do amor; vinculou racionalmente toda ação no mundo à provação de seu estado de graça e ao serviço segundo a vontade de Deus (a qual, embora incompreensível em seu sentido último, é afinal reconhecível e positiva); e assumiu para si – como vontade de Deus e como material para o cumprimento do dever – a objetivação do cosmo econômico rebaixado à condição de decaído e criatural (própria também ao mundo todo). Afinal, por uma questão de princípio, renunciou-se à salvação como um fim oferecido a cada um e alcançável pelas pessoas em geral, e essa renúncia deu-se em favor da graça, imotivada e tão somente particular. No fundo, essa posição de antifraternidade já não correspondia a uma verdadeira 'religião de salvação'"[144].

Sob o nível alcançado até então na ética da fraternidade desenvolvida de modo comunicativo, quase não há maneira mais desabrida de formular esse *retraimento particularista e vinculado à graça*, própria a uma ética da atividade profissional ascética e egocentricamente abreviada, alojada na hostilidade exercida pela economia capitalista contra a fraternidade. Não obstante, Weber não fez frutificar essa clarividência teórica. E isso é menos compreensível ainda quando se acompanha a análise proposta por Weber sobre o destino da ética protestante durante o desenvolvimento capitalista.

A ética profissional protestante cumpre condições necessárias para o surgimento de uma base motivacional

---

144. Weber, 1963, pp. 545 s.

do agir racional-teleológico na esfera do trabalho social. Com essa ancoragem racional-valorativa das orientações racional-teleológicas da ação, ela cumpre apenas a condição *de partida* para a sociedade capitalista; coloca o capitalismo a caminho, sem poder assegurar as condições para a estabilização de si mesma. Ora, Weber crê que os subsistemas do agir racional-teleológico constituem a longo prazo um ambiente destrutivo para a ética protestante. E, quanto mais de acordo com a legalidade própria cognitivo-instrumental do crescimento capitalista e da reprodução do poder estatal os subsistemas se desenvolvem, mais rapidamente se dá essa destruição. Quando uma racionalidade moral-prática da ética da consciência dá início a uma sociedade, não pode institucionalizar-se nessa mesma sociedade. Em uma perspectiva de longo prazo ocorre, sim, que ela seja substituída por um utilitarismo que se deve a uma nova interpretação empírica da moral – a uma valorização pseudomoral da racionalidade teleológica – e que deixa de dispor de relação interna com a esfera moral de valores. De que maneira Weber explica esse *modelo autodestrutivo* da racionalização social? Do componente da fraternidade, a ética protestante já se havia desfeito; portanto, só o alojamento dela mesma no contexto de uma religião de salvação em geral é que podia colocá-la em contradição com as condições modernas de vida.

De fato, o que decide sobre o destino da religião é a concorrência com os modelos interpretativos científicos racionalizados, e assim, segundo Weber, também sobre a ética de fundamentação religiosa: "A forma moderna da plena racionalização intelectual e teleológica da imagem de mundo e da condução da vida, ocorrida de maneira prática e teórica, teve como consequência geral o seguinte: quanto mais avançava esse tipo especial de racionalização, mais a religião se via deslocada para o que – do ponto de vista de uma conformação intelectual da imagem de mundo – era irracional."[145] Na "Consideração intermediária", Weber elabora ainda mais acuradamente o fundamento desse conflito: "De modo autônomo e cumprindo suas próprias normas de maneira intramundana, o conhecimento racional, ao qual a própria religiosidade ética já havia recorrido, deu forma a um mundo de verdades; e a esse mundo cabia não só refutar os postulados da ética religiosa racional, segundo os quais o mundo enquanto cosmo satisfaria as exigências *dessa ética* ou apresentaria um 'sentido' qualquer, mas cabia também, e ainda mais, refutar por princípio tal pretensão. O cosmo da causalidade natural e o cosmo que se postulava, da causalidade ética das compensações, estavam claramente em oposição um ao outro, de maneira inconciliável. E, embora a ciência, que havia criado aquele cosmo, não parecesse ser capaz de dar grandes esclarecimentos acerca de seus pressupostos últimos, apresentou-se em nome da 'retidão intelectual' com a seguinte pretensão: ser a única forma possível da consideração pensante do mundo. Com isso, também o intelecto, como todos os valores culturais, criou uma aristocracia antifraterna da propriedade racional da cultura, aristocracia que se quer independente de todas as qualidades éticas humanas individuais."[146]

Essa explicação do modelo autodestrutivo da racionalização social é insatisfatória porque Weber se exime de comprovar que uma consciência moral orientada por

---

145. Weber, 1963, p. 253.
146. Weber, 1963, p. 569.

princípios só possa sobreviver em contextos religiosos. Weber não explica por que se deveriam considerar a vinculação entre consciência moral e interesse na salvação ou o alojamento da ética orientada por princípios em uma religião de salvação tão imprescindíveis para a *conservação* da consciência moral quanto certamente o haviam sido para o *surgimento* desse grau da consciência moral. Para isso não há evidências empíricas cabais (a), tampouco argumentos sistemáticos consistentes (b).

(a) Weber não cumpriu seu programa de pesquisa, que se propunha permitir a avaliação da "importância cultural do protestantismo ascético em relação a outros elementos plásticos da cultura moderna"[147]. Entre outras coisas, ele deveria abranger as influências socioéticas do humanismo, bem como do empirismo filosófico e científico. Weber precisaria ter abordado para tanto as tradições que, tendo ingressado no racionalismo do Esclarecimento, tivessem fomentado nas camadas burguesas uma moral leiga secularizada; esta última, quando se pensa no efeito de uma emancipação em relação ao universo da religiosidade eclesiástica católica, constitui um equivalente pleno da ética protestante. A famosa pesquisa de 1927 realizada por Bernhard Groethuysen[148] concentrou-se em um caso como esse: o desenvolvimento da formação de uma consciência moral burguesa autônoma na burguesia francesa. Groethuysen apoia-se sobretudo em homilias proferidas nos séculos XVII e XVIII, bem como em tratados filosóficos e pedagógicos da segunda metade do século XVIII. A partir dessas fontes, ele

---

147. Weber, 1973, p. 189.
148. B. Groethuysen. *Die Entstehung der bürgelichen Welt- und Lebensanschauung in Frankreich*, 2 vols., Frankfurt/M., 1979.

permite entrever a imagem de uma ética orientada por princípios e desvinculada de contextos religiosos, com a qual as camadas burguesas distanciavam-se tanto do clero quanto do povo ainda enredado em uma religiosidade simplória. O burguês "bem sabe discernir: para ele, a moral mundana e a ciência; para os outros, a religião"[149]. Groethuysen comprova de que maneira a burguesia francesa dessa época cresce e se projeta em meio ao universo católico de concepções e como desenvolve as intuições secularizadas sobre a vida, das quais "se precisa para regrar a vida socioeconômica e fazer valer suas demandas"[150]. A moral burguesa basta-se a si mesma. Se o burguês, como indivíduo, continua sendo católico ou não, de qualquer modo o catolicismo eclesiástico perde seu poder de orientar as ações antes exercido sobre a práxis cotidiana das camadas burguesas: "O burguês encontrou sua forma de vida, sua moral, e ela mantém um nexo estreito com as condições de vida burguesas."[151]

(b) Também estão ausentes as razões para a tese de que uma consciência moral em estágio pós-tradicional não pudesse estabelecer-se sem um alojamento religioso. Quando a eticização de imagens de mundo religiosas conduz à diferenciação e autonomização de uma esfera de valores especializada em questões moral-práticas, deve-se esperar que se dê continuidade à racionalização ética no interior dessa esfera de valores, de acordo com a legitimidade própria de uma razão prática desvencilhada de pretensões descritivas e de tarefas expressivas. Nessa linha situam-se as éticas filosóficas profanas da Era Mo-

---

149. Groethuysen, 1979, I, p. 17.
150. Groethuysen, 1979, II, p. 210.
151. Groethuysen, 1979, II, p. 213.

derna que, na trilha das éticas formalistas de tipo kantiano, conduzem às atuais éticas do discurso; estas, por sua vez, ligam-se em parte a Kant e em parte ao direito natural racional, mas também assumem pontos de vista utilitaristas. Poderíamos, com Weber, designar as éticas do discurso de hoje como *éticas cognitivistas da responsabilidade*[152].

Sobretudo em contextos metodológicos, por certo o próprio Weber parte de uma posição argumentativa determinada pelo positivismo de seu tempo, segundo o qual juízos éticos de valor expressam apenas posicionamentos subjetivos, não sendo aptos a uma fundamentação intersubjetivamente obrigatória. A isso se contrapõem seus próprios argumentos favoráveis a uma superioridade das éticas de responsabilidade quando comparadas às éticas do sentimento moral. Assim que passa a demonstrar as limitações da ética da fraternidade relativas à ética do sentimento moral, o próprio Weber assume o papel de um sistemático ético. Para ele, a ética da fraternidade não oferece "meio algum nem mesmo para a solução da primeira pergunta entre todas [...], a saber: no caso individual, de que ponto de vista cabe definir o valor ético de um agir? A partir do *êxito*, ou de um *valor próprio* dessa atuação, a ser determinado eticamente? A pergunta é se a responsabilidade pelas consequências de quem age justifica os meios (e em que medida isso acontece), ou, ao contrário, se o valor do sentimento moral que sustenta a ação deve autorizar quem age a recusar a responsabilidade pelas consequências e imputá-la a Deus

---

152. Para isso eu contaria com as abordagens de Baier, Hare, Singer, Rawls, Lorenzen, Kambartel, Apel e também a minha. Cf. Oelmüller, 1978a; R. Wimmer, 1980.

ou à decadência e insanidade do mundo toleradas por Deus. A sublimação da ética religiosa pela ética da consciência tenderá à última alternativa: 'o cristão age bem; sobre seu êxito, Deus decida'"[153]. Com esse argumento e outros semelhantes[154], Weber adentra a seara de uma discussão filosófica capaz de processar a renitência de questões moral-práticas e a lógica da justificação de normas para a ação, mesmo depois de a moral e o direito terem se desprendido do universo conceitual das imagens de mundo religiosas e metafísicas.

Se não se pode excluir já de saída a possibilidade de uma teoria moral racional – que não se pode chamar científica, mas ao menos compatível com as exigências de fundamentação modernas do pensamento científico –, seria preciso explicar de outra maneira a dissonância cognitiva entre uma consciência cientificamente esclarecida e a ética protestante da atividade profissional, por exemplo por meio do caráter especial de seu particularismo da graça. Aí, também ganhariam significado sistemático as observações ocasionais de Weber sobre o caráter irracional próprio à doutrina da eleição da graça e ao tipo de condução da vida que essa doutrina fundamenta. A ética protestante não é de modo algum uma corporificação exemplar, mas uma corporificação desfigurada, e mesmo *altamente irracional* da consciência moral, que se expressa em primeiro lugar na ética religiosa da fraternidade. Com propriedade, R. Döbert analisou a dupla face de versões da ética da atividade profissional que se torna-

---

153. Weber, 1963, p. 552.
154. Sobre o nexo entre ética e teoria da ciência em Max Weber, cf. W. Schluchter. *Wertfreiheit und Verantwortungsethik, zum Verhältnis von Wissenschaft und Politik bei Max Weber*. Tübingen, 1971.

ram historicamente efetivas (dupla face revelada sob pontos de vista estruturais)[155]. Com a ética protestante, estruturas de consciência que até então só tinham uma importância como que exterritorial passaram a se ancorar em algumas das camadas de sustentação do capitalismo. Mas o sucesso dessa institucionalização deu-se à custa de que as estruturas de consciência, em princípio acessíveis, pudessem ser *usadas somente de maneira seletiva*. Döbert aponta sobretudo para o particularismo da graça de um Deus cuja vontade é por princípio imperscrutável e para a imisericordiosa incerteza da graça, que precisaria tornar-se psicologicamente suportável por meio de construtos auxiliares de um tipo menos ou mais elucidativo. A seletividade mostra-se igualmente nos traços repressivos da coletivização social religiosa, bem como no total isolamento interior do virtuose religioso, que até mesmo no interior de sua própria comunidade posiciona-se segundo um comportamento instrumental, ou então segundo a rigidez do controle das pulsões, que exclui uma relação livre do indivíduo com sua própria natureza. Em seus tratados sobre as seitas protestantes, Weber não oculta de modo algum esses traços desagradáveis e plenamente sintomáticos da condução metódico-racional da vida[156].

Mas, se a ética protestante – tanto as doutrinas em cujo contexto ela se situa quanto as formas de vida e estruturas de personalidade nas quais ela se corporifica – não pode ser considerada pura e simplesmente como expressão de uma moral orientada por princípios, e se levamos a sério o *caráter parcial* dessa forma de racionali-

---

155. Döbert, 1977, pp. 544 ss.
156. Weber, 1973, pp. 279 ss., 318 ss.

zação ética, incide então uma nova luz sobre as seitas protestantes que, como os batistas, pretendiam institucionalizar a ética universalista da fraternidade de maneira mais irrestrita, ou seja, também nas novas formas da comunidade social e da formação política da vontade[157].

Esses movimentos sociais, que não direcionavam o potencial das imagens de mundo plenamente eticizadas para a trilha do trabalho profissional disciplinado de *pessoas privadas*, mas pretendiam concretizá-lo em formas de vida sociorrevolucionárias, fracassaram em sua primeira tentativa. Pois as *formas de vida radicalizadas* não correspondiam às exigências de uma ética econômica capitalista. Esses contextos carecem de uma análise mais precisa. Mesmo assim, essas considerações podem dar ensejo a que se pergunte:

– se a condução metódica da vida dos grupos protestantes pesquisados por Weber não conquistou sua significância histórica justamente por ter dado forma efetiva a um modelo de moralidade pós-tradicional que se mostrou funcional para a condução empresarial do capitalismo;

– e se a instabilidade desses grupos, observada por Weber, não remonta a que o desenvolvimento capitalista só admita de forma restrita quaisquer orientações pós-tradicionais da ação, isto é, a que ele exija um modelo de racionalização segundo o qual a racionalidade cognitivo-instrumental adentra outros campos da vida para além da economia e do Estado e lá conquista a primazia

---

157. Cf. a observação de Weber sobre a "Revolução dos batistas" (1963, p. 554). Em relação a isso, cf. R. v. Dülmen. *Reformation als Revolution*. Munique, 1977; nessa obra (cf. pp. 373 ss.) encontram-se mais indicações de literatura.

nesses campos, à custa da racionalidade moral-prática e estético-prática¹⁵⁸.

(2) Essas questões estão inseridas em uma linha de argumentação à qual Weber não deu continuidade, embora ela seja resultado de sua própria abordagem teórica, concebida em dois níveis. As investigações empíricas de Weber concentram-se de maneira *imediata* no problema do surgimento do capitalismo e na pergunta sobre como foi efetivamente possível, na fase do surgimento do capitalismo, instrumentalizar orientações racional-teleológicas da ação. Com isso ele estabelece desde o início uma ligação entre a racionalização social e o aspecto da racionalidade finalista; porém, não projeta o perfil histórico desse processo a partir do universo de referências do que teria sido *estruturalmente possível*. Mas esse questionamento mais complexo volta a surgir no diagnóstico que Weber faz do presente. Aqui, Weber está preocupado com que os subsistemas do agir racional-teleológico se desprendam de seus fundamentos racional-valorativos e se autonomizem em uma dinâmica própria. Ainda nos ocuparemos dessa tese da perda de liberdade. Weber associa-a ao resultado de pesquisas comparativas no âmbito da sociologia da religião, a saber: que as estruturas de consciência, quando diferenciadas a ponto de se tornar esferas de valor culturais autônomas, sejam corporificadas em ordenações *antagonísticas* da vida. O tema da "Consideração intermediária" são justamente os conflitos cuja fundamentação é interna e os quais, na opinião de Weber, *têm de* estar entre uma ética da fraternidade e

---

158. Nessa perspectiva, H. Marcuse exerce crítica a Weber. Cf. H. Marcuse. "Industrialisierung und Kapitalismus", in O. Stammer (org.), 1965, pp. 161 ss.; cf. a esse respeito a introdução a Käsler (1972, pp. 7 ss.).

as ordenações seculares de uma sociedade estruturalmente autonomizada e diferenciada. Eu gostaria de ainda manter em suspenso as reflexões sobre o diagnóstico de época relacionadas a esse tema. Quero primeiro dedicar-me a tornar claro o modelo de esferas de valor e ordenações da vida que subjaz a essas reflexões.

O ponto de vista sistemático sob o qual Weber situa sua "Consideração intermediária" está formulado nas palavras a seguir, bastante conhecidas: "[...] a racionalização e sublimação consciente das relações do ser humano com diferentes esferas dos patrimônios interno e externo, religioso e secular, deu ensejo a que *regularidades próprias e internas* de cada uma das esferas se tornassem *conscientes* em suas diversas consequências, e que, com isso, se tornassem acessíveis as tensões entre elas que ainda se mantinham ocultas à espontaneidade inata que caracteriza a relação com o mundo exterior"[159]. As "regularidades próprias" aludem à "abertura racional" de *ideias*; a posse de bens interiores e exteriores, ideais e materiais é o que fundamenta posicionamentos de *interesses*. Enquanto temos em conta as ideias por si mesmas, elas constituem *esferas culturais de valor*; tão logo se vinculem a interesses, elas passam a constituir *ordenações da vida* que regulam a posse dos bens. Gostaria de me dedicar à sistemática dessas ordenações da vida (a), para então tratar de suas "regularidades próprias" (b) e resgatar, por fim, a questão da realização parcial das estruturas modernas de consciência (c).

(a) Na "Consideração intermediária", Weber não procede a uma distinção exata entre os planos da tradição cultural e dos sistemas de ação ou ordenações da vida

---

159. Weber, 1963, pp. 541 s.

institucionalizados. A ética religiosa da fraternidade, que proporciona o ponto de contato da comparação com as "ordenações e valores do mundo", e tal como corresponde ao contexto da análise das imagens de mundo, é tratada principalmente como *simbolismo cultural*. Por outro lado, ciência e arte surgem antes sob o aspecto das ordenações da vida e, portanto, como *sistemas de ação cultural*, que se diferenciaram e autonomizaram em concomitância com a economia e o Estado, que são *sistemas de ação sociais*. Na verdade, a sistemática dos conceitos fundamentais weberianos sugere a diferenciação a seguir entre o plano da tradição cultural e o plano dos sistemas de ordenação cultural (fig. 8).

Fig. 8 *Complexo cultural*

Esferas culturais de valor	Ideias cognitivas	Ideias normativas	Ideias estéticas
sistemas culturais de ação: posse	meio científico	comunidade religiosa	meio artístico

Os três sistemas de ação culturais são ordenações da vida que regram a *posse dos bens culturais*. Delas, Weber distingue outras esferas da *posse mundana de bens*. Em sociedades modernas, sobretudo os bens culturais cotidianos *riqueza* e *poder* e o bem sexual (ou eroticamente sublimado) *amor* representam valores em torno dos quais as ordenações da vida se cristalizam. Assim, chega-se às cinco ordenações da vida (sistemas de ação culturais ou sistemas de ação sociais em sentido estrito) com as quais a ética religiosa da fraternidade pode entrar em conflito (cf. fig. 9).

Fig. 9 *Ordenações da vida que entram em conflito com a ética da consciência*

Interesses pela posse / Ideias culturais	cotidianas		extracotidianas
de bens ideais	saber: meio científico		arte: meio artístico
de bens materiais	riqueza: economia	poder: política	amor: contraculturas hedonistas

Na "Consideração intermediária", Weber tem a intenção de analisar as "relações de tensão entre religião e mundo" nas quais a ética da fraternidade constitui o ponto de referência. De acordo com sua análise, quanto mais as "relações do ser humano com as diversas esferas da posse de bens exterior e interior" chegarem à consciência, mais agudos terão de ser os conflitos. E, quanto mais amplamente se racionalizarem as ordenações da vida, mais evidentemente será esse o caso. Os conflitos ou "relações de tensão" que interessam a Weber nesse ponto não advêm *externamente* de *posicionamentos de interesses* inconciliáveis, mas da impossibilidade de conciliar *estruturas* diversas. Se acompanhamos a sistemática desse questionamento e não o texto, de maneira imediata, temos de nos voltar em primeiro lugar às esferas culturais de valor; elas obedecem imediatamente à autolegitimidade de ideias, ao passo que nas ordenações da vida ideias e interesses já estão amalgamados sob a forma de ordenações legítimas.

(b) Weber contrapõe as esferas de valor ciência e arte. Nelas voltamos a reconhecer os componentes cognitivos, normativos e expressivos da cultura que se diferenciam e autonomizam de acordo com a medida da respectiva pretensão universal. Nessas esferas valorativas culturais, expressam-se as estruturas modernas da consciência que surgiram a partir da racionalização das imagens de mundo. Essa racionalização, como se demonstrou, levou aos conceitos formais de um mundo objetivo, um mundo social e um mundo subjetivo, e aos respectivos posicionamentos básicos diante de um mundo exterior *objetivado* por via cognitiva ou moral, e de um mundo interior *subjetivado*. Diante disso, discernimos o posicionamento objetivador em face de processos da natureza externa, o posicionamento conforme com as normas (ou crítico em relação a elas) em face de ordenações legítimas da sociedade e o posicionamento expressivo em face da subjetividade da natureza interior. As estruturas de uma *compreensão de mundo descentrada* (em sentido piagetiano) determinantes para a modernidade podem ser caracterizadas pelo fato de que o sujeito que age e conhece pode assumir *diferentes* posicionamentos básicos *em face de componentes do mesmo* mundo. Da combinação de posicionamentos básicos e concepções de mundo formais, resultam nove relações fundamentais; o esquema a seguir oferece um fio condutor para a "racionalização das relações do ser humano com esferas diversas", advindo do traçado da linha de pensamento weberiana.

Fig. 10 *Relações formal-pragmáticas*

Mundos Posicionamentos básicos	1. objetivo	2. social	3. subjetivo
1. objetivadores:	relacionamento cognitivo-instrumental	relação cognitivo-estratégica	autorrelacionamento objetivo
2. conformes com as normas	relacionamento moral-estético com um entorno não objetivado	relação obrigatória	autorrelacionamento censurador
3. expressivos		autoencenação	autorelacionamento sensual-espontâneo

Neste momento não posso investigar de maneira sistemática as relações formal-pragmáticas; contento-me com apontar indicações intuitivas de formas exteriores características que possam servir como ilustração. O relacionamento cognitivo-instrumental (1.1) pode ser aclarado com base em asserções, ações instrumentais, observações etc.; a relação cognitivo-estratégica (1.2), com base em ações sociais do tipo racional-teleológico; a relação obrigatória (2.2), com base em ações sociais reguladas por normas; a autoencenação (3.2), com base em ações sociais de tipo dramatúrgico ou autorrepresentativas. Um relacionamento objetivo consigo mesmo (1.3) pode expressar-se em teorias (por exemplo, na psicologia empirista ou na ética utilitarista); um relacionamento censurador consigo mesmo (2.3) pode ser ilustrado com base tanto em fenômenos ligados ao superego – sentimentos de culpa, por exemplo – quanto em reações de defesa; um relacionamento sensual-espontâneo consigo mesmo (3.3) pode-se verificar em externações afetivas, moções libidinosas, desempenhos criativos etc. Para a explanação de um relacionamento moral-estético em face de um entorno não objetivado (3.1) prestam-se trivialmente obras de arte e mesmo fenômenos estilísticos em geral, mas também, por exemplo, teorias em que se assenta uma intuição morfobiológica da natureza. Os fenômenos sobre os quais se tem menos clareza são os que se mostram exemplares de um tratamento moral-prático e "fraternal" em relação à natureza, quando não se quer remontar aqui a tradições de inspiração mística ou a tabus (barreiras vegetarianas por repugnância), à lida antropomorfizante com animais etc.

Por si só, essa tentativa de caracterização já revela que, entre as relações pragmáticas estabelecidas por um ator com seu entorno exterior ou interior e que tenham se tornado formalmente acessíveis por meio de um "desencantamento", somente algumas foram escolhidas e articuladas sob formas padronizadas de externação. Essa exaustão diferencial das possibilidades formais pode ter razões externas ou internas. Pode refletir uma exaustão cultural ou social do potencial de racionalização que se apresenta com as estruturas modernas da consciência, ou seja, um padrão seletivo de racionalização social. Talvez, no entanto, somente algumas dessas relações formal-pragmáticas sejam apropriadas para a acumulação do saber. Por isso é preciso que tentemos identificar as relações que sejam suficientemente produtivas, sob o ponto de vista da acumulação do saber. Temos de tentar, por isso, identificar as relações suficientes sob o ponto de vista da *aquisição do saber*, para então permitir que haja um desenvolvimento *autolegitimado*, em sentido weberiano, de esferas culturais de valor. Como não posso honrar nesse momento nenhuma pretensão sistemática, atenho-me às declarações do próprio Weber. Ele defende claramente a opinião de que somente seis das relações ator-mundo podem ser "racionalizadas e sublimadas de modo consciente":

Fig. 11 *Complexos de racionalização*

Mundos / Posicionamentos básicos	1	2	3	1
3	Arte ↓			
1	↑ Racionalidade cognitivo-instrumental: Ciência técnica	Tecnologias sociais ↓	×	
2	×	↑ Racionalidade moral prática: Direito	Moral ↓	
3		×	↑ Racionalidade estético-prática: Erotismo	Arte

O posicionamento objetivador em face da natureza e da sociedade exteriores circunscreve um complexo de racionalidade cognitivo-instrumental dentro do qual a produção de saber pode assumir a forma do progresso científico e técnico (inclusive das tecnologias sociais). O campo 1.3 permanecer vazio corresponde à assunção de que nada se pode aprender quando se adota um posicionamento objetivador diante da natureza interior entendida como subjetividade. O posicionamento conforme com as normas em face da sociedade e da natureza interior circunscreve um complexo de racionalidade moral-prática dentro do qual a produção de saber pode assumir a forma de uma elaboração sistemática de noções jurídicas e morais; o campo 2.1 permanecer vazio significa ceticismo em face da possibilidade de configurar racionalmente o tratamento fraterno com uma natureza não objetivada, por exemplo sob a forma de conhecimentos de filosofia natural que pudessem concorrer com as ciências naturais modernas[160]. O posicionamento expressivo em face da natureza interior e exterior, por fim, circunscreve um complexo de racionalidade estético-prática dentro do qual a produção de saber pode assumir a forma de uma interpretação autêntica das carências, isto é, uma interpretação que deve renovar-se segundo as respectivas condições históricas à medida que elas se modifiquem. O campo 3.2 permanecer vazio indica que formas de interação determinadas por via expressiva (por exemplo, formas de vida da contracultura) não constituem estruturas por si só passíveis de racionalização; ocorre, sim, que essas formas de interação são parasitárias, à medida que continuam dependendo de inovações em outras esferas de valor.

---

160. Ver minha resposta a McCarthy, in Held/Thompson, 1982.

Se esses três complexos de racionalidade derivados (de um ponto de vista formal-pragmático) de concepções de mundo e posicionamentos básicos remetem justamente às três esferas de valores culturais diferenciadas e autonomizadas na modernidade europeia, isso não constitui ainda, em si mesmo, uma restrição contra o *status* sistemático do esquema. Segundo a concepção de Weber, as estruturas modernas de consciência surgiram de um processo universal-histórico de desencantamento, e em tal medida elas refletem não apenas os traços idiossincráticos de uma cultura em especial. É certo, porém, que as representações de Weber não satisfazem uma pretensão sistemática. Talvez se pudesse obter uma fundamentação independente a partir de uma *teoria da argumentação*. Quanto a isso, só posso oferecer em caráter preliminar uma observação relativa a estratégias de pesquisa.

Se as esferas culturais de valor se distinguem por uma produção de saber contínua e diferenciada segundo pretensões de validade, e se a continuidade dessa produção de saber só pode ser assegurada por meio de uma transformação dos processos de aprendizagem em processos reflexivos, ou seja, por meio de uma retroalimentação mediante formas de argumentação diferenciadas e autonomizadas, é preciso que se possam comprovar, para as esferas de valor *historicamente marcadas* (que derivamos das combinações 1.1, 1.2; 2.2, 2.3; 3.3, 3.1), relações plausíveis com uma forma de argumentação típica, *especializada em uma pretensão de validade universal*. Nossa hipótese estaria refutada se isso não obtivesse êxito ou se, ao contrário, nos campos "vazios" assinalados com um "x" (1.3, 2.1, 3.2) – ou nas áreas da experiência por eles representados –, pudessem de fato encontrar-se formas de argumentação especializadas. Para uma falsificação de nossa hipótese, bastaria também a comprovação descritiva da existência de culturas nas quais algumas esferas de valor que nos fossem difíceis de imaginar surgissem por meio de uma produção contínua de saber.

Nesse contexto, é elucidativa a avaliação que Weber faz do utilitarismo (1.3) e da boêmia (3.2): ele não considera nenhum dos dois passível de estabilização, porque nenhum corporifica uma esfera de valor passível de racionalização ou munida de uma autolegitimidade interna. E Weber, quanto ao tratamento da natureza interpretado como interação e dotado portanto de um formato moral (2.1), sempre o entendeu como um "jardim encantado" que acaba por desaparecer no tropel da racionalização de outras esferas da vida e de valores.

(c) Quando tomamos como ponto de partida que as estruturas modernas da consciência se concentram para compor os três complexos de racionalidade mencionados, podemos conceber a racionalização social *estruturalmente possível* de tal maneira que as respectivas ideias (provenientes dos campos ciência e técnica, direito e moral, arte e "erotismo") se vinculem a interesses e se corporifiquem em ordenações da vida diferenciadas. Esse modelo, um pouco arriscado, permitiria indicar condições necessárias para um *padrão não seletivo de racionalização*: as três esferas culturais de valor têm de estar atadas a sistemas de ação correspondentes, a ponto de se assegurar uma produção (e difusão) de saber especializada segundo pretensões de validade; o potencial cognitivo desenvolvido pela cultura de especialistas, por sua vez, precisa ser transmitido para a prática comunicativa do dia a dia e tornar-se fértil para os sistemas sociais de ação; por fim, as esferas culturais de valor precisam ser institucionalizadas com ponderação, de modo que as ordenações da vida que lhe correspondam sejam suficientemente autônomas para não subordinar-se às legitimidades particulares de ordenações da vida heterogêneas. Um padrão seletivo da racionalização surge quando (ao menos) um dos três componentes constitutivos da tradição cultural deixa de ser processado de maneira sistemática, ou quando (ao menos) uma das esferas culturais de valor deixa de ser institucionalizada de maneira suficiente – ou seja, sem ocasionar um efeito estruturador para a sociedade como um todo –, ou quando (ao menos) uma esfera da vida prepondera em excesso, a ponto de subjugar outras ordenações da vida a uma forma de racionalidade que lhes seja estranha.

Embora Weber não tenha recorrido a reflexões contrafáticas desse tipo, um gabarito como esse serve de referência para se esclarecer o teor sistemático da "Consideração intermediária":

– A *racionalidade cognitivo-instrumental* é institucionalizada nos meios científicos; ao mesmo tempo, de acordo com parâmetros da racionalidade formal, cumpre-se o desenvolvimento autolegitimador das ordenações econômica e política da vida que determinam a estrutura da sociedade burguesa.

– A *racionalidade estético-prática* é institucionalizada nos meios artísticos; a arte autônoma certamente exerce sobre a sociedade como um todo um efeito estruturador tão pequeno quanto o exercido pelas instáveis contraculturas intelectuais; em todo o caso, os valores não cotidianos dessa esfera constituem o foco de um estilo de vida hedonista e orientado a uma redenção intramundana, próprio a uma "humanidade voltada à fruição"; esse estilo, por sua vez, reage à "pressão" do racionalismo "teórico e prático" da "humanidade baseada na especialização" e que se estabelece na ciência, na economia e no Estado.

– A *racionalidade moral-prática* de uma ética da fraternidade salvífico-religiosa é, em igual medida, inconciliável com o ser humano fruidor e com o ser humano especializado; o mundo moderno está dominado por ordenações da vida nas quais os dois outros complexos de racionalidade assumem o domínio e, dividindo tarefas, erigem um "domínio mundial da antifraternidade"; diante desse mundo objetivado por via cognitivo-instrumental e voltado ao que é subjetivista, as noções morais que têm como alvo uma autonomia radicada na conciliação comunicativa não têm chances suficientes de impor-se; a ética da fraternidade não encontra apoio em instituições por meio das quais pudesse reproduzir-se culturalmente a longo prazo.

– Contudo, não apenas a *ética religiosa da fraternidade*, mas também a forma da ética que se adapta ao "desamor do cosmo econômico objetivado", isto é, a *ética protestante*, acaba por ser triturada entre as pedras de moagem dos dois outros complexos de racionalidade. Embora ela encontre validação institucional na cultura protestante da atividade profissional, a ponto de que no início se cumpram as condições de partida para a modernização, retroativamente os próprios processos de modernização acabam por minar os fundamentos racional-valorativos do agir racional-teleológico; segundo o diagnóstico de Weber, os fundamentos da orientação profissional ligados à ética da consciência são banidos por uma postura de trabalho instrumentalizada e interpretada de maneira utilitarista.

No final, articulada religiosamente, resta a carência que havia servido de impulso para todas as formas de racionalidade, a saber: a pretensão "de que o andamento do mundo, ao menos enquanto esteja relacionado aos interesses dos seres humanos, seja um processo *sensato*". Paradoxal na racionalização social é a experiência da "insensatez do aperfeiçoamento próprio meramente intramundano para o ser humano ligado à alta cultura; a insensatez, portanto, do valor último a que a 'cultura' parecia poder reduzir-se"[161].

Dessa maneira, quando se tem presente o teor sistemático da "Consideração intermediária", fica claro que as intuições de Weber apontam na direção de um padrão seletivo de racionalização, na direção de um perfil de modernização recortado segundo moldes ao menos parcialmente preestabelecidos. Não obstante, Weber falou de um caráter *paradoxal* da racionalização social, mas não de um caráter *parcial*. Pois para ele a verdadeira razão para a dialética da racionalização está no seguinte: a semente da destruição da racionalização do mundo, que no entanto possibilita essa mesma racionalização, já reside *ela própria* na diferenciação e autonomização das autolegitimidades das esferas culturais de valor – e não, por exemplo, em uma corporificação institucional desequilibrada dos potenciais cognitivos aí liberados.

Esse pensamento só conserva uma certa plausibilidade enquanto Weber, diante do complexo de racionalidade moral-prático, *deixa* de considerar uma forma secularizada da ética da fraternidade em nível semelhante ao que atingiram a ciência e a arte autônoma – ou seja, enquanto deixa de considerar uma ética comunicativa desatada de seu fundamento vinculado à religião de salvação –, mantendo-se aferrado à relação de tensão entre a religião e o mundo.

---

161. Weber, 1963, p. 569.

Além disso, chama atenção que na "Consideração intermediária" não se dedique ao direito moderno posição sistemática alguma. Ele só aparece uma vez, no contexto da ordem estatal, como meio organizacional isento de substância moral-prática[162]. O direito moderno, contudo, desempenha para a institucionalização de orientações de ação racional-teleológicas um papel semelhante ao da ética protestante da atividade profissional. Sem a juridificação da circulação econômica capitalista, é impensável que se automatize ou autoestabilize para o agir racional-teleológico um subsistema desprendido de seus fundamentos ético-motivadores. Por isso é que Weber só pode levar a cabo o diagnóstico de sua época previsto na "Consideração intermediária" quando logra desacoplar, de um lado, o desenvolvimento jurídico moderno e, de outro, as desventuras da racionalidade moral-prática, tornando possível conceber o desenvolvimento do direito como uma corporificação a mais da racionalidade cognitivo-instrumental.

---

162. Weber, 1963, p. 547.

4. RACIONALIZAÇÃO DO DIREITO E DIAGNÓSTICO DO PRESENTE

Na teoria da racionalização de Weber, o desenvolvimento do direito assume um lugar tão célebre quanto ambíguo. A ambiguidade da racionalização do direito consiste em que ela possibilita – ou parece possibilitar – tanto a institucionalização do agir econômico e administrativo racional-teleológico quanto a desvinculação dos subsistemas do agir racional-teleológico em relação a seus fundamentos moral-práticos. A condução metódica da vida vale como uma corporificação de estruturas de consciência moral-práticas; mas na opinião de Weber a ética da atividade profissional (ética orientada por princípios) só mantém sua efetividade enquanto alojada em um contexto religioso. Como vimos, a dialética entre desenvolvimento científico e religioso deve oferecer fundamentação empírica para que, em consequência do abalo das certezas religiosas, não se possam mais reproduzir de maneira confiável as orientações éticas para a ação. Essa explicação, de modo análogo, já não poderia servir para o direito moderno porque este surge desde o início sob uma forma secularizada. É por isso que Weber, em sua sociologia do direito, emprega estratégia diversa da que havia nas investigações de sociologia da religião. Se no caso da ética protestante Weber apresenta razões para não chegar a uma institucionalização duradoura de estruturas moral-práticas da consciência, *modifica a tal ponto a interpretação do direito moderno* que este pode se apresentar como se estivesse desacoplado da esfera de valores e, desde o início, como se fosse uma corporificação institucional da racionalidade cognitivo-instrumental. Essa estratégia associa-se a um diagnóstico do presente que se apoia no raciocínio esboçado na "Consideração intermediária". Portanto, antes de abordar a racionalização do direito (2), tenciono tratar dos dois componentes mais importantes do diagnóstico de época weberiano (1).

(1) Em sua análise do presente, Weber atém-se mais estritamente do que nunca à perspectiva teórica a partir da qual a modernização se apresenta como continuidade do processo universal-histórico de desencantamento. A diferenciação de esferas de valor culturais autônomas, importante para a fase de *surgimento* do capitalismo, e a autonomização dos subsistemas de agir racional-teleológico, que desde a fase final do século XIX caracteriza o *desdobramento* da sociedade capitalista, são as duas tendências que Weber vincula a uma crítica existencial-individualista do presente. O primeiro componente pode ser verificado na *tese da perda de sentido*, o segundo, na *tese da perda de liberdade*. As duas teses tomadas em conjunto determinam até hoje uma ideologia cética ante o progresso, assumida (ainda que em segundo plano) por cientistas sociais que não se dispõem a sacrificar por completo as carências de suas próprias visões de mundo em favor de um cientificismo declarado[163].

---

163. Sobre o potencial neoconservador dos cientistas sociais americanos, cf. P. Steinfels. *The Neoconservatives*. Nova York, 1979; sobre a

Com a diferenciação de esferas de valor culturais autônomas, as autolegitimidades de cada uma delas também ficam acessíveis à consciência. Segundo a opinião de Weber, essa circunstância tem consequências ambivalentes. Por um lado, torna possível uma racionalização de sistemas de símbolos sob um certo parâmetro abstrato de valor (como verdade, retidão normativa, beleza e autenticidade); por outro lado, também corrói dessa maneira a unidade metafísico-religiosa das imagens de mundo, a qual se prestava a gerar sentido: entre as esferas de valor autonomizadas estabelecem-se concorrências que já não se podem remover sob o ponto de vista superior de uma ordem de mundo divina ou cosmológica. Tão logo sistemas de ação se cristalizem em torno dessas ideias "últimas", tais esferas da vida incorrem "em tensões, umas entre as outras, que permanecem ocultas à espontaneidade e naturalidade da relação com o mundo exterior"[164]. A figura 11 (p. 418) ajuda a esclarecer essa noção central que constitui um dos pontos de partida para a "Consideração intermediária".

Na medida em que a lógica própria das esferas de valor individuais concretiza-se nas estruturas sociais das respectivas esferas da vida diferenciadas e autonomizadas, o que constitui no plano cultural uma *diferença entre pretensões de validade* pode transformar-se, no plano da sociedade, em tensões entre orientações de ação institucionalizadas, ou seja, em *conflitos de ação*. No esquema acima, as flechas opostas designam os posicionamentos básicos de sentidos opostos que a cada vez podem ser

---

República Federal da Alemanha, cf. R. Lederer. *Neokonservative Theorie und Gesellschaftsanalyse*. Frankfurt/M., 1979.
164. Weber, 1971, I, p. 541.

assumidos por quem age em face de *um mesmo* campo da realidade. Em face da natureza exterior, quem age pode assumir um posicionamento objetivador, mas também um posicionamento expressivo. Em face da sociedade, pode assumir um posicionamento conforme com as normas, mas também um outro, objetivador; e, diante da natureza interior, um posicionamento expressivo, mas também outro, conforme às normas. Essas possibilidades de "trocar de canal" são características de graus de liberdade próprios a uma compreensão de mundo descentrada. Os mesmos graus de liberdade, no entanto, podem tornar-se um palco de conflitos, tão logo diferentes esferas culturais de valor passem a ocupar *a um só tempo* os mesmos campos institucionais, de modo que, no mesmo local, passem a concorrer entre si processos de racionalização de tipos diversos. As orientações de ação cognitivo--instrumentais, morais-práticas e estético-expressivas só podem se autonomizar e tornar-se ordenações antagônicas da vida até o ponto em que não ultrapassem a capacidade média de integração do sistema de personalidade e tampouco conduzam a *conflitos permanentes entre estilos de vida*.

O problema da maneira como assegurar a unidade do mundo da vida ante a multiplicidade das situações sociais de ação e das esferas da vida ainda subsiste, é claro. Diferenciações já ocorrem até mesmo no interior de sociedades tribais segmentares; aqui ainda se pode captar o antagonismo entre diferentes esferas da vida com recursos da interpretação mítica do mundo: cada esfera é representada por um poder originário próprio que se comunica com todos os demais poderes. Uma forma tardia dessa visão mítica é dada pelo politeísmo, que permite personificar e projetar para o céu a concorrência entre os problemas da vida, como se ela fosse uma luta entre deuses. No nível de desenvolvimento das altas culturas, a sociedade diferencia-se segundo grupos profissionais e camadas sociais, de modo que logo se deixa de poder garantir a unidade do mundo da vida por meio das interpretações do mundo. São as imagens de mundo religioso-metafísicas que cumprem então essa função de gerar unidade; e o farão de maneira tão mais impressionante quanto mais tiverem sido conformadas de modo racional.

É justamente essa conquista integrativa, no entanto, que se vê colocada em questão nas sociedades modernas com a autonomização e diferenciação das esferas de valor culturais. Na medida em que a racionalização das imagens de mundo arranca de si mesma estruturas de consciência modernas, elas se degeneram *enquanto* imagens de mundo: "O magnífico racionalismo da condução ético-metódica da vida que emana de toda profecia religiosa havia destronado essa proliferação de deuses em favor do 'Uno que é necessário' – e se havia obrigado, em face das realidades da vida exterior e interior, a acordos e relativizações que todos já conhecemos da história do cristianismo. Hoje, porém, isso já se tornou o 'dia a dia' religioso. Os muitos deuses antigos – desencantados e portanto sob a forma de poderes impessoais – deixam suas tumbas, anseiam pelo poder sobre nossa vida e recomeçam entre si sua batalha eterna. Contudo, o que se torna tão difícil para o homem moderno, e mesmo dificílimo para as gerações mais jovens, é estar à altura de um dia a dia como esse. Toda busca desenfreada pela 'vivência' deriva dessa fraqueza. Pois fraqueza é: não ser capaz de mirar o rosto severo do destino da época."[165]

---

165. M. Weber. "Wissenschaft als Beruf", in *Gesammelte Aufsätze zur Wissenschaftslehre*. Tübingen, 1968b, pp. 604 s.

Assim como as imagens de mundo metafísicas racionalizadas por via cognitiva, também as imagens de mundo religiosas racionalizadas por via ética *ainda mantiveram coesos* em seus princípios (Deus, natureza, razão etc.) os três aspectos sob os quais o mundo se havia tornado acessível à elaboração racional, ora como mundo objetivo, ora social, ora subjetivo. Por isso, lograram transmitir um sentido unitário à condução da vida dos que, em seu agir e pensar, orientavam-se conforme essas mesmas imagens de mundo. Na "Consideração intermediária" e na "Ciência como atividade profissional", Weber desenvolve as duas teses, vinculadas entre si, de que em face das autolegitimidades racionais atinentes às conduções modernas da vida a unificação ética do mundo em nome de uma fé subjetivada havia se tornado irrealizável, tanto quanto a unificação teórica do mundo em nome da ciência. Weber vê o signo dessa época no retorno de um novo politeísmo em que a luta entre os deuses, no entanto, assume a forma despersonalizada e objetivada de um antagonismo entre ordenações inconciliáveis da vida e dos valores. O mundo racionalizado tornou-se insensato "porque as diferentes ordenações de valores do mundo estão em uma batalha insolúvel entre si. O velho Mill [...] disse certa vez: quando se parte da experiência pura, chega-se ao politeísmo. A formulação é rasa e soa paradoxal, mas há verdade nela. Se sabemos algo, eis o que voltamos a saber: que algo pode ser santo, e não embora não seja belo, mas sim *porque* não é belo e *à medida que* não seja belo – para tanto se podem encontrar comprovações no capítulo 53 do Livro de Isaías e no Salmo 22 –; e que algo pode ser belo não apenas embora, mas sim justamente naquilo em que não é bom: isso voltamos a saber desde Nietzsche, e antes dele tal coisa já havia ganhado forma nas *Fleurs du mal*, título que Baudelaire deu a seu volume de poemas; e diz a sabedoria cotidiana que algo pode ser verdadeiro, muito embora e à medida que não seja belo nem santo nem bom. Mas esses são apenas os casos mais elementares dessa batalha entre os deuses das ordenações e valores individuais... É como no mundo antigo, antes de que estivesse desencantado de seus deuses e demônios, só que em outro sentido: assim como o grego ora fazia sacrifícios a Afrodite ora a Apolo, e cada um sobretudo ao deus de sua cidade, ainda hoje é assim, mesmo que já não haja o encanto e a plasticidade mítica, mas internamente verdadeira, daquele comportamento. E acima desses deuses e na sua batalha impera o destino, mas por certo 'ciência' alguma"[166].

Na fórmula do "novo politeísmo", Weber expressa a tese da perda de sentido. Espelha-se aí a experiência do niilismo, típica daquela geração e dramatizada por Nietzsche de modo tão impressionante. Mais original que a teoria é o fato de ela se fundamentar com auxílio de uma dialética pretensamente já presente no processo de desencantamento próprio à história da religião, ou seja, no processo da desvinculação das estruturas modernas da consciência: *a razão fragmenta-se a si mesma em uma pluralidade de esferas de valor e aniquila com isso sua própria universalidade*. Weber interpreta essa perda de sentido como conclamação existencial do indivíduo para que crie a unidade: se ela já não pode ser criada nas ordenações da sociedade, que ele a crie então na privacidade de sua própria biografia, com a coragem do desespero, da esperança absurda dos desesperançados. A racionalidade

---

166. Weber, 1968b, pp. 603 s.

prática que integra e fundamenta por via racional-valorativa as orientações de ação racional-teleológicas só pode encontrar seu espaço, se não no carisma de novos líderes, na personalidade do indivíduo solitário; ao mesmo tempo, essa autonomia interna que cabe firmar heroicamente vê-se ameaçada, porque no interior da sociedade moderna já não se encontra ordenação legítima alguma que possa assegurar a reprodução cultural das respectivas orientações de valor e disposições para a ação.

Essa tese da autonomização dos subsistemas do agir racional-teleológico que ameaça a liberdade do indivíduo resulta daquela primeira tese, mas não sem maiores empecilhos; não fica suficientemente clara a relação entre a tese da perda de sentido e a tese da perda de liberdade. No famoso trecho em que Weber propõe essa tese, lê-se o seguinte: "Uma das partes elementares constitutivas do espírito capitalista moderno, e não apenas dele, mas da cultura moderna, a saber: a condução racional da vida baseada na *ideia da atividade profissional,* nasceu do espírito da *ascese cristã* – eis o que deveriam comprovar estas considerações; [...] e, à medida que a ascese se viu transposta das celas monásticas para a vida profissional e começou a dominar a eticidade intramundana, passou também a dar sua parcela de ajuda para a edificação desse poderoso cosmo da ordenação econômica moderna vinculada aos pressupostos econômicos e técnicos da produção mecânico-maquinal, cosmo que hoje determina com uma coação avassaladora – e provavelmente continuará determinando, até que se consuma o último barril de combustível fóssil – o estilo de vida de todos os indivíduos cujo nascimento se dá engrenagem adentro, e *não* apenas dos que estão economicamente ativos, de maneira direta. Na visão de Baxter, o cuidado com os bens exteriores deveria pousar somente como 'um manto leve que se pudesse dispensar a qualquer momento' sobre os ombros de seus santos. Mas, como que por maldição, fez-se do manto um abrigo rígido como o aço. À medida que a ascese empreendeu a reconstrução do mundo e expandiu-se por ele, os bens desse mundo ganharam um poder crescente e por fim inexorável sobre o ser humano, como nunca antes na história. Hoje – em definitivo, quem sabe? – seu espírito deixou esse abrigo. De qualquer modo, desde que repousa sobre um fundamento mecânico o capitalismo triunfante já não carece desse apoio. [...] Não se sabe ainda quem habitará esse abrigo, nem se ao final desse percurso assustador restarão profecias novas, ou o poderoso renascimento de velhas noções e velhos ideais, *ou* então – se nenhuma das duas coisas – somente uma petrificação mecanizada, com uma expressão que se crispa ao arrogar-se importância e dissimular as próprias mazelas. Então, poderia aplicar-se aos 'últimos seres humanos' desse percurso cultural a expressão 'especialistas sem espírito, hedonistas sem coração': o nada que são vangloria-se, presumindo ter chegado a um estágio jamais alcançado pela humanidade."[167]

Weber trata o surgimento e desdobramento do capitalismo sob o ponto de vista da institucionalização de orientações racional-finalistas e depara, ao fazê-lo, com o papel da ética protestante da atividade profissional e do direito moderno. Demonstra como a racionalidade cognitivo-instrumental, com a ajuda deles, é institucionalizada na economia e no Estado; porém, disso não resulta *per se* a predição pessimista de uma reificação desses sistemas parciais até se tornarem um "abrigo rígido

---

167. Weber, 1973, I, pp. 187-9.

como o aço". Com esse prognóstico, Weber tem a sensação de adentrar "a região dos preconceitos de valor e de fé"[168]. Não obstante, os tratados posteriores ("Política como atividade profissional", "Ciência como atividade profissional", a "Consideração intermediária" etc.) dão a impressão de que não só se poderia comprovar empiricamente essa segunda tese enquanto declaração sobre uma tendência em curso, com o apontamento dos efeitos secundários disfuncionais de uma burocratização que perpassava todas as coisas[169], mas também derivá-la da primeira tese, enquanto sentença teórica. Essa tentantiva não resiste a uma provação mais rigorosa. Quanto a isso, seguem duas ponderações.

Em primeiro lugar, a primeira tese não é plausível em si mesma. Por certo, com o aparecimento das estruturas modernas da consciência dilui-se a unidade imediata entre belo, bom e perfeito, sugerida em conceitos fundamentais religiosos e metafísicos. Mesmo o conceito enfático de razão, que trata mais de equiparar aspectos cognitivos, avaliativos e expressivos do mundo, e não tanto de mediá-los, torna-se insustentável quando associado à abordagem do pensamento metafísico. Em tal medida, Weber está certo ao se voltar contra o "carisma da razão"[170] e ao insistir em um conceito de racionalidade que se decomponha na autolegitimidade de diferentes esferas de valor irredutíveis umas às outras, como se diria em termos neokantianos. Contudo, Weber vai longe demais quando infere da perda da unidade substancial da razão um po-

---

168. Weber, 1973, I, p. 189.
169. M. Weber. *Gesammelte politische Schriften*. Tübingen, 1958, pp. 60 ss.
170. Weber, 1964, p. 922.

liteísmo de forças de fé pelejando entre si, cuja incompatibilidade esteja radicada em um pluralismo de pretensões de validade *inconciliáveis*. A *unidade* da racionalidade, na multiplicidade das esferas de valor racionalizadas sob um sentido autônomo, fica assegurada justamente no plano formal da solução argumentativa de pretensões de validade. Estas últimas diferem de pretensões empíricas pela pressuposição de que se possa resolvê-las com o auxílio de argumentos. E argumentos ou razões têm em comum pelo menos o seguinte: eles, e somente eles, sob os pressupostos comunicativos de uma checagem cooperativa das pretensões de validade hipotéticas, podem desenvolver a força da motivação racional. Por certo, as pretensões de validade diferenciadoras atinentes à verdade proposicional, à retidão normativa, à veracidade e autenticidade (assim como a pretensão de boa formulação e inteligibilidade, baseada na construção simbólica coerente com as regras) exigem não só fundamentações em geral, mas também fundamentos em cada uma das formas típicas de argumentação; e conforme o caso os argumentos assumem papéis diversos, com um grau diferenciador de obrigatoriedade discursiva. Até hoje, como vimos, inexiste uma lógica pragmática da argumentação que dê conta satisfatoriamente dos nexos internos entre as *formas* dos atos da fala. Somente uma teoria do discurso como essa poderia indicar de modo explícito em que consiste a unidade da argumentação e o que temos em mente quando falamos de racionalidade procedimental, depois de terem sido dissipados, por via criticista, todos os conceitos substanciais de razão[171].

---

171. Cf. supra, pp. 57 ss. (Excurso sobre a teoria da argumentação.)

Weber não discerniu o bastante entre os *conteúdos* valorativos particulares das tradições culturais e os *parâmetros* valorativos universais; sob estes últimos autonomizam-se os componentes cognitivos, normativos e expressivos da cultura até se tornarem esferas de valores e formam-se complexos de racionalidade de sentido autônomo. Um exemplo da confusão dos parâmetros valorativos ou pretensões de validade universais com conteúdos valorativos particulares é dado pelo trecho contido na citação 166 acima referida, na qual Weber elabora a diferença entre diferentes pretensões de validade para então demonstrar que verdade, obrigatoriedade normativa (santidade) e beleza não podem ser reduzidas uma à outra. Depois prossegue: "Mas estes são apenas os casos mais elementares da batalha entre os deuses das ordenações e dos valores individuais. Como é que se pretende fazer para discernir 'cientificamente' entre o valor da cultura francesa e o valor da cultura alemã, isso não sei. Aqui também disputam deuses diversos, e para todo o sempre."[172] Os sistemas de valores da cultura francesa e da cultura alemã são de fato um bom exemplo de configurações históricas de *conteúdos* valorativos que não podem ser reduzidas uma à outra, assim como as formas de vida nas quais assumem forma objetiva. O pluralismo de *matérias valorativas*, porém, nada tem a ver com a diferença entre *aspectos de validade* sob os quais se podem diferenciar questões de verdade, de justiça e de gosto e então processá-las racionalmente como tais.

Por isso, tampouco a autonomização e diferenciação dos meios científico, jurídico e artístico, nos quais se desenvolve o saber cultural sob determinado aspecto uni-

---

172. Weber, 1968b, p. 604.

versal de validade, pode provocar qualquer conflito entre ordenações da vida inconciliáveis entre si. Esses sistemas culturais de ação situam-se entre as esferas culturais de valor, às quais se referem imediatamente, e os sistemas sociais de ação que, como a economia e o Estado, cristalizam-se em torno de valores materiais individuais como riqueza, poder, saúde etc. É somente com a institucionalização de matérias valorativas diversas que entram em jogo as relações de concorrência entre orientações de ação irracionais, em última instância. Por outro lado, processos de racionalização que se filiam aos três complexos gerais de racionalidade significam a corporificação de estruturas cognitivas diversas que em todo caso levantam o seguinte problema: onde, na prática comunicativa do dia a dia, seria adequado haver quadros de comutadores, por assim dizer, para que os indivíduos pudessem alterar o canal a que estão ligadas suas orientações de ação, isto é, para que pudessem sintonizá-las ora com um complexo de racionalidade ora com outro?

Um desses quadros de comutadores tem relevância especial para a forma da integração social que se forma com a sociedade capitalista e a partir dela: o que permita alternar entre os complexos de racionalidade cognitivo-instrumental e normativo. Já conhecemos esse problema sob outra designação, a saber: institucionalização das orientações de ação racional-teleológicas. Com isso voltamos à questão sobre que nexo haveria entre a primeira tese (que suponho correta tão somente em virtude do argumento) e a presente tese de uma autonomização das esferas vitais do agir econômico e administrativo racional-teleológico estabelecidas com êxito (em detrimento da liberdade, diga-se de passagem).

Embora repouse sobre noções jurídicas pós-tradicionais, e diferindo nesse ponto das ordenações morais que lhe são estruturalmente semelhantes, o meio organizacional do direito formal não está exposto a concorrência, seja por parte da ciência, seja por parte da arte. O sistema jurídico expande-se, isso sim, mediante o anseio de acompanhar um sistema econômico e administrativo que se torna cada vez mais complexo; e torna-se tanto mais indispensável quanto mais as fontes morais se exaurem, justamente as que abastecem com motivos necessários o sistema de trabalho. Max Weber está portanto diante da seguinte alternativa: ou prescinde da dramatização de sua visão do "abrigo rígido como aço", cuja substância moral-prática desaparece, ou atribui moral e direito a complexos de racionalidade *diferentes*. Ele opta pela segunda alternativa e reduz a importância das analogias estruturais que subsistem entre o desenvolvimento moral, de um lado, e a racionalização do direito, de outro. Assim como vê o provimento material de bens ou a luta por poder legítimo, Weber considera também o direito em primeira linha como uma esfera acessível à racionalização formal. Nesse ponto vem-lhe em socorro, mais uma vez, a permutação entre modelos valorativos e pretensões de validação. Pois só se poderia focalizar a racionalização da ordem jurídica sob o mesmo aspecto excludente da racionalidade teleológica (como se dá com as ordens econômica e do poder), caso subsistisse um nexo interno entre o parâmetro valorativo abstrato do direito (ou seja, a "retidão" de normas) e as matérias valorativas como riqueza ou poder.

Em lugar do modelo de três valores a cada aspecto abstrato de validade das esferas de valor racionalizadas sob um sentido autônomo, começa a surgir a noção de uma pluralidade de valores sem separação estabelecida, tais como verdade, riqueza, beleza, saúde, direito, poder, santidade etc.; entre esses valores particulares – e irracionais, afinal – há conflitos que não podem ser resolvidos mediante a apresentação de razões ou fundamentos. Quando em meio a esse *pool* de valores alguns deles se transformam no cerne da cristalização de ordenações da vida passíveis de racionalização, o aspecto da racionalização só pode estender-se a relações entre fins e meios. É esse o modelo que Weber aplica, por exemplo, à práxis profissional e científica da medicina, aos estudos das artes e à jurisprudência: "O 'pressuposto' geral do *meio médico*, formulado de maneira trivial, é o seguinte: que se possam afirmar, cada qual, e puramente como tais, tanto a tarefa da preservação da vida quanto a tarefa da maior minimização possível dos sofrimentos. E isso é problemático. O médico com seus meios preserva o moribundo, mesmo que este implore pela extinção da própria vida, e mesmo que os parentes, confessa ou inconfessamente, desejem e tenham de desejar sua morte – eles afinal já não dão valor à vida dele, desejam-lhe a extinção do sofrimento e já não podem suportar os custos da preservação da vida desvaliosa: talvez se trate apenas de um pobre coitado. São somente os pressupostos da medicina e o código penal que impedem o médico de abandonar sua prática. Se a vida é digna de ser vivida, e em que momentos – sobre isso a medicina não se questiona. Todas as ciências naturais dão-nos respostas para a pergunta: o que devemos fazer, se queremos dominar a vida *tecnicamente*? Contudo, *se* de fato devemos e queremos dominá-la, e *se* isso faz sentido afinal – questões como essas as ciências naturais deixam para depois, ou simplesmente pressupõem as respostas, de acordo com seus fins. Senão, tomemos os *estudos das artes*. O fato de haver obras de arte é conferido à estética. Ela procura investigar sob que condições se dá esse estado de coisas. Mas não levanta questão sobre ser o reino das artes, talvez, um reino de domínio diabólico, um reino deste mundo e por isso antidivino no mais fundo de si e antifraterno em seu espírito aristocrático mais interior. Portanto, os estudos das artes não se perguntam *se* deveria haver obras de arte. – Senão vejamos a *jurisprudência*: ela trata de constatar o que tem vigência segundo as regras do pensamento jurídico vinculado a esquemas dados ora por força da lógica ora por convenções. Ou seja, a jurisprudência constata *quando* é que determinadas regras jurídicas e determinados métodos de sua interpretação têm reconhecimento obrigatório. Mas não responde *se* deveria haver o direito, tampouco *se* caberia instituir essas regras; só pode mesmo indicar o seguinte: quando se quer ter êxito, o meio mais adequado para alcançá-lo é cumprir tais e tais regras jurídicas, segundo as normas de nosso pensamento jurídico."[173]

Neste ponto, representando a esfera do direito como um todo, a jurisprudência é apresentada segundo o modelo de uma ordenação da vida que, como a economia ou o Estado, pode-se racionalizar formalmente sob um ponto de vista valorativo particular, ou seja, em face de relações entre meios e fins. Entre os exemplos mencionados, porém, esse modelo só se aplica inequivocamente ao provimento médico. Trata-se aqui de um caso de aplicação do saber das ciências naturais, orientada segundo valores; e portanto da racionalização da prestação de serviços no âmbito de uma prática profissional que, como prática de cura, está direcionada a determinado conteúdo de valor, a saber: a saúde dos pacientes. Esse

---

173. Weber, 1968b, pp. 599 s.

valor é empiricamente aceito quase de maneira geral, não obstante tratar-se de um padrão particular que sob qualquer hipótese não está internamente vinculado a uma das pretensões de validação universais. É claro que isso não vale para a medicina como disciplina científica: *enquanto* pesquisa, a medicina não está interessada em valores particulares, mas em questões de verdade. E as coisas se dão de modo semelhante com os estudos das artes e a jurisprudência, desde que sejam entendidos como disciplinas científicas. Ora, também essas disciplinas podem concretizar-se em uma prática profissional: os estudos das artes como crítica de arte, por exemplo, e a jurisprudência como prática jurisdicional ou publicismo jurídico, entre outros. Assim essas disciplinas se tornam partes integrantes do meio artístico e do trato jurídico, ambos sistemas culturais de ação. Esses sistemas, porém, diferentes da práxis profissional médica, não se orientam segundo um valor particular como 'saúde', mas segundo sistemas de saber que, cada qual, diferenciam-se e autonomizam-se sob uma entre várias pretensões de validade universais. Nesse sentido, o meio artístico e o trato jurídico equiparam-se ao meio econômico e não ao sistema de saúde pública. Trata-se aqui do julgamento da autenticidade de obras que expressam experiências exemplares, ou então do processamento de questões normativas, em um sentido semelhante ao da geração de saber empírico-teórico, no meio científico.

Por isso, não é cabível tomar o caso médico da aplicação do saber empírico-teórico, que na verdade se pode analisar sob o aspecto da imposição de orientações racional-teleológicas da ação, generalizá-lo e então conceber racionalizações sociais em *todos* os campos vitais, como se fossem racionalizações de meios transformados em fins e selecionados entre valores particulares. Ora, segundo a própria abordagem teórica de Weber, a racionalidade moral-prática assume importância central para a *institucionalização* do agir racional-teleológico econômico e administrativo. Seria de surpreender que Weber não tivesse percebido a necessidade de se conceber, em primeira linha, a racionalização do direito sob o aspecto de uma nova conformação *racional-valorativa* do sistema de instituições e, em segunda linha, sob o aspecto da imposição de orientações *racional-finalistas* da ação. Mas a interferência maldefinida de dois questionamentos, sob os quais Weber concebe sucedimentos de modernização como processos de racionalização, leva a contradições justamente na sociologia do direito.

Essas contradições reportam-se a uma contradição básica: *por um lado*, Weber identifica a ética da atividade profissional e o sistema jurídico moderno com as duas inovações às quais atribui o surgimento do capitalismo. É com elas que tem êxito, no sistema institucional e de personalidades, uma corporificação da consciência moral regida por princípios. Elas asseguram uma ancoragem racional-valorativa de orientações racional-teleológicas da ação. Como mostrei antes, Weber faz uso de um conceito complexo de racionalidade prática cujo ponto de partida reside em uma ordenação conjunta de aspectos racional-valorativos e racional-teleológicos da ação. *Por outro lado*, e não obstante, ele considera a racionalização social exclusivamente sob o aspecto da racionalidade teleológica. O conceito abrangente de racionalidade que Weber tomara por base para suas investigações da tradição cultural, ele não o aplica no plano das instituições. Para a racionalidade dos sistemas de ações ganhará importância somente o complexo racional cognitivo-instrumental. Curiosamente, no plano dos subsistemas da economia e da política, os efeitos estruturadores restringem-se ao aspecto do agir racional-teleológico, e não ao do agir racional-valorativo. Com a sociologia weberiana da economia, do Estado e do direito, tem-se a impressão de que nas sociedades modernas os processos de racionalização têm seu ponto de partida somente no saber empírico-teórico e em aspectos instrumentais e estratégicos do agir, ao passo que, no caso da racionalidade prática, não se poderia institucionalizá-la de forma autônoma, ou seja, com um sentido próprio, específico do subsistema.

(2) Essas tendências conflitantes refletem-se na sociologia do direito. De um lado o direito moderno, de maneira semelhante ao que se dá com a ética protestante, é tomado como uma corporificação de estruturas de consciência pós-tradicionais: o sistema jurídico é uma ordenação da vida obediente às formas da racionalidade moral-prática (a). De outro lado, Weber procura situar a racionalização do direito exclusivamente sob o aspecto da racionalidade teleológica e construí-la como um caso paralelo à corporificação da racionalidade cognitivo-instrumental na economia e na administração do Estado. Isso só tem êxito à custa de uma reorientação empirista que se impõe ao significado da problemática da legitimação e à custa de um desacoplamento conceitual do sistema político em relação a formas da racionalidade moral-prática: Weber redesenha o talhe atribuído à formação da vontade política de acordo com o molde dos processos da conquista do poder e da corrida pelo poder (b).

(a) Primeiro, algo sobre o caráter pós-tradicional do direito burguês. Ações sociais são institucionalizadas no âmbito de ordens legítimas; e estas também se embasam sobre o comum acordo. Aí, o comum acordo funda-se sobre o reconhecimento intersubjetivo de normas. Quando se refere ao comum acordo normativo que se apoia sobre a tradição, Weber fala em um *agir comunitário convencional*. À medida que o agir obrigatório por via convencional vai sendo substituído por um agir racional-teleológico e orientado ao êxito, surge um problema: como se podem ordenar de maneira legítima os espaços estratégicos do *agir interessado*, ora livre de convenções? Ou seja, como se pode limitá-los entre si de maneira obrigatória e por via normativa?

O comum acordo normativo precisa deslocar-se de um comum acordo prescrito pela tradição rumo a outro, *convencionado* entre as partes. No limite, convenciona-se formalmente, e propõe-se positivamente, o que deve valer como ordem legítima; com isso, o agir social racional assume o lugar do agir social convencional: "Naturalmente, é fluida a transição que leva do agir orientado pelo comum acordo ao agir social – este último representa o caso específico ordenado por *estatutos*... Ao inverso, costuma nascer de cada coletivização social [*Vergesellschaftung*] um agir que se pauta por um comum acordo cujo alcance está para além do círculo de seus fins racionais (isto é, por um comum acordo *condicionado* pela própria coletivização social), estabelecido entre os membros da coletividade... Quanto mais numerosos e plurais forem os círculos (segundo os tipos de chances que lhes são constitutivas) com base nos quais os indivíduos orientam *racionalmente* seu agir, mais terá avançado a '*diferenciação* social racional'; e, quanto mais esse agir assumir o caráter de *coletivização social*, mais terá se adiantado a '*organização* social racional'."[174]

---

174. Weber, 1968a, pp. 201 s.

O caso típico-ideal de regulamentação normativa do agir racional-teleológico é o *estatuto* livremente convencionado e dotado de força de lei; a instituição que se embasa sobre uma ordem estatutária é a *associação*, ou então o *instituto*, quando, neste último caso, um aparato coercivo sanciona continuadamente a convenção original. Weber descreve nesses conceitos a tendência de racionalização social: "No todo, o que se constata é uma ordenação racional-teleológica do agir, embasada sobre o comum acordo, sempre mais abrangente e alcançada com o estabelecimento de estatutos; e ainda, de maneira especial, uma transformação sempre mais ampla de associações em institutos ordenados de maneira racional-teleológica."[175] Nesse trecho Weber emprega a expressão "racional-teleológica", mas não em consonância com as regras de definição que ele mesmo havia introduzido[176]; aqui caberia ter dito "racional-valorativa". A reflexão a seguir depõe em favor desse argumento.

Se o comum acordo normativo assume a forma de uma convenção juridicamente sancionada, basta que se proceda ao estabelecimento dele para poder fundamentar que ele esteja motivado por via racional. Também aqui o comum acordo refere-se à validade de uma regulamentação normativa, que se torna parte constitutiva da ordenação legítima, obrigando os que agem a determinadas orientações valorativas em prol de uma matéria carente de regulamentação. É tão somente *dentro* de limites firmados por via normativa que os sujeitos jurídicos estão autorizados a agir de modo racional-teleológico sem respeitar as convenções. Portanto, para a institucio-

---

175. Weber, 1968a, p. 210.
176. Cf. supra, pp. 309 ss.

nalização do agir racional-teleológico é indispensável uma espécie de comum acordo normativo que possa ser compreendido sob a ideia da livre convenção (discursiva) e do estabelecimento autônomo (arbitrado) de estatutos; ademais, esse comum acordo normativo deve distinguir--se por apresentar características formais de racionalidade valorativa. Quanto a isso, Weber certamente não expressa uma posição inequívoca; o uso oscilante da linguagem não se dá por acaso.

Como característica essencial da racionalidade do direito moderno, Weber menciona em primeiro lugar a sistemática [*Rechtssystematik*]. O direito moderno é, em grande medida, um direito de juristas. Com os funcionários especializados e o juiz, todos formados juridicamente, profissionalizam-se a jurisdição e a administração pública. E não é somente a aplicação do direito que se vincula cada vez mais a procedimentos formais e, com isso, ao entendimento especializado dos juristas. Essas circunstâncias também fomentam a sistematização das normas jurídicas, a coerência da dogmática do direito, e com isso uma racionalização plena do direito: esta última segundo parâmetros internos e puramente formais de rigor dedutivo, fundamentação de princípios, observância de um universo conceitual analítico etc. A tendência já se observava nas faculdades de direito da baixa Idade Média; impôs-se em definitivo com o positivismo jurídico (e Kelsen, por exemplo, explicitou-a conceitualmente).

Por certo, essa estruturação plena do direito, a aplicação ilimitada do pensamento formal-operacional ao saber prático-profissional das pessoas especializadas na área jurídica, revela uma subsistência de fatos bastante interessante; mas a mera circunstância de que essa tendência impôs-se de maneiras diversas nos vários desdobramentos jurídicos nacionais (mais notadamente nos países de tradição ligada ao direito romano) ressoa com ceticismo ante a sugestão de se procurar o avanço da racionalidade do direito moderno sobretudo em uma *sistematização interna*. Mais que isso, essa sistematização dos nexos de sentido pressupõe uma transição que leve a um nível pós-tradicional da consciência moral, possibilitada, esta última, pela racionalização ética das imagens de mundo. É só nesse nível que se oferece um conceito formal de mundo social enquanto totalidade de relações interpessoais legitimamente regulamentadas.

Assim como o sujeito moral da ação pode orientar-se em um mundo como esse de acordo com princípios da condução metódica da vida, também o sujeito do direito privado pode sentir-se autorizado a agir, no âmbito dos limites legais, segundo uma orientação puramente voltada ao sucesso. O desencantamento da imagem religiosa de mundo e o descentramento da compreensão de mundo constituem pressupostos para que os conceitos jurídicos sacrais possam ser reformulados a partir da perspectiva hipotética, por jurisconsortes que sejam, em princípio, livres e iguais. Estes, em conformidade com a ideia, podem chegar a acordos sobre que normas devem obter ou perder validade: "... em toda parte falta a noção original de que as regras para o agir possam ser criadas intencionalmente, como *normas*, e isso de maneira completa; que se possam criar regras, portanto, com caráter de 'direito', ou seja, regras que possam ser garantidas por coerção jurídica. Em primeiro lugar, falta às decisões judiciais, de maneira geral, o conceito de 'norma'. Elas não se apresentam de modo algum como 'aplicação' de 'regras' fixas, tal como obviamente vemos hoje a questão, em relação aos veredictos. Quando, porém, se concebe a noção de normas *obrigatórias* para a solução de disputas e de normas 'vigentes' para o agir, essas normas não são vistas em primeiro lugar como produtos, tampouco como possível objeto de estatutos humanos. Sua existência 'legítima' reside, sim, por um lado, na *absoluta santidade* de determinados hábitos; desviar-se deles pode ocasionar feitiços maus ou a inquietação dos espíritos ou a ira dos deuses. Esses hábitos valem como 'tradição' [e portanto] são imutáveis, ao menos teoricamente. É preciso reconhecê-los e interpretá-los de acordo com os hábitos, *mas não é possível criá-los*. Interpretá-los cabe aos que os conhecem há mais tempo, e portanto às pessoas fisicamente 'mais velhas', ou aos anciãos de toda a estirpe ou – e isto é especialmente freqüente – aos magos e sacerdotes; porque estes últimos, tão somente em virtude de seu conhecimento especializado das forças mágicas, conhecem e precisam conhecer determinadas regras: regras engenhosas para a relação com poderes suprassensíveis. Apesar disso, [por outro lado] também surgem normas como regras novas que são *impostas*. Tal coisa só pode acontecer pela única via possível para tanto: a de uma nova *revelação* carismática. Ou a revelação de uma decisão individual, o que é conveniente no caso particular e concreto. E eis o que há de original. Ou também a de uma norma geral, que deveria ocorrer futuramente em todos os casos semelhantes. A revelação do direito sob essas formas é o elemento primordial e revolucionário em face da estabilidade da tradição e também a matriz de toda a 'constituição estatutária' do direito"[177]. Weber acompanha o surgimento das *qualidades formais do direito moderno* "desde a revelação carismática do direito

---

177. Weber, 1964, p. 570.

por meio de '*profetas* jurídicos'; passa pela atuação jurígena empírica e pela aplicação empírica do direito por *celebridades* jurídicas (atuação jurígena cautelar e por prejulgamentos); avança até a imposição do direito pelo *imperium* mundano e por forças teocráticas; e chega finalmente à constituição estatutária do direito por via sistemática e ao exercício da 'jurisprudência' especializada – que se cumpre com base na instrução literária e lógico-formal – por *eruditos* do direito (juristas especializados)"[178].

Para designar o ponto de vista assumido por Weber ao investigar a racionalização do direito, Schluchter encontrou uma formulação bastante adequada, em analogia com o desencantamento dos caminhos salvíficos: o "desencantamento dos caminhos jurídicos". Weber acompanha esse processo desde as origens de um "formalismo condicionado de maneira mágica", no qual a observância ritualista da forma do agir jurídico garante a retidão jurídica do veredicto, até o "formalismo lógico" do direito contemporâneo, em que se diferencia entre as normas do decurso jurídico e a matéria do processo jurídico, ou seja, entre procedimento e conteúdo.

Weber constrói um desenvolvimento que parte do direito revelado, passa pelo direito tradicional e chega ao direito moderno, seja ele "inferido" ou "estatuído"; ele o faz por um lado tendo em vista a diferenciação de diversos *âmbitos jurídicos*, e por outro lado tendo em vista a conceitualização dos *fundamentos validativos do direito*. No nível do direito primitivo, ainda falta o conceito de norma objetiva; no nível do direito tradicional, as normas valem como se tivessem sido dadas, como se fossem convenções legadas; é apenas no nível do direito moder-

---

178. Weber, 1964, p. 645.

no que se podem considerar as normas como estatutos arbitrariamente constituídos e julgá-las segundo princípios que, de sua parte, estejam vigentes de maneira meramente hipotética.

A racionalização do direito reflete essa mesma sequência, atinente aos conceitos básicos, entre níveis pré-convencionais, convencionais e pós-convencionais, comprovada pela psicologia do desenvolvimento em relação à ontogênese. Schluchter toma para si essa tese, que Klaus Eder submeteu à prova com base em material antropológico[179], e a exemplifica com a sociologia do direito de Weber: "O decurso jurídico primitivo não conhece direito 'objetivo' algum, independente de ações: ações e normas permanecem imbricadas umas nas outras. A chance de haver uma regularidade do agir social baseia-se exclusivamente em usos e costumes, ou então no posicionamento de interesses. Pois o agir ainda não se orienta segundo obrigações jurídicas que sejam reconhecidas 'obrigatoriamente' e 'em razão de si mesmas' por um círculo de pessoas. Isso só ocorre na transição para o decurso jurídico tradicional, que julga ações à luz de normas jurídicas dadas. Obviamente, essas normas continuam sendo particularistas: ainda não foram alçadas a princípios jurídicos universalistas. Essa realização só se dará pelo direito natural, que supõe que princípios como esses se podem inferir de maneira racional. Com isso, porém, o direito é colocado sobre uma base não apenas calcada em princípios, mas também metajurídica. O direito existente vê-se obrigado a legitimar-se com princípios desse tipo, e caso os contrarie pode e deve ser alterado. Com isso se dá um impulso decisivo à ideia da

---

179. Eder, 1976, pp. 158 ss.

constituição estatutária do direito. Por certo, o direito natural ainda se atém fortemente à ideia de que princípios jurídicos estejam dados. Apenas quando essa ideia se vê abalada, quando esses princípios se tornam, eles mesmos, reflexivos, aí sim o direito pode se tornar positivo, em sentido estrito. A isso se chega no decurso jurídico moderno. Aqui, quase todo direito pode ser considerado estatuído, e contestável, portanto. E por isso sua 'ancoragem' é transposta de princípios metajurídicos para princípios jurídicos. Estes conservam um caráter apenas hipotético, e tal coisa é expressão de que o direito se tornou autônomo, embora permaneça ligado concomitantemente a nexos extrajurídicos."[180]

Somente nesse nível de desenvolvimento estruturas modernas de consciência podem corporificar-se em um sistema jurídico que, assim como o direito privado burguês, distingue-se sobretudo por três traços característicos: positividade, legalismo e formalidade.

Positividade: O direito moderno é tido como um direito positivamente estatuído. Não se constitui por meio da interpretação de tradições reconhecidas e sacralizadas; expressa, sim, a vontade de um legislador soberano que, com recursos jurídicos organizacionais, regulamenta de maneira convencional a situação social subsistente.

Legalismo: O direito moderno não impõe motivos morais às pessoas jurídicas, a não ser uma obediência jurídica, em termos gerais; ele defende as tendências particulares dessas pessoas no âmbito de limites sancionados. Sanções impõem-se não a sentimentos morais maldosos, mas a ações contrárias a normas (estando aí pressupostas a imputabilidade e a culpa).

---

180. Schluchter, 1979, p. 146.

Formalidade: O direito moderno define os campos da arbitrariedade legítima de pessoas em particular. Pressupõe-se a liberdade de arbítrio das pessoas do direito em um campo de ações privadas moralmente neutralizado, ações ligadas no entanto a consequências jurídicas. Portanto, as relações do direito privado podem ser regulamentadas por autorizações que sejam reconhecidas por princípio (em lugar de uma regulamentação acerca de obrigações concretas e mandamentos materiais). Nessa área, tudo que não seja legalmente proibido é permitido.

As três marcas estruturais mencionadas referem-se ao modo de validação jurídica e de constituição jurídica de estatutos, a critérios da punibilidade e ao modo de sanção, e finalmente ao tipo de organização do agir jurídico. Definem um sistema de ação no qual se supõe que todas as pessoas se comportam de maneira estratégica, à medida que obedecem a leis enquanto convenções publicamente sancionadas, mas modificáveis a qualquer momento por via legítima; à medida que perseguem os próprios interesses sem observar reverências de caráter moral; e à medida que tomam as melhores decisões possíveis de acordo com essas orientações de interesses no âmbito das leis vigentes (ou seja, também em face das consequências jurídicas calculáveis). Em outras palavras, supõe-se que as pessoas do direito utilizam sua autonomia particular de maneira racional-teleológica.

Positividade, legalidade e formalidade são marcas gerais de uma institucionalização jurídico-vinculativa de campos do agir estratégico claramente circunscritos. Elas explicitam a forma com base na qual o direito moderno pode cumprir os imperativos funcionais das relações econômicas reguladas por meio dos mercados. Essa funcionalidade sistêmica, entretanto, *decorre* de estruturas jurídicas em que o agir racional-teleológico pode tornar-se geral; ela não *explica* a maneira pela qual tais estruturas jurídicas são possíveis. Em outras palavras: o fato de o direito moderno ser funcional para a institucionalização do agir racional-teleológico ainda não explica as marcas estruturais com base nas quais ele pode cumprir essa função. Mais que isso, a forma do direito moderno pode ser explicada a partir de estruturas pós-tradicionais de consciência que ele mesmo corporifica. Em tal medida, Weber precisaria entender o sistema jurídico moderno como uma ordenação da vida que estivesse submetida à esfera de valores moral-prática e fosse passível de racionalização segundo o parâmetro abstrato de valor da retidão normativa (semelhante, neste último ponto, à condução metódica da vida pelos empresários pré-capitalistas). A isso, no entanto, contrapõe-se a tentativa rival de considerar a racionalização do direito exclusivamente sob o aspecto da racionalidade finalista.

A positivação, a legalização e a formalização do direito significam que a validade do direito não pode mais viver da autoridade (antes óbvia) das tradições morais; ela carece, isto sim, de *fundamentação* autônoma, ou seja, de uma fundamentação *relativa não apenas a propósitos dados*. A consciência moral só pode satisfazer tal exigência em nível pós-convencional. Somente nesse nível surgem *a ideia de poder criticar de maneira fundamental, e por princípio, as normas jurídicas*, bem como *a ideia da carência de justificação* dessas mesmas normas; a distinção entre normas para a ação e princípios para a ação; o conceito da geração de normas regida por princípios; a noção da convenção racional de regras normativamente vinculativas; também a noção de um instrumento contratual necessário para que sejam possíveis as relações acordadas; o discernimento sobre os nexos de generalidade e de justificação possível das normas jurídicas; os conceitos de capacidade jurídica universal, de pessoa do direito em abstrato, de força jurígena da subjetividade etc. Esses *conceitos fundamentais pós-tradicionais de direito e moral* foram desenvolvidos e sistematizados primeiramente no âmbito do direito natural racional. O modelo para a fundamentação das normas jurídicas é a convenção não coagida, firmada por envolvidos que assumam o papel de parceiros contratuais e sejam, por princípio, livres e iguais. Não importa como se apresentem as noções individuais de fundamentação: o que tem valor para o direito moderno é o fato de ele necessitar de uma fundamentação autônoma e independente da mera tradição; ou, nas palavras de Weber, que a *validade tradicional do comum acordo seja substituída por sua validade racional.*

Da separação entre moralidade e legalidade, cumprida com o direito moderno, decorre o problema de que o campo da legalidade *em seu todo* passa a carecer de uma justificação prática. A esfera do direito – este exige dos jurisconsortes sua disposição à obediência em face da lei – fica isenta de uma moral, mas ao mesmo tempo aponta para uma moral fundada em princípios.

A conquista peculiar da positivação da ordem jurídica reside em *afastar problemas de fundamentação* e aliviar, portanto, o manejo técnico do direito, livrando-o *em grande parte* de problemas desse tipo; ela não reside, porém, na *eliminação* da problemática da fundamentação: a estrutura da consciência jurídica pós-tradicional justamente aguça a problemática da justificação, tranformando-a em uma questão de princípio que pode ser deslocada até os fundamentos, mas não suprimida a ponto de desaparecer. O catálogo dos direitos fundamentais presente em constituições burguesas tão logo elas se vejam formalmente redigidas – bem como o princípio da soberania popular, que vincula a competência legislativa ao entendimento da formação democrática da vontade – é expressão dessa justificação que se tornou estruturalmente necessária.

As instituições básicas das constituições burguesas, eficazes em sua função legitimadora (e como elas as instituições básicas do direito privado ou penal), certamente não podem ser entendidas *somente* como corporificação de estruturas de consciência pós-tradicionais; mas elas bem se deixam "questionar" dessa maneira, por via funcionalista e ideológica. Contudo, a crítica ideológica apenas se serve da análise funcionalista de sistemas jurídicos para contestar as pretensões de validade normativas ainda irresolvidas, jamais para suspendê-las; pois do contrário ela sucumbe às fórmulas vazias de um funcionalismo marxista que sob esse ponto de vista nada tem de melhor se comparado a um funcionalismo sistêmico autonomizado. Max Weber parece perceber muito bem essa questão. Na mesma medida em que o direito moderno se torna um meio para organizar o poder político, ou seja, o "poder legalmente instituído", este também se torna dependente de uma legitimação que satisfaça a necessidade de fundamentação do direito moderno. Uma constituição que se possa interpretar como expressão de um comum acordo racional entre todos os cidadãos, por exemplo, está a serviço dessa legitimação: "Nossas associações de hoje, sobretudo as políticas, correspondem ao tipo de poderes 'legalmente instituídos'. Ou seja: para quem detém o poder de comando, a legitimidade para emitir ordens baseia-se em uma regra racionalmente estatuída, pactuada ou imposta; de outra parte, a legitimação para que essas regras fossem estabelecidas baseia-se em uma 'constituição' que se estatuiu ou interpretou racionalmente."[181]

Formulações desse tipo fazem passar despercebido o positivismo jurídico weberiano. Em geral, a apreensão conceitual do direito moderno e do poder legal é tão estrita em Weber *que o princípio da carência de fundamentação fica obscurecido em prol do princípio de constituição estatutária*. Weber acentua sobretudo as qualidades estruturais ligadas ao formalismo de um direito sistematizado por especialistas e à positividade de normas estatuídas. Ele ressalta as marcas estruturais que elucidei como positividade, legalidade e formalidade do direito. Mas negligencia o momento da carência de fundamentação; exclui do conceito de direito moderno justamente as noções racionais de fundamentação que surgem com o direito racional no século XVII, e que desde então caracterizam sobretudo os fundamentos de direito público do poder legal, se não o sistema jurídico como um todo. É por essa trilha que Weber assemelha o direito a um meio organizador passível de manejo racional-teleológico e desvincula entre si a racionalização do direito e o complexo moral-prático da racionalidade, para então reduzir a primeira a uma pura racionalização das relações entre meio e fim.

(b) Na maioria das vezes, Weber descreve a racionalidade do direito moderno de tal maneira que não é a *ancoragem racional-valorativa* do agir econômico e administrativo que fica em primeiro plano, mas a *aplicabilidade racional-teleológica* dos meios organizacionais jurídicos. Isso se revela em *três linhas de argumentação* bastante ca-

---

181. Weber, 1963, pp. 267 s.

racterísticas: a interpretação do direito natural racional; a equiparação positivista de legalidade e legitimidade; e a tese de uma ameaça da qualidade formal do direito pela "racionalização material".

Sobre a interpretação do direito natural. Podemos entender o direito natural racional em suas diferentes versões – desde Locke e Hobbes, passando por Rousseau e Kant, até Hegel – como o cerco teórico que emoldura tentativas de fundamentação das constituições sociais e estatais juridicamente organizadas[182]. Esse direito racional, segundo a constatação de Weber, liga a legitimidade do direito positivo a condições formais: "Todo direito legítimo funda-se na constituição de estatutos, a qual, por sua vez, se funda na convenção racional. Ou de maneira real, sobre um contrato originário efetivo entre indivíduos livres, que regulamente, com vista ao futuro, também o tipo de surgimento do novo direito estatuído; ou no sentido ideal de que só é legítimo um direito cujo conteúdo não se contraponha a uma ordem adequada à razão e estatuída por meio de uma livre convenção. 'Direitos à liberdade' são os componentes essenciais de um direito natural como esse, em especial a *liberdade de estabelecer contratos*. O contrato racional voluntário, seja como razão histórica efetiva de toda coletivização social (inclusive do Estado), seja como parâmetro regulador da valoração, tornou-se um dos princípios formais universais das construções atinentes ao direito natural."[183]

---

182. L. Strauss. *Naturrecht und Geschichte*. Stuttgart, 1956; C. B. McPherson. *Die politische Theorie des Besitzindividualismus*. Frankfurt/M., 1967; W. Euchner. *Naturrecht und Politik bei J. Locke*. Frankfurt, 1969; I. Fetscher. *Rousseaus politische Philosophie*. Frankfurt/M., 1975.

183. Weber, 1964, p. 637.

Weber percebe no direito natural racional o "tipo mais puro de validade racional-valorativa" e o cita como exemplo notável de efetividade externa dos nexos internos de validade: "Por mais que se veja limitado em face de suas pretensões, não se pode contestar que suas sentenças logicamente aclaradas exerçam influência considerável sobre o agir..."[184]

O direito racional apoia-se sobre um princípio racional de fundamentação; e no sentido da racionalização moral-prática é muito mais avançado que a ética protestante, em face do embasamento religioso desta última. Não obstante, Weber não considera o direito natural como parte do direito moderno, pura e simplesmente. Ele pretende discerni-lo cuidadosamente "tanto do direito revelado quanto do direito constituído por estatuto e do direito tradicional"[185]. Portanto, constrói uma oposição entre o direito moderno em sentido estrito, que se apoia *tão somente* sobre o princípio estatutário, e o direito que ainda não se tornou plenamente "formal" e que se apoia sobre princípios de fundamentação (princípios que são, de uma maneira ou de outra, racionais). A seu ver, o direito moderno deve ser entendido em sentido positivista como o direito que se estatui por meio de decisão, completamente desprendido de qualquer comum acordo racional, e até mesmo de noções de fundamentação em geral, ainda que apenas formais. Weber tem a noção de que não poderia haver "um direito natural puramente formal": "'Natureza' e 'razão' são o parâmetro *material* para o que há de legítimo, segundo o direito natural [...]. O *que deve valer* é considerado idêntico a *o que é* fatica-

---

184. Weber, 1968a, p. 317.
185. Weber, 1968a, p. 317.

mente e em média; as 'normas' jurídicas ou éticas conquistadas por meio da elaboração lógica de conceitos pertencem – no mesmo sentido que as 'leis da natureza' – às regras obrigatórias em geral que 'o próprio Deus não pode alterar', e contra as quais a ordem jurídica não deve tentar insurgir-se."[186]

Esse argumento gera confusão porque, de maneira pouco clara, vincula uma crítica imanente exercida em relação à radicalidade insatisfatória das noções próprias ao direito natural (ainda insuficientemente formais, portanto) a uma crítica transcendental exercida em relação à exigência de princípios de fundamentação em geral; e isso de tal modo que as duas críticas se veem travestidas em uma terceira, exercida em relação a um paralogismo naturalista. Bem se pode fazer a objeção de que nos séculos XVII e XVIII o conceito de direitos naturais ainda assume fortes conotações metafísicas. Quando, porém, fazem uso do modelo de um contrato pelo qual todos os jurisconsortes, enquanto parceiros originalmente livres e iguais, regulamentam seu convívio segundo a ponderação racional de seus interesses, os teóricos modernos do direito natural tratam de corresponder à exigência de uma fundamentação procedimental do direito, como se fosse ela a primeira; ou seja, buscam corresponder a uma fundamentação que se dá a partir de princípios cuja validade possa ser criticada segundo esses próprios princípios. Logo, "natureza" e "razão" não representam nesse contexto teores metafísicos quaisquer; são, sim, termos parafrásticos relativos às condições formais que um comum acordo deve cumprir, se lhe cabe atribuir força legitimadora, isto é, se lhe cabe ser

---

186. Weber, 1964, p. 638.

racional. Assim, Weber confunde novamente as qualidades formais de um nível de fundamentação pós-tradicional com valores materiais e especiais. Ele tampouco distingue suficientemente entre aspectos estruturais e de conteúdo no direito natural, e só por isso pode equiparar "natureza" e "razão" com conteúdos valorativos dos quais o direito moderno em sentido estrito se desliga, enquanto instrumento de imposição de valores e interesses *arbitrários*.

Sobre a crença na legalidade. O conceito positivista de direito, em face da questão sobre como se pode legitimar o poder legal, causa para Weber uma situação constrangedora. Se uma forma qualquer do comum acordo (sendo este interpretado de determinada maneira conforme as teorias do contrato ligadas ao direito natural) significa "a forma unicamente consequente da legitimidade de um direito"; e se essa forma ainda é possível "quando se extingue a revelação e autoridade religiosas da sacralidade da tradição"[187], surge o problema a seguir. Supondo que a legitimidade representa uma condição necessária do prosseguimento de *todo* poder político, como é possível legitimar em geral um poder legalmente instituído cuja legalidade se apoia em um direito firmado de maneira puramente decisionista (e portanto em um direito que, por princípio, desvaloriza a fundamentação)? A resposta de Weber, que fez escola de C. Schmitt a Luhmann[188], é a seguinte: por meio do procedimento. Legitimação por meio do procedimento não significa nesse contexto voltar às condições formais da justificação moral-prática

---

187. Weber, 1964, p. 636.
188. N. Luhmann. *Legitimation durch Verfahren*. Neuwied, 1969; sobre isso, cf. minha crítica in J. Habermas, N. Luhmann. *Theorie der Gesellschaft*. Frankfurt/M., 1971, pp. 243 s.

de normas jurídicas[189], mas conformar-se às prescrições procedimentais na constituição estatutária do direito, na jurisdição e na aplicação do direito. A legitimidade apoia-se então "sobre a crença na legalidade das ordenações estatuídas e do direito de mando [*Anweisungsrecht*] dos que são chamados ao exercício do poder por essas mesmas ordenações"[190]. Ora, se legalidade significa apenas concordância com uma ordem jurídica faticamente vigente, e se esta, enquanto direito estatuído arbitrariamente, não é acessível a uma justificação prático-moral, então não fica claro de onde a crença na legalidade poderá retirar para si a força de legitimação. A crença na legalidade só pode gerar legitimidade se a legitimidade da ordem jurídica que fixa o que é legal já está pressuposta. E não há caminho que leve à saída dessa circularidade[191].

Sob conceitos sociológicos básicos, é o mesmo que dizer: "A legalidade [para os partícipes] pode valer como *legítima*: a) em virtude da convenção estabelecida pelos interessados em prol dessa legalidade; b) em virtude da imposição (embasada sobre um poder em vigência legítima e exercido por seres humanos sobre seres humanos) e da obediência."[192] Nos dois casos, não é a legalidade como tal que gera legitimação, mas: (a) um comum acordo racional que subjaz de antemão à ordem jurídica;

---

189. Em relação a isso, cf. agora R. Alexy (1978b); além disso, R. Dreier. "Zu Luhmanns systemtheoretischer Neuformulierung des Gerechtigkeitsproblems", in: do mesmo autor, *Recht, Moral, Ideologie*. Frankfurt/M., 1981, pp. 270 ss.

190. Weber, 1964, p. 159.

191. J. Winckelmann. *Legitimität und Legalität in M. Webers Herrschaftssoziologie*. Tübingen, 1952; Habermas, 1973a, pp. 133 ss.; K. Eder. "Zur Rationalisierungsproblematik des modernen Rechts", in *Soziale Welt*, 2, 1978, pp. 247 ss.

192. Weber, 1968a, p. 316.

ou (b) um poder, legitimado *de outra maneira*, próprio aos que impõem a ordem jurídica. Com isso, torna-se fluida a passagem entre ordem pactuada e ordem imposta: "A forma de legitimação mais difundida nos dias de hoje é a crença na *legalidade*, a sujeição em face de estatutos estabelecidos de maneira *formalmente* correta e sob a forma usual. Assim, a oposição entre ordens pactuadas e ordens impostas é apenas relativa. Pois tão logo a validade de uma ordem pactuada não se apoie sobre uma convenção *unânime* – e essa era no passado uma exigência comum para obter legitimidade efetiva –, mas sobre a sujeição factual de pessoas humanas cuja vontade diverge diante da vontade das maiorias – como frequentemente é o caso –, o que se dá de fato é uma imposição diante da minoria."[193]

Mesmo diante de passagens fluidas é possível separar analiticamente as duas fontes de legitimidade das quais depende a crença na legalidade: uma *convenção fundamentada* e a *atribuição em confiança* de uma *vontade poderosa*. E sobre essa crença afirma-se justamente: "A sujeição em face da imposição de ordens por indivíduos ou por grupos, desde que para tanto não sejam decisivos somente o temor ou quaisquer motivos racional-teleológicos, pressupõe a crença em um domínio de *poder legítimo* em um sentido qualquer, atribuído a quem ou aos que o impõem..."[194]

A crença na legalidade de um procedimento não pode gerar legitimidade *per se*, ou seja, em virtude de uma constituição estatutária. A tal resultado já se chega com a análise lógica das expressões *legalidade* e *legitimidade*.

---

193. Weber, 1968a, p. 317.
194. Weber, 1968a, p. 318.

Isso é tão evidente que surge de imediato a pergunta: como é que Weber chega a considerar o poder legalmente instituído como forma *autônoma* de poder legítimo? Encontro apenas um argumento para isso, que no entanto não se sustenta diante de uma provação mais rigorosa. Pode-se considerar a crença na legalidade como caso especial de um fenômeno mais geral. É normal que as razões internas de técnicas e regulamentações racionalmente estabelecidas deixem de ser percebidas por quem as maneja ou cumpre em seu dia a dia: "A 'validade' empírica de uma ordenação 'racional', e *justamente* dela, volta a basear-se portanto, segundo suas ênfases, no comum acordo da sujeição a algo habitual, internalizado, assumido, repetitivo... Ora, o avanço da diferenciação e racionalização social – mesmo que nem sempre, nos resultados práticos, mas muito normalmente – significa que os que se veem atingidos na prática pelas técnicas e ordenações racionais distanciam-se mais e mais da base racional; e esta, no todo, costuma ser mais oculta para eles do que para o 'selvagem' é oculto o sentido dos procedimentos mágicos de seu pajé. Portanto, não é de modo algum a universalização do saber sobre os condicionamentos e nexos do agir social que ocasiona a racionalização destes, mas sim, na maioria dos casos, justamente o contrário."[195]

Weber aponta para algo como o tradicionalismo secundário, a desproblematização de instituições cheias de pressuposições, nas quais as estruturas de racionalidade estão corporificadas. Podemos então entender a crença na legalidade como expressão de tal efeito do tradicionalismo. Mas também nesse caso é justamente a *confiança*

---

195. Weber, 1968a, pp. 212 s.

nos *fundamentos racionais* da ordem jurídica, supostos de maneira global, que transforma a legalidade de uma resolução em *sinal* de legitimidade; o próprio Weber percebe tal coisa: "Nesse sentido, o que confere o tom especificamente 'racional' à situação do 'civilizado', em contraposição à situação do 'selvagem', é a crença geral internalizada em que as condições da vida cotidiana – sejam elas o bonde, o elevador, o dinheiro, o tribunal, o exército ou a medicina – têm natureza em princípio racional, ou seja, que se trata de artefatos humanos acessíveis ao conhecimento, à criação e ao controle racionais – o que por certo traz consequências importantes para o caráter do 'comum acordo'."[196] Portanto, uma ordem jurídica roga validade para si, no sentido de um comum acordo racional, mesmo quando os envolvidos têm como ponto de partida que somente os especialistas ainda podem apontar boas razões para que ela subsista, ao passo que os leigos jurídicos de qualquer modo não teriam condições de fazer tal coisa *ad hoc*.

Por mais que se faça e aconteça, a legalidade que se baseia somente em estatutos positivos pode até mesmo *apontar* para uma legitimidade que lhe subjaz, mas não pode *substituí-la*. A crença na legalidade não é um princípio de legitimidade independente[197].

Sobre a dialética entre racionalização formal e material. Depois de adotar o conceito positivista do direito e depois de desenvolver um conceito decisionista de legiti-

---

196. Weber, 1968a, p. 214.
197. Para suprir essa lacuna, W. Schluchter introduz os "Princípios do Direito", que devem cumprir a função de ponte entre o direito positivo e os fundamentos de uma ética da responsabilidade (1979, pp. 155 ss.). O *status* desses princípios permanece incerto. Eles são ainda um elemento desconhecido dentro da sistemática weberiana.

midade procedimental, Weber pode redirecionar a racionalização do direito para a esfera de valores cognitiva e investigar essa mesma racionalização de modo independente em relação a pontos de vista da racionalização ética. Porém, tão logo a racionalização do direito seja interpretada de modo diverso, como uma questão ligada à organização racional-teleológica da administração e da condução econômica racional-teleológicas, aí se pode não apenas deixar de lado as questões atinentes à corporificação institucional da racionalidade moral-prática, mas até menos invertê-las: elas passam a surgir como fonte de irracionalidade, ao menos como fonte de "motivos que debilitam o racionalismo jurídico"[198].

Weber confunde o recurso à carência de fundamentação do poder legalmente instituído (ou seja, toda tentativa de remontar ao fundamento legitimador de um comum acordo racional), de um lado, com uma evocação de valores particulares, de outro. Por isso, a *racionalização material do direito* não significa para ele algo como uma eticização progressiva, mas a destruição da racionalidade cognitiva do direito: "Ora, com o despertar de problemas modernos de classe impõem-se ao direito exigências materiais, de um lado por parte de uma parcela dos interessados jurídicos (notadamente dos trabalhadores), de outro lado por parte dos ideólogos do direito, que, além de se voltarem contra a validade de tais parâmetros únicos e conformes com uma moral dos negócios, exigem um direito social baseado em postulados morais patéticos ('justiça', 'dignidade humana'). Isso, no entanto, coloca em questão o *formalismo do direito*, em seus princípios."[199]

---

198. Weber, 1964, p. 654.
199. Weber, 1964, p. 648.

Essa perspectiva permite integrar o desenvolvimento jurídico à dialética da racionalização, por uma via irônica, é claro.

Weber dedica grande energia à elaboração das marcas formais do direito moderno: é com base nelas que o direito moderno, enquanto meio de organização, se mostrará apropriado aos subsistemas do agir racional-teleológico; mas, sob um viés positivista, Weber restringe a tal ponto o conceito de direito que, para sua racionalização, vê-se em condições de negligenciar o aspecto moral-prático (princípio de fundamentação), precisando levar em conta apenas o aspecto cognitivo-instrumental (princípio de constituição estatutária). Sobre os avanços do desenvolvimento moderno do direito, Weber faz incidir exclusivamente pontos de vista da racionalidade formal, ou seja, pontos de vista de uma conformação (valorativamente neutra e planejada segundo aspectos ligados a meios e fins) de esferas de ação talhadas sob medida para o tipo do agir estratégico. Assim, a racionalização do direito deixa de ser mensurada segundo a autolegalidade das esferas moral-práticas de valores, diferindo da racionalização própria à ética e à condução da vida; ela é retroalimentada de maneira imediata pelos avanços do saber na esfera de valores cognitivo-instrumental.

Weber nomeia indicadores dessa racionalização formal do direito, em especial a melhora das qualidades formais do direito, desde que se possa percebê-las: a) com base em uma sistematização analítica plena das sentenças jurídicas [*Rechtssätze*] e um tratamento profissional das normas jurídicas marcado pela especialização jurídica; e b) com base na atribuição da legitimidade à legalidade, ou seja, na substituição de problemas relativos à fundamentação por problemas relativos a procedimentos. Continua sendo característico das duas tendências o tradicionalismo secundário dos leigos ante um direito que se tornou inacessível a uma visão de conjunto mas mesmo assim é reconhecido fundamentalmente como "racional": "... sob quaisquer circunstâncias, como consequência do desenvolvimento técnico e econômico, e a despeito de toda atividade judicativa leiga, constitui destino inexorável do direito que ele, abarrotado de teor técnico crescente, torne-se sempre mais desconhecido pelos leigos; ou seja, que se submeta a uma conformação altamente especializada e receba, em sua vigência atual, uma valoração progressiva enquanto aparato técnico, racional e sempre passível de redirecionamento com propósitos racional-teleológicos, já que se prescindiu da sacralidade de seu conteúdo. E embora se possa até mesmo velar esse destino, pela sujeição multiplamente progressiva a um direito que já subsistia no passado, livrar-se dele realmente não é possível"[200].

De fato, o desconhecimento de um direito "abarrotado de teor técnico crescente" torna mais longo o caminho até a legitimação e desonera a administração pública da pressão por legitimação. Mas esse prolongamento dos caminhos até a legitimação não significa que a crença na legalidade possa substituir a crença na legitimidade do sistema jurídico como um todo. A assunção de que pretensões de validade normativas possam inserir-se na consciência dos partícipes do sistema sem acarretar consequências consideráveis para a subsistência do sistema jurídico surgiu com o positivismo jurídico e foi depois assumida e *expandida* pelo funcionalismo das ciências sociais; ela não se sustenta empiricamente, porém. E essa

---

200. Weber, 1964, p. 656.

estratégia conceitual tem outra consequência altamente problemática: com ela Weber se vê obrigado a desqualificar *todos* os contramovimentos adversos a uma atenuação do direito moderno, considerando-os, enquanto "racionalização material", um simples instrumento de organização sem vínculo com quaisquer contextos de fundamentação moral-práticos. Sob a designação de tendências "antiformalistas" do desenvolvimento do direito, Weber subsume *indistintamente* tanto as tendências à reideologização dos fundamentos do direito (as quais de fato combatem o *status* pós-tradicional deste último) quanto a compulsão a uma racionalização ética do direito (que significa uma corporificação *ampla* das estruturas pós-tradicionais da consciência).

Disso resulta uma conclusão irônica para o diagnóstico de época weberiano. Weber lamenta a inversão polar nas orientações da ação, que vão de "éticas" a "puramente utilitaristas"; e concebe estas últimas como um desacoplamento dos fundamentos motivacionais em relação às esferas de valor moral-práticas. Portanto, deveria considerar bem-vindos movimentos que se voltassem contra tendências paralelas no direito. O que lhe parecia uma autonomização dos subsistemas do agir racional-teleológico, a ponto de estes se tornarem um "abrigo de submissão rígido como o aço", não deveria ser visto por ele aqui como uma ameaça, já que agora se trata de um desacoplamento entre a mesma esfera de valores moral-prática e o direito (enquanto cerne sociointegrativo do sistema de instituições). O que acontece é o contrário. Weber percebe um tolhimento das qualidades formais do direito não apenas nas tentativas tradicionalistas de sua reideologização, mas, da mesma forma, nos esforços progressistas de reatá-lo a exigências procedimentais de fundamentação: "Em todo caso, porém, a precisão jurídica do trabalho, tal como proferida nos considerandos, será fortemente rebaixada, se ponderações sociológicas e econômicas ou éticas tomarem o lugar de conceitos jurídicos. Em suma, o movimento é um dos percalços característicos que acometem tanto o domínio da 'humanidade especializada' quanto o racionalismo, este último sendo, sem dúvida, o progenitor do próprio movimento."[201]

Weber não está em condições de ordenar os dois momentos sob o modelo de uma racionalização parcial de sociedades capitalistas desenvolvidas, de modo que a consistência de seu julgamento sobre o desenvolvimento moral e jurídico possa manter-se. Não tenho a intenção de perscrutar as raízes dessa inconsistência sob o ponto de vista da crítica ideológica. Interessam-me, sim, as razões imanentes de que Weber não possa realizar sua teoria da racionalização como ele mesmo a propõe. Primeiro preciso esclarecer os erros que suponho haver na construção da teoria, para então poder reconstruir o teor sistemático do diagnóstico weberiano do presente; e aí sim poderemos explorar o potencial estimulador que a teoria weberiana possa representar para os propósitos de uma análise de nosso próprio tempo presente. Suponho que os erros residam em dois lugares importantes para a estratégia teórica.

Em primeiro lugar, rastrearei os impasses na formação de conceitos atinentes à teoria da ação. Eles impedem Weber de investigar a racionalização de sistemas de ação sob outros aspectos que não o aspecto único da racionalidade teleológica, embora ele mesmo descreva a racionalização das imagens de mundo, bem como a au-

---

201. Weber, 1964, p. 655.

tonomização e diferenciação das esferas culturais de valor, determinante para a modernidade, sob um universo conceitual que ilumina a racionalização social em toda sua complexidade – e que inclui, portanto, os fenômenos moral-práticos e estético-expressivos do racionalismo ocidental. Esse problema nos dará ensejo a que, logo após uma análise crítica da teoria weberiana da ação, retornemos ao conceito fundamental do agir comunicativo e demos seguimento ao esclarecimento do conceito de razão comunicativa (Primeira consideração intermediária).

Em segundo lugar, pretendo demonstrar que não se pode conceber adequadamente a ambiguidade da racionalização do direito dentro dos limites de uma teoria da ação em geral. Nas tendências à ordenação jurídica, impõe-se uma organização formal de sistemas de ação que de fato tem por consequência um desligamento entre os subsistemas do agir racional-teleológico e seus fundamentos moral-práticos. Mas essa autonomização de subsistemas em face de um mundo da vida estruturado comunicativamente tem menos a ver com a racionalização das orientações da ação que com um novo nível de diferenciação sistêmica. Esse problema dará ensejo não apenas a que se amplie a abordagem fundada sobre a teoria da ação, na linha do agir comunicativo, mas também a que se vincule essa abordagem a outra, fundada sobre a teoria de sistemas (Segunda consideração intermediária). Somente a integração das duas abordagens fará da teoria do agir comunicativo um fundamento consistente para a teoria social que assuma para si, com perspectivas de êxito, a problemática da racionalização social que Max Weber foi o primeiro a abordar (Consideração final).

III
PRIMEIRA CONSIDERAÇÃO INTERMEDIÁRIA: AGIR SOCIAL, ATIVIDADE TELEOLÓGICA E COMUNICAÇÃO

Quando se acompanham as investigações de Max Weber no campo da sociologia da religião, coloca-se a seguinte pergunta empírica que, de início, permanece aberta: por que razão os três complexos de racionalidade não encontraram, todos eles, uma corporificação institucional equilibrada nas ordenações da vida das sociedades modernas (dado que os três se diferenciaram e autonomizaram após o declínio das imagens de mundo tradicionais)? E por que não determinaram em igual medida a prática comunicativa do dia a dia? Com suas assunções básicas ligadas à teoria da ação, Weber havia prejulgado de tal maneira essa pergunta, que os processos de racionalização social só podiam ser considerados sob pontos de vista de uma racionalidade finalista. Eu gostaria, portanto, de discutir os impasses de sua teoria da ação atinentes à estratégia conceitual e fazer dessa crítica o ponto de partida para uma análise posterior do conceito de agir comunicativo.

Ao delinear esse esboço, renuncio a um debate com a teoria analítica da ação, desenvolvida em âmbito anglo-saxão[1]. As investigações realizadas sob esse título, e de cujos resultados faço uso em outro momento[2], não representam de modo algum uma abordagem unitária; mas têm em comum o método da análise conceitual e uma apreensão relativamente estrita do problema. A teoria analítica da ação é proveitosa para o esclarecimento das estruturas da atuação propositada. Ela se restringe ao modelo atomístico de um ator isolado e negligencia mecanismos da coordenação de ações pela qual as relações pessoais chegam a se estabelecer. Concebe as ações justamente sob o pressuposto ontológico de um mundo de estados de coisas existentes e negligencia relações ator--mundo essenciais às interações de natureza social. Como as ações são reduzidas a intervenções propositadas no mundo objetivo, o que fica em primeiro plano é a racionalidade das relações entre meio e fim. Enfim, a teoria analítica da ação entende como sua a tarefa de um esclarecimento metateórico de conceitos básicos; ela não atenta para a utilidade empírica de assunções básicas ligadas à teoria da ação e por isso quase não estabelece relação com a formação científica de conceitos. Assim, propõe uma leva de problemas filosóficos excessivamente específicos para os propósitos da teoria social.

O empirismo, no campo da teoria analítica da ação, repete batalhas já travadas há muito tempo; uma vez mais se trata da relação entre corpo e espírito (idealismo *versus* materialismo), de razões e causas (liberdade de arbítrio *versus* determinismo), de comportamento e ação (descrição objetivista da ação *versus* descrição não objetivista), do *status* lógico próprio a elucidações da ação,

---

1. M. Brand, D. Walton (orgs.). *Action Theory*. Dordrecht, 1976; Beckermann, 1977; Meggle, 1977.
2. Cf. supra, pp. 184 ss.

causalidade, intencionalidade etc. Em uma formulação extrema, a teoria analítica da ação elabora sob nova perspectiva os honoráveis problemas da filosofia pré-kantiana da consciência, sem avançar até as questões fundamentais de uma teoria sociológica da ação.

Sob pontos de vista sociológicos, é recomendável começar pelo agir comunicativo: "A necessidade do agir coordenado gera na sociedade uma determinada demanda de comunicação; e essa demanda precisa ser atendida quando, para cumprir o propósito de satisfazer essa carência, é obrigatoriamente possível uma coordenação efetiva de ações."[3] A filosofia analítica e sua disciplina central, a teoria do significado, oferecem ponto de junção muito promissor a uma teoria do agir comunicativo que venha destacar o entendimento linguístico como mecanismo da coordenação de ações. Isso, porém, não se aplica tanto à abordagem da teoria da significação, que mais se aproxima, sob certo aspecto, da teoria da ação: a *semântica intencional*[4], que remonta às investigações de H. P. Grice[5], ampliou-se com o trabalho de D. Lewis[6] e foi finalmente elaborada por St. R. Schiffer[7] e J. Bennet[8]. Essa teoria nominalista do significado não é apropriada para

---

3. S. Kanngiesser. *Sprachliche Universalien und diachrone Prozesse*, in Apel, 1976, pp. 273 ss.; aqui p. 356. Th. S. Frentz, Th. B. Farrell. "Language-Action. A Paradigm for Communication", *Quart. J. of Communication* 62, 1976, pp. 333 s.

4. J. Heal. "Common Knowledge", *Philosophical Quarterly*, 28, 1978, pp. 116 ss.; G. Meggle. *Grundbegriffe der Kommunikation*. Berlim, 1981.

5. H. P. Grice. *Intendieren, Meinen, Bedeuten*; do mesmo autor: *Sprecher-Bedeutung und Intentionen*, in G. Meggle (org.). *Handlung, Kommunikation, Bedeutung*. Frankfurt/M., 1979, pp. 2 ss. e 16 ss.

6. D. Lewis. *Conventions*. Cambridge/Mass., 1969; trad. al.: Berlim, 1975.

7. St. R. Schiffer. *Meaning*. Oxford, 1972.

8. J. Bennett. *Linguistic Behavior*. Cambridge, 1976.

esclarecer o mecanismo de coordenação de interações mediadas pela linguagem, porque analisa o ato do entendimento segundo o modelo do agir que se orienta segundo as próprias consequências.

A semântica intencional apoia-se sobre a noção contraintuitiva de que se pode atribuir a compreensão do significado de uma expressão simbólica x à compreensão da intenção de um falante F que pretende, com auxílio de um sinal, dar algo a entender a um ouvinte O. Assim, seleciona-se um modo derivado do entendimento, ao qual um falante pode recorrer quando lhe está bloqueado o entendimento por via direta, e se o estiliza como se fosse esse modo derivado o modo original. Essa tentativa da semântica intencional de atribuir o significado da expressão simbólica x ao que F tem em mente com x fracassa porque compreender o que F *tem em mente* com x implica duas coisas: *compreender* o *significado* de x e *conhecer* a intenção que F tem em conta ao empregar x, ou seja, o *propósito* que F *quer* alcançar com sua ação. Para que F cumpra com êxito sua intenção de motivar O a um empenho de significação, é preciso que O reconheça a intenção de F de se comunicar com ele e que O também entenda o que F tinha em mente ao cumprir sua intenção comunicativa. Conhecendo somente a intenção comunicativa de F, O não entenderá o que F tem em mente, ou seja, não entenderá *sobre o que* F quer se comunicar com ele[9].

---

9. Sobre a crítica em particular, cf. J. Habermas. "Intentionalistische Semantik" (1976), in do mesmo autor, *Vorstudien und Ergänzungen zur Theorie des kommunikativen Handelns*. Frankfurt/M., 1984, pp. 307 ss.; A. Leist. "Über einige Irrtümer der intentionalen Semantik", in: *Linguistic Agency Univ. of Trier*, Series A, Paper 51, 1978; cf. também K.-O. Apel. "Intentions, Conventions and References of Things", in H. Parret (org.). *Meaning and Understanding*, Berlim, 1981; do mesmo autor: "Three Di-

Para uma teoria do agir comunicativo, só são instrutivas as teorias analíticas do significado que começam a abordagem pela estrutura da expressão linguística, em vez de começá-la pelas intenções dos falantes. Dessa maneira, a teoria se mantém atenta ao problema de como ligar umas às outras as ações de vários atores, com a ajuda do mecanismo de entendimento; isto é, como se podem situar tais ações em uma rede de espaços sociais e tempos históricos. Para essas questões ligadas à teoria da comunicação, é representativo o *modelo de órganon* proposto por *Karl Bühler*. Bühler[10] parte do modelo semiótico de signos linguísticos utilizado por um falante (emissor) com o objetivo de manter entendimento com um ouvinte (receptor) sobre objetos e estados de coisas. Distingue três funções do emprego de signos: a função cognitiva, de representação de um estado de coisas; a função expressiva, de cientificação de vivências do falante; e a função apelativa, de exortações dirigidas aos destinatários. O signo linguístico sob esses pontos de vista funciona concomitantemente como símbolo, sintoma e sinal: "É *símbolo* em virtude de sua ordenação a objetos e estados de coisas; *sintoma* (notação, indício) em virtude de sua dependência do emissor, cuja interioridade ele expressa; e *sinal* em virtude do apelo ao ouvinte, cujo comportamento exterior e interior conduz, como fazem também outros signos relacionais."[11]

Não preciso dedicar-me à recepção e crítica desse modelo na linguística ou psicologia[12], dado que os esfor-

---

mensions of Understanding and Meaning in Analytic Philosophy", *Philosophy and Social Criticism*, 7, 1980, pp. 115 ss.

10. K. Bühler. *Sprachtheorie*. Jena, 1934.

11. Bühler, 1934, p. 28.

12. W. Busse. *Funktionen und Funktion der Sprache*, in B. Schlieben-Lange (org.). *Sprachtheorie*. Hamburgo, 1975, p. 207; G. Beck. *Sprechakte und Sprachfunktionen*. Tübingen, 1980.

ços decisivos de precisá-lo (com uma exceção[13]) já foram empreendidos pelo viés linguístico-analítico; ao menos as três principais teorias analíticas da significação podem ser inseridas no modelo de Bühler, de modo que exatificam a teoria da comunicação a partir de dentro, por meio da análise formal das regras de uso de expressões linguísticas, e não de fora, por uma reformulação cibernética do processo de transposição. Essa linha de conformação do modelo de órganon, ligada à teoria da significação, afasta uma concepção objetivista sobre o processo de entendimento enquanto fluxo de informação entre emissor e receptor[14] e conduz ao conceito formal-pragmático da interação entre sujeitos aptos à fala e à ação por meio de atos de entendimento.

Em prosseguimento à teoria pragmática dos signos, introduzida por Peirce e detalhada por Morris, Carnap tomou o complexo simbólico que no início Bühler só havia considerado sob um viés funcionalista e tornou-o acessível a uma análise linguística de abordagem interna, sob pontos de vista sintáticos e semânticos: não é o signo isolado o portador de significados, mas os elementos de um sistema linguístico, ou seja, sentenças cuja forma é determinada por regras sintáticas e cujo teor semântico é determinado pela referência a objetos ou estados de coisas designados. Com a *lógica sintática de Carnap* e as assunções básicas da *semântica referencial* abre-se um caminho para a análise formal da função representacional da

---

13. R. Jakobson. "Linguistik und Poetik" (1960), in R. Jakobson. *Poetik*. Org. por E. Holenstein e T. Schelbert. Frankfurt/M., 1979, pp. 83 ss.

14. P. Watzlawick, J. H. Beavin, D. D. Jackson. *Pragmatics of Human Communication*. Nova York, 1962; H. Hörmann. *Psychologie der Sprache*. Heidelberg, 1967; do mesmo autor: *Meinen und Verstehen*. Frankfurt/M., 1976.

linguagem. De outra parte, as funções apelativa e expressiva são consideradas por Carnap como aspectos pragmáticos do uso linguístico, que cabe destinar a uma análise empírica. A pragmática da linguagem, de acordo com essa noção, não está determinada por um sistema geral de regras reconstruíveis em momento posterior, estando impedida de se abrir a uma análise conceitual semelhante à que ocorre na sintaxe ou na semântica.

A teoria da significação só se estabelecerá como ciência formal ao avançar da semântica referencial à *semântica da verdade*. A teoria semântica ampliada fundada por Frege, e conduzida adiante pelo primeiro Wittgenstein até chegar a Davidson e Dummett, confere importância central à relação entre sentença e estado de coisas, entre linguagem e mundo[15]. Com essa reviravolta ontológica, a teoria semântica se livra da noção de que a função representacional possa ser aclarada com base no modelo de nomes que designam objetos. O significado de sentenças e a compreensão do significado sintático não pode separar-se da referência à validade de enunciados, inerente à linguagem. Falantes e ouvintes compreendem o significado de uma sentença quando sabem sob que condições a sentença é verdadeira. De forma semelhante, compreendem o significado de uma palavra quando sabem qual a contribuição dela para que a sentença que ajuda a constituir possa ser verdadeira. Portanto, a semântica da verdade faz desdobrar a tese de que o significado de uma sentença é determinado por suas condições de verdade. Com isso, e primeiro para a dimensão

---

15. K.-O. Apel. "Die Entfaltung der analytischen Sprachphilosophie", in Apel, 1973a; cf. também St. Davis. "Speech Acts, Performance and Competence", *Journal of Pragmatics*, 3, 1979, pp. 497 ss.

da representação linguística de estados de coisas, elabora-se o nexo interno entre o *significado* de uma expressão linguística e a *validade* de uma sentença formada com ajuda dessa expressão. Com certeza essa teoria fica instada a analisar todas as sentenças segundo o modelo de sentenças assertóricas; os limites da abordagem tornam-se visíveis tão logo os diversos modos de emprego de sentenças são integrados à consideração teórica. Frege já havia distinguido entre a força assertórica ou interrogativa de afirmações ou perguntas, de um lado, e a estrutura das sentenças enunciativas empregadas nessas externações, de outro. Na linha do segundo Wittgenstein, passando por Austin até chegar a Searle, a semântica formal de sentenças é estendida às ações de fala. Ela não se restringe por mais tempo à função representacional da linguagem; abre-se, isto sim, a uma análise objetiva da pluralidade de forças ilocucionárias. A *teoria do uso do significado* torna os aspectos pragmáticos da expressão linguística acessíveis a uma análise conceitual. E a *teoria dos atos da fala* corresponde ao primeiro passo em direção a uma pragmática formal extensiva a formas de emprego não cognitivas. Ao mesmo tempo, porém, essa teoria continua vinculada aos pressupostos ontológicos estritos, próprios à semântica da verdade, conforme demonstram as tentativas de sistematizar classes de atos de fala, empreendidas por Stenius, depois Kenny e enfim Searle. A teoria da significação só poderá recuperar o nível integrativo da teoria da comunicação esboçada programaticamente por Bühler – como fez a semântica do valor de verdade em face da função representacional da linguagem – se puder oferecer uma fundamentação sistemática para as funções apelativa e expressiva da linguagem (e também, conforme o caso, para a função "poética" destacada por Jakobson, voltada sobretudo aos recursos de representação da linguagem por si mesma). Fiz esse percurso ao propor reflexões sobre uma pragmática universal[16].

A teoria de Bühler sobre as funções da linguagem pode ser ligada aos métodos e discernimentos da teoria analítica da significação e depois transformada em cerne de uma teoria do agir orientado ao entendimento; para tanto é preciso haver êxito na tentativa de generalizar para sentenças o conceito de validade, para além da validade de uma verdade proposicional; e para as externações é preciso haver êxito na identificação das condições de validade de sentenças, não apenas no plano semântico, mas também no plano pragmático. Para chegar a tal propósito deve-se radicalizar essa mudança de paradigma na filosofia da linguagem (introduzida por Austin e representada, em sua história, de modo muito elucidativo por K.-O. Apel)[17]; e essa radicalização deve ocorrer de modo que a ruptura com a "distinção da linguagem como *lógos*" (ou seja, com o privilégio de sua função representacional) tenha consequências até mesmo para a escolha de pressupostos ontológicos da teoria da linguagem. Não se trata apenas de admitir, além do modo assertórico, outros modos de emprego da linguagem, todos em condição de igualdade; mais que isso, é preciso comprovar pretensões de validade e referências de mundo para esses outros modos, de maneira semelhante ao que se fez em favor do modo assertórico[18]. É nessa direção que

---

16. Habermas, 1976a.
17. K.-O. Apel. "Zwei paradigmatische Antworten auf die Frage nach der Logosauszeichnung der Sprache", in *Festschrift für Perpeet*. Bonn, 1980.
18. Cf. supra, pp. 190 ss.

aponta minha proposta de não contrapor o papel *ilocucionário* (enquanto força *irracional*) à parte constituinte proposicional, fundadora de validade; e sim conceber esse papel como componente que especifica *qual* a pretensão de validade manifestada por um falante ao externar-se, *como* ele a manifesta e *em favor* de quê.

Com a força ilocucionária de uma externação, o falante pode motivar o ouvinte a aceitar sua oferta de um ato de fala e, com isso, motivá-lo a *estabelecer uma ligação racionalmente motivada*. Tal concepção prevê que sujeitos aptos a falar e agir possam fazer referência a mais que um único mundo; e que, ao se entenderem uns com os outros sobre alguma coisa em um mundo único, embasem sua comunicação sobre um sistema de mundos que suponham de maneira compartilhada. Nesse contexto sugeri discernir o mundo exterior em dois, um mundo objetivo e um mundo social, e introduzir o mundo interior como conceito complementar a esse mundo exterior. As respectivas pretensões de validade de verdade, correção e veracidade podem então servir de fios condutores à escolha de pontos de vista teóricos sob os quais se possam fundamentar os modos básicos de emprego da linguagem – as funções da linguagem – e classificar as ações de fala que variam de uma língua para outra. Assim, a função apelativa da linguagem proposta por Bühler teria de cindir-se em funções reguladoras e imperativas. No uso linguístico regulador, há diversas maneiras de os participantes manifestarem pretensões normativas de validade, e eles se referem a algo presente no mundo social que têm em comum; no uso lingüístico imperativo os participantes referem-se a algo no mundo objetivo, e o falante manifesta pretensão de poder em face do destinatário, para dar-lhe ocasião de agir, no intuito de que ganhe existência o estado de coisas almejado. Uma teoria da comunicação elaborada nessa linha, sob um feitio formal-pragmático, pode tornar-se fértil para uma teoria sociológica da ação quando se consegue demonstrar de que maneira os atos comunicativos – ações de fala ou externações não verbais equivalentes – assumem a função de coordenar ações e de que maneira *contribuem para que se construam interações*.

Por fim, o agir comunicativo depende de contextos situativos que, de sua parte, representam recortes do mundo da vida concernentes aos participantes da interação. É tão somente esse conceito de mundo da vida – tomado como conceito complementar ao agir comunicativo por conta de análises do saber contextual estimuladas por Wittgenstein[19] – que assegura a ligação entre a teoria da ação e conceitos básicos da teoria social.

No âmbito de uma consideração intermediária, posso na melhor das hipóteses tornar plausível esse programa. Partindo de duas versões da teoria da ação weberiana, gostaria primeiro de tornar clara a posição central que cabe atribuir ao problema da coordenação de ações (1). Depois, ante a distinção proposta por Austin entre atos ilocucionários e perlocucionários, gostaria de torná-la fértil para a delimitação entre ações orientadas ao entendimento e ações orientadas ao êxito (2). Pretendo investigar assim o efeito unitivo ilocucionário de ofertas de atos de fala (3) e o papel de pretensões de validade criticáveis (4). O embate com tentativas concorrentes de classificar ações de fala presta-se a confirmar essas teses (5). Por fim, gostaria de evidenciar algumas transposições do plano investigativo formal-pragmático para a pragmáti-

---

19. L. Wittgenstein. *Über Gewißheit*. Frankfurt/M., 1970.

ca empírica e explicar, com base na relação entre o significado literal e o significado contextual de ações de fala, a razão pela qual é preciso adicionar a concepção de mundo de vida ao conceito de agir comunicativo (6).

(1) *Duas versões da teoria weberiana da ação*

Weber primeiro introduz "sentido" como conceito fundamental da teoria da ação e, com o auxílio dessa categoria, distingue entre ações e comportamento observável: "Um comportamento humano (seja um atuar exterior ou interior, um omitir-se ou um condescender) deve ser denominado 'agir' quando os que agem (e à medida que agem) vinculam a ele um sentido subjetivo."[20] Assim, Weber vem munir-se não de uma teoria da significação, mas de uma teoria intencionalista da consciência. Não esclarece "sentido" baseando-se no modelo dos significados linguísticos; tampouco o refere ao *medium* linguístico do entendimento possível; refere-o, sim, a opiniões e intenções de um sujeito da ação apresentado inicialmente de maneira isolada. Esse primeiro traçado de seu itinerário já separa Weber de uma teoria do agir comunicativo: fundamental para ele não é a relação interpessoal entre pelo menos dois sujeitos aptos a falar e agir – o que apontaria ao entendimento pela linguagem –, mas a atuação propositada de um sujeito solitário da ação. Como na semântica intencionalista, o entendimento obtido por meio da linguagem é apresentado segundo o modelo da ação efetiva e recíproca de sujeitos que agem uns sobre os outros, de maneira teleológica: "Uma comunidade linguística, no caso-limite 'racional-teleológico' idealmente típico, é representada por numerosos atos individuais [...] que se orientam segundo a expecta-

---

20. Weber, 1964, p. 3.

tiva de obter nos outros a 'compreensão' de um sentido que se tem em mente."[21] Considera-se o entendimento como fenômeno derivado, que cabe construir com auxílio do conceito de intenção, situado de maneira primitiva. Weber, portanto, parte de um modelo teleológico da ação e determina o 'sentido subjetivo' como uma intenção (pré-comunicativa) da ação. Quem age parte de interesses próprios como a conquista de poder ou a obtenção de riqueza; ou pode estar querendo cumprir valores como piedade ou dignidade humana; ou pode estar buscando a satisfação de paixões e desejos, ao gozar a vida. Esses objetivos *utilitaristas*, *ligados a valores* ou *passionais*, que podem ser descritos pormenorizadamente como fins específicos para cada situação, são manifestações do sentido subjetivo; e esse sentido os sujeitos que agem podem vincular à sua atividade orientada por determinados fins[22].

Estando a caminho da explicação do conceito de sentido, Weber não pode introduzir o conceito de "agir social" como parte de um modelo de ação concebido de forma monológica. Precisa, sim, acrescentar duas determinações ao modelo de atuação propositada, para que se cumpram as condições da interação social, a saber: (a) orientação segundo o comportamento de *outros* sujeitos da ação e (b) *relação reflexiva* das orientações da ação de diversos participantes da interação, umas sobre as outras. Certamente, Weber oscila entre considerar suficiente a condição (a) ou exigir também a condição (b). No § 1 de *ES* [*Economia e sociedade*] lê-se simplesmente: "Deve--se designar agir 'social' o agir que, segundo o sentido co-

---

21. Weber, 1968a, p. 194.
22. H. Girndt. *Das soziale Handeln als Grundkategorie der erfahrungswissenschaftlichen Soziologie*. Tübingen, 1967.

gitado por quem age ou pelos que agem, refere-se ao comportamento dos outros e por esse comportamento se vê orientado em seu decurso."[23] Por outro lado, Weber acentua no § 3 que as orientações da ação dos participantes têm de estar referidas umas às outras: "Deve-se designar 'relação social' o (com)portar-se de muitos que, conforme o teor de sentido que traz, acaba por ajustar-se de maneira *recíproca* [entre esses muitos] e orientar-se por meio disso."[24]

Mais importante para a construção da teoria da ação, porém, é outra decisão. Cabe a Weber introduzir os aspectos do agir passíveis de racionalização com base no modelo teleológico de ação? Ou é o conceito de interação social que deve servir de base para isso? No primeiro caso (a) Weber tem de se restringir aos aspectos passíveis de racionalização oferecidos pelo modelo da atuação propositada: à racionalidade dos meios e à racionalidade dos fins. No segundo caso (b) entra em questão se há de fato tipos diversos de relação reflexiva entre orientações da ação, e se, com isso, há também *outros* aspectos sob os quais se possam racionalizar as ações.

(a) *A versão oficial*. Weber distingue notoriamente um agir racional-teleológico, um agir racional-valorativo, um agir passional e um agir tradicional. Essa tipologia apoia-se em categorias de fins da ação, que servem de orientação ao ator em sua atuação propositada: os fins são utilitaristas, atinentes a valores ou passionais. Ademais, resta o "agir tradicional" como categoria remanescente, em princípio sem maiores determinações. É evidente que essa tipologia se guia pelo interesse em distin-

---

23. Weber, 1964, p. 4.
24. Weber, 1964, p. 19.

guir graus de racionalização da ação. Weber não aborda aqui a relação social. Ao conceber teleologicamente uma ação monológica, ele toma como aspecto racionalizável apenas a relação entre meio e fim. Quando se assume essa perspectiva, nas ações de julgamento objetivo ficam acessíveis apenas a *eficácia* de uma intervenção causal em uma situação subsistente e a *verdade* dos enunciados empíricos que subjazem à máxima ou ao plano de ação, ou seja, à opinião subjetiva acerca de uma organização racional-teleológica dos meios.

Assim, como ponto de referência para sua tipologia, Weber escolhe a ação racional-teleológica: "Como todo agir, também o agir social pode ser determinado: 1. de maneira *racional-teleológica*: pelas expectativas ante o comportamento dos outros e dos objetos do mundo exterior, e mediante a utilização dessas expectativas enquanto 'condições' ou enquanto 'meios' para fins próprios já ponderados e almejados de maneira racional, como êxito; 2. de maneira *racional-valorativa*: pela fé consciente que se deposita no valor *próprio* e incondicionado de certo comportamento, apenas em si mesmo e independentemente de qualquer êxito – seja esse valor de natureza ética, estética, religiosa ou como quer que se o interprete; 3. de maneira *passional*, e *emocional* em particular: pelas paixões e estados sentimentais de momento; 4. de maneira *tradicional*: pelos costumes já internalizados."[25] Caso se adote uma proposta de interpretação feita por W. Schluchter[26], é possível reconstruir essa tipologia com base nos traços formais do agir racional-teleológico. Comporta-se de maneira racional-te-

---

25. Weber, 1964, p. 17.
26. Schluchter, 1979, p. 192.

leológica quem, ao agir, escolhe os *fins* em face de um horizonte *valorativo* articulado e quem organiza os *meios* apropriados ante a consideração de *consequências* alternativas. Na sequência dos tipos de ação proposta por Weber, a consciência do sujeito que age estreita-se passo a passo; vão se extinguindo no senso subjetivo e se subtraindo ao controle racional, respectivamente: as consequências, no agir racional-valorativo; as consequências e os valores, no agir passional; e, como não bastasse, também os fins, no agir já internalizado pelo costume, por via fática (fig. 12).

Realmente, Weber só pode abrigar o agir "racional--valorativo" nessa construção por conferir a ele um significado restritivo. Aqui, esse tipo só pode incluir orientações para a ação ligadas a uma ética do sentimento moral, mas não a uma ética de responsabilidades. Deixa-se de considerar o caráter guiado por princípios, com base no qual a ética protestante se qualifica, por exem-

Fig. 12 *Tipologia oficial das ações*

Tipos de ação, segundo o grau decrescente de racionalidade	Sentido subjetivo estende-se sobre os elementos a seguir:			
	meios	fins	valores	consequências
racional--teleológica	+	+	+	+
racional--valorativa	+	+	+	–
passional	+	+	–	–
tradicional	+	–	–	–

plo, como moldura em que se pode desenvolver uma condução metódica da vida. Já bastam as razões analíticas para que as estruturas tradicionais de consciência identificadas por Weber nas imagens de mundo racionalizadas por via ética não possam integrar uma tipologia da ação que venha apoiar-se sobre uma categorização de ações não sociais; afinal, a consciência moral refere--se à regulamentação consensual de conflitos interpessoais na ação.

(b) *Versão não oficial*. Assim que trata de propor uma tipologia baseando-se no nível conceitual do agir social, Weber depara com novos aspectos da racionalidade da ação. Ações sociais podem distinguir-se segundo mecanismos da coordenação de ações, ou seja, segundo a seguinte alternativa: ou uma relação social apoia-se unicamente sobre *posicionamentos de interesses*, ou ela se apoia também sobre um *comum acordo normativo*. Dessa maneira, Weber distingue entre a subsistência meramente fática de uma ordem econômica e a validade social de uma ordem jurídica; na primeira, as relações sociais se estabelecem por meio do imbricamento fático de posicionamento de interesse e, na segunda, por meio do reconhecimento de pretensões de validade normativas. De fato, uma coordenação de ações que de início se assegura apenas pela complementaridade de interesses só pode conformar-se de maneira normativa por meio da intervenção de uma "validade de comum acordo", isto é, pela "crença na preceituação jurídica ou convencional de determinado comportamento"[27]. Weber esclarece tal coisa com base em uma formação de tradições que se dá no trânsito do uso à convenção: "Geralmente, regras con-

---

27. Weber, 1964, p. 247.

vencionais constituem o caminho para que regularidades meramente fácticas do agir, isto é, meros 'usos', cheguem à forma de 'normas' obrigatórias, garantidas no início por meio da coação psíquica."[28]

Ora, a interação baseada na *complementaridade de interesses* não existe apenas sob a forma de uso, de habituação que se aceita de maneira obtusa; ela existe também no plano do comportamento competitivo racional, por exemplo nas relações modernas de comércio, em que os participantes criaram uma consciência clara de complementaridade, mas criaram também a própria contingência de seus posicionamentos de interesses. Ademais, tampouco a interação baseada em *consenso normativo* limita-se a assumir a forma de um agir convencional ligado a tradições; o sistema jurídico moderno depende de uma crença na legitimidade que se mostre suficientemente esclarecida e que se possa remeter pelo direito natural a procedimentos de formação racional da vontade, mediante a ideia de um contrato básico celebrado entre pessoas livres e iguais. Diante dessas considerações, parece cabível: a) construir tipos de agir social segundo o tipo de coordenação e b) construí-los segundo o grau de racionalidade da relação social estabelecida (fig. 13).

Essa constituição de tipos encontra pontos de apoio em *Economia e sociedade*[29]; seria possível documentá-la relativamente bem com base no artigo "Sobre algumas categorias da sociologia intelectiva"[30]. No entanto, quero prescindir de fazê-lo porque Weber, no plano das orien-

---

28. Weber, 1964, p. 246.
29. Weber, 1964, pp. 19-26, 240-50.
30. Weber, 1964, pp. 169-213.

Fig. 13 *Uma tipologia alternativa da ação*

Graus da racionalidade da ação Coordenação	baixo	alto
por meio de posicionamentos de interesse	agir facticamente internalizado pelo hábito ("uso")	agir estratégico ("agir interessado")
por meio de comum acordo normativo	agir convencional baseado em comum acordo ("agir comunitário")	agir pós-convencional baseado em comum acordo ("agir social")

tações da ação, não formula de maneira clara uma distinção entre relações sociais mediadas por posicionamentos de interesse, de um lado, e demais relações que possam estar mediadas pelo comum acordo normativo, de outro. (Retomarei a questão adiante, sob o título "Orientação pelo êxito *versus* orientação pelo entendimento".) Mais decisiva aqui é outra circunstância: embora Weber chegue a discernir entre comum acordo ligado à tradição e comum acordo racional, é insatisfatória sua explicação deste último, feita com base no modelo de uma convenção entre sujeitos do direito privado. De qualquer maneira, Weber não remete o comum acordo racional aos fundamentos moral-práticos da formação discursiva da vontade. Caso contrário, ele precisaria ter claro que o agir comunitário não se distingue do agir social por meio de orientações racional-teleológicas da ação, mas por meio de um nível mais elevado de racionalidade moral-prática: o nível da racionalidade pós-convencional. Como tal distinção não ocorre, o conceito específico de racionalidade valorativa acaba por não merecer na teoria da ação a importância que caberia atribuir-lhe, caso realmente se pretendesse avaliar a possibilidade de apreender a racionalização ética, bem como suas consequências para os sistemas sociais da ação. Foi o que Weber levou em conta quando investigou a racionalização ética no plano dos legados culturais da tradição.

Não foi possível para Weber tornar a tipologia não oficial da ação em algo fértil para a problemática da racionalização social. Por sua vez, a versão oficial é conceitualmente tão estreita que nesse âmbito só se podem julgar ações sociais sob o aspecto da racionalidade teleológica. Dessa perspectiva conceitual, a racionalização de sistemas de ação tem de se restringir ao estabelecimento e difusão de tipos de agir racional-teleológico específicos em relação a determinados subsistemas. Para investigar os processos de racionalização social *em seu alcance pleno*, será preciso que a teoria da ação seja capaz de proporcionar *outros* fundamentos.

Por isso, pretendo retomar o conceito de agir comunicativo exposto na introdução e, dando prosseguimento à teoria dos atos da fala, ancorar em fundamentos conceituais os aspectos do agir passíveis de racionalização que tenham sido negligenciados na teoria weberiana da ação, em sua versão oficial. Por essa via espero retomar, sob o ponto de vista da teoria da ação, o complexo conceito de racionalidade usado por Weber em suas análises culturais. Ao fazê-lo, partirei de uma classificação de ações apoiada na teoria da ação weberiana em sua versão não oficial, na medida em que ela discerne ações sociais em duas orientações da ação. Tais orientações correspondem à coordenação das ações ora por meio de posicionamentos de interesse, ora pelo comum acordo normativo:

Fig. 14 *Tipos de ação*

Orientação da ação Situação da ação	orientação pelo êxito	orientação pelo entendimento
não social	agir instrumental	—
social	agir estratégico	agir comunicativo

O modelo do agir *racional-teleológico* toma como ponto de partida que o ator está orientado em primeira linha pela consecução de um fim estabelecido de maneira bastante exata, segundo propósitos claros; de acordo com esse modelo, o ator escolhe os meios que lhe parecem apropriados em uma dada situação e calcula outras consequências da ação, que pode prever como se fossem condições secundárias do êxito almejado. O êxito é definido como ocorrência de um estado desejado no mundo, estado que se pode efetivar de maneira causal, por feito ou omissão direcionados a um fim. Os efeitos da ação que ocorrem compõem-se de: resultados da ação (na medida em que se realiza o propósito almejado), consequências da ação (que o ator previu e calculou, ou aceitou como ônus) e consequências secundárias (que o ator não previu). Chamamos de *instrumental* uma ação orientada pelo êxito quando a consideramos sob o aspecto da observância de regras técnicas da ação e quando avaliamos o grau de efetividade de uma intervenção segundo uma concatenação entre estados e acontecimentos; chamamos tal ação de *estratégica* quando a consideramos sob o aspecto da observância de regras de escolha racional e quando avaliamos o grau de efetividade da influência exercida sobre as decisões de um oponente racional. Ações instrumentais podem ser associadas a interações sociais, e ações estratégicas representam, elas mesmas, ações sociais. De outra parte, falo ainda de ações *comunicativas* quando os planos de ação dos atores envolvidos são coordenados não por meio de cálculos egocêntricos do êxito que se quer obter, mas por meio de atos de entendimento. No agir comunicativo os participantes não se orientam em primeira linha pelo êxito de si mesmos; perseguem seus fins individuais sob a condição de que sejam capazes de conciliar seus diversos planos de ação com base em definições comuns sobre a situação vivida. De tal forma, a negociação sobre as definições acerca da situação vivida faz-se um componente essencial das exigências interpretativas necessárias ao agir comunicativo.

(2) *Orientação pelo êxito* versus *orientação pelo entendimento*. À medida que determinei como tipos as ações estratégicas e comunicativas, tomo como ponto de partida a possibilidade de classificar as ações concretas sob esses pontos de vista. Com "estratégico" e "comunicativo" não quero designar somente dois aspectos analíticos sob os quais *a mesma* ação pode ser descrita ora como influência recíproca entre oponentes que agem de maneira racional-teleológica, ora como processo de entendimento entre os envolvidos em um mundo da vida. Mais que isso, podem-se discernir ações sociais segundo o seguinte critério: ou os participantes assumem uma atitude orientada pelo êxito, ou assumem uma atitude orientada pelo entendimento. Sob circunstâncias apropriadas, deve ser possível identificar essas atitudes a partir do saber intuitivo dos próprios participantes. Em primeiro lu-

gar é necessário fazer uma análise conceitual dessas duas atitudes.

No âmbito de uma teoria da ação, não se pode entender essas questões como tarefa psicológica. Meu objetivo não é a caracterização empírica de disposições comportamentais, mas a apreensão de estruturas gerais de processos de entendimento, a partir dos quais se podem deduzir condições de participação que cabe caracterizar por via formal. Para explicar o que tenho em mente com "atitude orientada pelo entendimento", preciso analisar o conceito de "entendimento". Não se trata aqui dos predicados que um observador utiliza ao descrever processos para se chegar ao entendimento, mas do saber pré-teórico de falantes competentes que, de maneira intuitiva, precisam discernir por si mesmos quando influenciar outras pessoas e quando entender-se com elas; e que saibam identificar os momentos em que fracassam as tentativas de entender-se com os demais. Se pudéssemos apontar de maneira explícita os padrões que as pessoas implicitamente tomam por base para fazer tais diferenciações, teríamos o conceito de entendimento que estamos procurando.

O entendimento é considerado um processo de unificação entre sujeitos aptos a falar e agir. Entretanto, um grupo de pessoas pode sentir-se uno em uma atmosfera tão difusa, que chega mesmo a ser difícil apontar o teor proposicional ou um objeto intencional que lhes sirva de direcionamento. Tal *afinidade equalizada* não satisfaz as condições do tipo de *comum acordo* em que se encerram tentativas de entendimento bem-sucedidas. Um comum acordo almejado de maneira comunicativa, ou que esteja pressuposto no agir comunicativo, aparece diferenciado sob a forma de proposições. Graças a essa estrutura linguística, o comum acordo não pode ser induzido por mera influência externa; precisa ser aceito pelos participantes como válido. Dessa forma, ele se distingue de uma *concordância* que subsista de maneira puramente *fática*. Processos de entendimento visam a um comum acordo que satisfaça as condições de um assentimento racionalmente motivado quanto ao conteúdo de uma exteriorização. Um comum acordo almejado por via comunicativa tem um fundamento racional, pois nenhuma das partes jamais pode *impô-lo*: nem de modo instrumental, pela intervenção imediata na situação da ação, nem de modo estratégico, pela influência calculista sobre decisões de um oponente. É certo que se pode forçar um comum acordo, de maneira objetiva; mas o que se estabelece de maneira *visível* por meio de ações efetivas vindas de fora ou mediante o uso de violência, nada disso pode ser considerado comum acordo, de um ponto de vista subjetivo. O comum acordo baseia-se em *convicções* partilhadas. O ato de fala de um só tem sucesso quando o outro aceita a oferta aí presente; ou seja, é preciso que – ao manifestar "sim" ou "não", e de maneira mais, ou menos, implícita – o outro assuma posição diante de uma pretensão de validade fundamentalmente passível de crítica. Tanto o *ego*, que com sua externação manifesta uma pretensão de validade, quanto o *alter*, que reconhece ou contesta essa pretensão, embasam suas decisões sobre razões potenciais.

Se não pudéssemos referir-nos ao modelo da fala, não teríamos condições de analisar, nem preliminarmente, o que significa o entendimento de dois sujeitos. É como *télos* que o entendimento faz parte da linguagem humana. E, embora linguagem e entendimento não se relacionem entre si como meio e fim, só podemos explicar os conceitos de fala e entendimento se indicamos o que significa empregar sentenças sob uma intenção comunicativa. Os conceitos de fala e entendimento interpretam-se reciprocamente. É por essa razão que podemos analisar os traços formal-pragmáticos da postura orientada ao entendimento baseando-nos no modelo da postura assumida por participantes da comunicação; no caso mais simples, um desses participantes realiza um ato de fala, e o outro toma posição diante dele, dizendo "sim" ou "não" (ainda que com frequência as externações na prática comunicativa do cotidiano sequer apresentem uma forma verbal).

Quando queremos diferençar entre ações orientadas pelo êxito e ações orientadas pelo entendimento, e trilhar, para tanto, o caminho de análise dos atos de fala, logo deparamos com a dificuldade a seguir. Por um lado, tratamos os atos comunicativos – que ajudam falantes e ouvintes a se entender sobre alguma coisa – como um mecanismo de coordenação das ações. Os atos do entendimento unem os planos de ação de diferentes participantes (planos cuja estrutura é teleológica) e integram ações individuais, tornando-as um todo interacional; e, se ainda assim não se pode reduzi-los a um agir teleológico, isso se deve à abordagem que o conceito de agir comunicativo lhes confere. Ora, o conceito paradigmático de uma interação mediada por via linguística é incompatível com uma teoria do significado (como a semântica intencional, por exemplo) que pretenda conceber o entendimento como solução de um problema de coordenação entre sujeitos que agem como que buscando o próprio êxito. Por outro lado, *nem toda* interação mediada pela linguagem serve como exemplo de agir orientado pelo entendimento. Sem dúvida há inúmeros casos de entendimento indireto.

Ora ocorre que alguém dá algo a entender a outro, incita-o de modo indireto a formar determinada opinião, ou a formular determinadas intenções em face de raciocínios que se desenvolvam com base na verificação de situações. Ora ocorre que alguém, interessado em ver cumpridos seus propósitos, cativa dissimuladamente um outro com subterfúgios da prática comunicativa já internalizada no dia a dia e assim, em favor do próprio êxito, instrumentaliza esse outro, levando-o a ter um comportamento obtido por meio de recursos linguísticos manipuladores da vontade alheia. Exemplos de tal emprego da linguagem, orientado por ocasionar certas consequências, parecem reduzir o valor da ação de fala enquanto modelo para o agir que se orienta pelo entendimento.

Tal só deixa de ser o caso quando se torna possível demonstrar que o uso da linguagem orientado pelo entendimento é o *modus* original, diante do qual o entendimento indireto – o dar-a-entender ou o levar-a-entender – comporta-se de maneira parasitária. Eis o que consegue, a meu ver, a distinção de Austin entre ilocuções e perlocuções.

É sabido que Austin distingue atos locucionários, ilocucionários e perlocucionários[31]. Locucionário ele denomina o teor de sentenças enunciativas ("p") ou de sentenças enunciativas nominalizadas ("que p"). Com *atos locucionários* o falante expressa estados de coisas; diz algo. Com *atos ilocucionários* o falante executa uma ação ao dizer algo. O papel ilocucionário fixa o *modus* de uma sentença ("M p") empregada como asserção, promessa, comando, confissão etc. Sob condições-padrão, o *modus*

---

31. J. L. Austin. *How to do Things With Words*. Oxford, 1962; trad. al.: Stuttgart, 1972.

é expresso com auxílio de um verbo performativo utilizado na primeira pessoa no presente, ainda que o sentido de ação possa ser reconhecido em especial no fato de o componente ilocucionário da ação de fala admitir o complemento "com estas palavras": "com estas palavras te prometo (te ordeno, reconheço diante de ti) que p". Com *atos perlocucionários*, enfim, o falante almeja desencadear um efeito no ouvinte. Ao executar uma ação de fala, realiza algo no mundo. Os três atos que Austin distingue podem ser caracterizados, portanto, com as seguintes palavras-chave: dizer *algo*; agir *enquanto* se diz algo; realizar algo *por meio de* se estar agindo enquanto se diz algo.

Austin dispõe de tal maneira os recortes conceituais, que a *ação de fala* ("M p")[32], composta de uma parte elementar ilocucionária e de uma parte elementar proposicional, apresenta-se como ato perficiente, externado pelo falante sempre com intenção comunicativa – ou seja, com o objetivo de que um falante queira compreender a externação proposta e aceitá-la. Deve-se entender a automoderação [*selbstgenügsamkeit*] do ato ilocucionário no sentido de que a intenção comunicativa do falante e o objetivo ilocucionário por ele almejado resultam do significado manifesto do que se disse. É diferente quando se trata de ações teleológicas. Só podemos identificar seu sentido com base nas intenções que o autor persegue e com base nos propósitos que ele gostaria de realizar. Assim como o *significado do que se disse* é constitutivo para

---

32. Desconsidero a evolução experienciada pela própria teoria dos atos de fala em Austin (cf. Habermas, 1976, pp. 228 ss.) e parto da interpretação dada por Searle a essa teoria. J. R. Searle. *Speech Acts*. Londres, 1969; trad. al.: Frankfurt/M., 1971. Além disso, cf. D. Wunderlich. *Studien zur Sprechakttheorie*. Frankfurt/M., 1976.

atos ilocucionários, também as *intenções* de quem age são constitutivas para as ações teleológicas.

O que Austin denomina *efeitos perlocutivos* surge tão somente pelo fato de os atos ilocucionários desempenharem certo papel em um contexto teleológico da ação. Esses atos sempre surgem quando um falante age orientado pelo êxito e vincula, ao mesmo tempo, ações de fala a intenções, instrumentalizando-as para determinados fins que mantêm uma relação apenas contingente com o significado do que se disse: "Quem realiza um ato locucionário, e com isso um ato ilocucionário, pode cumprir ainda outra ação, em um terceiro sentido. Quando se diz algo, ocorre com frequência (e é até mesmo comum) que tal coisa provoque certos efeitos sobre os sentimentos, ideias e ações do ouvinte, do falante ou de outras pessoas; e a externação pode ter sido feita justamente mediante um plano prévio, ou com a intenção, ou com o objetivo de desencadear esses efeitos. Se levamos isso em conta, podemos caracterizar o falante como realizador de uma ação em cujo nome não estão presentes o ato locucionário nem o ato ilocucionário, ou então apenas indiretamente. O cumprimento de uma ação como essa denominamos cumprimento de uma perlocução ou de um ato *perlocucionário*."[33]

A delimitação entre atos ilocucionários e perlocucionários deu origem a uma extensa controvérsia[34]. Com ela, depuraram-se quatro critérios delimitativos.

(a) O fim ilocucionário que o falante persegue por meio de uma externação surge do próprio significado do que tenha dito, e tal significado é constitutivo para as

---

33. Austin, 1972, p. 116.
34. B. Schlieben-Lange. *Linguistische Pragmatik*. Stuttgart, 1975, pp. 86 ss.

ações de fala; nesse sentido, os atos da fala são autoidentificadores[35]. Com ajuda do ato ilocucionário, o falante dá a conhecer sua vontade de que se compreenda o que ele diz, enquanto saudação, ordem, admoestação, explicação etc. Sua intenção comunicativa esgota-se no fato de que cabe ao ouvinte entender o teor manifesto da ação de fala. Ao contrário, o fim perlocucionário de um falante (assim como qualquer propósito que se procura obter com ações voltadas a um fim) não surge do teor manifesto da ação de fala; só se pode desvendar esse fim por meio da intenção de quem age. Da mesma forma que um observador não reconhece em uma pessoa apressada que vê passar pela rua as razões para que ela se apresse tanto assim, tampouco o ouvinte que entende uma exortação dirigida a ele tem condições de saber, baseado apenas nisso, o que *mais* o falante almeja ao externar essa exortação. Em todo caso, o destinatário poderia descobrir a partir do contexto quais poderiam ser os fins perlocucionários do falante[36]. Os três critérios restantes mantêm-se ligados ao caráter de autoidentificação dos atos de fala.

(b) Da descrição de um ato de fala como em (1) e (2), podem deduzir-se as condições para o respectivo êxito ilocucionário pelo falante, mas não as condições para os êxitos perlocucionários que um falante que estivesse agindo orientado pelo êxito porventura quisesse obter, ou mesmo tivesse obtido. Na descrição de perlocuções como em (3) e (4), dão-se êxitos que ultrapassam o significado do que se disse e, portanto, também ultrapassam o que um destinatário seria capaz de entender de imediato:

---

35. D. S. Shwayder. *The Stratification of Behavior*. Londres, 1965, pp. 287 ss.

36. M. Meyer. *Formale und handlunsgtheoretische Sprachbetrachtungen*. Stuttgart, 1976.

(1) Diante de O, F afirmou que pediu demissão de sua firma.

Com a externação reproduzida em (1), F terá obtido êxito ilocucionário se O entender sua asserção e aceitá-la como verdadeira. O mesmo vale para

(2) O advertiu F de que ele não se demitisse de sua firma.

Com a externação reproduzida em (2), O (= ouvinte) alcançará êxito ilocucionário se F (= falante) entender a advertência dele e se aceitá-la como verdadeira ou como correta (dependendo, no contexto dado, de a advertência assumir um sentido antes prognóstico, ou antes moral-apelativo). Em todo caso, o aceitamento da externação descrita em (2) fundamenta determinadas obrigações da ação por parte do destinatário, bem como algumas expectativas de ação correspondentes, por parte do falante. Se as consequências de ação esperadas surgem faticamente ou se não ocorrem, nada disso ameaça o êxito ilocucionário do falante. Se F, por exemplo, não se demite, isso não é um efeito perlocucionário que O tivesse almejado, mas a consequência de um comum acordo obtido por via comunicativa; o mesmo vale para o cumprimento de uma obrigação que o destinatário assumiu ao dizer "sim" para a oferta de um ato de fala. Tome-se a seguinte descrição:

(3) F (como pretendia) apavorou O ao comunicar-lhe que pediu demissão de sua firma.

Dessa descrição depreende-se que o êxito ilocucionário da asserção descrita em (1) não é condição suficiente para almejar um efeito perlocucionário. O ouvinte, exatamente da mesma forma, poderia ter reagido a essa mesma externação com um sentimento de alívio. O mesmo vale para:

(4) O, com a advertência que dirigiu a F para que não se demitisse de sua firma, inquietou-o.

Em outro contexto, a mesma advertência bem poderia fortalecer F em sua decisão, por exemplo no caso de F nutrir a suspeita de que O lhe desejasse algo de mau. Portanto, é preciso que a descrição de efeitos perlocucionários faça referência a um contexto do agir teleológico que *ultrapasse* a mera ação de fala[37].

(c) Partindo de considerações desse tipo, Austin chegou à conclusão de que êxitos ilocucionários mantêm com a ação de fala uma relação *interna* ou uma relação regrada por via *convencional*; por sua vez, os efeitos perlocucionários do que se diz continuam sendo externos. As reações perlocucionárias possíveis ocasionadas por um ato de fala são dependentes de contextos casuais e, diversamente dos êxitos ilocucionários, não são fixadas por convenções[38]. No entanto se poderia usar (4) como um contraexemplo. A inquietação será uma reação plausível somente se o destinatário levar a advertência a sério; e o sentimento de ratificação, somente se ele não levá-la a sério. Em alguns casos, as convenções de significação de predicados da ação com os quais se formam atos ilocucionários excluem determinadas classes de efeitos perlocucionários. Não obstante, esses efeitos vincu-

---

37. M. Schwab. *Redehandeln*. Königstein, 1980, pp. 28 ss.
38. Austin, 1972, p. 134.

lam-se a ações de fala, e não somente de modo convencional. Quando um ouvinte acata uma asserção de F como verdadeira, uma ordem como correta, uma confissão como veraz, ele também declara estar implicitamente disposto a vincular suas próximas ações a certos compromissos convencionais. Por outro lado, o sentimento de inquietação que um amigo desperta ao fazer uma advertência (levada a sério por F) é um estado que pode ocorrer ou não.

(d) Objeções semelhantes a essa de que acabamos de tratar levaram Strawson a substituir o critério de convencionalidade por outro critério, de delimitação[39]. Quando quer ter êxito, um falante não pode dar a conhecer seus fins perlocucionários; quanto aos fins ilocucionários, só é possível alcançá-los proferindo-os. Ilocuções são externadas abertamente; perlocuções não podem ser "admitidas" como tais. Essa distinção também se revela no seguinte fato: os predicados com os quais se descrevem atos perlocucionários (causar pânico, causar inquietação, cair em desespero, aborrecer, confundir ou ofender alguém, deixar o outro furioso, humilhar etc.) não podem estar entre os predicados empregados para cumprir atos ilocucionários com auxílio dos quais se possam almejar efeitos perlocucionários correspondentes. Atos perlocucionários formam a subclasse de ações teleológicas que se podem cumprir com auxílio de ações de fala, sob a condição de que o ator não declare (ou admita) o objetivo da ação.

Enquanto a subdivisão em atos locucionários e ilocucionários tem o sentido de separar, como aspectos ana-

---

39. P. Strawson. "Intention and Convention in Speech Acts", *Philosophical Review*, 1964, pp. 439 ss.

líticos, o teor proposicional e o *modus* das ações da fala, a distinção entre esses dois tipos de atos, de um lado, e atos perlocucionários, de outro, tem um caráter nada analítico. Efeitos perlocucionários só podem ser almejados com o auxílio de ações da fala quando estas são *incluídas como meios* em ações teleológicas orientadas ao êxito. Efeitos perlocucionários são indícios da integração de ações da fala a contextos de interação estratégica. Estão entre as consequências pretendidas com as ações, ou entre os resultados de uma ação teleológica que o ator empreende com a intenção de provocar certos efeitos em um ouvinte, com auxílio de sucessos ilocucionários. Por certo, ações de fala só poderão prestar-se a esse *fim não ilocucionário de influenciação do ouvinte* caso sejam apropriadas à obtenção de fins ilocucionários. Se o ouvinte não entendesse o que o falante diz, tampouco um falante que agisse teleologicamente poderia levar o ouvinte, com o auxílio de atos comunicativos, a comportar-se da maneira desejada. Em tal medida, o que designamos de início como "uso da linguagem orientado segundo as consequências" não é um uso originário da linguagem, mas a subsunção, sob condições de um agir orientado pelo êxito, de ações de fala que se prestem a fins ilocucionários.

No entanto, como as ações de fala não funcionam sempre dessa maneira, também é preciso poder explicar as estruturas da comunicação linguística sem referência às estruturas da atuação propositada. A atitude orientada pelo êxito, da parte de quem age teleologicamente, não é constitutiva do êxito que possa ser alcançado por processos de entendimento, muito menos quando envolvidos em interações estratégicas. O que temos em mente com "entendimento" ou "atitude orientada pelo entendimento" tem de ser explicado *tão somente* com base em atos ilocucionários. Uma tentativa de entendimento feita com auxílio de um ato da fala obtém sucesso quando um falante alcança seu objetivo ilocucionário, no sentido de Austin.

Efeitos perlocucionários, assim como os êxitos de ações teleológicas em geral, podem ser descritos como estados no mundo ocasionados por meio de intervenções no mundo. Êxitos ilocucionários, por sua vez, são alcançados no plano das relações interpessoais, em que os participantes da comunicação entendem-se uns com os outros sobre alguma coisa que está no mundo; nesse sentido, êxitos ilocucionários *não são algo de intramundano*; são extramundanos. Em todo caso, êxitos ilocucionários se dão no interior do mundo da vida que abriga os participantes da comunicação e constitui para eles o pano de fundo do processo de entendimento. Esse modelo de agir orientado pelo entendimento, que desenvolverei adiante, é antes obscurecido pela maneira como Austin distingue ilocuções e perlocuções.

Nossa discussão revela que as perlocuções podem ser concebidas como uma classe especial de interações estratégicas. Nesse caso, as ilocuções são empregadas como meios, em concatenações teleológicas da ação. No entanto, essa aplicação se dá sob certas restrições, segundo demonstrou Strawson. Um falante que age de maneira teleológica precisa alcançar, sem trair sua meta perlocucionária, também sua meta ilocucionária, a saber: que o ouvinte entenda o que se diz e envolva-se com as obrigações vinculadas à aceitação da oferta do ato de fala. Essa restrição confere às perlocuções o caráter propriamente assimétrico de ações veladamente estratégicas. Essas são interações em que ao menos um dos participantes se comporta de maneira estratégica, à medida que engana outros participantes dizendo-lhes que ele mesmo *não* satisfaz os pressupostos em que, sob condições normais, certamente se alcançariam os fins ilocucionários. Por isso, também, esse tipo de interação não é apropriado a uma análise que tenha por fim esclarecer o mecanismo linguístico da coordenação de ações com o auxílio de efeitos unitivos ilocucionários proporcionados por ações de fala. Para tal propósito recomenda-se um tipo de interação que não esteja onerado por assimetrias e restrições próprias às perlocuções. O tipo de interações em que *todos* os participantes buscam sintonizar entre si seus planos de ação individuais e em que, portanto, almejam alcançar seus objetivos ilocucionários de maneira *irrestrita* – eis o que denominei agir comunicativo.

Austin também analisa ações de fala em relações interativas. O ponto alto de sua abordagem está justamente na elaboração do caráter performativo de externações verbais a partir de ações de fala institucionalmente vinculadas, como batizar, apostar, nomear etc., nas quais as obrigações nascidas da execução do ato de fala são indubitavelmente regradas pelas respectivas instituições ou normas de ação. Mas Austin desfigura essa imagem, ao considerar as interações com base nas quais analisa o efeito unitivo ilocucionário como se elas não fossem *tipologicamente diversas* das interações em que surgem efeitos perlocucionários. Quem faz uma aposta, nomeia um oficial como comandante em chefe, emite um comando, profere uma admoestação ou uma advertência, faz uma predição, confissão ou revelação, profere uma narração etc. age de maneira comunicativa e não pode, *no mesmo plano de interação*, provocar quaisquer efeitos perlocucionários. O falante só pode almejar objetivos perlocucionários quando engana seu parceiro no que se refere a estar agindo de maneira estratégica; por exemplo, quando dá uma ordem de ataque para fazer a tropa cair em uma cilada, ou propõe uma aposta de valor muito alto para constranger o adversário, ou resolve, já tarde da noite, contar uma história a mais para evitar que o convidado vá embora etc. Com certeza, a todo momento pode haver no agir comunicativo consequências de ações que não tenham sido almejadas; tão logo haja o perigo, no entanto, de que elas sejam imputadas ao falante como êxitos que ele tenha pretendido, ele se vê obrigado, conforme o caso, a dar explicações, fazer desmentidos ou apresentar desculpas para dissipar a *impressão errada* de que os desdobramentos secundários tenham sido *efeitos perlocucionários*. Do contrário, precisa contar com que os demais participantes da comunicação se sintam enganados, assumam eles mesmos uma postura estratégica e deixem para trás o agir orientado pelo entendimento. Em contextos de ação complexos, por outro lado, um ato de fala aceito e cumprido de maneira mais imediata sob os pressupostos do agir comunicativo pode ter ao mesmo tempo uma importância estratégica em *outros* planos interativos e desencadear efeitos perlocutivos em *terceiros*.

Portanto, incluo no agir comunicativo as interações mediadas pela linguagem nas quais todos os participantes buscam atingir fins ilocucionários, *e tão somente fins como esses*. Ao contrário, considero agir estratégico mediado pela linguagem as interações em que ao menos um dos participantes pretende ocasionar com suas ações de fala efeitos perlocucionários em quem está diante dele. Austin não distinguiu esses dois casos como tipos de interação diferentes porque tendia a identificar ações de fala, ou seja, atos de entendimento, com as próprias interações mediadas pela linguagem. Não percebeu que ações de fala funcionam como mecanismos de coordenação destinados a *outras* ações. Quando se pretende incluí-las em interações estratégicas, tem-se antes de desprendê-las desses contextos do agir comunicativo. E tal coisa só é possível porque as ações de fala gozam de autonomia relativa em face do agir comunicativo; afinal, o significado do que se diz remete sempre às estruturas de interação do agir comunicativo. Para reconhecer com mais facilidade a diferença entre uma ação de fala e o contexto de interação que ela constitui por meio da coordenação de ações que logra desempenhar, o mais aconselhável é divergir de Austin nesse ponto e não se fixar no caso exemplar das ações de fala institucionalmente vinculadas[40].

(3) *Significado e validade*. Com base na relação controversa entre atos ilocucionários e perlocucionários, procurei comprovar que as ações de fala, mesmo podendo ser empregadas de maneira estratégica, têm somente

---

40. Sobre isso, cf. Habermas, 1976b, p. 221: "Para ações de fala institucionalmente vinculadas, é sempre possível indicar determinadas instituições; para ações de fala institucionalmente independentes, só podem ser indicadas condições contextuais gerais, que devem estar tipicamente preenchidas, a fim de que um ato correspondente possa ser bem-sucedido. Para esclarecer o significado de atos de aposta e atos de batismo, devo referir-me à instituição da aposta ou do batismo. Contrariamente, ordens ou conselhos ou perguntas não representam instituições, mas tipos de ação de fala que servem a muitas instituições distintas. 'Relação institucional' é, sabidamente, um critério que não permite, em cada caso, um nivelamento dúbio. Ordens podem ser dadas em toda parte onde relações de autoridade estão institucionalizadas; nomeações pressupõem organizações institucionais especiais, isto é, burocraticamente desenvolvidas; e casamentos exigem uma única instituição (que, além disso, está difundida universalmente). Entretanto isso não deprecia a utilidade do ponto de vista analítico. Ações de fala institucionalmente independentes (na medida em que tenham um sentido regulativo) referem-se principalmente a aspectos gerais de normas de ação; elas não estão, porém, essencialmente estipuladas por instituições especiais."

para as ações comunicativas um significado constitutivo. Se o agir comunicativo distingue-se de interações estratégicas, isso se deve a que todos os seus participantes, sem restrições, perseguem fins ilocucionários para alcançar um comum acordo que sirva de fundamento a uma coordenação consensual dos planos de ação a serem almejados por cada indivíduo. Na sequência, gostaria de esclarecer quais são as condições a serem satisfeitas por um comum acordo alcançado por via comunicativa e capaz de satisfazer as funções próprias à coordenação da ação. O modelo que tomo para orientar-me é o de pares elementares de enunciações, constituídos cada qual do ato de fala de um falante e do posicionamento afirmativo de um ouvinte.

Tomemos como exemplos as sentenças a seguir[41].

(1) Prometo-lhe (com esta frase) que virei amanhã
(2) Pede-se não fumar
(3) Admito-lhe que acho repugnante sua maneira de agir
(4) Posso predizer(-lhe) que o feriado será chuvoso

Desses exemplos pode-se depreender, caso a caso, o que significa um posicionamento afirmativo e qual o tipo de consequência interativa que o fundamenta, a saber:

(1') Sim, confio nisso...
(2') Sim, cumprirei o que se pede...
(3') Sim, creio no que você diz...
(4') Sim, temos que contar com isso...

---

41. Cf. D. Wunderlich. "Zur Konventionalität von Sprechhandlungen", in D. Wunderlich (org.). *Linguistische Pragmatik*. Frankfurt/M., 1972, pp. 16 s.; aí também uma caracterização linguística dos atos de fala na forma-padrão.

O ouvinte aceita com seu "sim" uma oferta de ato de fala e funda um comum acordo que, de um lado, se refere ao *conteúdo da enunciação* e, de outro, a *garantias imanentes ao ato de fala* e a *obrigatoriedades relevantes para as consequências da interação*. O potencial de ação típico do ato de fala, no caso de ações de fala explícitas, expressa-se na pretensão que, com auxílio de um verbo performativo, o falante manifesta em favor do que ele mesmo diz. À medida que reconhece essa pretensão, o ouvinte aceita uma oferta feita com o ato de fala. Esse êxito ilocucionário será relevante na ação na medida em que se criar com ele, entre falante e ouvinte, uma relação interpessoal eficaz para a coordenação; e tal relação deverá ordenar os espaços de ação e consequências da interação, além de abrir possibilidades de vínculo para o ouvinte, por meio de alternativas gerais de ação.

Quando as ações de fala não obtêm sua autoridade diretamente da validação social de normas (como no caso das ações de fala vinculadas institucionalmente), ou quando não devem essa autoridade a um potencial sancionador disponível segundo as contingências (como no caso de enunciações imperativas da vontade), cabe perguntar de onde elas retiram a força que lhes possibilita coordenar a ação. Da perspectiva do ouvinte ao qual se destina uma enunciação, podemos distinguir três dimensões da reação a uma ação de fala (percebida de maneira correta): o ouvinte *entende* a enunciação, ou seja, apreende o significado do que se disse; o ouvinte *assume posição* com *"sim" ou "não"* diante da pretensão manifestada com o ato de fala, isto é, ele aceita a oferta de ato de fala ou a recusa; e como consequência de um comum acordo alcançado o ouvinte direciona seu agir de acordo com as *obrigações de ação fixadas de maneira convencional*. A dimensão *pragmática* de um comum acordo que se revela eficaz para atividades coordenativas vincula a dimensão *semântica* da compreensão de sentido à dimensão *empírica* de prosseguir (dependendo do contexto) com a unificação relevante para as consequências da interação. Para esclarecer como se chega a essa vinculação, cabe recorrer à teoria da significação; para isso é preciso ampliar a abordagem formal-semântica que se limita à compreensão de sentença[42].

---

42. Mesmo a teoria do significado orientada pelo uso, desenvolvida logo após a fase madura de Wittgenstein (W. P. Alston. *Philosophy of Language*. Englewood Cliffs, 1964; Tugendhat, 1976), permanece fixada à utilização solitária de sentenças. Como a teoria do significado de Frege, ela também se orienta pelo exemplo da utilização não comunicativa de sentenças enunciativas em foro interno; ela prescinde de relações interpessoais entre falantes e ouvintes, que se entendem sobre algo com a ajuda de atos comunicativos. Tugendhat fundamenta essa autolimitação da semântica com o argumento de que o emprego comunicativo da língua seria constitutivo apenas para expressões idiomáticas especiais, principalmente para os verbos performativos e as ações de fala formadas com eles; nas partes semanticamente essenciais, a língua poderia ser empregada, entretanto, para uma linha de raciocínio monológico. De fato, há uma diferença facilmente acessível por via intuitiva entre um pensar em proposições que abstrai das relações falante-ouvinte, de um lado, e uma presentificação das relações interpessoais na imaginação, de outro. Na concepção imaginativa de histórias nas quais o eu, ao fantasiar, confere lugar a si mesmo em um contexto de interação, os papéis dos participantes da comunicação em primeira, segunda e terceira pessoas (também internalizados, como sempre) continuam sendo constitutivos para o sentido do que se pensou ou imaginou. Só que também o pensar solitário em proposições não é apenas discursivo em sentido figurado. Isso se demonstra tão logo a validade – e, com isso, a força assertórica de uma afirmação – torne-se problemática, e o pensador solitário deva passar do raciocinar para o inventar e ponderar hipóteses. Então ele se vê de fato obrigado a assumir em seus pensamentos os papéis argumentativos do proponente e do oponente, como se eles estivessem em uma relação comunicativa, assim como o sonhador, ao lembrar-se de cenas do cotidiano, assume a estrutura narrativa das relações falante-ouvinte.

A teoria da significação de abordagem formal-pragmática parte da pergunta sobre *o que quer dizer entender* uma sentença utilizada de modo comunicativo, ou seja, *uma enunciação*. A semântica formal interpõe um corte conceitual entre o significado de uma sentença e o que o falante tem em mente quando utiliza a sentença em um ato de fala querendo dizer algo diverso do que ela significa literalmente. Essa distinção não se amplia a ponto de haver uma separação metódica entre a análise formal de *significados de sentenças*, de um lado, e a análise empírica de *opiniões* exteriorizadas. E isso porque não se pode, sob qualquer hipótese, explicar o significado literal de uma sentença sem levar em conta as condições-padrão de seu emprego comunicativo. Na verdade, a pragmática formal precisa tomar medidas preventivas para que o que se tem em mente não se desvie do significado literal do que é dito, tampouco no caso-padrão. Por isso, nossa análise restringe-se a ações de fala cumpridas *sob condições-padrão*. Com isso quer-se assegurar que um falante não tenha em mente senão o significado literal do que diz.

Em uma analogia, embora não muito próxima, com a assunção básica da semântica da verdade, quero remeter a compreensão de uma enunciação ao conhecimento das condições sob as quais essa enunciação pode ser aceita por um ouvinte. *Entendemos um ato de fala quando sabemos o que o torna aceitável.* Da perspectiva do falante, as condições de aceitabilidade são idênticas às condições do êxito ilocucionário que ele alcança. Aceitabilidade não é definida em sentido objetivista a partir da perspectiva de um observador, mas a partir da atitude performativa de quem participa da comunicação. Um ato de fala deve poder ser denominado "aceitável" quando cumpre as condições necessárias para que um ouvinte possa assumir uma posição "sim" diante da pretensão manifestada pelo falante. Essas condições não podem ser cumpridas de modo unilateral, estando relacionadas apenas ao falante, ou apenas ao ouvinte; mais que isso, são condições para o *reconhecimento intersubjetivo* de uma pretensão linguística que fundamenta, de um modo típico para o ato de fala, um comum acordo que se especifica conforme o conteúdo e versa sobre obrigatoriedades relevantes para as consequências da interação.

Sob os pontos de vista de uma teoria sociológica da ação, devo interessar-me prioritariamente pelo esclarecimento do mecanismo que afeta realizações coordenativas executadas pelas ações de fala; por isso concentro-me nas condições sob as quais o falante é motivado a assumir uma oferta de ato de fala, podendo supor que as expressões linguísticas utilizadas apresentam boa conformação gramatical e que estão cumpridas as condições contextuais necessárias e típicas ao ato de fala[43]. Um ouvinte compreende o significado de uma enunciação quando conhece, além das condições de boa conformação gramatical e das condições gerais do contexto[44], também

---

43. Considere-se, por exemplo, que uma promessa assuma a forma: (1⁺) Prometo a você que estive ontem em Hamburgo. Nessa sentença, violou-se uma condição da boa conformação gramatical. Mas, se S expressasse a frase (1) correta, atendendo às exigências de que H com certeza poderia contar com uma visita de S, então seria violada uma das condições contextuais tipicamente pressupostas quando se trata de fazer uma promessa.

44. As contribuições filosóficas e linguísticas para a teoria dos atos de fala ocupam-se principalmente da análise dessas condições. D. Wunderlich analisa ações de fala do tipo "conselhos" sob os pontos de vista teóricos desenvolvidos por Searle (*Grundlagen der Linguistik*. Hamburgo, 1974, pp. 349 ss.).

as *condições essenciais* sob as quais pode ser motivado pelo falante a uma tomada afirmativa de posição[45]. Essas *condições de aceitabilidade em sentido estrito* estão relacionadas ao sentido do papel ilocucionário que F, em casos--padrão, expressa com o auxílio de um predicado performativo de ação.

Antes, porém, tomamos uma sentença imperativa gramaticalmente correta, utilizada como exortação sob condições contextuais adequadas:

(5) (Com a presente sentença) exijo de você que pare de fumar.

De acordo com o modelo de atos perlocucionários, imperativos são vistos frequentemente como tentativas empreendidas por um ator F de ensejar que O execute determinada ação. Segundo essa concepção, F só realiza a sentença imperativa ao vincular à enunciação sua intenção de que O depreenda dela a tentativa de F de levar O a cumprir uma ação a[46]. Com tal concepção, no entanto, ignora-se o sentido ilocucionário das sentenças imperativas. Ao enunciar um imperativo, o falante *diz o que* O deve fazer. Essa *forma direta* de entendimento torna obsoleta qualquer ação de fala por meio da qual o falante possa ensejar por via indireta uma determinada

---

45. Nesse sentido, também R. Bartsch. ("Die Rolle von pragmatischen Korrektheitsbedingungen bei der Interpretation von Äußerungen", in G. Grewendorf [org.]. *Sprechakttheorie und Semantik*. Frankfurt/M., 1979, pp. 217 ss.), fala de "condições de aceitabilidade" em contraposição a condições de correção e de validade.

46. Surpreendentemente, Searle (1969, p. 66) também se aproxima dessa concepção da semântica intencional; quanto a isso, cf. Schiffer (1972, p. 63).

ação do ouvinte. O sentido ilocucionário das sentenças imperativas pode, antes, ser descrito pelas seguintes paráfrases[47]:

(5a) F disse a O que ele faça o obséquio de cuidar para que 'p' se realize;
(5b) F deixou claro para O que caberia tornar 'p' realidade;
(5c) A exortação externada por F deve ser entendida de modo que O deva levar 'p' a efeito.

Nessas sentenças, 'p' designa um estado no mundo objetivo que se situa no futuro, em relação ao momento da enunciação, podendo ganhar existência por meio de uma intervenção ou de uma omissão do destinatário, quando todas as demais condições permanecem as mesmas; é o que se dá com a disposição de não fumar, que O leva a efeito ao apagar seu cigarro aceso, pisando nele.

Quando o ouvinte toma posição com a sentença

(5') Sim, quero fazer o que se exige...

as condições sob as quais ele aceita a exortação (5) desmembram-se em dois componentes, se nos restringimos às condições de aceitabilidade em sentido estrito.

O ouvinte deve compreender o sentido ilocucionário de exortações, de tal maneira que possa parafraseá-lo com sentenças como (5a) ou (5b) ou (5c) e interpretar o teor proposicional "parar de fumar" no sentido de uma exortação destinada a ele. O ouvinte realmente com-

---

47. Schwab, 1980, p. 65.

preende a exortação (5) quando conhece as condições sob as quais 'p' pode ocorrer, e quando sabe o que ele mesmo deve fazer ou deixar de fazer, sob dadas circunstâncias, para que essas condições se cumpram. Da mesma forma que é preciso conhecer as condições de verdade para a compreensão de uma proposição, também é preciso saber, para a compreensão de imperativos, sob que condições se considera cumprido o imperativo. No âmbito de uma teoria do significado de abordagem pragmática, as *condições de satisfação* inicialmente formuladas por via semântica são interpretadas no sentido das obrigatoriedades relevantes para as consequências da interação. O ouvinte compreende um imperativo quando sabe o que precisa fazer ou deixar de fazer para levar a efeito o estado 'p', desejado por F; com isso, também sabe de que maneira pode *conectar* suas ações às de F.

Tão logo concebemos o compreender de imperativos sob tal perspectiva que se estende ao nexo da interação, fica claro que o conhecimento das "condições de satisfação" não basta para saber quando a exortação é aceitável. Falta como segundo componente o conhecimento das *condições para o comum acordo*: somente o comum acordo vem *fundamentar* a *observância* das obrigatoriedades relevantes para as consequências da interação. O ouvinte só compreende por inteiro o sentido ilocucionário da exortação quando sabe por que razão o falante espera poder impor ao ouvinte sua vontade. Com o imperativo, o falante manifesta uma pretensão de poder; e é a ela que o ouvinte se submete, se aceita o imperativo. Faz parte do significado de um imperativo o falante criar uma expectativa *fundamentada* para que sua pretensão de poder prevaleça; isso só vale sob a condição de que F saiba que seu destinatário tem razões para adequar-se a sua pretensão de poder. Como em primeiro lugar entendemos exortações no sentido de externações fáticas da vontade, essas razões não podem residir no sentido ilocucionário da própria ação de fala; só podem residir, isto sim, em um potencial sancionador externamente vinculado à ação de fala. Portanto, para que se completem as condições de aceitabilidade, as *condições de satisfação* precisam ser *acrescidas* de *condições de sanção*.

Logo, um ouvinte compreende a exortação (5) se ele: a) conhece a condição sob a qual o destinatário pode levar a efeito a disposição desejada (não fumar); e b) conhece as condições sob as quais F tem boas razões para esperar que O se veja coagido a submeter-se à vontade de F (por exemplo, mediante a ameaça de punições aplicáveis à violação de prescrições de segurança). Para o ouvinte saber que condições se devem cumprir para que um ouvinte qualquer possa assumir posição afirmativa diante de (5), no sentido de (5'), é preciso que ele conheça os dois componentes, (a) e (b). À medida que o ouvinte conhece essas condições, sabe também o que torna esse enunciado aceitável.

A imagem complica-se, de forma elucidativa, quando passamos de imperativos autênticos ou exortações *simples* para exortações *autorizadas por via normativa* ou ordens e comparamos (5) a uma variante de (2):

(6) (Com a presente sentença) venho dar-lhe a instrução de que pare de fumar.

Essa enunciação pressupõe normas reconhecidas, por exemplo as prescrições de segurança do transporte aéreo internacional, e um âmbito institucional que autoriza os ocupantes de determinadas posições (aeromoças, por exemplo) – em determinadas situações, como no início de um pouso, e mediante a remissão a determinadas normas prescritas – a dar a instrução de parar de fumar a um determinado grupo de pessoas, os passageiros, no caso.

Uma vez mais, o sentido ilocucionário pode ser especificado em primeiro lugar por meio das condições mencionadas em (a); mas, no caso de instruções, o sentido ilocucionário não apenas *remete* a condições do tipo (b), as quais é preciso acrescentar a partir do contexto da ação de fala; aqui as condições para que se aceite a pretensão linguística, e com isso o comum acordo entre F e O, antes *resultam* do próprio ato ilocucionário. No caso da enunciação imperativa da vontade, F só tem boas razões para esperar que O se curve diante de sua vontade quando dispõe de sanções com as quais pode notadamente ameaçar ou atrair O. Enquanto F não se remeter à validade de normas, não fará diferença se o potencial sancionador é fático ou de direito; pois, ao enunciar um imperativo – o que vale dizer: apenas sua própria vontade –, F só influi empiricamente sobre os motivos de O se o ameaça com desvantagens ou se lhe oferece algum ganho. As razões para que enunciações da vontade sejam aceitas referem-se aos motivos do ouvinte sobre os quais o falante influir de maneira unicamente empírica, até mesmo com violência ou com benesses. É diferente quando se trata de exortações autorizadas por via normativa, como ordens ou instruções. Diversamente do que ocorre em (5), o falante remete-se em (6) à *validade* de prescrições de segurança; e quando dá sua instrução manifesta uma pretensão de validade.

O anúncio de uma *pretensão de validade* não é expressão de uma vontade contingente; e o "sim" a uma pretensão de validade não é apenas uma decisão motivada de maneira empírica. Os dois atos, a proposição e o reconhecimento de uma pretensão de validade, estão subordinados a delimitações convencionais porque uma pretensão como essa só pode ser recusada sob a forma de crítica; e contra uma crítica só pode ser defendida sob a forma de refutação. Quem se opõe a uma instrução é remetido às prescrições normativas vigentes e não às punições que cabe esperar em caso de seu não cumprimento. E quem puser em dúvida a validade das normas subjacentes terá de apresentar *razões*, seja contra a legalidade do que está prescrito, isto é, contra a adequação de sua validade social ao direito vigente, seja contra a legitimidade dessa prescrição, isto é, contra sua pretensão de estar correta ou justificada do ponto de vista moral-prático. Pretensões de validade estão internamente *vinculadas* a razões. Em tal medida, as condições de aceitabilidade de instruções podem ser depreendidas do *próprio* sentido ilocucionário de uma ação de fala; não é preciso completar essas condições com condições sancionadoras *adicionais*.

Assim, um ouvinte entende a instrução (6): a) quando conhece as condições sob as quais o destinatário pode levar a efeito a disposição desejada (não fumar); e b) quando conhece as condições sob as quais F possa ter razões convincentes para considerar válida uma exortação de teor (a), isto é, para considerá-la normativamente justificada. As condições (a) dizem respeito a obrigações de ação que resultam[48] de um comum acordo que se

---

48. Obrigações de ação, a propósito, que resultam: particularmente para o destinatário, em caso de ordens e instruções; particularmente para o falante, em caso de promessa ou avisos; simetricamente para ambas as partes, em caso de acordos ou contratos; para ambas as partes,

embasa no reconhecimento intersubjetivo da pretensão de validade normativa manifestada em prol de uma exortação correspondente. As condições (b) dizem respeito à aceitação dessa própria pretensão de validade, sendo necessário distinguir aí entre a *validade* de uma ação ou da norma que lhe subjaz, a *pretensão* de que as condições para sua validade tenham sido satisfeitas e a *solvência* da pretensão de validade manifestada, isto é, a fundamentação para que sejam satisfeitas as condições da validade de uma ação ou norma subjacente.

Um falante, digamos assim, pode *motivar racionalmente* um ouvinte a aceitar a oferta de seu ato de fala porque pode assumir – em razão do nexo interno entre validade, pretensão de validade e resgate da pretensão de validade – a *garantia* de que, se necessário, poderá apontar razões convincentes e sustentáveis em face de uma crítica que o ouvinte possa apresentar contra a pretensão de validade. Assim, um falante deve a força vinculativa de seu êxito ilocucionário não à validade do que é dito, mas sim, caso a caso, ao *efeito coordenativo da garantia* que ele oferece para que se dê o resgate da pretensão de validade manifestada por meio de sua ação de fala. Em lugar da força empiricamente motivadora de um potencial sancionador que se liga de maneira contingente às ações de fala, surge a força racionalmente motivadora; esta se ligará à asseguração de pretensões de validade sempre que o papel ilocucionário não expressar uma pretensão de poder, mas uma pretensão de validade.

Isso vale não apenas para atos de fala reguladores como (1) e (2), mas também para atos de fala expressivos

---

ainda que assimétricas, em caso de conselhos (de grande teor normativo) ou advertências.

e constatativos, como (3) e (4). Da mesma forma que, em prol de sua intenção de levar a efeito uma disposição almejada, o falante *gera* por meio de (1) uma pretensão de validade; e da mesma forma que por meio de (2) ele *reivindica* uma pretensão normativa de validade em favor de sua exortação dirigida a O, no sentido de que este faça o obséquio de levar a efeito uma disposição desejável para F, assim também o falante que enuncia (3) propõe uma pretensão de veracidade em prol da vivência intencional ali exposta, e em (4) propõe-se uma pretensão de verdade em favor da respectiva proposição. Em (3) trata-se do desvelamento de uma postura sentimental até então dissimulada, e em (4) da apresentação de uma proposição cuja validade é garantida pelo falante, ao declarar seu assentimento ou fazer uma predição. Um ouvinte entende a declaração de assentimento (3): a) quando conhece as condições sob as quais uma pessoa pode ter repugnância diante de 'p'; e b) quando conhece as condições sob as quais F diz o que tem em mente, assumindo dessa maneira o encargo de garantir que haverá consistência dali para a frente entre seu comportamento e sua declaração de assentimento. Um ouvinte entende (4): a) quando conhece as condições que tornam verdadeira a predição; e b) quando conhece as condições sob as quais F pode ter razões convincentes para considerar verdadeiro um enunciado de teor (a).

Contudo, também subsistem assimetrias importantes. Em ações de fala expressivas e constatativas, as condições mencionadas sob (a) *não* dizem respeito a obrigações da ação resultantes do reconhecimento intersubjetivo da respectiva pretensão de validade; elas concernem somente à compreensão do teor proposicional de uma sentença vivencial ou enunciativa para a qual o falante reivindica validade. Em atos de fala reguladores, como (1) e (2), é bem verdade que as condições (a) dizem respeito à compreensão do teor proposicional de uma sentença intencional ou exortativa em favor da qual o falante cria ou reivindica validade normativa; aqui, porém, esse teor descreve *ao mesmo tempo* as obrigatoriedades que se mostram relevantes para as consequências da interação e que, para o ouvinte, resultam do acolhimento da pretensão de validade.

Quando obrigações de ação resultam do significado de atos de fala expressivos em geral, isso só ocorre de maneira que o falante especifique o que não entra em contradição com seu comportamento. E, quando um falante quer conferir credibilidade ao fato de ter em mente o que diz, só consegue tal feito dando sequência às suas ações, e não com a indicação das razões que o levam a essas ações. Por isso, destinatários que aceitaram uma pretensão de validade podem ter, sob certos aspectos, a expectativa de consistência no comportamento; essa expectativa, no entanto, é decorrente das condições apontadas em (b). Também em ações de fala reguladoras e constatativas é natural que as consequências resultem de garantias cuja oferta está associada à pretensão de validade; mas, conforme o caso, essas obrigações de adicionar justificações para normas ou embasamentos para proposições – obrigações que são *relevantes para a validade* – só se mostram *relevantes para a ação* em uma dimensão metacomunicativa. Apenas obrigações de apresentar comprovação, assumidas pelo falante com atos de fala expressivos, têm *relevância* imediata *para o prosseguimento da interação*; aí é que está contida a oferta de que o ouvinte faça o obséquio de testar, com base na consistência da sequência de ações do falante, se este de fato tem em mente o que diz[49].

Em geral, do significado de atos de fala constatativos não decorrem obrigações de ação *especiais*; e do cumprimento das condições de aceitabilidade mencionadas sob (a) e (b) só resultarão obrigatoriedades relevantes para as consequências da interação à medida que falante e ouvinte se comprometerem a embasar seu agir em interpretações da situação que não contradigam enunciados aceitos como verdadeiros.

Fizemos a distinção entre imperativos autênticos, aos quais o falante vincula uma pretensão de poder, e ações de fala com as quais o falante manifesta uma pretensão de validade criticável. Enquanto pretensões de validade estão ligadas internamente a razões e conferem uma força motivadora racional ao papel ilocucionário, as pretensões de poder precisam ser abrangidas por um potencial sancionador a fim de que possam impor-se. Na verdade, exortações estão acessíveis a uma *normalização secundária*. Pode-se exemplificar tal coisa com a relação que há entre sentenças intencionais e declarações de intenção. Sentenças intencionais pertencem à mesma categoria que as sentenças exortativas com que se formam imperativos; pois podemos entender sentenças intencionais como exortações internalizadas que o falante destina a si mesmo[50]. Por certo, exortações são atos ilocucionários; sentenças intencionais, no entanto, só adquirirão papel ilocucionário se transformadas em declarações de intenção ou *pronunciamentos*. No caso dos imperativos, a for-

---

49. Sobre essas "obrigações imanentes do ato de fala", cf. Habermas, 1976b, pp. 252 ss.
50. Cf. vol. 2, pp. 59 ss.

ça ilocucionária está presente desde o início (ainda que desejosa de se ver completada por sanções); no caso de sentenças intencionais cuja força imperativa atenua-se *in foro interno*, no entanto, é possível apenas reconquistar a força ilocucionária. Para tanto, sentenças intencionais têm de estabelecer uma ligação com pretensões de validade, assumindo ora a forma de ações de fala expressivas como

(7) Admito ter a intenção de...

ora a forma de ações de fala normativas como

(8) Declaro-lhe (com esta frase) que tenho a intenção de...

Por meio de pronunciamentos como (8), o falante envolve-se em uma ligação normativa tênue a que o destinatário pode recorrer, de modo semelhante ao que faria com relação a uma promessa.

Segundo esse exemplo da normalização de sentenças intencionais, pode-se conceber também a transformação de exortações simples em exortações normativamente autorizadas, bem como a transformação de meros imperativos em ordens. A exortação (5), caso se atribua a ela o peso de uma pretensão de validade normativa, pode assumir a forma da instrução (6). Com isso, nas condições de aceitabilidade altera-se a cada caso o componente indicado em (b); as condições sancionadoras que se acrescentam à pretensão imperativa de poder são substituídas pelas condições racionalmente motivadoras próprias à aceitação de uma pretensão de validade criticável. Pelo fato de que as condições motivadoras podem ser deduzidas do próprio papel ilocucionário, a exortação normalizada ganha uma autonomia que falta ao mero imperativo.

Ante tais considerações, torna-se claro, uma vez mais, que somente ações de fala como essas, às quais o falante vincula uma pretensão de validade criticável, podem mover o ouvinte a aceitar a oferta de um ato de fala – e podem fazê-lo com forças próprias, por assim dizer, isto é, graças à base de validade da comunicação linguística apoiada no entendimento. Só assim podem tornar-se efetivas, enfim, como mecanismo da coordenação de ações[51].

Feitas essas reflexões, é preciso tornar mais exato o conceito de agir comunicativo, que antes introduzimos de maneira provisória. De início, o conceito de agir comunicativo incluía todas as interações em que os participantes coordenam seus planos de ação individuais, sem restrições, e tendo por base um comum acordo que se quer alcançar por via comunicativa. Com a determinação da "busca irrestrita de fins ilocucionários", devem ser excluídos casos de um agir que se mostre estratégico, mesmo de forma latente: ou seja, casos em que o falante, *de maneira discreta*, emprega êxitos ilocucionários para fins perlocutivos. Ora, externações imperativas da vontade são atos ilocucionários com os quais o falante *abertamen*-

---

51. Por não distinguir entre exortação simples e exortação normativa, entre imperativo e ordem, tampouco entre o emprego monológico e o emprego comunicativo de sentenças intencionais, isto é, entre intenção e declaração de intenção, Schwab estipula um falso paralelo entre imperativos e declarações de intenção, além de distinguir tanto um como outro de ações de fala constatativas, por meio da separação (e classificação hierárquica) entre consequência de validade e consequência de observância. Schwab, 1980, pp. 72 s.; 74 ss.; 95 ss.

te declara como fim a influência que possa exercer sobre as decisões de um parceiro de fala, precisando embasar diante disso a imposição de sua pretensão de poder em sanções complementares. Por isso os falantes podem, sem restrições, perseguir fins ilocucionários utilizando imperativos autênticos ou exortações não normalizadas e, não obstante, agir de maneira estratégica.

Para o agir comunicativo, só são constitutivas as ações de fala a que o falante vincula pretensões de validade criticáveis. Nos demais casos – quando com atos perlocucionários um falante busca alcançar fins ilocucionários não declarados diante dos quais o ouvinte não pode assumir posição alguma, ou quando busca alcançar fins ilocucionários diante dos quais, como diante de imperativos, o ouvinte não pode assumir posição *fundamentada* –, deixa--se de utilizar o potencial de uma ligação motivada pelo discernimento quanto às razões nela envolvidas, potencial sempre presente na comunicação verbal.

(4) *Pretensões de validade*. Após ter separado as ações comunicativas de todas as demais ações sociais, por meio de seu efeito vinculativo ilocucionário, penso ter agora diante de mim a tarefa de ordenar a pluralidade de ações comunicativas, segundo os tipos de ações de fala. E como fio condutor para a classificação de ações de fala parece recomendável utilizar as opções que se oferecem a um ouvinte motivado racionalmente, quando toma posição "sim" ou "não" em face da enunciação de um falante. Nos exemplos dados até aqui, tínhamos como ponto de partida que o falante, com sua enunciação, manifesta justamente uma pretensão de validade. À promessa (1) o falante vincula uma pretensão de validade em prol de uma intenção anunciada; à instrução (2), uma pretensão de validade favorável a uma exortação; à declaração de convicção que faz em (3), o falante vincula uma preten-

são de validade em favor de uma externação do sentimento; e à predição (4), uma pretensão de validade favorável a um enunciado. Com uma tomada de posição negativa, o destinatário contesta a correção de (1) e (2), a veracidade de (3) e a verdade de (4), respectivamente. Esse quadro fica incompleto enquanto cada ação de fala pode ser contestada sob mais de um aspecto, ou seja, enquanto pode ser refutada como inválida.

Suponhamos que ao participante de um seminário seja dirigida pelo professor a exortação

(7) Por favor, traga-me um copo d'água

Suponhamos, também, que esse participante não entenda a exortação como mera externação imperativa da vontade, mas como ato de fala realizado segundo um posicionamento que esteve orientado ao entendimento. Em princípio ele pode então recusar esse pedido sob três aspectos da validade. Ou pode contestar a correção normativa da enunciação:

(7') Não, o senhor não pode me tratar como um de seus empregados

ou ele pode contestar a veracidade subjetiva da enunciação:

(7'') Não, na verdade o senhor tem mesmo a intenção de me colocar em má posição diante dos demais participantes do seminário

ou ele pode contestar serem relevantes determinados pressupostos existenciais:

(7''') Não, o próximo bebedouro está tão distante que não poderia estar de volta antes do fim da aula.

No primeiro caso, contesta-se que a ação do professor seja correta no contexto normativo dado; no segundo caso, contesta-se que o professor tenha em mente o que diz, porque gostaria de atingir um determinado efeito perlocucionário; no terceiro caso, contestam-se enunciados cuja verdade o professor tem de pressupor, nas circunstâncias dadas.

O que se pode demonstrar com esse exemplo vale para *todas* as ações de fala orientadas pelo entendimento. Em ambientes do agir comunicativo, as ações de fala sempre podem ser refutadas sob *cada um* dos três aspectos: sob o aspecto da correção, que o falante reivindica em favor de sua ação mediante referência a um contexto normativo (ou então, de maneira mediata, em favor dessas próprias normas); sob o aspecto da veracidade, que o falante reivindica em favor da externação de vivências subjetivas a que ele tem acesso privilegiado; e por fim sob o aspecto da verdade, que o falante reivindica com sua externação em favor de um enunciado (ou em favor das suposições de existência do teor de um enunciado nominalizado).

Essa tese forte pode ser testada em exemplos aleatórios e é possível torná-la plausível por meio de considerações que nos remeterão ao modelo de funções da linguagem proposto por Bühler.

O termo "entendimento" tem o significado mínimo segundo o qual (ao menos) dois sujeitos aptos a falar e agir entendem uma expressão linguística de maneira idêntica. E assim o significado de uma expressão elementar consiste na contribuição que essa expressão possa dar ao significado de uma ação de fala aceitável. Para entender o que um falante quer dizer com um ato desses, o ouvinte precisa conhecer as condições sob as quais esse ato pode ser aceito. Em tal medida, a compreensão de uma expressão elementar já aponta para além do significado mínimo da expressão "entendimento". Quando o ouvinte aceita uma oferta de ato de fala, estabelece-se um *comum acordo* entre (pelo menos) dois sujeitos aptos a falar e agir. Mas esse comum acordo não reside apenas no reconhecimento intersubjetivo de uma pretensão única de validade, que se destaca de maneira temática. Mais que isso, almeja-se um comum acordo como esse em três níveis, simultaneamente. Esses níveis podem ser facilmente reconhecidos, por via intuitiva, quando se pondera que no agir comunicativo um falante só escolhe uma expressão linguística para poder chegar a um entendimento *sobre* alguma coisa *com* um ouvinte, e ao mesmo tempo para tornar *a si mesmo* compreensível. Reside na intenção comunicativa do falante: (a) realizar uma ação de fala *correta* tendo em vista o contexto normativo dado, a fim de que se estabeleça uma relação interpessoal entre ele e o ouvinte, enquanto relação reconhecida de modo legítimo; (b) fazer um enunciado *verdadeiro* (ou uma pressuposição *acertada* de existência), a fim de que o ouvinte assuma e partilhe o saber do falante; e (c) expressar de maneira veraz opiniões, intenções, sentimentos, desejos etc. a fim de que o ouvinte acredite no que é dito. Para explicar que traços comuns intersubjetivos de um comum acordo almejado por via comunicativa tenham subsistência nos níveis da concordância normativa, do saber proposicional partilhado e da confiança mútua na sinceridade subjetiva, é preciso recorrer às *funções do entendimento pela linguagem*.

Como *medium* do entendimento, os atos de fala estão: (a) a serviço da produção e inovação de relações interpessoais, e o falante faz então referência a algo no *mundo* das ordenações legítimas; (b) a serviço da representação ou da pressuposição de estados e eventos, e o falante faz referência a algo no *mundo* de estados de coisas; e (c) a serviço da manifestação de vivências, ou seja, da autorrepresentação, e o falante faz referência a algo no *mundo* subjetivo ao qual tem acesso privilegiado. O comum acordo almejado por via comunicativa mede-se exatamente segundo três pretensões de validade criticáveis. E isso porque os atores – ao se entenderem entre si sobre alguma coisa e, dessa maneira, ao se fazerem entender a si mesmos – não podem se eximir de alojar a respectiva ação de fala em exatamente três referências de mundo; e tampouco podem se eximir de reivindicar validade para a ação de fala, sob cada um desses três aspectos. Quem refuta uma oferta compreensível de ato de fala contesta no mínimo uma dessas três pretensões de validade. Ao recusar com "não" um ato de fala, por considerá-lo incorreto, não verdadeiro ou não veraz, o ouvinte expressa que a enunciação não está cumprindo suas funções de asseguramento de uma relação interpessoal, representação de estados de coisas ou manifestação de vivências, porque ela ora não está em consonância com *nosso* mundo de relações interpessoais legitimamente ordenado, ora com *o* mundo de estados de coisas existentes, ora com o *respectivo* mundo de vivências subjetivas.

Embora ações de fala orientadas pelo entendimento estejam sempre envolvidas dessa maneira em uma rede de referências de mundo bastante complexa, é com base em seu papel ilocucionário (e em condições-padrão: com base no significado de seu componente ilocucionário) que se evidencia o aspecto de validade *predominante* sob o qual o falante gostaria de ver compreendida sua enunciação. Quando faz uma declaração, afirma algo, narra, explica, apresenta, prediz, discute etc., o falante está em busca de um comum acordo com o ouvinte, fundado no reconhecimento de uma pretensão de poder. Quando ele externa uma sentença vivencial, revela, confessa, admite, manifesta algo, desmascara-se etc., aí o comum acordo só pode estabelecer-se fundado sobre o reconhecimento de uma pretensão de veracidade. E quando dá uma ordem ou faz uma promessa, nomeia ou admoesta alguém, celebra um batizado, compra algo, casa-se etc., então o comum acordo depende de que os participantes considerem correta a ação. Quanto mais pura é a compleição desses modos fundamentais, mais o entendimento orienta-se de maneira clara segundo uma só pretensão de validade dominante. A análise, de maneira propositada, dedica-se inicialmente a *casos puros de atos de fala,* ou idealizados. Com isso, penso em:

– ações de fala constatativas em que se empregam *sentenças enunciativas elementares;*

– ações de fala expressivas em que aparecem *sentenças vivenciais elementares* (da primeira pessoa do singular); e

– ações de fala reguladoras em que aparecem ou *sentenças exortativas* elementares (como em ordens) ou *sentenças intencionais* elementares (como em promessas).

Para cada um desses complexos, há na filosofia analítica uma ampla bibliografia. Desenvolveram-se ali instrumentos e análises que tornam possível explicar as pretensões de validade universais que orientam o falante e ainda tornar mais precisas as atitudes básicas assumidas por ele. Trata-se de uma *atitude objetivadora,* em que um observador neutro mantém relação com algo que ocorre no mundo; e também de uma *atitude expressiva*, em que um sujeito autorrepresentativo revela algo de seu íntimo a que ele mesmo tem acesso privilegiado segundo o olhar do público; e por fim trata-se ainda da *atitude conforme com as normas*, em que o membro de grupos sociais cumpre expectativas de comportamento legítimas. A cada uma dessas três atitudes fundamentais corresponde uma concepção de "mundo".

Se representamos com Mp ações de fala explícitas quaisquer, nas quais "M" está para o componente ilocucionário e "p" para o componente proposicional[52]; e se $M_{(c)}$ designa o uso cognitivo da linguagem, $M_{(e)}$ o uso expressivo e $M_{(r)}$ o uso regulador, é possível distinguir intuitivamente – por meio das atitudes básicas, e conforme cada caso – em que sentido o falante gostaria de interpretar o componente proposicional. Em uma enunciação válida do tipo $M_{(c)}p$, "p" significa um estado de coisas que *existe* no mundo objetivo; em uma enunciação válida do tipo $M_{(e)}p$, "p" significa uma vivência subjetiva que se manifesta, e que cabe atribuir ao *mundo interior* do falante; em uma enunciação válida do tipo $M_{(r)}p$, "p" significa uma ação reconhecida como legítima no mundo social.

A fundamentação da distinção de exatamente três *modi* básicos do emprego da linguagem orientada pelo entendimento só pode mesmo ocorrer sob a forma de uma teoria ampliada dos atos de fala. Não posso desenvolver aqui as análises necessárias, mas gostaria de apreciar alguns reparos que se fazem *prima facie* contra o programa.

---

52. E. Stenius. "Mood and Language Game", *Synthese*, 17, 1967, pp. 254 ss.; quanto a isso, cf. D. Føllesdal, "Comments on Stenius', 'Mood and Language Game'", *Synthese*, 17, 1967, pp. 275 ss.

A. Leist formulou minha tese fundamental da seguinte maneira: "Para todos os F e O em todos os atos de fala do agir orientado ao entendimento – atos ilocucionários, que se diferenciam e se autonomizam por via proposicional e estão institucionalmente desvinculados – constitui um saber recíproco o mandamento de que se deve falar de maneira compreensível, ser veraz e tomar por verdadeira cada enunciação e por correta cada norma relevante para o ato."[53] Tal formulação torna necessário um esclarecimento: sob pontos de vista de uma *teoria da interação*, distingo entre ações de fala "orientadas pelo entendimento" e atos de fala que se integram a contextos estratégicos de ação, ora porque se vinculam a pretensões de poder, como imperativos autênticos, sem gerar com forças próprias nenhum efeito ilocucionário unitivo, ora porque o falante, com essas enunciações, persegue fins perlocucionários. Assim, eu não utilizaria a expressão "saber recíproco", que provém da semântica intencional, mas usaria em vez disso "suposições em comum". Ademais, a expressão "mandamento" sugere um sentido normativo; eu assumiria o ônus de conotações transcendentais tênues e preferiria falar de "condições gerais" que devessem ser cumpridas para alcançar um comum acordo comunicativo. Por fim, sinto falta de uma hierarquização entre a boa conformação ou compreensibilidade da expressão linguística como um pressuposto da comunicação, de um lado, e as pretensões de veracidade, verdade proposicional e retidão normativa, de outro. A aceitação dessas pretensões enseja entre F e O um comum acordo que fundamenta obrigatoriedades de grande relevância para as con-

---

53. A. Leist. "Was heißt Universalpragmatik?", in *Germanistische Linguistik*, cad. 5/6, 1977, p. 93.

sequências da interação. Para mim, essas obrigatoriedades distinguem-se da garantia oferecida pelo falante em prol do cumprimento da pretensão de validade que ele manifesta, bem como da obrigação recíproca que o ouvinte contrai ao negar uma pretensão de validade.

Em especial, haveria reparos contra as assunções:

– de que com *todas* as ações de fala orientadas pelo entendimento manifestem-se *exatamente três* pretensões de validade (a);

– de que as pretensões de validade possam ser *discriminadas* entre si *de maneira suficiente* (b);

– e de que as pretensões de validade tenham de ser analisadas de maneira *formal-pragmática*, isto é, no plano do emprego comunicativo das sentenças (c).

Sobre (a): Pode-se afirmar a *universalidade da pretensão de verdade* mesmo que notadamente não possamos manifestar pretensão alguma de verdade com base em ações de fala não constatativas?[54] Por certo, somente as ações de fala constatativas nos permitem manifestar a pretensão de que seja verdadeiro o enunciado 'p' que se assevera. Mas todos os demais atos de fala também contêm um componente proposicional, normalmente sob a forma de uma sentença declarativa nominalizada do tipo "que p". Isso significa que, mesmo quando pratica ações de fala não constatativas, o falante está se referindo a estados de coisas; e por certo não de maneira direta, ou seja, não com o posicionamento proposicional de quem pensa ou opina, sabe ou crê que "p" é o caso. Os posicionamentos proposicionais do falante que emprega sentenças vivenciais em ações de fala expressivas, ou sentenças exortativas ou intencionais em ações de fala reguladoras,

---

54. Leist, 1977, pp. 97 s.

são de outro tipo. Eles não se dirigem de modo algum à existência do estado de coisas que se menciona no componente proposicional. Quando o falante, por meio de uma ação de fala não constatativa, diz desejar ou repudiar algo, diz ensejar alguma coisa ou querer que se a enseje, o que faz é *pressupor* a existência de *outros* estados de coisas ainda não mencionados. É parte do conceito de mundo objetivo que os estados de coisas integrem uma concatenação e não fiquem isolados pairando no ar. Portanto, o falante une ao componente proposicional de sua ação de fala algumas *pressuposições existenciais* que forçosamente podem ser explicitadas sob a forma de sentenças assertóricas. Eis por que as ações de fala não constatativas também apresentam referência de verdade.

A propósito, isso não se aplica apenas às ações de fala que se diferenciam e autonomizam por via proposicional. Também atos abreviados por via ilocucionária – uma saudação sob a forma de "oi!", por exemplo – são entendidos como cumprimentos de normas, com base nas quais é possível complementar o teor proposicional da ação de fala: no caso da saudação, o bem-estar do destinatário ou a confirmação de seu *status* social, por exemplo. Entre outras coisas, a presença de alguém que possa estar bem ou não, a participação dessa pessoa em determinado grupo social etc. são elementos que integram as pressuposições existenciais de uma saudação.

Com a *universalidade da pretensão de correção* ocorre de maneira um pouco diversa. Contra ela pode-se objetar a impossibilidade de depreender do significado de ações de fala não reguladoras uma referência a contextos normativos[55]. Mas às vezes os comunicados são "inadequados", relatórios são "inoportunos", confissões são

---

55. Leist, 1977, p. 109.

"constrangedoras", revelações, "ofensivas". O fato de elas poderem fracassar, sob esse aspecto, não é algo exterior às ações de fala não reguladoras; pelo contrário, tal possibilidade resulta necessariamente de seu próprio caráter *enquanto* ações de fala. Pois é possível depreender do componente ilocucionário aí presente que o falante estabelece relações interpessoais também ao executar ações constatativas e expressivas; e estas, sirvam ou não ao contexto normativo vigente, integram o mundo das ordenações legítimas.

Também há objeções contra a *completude do rol de pretensões de validade*. Quando elas são comparadas, por exemplo, aos postulados da conversação propostos por Grice[56], podem-se constatar certos paralelos, mas também assimetrias. Por exemplo, não se tem uma contrapartida ao postulado de que o falante contribua sempre com uma fala atinente ao tema e que ela seja relevante no contexto da conversação. Se tal pretensão de relevância da contribuição ao diálogo não é manifestada pelo ouvinte, nem relacionada a um texto (em vez de uma ação de fala isolada), e se portanto não se pode submetê-la a um teste de sim/não, apenas com muita dificuldade se poderá fundamentar a universalidade de tal exigência. Em situações como conversas descontraídas, ou mesmo em alguns ambientes culturais em seu todo, é evidente que uma certa redundância das participações na fala faz--se até mesmo desejável[57].

---

56. H. P. Grice. "Logic and Conversation", in P. Cole, J. L. Morgan (orgs.). *Syntax and Semantics*, vol. 3. Nova York, 1974, pp. 41 ss.; A. P. Martinich. "Conversational Maxims and some Philosophical Problems", *Philosophical Quarterly*, 30, 1980, pp. 215 ss.

57. Sobre outras objeções desse tipo, cf. J. Thompson. "Universal Pragmatics", in D. Held, J. Thompson, 1982.

Sobre (b): Além disso, há reparos a fazer diante da possibilidade de chegar a uma discriminação acurada entre pretensões de verdade e pretensões de veracidade. O falante que expressa a opinião "p" de maneira veraz também não tem de manifestar uma pretensão de verdade em favor de "p"? Parece impossível "esperar de F que ele diga a verdade em outro sentido senão no de que ele queira dizer a verdade – e isso não quer dizer outra coisa senão que ele queira ser veraz"[58]. Essa restrição não se refere à classe das ações de fala expressivas como um todo, mas a enunciações em cuja parte constitutiva proposicional haja verbos de cognição no presente, em primeira pessoa (tais como: eu penso – ou sei, creio, suponho, sou de opinião – "que p"). Pois ao mesmo tempo se estabelece uma relação interna entre os posicionamentos proposicionais que possam ser expressos com auxílio de verbos de cognição e ações da fala constatativas. Se alguém afirma ou constata ou descreve "p", essa pessoa também é de opinião ou sabe ou crê "que p". Moore[59] já apontava para o caráter paradoxal de enunciações como

(9⁺) Está chovendo, mas eu não creio que esteja chovendo.

Apesar dessas concatenações internas, com a negação de

(9) Está chovendo

---

58. Leist, 1977, p. 102; K. Graham. "Belief and the Limits of Irrationality", *Inquiry*, 17, 1974, pp. 315 ss.
59. A esse argumento refere-se J. Searle, "Intentionalität und der Gebrauch der Sprache", in Grewendorf, 1979, pp. 163 s.

um ouvinte pode refutar duas pretensões de validade *diferentes*. Com sua tomada de posição negativa, o ouvinte pode tanto ser de opinião de que

(9') Não, isso não é verdade

como também pode ser de opinião de que

(9") Não, você de fato não tem em mente o que está dizendo.

Em um dos casos ele entende (9) como enunciação constatativa; no outro caso, como enunciação expressiva. É evidente que negar o enunciado "p" implica tão pouco a negação da crença em "que p" quanto, ao inverso, (9") implica a tomada de posição em (9'). E no entanto o ouvinte pode supor que F, *ao afirmar* "p", também crê "que p". Isso permanece distante, no entanto, de que a pretensão de verdade venha referir-se à existência do estado de coisas "p"; e a pretensão de veracidade só tem mesmo a ver com a manifestação da opinião ou da crença "que p". O assassino que faz uma confissão pode ter em mente o que diz, mas, sem pretender tal coisa, dizer uma inverdade. E sem pretender ele também pode dizer a verdade, embora minta ao silenciar sobre o que sabe acerca do incidente. Um juiz que dispusesse de todas as evidências suficientes poderia em um caso criticar como não verdadeira a declaração veraz e, em outro caso, desvendar a declaração verdadeira como não veraz.

Tugendhat, ao contrário, procura resolver a questão com uma única pretensão de validade[60]. Ele retoma ex-

---

60. E. Tugendhat. *Selbstbewusstsein und Selbstbestimmung*. Frankfurt/M., 1979. Conferências 5 e 6.

tensa discussão, dando continuidade ao argumento de Wittgenstein sobre a linguagem particular, para então demonstrar que sentenças vivenciais como

(10) Sinto dor

(11) Tenho medo de ser violentada

têm vínculo com a mesma pretensão de validade assertórica à qual se vinculam sentenças enunciativas de mesmo teor proposicional, a saber:

(12) Ele sente dor

(13) Ela tem medo de ser violentada,

sendo que os respectivos pronomes pessoais em primeira e terceira pessoa precisam ter a mesma referência.

Se está correta a tese da assimilação proposta por Tugendhat, então a negação de (10) ou (11) tem o mesmo sentido que a negação de (12) ou (13), respectivamente. Seria redundante postular além da pretensão de verdade também uma pretensão de veracidade.

Como Wittgenstein, Tugendhat também parte em primeiro lugar de um gesto expressivo, a exclamação "ai!", e imagina que esse grito de dor linguisticamente rudimentar seja substituído por uma enunciação expressiva que está representada no plano semântico pela sentença vivencial (10). Wittgenstein subtrai qualquer caráter enunciativo a sentenças vivenciais como essa[61]. Supõe que sub-

---

61. L. Wittgenstein. Nota §§ 404, 549, in *Schriften*, vol. V. Frankfurt/M., 1970, pp. 369 e 398.

sista um *continuum* entre as duas formas de expressão não cognitivas para a dor, quais sejam o gesto e a sentença. Para Tugendhat, ao contrário, a diferença categorial reside em que a sentença vivencial pode ser falsa, mas o gesto não. Sua análise leva ao resultado de que com a transformação da exclamação em uma sentença vivencial sinônima "cria-se uma expressão que, embora empregada segundo a mesma regra que vale para a exclamação, só é verdadeira se usada de maneira correta; e disso resulta o caso peculiar de sentenças assertóricas que, não obstante não serem cognitivas, podem ser verdadeiras ou falsas"[62]. Eis por que, com base em um critério de aptidão para a verdade, sentenças vivenciais como (10) *não* devem poder distinguir-se de sentenças declarativas de mesmo teor proposicional, como (12). As duas podem ser verdadeiras ou falsas. Entretanto, sentenças vivenciais têm a peculiaridade de expressar um "saber incorrigível": quando usadas de maneira efetiva, elas *têm de* ser verdadeiras. Entre as sentenças (10) e (12) subsiste nesse sentido uma "simetria veritativa": (12) é verdadeira desde que (10) esteja sendo usada de acordo com as regras.

Para explicar essa concatenação, Tugendhat recorre à peculiaridade do termo singular "eu", com que o falante designa a si mesmo sem no entanto identificar-se com ele. Ainda que a tese esteja certa, não se resolve mesmo assim o problema de como poder explicar que uma sentença tenha caráter assertórico e esteja apta à verdade, sem contudo poder ser usada de modo cognitivo para dar a conhecer estados de coisas existentes.

Em geral, a regra para o emprego de sentenças assertóricas *remete* a um conhecimento; apenas no caso de

---

62. Tugendhat, 1979, p. 131.

sentenças expressivas é que já cabe ao emprego correto da expressão linguística *garantir* sua própria verdade. Mas um ouvinte que queira *constatar* se um falante o está enganando com a sentença (10) terá de *verificar* se a sentença (12) é verdadeira ou não. Isso deixa claro que sentenças expressivas em primeira pessoa não existem para expressar conhecimentos e que, na melhor das hipóteses, o que elas fazem sim é *retirar* das sentenças declarativas correspondentes em terceira pessoa a pretensão de verdade que se lhes atribui; pois somente as sentenças declarativas podem *representar* o estado de coisas a cuja existência a pretensão de verdade se refere. Assim, Tugendhat incorre no dilema de ter de, contraditoriamente, caracterizar o que um falante pensa ao utilizar sentenças vivenciais. Por um lado, deve-se tratar de um saber para o qual o falante reivindica validade no sentido de uma verdade proposicional; por outro lado, esse saber não pode ter o *status* de um conhecimento, pois conhecimentos só podem manifestar-se em sentenças assertóricas que, por princípio, podem ser contestadas como não verdadeiras. No entanto, esse dilema só ocorre quando se propõe identidade entre a pretensão de verdade e a pretensão de validade da veracidade (pretensão análoga à verdade). O dilema se resolve quando se vai do plano semântico ao pragmático, e quando se estabelecem comparações entre ações de fala, e não mais entre sentenças:

(14) Preciso admitir a você que já faz dias venho sentindo dores

(15) Posso relatar-lhe que já faz dias ele vem sentindo dores

(sendo que o pronome pessoal de primeira pessoa em [14] e o pronome pessoal em terceira pessoa em [15] devem ter a mesma referência). Aí fica claro de imediato que, no caso da invalidade de (14), o falante engana o ouvinte, ao passo que no caso da invalidade de (15) ele diz uma inverdade ao ouvinte sem que haja necessariamente uma intenção de enganar. É legítimo, portanto, postular para ações de fala expressivas uma pretensão de validade *diversa* da que se postula para ações de fala constatativas. Wittgenstein aproxima-se muito desse discernimento em um trecho das *Investigações filosóficas* ao demonstrar, com base no caso-modelo de uma confissão, que exteriorizações expressivas não têm um sentido descritivo, ou seja, não são aptas à verdade, podendo *não obstante* ser *válidas ou inválidas*: "Os critérios de verdade da *confissão* de que eu teria pensado tal e tal coisa não são os da *descrição* verídica de um acontecimento. E a importância da confissão verdadeira não reside em que ela dê a conhecer um acontecimento qualquer, de forma correta e com toda certeza. Reside sim nas conclusões específicas que se podem tirar de uma confissão cuja verdade esteja garantida pelos critérios específicos de veracidade."[63]

Sobre (c): Com esses argumentos já tangenciamos o terceiro grupo de restrições contra a abordagem formal-pragmática da análise de pretensões de validade. Essas pretensões de validade, que dizem respeito a relações in-

---

63. Wittgenstein, 1960, p. 535; além disso, cf. St. Hampshire. *Feeling and Expression*. Londres, 1961; B. Aune. "On the Complexity of Avowals", in M. Black (org.). *Philosophy in America*. Londres, 1965, pp. 35 ss.; D. Gustafson. "The Natural Expression of Intention", *Philophical Forum*, 2, 1971, pp. 299 ss.; do mesmo autor: "Expression of Intentions", *Mind*, 83, 1974, pp. 321 ss.; N. R. Norrick. "Expressive Illocutionary Acts", *Journal of Pragmatics*, 2, 1978, pp. 277 ss.

terpessoais segundo o modelo de reivindicações de direitos, e que se destinam ao reconhecimento intersubjetivo, são manifestadas em favor da validade de expressões simbólicas, e no caso-padrão até mesmo em favor da validade do teor proposicional que depende do componente ilocucionário. É recomendável, portanto, considerar uma pretensão de validade como fenômeno complexo e derivado, que pode ter sua origem no fenômeno da satisfação das condições de validade das sentenças. Mas então não seria o caso de procurar essas condições no plano pragmático do emprego dessas sentenças em ações de fala constatativas, expressivas e reguladoras, e não tanto no plano semântico da análise de sentenças declarativas, vivenciais, exortativas e intencionais? Considere-se uma teoria das ações de fala que, para explicar o efeito vinculativo ilocucionário, recorre a uma garantia oferecida pelo falante em favor da validade do que é dito e a uma motivação adequadamente racional presente no ouvinte: ora, uma teoria como essa não acaba sendo dependente de uma teoria da significação que, por sua vez, explica sob que condições são válidas as sentenças empregadas?

Nessa controvérsia não se trata de questões ligadas à delimitação de áreas ou à definição nominal, mas de saber se é possível explicar o *conceito da validade* de uma sentença independentemente do *conceito do resgate de uma pretensão de validade* manifestada com a enunciação dessa mesma sentença. Defendo a tese de que isso não é possível. Para serem realizadas de maneira consequente, investigações de viés semântico acerca de sentenças descritivas, expressivas e normativas levam a uma mudança dos planos analíticos. A análise das condições de validade das sentenças impele *por si mesma* à análise das condições do reconhecimento intersubjetivo das respectivas pretensões de validade. Um exemplo disso é o desdobramento da semântica da verdade de M. Dummett[64].

Dummett parte da distinção entre as condições que uma sentença assertórica tem de cumprir para ser verdadeira e o conhecimento que deve ter o falante acerca dessas condições de verdade (as quais ao mesmo tempo determinam o significado da sentença) quando afirma ser verdadeira a sentença. O conhecimento das condições de verdade consiste em *saber como se constata* se elas foram cumpridas ou não em dada situação. A versão ortodoxa da semântica da verdade, que pretende explicar a compreensão da sentença recorrendo ao conhecimento das condições de verdade, está assentada sobre a assunção irrealista de que, ao menos para todas as sentenças assertóricas, haveria procedimentos disponíveis com os quais se poderia efetivamente decidir se as condições de verdade foram cumpridas ou não. Essa assunção apoia-se tacitamente em uma teoria do conhecimento empírica que confere posição fundamental às sentenças predicativas simples de uma linguagem que se destina à observação. Ora, nem mesmo o jogo argumentativo postulado por Tugendhat para a verificação de tais sentenças aparentemente elementares consiste em um procedimento de decisão que se possa utilizar como um algoritmo, ou seja, como se estivessem excluídas por princípio quaisquer outras exigências de fundamentação[65]. A ausência de procedimentos efetivos de decisão fica particularmente clara quando se trata de sentenças condicionais ir-

---

64. M. Dummett. "What is a Theory of Meaning?", in G. Evans, J. McDowell (orgs.). *Truth and Meaning*. Oxford, 1976, pp. 67 ss.

65. Tugendhat, 1976, pp. 256 ss.

reais, sentenças existenciais gerais e sentenças de índice temporal (todas as sentenças que se referem a espaços e tempos indisponíveis no momento atual): "The difficulty arises because natural language is full of sentences which are not effectively decideable, ones for which there exists no effective procedure for determining whether or not their truth conditions are fulfilled."[66]

Já que em muitos casos, se não na maioria deles, o conhecimento das condições de verdade de sentenças assertóricas é *problemático*, Dummett acentua a diferença entre o conhecimento das condições que tornam verdadeira uma sentença e as razões que autorizam um falante a asseverar a verdade de uma sentença. Apoiado em assunções fundamentais do intuicionismo, ele reformula a teoria do significado como a seguir: "[...] an understanding of a statement consists in a capacity to recognize whatever is counted as verifying it, i. e. as conclusively establishing it as true. It is not necessary that we should have any means of deciding the truth or falsity of the statement, only that we be capable of recognizing when its truth has been established"[67]. É parte da compreensão de uma sentença a capacidade de reconhecer *razões* com as quais se pudesse *resgatar a pretensão* de que já estivessem satisfeitas suas condições de verdade. Essa teoria, portanto, explica o significado de uma sentença enquanto algo mediato tão somente em relação ao conhecimento das condições de sua validade, mas imediato em relação ao conhecimento das razões que estão objetivamente à disposição de um falante quando se trata de resgatar uma pretensão de verdade.

---

66. Dummett, 1976, p. 81.
67. Dummett, 1976, pp. 110 s.

Assim, persistiria a situação de que o falante só poderia gerar razões como essas segundo um procedimento que se aplicasse de maneira monológica; e dessa maneira também uma explicação das condições de verdade dada segundo conceitos atinentes à fundamentação de uma pretensão de verdade não levaria à transição de um plano semântico das sentenças a um plano pragmático do emprego comunicativo das sentenças. Dummett, porém, acentua que o falante não pode, de modo algum, proceder coercivamente às verificações necessárias, por via dedutiva e conforme leis conclusivas. A grande diversidade de razões disponíveis transcreve-se nas relações internas de um universo de estruturas linguísticas que só se pode esquadrinhar por via argumentativa. Dummett persegue a tal ponto esse pensamento, que acaba por abandonar de todo a noção central do verificacionismo: "A verificacionist theory comes as close as any plausible theory of meaning can do to explaining the meaning of a sentence in terms of the grounds on which it may be asserted; it must of course distinguish a speaker's actual grounds, which not be conclusive, or may be indirect, from the kind of direct, conclusive grounds in terms of which the meaning is given, particularly for sentences, like those in the future tense for which the speaker cannot have grounds of the latter kind at the time of utterance. But a falsificationist theory [...] links the content of an assertion with the commitment that a speaker undertakes in making that assertion; an assertion is a kind of gamble that the speaker will not be proved wrong."[68]

Compreendo isso tudo como indicação sobre a natureza falibilista da solvência discursiva de pretensões de

---

68. Dummett, 1976, p. 126.

validade. A esta altura não tenciono dedicar-me a detalhes da teoria da significação proposta por Dummett. Nela, entretanto, importa destacar como essencial a possibilidade de que se critique a pretensão manifestada pelo falante, favorável à validade de uma sentença. A semântica da verdade nessa versão revisada, de todo modo, presta contas ao fato de não se poder explicitar as condições de verdade sem vinculá-las ao saber sobre como uma respectiva pretensão de validade pode ser resgatada. Entender uma asserção equivale a saber em que momento um falante tem boas razões para responsabilizar-se pela garantia de que estão cumpridas as condições favoráveis à verdade do enunciado que se assevera.

Como no caso do significado de sentenças assertóricas, também diante de sentenças expressivas e normativas pode-se demonstrar que uma análise de viés semântico leva para além de si mesma. A discussão que se deu em seguida à análise de sentenças vivenciais por Wittgenstein torna claro que a pretensão ligada a expressões está mesmo genuinamente destinada *aos outros*. O sentido da função expressiva e informativa depõe sem dúvida em favor de um uso iminentemente comunicativo dessas expressões[69]. Ainda mais claro é o caráter intersubjetivo da validade deontológica das normas. Também nesse caso uma análise feita com base em predicados simples e voltados a reações sentimentais aparentemente subjetivas, diante de ofensas ou prejuízos da integridade física, acaba por conduzir ao sentido intersubjetivo e mesmo suprapessoal dos conceitos morais básicos[70].

---

69. P. M. S. Hacker. *Einsicht und Täuschung*, caps. VIII e IX. Frankfurt/M., 1978, pp. 289 ss.

70. Um exemplo convincente é a análise de P. F. Strawson sobre os ressentimentos provocados por ofensas morais, in P. F. Strawson. *Freedom and Resentment*. Londres, 1974.

(5) *Sobre a classificação de atos de fala*

Se estiver correta nossa tese de que se pode contestar, exatamente sob três aspectos universais, a validade de ações de fala orientadas pelo entendimento, então também podemos supor um sistema de pretensões de validade subjacente à autonomização e diferenciação dos tipos de ações de fala. Assim, a tese de universalidade também teria consequências para a tentativa de classificar ações de fala sob pontos de vista teóricos. Até aqui, empreguei de maneira tácita a divisão em ações de fala reguladoras, expressivas e constatativas. Gostaria agora de justificar essa divisão pela via do embate crítico com *outras* tentativas de classificação.

É sabido que Austin, ao final de sua série de conferências "How to do things with words?", havia dado início à busca de uma tipologia para as ações de fala. Nelas, ordenou os atos ilocucionários, baseado nos verbos performativos, e distinguiu cinco tipos de ações de fala (*verdictives, exercitives, commissives, behabitives* e *expositives*), sem negar o caráter temporário dessa divisão[71]. De fato, é só para a classe das ações de fala *commissives* que Austin indica um critério claro de delimitação: com promessas, ameaças, prenunciações, juramentos, contratos etc., o falante empenha-se em cumprir determinadas ações no futuro. O falante assume uma vinculação normativa que o obriga a determinada maneira de agir. As demais classes, mesmo que se leve em conta o caráter descritivo da divisão proposta, não estão definidas de maneira satisfatória. Elas não satisfazem as exigências de distinção e disjuntividade[72]; isto é, a classificação de Austin não torna

---

71. Austin, 1962, pp. 150 ss.
72. Além disso, não se deveriam fazer exigências tão severas como Th. T. B. Ballmer. "Probleme der Klassification von Sprechakten", in Grewendorf (1979), pp. 247 ss.

necessário atribuir fenômenos diversos a categorias diversas, tampouco atribuir um fenômeno a uma única categoria. A classe das *verdictives* compreende enunciações com as quais se constatam "juízos" no sentido de uma graduação ou uma valoração. Austin nesse caso não distingue entre julgamentos de teor descritivo e normativo. Assim, há superposições tanto com as *expositives* quanto com as *exercitives*. Essa classe das *exercitives* abrange de início todas as ações declarativas, ou seja, expressões de decisões autorizadas por via institucional e mesmo jurídica, na maioria das vezes (como condenações, adoções, nomeações, menções honrosas, renúncias etc.). Ocorrem justaposições não só com as *verdictives* como "nominar" e "notabilizar", mas também com as *behabitives* como, por exemplo, "levantar protesto". Essas *behabitives*, de sua parte, constituem uma classe composta de maneira verdadeiramente heterogênea. Ao lado de expressões de manifestações sentimentais estandardizadas, como lamentações ou manifestações de pêsames, ela contém ainda expressões adequadas a manifestações de fundo institucional (congratulações, maldições, brindes, boas-vindas), bem como expressões de restauração (desculpas, agradecimentos, conciliações de todos os tipos). A classe das *expositives*, por fim, não distingue entre ações constatativas, que se prestam a representar estados de coisas, e ações comunicativas, que tais como perguntas e réplicas, interpelações, citações etc. referem-se à própria fala. E ainda seria preciso diferenciar dessas outras as expressões que usamos para designar a execução de operações como tirar conclusões, identificar, ponderar, classificar etc.

Searle procurou dar à classificação de Austin uma conformação mais rigorosa[73]. Deixou de se orientar com

---

73. J. Searle. "A toxonomy of illocutionary Acts", in J. Searle. *Expression and Meaning*. Cambridge, 1979, pp. 1 ss.

base em uma lista de verbos performativos diferenciados em determinada língua, para logo assumir como base as intenções ou fins ilocucionários que um falante persegue mediante o uso de diversos tipos de ações de fala, independentemente das formas de sua realização em um idioma específico. Chega assim a uma classificação nítida e, de um ponto de vista intuitivo, bastante ilustrativa: ações de fala são constatativas, comissivas, diretivas, declarativas e expressivas. Como classe bem definida, Searle apresenta inicialmente as ações de fala constatativas (ou representativas). De Austin, além disso, ele mantém a classe das comissivas e opõe-lhes a das diretivas; enquanto naquelas o próprio falante compromete-se a uma ação, nestas ele procura mover o ouvinte a que execute determinada ação. Entre as diretivas, Searle inclui injunções, pedidos, decretos, exortações, convites, além de perguntas e orações. Com isso, ele não distingue entre exortações normatizadas, como petições, reprimendas, ordens etc., de um lado, e imperativos simples, ou seja, externações não-autorizadas da vontade, de outro. Também por isso continua sendo imprecisa a delimitação entre diretivas e declarativas. Para que haja enunciações declarativas, é preciso haver instituições individuais que garantam a obrigatoriedade normativa (por exemplo de nomeações, renúncias, declarações de guerra, demissões); de outra parte, porém, essas mesmas enunciações têm um sentido normativo similar ao de instruções e ordens. A última classe abrange as ações de fala expressivas. Elas são definidas segundo sua meta de prestar-se à expressão sincera, pelo falante, de suas situações psíquicas. Searle, porém, não se mostra seguro no emprego desse critério; desse modo, ficam ausentes os casos exemplares de confissões, desvendamentos, revelações etc. Estão mencionadas lamentações e testemunhos de alegria ou comiseração. E Searle, quando dilata essa classe com o acréscimo de ações de fala institucionalmente vinculadas, como felicitações e cumprimentos, deixa evidente estar sob influência de Austin e de sua caracterização das *behabitives*.

A versão da tipologia de ações de fala proposta por Austin e depurada por Searle caracteriza a situação de partida de uma discussão que se desenvolveu em duas direções. Uma dessas direções é marcada pelos esforços do próprio Searle por uma fundamentação ontológica dos cinco tipos de ação de fala; a outra direção é determinada pela tentativa de ampliar a classificação das ações de fala sob pontos de vista da pragmática empírica, a fim de poder torná-la frutífera para a análise de sequências de atos de fala em situações comunicativas cotidianas.

Nesta última linha estão os trabalhos de linguistas e sociolinguistas como Wunderlich, Campbell e Kreckel[74]. Contextos sociais da vida apresentam-se à pragmática empírica como ações comunicativas em uma rede de espaços sociais e tempos históricos. Os modelos de força ilocucionários realizados em idiomas isolados refletem a estrutura dessas redes de ação. As possibilidades linguísticas de realizar atos ilocucionários, seja na forma fixa de *modi* gramaticais, seja em formas mais flexíveis de ver-

---

74. D. Wunderlich. "Skizze zu einer integrierten Theorie der grammatischen und pragmatischen Bedeutung", in D. Wunderlich, 1976, pp. 51 ss.; do mesmo autor: "Was ist das für ein Sprechakt?", in Grewendorf, 1979, pp. 275 ss.; do mesmo autor: "Aspekte einer Theorie der Sprechhandlungen", in H. Lenk, 1980, pp. 381 ss.; B. G. Campbell. "Toward a Workable Taxonomy of Illocutionary Forces", *Language and Style*, vol. VIII, 1975, pp. 3 ss.; M. Kreckel. *Communicative Acts and Shared Knowledge in Natural Discourse*. Londres, 1981.

bos, partículas e entonações frasais performativos, oferecem esquemas para a criação de relações interpessoais. As forças ilocucionárias constituem nós de ligação nas redes de socialização comunicativa; o léxico ilocucionário é como uma área de entrecruzamento onde se enredam a língua e as ordenações institucionais de uma sociedade. Essa infraestrutura social da língua está fluindo, ela mesma; e varia dependendo das instituições e formas de vida. Mas nessas variações *também* se manifesta uma criatividade linguística, que confere novas formas de expressão a soluções inovadoras diante de situações desconhecidas[75].

Importantes para uma classificação pragmática das ações de fala são indicadores que se refiram a dimensões gerais da situação de fala. Para a *dimensão temporal* coloca-se a pergunta quanto à orientação dos envolvidos, se ela se volta mais ao futuro, passado ou presente ou se as ações de fala são temporalmente neutras. Para a *dimensão social* coloca-se a pergunta sobre haver obrigatoriedades que se mostrem relevantes para as consequências da interação, e se elas o são para o falante, para o ouvinte, ou para ambas as partes. E para a *dimensão objetiva* coloca-se a pergunta sobre o acento te-

---

75. Uma das medidas para mensurar a flexibilidade de uma sociedade é a participação que as ações de fala ritualizadas, idiomaticamente estipuladas e mais ou menos associadas por via institucional têm junto à totalidade das possibilidades de comunicação disponíveis em seu tempo. Assim, Wunderlich (1976, pp. 86 ss.) diferencia atos de fala quanto a dependerem mais fortemente ou de normas de ação ou de situações de ação; para esse fim, Campbell (1975) empregou as dimensões "institutional *vs.* vernacular" e "positional *vs.* interactional". Relevante nesse aspecto é também a dimensão "iniciativo *vs.* reativo" (Wunderlich, 1976, pp. 59 ss.).

mático incidir predominantemente nos objetos, nas ações ou nos próprios atores. M. Kreckel usa esses indicadores para uma proposta de classificação com a qual embasa sua análise das situações comunicativas cotidianas (fig. 15).

A vantagem dessa classificação e de outras similares reside em oferecerem um fio condutor a sistemas descri-

Fig. 15 *Classificação segundo três indicadores pragmáticos*

	Speaker (S)	Hearer (H)
	cognition-oriented (C)	cognition-oriented (C)
Present	Does the speaker indicate that he has taken up the hearer's message? examples: agreeing acknowledging rejecting	Does the speaker try to influence the hearer's view the world? examples: asserting arguing declaring
	person-oriented (P)	person-oriented (P)
Past	Does the speaker refer to himself and/or his past action? examples: justifying defending lamenting	Does the speaker refer to the person of the hearer and/or his past action? examples: accusing criticizing teasing
	action-oriented (A)	action-oriented (A)
Future	Does the speaker commit himself to future action? examples: promising refusing giving in	Does the speaker try to make the hearer do something? examples: advising challenging ordering

In: Kreckel, 1981, p. 188.

tivos etnolinguísticos e sociolinguísticos e em estarem mais à altura da complexidade das cenas naturais do que outras tipologias que tomem mais as intenções e fins ilocucionários como pontos de partida, e não tanto as marcas situacionais. O preço por essa vantagem, no entanto, acaba sendo a renúncia à evidência intuitiva de subdivisões que decorram de análises semânticas e prestem contas às funções elementares da linguagem (como a representação de estados de coisas, a expressão de vivências e a criação de relações interpessoais). As classes de ações de fala obtidas por via indutiva e formadas de acordo com indicadores pragmáticos não chegam a condensar-se em tipos distintos; falta a essas classes uma força de iluminação teórica que pudesse aclarar nossas intuições.

Searle dá esse passo em direção a uma *tipologia teoricamente motivada para as ações de fala*; ele o faz quando caracteriza ontologicamente as intenções e atitudes proposicionais ilocucionárias que um falante persegue ou assume ao executar atos de fala constatativos, diretivos, comissivos, declarativos e expressivos. Para tanto, ele se serve do conhecido modelo que define o mundo como totalidade dos estados de coisas existentes, que aborda o falante/ouvinte como uma instância exterior a esse mundo e admite exatamente duas relações mediadas pela linguagem entre ator e mundo: a relação cognitiva de constatação dos fatos e a relação intervencionista da concretização de um propósito da ação. Assim, podem-se caracterizar as intenções ilocucionárias de acordo com a direção na qual se pode chegar a uma concordância entre sentenças e fatos; a seta que vai de cima para baixo (↓) quer dizer que cabe às sentenças convir aos fatos; a seta em direção oposta (↑) quer dizer que cabe adaptar os fatos às sentenças. Assim, vale o seguinte para a força assertórica das ações de fala constatativas e para a força imperativa das ações de fala diretivas:

constatativa ⊢   ↓ K(p)
diretiva   !   ↑ I (O ocasiona p)

sendo que K está para cognições ou para as atitudes proposicionais de opinar, pensar, crer etc.; e I, para intenções e para as atitudes proposicionais de querer, desejar, pretender etc. A força assertórica significa que F, diante de O, manifesta uma pretensão de verdade em favor de p, ou seja, assume a garantia pela concordância entre a sentença enunciativa e os fatos (↓); a força imperativa significa que F, diante de O, manifesta uma pretensão de poder para impor que "O ocasione p", ou seja, assume a garantia de que os fatos serão levados a concordar com a sentença exortativa (↑). À medida que descreve as forças ilocucionárias com auxílio das relações entre linguagem e mundo, Searle recorre às condições de validade de sentenças enunciativas e exortativas. É da dimensão de validade que ele depreende os pontos de vista teóricos para a classificação das ações de fala. Contudo, restringe-se à perspectiva do falante e deixa de lado a *formação do consenso*, isto é, a dinâmica da negociação e do reconhecimento intersubjetivo das pretensões de validade. No modelo das duas relações mediadas pela linguagem entre um ator solitário e o mundo único e objetivo, não há lugar para a relação intersubjetiva entre participantes da comunicação à busca de entendimento sobre algo no mundo. Ao concretizar-se, essa concepção ontológica acaba por revelar-se estreita demais.

De início, as ações de fala comissivas parecem adaptar-se bem ao modelo, sem coerções; com um ato de fala como esse, F assume diante de O a garantia de que os fatos podem ser colocados em concordância com a sentença intencional enunciada (↑):

    comissiva C   ↑ I (F ocasiona p)

No entanto, na análise do uso de sentenças intencionais em prenunciações, havíamos percebido que a força ilocucionária dos atos de fala comissivos não pode ser explicada com as condições de satisfação da intenção acional prenunciada. Só que isso já se tinha em mente com ↑. Com ações de fala comissivas, o falante *vincula* sua vontade no sentido de uma *obrigação normativa*; e as condições de *confiabilidade* de uma *declaração* de intenções são de tipo muito diverso, se comparadas às condições que o falante cumpre quando faz valer sua intenção como ator. Searle precisaria distinguir as condições de validade das condições de êxito.

De maneira semelhante, só havíamos distinguido até aqui entre exortações normatizadas (como instruções, ordens, decretos etc.) e meros imperativos; nas primeiras o falante manifesta uma pretensão de validade normativa; nestes últimos, manifesta uma pretensão de poder sancionada de fora. Por isso, nem mesmo o sentido imperativo de exortações simples pode ser explicado com base nas condições de satisfação das sentenças imperativas que vinham sendo empregadas. Mesmo que isso bastasse, Searle teria dificuldades de restringir a classe das diretivas à classe dos imperativos autênticos e de delimitar a classe das diretivas em face de instruções ou ordens, já que seu modelo não admite condições de validade para normas (ou para seu cumprimento). Essa incorreção torna-se bastante notável assim que Searle tenta abrigar em sua sistemática as ações de fala declarativas. Notadamente, a força ilocucionária de uma declaração de guerra, uma renúncia, a abertura de uma reunião, o proferimento de uma lei etc. não se deixa interpretar segundo o esquema das duas direções adaptativas. À medida que um falante cria fatos institucionais, não está se referindo a coisa alguma no mundo objetivo; mais que isso, está agindo em concordância com as ordenações legítimas do mundo social e ao mesmo tempo dando início a novas relações interpessoais. É por puro embaraço que, para simbolizar esse sentido atinente a *outro* mundo, Searle utiliza a seta dupla referindo-se ao mundo objetivo:

declarativa $\qquad D\updownarrow(p)$

sendo que aqui não podem ser exigíveis quaisquer posicionamentos proposicionais. Esse seu embaraço repete-se uma vez mais com as ações de fala expressivas, cuja força ilocucionária também não pode ser caracterizada por meio de relações de um ator com o mundo de estados de coisas existentes. Searle é coerente o bastante para expressar a impossibilidade de uso de seu esquema com um sinal de nem-tampouco:

atos de fala expressivos $\qquad E\varnothing(p)$

sendo possíveis atitudes proposicionais quaisquer.

As dificuldades da tentativa de classificação empreendida por Searle podem ser evitadas, em benefício da manutenção de seu ponto de vista teórico bastante frutífero; para tanto, cabe tomar como ponto de partida que os fins ilocucionários das ações de fala sejam alcançados por meio do reconhecimento intersubjetivo de pretensões de poder e de pretensões de validade; cabe também tratar a retidão normativa e a veracidade subjetiva como pretensões de validade análogas à verdade e, da mesma forma, interpretar estas últimas com base nas relações ator-mundo. Essas revisões apresentam como resultado a seguinte classificação:

– com *imperativos*, o falante refere-se a um estado almejado no mundo objetivo, e de tal maneira que pretende impelir O a concretizar esse estado. Imperativos só podem ser criticados sob pontos de vista sobre a possibilidade de execução da ação exigida, isto é, com base nas condições de seu sucesso. Normalmente, porém, a recusa de imperativos significa a refutação de uma pretensão de poder; ela não se apoia sobre crítica, mas, de sua parte, *expressa uma vontade*.

– com *ações de fala constatativas*, o falante refere-se a algo no mundo objetivo, e de tal maneira que apenas pretende dar a conhecer um estado de coisas. A negação de uma enunciação desse tipo significa que O *contesta* a pretensão de verdade manifestada por F em favor da proposição apresentada.

– com *ações de fala reguladoras*, o falante refere-se a algo no mundo social em comum, e de tal maneira que pretende estabelecer uma relação interpessoal reconhecida de maneira legítima. A negação de uma enunciação desse tipo significa que O *contesta* a retidão normativa reivindicada por F para sua ação.

– com *ações de fala expressivas*, o falante refere-se a algo em seu mundo subjetivo, e de tal maneira que pretende desvelar para certo público uma vivência à qual tem acesso privilegiado. A negação de uma enunciação desse tipo significa que O *põe em dúvida* a pretensão de veracidade da autorrepresentação manifestada por F.

Outra classe de ações de fala é constituída pelas *comunicativas*; elas também podem ser entendidas como a subclasse de ações de fala que, assim como perguntas e respostas, objeções, interpelações, concessões etc., estão a serviço da organização da fala, sua divisão em temas e colocações, a serviço da distribuição dos papéis na conversação, do regramento do transcurso da conversação etc.[76] É mais recomendável, no entanto, apreender as comunicativas como uma classe independente e defini-las por meio da *referenciação reflexiva ao transcurso da comunicação*. Pois com isso podem incluir-se também os atos de fala que ou se referem diretamente a pretensões de validade (como afirmativas, negações, assegurações, confirmações etc.), ou ao processamento argumentativo de pretensões de validade.

Por fim, resta a classe das *operativas*, ou seja, ações de fala (como concluir, identificar, calcular, classificar, contar, predicar etc.) que designam o emprego de regras construtivas (da lógica, gramática, matemática etc.). Ações de fala operativas têm um sentido performativo, mas *não um sentido genuinamente comunicativo*; ao mesmo tempo, prestam-se à *descrição* do que se faz na construção de expressões simbólicas conformes com as regras[77].

---

76. Sobre atos de fala em redesorganização, em continuidade à reflexão de H. Sacks, cf. E. Schegloff, E. Jefferson. "A Simplist Systematics for the Organization of turn-taking for Conversation", *Language* 50, 1974, pp. 696 ss.; Wunderlich. *Studien zur Sprechakttheorie*. Frankfurt/M., 1976, pp. 330 ss.

77. A essa classe de ações de fala poderia estar muito mais conforme a tese de que S, por um ato ilocucional, informa o ouvinte sobre a

Quando se passa a operar com base nessa classificação, comissivas e declarativas, assim como ações de fala institucionalmente vinculadas (apostas, casamentos, juramentos etc.) e reparativas (que se referem a reconciliações e desculpas por desrespeito a normas), precisam ser subsumidas à mesma classe das ações de fala reguladoras. Com isso já se percebe que os *modi* fundamentais carecem de diferenciações complementares. Enquanto não se tem êxito com o desenvolvimento de taxonomias para *toda a gama de forças ilocucionárias* autonomizadas e diferenciadas nas diversas línguas, no âmbito de determinado *modus* fundamental, não se pode usar esses *modi* para analisar as comunicações cotidianas. Só alguns poucos atos ilocucionários (como afirmações e constatações, promessas e ordens, confissões e revelações) são *tão gerais* a ponto de poder caracterizar um *modus* fundamental *como tal*. Normalmente, as possibilidades de expressão padronizadas nas línguas naturais não caracterizam apenas a referência a uma pretensão de validade em geral, mas a *maneira* como um falante reivindica verdade, retidão ou veracidade para uma expressão simbólica. Indicadores pragmáticos como o grau de dependência institucional de atos de fala, a maior orientação ao passado ou ao futuro, a maior orientação ao falante ou ao ouvin-

---

execução dessa ação ou lhe diz que esse ato é executado. Sobre a crítica a essa tese de Lemmon, Hedenius, Wiggins, D. Lewis, Schiffer, Warnock, Cresswell, entre outros, cf. G. Grewendorf. "Haben explizit performative Äußerungen einen Wahrheitswert?", in Grewendorf, 1979, pp. 175 ss. Além do mais, é falso assemelhar ações de fala operativas, que expressam a execução de atividades de construção, a ações de fala constatativas. A elas o falante associa não uma pretensão à verdade proposicional, mas uma pretensão à boa conformação construtiva ou à inteligibilidade.

te, acentos temáticos etc. podem prestar-se a que se apreendam de maneira sistemática as *modificações ilocucionárias das pretensões de validade*. Somente uma pragmática empírica teoricamente bem instruída será capaz de desenvolver taxonomias de ações de fala realmente informativas, ou seja, nem cegas nem vazias.

Na verdade, os *tipos puros do uso da linguagem orientado pelo entendimento* são apropriados como fios condutores para a tipologização de interações mediadas pela linguagem. No agir comunicativo, os planos de ação dos participantes individuais são coordenados com auxílio de efeitos vinculativos proporcionados pelas ações de fala. Por isso pode-se supor que também atos de fala constatativos, reguladores e expressivos constituam tipos correspondentes de interação linguisticamente mediada. É claro que isso vale para as *ações de fala reguladoras* e *expressivas*, constitutivas do *agir conduzido por normas* e do *agir dramatúrgico*, respectivamente. À primeira vista não se tem um tipo interacional que corresponda de maneira semelhante às ações de fala constatativas. Há concatenações de ação, entretanto, que não estão prioritariamente a serviço da *execução* de *planos de ação* estabelecidos por via comunicativa, ou seja, a serviço de *atuações propostas*, mas possibilitam e estabilizam comunicações – diálogos, argumentações, conversações em geral, que em determinados contextos têm seu fim em si mesmas. Nesses casos o processo do entendimento desencadeia-se a partir do papel instrumental desempenhado por um mecanismo que coordena a ação; e a negociação comunicativa de temas autonomiza-se em favor da conversação. Sempre falo de "conversação" [*Konversation*] quando os pesos se deslocam nessa direção, indo da atuação proposta à comunicação. Como aqui

Fig. 16 *Tipos puros de interações mediadas pela linguagem*

Características formal-pragmáticas / Tipos de ação	Atos de fala caracterizantes	Funções linguísticas	Orientações da ação	Atitudes básicas	Pretensões de validade	Referências de mundo
Agir estratégico	perlocuções, imperativos	influenciação do oponente	orientado pelo êxito	objetivadora	[eficácia]	mundo objetivo
Conversação	constatativas	representação de estados de coisas	orientada pelo entendimento	objetivadora	verdade	mundo objetivo
Agir regulado por normas	regulativas	criação de relações interpessoais	orientado pelo entendimento	conforme com as normas	correção	mundo social
Agir dramatúrgico	expressivos	autorrepresentação	orientado pelo entendimento	expressiva	veracidade	mundo subjetivo

prevalece o interesse por objetos negociados, talvez se possa dizer que *ações de fala constatativas* têm um significado constitutivo para *conversações*.

Portanto, nossa classificação dos atos de fala pode dedicar-se a apresentar três tipos puros, ou melhor, três *casos-limite* do agir comunicativo: a conversação, o agir conduzido por normas e o agir dramatúrgico. Além disso, se levamos em conta as relações internas entre agir estratégico e atos perlocucionários ou imperativos, adquirimos para interações mediadas pela linguagem a seguinte subdivisão (fig. 16):

(6) *Pragmática formal e empírica*

Mesmo que fosse cumprido esse programa de uma teoria dos atos de fala, que até aqui apenas esbocei, ainda restaria a pergunta sobre o que se teria adquirido com uma teoria assim, de viés pragmático, em benefício de uma teoria da ação da qual se pudesse fazer uso na sociologia. Cabe ao menos perguntar por que não optar antes por um viés de pesquisa empírico-pragmático, que não se atenha a reconstruções racionais de ações de fala individuais altamente idealizadas e comece desde logo com a prática comunicativa do dia a dia. Por parte da linguística há contribuições interessantes sobre a análise de narrativas e textos[78]; de parte da sociologia, contribuições sobre a análise de conversações[79]; de parte da antropolo-

---

78. W. Kummer. *Grundlagen der Texttheorie*. Hamburgo, 1975; M. A. K. Halliday, "System and Function in Language", *Selected Papers*, Oxford, 1976; K. Bach, R. M. Hanisch. *Linguistic Communication and Speech Acts*. Cambridge, 1979.

79. M. Coulthard. *An Introduction into Discourse Analysis*. Londres, 1977; L. Churchill. *Questioning Strategies in Sociolinguistics*. Rowley/Ma., 1978; J. Schenken (org.). *Studies in the Organization of Conversational Interaction*. Nova York, 1978; S. Jacobs. "Recent Advances in Discourse Analysis", *Quarterly Journal of Speech*, 66, 1980, pp. 450 ss.

gia, contribuições sobre a etnografia do falar[80], e de parte da psicologia, pesquisas sobre as variáveis pragmáticas da interação linguística[81]. Em face dessas contribuições, a pragmática formal que, sob uma intenção reconstrutiva e portanto em sentido de uma teoria da competência, dedica-se às condições do possível entendimento[82] parece mesmo afastar-se, sem chances, de um uso fático da linguagem[83]. Faz mesmo sentido, sob essas circunstâncias, insistir na fundamentação formal-pragmática de uma teoria do agir comunicativo?

Gostaria de responder a essa pergunta enumerando, em primeiro lugar, os passos metódicos pelos quais a pragmática formal encontra uma via de contato com a pragmática empírica (a); em seguida quero mencionar os problemas que tornam necessária uma aclaração dos fundamentos racionais dos processos de entendimento (b); por fim, gostaria de me dedicar a um importante argumento em que a pragmática formal tem muito a aprender com a pragmática empírica, a fim de não situar a problemática da racionalidade no lugar errado – ou seja, não situá-la nas orientações da ação, segundo sugere a teoria da ação de Max Weber, mas nas estruturas gerais dos mundos da vida aos quais pertencem os sujeitos que agem (c).

Sobre (a): Podem-se tomar os tipos puros da interação mediada pela linguagem para aproximá-los passo a passo

---

80. D. Hymes (org.). *Language in Culture and Society*. Nova York, 1964; do mesmo autor: "Models of the Interactions of Language and Social Life", in J. J. Gumperz, D. Hymes (orgs.). *Directions in Sociolinguistics*. Nova York, 1972, pp. 35 ss.

81. R. Rommetveit. *On Message-Structure*. Nova York, 1974.

82. Apel, 1976b; Habermas, 1976b.

83. Ver a avaliação crítica das inserções formal-pragmáticas de Allwood, Grice Habermas, in Kreckel, 1981, pp. 14 ss.

da complexidade de situações naturais, sem que precisem se perder com isso os pontos de vista teóricos para a análise da coordenação das ações. A tarefa consiste em tornar reversíveis, de maneira controlada, as fortes idealizações a que se deve o conceito do agir comunicativo:

– além dos *modi* fundamentais, também se admitirá a *multiplicidade de forças ilocucionárias moldadas de maneira concreta* que forma a rede de relações interpessoais ligada a uma cultura específica e padronizada no âmbito de uma língua em particular;

– além da *forma padronizada* das ações de fala, também se admitirão *outras formas de realização linguística de atos de fala*;

– além das ações de fala *explícitas*, também se admitirão enunciações *implícitas*, elipticamente abreviadas e complementadas por via não verbal, em que a compreensão do ouvinte depende do conhecimento de condições casuais do contexto, não padronizadas;

– além de ações de fala *diretas*, também se admitirão enunciações *indiretas*, *transladadas* e *ambíguas* cujo significado é preciso descobrir a partir do contexto;

– a consideração do objeto será estendida dos atos de fala (e posições sim/não) *isolados* a sequências de ações de fala, a *textos* ou *conversas*, de maneira que se evidenciem as implicações da conversação;

– ao lado de atitudes básicas expressivas, objetivadoras e conformes com as normas, também se admitirá uma *atitude performativa* abrangente que pretende fazer jus ao fato de que os participantes da comunicação também estarão *simultaneamente* se referindo com cada ato de fala a alguma coisa no mundo objetivo, social e subjetivo[84];

---

84. A classificação de ações de fala em constatativas, regulativas e expressivas significa que sempre se atribui ao falante um posicionamen-

– além do plano dos *processos de entendimento*, ou seja, da *fala*, também se incluirá na consideração reflexiva o plato básico dominante. Tão logo admitamos um posicionamento performativo, atentamos ao fato de que processos complexos de entendimento só podem ter êxito se cada falante – partindo de um posicionamento (objetivador, expressivo ou adequado à norma) – assume uma transição regulamentada, isto é, racionalmente controlada, em direção aos demais posicionamentos correspondentes. Tal transformação baseia-se em invariâncias de validade intermodais. Essa área de uma lógica das ações de fala foi pouco explorada até o momento. Por que podemos, por exemplo, a partir da validade de uma ação de fala expressiva $M_{(e)}p$, tirar conclusões sobre a validade de uma ação de fala *correspondente* $M_{(k)}p$? Se Pedro declara com veracidade que ama Frida, sentimo-nos autorizados a aceitar como verdadeira a asserção de que Pedro ama Frida. E se, ao contrário, a asserção de que Pedro ama Frida é verdadeira, sentimo-nos autorizados a aceitar como veraz a declaração de Pedro de que ele ama Frida. Essa transição só poderia justificar-se por regras da lógica dos enunciados, se pudéssemos assemelhar ações de fala expressivas a ações de fala constatativas, ou sentenças vivenciais a sentenças enunciativas. Como não é o caso, devemos procurar, para a ligação de ações de fala como essas, regras formal-pragmáticas que se apresentem com o mesmo teor proposicional em modos distintos. A tabela a seguir quer meramente ilustrar quais transições tomamos intuitivamente por permitidas (+) ou não permitidas (–) (fig. 17).

Fig. 17 *Transferência intermodal de validade entre ações de fala de mesmo teor proposicional*

de:	para: ações de fala constatativas (verdade)	para: ações de fala expressivas (veracidade)	para: ações de fala reguladoras (correção)
ações de fala constatativas (verdade)	×	+	–
ações de fala expressivas (veracidade)	+	×	–
ações de fala reguladoras (correção)	–	+	×

no do *agir* comunicativo, ou seja, da coordenação consensual dos planos de ação dos participantes individuais;

– além das *ações comunicativas*, por fim, também se integrarão à análise os recursos do *saber de fundo* com que os participantes da interação nutrem suas interpretações, ou seja, os mundos da vida.

Essas ampliações levam ao abandono das precauções metódicas que estavam inicialmente previstas com a introdução de atos de fala padronizados. No caso padronizado, o significado literal da sentença enunciada coincide com o que o falante tem em mente em seu ato de fala[85]. Todavia, quanto mais o que o falante tem em mente com sua enunciação tornar-se dependente de um saber de fundo implícito, mais o significado da enunciação vinculado ao contexto específico vai se diferençar do significado literal do que se diz.

Quando se abandona a idealização de uma representação completa e literal do significado das enunciações, facilita-se igualmente a solução de outro problema, a saber: a distinção e identificação, em situações naturais, entre ações orientadas pelo êxito e ações orientadas pelo entendimento. Cabe considerar que não apenas as ilocuções ocorrem em contextos de ação estratégicos, mas também as perlocuções em contextos de ação comunicativos. Processos cooperativos de interpretação atraves-

---

Esses fenômenos não são capazes de esclarecer satisfatoriamente as lógicas modais conhecidas. Cf., porém, sobre a abordagem construtivista de uma lógica pragmática, C. F. Gethmann (org.). *Theorie des wissenschaftlichen Argumentierens*. Frankfurt/M., 1980, Parte 3, pp. 165–240; do mesmo autor: *Protologik*. Frankfurt/M., 1979.

85. O "principle of expressibility" introduzido por Searle (1969 p. 87 s.) tem esse sentido metodológico; quanto a isso, cf. T. Binkley. "The Principle of Expressibility", *Philosophy Phenomenological Research*, 39, 1979, pp. 307 ss.

sam diversas fases. Seu estado inicial define-se via de regra pelo fato de as interpretações da situação pelos participantes não coincidirem suficientemente para fins de coordenação. Nessa fase, os participantes têm de se deslocar para o plano da metacomunicação ou empregar meios do entendimento alcançado por via indireta. Um entendimento indireto ocorre segundo o modelo da semântica intencional: por meio de efeitos perlocucionários, o falante dá a entender ao ouvinte algo que (ainda) não pode fazer saber de maneira direta. Nessa fase, portanto, atos perlocucionários precisam ser alojados em contextos de agir comunicativo. Nesse ínterim, os *elementos estratégicos imersos no uso da linguagem orientado pelo entendimento* podem diferenciar-se de *ações estratégicas* pelo simples fato de que a sequência completa de determinado segmento de fala, por parte de todos os participantes, já se encontra sob a pressuposição de um uso da linguagem orientado pelo entendimento.

Sobre (b): Uma pragmática empírica que não tratasse em primeiro lugar de assegurar-se quanto ao ponto de partida formal-pragmático não disporia dos instrumentos necessários para reconhecer, em meio à estonteante complexidade das cenas cotidianas observadas, os fundamentos racionais da comunicação linguística. É só em meio a investigações formal-pragmáticas que podemos garantir para nós mesmos uma ideia do entendimento capaz de aproximar a análise empírica a problemas plenos de pressuposições, tais como a representação linguística de diferentes planos da realidade, ou as manifestações de patologia comunicativa, ou ainda o surgimento de uma compreensão de mundo descentrada.

A *delimitação linguística dos planos de realidade* próprios a "brincadeira" e "seriedade", a construção linguística de uma realidade fictícia, o chiste e a ironia, o uso metafórico e paradoxal da linguagem, alusões e a revogação contraditória de pretensões de validade em um plano metacomunicativo – todas essas realizações se sustentam no revezamento intencional das modalidades do ser. Quando se trata de esclarecer os mecanismos ilusórios que o falante precisa dominar para tanto, a contribuição da pragmática formal pode ser maior que a de uma descrição empírica dos fenômenos carentes de explicação, mesmo que muito precisa. Ao iniciar-se na lida com os *modi* fundamentais, quem está na fase de crescimento adquire a capacidade de discernir entre a subjetividade das vivências próprias e a objetividade da realidade objetificada, da normatividade do meio social e da intersubjetividade da própria comunicação lingüística. À medida que aprende a lidar hipoteticamente com as respectivas pretensões de validade, adquire prática nas diferenciações categoriais entre essência e fenômeno, ser e aparência, ser e dever, signo e significado. Com essas modalidades do ser, o indivíduo passa a ter domínio sobre os fenômenos ilusórios que de início têm origem na confusão involuntária entre a própria subjetividade, de um lado, e os âmbitos do que é objetivo, normativo e intersubjetivo, de outro. Ele sabe como deter as confusões, como gerar intencionalmente as diferenciações e como empregá-las na ficção, chiste, ironia etc.[86]

---

86. J. Habermas. "Universalpragmatische Hinweise auf das System der Ich-Abgrenzungen", in Auwärter, Kirsch, Schröter (orgs.). *Kommunikation, Interaktion, Identität.* Frankfurt/M., 1976, pp. 332 ss.; cf. também a investigação empírica de M. Auwärter; E. Kirsch. "Die konversationelle Generierung von Situationsdefinitionen im Spiel 4- bis 6jähriger Kinder", in W. Schulte (org.). *Soziologie in der Gesellschaft.* Bremen, 1981, pp. 584 ss.

Algo semelhante ocorre com fenômenos de uma *comunicação sistematicamente deturpada*. Também aqui a pragmática formal pode contribuir com a explicação de fenômenos identificados de início apenas com base em uma compreensão intuitiva, que no entanto vai amadurecendo com a experiência clínica. Pois podem-se conceber essas patologias comunicativas como resultado de uma confusão entre ações orientadas pelo êxito e ações orientadas pelo entendimento. Em situações de um agir veladamente estratégico, ao menos o comportamento de um dos participantes está orientado pelo êxito, e os demais são levados a continuar acreditando que todos estão cumprindo os pressupostos do agir comunicativo. Esse é o caso da manipulação, que já mencionamos com relação ao exemplo dos atos perlocucionários. Diante disso, todo e qualquer tipo de superação inconsciente de conflitos, que a psicanálise explica recorrendo às estratégias defensivas, acaba levando a transtornos na comunicação, em um plano ao mesmo tempo intrapsíquico e interpessoal[87]. Em casos assim, ao menos um dos participantes engana-se a si mesmo quanto a estar agindo sob um enfoque orientado pelo êxito e estar apenas mantendo a aparência de um agir comunicativo. O lugar dessa comunicação sistematicamente deturpada no interior de uma teoria do agir comunicativo resulta do seguinte esquema:

Em nosso contexto, a pragmática formal, com seus tipos puros de interação mediada pela linguagem, apre-

---

87. J. M. Ruskin. "An Evaluative Review of Family Interaction Research", *Family Process*, 11, 1972, pp. 365 ss.; J. H. Weakland. "The Double Bind Theory. A Reflexive Hindsight", *Family Process*, 13, 1974, pp. 269 ss.; S. S. Kety. "From Rationalization to Reason", *American Journal of Psychiatry*, 131, 1974, pp. 957 ss.; D. Reiss. "The Family and Schizophrenia", *American Journal of Psychiatry*, 133, 1976, pp. 181 ss.

Fig. 18

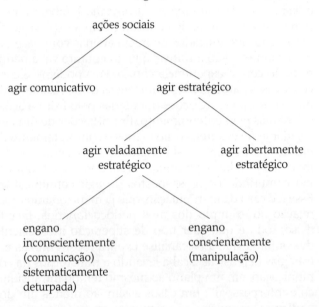

senta a grande vantagem de destacar exatamente os aspectos em que as ações sociais corporificam espécies diversas de saber. É ao não se fixar na racionalidade teleológica como aspecto único sob o qual se possam criticar ou corrigir as ações que a teoria do agir comunicativo faz-se capaz de compensar a deficiência que apontamos na teoria da ação weberiana. Com base nos tipos de ação já apresentados, quero agora elucidar brevemente diferentes aspectos da racionalidade da ação:

Ações teleológicas podem ser julgadas sob o aspecto de sua eficácia. As regras de ação corporificam um saber *valorado* por via *técnica* e *estratégica*; ele pode ser criticado em vista de pretensões de verdade e melhorado ao retroalimentar o crescimento do saber empírico-teórico. Este último saber é preservado sob a forma de tecnologias e estratégias.

As *ações de fala constatativas*, que não apenas corporificam o saber, mas também o representam de maneira explícita e portanto possibilitam conversações, podem ser criticadas sob o aspecto da verdade. Em controvérsias mais renitentes sobre a verdade dos enunciados, o discurso teórico apresenta-se como um prosseguimento do agir orientado pelo entendimento, mas empreendido com outros meios. Quando a provação discursiva perde seu caráter *ad hoc*, e o saber empírico é colocado sistematicamente em questão, ou ainda quando os processos de aprendizagem naturais escoam-se pelas comportas da argumentação, têm-se efeitos cumulativos. Esse saber é preservado sob a forma de *teorias*.

Ações reguladas por normas corporificam um saber moral-prático. Elas podem ser contestadas sob o aspecto da correção. Assim como uma pretensão de validade, também uma pretensão de correção que gere controvérsias pode tornar-se uma questão e submeter-se a uma prova discursiva. Quando ocorrem transtornos do uso regulador da linguagem, o discurso prático apresenta-se como um prosseguimento do agir consensual, mas empreendido com outros meios. Em argumentações moral--práticas, os participantes podem testar tanto a correção de determinada ação, remetendo-a a uma norma dada, quanto a correção de uma norma desse tipo em si mesma, em um estágio mais avançado. Esse saber integra a tradição sob a forma de noções jurídicas e morais.

Ações dramatúrgicas corporificam um saber acerca da respectiva subjetividade de quem age. Essas enunciações podem ser criticadas como sendo não verazes, ou seja, podem ser refutadas como enganos ou autoenganos. Autoenganos podem ser solvidos em conversas terapêuticas com o emprego de meios argumentativos. O saber expressivo pode ser explicitado sob a forma de valores que subjazem à interpretação de carências, à interpretação de desejos e atitudes sentimentais. Padrões valorativos, por sua vez, são dependentes de inovações no campo das expressões valorativas. Estas se espelham de maneira exemplar em obras de arte. Os aspectos da racionalidade da ação podem ser resumidos no esquema a seguir.

Fig. 19 *Aspectos da racionalidade da ação*

Tipos de ação	Tipo de saber corporificado	Forma de argumentação	Modelo de saber legado pela tradição
agir teleológico: estratégico por via instrumental	saber utilizável por via técnica e estratégica	discurso teórico	tecnologias/ estratégias
ações de fala constatativas (conversação)	saber empírico--teórico	discurso teórico	teorias
agir regulado por normas	saber moral--prático	discurso prático	noções jurídicas e morais
agir dramatúrgico	saber estético--prático	crítica estética e terapêutica	obras de arte

Sobre (c): A composição entre orientações da ação, tipos de saber e formas da argumentação está naturalmente inspirada na noção weberiana de que na modernidade europeia, junto com a ciência, a moral e a arte, autonomizam-se e diferenciam-se acervos de saber explícito que afluem para diversos campos do agir cotidiano institucionalizado e que de certa maneira colocam sob pressão racionalizadora as orientações da ação até então determinadas por via tradicional. Aspectos da racionalidade da ação que possam ser depreendidos do agir comunicativo têm por incumbência permitir a apreensão de processos de racionalização social ocorridos em espectro amplo, e não mais apenas sob o ponto de vista seletivo da institucionalização do agir racional-teleológico.

Ora, o *papel do saber implícito* revela-se inapto em face dessa problematização. Continua inexplicada a aparência do horizonte do agir cotidiano em que o saber explícito dos especialistas culturais se arroja, e continua inexplicado de que maneira a prática comunicativa cotidiana realmente se modifica sob esse afluxo. O conceito de um agir orientado pelo entendimento tem a vantagem adicional, e muito *diversa*, de elucidar esse *pano de fundo do saber implícito* que ingressa às ocultas nos processos cooperativos de interpretação. O agir comunicativo ocorre no interior de um mundo da vida que continua despercebido para os participantes da comunicação. O mundo da vida só se torna presente para esses participantes sob a forma pré-reflexiva de assunções de fundo bastante óbvias e de habilidades dominadas de modo ingênuo.

Se há um ponto de convergência entre as pesquisas sociolingüísticas, etnolinguísticas e psicolinguísticas empreendidas nas últimas décadas, ele reside no conhecimento (já demonstrado de diversas formas) de que o saber de fundo e o saber acerca do contexto, ambos coletivos e partilhados por falantes e ouvintes, determinam em grande medida a interpretação de suas enunciações explícitas. Searle adotou para si essa lição da pragmática empírica. Ele critica a opinião, dominante já de longa data, de que as sentenças só detêm um *significado literal* em razão das regras de uso das expressões que elas mesmas contêm[88]. No início eu também construía o significado dos atos de fala nesse sentido, como significado literal. Com certeza, este último não poderia ser concebido independentemente das condições do contexto. Para que o falante atingisse um êxito ilocucionário, seria preciso cumprir condições contextuais *universais* para cada tipo de ações de fala. Mas essas condições contextuais universais, por sua vez, deveriam poder ser apreendidas a partir do significado literal das expressões linguísticas usadas nas ações de fala padronizadas. Caso não se queira que a pragmática formal acabe por perder seu objeto, o conhecimento das condições sob as quais um ato de fala pode ser aceito como válido não poderá depender *por completo* de um saber contingente de fundo.

Com base em asserções simples ("O gato está sobre o tapete") e imperativos ("Dê-me um hambúrguer"), Searle demonstra que as condições de verdade ou de realização das sentenças enunciativas ou exortativas utilizadas nesses casos não podem ser especificadas sem remissão aos contextos. Apenas quando começamos a variar *assunções de fundo* relativamente arraigadas e triviais percebemos que as condições de validade aparentemente invariáveis segundo o contexto modificam o sentido delas, ou seja, só então percebemos que elas não são absolutas. Searle não chega a negar um significado literal

---

88. J. Searle. "Literal Meaning", in Searle, 1979, pp. 117 ss.; cf. também R. D. Van Valin. "Meaning and Interpretation", *Journal of Pragmatics*, 4, 1980, pp. 213 ss.

para sentenças e enunciações. Mas defende a tese de que o significado literal de uma expressão é relativo a um pano de fundo constituído por um saber implícito e mutável, que os participantes normalmente tomam por trivial e óbvio.

O sentido da tese da relatividade não é reduzir o significado de um ato de fala ao que o falante tem em mente com ele em um contexto casual. Searle não vem afirmar um mero relativismo do significado de expressões linguísticas; pois o significado delas não se modifica de modo algum com a transição de um contexto casual a outro. Só descobrimos a relatividade do significado literal de uma expressão por meio de um *tipo de problematização* que temos ao nosso alcance sem empecilhos. Ela acontece em decorrência de problemas objetivamente presentes que abalam nossa imagem de mundo natural. Esse saber básico de fundo que precisa somar-se tacitamente ao conhecimento das condições de aceitabilidade de enunciações padronizadas por via linguística para que o ouvinte possa entender seu significado literal tem qualidades notáveis: é um saber *implícito*, que não pode ser representado em um número determinado de proposições; é um saber *estruturado de maneira holística* cujos elementos remetem uns aos outros; e é um saber que nos fica *indisponível* enquanto não podemos torná-lo consciente nem colocá-lo em dúvida segundo nossa própria vontade. Quando, não obstante, os filósofos tentam fazer tal coisa, aquele saber se revela sob a forma de certezas-de-senso--comum, pelas quais G. E. Moore se interessou[89] e às quais Wittgenstein aludiu em suas reflexões "Sobre a certeza", por exemplo.

---

89. G. E. Moore. "Proof of an External World", in *Proceedings of the British Academy*. Londres, 1939.

Essas certezas, Wittgenstein chama-as de partes elementares de nossa imagem de mundo, "ancoradas de tal maneira em todas as minhas perguntas e respostas que nem sequer posso tocá-las"[90]. Revelam-se absurdas apenas as opiniões que não se ajustam a essas convicções tão inquestionáveis quanto fundamentais: "Não é como se eu pudesse descrever o sistema dessas convicções. Mas minhas convicções formam um sistema, uma edificação."[91] Ao caracterizar o *dogmatismo das habilidades e assunções de fundo cotidianas*, Wittgenstein assemelha-se a A. Schütz quando este caracteriza o *modus* da obviedade em que o *mundo da vida* está presente como pano de fundo pré-reflexivo: "A criança aprende a crer em muitas coisas. Ou seja, ela aprende a agir de acordo com aquilo em que crê. E a partir daquilo em que crê forma-se pouco a pouco um sistema, e nele há coisas que se fixam de maneira inamovível, e outras coisas mais ou menos flexíveis. O que permanece fixo não o faz por ser notório ou elucidativo em si mesmo, mas porque permanece preso pelas demais coisas que o cercam."[92] Portanto, os significados literais são relativos a um saber implícito ancorado bem fundo, *acerca do qual* via de regra nada sabemos, já que ele não constitui sequer um problema, nem alcança o campo das enunciações comunicativas potencialmente válidas ou inválidas: "Se o-que--é-verdadeiro é o-que-é-fundamentado, o fundamento não é verdadeiro nem falso."[93]

Essa dimensão do saber em funcionamento cotidiano acerca da imagem de mundo, Searle descobre-a como

---

90. Wittgenstein, 1970, § 103, p. 35.
91. Wittgenstein, 1970, § 102, p. 35.
92. Wittgenstein, 1970, § 144, p. 146.
93. Wittgenstein, 1970, § 205, p. 59.

pano de fundo com o qual o ouvinte precisa estar familiarizado, caso lhe caiba entender o significado literal de atos de fala e agir de maneira comunicativa. Com isso, ele direciona o olhar a um continente que permanecerá inexplorado enquanto o teórico analisar os atos de fala a partir do ângulo de visão do falante que se refere, com sua enunciação, a algo no mundo objetivo, social e subjetivo. O horizonte do mundo da vida conforma contextos, e a partir do mundo da vida os participantes da comunicação chegam a um entendimento sobre alguma coisa; apenas com um retorno a esse horizonte o campo de visão modifica-se de maneira que os pontos de contato da teoria da ação tornam-se visíveis para a teoria social: a concepção de sociedade precisa ligar-se a uma concepção de mundo da vida complementar ao conceito de agir comunicativo. Aí sim o agir comunicativo torna-se interessante sobretudo como princípio de socialização; e ao mesmo tempo os processos de racionalização social adquirem outro *status*. Tais processos concretizam-se mais nas estruturas do mundo da vida conhecidas implicitamente, e não tanto nas orientações da ação conhecidas de maneira explícita, como propunha Weber. Na "Segunda consideração intermediária" retomarei esse assunto.

IV
DE LUKÁCS A ADORNO: RACIONALIZAÇÃO COMO REIFICAÇÃO

Como demonstramos, a crítica aos fundamentos da teoria da ação weberiana pode situar-se em uma linha de argumentação instalada nos próprios textos de Weber. Mesmo assim, essa crítica levou-me a uma alternativa que exige uma mudança de paradigma, do agir teleológico ao agir comunicativo. Weber não chegou a vislumbrar uma mudança como essa, e muito menos a concretizou. "Sentido" como conceito básico da teoria da comunicação é algo que permaneceu inacessível a esse neokantiano formado na tradição da filosofia da consciência. E o mesmo vale para um conceito de racionalização social que pode ser esboçado a partir da perspectiva conceitual do agir orientado pelo entendimento, e que se refere ao mundo da vida como um saber de fundo que se partilha e se pressupõe de maneira não problemática no agir atual.

Racionalização social, dessa forma, não significa difusão de um agir racional-teleológico, nem transformação de campos do agir comunicativo em subsistemas do agir racional-teleológico. O ponto de referência é constituído muito mais pelo potencial de racionalidade que se volta à base de validade da fala. Esse potencial jamais se tornou de todo inativo, e pode ser reativado em diversos níveis, que dependem do grau de racionalização do saber sobre a imagem de mundo. Se as ações sociais são coordenadas pelo caminho do entendimento, são as condições formais de um comum acordo racionalmente motivado que indicam a maneira pela qual se podem racionalizar as relações entre os participantes das interações. No fundo, essas relações são consideradas racionais na medida em que as decisões sim/não portadoras de um consenso decorrem de processos de interpretação *pelos próprios envolvidos*. De maneira correspondente, um mundo da vida pode ser considerado racionalizado na medida em que permite interações que não sejam guiadas por meio de um comum acordo *prescrito* por via normativa, mas sim – direta ou indiretamente – por meio de um entendimento *alcançado* por via comunicativa.

Conforme se demonstrou, Weber vê a transição para a modernidade como algo que se caracteriza por uma autonomização e diferenciação de esferas de valor e estruturas de consciência que, sob pretensões de validade específicas, tornam possível uma nova conformação crítica do saber tradicional. Essa é uma condição necessária para a institucionalização de sistemas de saber e processos de aprendizagem diferenciados conforme o caso. Situam-se nessa linha: (a) o estabelecimento de uma dinâmica científica em que os problemas da ciência empírica podem ser operados segundo padrões de verdade internos, sem relação de dependência com opiniões doutrinárias de cunho teológico, e em separado de questões moral-práticas fundamentais; (b) a institucionalização de um meio artístico em que a produção artística separa-se gradativamente de quaisquer condições eclesiástico-

-cultuais e ligadas ao mundo cortês e ao mecenato, e em que a recepção das obras de arte é mediada por uma crítica de arte profissionalizada em meio a um público de leitores, espectadores e ouvintes apreciadores da arte; e finalmente (c) a laboração intelectual especializada de questões atinentes à ética, à teoria do Estado e às ciências jurídicas em faculdades de direito, no sistema jurídico e no espaço público do direito.

Na medida em que a geração institucionalizada do saber que se especializa segundo pretensões de validade cognitivas, estéticas e normativas vai ascendendo ao plano das comunicações do dia a dia, substituindo assim o saber tradicional na função de direcionar as interações, chega-se a uma racionalização da práxis cotidiana que só se desvela sob a perspectiva do agir que se orienta ao entendimento – ou seja, a uma racionalização do mundo da vida, que Weber negligenciou em face da racionalização dos sistemas de ação como a economia e o Estado. No mundo da vida racionalizado, a carência de entendimento é atendida cada vez menos por um acervo de interpretações legitimadas pela tradição, resistente a críticas; no nível de uma compreensão de mundo plenamente descentrada, é sempre mais frequente que a carência de consenso tenha de se saciar com um comum acordo motivado racionalmente e, por isso, sempre mais arriscado – seja de maneira imediata, pelas realizações interpretativas dos participantes, seja por um saber incorporado de segunda mão, profissionalizado e proporcionado por especialistas. Dessa maneira, o agir comunicativo é onerado por expectativas de consenso e riscos de dissensão, os quais impõem grandes exigências ao entendimento enquanto mecanismo da coordenação de ações. São muitos os fenômenos em que se pode apreender o crescente subjetivismo das opiniões, obrigações e carências, a reflexividade da compreensão do tempo e a mobilização da consciência do espaço. Privatiza-se a fé religiosa. Com a família burguesa e uma religiosidade comunitária descentralizada surge uma nova esfera íntima, que se expõe em uma cultura reflexiva e sentimental aprofundada e transforma as condições da socialização. Ao mesmo tempo, forma-se uma esfera pública política constituída de pessoas físicas, a qual, como um *medium* da crítica permanente, altera as condições de legitimação do domínio político. As consequências da racionalização do mundo da vida são ambivalentes: o que alguns celebram como individualismo institucionalizado (Parsons), outros repudiam como um subjetivismo que mina as instituições bem ancoradas pela tradição, sobrecarrega as capacidades decisórias dos indivíduos, desperta uma consciência de crise e, com tudo isso, ameaça a integração social (A. Gehlen).

Da perspectiva conceitual do agir orientado pelo entendimento, portanto, a racionalização aparece primeiro enquanto reestruturação do mundo da vida, enquanto um processo que, pela autonomização e diferenciação dos sistemas de saber, influencia as comunicações do dia a dia, apreendendo dessa maneira as formas da reprodução cultural, bem como da integração social e da socialização. Sobre esse pano de fundo, o surgimento de subsistemas de agir racional-teleológico adquire *outro* status, se comparado ao que tinha no contexto da investigação weberiana. Também Weber, ao confrontar-se com o processo global de uma racionalização no plano da teoria da ação, retratou-o como uma tendência à substituição do agir comunitário pelo agir social. Mas ante a racionalização comunicativa do agir cotidiano e a formação subsistêmica destinada ao agir racional-teleológico na economia e na administração, e caso se queira conceber um e outro processo como desenvolvimentos *complementares*, será preciso já se ter diferenciado no "agir social" um agir orientado pelo entendimento, de um lado, e um agir orientado pelo êxito, de outro. Embora as duas coisas reflitam a corporificação institucional de complexos de racionalidade, sob certo ponto de vista trata-se de tendências *divergentes*.

O desatamento dos contextos normativos e a desvinculação do agir comunicativo em relação a instituições apoiadas na tradição (isto é, em relação a obrigações de consenso) oneram, e mesmo sobrecarregam, o mecanismo de entendimento com uma demanda sempre maior por coordenação. Não obstante, tipos novos de "serviços" e organizações tomam o lugar de instituições em dois campos centrais de ação: formam-se com base nos meios de comunicação, que desfazem o liame entre o agir e os processos de entendimento, e ainda operam a coordenação sobre valores instrumentais generalizados, como dinheiro e poder. Meios de direcionamento como esses substituem a linguagem enquanto mecanismo da coordenação de ações. Dissolvem a ligação entre o agir social e uma integração baseada no consenso de valores e ajustam o agir social a uma racionalidade teleológica dirigida por meios. Por situar sua teoria da ação em uma via por demais estreita, Weber não consegue reconhecer no dinheiro e no poder meios de comunicação que, *ao substituírem a linguagem*, tornam possível a autonomização e diferenciação de sistemas parciais do agir racional-teleológico. Esses meios, e não indiretamente as orientações racional-teleológicas da ação, carecem de uma ancoragem institucional e motivacional no mundo da vida: a legitimidade da ordem jurídica e o fundamento moral-prático para campos de ação legalizados (isto é, campos de ação formalmente organizados) constituem elos que vinculam ao mundo da vida o sistema administrativo diferenciado pela via do poder e o sistema econômico diferenciado pela via do dinheiro. Weber tinha razão ao abordar esses dois complexos institucionais, à medida que pretendia decifrar a modernização como racionalização contraditória em si mesma.

Somente com os conceitos atinentes ao agir comunicativo é que se abre uma perspectiva a partir da qual o processo de racionalização social se mostra contraditório desde o princípio. E evidencia-se até mesmo uma contradição entre a crescente complexidade de sistemas parciais do agir comunicativo em que os meios de direcionamento como dinheiro ou poder coordenam as ações e a racionalização da comunicação cotidiana, ligada a estruturas de intersubjetividade do mundo da vida e para a qual a linguagem é o *medium* genuíno e insubstituível do entendimento. Portanto, não há uma concorrência entre *tipos de agir orientados pelo entendimento* e *tipos de agir orientados pelo êxito*, mas entre *princípios de integração social*: de um lado está o mecanismo de uma comunicação linguística orientada segundo pretensões de validade, o qual advém, de maneira cada vez mais pura, da racionalização do mundo da vida; e de outro lado estão os meios de direcionamento despojados da linguagem, através dos quais autonomizam-se e diferenciam-se sistemas de um agir que se orienta pelo êxito. Pode-se apreender como a seguir, de maneira abstrata, o paradoxo da racionalização de que Weber falava: a racionalização do mundo da vida torna possível uma espécie de integração sistêmica que entra em concorrência com o princípio integrativo do entendimento e, de sua parte e sob determinadas condições, retroage no mundo da vida, de modo desintegrador.

Não gostaria de imputar essa tese a Weber a partir de fora, mas extraí-la da própria argumentação constituída no percurso histórico da teoria. Na versão de uma dialética de trabalho morto e trabalho vivo, encontra-se já em Marx uma correspondência com a dialética da racionalização social. Como mostram as passagens históricas de *O capital*, Marx investiga a forma pela qual o processo de acumulação explora produtores que só podem oferecer como mercadoria a sua própria força de trabalho. Ele acompanha o processo contraditório da racionalização social com base nos movimentos autodestrutivos de um sistema econômico que organiza a produção de bens apoiado no trabalho assalariado enquanto geração de valores de troca, para intervir de maneira desintegradora nas relações da vida das classes que tomam parte nessas transações. Para Marx, o socialismo situa-se na linha de fuga de uma racionalização *malograda* do mundo da vida, relacionada à dissolução capitalista das formas tradicionais de vida. Não discutirei as interessantes relações entre Weber e Marx[1], mas retomarei, sim, a argumentação no ponto em que representantes do marxismo ocidental como Lukács, Horkheimer e Adorno assumem a teoria da racionalização para dar-lhe continuidade baseados na dialética entre trabalho morto e vivo já inves-

---

1. K. Löwith. "M. Weber und K. Marx", in Löwith (1960), pp. 1 ss.; W. Schluchter, 1972; N. Birnbaum. "Konkurrierende Interpretationen der Genese des Kapitalismus: Marx und Weber", in C. Seyfarth, W. Sprondel, 1973, pp. 38 ss.; A. Giddens. "Marx, Weber und die Entwicklung des Kapitalismus", op. cit., pp. 65 ss.

tigada por Hegel e por Marx, na dialética entre sistema e eticidade.

Nessa tradição situam-se os dois problemas que até hoje determinam a teoria social. Por um lado, trata-se de ampliar o conceito teleológico de ação e relativizar a atuação propositada com base em um modelo de entendimento que pressuponha não apenas a transição da filosofia da consciência para a filosofia da linguagem, mas também o próprio desenvolvimento e radicalização da análise lingüística no âmbito de uma teoria da comunicação[2]. Ao lado da ampliação do viés ligado à teoria da ação, porém, trata-se de uma integração entre teoria da ação e teoria de sistemas que no entanto não conduza, como em Parsons, a uma exaustão da teoria da ação, se houver sucesso na separação clara entre a racionalização do mundo da vida e a racionalização dos subsistemas sociais. A racionalização resulta, no primeiro caso, da diferenciação estrutural do mundo da vida; no segundo caso, da intensificação da complexidade dos sistemas de ação. Teoria de sistemas e teoria da ação são os *disjecta membra* de um conceito dialético de totalidade ainda empregado por Marx, e mesmo por Lukács; nenhum dos dois, entretanto, pôde reconstruir esse conceito de totalidade dispondo de outros que servissem como equivalentes aos conceitos fundamentais da lógica hegeliana, refutada por ser idealista.

Em primeiro lugar investigarei a recepção marxista da teoria da racionalização weberiana por Lukács, Horkheimer e Adorno (1), para demonstrar logo a seguir, com base no andamento aporético da crítica da razão instrumental, de que maneira essa problemática fará ir pelos ares as fronteiras da filosofia da consciência (2).

---

2. Cf. supra, pp. 475 ss.

1. MAX WEBER NA TRADIÇÃO DO MARXISMO OCIDENTAL

Quando se tomam de saída as posições teóricas desenvolvidas no início dos anos 1940 por Horkheimer e Adorno a partir da Teoria Crítica[3], evidenciam-se as convergências entre a tese weberiana da racionalização e a crítica da razão instrumental na linha de tradição Marx-Lukács. Isso se aplica em particular ao livro homônimo de Horkheimer, de 1946[4].

Horkheimer partilha com Weber a opinião de que a racionalidade formal "subjaz à atual cultura industrial"[5]. Weber havia resumido sob a expressão "racionalidade formal" as determinações que tornam possível a "ponderabilidade" de ações: sob o aspecto instrumental, a eficácia dos meios disponíveis; e sob o aspecto estratégico o acer-

---

3. Sobre a história da teoria do Instituto de Frankfurt nos anos da emigração, cf. M. Jay. *Dialektische Phantasie*. Frankfurt/M., 1976; H. Dubiel. *Wissenschaftsorganisation und politische Erfahrung*. Frankfurt/M., 1978; D. Held. *Introduction to Critical Theory*. Londres, 1980.

4. M. Horkheimer. *Zur Kritik der instrumentellen Vernunft*. Frankfurt/M., 1967.

5. Horkheimer, 1967, p. 13.

to da escolha dos meios segundo preferências, meios e condições periféricas dadas. Para Weber, a denominação "formal" destina-se em especial a esse segundo aspecto da racionalidade eletiva, que se diferencia então do julgamento material dos próprios valores subjacentes às preferências dos sujeitos. Ele aplica esse conceito como sinônimo de racionalidade teleológica. Trata-se aí da estrutura de orientações da ação, determinada pela racionalidade cognitivo-instrumental, mediante a desconsideração de parâmetros de uma racionalidade moral-prática ou estético-prática. Weber destaca o *crescimento* da racionalidade que ocorre com a autonomização e diferenciação de processos de aprendizagem cientificamente organizados e com a autonomização e diferenciação de uma esfera valorativa que seja cognitiva em sentido estrito: cadeias prolongadas de ações podem ser julgadas de maneira sistemática sob o aspecto da validade da verdade e da eficácia, bem como calculadas e melhoradas no sentido da racionalidade formal. Horkheimer, ao contrário, acentua a *perda* de racionalidade que ocorre na exata medida em que as ações só podem ser justificadas, planejadas e julgadas sob aspectos cognitivos. Isso já se expressa na escolha vocabular. Horkheimer equipara racionalidade teleológica e "razão instrumental". A ironia desse uso da linguagem consiste em que a razão, que segundo Kant se refere à faculdade das ideias e inclui tanto a razão prática quanto a faculdade do juízo estético, é identificada com o que Kant distingue cuidadosamente dela mesma, ou seja, com a atividade do entendimento do sujeito cognoscente que age segundo imperativos técnicos: "Quando se concebeu a ideia de razão, caberia a ela ter realizações maiores do que simplesmente regrar as relações entre meios e fins; ela foi vista como instrumento para compreender os fins, *para determiná-los*."[6]

Apesar das ênfases diversas, Horkheimer segue as duas teses que constituem os componentes explicativos da diagnose weberiana de sua época: a tese da perda de sentido (1) e a tese da perda de liberdade (2); as diferenças só se evidenciam com a fundamentação dessas teses, quando Horkheimer se apóia sobre a interpretação proposta por Lukács da racionalização capitalista como reificação [*Verdinglichung*] (3).

(1) *Sobre a tese da perda de sentido*: Horkheimer apresenta a razão instrumental como "razão subjetiva" e contrapõe-na à "razão objetiva". Disso resulta uma perspectiva que, por um lado, ultrapassa a unidade de uma razão que se diferencia em si mesma e, por outro, retorna à metafísica; não Kant, mas a metafísica: eis o que constitui o verdadeiro contraste diante de uma consciência que só valida como racional a faculdade da racionalidade formal, ou seja, "a capacidade de ponderar probabilidades e com isso destinar os meios corretos a um fim dado"[7]: "No centro da teoria da razão objetiva não se situavam as associações entre um comportamento e uma meta, mas os conceitos – não obstante soarem hoje bastante mitológicos a nossos ouvidos – que se ocupam com a ideia do sumo bem, com o problema da determinação humana e com a maneira pela qual se deveriam concretizar os fins supremos."[8] A expressão "razão objetiva" equivale ao pensamento ontológico que fizera avançar a racionalização das imagens de mundo e concebera o mundo dos seres humanos como parte de uma ordem

---

6. Horkheimer, 1967, p. 21.
7. Horkheimer, 1967, p. 17.
8. Horkheimer, 1967, p. 16.

cosmológica: "Os sistemas filosóficos da razão objetiva incluíam a convicção de que se poderia descobrir uma estrutura múltipla ou fundamental do ser, e de que se poderia deduzir dela uma concepção da determinação humana."[9]

O pano de fundo da história moderna da consciência, isto é, o pano de fundo do estabelecimento da razão instrumental como forma dominante de racionalidade, é constituído pelas imagens de mundo metafísico-religiosas, das quais Max Weber havia depreendido por primeiro o processo de desencantamento (ainda que antes sob pontos de vista da racionalização ética, mais que da racionalização teórica). Como Weber, Horkheimer também entende que o resultado do desenvolvimento da imagem de mundo reside na formação de esferas de valor culturais que obedecem a legitimidades próprias específicas: "Essa divisão das esferas de valor decorre de que a verdade objetiva geral se vê substituída pela razão formalizada e profundamente relativista."[10] A subjetivização da razão encontra correspondência em que a moral e a arte se tornem irracionais. Os autores da *Dialética do Esclarecimento*[11], cujo teor sistemático Horkheimer apenas resume em sua *Crítica da razão instrumental*, dedicaram um capítulo a um romance do Marquês de Sade, para demonstrar que os "escritores obscuros da burguesia", também no século paradigmático em que se deu o Esclarecimento, tinham profunda consciência do que significava a dissociação entre razão e moral: "eles não fingiram que a razão formalista firmaria um laço estreito com a moral, e

---

9. Horkheimer, 1967, p. 22.
10. Horkheimer, 1967, p. 28.
11. M. Horkheimer, Th. W. Adorno. *Dialektik der Aufklärung*. Amsterdam, 1947.

da mesma forma com a imoralidade"[12]. Horkheimer afirma o mesmo acerca do desenvolvimento moderno das artes: a dissociação entre arte e razão "transmuta obras de arte em mercadorias culturais, e o consumo da arte em uma série de sentimentos casuais que ficam separados de nossas verdadeiras intenções e anseios"[13].

Com certeza Horkheimer difere de Weber no julgamento da separação entre as esferas de valor cognitivas, normativas e expressivas. Lembrando o conceito enfático de verdade na metafísica, com o qual Weber curiosamente jamais se ocupou de maneira sistemática, Horkheimer dramatizou a partição interna da razão para dois lados: de uma parte, ele entende que as esferas de valor normativa e expressiva estão subtraídas de toda pretensão de validade imanente, de tal modo que nem se poderia falar mais de uma *racionalidade* moral e estética; de outra parte, por mais que hesite em fazê-lo, confere força restituidora ao pensamento especulativo transformado em crítica – força que Weber considerava utópica e imputável ao falso carisma da razão. Ambos estão de acordo, porém, quanto à tese de que está se dissolvendo a unidade de imagens de mundo metafísico-religiosas como criadoras de sentido; e de que essa circunstância põe em questão a unidade dos mundos da vida modernizados, ameaçando seriamente a identidade dos sujeitos já coletivizados na sociedade, bem como a solidariedade social que possam manifestar.

Também para Horkheimer, a modernidade está marcada pelo fato de que o mesmo desencantamento com que a religião e a metafísica ultrapassaram o nível do pen-

---

12. Horkheimer, Adorno, 1947, p. 141.
13. Horkheimer, 1967, p. 47.

samento mítico-mágico acabou também por abalar em seu cerne as imagens de mundo racionalizadas, ou seja, a credibilidade de seus princípios teológicos e ontológico-cosmológicos. O saber religioso-metafísico transmitido pela doutrina enrijece, a ponto de tornar-se dogma; a revelação e a sabedoria legada tranformam-se em mera tradição; a convicção torna-se um assentimento subjetivo. A forma de pensamento da própria imagem de mundo torna-se obsoleta; saber salvífico e sabedoria do mundo diluem-se em forças de fé subjetivizadas. Assim, há terreno fértil para o surgimento de fenômenos como *fanatismo religioso* e *tradicionalismo formativo*, ora como fenômeno colateral do protestantismo, por um lado, ora do humanismo, por outro. Quando o conhecimento sobre Deus depara com sistemas de valor que se especializaram de acordo com o parâmetro de verdade proposicional, correção normativa e autenticidade ou beleza (sendo que no conhecimento sobre Deus ainda estão juntos os aspectos validativos do que seja verdadeiro, bom e perfeito), o *modus* do apego a convicções religiosas deixa de ter o caráter de incoerção, que só se transmite a uma convicção por meio de boas razões.

Daí para a frente a *fé* religiosa passa a caracterizar-se por momentos de cegueira, dominação ou mera opinião – fé e saber afastam-se: "A fé é um conceito privado; destrói-se como tal se não evidencia de modo permanente sua objeção diante do saber, ou sua consonância com ele. À medida que a fé se mantiver dependente da delimitação pelo saber, terá se delimitado a si mesma. No protestantismo a fé empreendeu, como em tempos pregressos, a tentativa de devolver à palavra o poder simbólico e a de encontrar na própria palavra o princípio da verdade que lhe é transcendente (princípio sem o qual a fé não subsiste). Por essa tentativa, o protestantismo teve de *pagar* com a obediência à palavra... Enquanto a fé não cede em sua posição de inimiga ou aliada do saber, ela perpetua a separação na luta por superá-la: seu fanatismo é a marca de sua inverdade, a admissão objetiva de que quem *apenas* crê já deixou de crer."[14]

Por outro lado, um *saber formativo* separa-se da filosofia moderna; a um só tempo oponente e herdeira da religião, a filosofia identifica-se com a ciência de modo ambíguo e salvaguarda-se no abrigo do sistema científico. O saber formativo, de sua parte, encontra sua justificação primeira na tarefa de dar continuidade à tradição. A dificuldade do tradicionalismo formativo fica evidente por ele ter de disfarçar o próprio fundamento; pois só precisam de exortação as tradições carentes de uma abonação proporcionada por boas razões. Todo tradicionalismo traz em si o sinal de um *neo*tradicionalismo: "– Quais as consequências da formalização da razão? Justiça, igualdade, felicidade, tolerância, todos esses conceitos, que nos séculos precedentes foram inerentes à razão ou tiveram de ser sancionados por ela, perderam suas raízes espirituais. Eles ainda são metas e fins, mas não há instância racional autorizada a atribuir-lhes um valor ou conciliá-los com uma realidade objetiva. Reconhecidos por documentos históricos honoráveis, ainda gozam de certo prestígio, e alguns estão contidos na constituição dos países de maior renome. Não obstante, carecem de abonação por parte da razão em sentido moderno. Quem pode dizer que algum desses ideais está mais próximo da verdade que o oposto dele?"[15]

---

14. Horkheimer, Adorno, 1947, pp. 31 s.
15. Horkheimer, 1967, p. 32.

Esse segundo impulso ao desencantamento, cumprido de maneira consciente pelo historismo, significa um retorno irônico das forças demoníacas que primeiramente haviam sido subjugadas pelo vigor unificante de imagens de mundo religiosas e metafísicas, vigor que além do mais gerava sentido à medida que unia. A tese de que o esclarecimento reincide no mito, desenvolvida na *Dialética do Esclarecimento*, tem pontos de contato com a tese da "Consideração intermediária" de Weber. Quanto mais "brusca e insoluvelmente" se apresenta "a particularidade específica de cada esfera peculiar presente no mundo", mais impotente torna-se a busca por remissão e sabedoria em face de um politeísmo revigorado, luta de deuses conduzida por uma razão subjetiva *sob o signo de poderes impessoais*. Por estar despido de sua forma mítica, esse novo politeísmo perdeu a força unificante e legou ao destino (subtraída deste último sua função sociointegrativa) somente a cegueira, ou seja, o caráter casual do embate entre poderes da fé tornados irracionais. Mesmo a ciência repousa sobre um fundamento oscilante cuja firmeza não é maior que o engajamento individual dos que se decidem a cravar sua vida nessa cruz[16].

No mais, a razão subjetiva é a razão individual, ou seja, uma ferramenta de autopreservação. Horkheimer refere-se à ideia de autopreservação como o princípio que

---

16. Essa autocompreensão heróica das ciências modernas atesta Max Weber em sua conferência "Ciência como profissão" (Weber, 1968b, pp. 582 ss.). Também Popper declara-se partidário desse subjetivismo, na medida em que não conduz a crítica científica a uma escolha estabelecida entre saber e crer, mas à decisão irracional "entre duas maneiras de acreditar". K. R. Popper. *Die offene Gesellschaft und ihre Feinde*, vol. 2. Bern, 1958, p. 304. Como crítica, cf. J. Habermas. *Dogmatismus, Vernunft und Entscheidung*, in do mesmo autor, 1971a, pp. 307 ss.

impulsiona a razão subjetiva à loucura, pois o pensamento sobre algo que ultrapasse a subjetividade do interesse próprio vê-se despojado de qualquer racionalidade: "A vida do tronco totêmico, do clã, da igreja na Idade Média, da nação na era das revoluções burguesas seguia moldes ideológicos que se haviam formado por desenvolvimentos históricos. Esses moldes – mágicos, religiosos ou filosóficos – refletiam as respectivas formas de dominação social. Constituíam uma argamassa cultural, mesmo depois de já estar envelhecido seu papel na produção; assim, *também* eles estimulavam a ideia de uma verdade comum, justamente pelo fato de terem sido objetivados [...]. Esses sistemas mais antigos decaíram porque as formas de solidariedade que fomentavam revelaram-se ilusórias, e porque as ideologias associadas a elas tornaram-se ocas e apologéticas."[17] No mesmo contexto, Max Weber fala do domínio mundial da ausência de fraternidade.

Portanto, Weber e Horkheimer concordam em traços fundamentais de seus diagnósticos de época curiosamente controversos:

– a credibilidade das imagens de mundo metafísicas e religiosas é acometida por um processo de racionalização ao qual elas mesmas devem seu surgimento; em tal medida, a crítica do Esclarecimento à teologia e à ontologia é racional, ou seja, é discernente e irreversível por razões internas;

– esse *segundo* impulso de racionalização, subsequente à superação do mito, torna possível haver uma consciência moderna determinada pela autonomização e diferenciação de esferas de valor culturais com leis próprias, e disso decorre a subjetivização da fé e do saber:

---

17. Horkheimer, 1967, pp. 138 s.

arte e moral são separadas por pretensões de verdade proposicional, e a ciência, somente ela, mantém a referência prática ao agir racional-teleológico (ao passo que perde a referência à prática comunicativa);

– a razão subjetiva funciona como ferramenta de autopreservação, em uma luta na qual os participantes se orientam segundo poderes de fé inconciliáveis entre si e fundamentalmente irracionais; ela não logra gerar sentido algum e, ao ameaçar a unidade do mundo da vida, ameaça também a integração da sociedade;

– como a força sociointegrativa das imagens de mundo e a solidariedade que essas imagens proporcionam não são pura e simplesmente irracionais, a "cisão entre os campos da cultura" (ciência, moral e arte) não pode ser considerada pura e simplesmente racional, ainda que essa cisão remonte a processos de aprendizagem e à razão.

(2) *Sobre a tese da perda de liberdade*. Assim como a tese da perda de sentido é deduzida a partir do processo de racionalização *cultural* a ser construído internamente em um momento posterior, também a tese da perda de liberdade deduz-se de igual modo, só que com base em processos de racionalização *social*. Por certo, Weber e Horkheimer selecionam pontos de referência diversos na história do desenvolvimento europeu, a saber: os séculos XVI-XVII e o século XIX tardio. No primeiro caso tem-se o período em que o protestantismo, o humanismo e o desenvolvimento científico moderno põem em questão a unidade das imagens de mundo metafísicas e religiosas. No outro caso, o período do alto-liberalismo, no limiar da transição do capitalismo liberal ao capitalismo organizado.

O *take-off* do desenvolvimento capitalista nutre-se das qualidades de uma condução da vida cuja racionalidade metódica se deve à força unificante da ética da ascese que se generaliza no protestantismo. Com uma leve objeção de cunho psicanalítico, Horkheimer acaba por concordar com a concepção de Weber de que essa ética guiada por princípios seria mesmo o fundamento da reprodução cultural da individualidade e da independência pessoal: "Foi com a negação da vontade de autopreservação na Terra, em prol da preservação da alma eterna, que o cristianismo acentuou o valor infinito de cada ser humano; e essa ideia estabeleceu-se em sistemas do mundo ocidental, mesmo não cristãos e anticristãos. Isso certamente teve seu preço: a repressão dos instintos vitais e também – já que tal repressão nunca tem êxito pleno – uma falsidade que perpassa e domina nossa cultura. A despeito disso, a internalização fez crescer justamente a individualidade. À medida que se abnega, à medida que imita o sacrifício de Cristo, o indivíduo alcança também uma nova dimensão e um novo ideal que lhe servem de rumo para a vida na Terra."[18] De forma vaga, Horkheimer repete a tese weberiana dos fundamentos religioso-ascéticos do agir economicamente racional dos empresários capitalistas; nesse contexto, ele se refere à era do liberalismo e não à fase da imposição das novas formas de produção: "O individualismo é o cerne mais profundo da teoria e práxis do liberalismo burguês, que vê o avanço da sociedade nos efeitos correlatos exercidos entre interesses divergentes em um mercado livre. O indivíduo só pôde preservar-se enquanto ser social quando fez valer seus interesses de longo prazo, em detrimento de prazeres efêmeros e imediatos. Com isso for-

---

18. Horkheimer, 1967, p. 132.

taleceram-se atributos da individualidade aos quais se chegou por meio da disciplina ascética do cristianismo."[19]

Horkheimer contenta-se com estilizações, entre as quais destaca a tendência ao "declínio do indivíduo". Seguindo mais uma vez a trilha de Weber, fundamenta essa tendência por meio da burocratização progressiva, ou seja, por meio da crescente complexidade das formas de organização que conquistam poder na economia e no Estado. A fórmula adorniana do "mundo administrado" é um equivalente da visão weberiana do "abrigo rígido como o aço". Os subsistemas do agir racional-teleológico desprendem-se dos fundamentos motivacionais que Weber investiga com base na ética protestante e que Horkheimer havia descrito em face do caráter social individualista. Mas que significa afinal a "perda de liberdade" que ambos evocam?

Weber concebe a "perda de liberdade" sob conceitos da teoria da ação. Na condução metódica da vida está corporificada uma racionalidade prática que relaciona a racionalidade teleológica com a racionalidade valorativa: as ações racional-teleológicas são guiadas pelo juízo moral e pela vontade autônoma de um indivíduo determinado por princípios (que nesse sentido está agindo de maneira racional-valorativa). Mas, na medida em que se burocratizam os mecanismos econômicos e administrativos, a racionalidade teleológica das ações (ao menos a racionalidade sistêmica das consequências da ação) tem de ser assegurada independentemente dos juízos e decisões racional-valorativos. As próprias organizações assumem a regulação de ações que, de maneira objetiva, ainda falta ancorar em motivos utilitaristas generalizados.

---

19. Horkheimer, 1967, p. 133.

Essa liberação da subjetividade ante as determinações da racionalidade moral-prática reflete-se na polarização entre "peritos sem espírito" e "desfrutadores sem coração". Weber só é capaz de imaginar uma inversão dessa tendência como submissão das máquinas burocráticas à vontade de líderes carismáticos: "Com a racionalização do atendimento das necessidades básicas em níveis político e econômico, avança de maneira insofreável a abrangência do disciplinamento como fenômeno universal; progressivamente, ele restringe a importância do carisma e do agir cuja diferenciação é individual."[20] Se a luta entre carisma criador e burocracia que restringe a liberdade deve ser vencida em detrimento de uma marcha aparentemente "insofreável" da racionalização, isso só poderá ocorrer com o modelo organizacional do "líder que dispõe da máquina". No campo da economia, isso equivale ao voluntarismo de líderes econômicos autoritários; no campo político, a uma democracia peblíscitária conduzida por lideranças; e em ambos os campos à melhor seleção possível desses líderes. W. Mommsen expressa a posição de Weber sob uma "formulação que é paradoxal somente na aparência: o máximo de liberdade com um máximo de dominação"[21].

Horkheimer concebe a perda de liberdade de maneira semelhante, ainda que sobretudo em conceitos psicanalíticos e atinentes à teoria da ação: tendencialmente, o controle do comportamento transita da instância da certeza do indivíduo socialmente coletivizado para a ins-

---

20. Weber, 1964, p. 695.
21. W. Mommsen. *Max Weber, Gesellschaft, Politik und Geschichte*, Frankfurt/M., 1974, p. 138; cf. também o estudo de W. Mommsen: *Max Weber und die deutsche Politik 1890 bis 1920*. Tübingen, 1959.

tância de planejamento das organizações sociais. Os sujeitos precisam orientar-se cada vez menos de acordo com seu superego e têm de se adaptar cada vez mais aos imperativos de seu entorno. Essa tese foi assumida mais tarde por D. Riesman, interpretada como inversão polar de um modo de vida "voltado para dentro" que se torna "voltado para fora", e com isso trivializado[22]: "Como tudo hoje na vida tende sempre mais a ver-se submetido à racionalização e ao planejamento, também a vida de cada indivíduo, mesmo os impulsos mais secretos que antes integravam sua esfera privada, atendem às exigências da racionalização e do planejamento: a autopreservação do indivíduo pressupõe sua adaptação às exigências de preservação do sistema [...]. Antes a realidade estava oposta ao ideal que havia sido desenvolvido pelo indivíduo concebido de modo autônomo, e era confrontada com ele; a realidade devia ser figurada em consonância com esse ideal. Hoje essas ideologias têm sua imagem comprometida e são atropeladas pelo pensamento progressista; esse pensamento, de maneira involuntária, torna mais fácil a elevação da realidade ao plano do ideal. Portanto, a adaptação torna-se parâmetro para todo tipo de comportamento subjetivo que se possa conceber. O triunfo da razão subjetiva e formalizada é também o triunfo de uma realidade que se apresenta ao sujeito qual fosse absoluta e subjugante."[23] O aumento das possibilidades individuais, que Horkheimer não nega, caminha lado a lado com uma "mudança no caráter da liberdade."[24] E isso porque, quanto mais o processo de racionalização avança, mais se autonomizam os subsistemas do agir racional-teleoló-

---

22. D. Riesman. *Die einsame Masse*. Darmstadt, 1956.
23. Horkheimer, 1967, p. 96.
24. Horkheimer, 1967, p. 98.

gico ante os motivos eticamente fundamentados de seus integrantes; e assim mais se tornam supérfluos os controles comportamentais internos que ainda guardam uma relação com a racionalidade moral-prática[25].

O paralelo vem até aqui. Mas enquanto Weber passa do diagnóstico da perda de liberdade a considerações terapêuticas, e esboça um modelo de organização que, passando pelo carisma dos líderes, reacopla os campos de ação racionalizados e a orientação valorativa interpretada biograficamente destinada a sujeitos da ação individuais e de grande destaque (certamente à custa de lealdades já firmadas)[26], Horkheimer e Adorno tratam de le-

---

25. Sob a expressão-chave "opções *vs.* ligaduras", R. Dahrendorf (*Lebenschancen*. Frankfurt/M., 1979) retoma hoje essa noção de uma dialética estabelecida entre possibilidades de escolha crescentes, ante ligações que ao mesmo tempo vão se tornando mais fracas.

26. Cf. a imagem do líder plebiscitário projetado por W. Mommsen: "O político só tem obrigações para consigo mesmo e para com a tarefa escolhida tendo em conta determinados valores ideais pessoais. Sua responsabilidade se limita à 'conservação', ou seja, ele precisa demonstrar, mediante ações bem-sucedidas, que a entrega incondicional de seus sequazes à sua como pessoa é justificada internamente. Por outro lado, não existe nenhum tipo de obrigação em relação às metas materiais das massas. Weber combateu renhidamente qualquer reminiscência da teoria, segundo a qual o líder democrático tem como tarefa exercer um mandato em nome de seus eleitores. Segundo Weber, o mais importante numa 'democracia de líderes plebiscitários' não é a convicção das massas sobre o valor das metas almejadas, mas a ligação delas à pessoa do político que as conduz. A colocação de metas objetivas enquanto tais não é capaz de decidir sobre o resultado de uma eleição. O ponto decisivo consiste na qualificação carismática do líder candidato. Dessa maneira, Weber conseguia explicar o poder independente de que o grande indivíduo goza em condições modernas, apesar de todas as cautelas do direito constitucional. Ele descreveu a 'democracia de líderes' como uma luta constante dos políticos para conseguir a preferência das massas. E essa luta é conduzida predominantemente com meios demagó-

var a análise um passo adiante. Eles se interessam por saber o que significa a autonomização dos subsistemas do agir racional-teleológico – e, respectivamente, a "autoexternação dos indivíduos que têm de formar-se no corpo e na alma em conformidade com o aparato técnico"[27]. Mas, se o controle do comportamento de instâncias da personalidade transfere-se para "o trabalho ainda mais impecável dos mecanismos automáticos de ordenação"[28], ficam em evidência os mecanismos *sistêmicos* de ordenação dos campos de ação que se organizam sob a forma de empresas e entidades, bem como os imperativos de adequação que intervêm com grande força na subjetividade de quem integra a organização enquanto indivíduo. Horkheimer e Adorno têm de evitar duas parcialidades. Weber insiste nos limites de uma teoria da ação que não ofereça abordagem alguma para esse problema. Por outro lado, uma teoria de sistemas que se concentra *exclusivamente* sobre as realizações sistêmicas ordenadoras negligencia a pergunta pela "mudança no caráter da liberdade" que equivale à dissociação entre os sistemas de ação e o mundo da vida, e sobretudo entre eles e as impulsões moral-práticas de seus integrantes. Horkheimer e Adorno interessam-se justamente pelo nexo irônico que parece propiciar uma racionalização social que se dê entre o "decaimento da individualidade", por um lado, e a renovação de campos tradicionais da vida que assumem a forma de subsistemas de agir racional-teleológico, por outro.

---

gicos; um sistema de regras formais cuida para que o político vencedor se mantenha no cargo ou, caso fracasse, se demita" (Mommsen, 1974, pp. 136 s.).

27. Horkheimer, Adorno, 1947, p. 43.
28. Horkheimer, Adorno, 1947, p. 43.

Horkheimer entende que a destruição de uma identidade obtida pelo indivíduo por meio da orientação proporcionada por "conceitos básicos do espírito", ou por meio de princípios, não tem somente ligação imediata com a burocratização, mas com o desprendimento dos sistemas do agir racional-teleológico em relação à "cultura", isto é, a um horizonte do mundo da vida experimentado como racional. A economia e o Estado, quanto mais se transformam em corporificações da racionalidade instrumental cognitiva e quanto mais submetem outros campos da vida a seus imperativos, com mais força põem à margem todas as coisas em que a racionalidade moral-prática ou a racionalidade estético-prática possam corporificar-se; e com isso os processos de individuação encontram tanto menos apoio no campo da reprodução cultural, ora banida para o âmbito do irracional, ora bem talhada para adequar-se ao que é pragmático. Em sociedades pré-modernas, "ainda havia um abismo entre cultura e produção. Comparado à superorganização moderna, esse abismo deixava um número maior de saídas abertas; sob a nova superorganização, no fundo o indivíduo decai à condição de uma mera célula de reação funcional. As unidades organizacionais modernas, como a totalidade do trabalho, são componentes orgânicas do sistema socioeconômico."[29]

Para a análise dos processos que suplantam "o abismo entre cultura e produção", a teoria marxista conta com o conceito fundamental de "reificação". Em *História e consciência de classe*, Georg Lukács usou a chave da "reificação" para, diante da análise da racionalização social proposta por Weber, desembaraçá-la de seu enquadra-

---

29. Horkheimer, 1967, p. 138.

mento em uma teoria da ação e relacioná-la a processos de valoração no sistema econômico. Fez a tentativa de aclarar o nexo entre a autonomização e diferenciação de uma economia capitalista direcionada por valores de troca, de um lado, e a deformação do mundo da vida segundo o modelo do fetiche da mercadoria, de outro. Inicialmente eu gostaria de abordar essa recepção marxista de Weber[30], para então discutir por que Horkheimer e Adorno entendem sua própria crítica da razão instrumental como "negação da reificação"[31], hesitando mesmo assim em acompanhar a argumentação de Lukács, embora devam a ela seu impulso inicial.

(3) *A interpretação da tese weberiana da racionalização por Lukács*. Em um tratado central sobre *A reificação e a consciência do proletariado*[32], de 1922, Lukács desenvolve a tese de que é possível "encontrar na estrutura da relação com a mercadoria a imagem primordial de todas as formas de objetualidade e a imagem primordial de todas as formas de subjetividade que, na sociedade burguesa, correspondam à reificação". Lukács utiliza a expressão neokantiana "formas de objetualidade" [*Gegenständlichkeitsformen*] em um sentido cunhado por Dilthey como "forma de existência [*Daseinsform*] ou forma de pensamento" gerada historicamente e designadora da "totalidade dos níveis de desenvolvimento da sociedade em seu todo". Lukács concebe o desenvolvimento da sociedade como "história das reviravoltas das formas de objetualidade conformadoras da existência dos seres huma-

---

30. Quanto a isso, cf. M. Merleau-Ponty. *Die Abenteuer der Dialektik*. Frankfurt/M., 1968, pp. 39 ss.
31. Horkheimer, Adorno, 1947, p. 9.
32. G. Lukács. *Werke*, vol. 2. Neuwied, 1968, pp. 257-397.

nos"[33]. Lukács certamente não está de acordo com a concepção historicista segundo a qual a particularidade de uma cultura em especial se expressa sob determinada forma de objetualidade. As formas de objetualidade medeiam "o debate do ser humano com seu entorno, mundo que é determinado pela objetualidade da vida interior e da vida exterior do próprio ser humano"[34].

Essas formas guardam relação com a universalidade da razão, pois Lukács, como também Horkheimer[35], insiste na noção hegeliana de que é na relação dos seres humanos entre si e deles com a natureza (com a natureza exterior e com sua natureza própria, interior) que a razão se objetiva – por mais irracionalmente que isso possa ocorrer. Também a sociedade capitalista está determinada por uma forma específica que fixa a maneira de seus integrantes apreenderem por via categorial a natureza objetiva, as relações interpessoais e a natureza própria e subjetiva – a "objetualidade de sua vida exterior e interior", justamente. Com palavras nossas: a forma de objetualidade dominante na sociedade capitalista prejulga as referências de mundo, a maneira pela qual os sujeitos aptos a falar e agir podem referir-se a algo no mundo objetivo, no mundo social e em seu mundo subjetivo.

---

33. Desconsidero aqui os escritos estéticos e crítico-culturais do jovem Lukács. Para o conceito de "forma de objetividade", são importantes principalmente "A alma e as formas" e a "Teoria do romance". Sobre isso, A. Heller, P. Feher, G. Markus, R. Radnoti. *Die Seele und das Leben*. Frankfurt/M., 1977. Além disso, A. Arato, P. Breines. *The Young Lukács and the Origins of Western Marxism*. Nova York, 1979, parte I.

34. Lukács. "Geschichte und Klassenbewusstsein", in *Werke*, vol. II, 1968, p. 336.

35. Horkheimer, 1967, p. 21.

Lukács afirma que podemos caracterizar esse prejulgamento como "reificação", como uma assimilação peculiar das relações e vivências sociais a partir de coisas, isto é, a partir de objetos que podemos perceber e manipular. Aqueles três mundos são coordenados de maneira tão enviesada no *a priori* social do mundo da vida, que em nossa compreensão das relações interpessoais e das vivências subjetivas estão embutidos alguns *erros categoriais*: nós apreendemos essas relações e vivências sob a forma de coisas, isto é, entidades, que integram o mundo objetivo, muito embora elas sejam de fato componentes de nosso mundo social partilhado ou do mundo subjetivo particular. E, como o compreender e o apreender são constitutivos para o trato comunicativo, um mal-entendido arraigado de maneira tão sistemática afeta a práxis dos sujeitos, não apenas a "forma de pensar" deles, mas também sua "forma de existir". O próprio mundo da vida é "reificado".

Lukács vê a causa dessa deformação em um modo de produção que se baseia no trabalho assalariado e que demanda que "uma função do ser humano se torne mercadoria"[36]. Lukács funda sua tese em diversos passos. Investiga o efeito de reificação que a forma da mercadoria evoca na medida em que vai avançando processo de produção adentro, e demonstra que a reificação de pessoas e das relações interpessoais na esfera do trabalho social representa somente o reverso da racionalização desse sistema de ação (a). À medida que concebe racionalização e alienação como dois aspectos de um mesmo processo, Lukács prepara dois argumentos que se apoiam

---

36. Lukács, 1968, p. 267.

sobre a análise de Weber mas também se voltam contra as consequências dessa análise. Segundo Lukács, Weber ignora o nexo causal, desvincula "os fenômenos da reificação do fundamento econômico de sua existência" e os eterniza "como um tipo atemporal das possibilidades de relacionamento humano"; mas revela, ainda assim, que os processos de racionalização social têm importância estruturadora para a sociedade capitalista como um todo. Lukács valoriza essa análise e a interpreta no sentido de que a forma da mercadoria assume um caráter universal, tornando-se na sociedade capitalista a forma de objetualidade por excelência (b). Lukács também utiliza o conceito da racionalidade formal sob outro ponto de vista. Para ele, a racionalidade formal constitui a ponte entre a forma da mercadoria e a forma de conhecimento no nível do entendimento, analisada por Kant. Por essa via, Lukács reinsere o conceito da forma de objetualidade no âmbito da teoria do conhecimento (de onde o conceito tacitamente havia sido subtraído), para então proceder à crítica da reificação, da perspectiva filosófica da crítica hegeliana a Kant. De Hegel, Lukács assume o conceito de totalidade de um nexo vital racionalmente organizado e o utiliza como parâmetro de irracionalidade para se avaliar a racionalização social. Com esse retrocesso, desmente de maneira implícita a afirmação central de Weber de que a unidade da razão concebida metafisicamente se teria desagregado *em definitivo* com o afastamento das esferas culturais de valor autolegitimadas, ou seja, a afirmação de que não haveria como reconstruir essa unidade, nem mesmo dialeticamente (c).

Sobre (a): Lukács desenvolve seu conceito de reificação a partir da análise da forma da mercadoria por Marx; ele se refere ao famoso trecho no primeiro volume de *O capital*[37], em que Marx descreve o caráter de fetiche da mercadoria: "O que a forma da mercadoria tem de misterioso consiste simplesmente em que ela torna visível aos seres humanos, como num espelho, os caracteres sociais de seu trabalho enquanto caracteres objetuais dos produtos do trabalho, enquanto qualidade natural dessas coisas em sociedade, e portanto também a relação social dos produtores com o trabalho em seu todo, enquanto relação social entre objetos existentes fora desses mesmos produtores. Com esse *quid pro quod* os produtos do trabalho tornam-se mercadorias, coisas sociais ou sensivelmente suprassensíveis [...]. A relação social dos próprios seres humanos assume aqui a forma de uma relação entre coisas, fantasmagórica para os seres humanos."[38]

É com auxílio do conceito hegeliano de abstração que Marx analisa a dupla forma da mercadoria, enquanto valor de troca e valor de uso, bem como a transformação de sua forma natural em forma de valor: o valor de uso está para o valor de troca assim como a essência está para a aparência. Hoje em dia, isso nos traz dificuldades porque não podemos empregar cegamente os conceitos fundamentais não reconstruídos da lógica hegeliana; a discussão ampliada sobre a relação entre o *Capital* de Marx e a *Lógica* de Hegel tratou mais de aclarar essas dificuldades que de eliminá-las[39]. Eis por que não me apro-

---

37. Marx. *Das Kapital*, vol. I. Berlim, 1960.
38. Marx, 1960, pp. 77 s.
39. H. G. Backhaus. "Zur Dialektik der Wertform", in A. Schmidt (org.). *Beiträge zur Marxistischen Erkenntnistheorie*. Frankfurt/M., 1969; H. J. Krahl. *Zum Verhältnis von "Kapital" und Hegelscher Wesenslogik*, in O. Negt (org.). *Aktualität und Folgen der Philosophie Hegels*. Frankfurt/M., 1970; H. Reichelt. *Zur logischen Struktur des Kapitalbegriffs*. Frankfurt/M., 1970; P.

fundarei na análise formal. Lukács também não o faz. Interessa-o somente o efeito de reificação, que surge na medida em que a força de trabalho dos produtores se torna mercadoria – "a separação entre a força de trabalho e a personalidade dos trabalhadores, sua transformação em uma coisa, em um objeto vendido no mercado"[40].

É fácil entender de forma intuitiva o pensamento básico aí envolvido. Enquanto as relações interativas na esfera do trabalho social são regradas de maneira tradicional, por meio de normas que tenham surgido naturalmente, os indivíduos mantêm diante dos outros e diante de si mesmos relações comunicativas que estabeleceram de maneira intencional. Também seria esse o caso se as relações sociais pudessem um dia ser determinadas por uma formação da vontade em comum. Contudo, enquanto a produção de bens for organizada como produção de valores de troca, e enquanto a própria força de trabalho de quem produz for trocada como mercadoria, estará em ação outro mecanismo da coordenação de ações: as orientações da ação economicamente relevantes serão dissociadas dos contextos do mundo da vida e atreladas ao *medium* valor de troca (ou dinheiro). À medida que as interações não forem mais coordenadas por meio de normas e valores, mas pelo *medium* valor de troca, os que agem vão tendo de assumir um posicionamento objetivador uns em relação aos outros (e em relação a si mesmos). Diante disso, o próprio mecanismo da

---

Mattik. *Die Marxsche Arbeitswerttheorie*, in F. Eberle (org.). *Aspekte der Marxschen Theorie 1*. Frankfurt/M., 1973; J. Zeleny. *Die Wissenschaftslogik und das Kapital*. Frankfurt/M., 1973; D. Horster. *Erkenntnis-Kritik als Gesellschaftstheorie*. Hannover, 1978, pp. 187 ss.

40. Lukács, 1968, p. 274. Do conceito de "trabalho abstrato" me ocuparei na Consideração final. Cf. vol. 2, pp. 604 ss.

coordenação de ações defronta com eles como algo externo. As transações que se dão no *medium* do valor de troca esquivam-se da intersubjetividade própria ao entendimento mútuo linguístico, transformam-se em algo que tem lugar no mundo objetivo, em pseudonatureza[41]. É com os termos objetivação ou "coisificação" [*Versachlichung*] que Marx descreve o efeito de equiparação do que é normativo e do que é subjetivo ao *status* de coisas perceptíveis ou manipuláveis. À medida que o trabalhador assalariado, em toda sua existência, torna-se dependente do mercado, os processos de valoração anônimos invadem seu mundo da vida e vão destruindo a eticidade de uma intersubjetividade gerada por via comunicativa; e enquanto isso as relações sociais vão se transformando em relações puramente instrumentais. Os produtores, diz Marx, "só existem uns para os outros de maneira objetiva; na relação monetária isso está apenas mais desenvolvido, já que nela a própria essência comum dos produtores surge como coisa externa e portanto casual. O nexo social, que surge por meio do choque de indivíduos independentes, como necessidade objetiva e ao mesmo tempo como liame externo que têm diante de si, representa a independência deles; e para essa independência a existência social constitui uma necessidade (embora seja somente um meio) e surge para os próprios indivíduos como algo externo, como uma coisa até mesmo palpável, no caso do dinheiro. Sendo sociais, os indivíduos produzem na sociedade e para ela, mas ao mesmo tempo ela lhes parece um mero meio de objetificar sua

---

41. H. Dahmer desenvolve esse conceito (*Libido und Gesellschaft*. Frankfurt/M., 1973) no âmbito de seus estudos de inspiração marxista sobre a psicologia social das esquerdas freudianas.

individualidade. Já que os produtores não estão subsumidos sob uma essência comum que tenha surgido naturalmente; e já que por outro lado eles tampouco subsumem sob si mesmos a essência comum enquanto algo conscientemente social, ela acaba tendo de existir diante deles, sujeitos independentes, como algo objetivo que, diante deles, é igualmente independente, externo, casual"[42].

No contato com a *Filosofia do dinheiro*, de G. Simmel, Weber já havia aprendido muito sobre a troca de cena que se estabelece assim que as relações comunicativas de origem natural se traduzem "para a linguagem universal do dinheiro". Com a intenção de fixar de modo consistente o fenômeno básico da racionalização social nas relações capitalistas de troca, Lukács remete-se à análise original de Marx (a um ponto anterior a Simmel, portanto); para Weber, as relações de troca eram mera expressão exemplar de um processo *mais geral*. A realização peculiar de Lukács consiste em associar Marx e Weber para poder considerar sob *os dois* aspectos ao mesmo tempo (da reificação e da racionalização) o desprendimento da esfera do trabalho social em relação a outros contextos do mundo da vida. À medida que os sujeitos que agem vão se adequando a orientações segundo o valor de troca, seu mundo da vida vai se reduzindo e se restringindo à dimensão objetiva: eles assumem para si e diante dos outros um posicionamento objetivador atinente ao agir orientado pelo êxito, e com isso fazem de si mesmos objetos a serem tratados por outros atores. No entanto, ao pagar o preço da reificação das interações, ganham em troca a liberdade de um agir estratégi-

---

42. Marx. *Grundrisse der Kritik der Politischen Ökonomie*. Berlim, 1953, pp. 908 s.

co, orientado caso a caso segundo o próprio êxito. A reificação, como prossegue Marx no trecho citado há pouco, é "condição para que eles [os produtores], como pessoas físicas independentes, possam ao mesmo tempo estar inseridos em um contexto social"[43]. O modelo de um sujeito da ação que se coletiviza socialmente pela via das relações de troca é caracterizado pelo jurista Marx como o sujeito do direito privado guiado pelo intuito de perseguir os próprios interesses de maneira racional-teleológica. Assim, a relação entre as análises de Marx e Weber constrói-se sem coerções: "Para nós, o mais importante é o princípio que aqui alcança sua validade: o princípio da racionalização ajustado segundo o cálculo, segundo a possibilidade de calcular."[44] A reificação de contextos do mundo da vida que ocorre quando os trabalhadores coordenam suas interações pelo *medium* não verbal do valor de troca, e não por meio de normas e valores, é concebida por Lukács como *reverso* de uma racionalização de suas orientações da ação. Com isso ele ainda torna compreensível, da perspectiva da teoria da ação, o efeito sistematogênico de uma coletivização social que se produz pelo *medium* valor de troca.

Veremos que também na teoria dos sistemas o dinheiro servirá como modelo para que se desenvolva nela o conceito de *medium* de direcionamento. Sem grande dramaticidade, a teoria dos meios de comunicação de massa integrará a seus conceitos o duplo aspecto de reificação e racionalização elaborado por Lukács. Também nesse caso a adaptação da orientação das ações, que transita da comunicação linguística ao *medium* dinheiro, sig-

---
43. Marx, 1953, p. 909.
44. Lukács, 1968, p. 262.

nifica uma "mudança no caráter da liberdade": em um horizonte de possibilidades de escolha ampliado de forma drástica, cria-se um automatismo do condicionamento recíproco por meio de ofertas, automatismo que independe de processos de geração de consenso[45].

Sobre (b): A reificação de relações sociais (e do relacionamento dos indivíduos consigo mesmos) encontra expressão na forma de uma organização do empreendimento capitalista separado da economia doméstica, com o qual se institucionaliza o agir empresarial (e com ele a contabilidade capitalista, as decisões de investimento orientadas segundo as chances do mercado, a organização racional do trabalho, o uso técnico de conhecimentos científicos etc.). Max Weber, como se demonstrou, buscou analogias estruturais subsistentes entre o agir formalmente racional da economia e da administração, entre as formas de organização da empresa capitalista e da burocracia pública, entre a concentração dos recursos empresariais em uma e outra, entre as orientações da ação próprias a empresários e funcionários públicos, trabalhadores horistas e de contrato fixo. Lukács, como dá atenção a um único *medium*, o valor de troca, e como atribui a reificação tão somente à "abstração da troca", interpreta todos os fenômenos do racionalismo ocidental como sinais do "processo de ocupação plena de toda a sociedade pelo capital"[46]. Em face do caráter abrangente da racionalização social diagnosticado por Weber, Lukács entende que ele confirma sua própria assunção de que a forma da mercadoria se impõe como forma de objetualidade dominante na sociedade capitalista: "Apenas o ca-

---

45. Cf. vol. 2, pp. 480 ss.
46. Lukács, 1968, p. 268.

pitalismo, com a estrutura econômica unificada para a sociedade inteira, gerou uma estrutura consciencial *formalmente* unificada para a totalidade dessa mesma sociedade. E essa totalidade manifesta-se justamente no fato de que os problemas de consciência do trabalho assalariado repetem-se na classe dominante, só que aí mais refinados, espiritualizados, mas justamente por isso intensificados [...]. A transformação da relação da mercadoria em uma coisa [*Ding*] cuja 'objetualidade' é 'fantasmagórica' não se esgota em que todos os objetos da satisfação de carências se tornem mercadorias. Essa transformação impõe sua estrutura *à consciência humana em seu todo*: as qualidades e capacidades do ser humano não se ligam mais à unidade orgânica da pessoa, mas se manifestam como 'coisas' que o ser humano 'possui' ou 'exterioriza', tais como os diversos objetos do mundo externo. E naturalmente não há forma alguma de relação entre os seres humanos, nem possibilidade alguma de que o ser humano confira validade a suas 'qualidades' físicas e psíquicas, a não ser mediante uma submissão sempre maior a essa forma de objetualidade."[47]

Na medida em que a forma da mercadoria se torna uma forma de objetualidade e passa a reger as relações dos indivíduos entre si e a confrontação intelectual dos seres humanos com a natureza externa e com sua natureza interior ou subjetiva, o mundo da vida tem de ser reificado e vê-se obrigado a rebaixar o indivíduo – como bem prevê a teoria de sistemas – ao "mundo da vida" de uma sociedade que se torna exterior a ele e se autonomiza, abstrai e densifica, até atingir a condição de um sistema opaco. Essa perspectiva, Lukács partilha-a tanto com

---

47. Lukács, 1968, pp. 275 s.

Weber quanto com Horkheimer; diversamente deles, no entanto, está convencido de que não apenas se pode refrear aquele desenvolvimento, mas que o próprio desenvolvimento *terá* de colidir com barreiras internas, por razões teoricamente comprováveis: pois a "racionalização do mundo aparentemente total, capaz de alcançar o ser físico e psíquico mais profundo do homem, encontra seu limite no caráter formal da própria racionalidade que apresenta"[48].

O ônus da prova, que Marx pretendia solver com uma teoria da crise, por via político-econômica, incide agora sobre a comprovação (filosófica) das barreiras imanentes à racionalização. Lukács dedica-se a analisar as qualidades da racionalidade formal, no plano em que se funda a crítica de Hegel à teoria kantiana do conhecimento. Lukács projeta esse conceito, desenvolvido em contextos ligados à teoria da ação, para o plano da teoria do conhecimento. Pois para ele é nas ciências modernas que a racionalidade formal encontra sua expressão mais exata; e a crítica kantiana do conhecimento explica a atividade do entendimento expressa nessas ciências, e de maneira prototípica na física de Newton. Essa ciência, "em uma irracionalidade intocada ('ingerabilidade', 'realidade dada'), deixa em paz o substrato material que afinal lhe subjaz, para desse modo poder operar livremente, com categorias do entendimento aplicáveis sem impedimentos, no mundo que então surge, concluso e tornado metodicamente puro"[49]. Para Lukács, a teoria kantiana, embora dilacere sem piedade as ilusões metafísicas da época precedente e assole as pretensões dogmáticas da ra-

---

48. Lukács, 1968, p. 276.
49. Lukács, 1968, p. 298.

zão objetiva, age assim somente para justificar o cientificismo, a assunção (também dogmática) "de que o modo de conhecer racional-formalista é 'para nós' a única maneira de apreender a realidade"[50].

Enfim, também a crítica kantiana reflete apenas estruturas de consciência reificadas, sendo ela mesma, no pensar, expressão da forma de mercadoria que se tornou universal[51].

De maneira totalmente convencional, Lukács dá prosseguimento à linha da crítica kantiana de Schiller a Hegel. Schiller identifica no impulso lúdico o princípio estético segundo o qual "se deve, no nível do pensamento, produzir uma vez mais o ser humano que ora está socialmente aniquilado, retalhado, partido entre sistemas parciais"[52]. E Hegel desenvolve o conceito (já latente no conceito de natureza de Rousseau) da totalidade de um nexo vital "que já tenha superado internamente, ou esteja superando, a dilaceração em teoria e prática, razão e sensibilidade, forma e matéria; um nexo vital para o qual sua própria tendência de atribuir-se forma não signifique apenas uma racionalidade abstrata que deixa de lado conteúdos concretos, e para o qual liberdade e necessidade coincidem"[53]. Lukács – diante da lógica de Hegel, que segundo ele reconstrói dialeticamente a unidade da razão desfeita em pedaços nos seus vários momentos – admite-a como sendo "muito problemática"[54]; pois entende que ela, desde seu surgimento, ainda não foi leva-

---

50. Lukács, 1968, p. 299.
51. A essa tese ligam-se os trabalhos de A. Sohn-Rethel; cf. principalmente: *Geistige und Körperliche Arbeit*. Frankfurt/M., 1970.
52. Lukács, 1968, p. 319.
53. Lukács, 1968, p. 317.
54. Lukács, 1968, p. 323.

da adiante com seriedade. Mesmo assim, Lukács ainda confia no "método dialético", cuja tarefa é fazer superar o pensamento inerente à sociedade burguesa.

Na medida em que assume os conceitos da lógica hegeliana sem analisá-los, Lukács ainda pressupõe a unidade da razão teórica e prática no nível conceitual do espírito absoluto; Weber, por sua vez, havia localizado o paradoxo da racionalização social justamente no fato de que a formação (e corporificação institucional) da racionalidade formal em si mesma não é de modo algum irracional, mas está associada a processos de aprendizagem que excluem tanto uma recuperação *fundamentada* de imagens de mundo metafísicas quanto a ligação dialética à razão objetiva.

Na verdade, apesar de sua relação afirmativa com a filosofia grega, com o classicismo em geral[55], Lukács não exige de forma imediata a restauração de formas de objetualidade tal como elas se refletem no pensamento ordenador metafísico-religioso. Também Lukács se aproximou de Hegel por uma virada ligada ao hegelianismo de esquerda, a partir da perspectiva da crítica marxista a Hegel: "Do ponto de vista da história do desenvolvimento, a filosofia clássica encontra-se em situação paradoxal: impõe-se a meta de superar intelectualmente a sociedade burguesa e de despertar para a vida, por via especulativa, o ser humano destruído nela e por ela; mas em seus resultados ela alcança apenas a plena reprodução intelectual, a dedução apriorística da sociedade burguesa."[56] Enquanto a unidade da razão for apenas *pensada* e assegurada no interior da teoria, uma filosofia que avan-

---

55. Compare a isso a controvérsia entre Lukács e Adorno: G. Lukács. *Wider den missverstandenen Realismus*. Hamburgo, 1958.

56. Lukács, 1968, p. 331.

ça para além dos limites da racionalidade formal continuará repetindo a estrutura reificada de uma consciência que leva o ser humano a relacionar-se de maneira contemplativa com um mundo que no fundo foi criado por ele mesmo. Portanto, o que interessa a Lukács, assim como ao Marx dos *Anuários franco-alemães*, é a *efetivação prática* do nexo vital racional, que Hegel no início tratou de maneira exata, por via especulativa. O objetivismo da teoria hegeliana consiste no caráter contemplativo dela mesma, e portanto em que ela queira apenas unir na teoria os momentos que haviam se distanciado, e em que ela queira assentar-se sobre a filosofia como lugar em que se cumpre e plenifica a reconciliação da totalidade que se tornou abstrata, lugar em que se assegura o conceito das obras conciliatórias. Com isso, Lukács crê que Hegel tenha ignorado o plano da práxis histórica, justamente o único em que o teor crítico do discernimento filosófico pode tornar-se efetivo.

Ora, no ponto decisivo a determinação marxista da relação entre teoria e práxis já havia permanecido ambígua; e na versão de Lukács para essa relação a ambiguidade fica evidente. No início, Lukács pode se deixar envolver pelo principal discernimento proposto por Max Weber. A modernidade caracteriza-se pela ancoragem motivacional e corporificação institucional de uma racionalidade formal que se deve à dissolução da unidade substancial da razão e ao afastamento entre seus momentos abstratos inicialmente inconciliados (aspectos de validade, esferas de valor); com isso fica excluída a reconstrução teórica de uma razão objetiva *no plano do pensamento filosófico*. Dessa forma, Lukács tem contra Weber a seguinte objeção: não é porque os momentos racionais não se agregam uns aos outros de maneira fundamentada até formar uma totalidade no plano dos sistemas culturais de interpretação – ou seja, não é porque os momentos racionais não se deixam fundir uns aos outros até se tornarem o fundamento conceitual básico de imagens de mundo – que eles precisam surgir no plano dos sistemas de ação racionalizados como inconciliáveis. Em sociedades capitalistas, o modelo de racionalização é determinado muito mais pelo fato de o complexo da racionalidade cognitivo-instrumental impor-se *à custa* da racionalidade prática, já que esta reifica as condições de vida comunicativas. Por isso é sensato propor a seguinte pergunta: a crítica ao *caráter inconcluso* da racionalização que se manifesta como reificação não traria à consciência uma *relação de complementaridade* da racionalidade cognitivo-instrumental, de um lado, e da racionalidade moral--prática e estético-expressiva, de outro, como sendo *o parâmetro* inerente ao conceito irreduzido de práxis, e poderíamos dizer: ao próprio agir comunicativo? Essa razão está ficcionalizada nas imagens de mundo metafísicas como uma razão substancialmente unitária; mas por fim o próprio conceito de uma razão objetiva tombou ante a racionalização das imagens de mundo. Aqui, na "teoria" – e é este o clímax da crítica de Marx a Hegel –, a conciliação pretendida em nome da razão continua sendo uma ficção, apesar de toda a dialética. Entre os momentos racionais diferenciados subsiste acima de tudo um nexo formal, qual seja a unidade de procedimentos da fundamentação argumentativa. Portanto, pode-se ao menos na "práxis", no mundo da vida, conferir realidade ao que na "teoria", no plano dos sistemas culturais de interpretação, apresenta-se apenas como nexo formal. Sob a palavra de ordem da "filosofia que se torna prática", Marx apropria-se da perspectiva da "filosofia do ato" do hegelianismo de esquerda.

Lukács comete o erro decisivo, já sugerido por Marx, de recobrar teoricamente aquele "tornar-se prática" e *apresentá-lo* como efetivação revolucionária da filosofia. Por isso ele precisa esperar da teoria ainda mais realizações do que a metafísica havia reclamado para si. Pois aqui a filosofia não tem de dominar apenas a noção de totalidade, hipostasiada como ordem mundial, mas também a de processo histórico mundial, o desenvolvimento dessa totalidade por meio de uma práxis autoconsciente por parte dos que puderem ser esclarecidos pela filosofia sobre seu papel ativo no processo de autorrealização da razão. Em prol do trabalho de esclarecimento de uma vanguarda da revolução mundial, Lukács precisa requisitar um saber que é duplamente inconciliável com o discernimento rigoroso de Weber acerca da decadência da razão objetiva. A metafísica, que passou a ser filosofia dialética da história, precisa dispor de uma perspectiva conceitual que permita reconhecer a unidade dos momentos da razão afastados entre si por via abstrata e, além disso, também precisa crer-se capaz de identificar os sujeitos que construirão essa unidade na prática e apontar-lhes o caminho. Por essa razão, Lukács adiciona à sua teoria da reificação uma teoria da consciência de classes.

Essa teoria leva à entronização da consciência de classe proletária como sujeito-objeto da história em seu todo[57]. Lukács tampouco hesita em tirar conclusões ins-

---

57. M. Merleau-Ponty ignora esse estado de coisas em sua interpretação de Lukács que, embora significativa, seja reconhecidamente "muito solta": "Esta 'filosofia histórica' trata menos de fornecer-nos a chave para a história do que torná-la para nós uma pergunta permanente; ela não nos dá tanto uma certa verdade, oculta atrás de uma história empírica, mas antes representa a história empírica como genealo-

trumentalistas, desvendadas durante o terror stalinista, que resultaram daquele objetivismo histórico, para questões da organização da luta revolucionária. Não gostaria

---

gia da verdade. É completamente desnecessário dizer que o marxismo nos revela o sentido da história: faz-nos corresponsáveis por nosso tempo e seus partimentos; não nos descreve o futuro; não permite que nosso questionamento cesse; ao contrário, aprofunda isso tudo. Mostra-nos o presente como formado por uma autocrítica, um poder de negação e supressão cujo delegado histórico é o proletariado" (M. Merleau-Ponty. *Die Abenteuer der Dialektik*. Frankfurt/M., 1968, p. 70). Aqui Merleau--Ponty assimila a posição do antigo Lukács a um marxismo existencialista, ao qual interessa menos um sentido objetivo da história que a "eliminação do absurdo" prático (op. cit., p. 50). No prefácio à edição de 1968, Lukács mesmo renovou sua tese desenvolvida em *História e consciência de classe*. Não é preciso de maneira alguma seguir essa autocrítica em *todos* os pontos, caso acorde-se com ela em um deles: "O sujeito-objeto idêntico, porém, é de fato mais que uma construção puramente metafísica? Será mesmo que se concretiza de verdade um sujeito-objeto idêntico em uma autoconsciência ainda tão perfeita, e por meio de um autoconhecimento ainda tão adequado – mesmo que esse autoconhecimento tenha por base um conhecimento adequado do mundo social? A fim de negá-la, basta formular essa pergunta de maneira precisa. Pois o teor de conhecimento não perde com isso seu caráter exteriorizado. Hegel, justamente na *Fenomenologia do Espírito*, rejeitou com razão a realização místico-irracionalista do sujeito-objeto idêntico, a 'intuição intelectual' de Schelling, e exigiu uma solução filosoficamente racional do problema. Seu saudável senso de realidade fez que essa exigência permanecesse como tal; e, embora sua construção do mundo mais geral culmine na perspectiva de sua realização, ele não mostra concretamente em seu sistema como se poderia alcançar essa exigência. Por conseguinte, o proletariado não é, de fato, sujeito-objeto idêntico da história da humanidade real, uma realização materialista que supera as construções de pensamento idealistas, mas antes um sobre-hegelianar de Hegel, uma construção que se propõe superar objetivamente o próprio mestre, em audaz investigação intelectual sobre toda e qualquer realidade" (Lukács, 1968, p. 25). Quanto a isso, cf. Arato, Breines (1979), parte 2); a concepção de *História e consciência de classe* é vista menos homogeneamente por J. P. Arnasson. *Zwischen Natur und Gesellschaft*. Frankfurt, 1970, pp. 12 ss. Sobre Merleau-Ponty, cf. minha rescensão em: J. Habermas, 1971a, pp. 387 ss., principalmente pp. 422 ss.

aqui de me dedicar a isso[58]. Como bem avalia o resumo de Wellmer, a tentativa de Lukács de "tornar visíveis os teores especificamente político-econômicos do processo capitalista de industrialização que estavam por trás do conceito abstrato de 'racionalização' proposto por Weber era parte de um empreendimento maior, com o qual ele esperava validar uma vez mais a dimensão filosófica da teoria marxista. A meu ver, o fracasso dessa tentativa deve-se ironicamente ao fato de que a reconstrução filosófica do marxismo por Lukács, em pontos centrais, significou um retorno ao idealismo objetivo"[59].

---

58. Lukács, 1968, II, pp. 471-518; sobre isso, cf. minha crítica em Habermas, 1971a, pp. 37 ss.
59. Wellmer, 1977a, pp. 477 s.

2. A CRÍTICA DA RAZÃO INSTRUMENTAL

A crítica da razão instrumental entende-se como crítica da reificação que dá prosseguimento à recepção de Weber por Lukács, sem no entanto assumir as consequências (aqui apenas mencionadas) de uma filosofia objetivista da história[60]. Adorno e Horkheimer, por sua vez, ao empreender essa tentativa, enredaram-se em aporias das quais podemos tirar boas lições, e também *razões para uma mudança de paradigma* na teoria social. Primeiro pretendo esboçar de que maneira Horkheimer e Adorno, remetendo-se a Lukács, reformulam a tese weberiana da racionalização[61]. A versão que Lukács deu

---

60. Desconsidero, por ora, a posição desenvolvida nos anos 1930 pelo Círculo de Frankfurt, então emigrado para Nova York; cf., porém, vol. 2, pp. 680 ss.

61. Ao escolher a "Dialética do Esclarecimento" como ponto de referência para a recepção de Weber, assumo o ônus de só poder considerar de passagem as evidentes diferenças entre as posições de Horkheimer e Adorno. Sobre a interpretação de Adorno representada por seus editores H. Schweppenhäuser e R. Tiedemann, que se entende, ela mesma, como ortodoxa, cf. F. Grenz. *Adornos Philosophie in Grundbegriffen*.

à teoria da reificação será desmentida pelo malogro da Revolução e por esforços de integração por parte das sociedades capitalistas avançadas, que não haviam sido previstos (1). Essa sua versão também é passível de contestação teórica pela vinculação afirmativa ao idealismo objetivo de Hegel (2). Eis por que Horkheimer e Adorno se veem obrigados a aprofundar ainda mais os fundamentos da crítica à reificação e a ampliar a razão instrumental, elevando-a no todo a uma categoria do processo civilizatório da história mundial; ou seja, eis por que eles precisam deslocar o processo de reificação a um ponto anterior ao início capitalista da modernidade, até o começo da humanização (3). Com isso, no entanto, ameaçam turvar-se os contornos do conceito de razão; por um lado, a teoria assume traços de uma contemplação mais tradicional, negadora de referências à práxis; ao mesmo tempo, entretanto, a teoria delega à arte a competência de representar uma razão evocada apenas de maneira indireta (4). A autossuprassunção negativo-dialética do pensamento filosófico ocasiona aporias, e elas suscitam a pergunta: essa situação argumentativa é ou não conseqüência de uma filosofia da consciência cujo viés está aprisionado, fixado sobre a relação entre subjetividade e autopreservação? (5)

(1) Para a formação da teoria crítica, como bem demonstrou H. Dubiel[62], foram determinantes sobretudo três experiências históricas cujo ponto comum é a frustração de expectativas revolucionárias. O desenvolvimento

---

Frankfurt/M., 1974. De outra parte, A. Schmidt mantém a continuidade da teoria crítica em sua versão horkheimeriana: A. Schmidt. *Zur Idee der Kritischen Theorie*. Munique, 1974; do mesmo autor: *Die Kritische Theorie als Geschichtsphilosophie*. Munique, 1976.

62. Dubiel, 1978, pp. 15-135.

soviético confirmou de maneira geral a prognose de Max Weber de uma burocratização acelerada, e a práxis stalinista confirmou de maneira sangrenta a crítica de Rosa Luxemburgo à teoria da organização de Lênin e a seus fundamentos histórico-objetivistas. O fascismo, a seguir, comprovou que sociedades capitalistas avançadas, em situações de crise, são capazes de reagir ao perigo de uma mudança revolucionária com a reconstrução do sistema político e de absorver a resistência dos trabalhadores organizados. O desenvolvimento nos Estados Unidos revelou, por fim, de *outra* maneira a força integrativa do capitalismo: sem repressão aberta, a cultura de massas vincula a consciência de amplas camadas da população ao imperativo do *statu quo*. A contraversão russo-soviética do teor humano do socialismo revolucionário, o fracasso do movimento operário social-revolucionário em *todas* as sociedades industriais e as conquistas sociointegrativas de uma racionalização que adentra a reprodução cultural – foram essas as experiências fundamentais que Horkheimer e Adorno buscaram processar teoricamente no início dos anos 1940. Elas contrastam com assunções centrais da teoria da reificação que Lukács havia formulado no início dos anos 1920.

Marx menciona como pressuposto objetivo para a superação do capitalismo as forças produtivas desencadeadas no interior do próprio capitalismo; em primeira linha, estava pensando nos aumentos de produtividade pelo progresso técnico-científico, pela qualificação da força de trabalho e por uma organização aprimorada dos processos de trabalho. Entre as forças produtivas que entrariam "em contradição" com as relações de produção, ele certamente incluía o potencial subjetivo dos trabalhadores, também na medida em que ele se manifestasse na atividade crítico-revolucionária (e não apenas na atividade produtiva). O capitalismo, supunha Marx, também "seria coprodutor dos pressupostos subjetivos essenciais para a libertação do proletariado por si mesmo"[63]. Lukács mantém essa posição, mas já trata de revisar a avaliação de Marx quanto às ciências modernas. Em meio ao desenvolvimento da produtividade, as ciências são retroalimentadas com intensidade cada vez maior pelo avanço técnico; e a formação de uma autocompreensão cientificista identifica progressivamente os limites do conhecimento objetivador com os limites do conhecimento em geral. Ao mesmo tempo, porém, as ciências vão assumindo também um papel ideológico. A compreensão científica delimitada pelo positivismo é uma expressão peculiar das tendências gerais de reificação criticadas por Lukács. Começa aqui a linha de argumentação que Horkheimer e Adorno (e também Marcuse, em grande medida)[64] desenvolverão, até o ponto em que, de sua perspectiva, as forças produtivas técnico-científicas acabam por fundir-se às condições de produção, retraindo em si a energia de explosão do sistema. O mundo racionalizado compõe-se como "falsa" totalidade.

Em face disso, Lukács insiste em que a racionalização "aparentemente total" do mundo, embora se estenda "até o ser físico e psíquico mais profundo do homem", depara com um limite interno – seu limite está "no caráter formal de sua própria racionalidade"[65].

---

63. Wellmer, 1977a, p. 472.
64. H. Marcuse. *Der eindimensionale Mensch*. Neuwied, 1965; sobre isso: J. Habermas. *Technik und Wissenschaft als "Ideologie"*. Frankfurt/M., 1968; do mesmo autor: *Die Rolle der Philosophie im Marxismus*, in Habermas, 1976a, pp. 49 ss.
65. Lukács, 1968, p. 276.

Lukács conta portanto, na natureza subjetiva do ser humano, com uma reserva resistente à reificação. Exatamente pelo fato de o trabalhador individual estar coagido a separar sua força de trabalho como função de sua personalidade plena, e a objetivá-la como mercadoria, como algo que precisa ser literalmente externado, sua subjetividade esvaziada e transformada de forma abstrata vê-se estimulada à resistência: "Aqui a separação entre objetividade e subjetividade manifesta-se no ser humano que se objetiva como mercadoria; e exatamente por isso a situação torna-se passível de conscientização."[66] Essa afirmação apoia-se implicitamente em Hegel, que constrói a autodinâmica do espírito como uma necessidade que, em certo sentido, é lógica. Quando se dispensa esse pressuposto e se toma aquela afirmação por empírica, fica evidente serem necessárias *outras* razões para tornar plausível por que caberia ao trabalhador assalariado elevar-se acima de seu papel de objeto, e por que o proletariado como um todo deveria constituir uma consciência com a qual (e sobre a qual) se pudesse concretizar o autodesvendamento de uma sociedade fundada sobre a produção de mercadorias. Lukács assegura apenas "que o processo de reificação, o 'tornar-se mercadoria' do trabalhador, anula-o, atribula e deturpa sua 'alma' enquanto ele não se rebela de forma consciente contra isso; por outro lado, nada disso transforma sua essência humana em mercadoria. Portanto, em seu interior ele é plenamente capaz de se objetivar contra essa sua existência [...]"[67]. Horkheimer e Adorno, que se fiam, mas não cegamente, na lógica hegeliana, contestam essa afir-

---

66. Lukács, 1968, p. 352.
67. Lukács, 1968, p. 356.

mação com razões empíricas: como ambos persistem na teoria da reificação, veem-se obrigados a esclarecer as experiências históricas que falam tão positivamente em favor do arrastamento da natureza subjetiva das massas ao turbilhão da racionalização social – natureza humana que teria acelerado e não tanto impedido esse processo.

Ambos desenvolvem uma teoria do fascismo e da cultura de massas. Nela, discutem aspectos sociopsicológicos de uma deformação que se alastra até as esferas mais interiores da subjetividade e apreende os fundamentos motivacionais da personalidade; além disso, esclarecem a reprodução cultural sob pontos de vista da reificação. Enquanto para a teoria da cultura de massa[68] a forma da mercadoria também acomete a cultura e tem assim a tendência a ocupar *todas* as funções do ser humano, a *Teoria do fascismo*[69] conta com um reaproveitamento funcional das resistências exercidas pela natureza subjetiva contra a racionalização, reaproveitamento pretendido por elites políticas segundo decisões tomadas de antemão. Horkheimer interpreta o desconforto da cultura, que se fazia notar de maneira sempre mais estridente, como um levante da natureza subjetiva contra a reificação, como uma "revolta da natureza": "Quanto mais alto se propaga e se reconhece a ideia da racionalidade, mais cresce na disposição espiritual dos seres humanos

---

68. Horkheimer, Adorno, 1947, pp. 144-98.

69. Horkheimer, 1967, pp. 93-123; restrinjo-me aqui ao aspecto psicossocial de uma teoria para a qual também os trabalhos econômicos de F. Pollock foram importantes. Quanto às análises diferenciadas feitas pelo Instituto de Pesquisa Social no período 1939-42 sobre o fascismo, cf. o livro documentário publicado e concebido por H. Dubiel e A. Söllner: *Horkheimer, Pollock, Neumann, Kirchheimer, Gurland, Marcuse, Wirtschaft, Recht und Staat im Nationalsozialismus*. Frankfurt/M., 1981.

o ressentimento consciente ou inconsciente contra a civilização e sua instância no indivíduo, no eu."[70] Horkheimer já tinha em vista os fenômenos tematizados nesse ínterim por pensadores como Foucault, Laing e Basaglia, entre outros[71].

Os "custos" sociopsicológicos de uma racionalização limitada ao que é cognitivo-instrumental ("custos" exteriorizados pela sociedade que vêm onerar os indivíduos) manifestam-se enquanto fenômenos sob formas diversas – seu espaço de ação vai desde as doenças psíquicas clínicas, passando por neuroses, ocorrências de vícios, distúrbios psicossomáticos, problemas motivacionais ou educacionais, até a conduta contestatória de contraculturas de inspiração estética, seitas religiosas de jovens e grupos criminais marginalizados (que incluem também o terrorismo anarquista). Horkheimer interpreta o fascismo como reaproveitamento bem-sucedido, como utilização da revolta da natureza interna em prol da racionalização social contra a qual aquela mesma revolta se dirige. No fascismo, "a racionalidade alcançou um patamar em que ela não se contenta apenas com a repressão da natureza; agora a racionalidade explora a natureza quando incorpora a seu próprio sistema as potencialidades rebeldes da natureza. Os nazistas manipularam os desejos reprimidos do povo alemão. Quando os nazistas e as forças industriais e militares que lhes davam retaguarda lançaram seu movimento, precisaram conquistar as massas, cujos interesses materiais não eram os deles. Apelaram às classes desfavorecidas, condenadas mediante o desenvolvimento industrial, ou seja, exauri-

---

70. Horkheimer, 1967, p. 108.

71. Cf. os artigos do caderno da revista cultural parisiense *Esprit* dedicado à escola de Frankfurt, maio 1978.

das pelas técnicas da produção de massa. Aqui, entre camponeses, artesãos de classe média, comerciantes de varejo, donas de casa e pequenos empresários, podiam ser encontrados os precursores que lutariam em favor da natureza reprimida, as vítimas da razão instrumental. Sem o apoio ativo desses grupos, os nazistas jamais teriam podido tomar o poder."[72]

Essa tese esclarece não apenas a base entre as classes sociais sobre a qual o fascismo apoiou-se para chegar ao poder, mas também a função histórica que ele assumiu, qual seja a de acelerar em uma "nação tardia" os processos de modernização social[73]: "Na verdade, a revolta do ser humano natural – no sentido das camadas preteridas da população – contra o crescimento da racionalidade estimulou a formalização da razão e serviu mais para tolher a natureza que para libertá-la. Sob essa luz poderíamos descrever o fascismo como uma síntese satânica de razão e natureza – exatamente o inverso daquela conciliação dos dois polos com a qual a filosofia sempre sonhou."[74]

Horkheimer e Adorno investigam empiricamente os mecanismos psíquicos com cujo auxílio foi reaproveitada a revolta da natureza interior a fim de que cumprisse a função de fortalecer as energias contra as quais se voltava; estimulados pelos primeiros trabalhos de E. Fromm[75], levam em conta especialmente o modelo ideológico do antissemitismo e a estrutura instintiva sadomasoquista

---

72. Horkheimer, 1967, pp. 118 s.
73. Sobre essa tese, R. Dahrendorf. *Gesellschaft und Demokratie in Deutschland*. Munique, 1965.
74. Horkheimer, 1967, p. 119.
75. E. Fromm. *Arbeiter und Angestellte am Vorabend des Dritten Reiches. Eine sozialpsychologische Untersuchung*. Org. por W. Bonß. Stuttgart, 1980.

do caráter de conformação autoritária[76]. Essas investigações encaminharam-se a uma pesquisa sobre preconceitos políticos, que acabou por se afastar das assunções psicoanalíticas e abandonou a referência ao universo conceitual de uma teoria da reificação.

A *teoria da cultura de massa* refere-se aos fenômenos não tão espetaculares de uma integração social da consciência acerca dos meios de comunicação de massa. Com base na transformação da obra de arte em bem cultural, como fetiche, e no retrocesso do prazer artístico à condição de consumo e entretenimento controlado, Adorno investiga o "fetichismo da mercadoria em novo estilo", estando convencido de que no caráter sadomasoquista do pequeno-burguês que se deixa mobilizar em favor do Estado total e "no aceitante da arte de massa hodierna" representa-se "a mesma coisa para lados diversos". Lukács já havia admitido que o processo de reificação, quanto mais se afasta da esfera da produção e das experiências cotidianas do mundo da vida proletário, e quanto mais altera pensamentos e sentimentos em seu ser qualitativo, menos acessível se torna à autorreflexão[77]. É a essas considerações que Adorno dá prosseguimento em seu trabalho "Sobre o caráter do fetiche na música e o retrocesso da audição"[78]: "Com certeza o valor de troca impõe-se de maneira peculiar no campo dos bens cultu-

---

76. Th. W. Adorno, E. Frenkel-Brunswik, D. J. Levinson, R. N. Sanford. *The Authoritarian Personality*. Nova York, 1950; trad. al.: Amsterdam, 1968; sobre isso: M. v. Freyhold. *Autoritarismus und politische Apathie*. Frankfurt/M., 1971.

77. Lukács, 1968, p. 456.

78. Th. W. Adorno. "Über den Fetischcharakter in der Musik und die Regression des Hörens", in *Gesammelte Schriften*, vol. 14. Frankfurt/M., 1973c.

rais. Pois esse campo surge no mundo da mercadoria justamente como excetuado do poder de troca, [...] e é tão só a essa aparência que os bens culturais devem seu valor de troca [...]. Se a mercadoria por certo se constitui de valor de troca e valor de uso, o puro valor de uso (cuja ilusão os bens culturais devem conservar na sociedade plenamente perpassada pelo capitalismo) será substituído pelo puro valor de troca, que enquanto valor de troca assume enganosamente a função de valor de uso. Nesse *quid pro quo* constitui-se o caráter específico de fetiche próprio à música: os afetos que se destinam ao valor de troca fomentam a aparência do imediato, e ao mesmo tempo o valor de troca é desmentido pela ausência de relações ao objeto [...]. Perguntamo-nos pela argamassa que ainda confere inteireza à sociedade de mercadorias, aglutinando-a. Uma contribuição possível a essa explicação advém da transposição do valor de uso dos bens de consumo a seu valor de troca no interior da composição geral, em que toda fruição, ao se emancipar do valor de troca, assume traços subversivos. A aparição do valor de troca nas mercadorias assumiu uma função aglutinadora específica."[79] Para elucidar essa afirmação, Adorno apoia-se: nas condições de produção diferenciadas atinentes à cultura de massa; na indiferenciação das formas dos bens culturais produzidos de maneira padronizada; no modo alterado de receber a fruição artística fusionada ao entretenimento; e finalmente na função de se adaptar ao dia a dia oferecido qual fosse o paraíso: "Em lugar da dor que se torna presente no enlevo e na ascese, a indústria cultural propõe renúncia jovial [...]. Em toda exibição que a indústria cultural promove, a permanente renúncia imposta

---

79. Adorno, 1970 ss., pp. 14, 25 s.

pela civilização é uma vez mais adicionada e demonstrada, de maneira inequívoca, a tudo que se apreende."[80]

Gostaria de não me aprofundar nessa teoria; ela continuou sendo interessante, mas antes em função de seu questionamento geral do que em função de suas hipóteses individuais. Adorno assumiu uma perspectiva de crítica cultural que com razão lhe conferiu um tom cético, distinguindo-o das esperanças um tanto apressadas de Walter Benjamin em relação à força emancipadora da cultura de massa, e do cinema em particular[81]. Por outro lado, Adorno não dispõe de um conceito claro sobre o caráter ambivalente de um controle social exercido sobre os meios de comunicação de massa, como veremos. Uma análise que parta da forma de mercadoria própria aos bens culturais assemelha os novos meios de comunicação de massa ao *medium* valor de troca, embora as semelhanças estruturais não cheguem tão longe assim. Enquanto o *medium* dinheiro *substitui* o entendimento por via linguística como mecanismo da coordenação de ações, os meios de comunicação de massa continuam dependentes do entendimento alcançado pela linguagem. Esses meios constituem reforçadores técnicos da comunicação verbal, os quais suplantam distâncias no tempo e no espaço, multiplicam as possibilidades comunicativas, tornam mais densa a rede do agir comunicativo, sem no entanto desacoplar entre si as orientações da ação e os contextos ligados ao mundo da vida. Por certo, o potencial comunicativo enormemente ampliado é neutralizado de início por formas de organização que asseguram

---

80. Horkheimer, Adorno, 1947, p. 168.
81. J. Habermas. "Bewusstmachende oder rettende Kritik", in J. Habermas. *Philosophisch-politische Profile*, 1981a, pp. 336 ss.

fluxos de comunicação de mão única, portanto não reversíveis. Mas, se a cultura de massa feita sob medida para os meios de comunicação é capaz de desenvolver força suficiente para a integração regressiva da consciência, isso depende primeiramente de "a comunicação (promover) a equiparação dos seres humanos por meio do isolamento deles"[82]; e não depende, por outro lado, de as leis do mercado intervirem sempre mais profundamente na produção cultural[83].

(2) Horkheimer e Adorno radicalizam a teoria da reificação de Lukács por um viés sociopsicológico, com a intenção de esclarecer a estabilidade das sociedades capitalistas sem ter de abandonar a abordagem pautada pela crítica do fetichismo da mercadoria. A teoria deve esclarecer por que o capitalismo intensifica as forças produtivas e ao mesmo tempo abranda as forças de resistência subjetiva. Lukács havia imputado a validade a uma lógica segundo a qual o processo de reificação da consciência *precisa* levar à autossuprassunção na consciência de classe proletária. Horkheimer e Adorno deixam de lado a lógica de Hegel e tratam de esclarecer empiricamente as evidências que refutam aquela predição. Quanto à impossibilidade de reconstruir a razão objetiva, nem mesmo em conceitos dialéticos, nesse ponto ambos estão de acordo com Weber, o "arquipositivista".

Em sua crítica a Hegel, embora ela aponte para além de Lukács, Adorno permite-se adotar e robustecer um dos argumentos de Lukács. Trata-se do problema da relação entre espírito e matéria, com que Lukács deparou no contexto da problemática da coisa-em-si, atinente à

---

82. Horkheimer, Adorno, 1968, p. 263.
83. Cf. infra vol. 2, pp. 699 ss.

teoria do conhecimento. Lukács cita aqui uma frase de Emil Lask: "Não está óbvio para a subjetividade – isto, ao contrário, constitui toda a meta de sua investigação posterior – qual é afinal a categoria que surgirá com a diferenciação da forma lógica, se o que estiver em jogo for apreender um determinado material com exatidão categorial. Ou, em outras palavras: que material individual perfaz por toda parte a esfera material das categorias individuais?"[84] Enquanto Lukács supõe que esse problema só se coloca no pensar ligado ao entendimento, podendo ser resolvido na linha de uma mediação dialética entre forma e conteúdo, Adorno vê esse mesmo problema reincidir no cerne do universo conceitual dialético[85]. *Todo* pensamento conceitual que se eleva por sobre a mera intuição, mesmo o dialético, procede de maneira identificadora e revela a utopia do conhecimento: "O que se alcança da verdade por meio dos conceitos, para além da abrangência abstrata deles mesmos, não pode se dar em outro lugar senão em meio ao que foi reprimido pelos conceitos, menosprezado, lançado fora. A utopia do conhecimento seria desvendar com conceitos o que não é conceitual, sem no entanto equiparar as duas coisas. Tal conceito de dialética desperta dúvidas quanto à possibilidade dele mesmo."[86]

Não preciso discutir aqui a maneira pela qual Adorno executa esse pensamento programático enquanto

---

84. Lukács, 1968, p. 293, nota 2.

85. Já em sua aula inaugural de Frankfurt, em 1931, Adorno contesta a solução sugerida por Lukács para a problemática da coisa-em--si, porque esta partiria de uma falácia genética; Th. W. Adorno. "Die Aktualität der Philosophie", in: vol. 1. Frankfurt/M., 1973a, p. 337.

86. Th. W. Adorno. "Negative Dialektik", in *Gesammelte Schriften*, vol 6. Frankfurt/M., 1973b, p. 21.

"dialética negativa", ou melhor: a maneira pela qual ele o leva adiante em sua inexequibilidade[87]. Em nosso contexto, importa apenas o argumento com que ele refuta a lógica de Hegel, de maneira quase existencialista: "O co-

---

87. S. Buck-Morss. (*The Origin of Negative Dialectics*. Nova York, 1977, pp. 63 ss.) explicita a genuína linha adorniana da teoria crítica e enfatiza a continuidade da filosofia adorniana do início dos anos 30 até as obras maduras da *Dialética negativa* e da *Teoria estética*. Já nos primeiros escritos filosóficos, Adorno inicia com a renúncia à ilusão de "que seria possível apreender a totalidade do real na ação do pensar" (1973a, p. 325). Ele critica desde o início o idealismo – seja oculto ou explícito – do pensar da identidade, quer interpretado no sistema hegeliano, quer no pensar neo-ontológico de Heidegger. Na conferência "A Ideia da história natural" encontra-se a versão mais forte da crítica de Adorno a Heidegger: "Para Heidegger a história, compreendida como uma estrutura ampla do ser, tem o mesmo significado que sua própria ontologia. Por isso antíteses frágeis como história e historicidade – que nada contêm a não ser o fato de que algumas qualidades do ser observadas no ser-aí, ao serem retiradas pelo ente, se veem transpostas para o âmbito da ontologia, devendo transformar-se em determinação ontológica – devem contribuir para a interpretação do que no fundo somente se diz uma vez mais. Esse momento de tautologia não se relaciona a casualidades da forma linguística; adere, no entanto, à necessidade da proposição ontológica da problemática mesma, que se atém ao esforço ontológico mas, por sua posição de partida racional, não logra se autointerpretar ontologicamente como aquilo que é: a saber, como algo produzido pela *ratio* idealista, e relacionado a esta pelo sentido" (1973a, pp. 351 s.). E adiante: "A tendência tautológica não me parece explicar-se por outra coisa senão pelo velho motivo idealista da identidade. Ela surge porque um ser que é histórico se vê submetido à historicidade, uma categoria subjetiva. O ser histórico apreendido sob a categoria subjetiva historicidade deve ser idêntico à história. Ele deve conformar-se às determinações imprimidas a ele pela historicidade. A tautologia parece-me ser menos uma indagação sobre si mesmo por parte da profundidade mítica da língua, e mais um novo encobrimento das velhas teses clássicas da identidade de sujeito e objeto. E, se novamente parece haver em Heidegger uma virada para Hegel, isso só parece confirmar essa interpretação" (1973a, pp. 353 s.).

nhecimento dirige-se ao particular, não ao geral. Ele procura seu verdadeiro objeto na determinação possível da diferença entre esse mesmo particular e o geral que o próprio conhecimento critica como algo inalienável. Quando porém se traduz a mediação do geral pelo particular e do particular pelo geral para uma forma normal abstrata de mediação pura e simples, o ônus recai sobre o particular, até ser despachado de maneira autoritária para os rincões materiais do sistema hegeliano."[88] Segundo os próprios conceitos de Hegel, a conciliação dialética do geral e do particular continua sendo metafísica porque essa conciliação não concede pleno direito ao que, no particular, é não idêntico[89]. A estrutura da consciência reificada tem continuidade na dialética que recebeu a incumbência de superá-la, porque tudo que tem a ver com a coisa equivale para ela ao mal radical: "Pretender dinamizar tudo que é, até o ponto em que isso se torne atualidade pura, revela uma tendência de hostilidade contra o outro, o alheio, cujo nome faz lembrar alienação, e não por acaso; uma tendência à não identidade, em cuja direção se deveria libertar não apenas a consciência, mas uma humanidade conciliada."[90]

Porém, só mais tarde Adorno radicaliza a crítica do pensar da identidade para torná-la uma crítica do pensar identificador em geral, que toma da filosofia não apenas a exigência de totalidade, mas também a esperança de apreensão dialética do não idêntico. Em 1931, Adorno ainda fala categoricamente da "atualidade da filosofia", porque confia a ela um polêmico acesso à realidade, não afirmativo, que em meio a vestígios e escombros garanta a esperança de atingir a realidade certa e justa. A *Dialética negativa* deixa de lado essa esperança.

88. Adorno, 1973b, pp. 322 s.

89. G. Rose. *The Melancholy of Science. An Introduction to the Thought of Th. W. Adorno*. Londres, 1978, pp. 43 ss.; sobre o conceito de reificação em Adorno, cf. também F. Grenz, 1974, pp. 35 ss.

90. Adorno, 1973b, p. 191.

Mas como é que a ideia de reconciliação, sob cuja luz Adorno só pode evidenciar as falhas da dialética idealista, aceita a incumbência de se deixar explicitar, se afinal a dialética negativa se oferece como único caminho possível de reconstrução, sem poder ser trilhado por via discursiva? Desde o início a teoria crítica lidou com a dificuldade de prestar contas sobre seus próprios fundamentos normativos; e desde que Horkheimer e Adorno cumpriram sua virada rumo à crítica da razão instrumental, no início dos anos 1940, essa dificuldade vem se fazendo notar de modo drástico.

Horkheimer abordou primeiro as duas posições que reagem de maneiras opostas à dissolução da razão objetiva pela razão subjetiva, e à desagregação da religião e da metafísica. No capítulo sobre "Remédios universais antagônicos", ele trava o *combate frontal duplo* contra as abordagens da filosofia contemporânea orientadas segundo a tradição, por um lado, e contra o cientificismo, por outro – um combate frontal que determina até hoje as controvérsias intrafilosóficas da teoria crítica. O ensejo atual a que Horkheimer se refere, em seu tempo, é uma controvérsia de representantes do positivismo lógico com correntes neotomistas[91]. O neotomismo surge aqui representando *todas* as tentativas (ligadas às tradições platônica ou aristotélica) de que a filosofia renove sua pretensão ontológica de conceber o mundo como um todo, ora de maneira pré-crítica, ora sob o signo do idealismo objetivo, e de recompor metafisicamente os aspectos de validade do verdadeiro, do bom e do belo, enquanto momentos da razão que se distanciaram uns

---

[91]. Y. H. Krikorian (org.). *Naturalism and Human Spirit*. Nova York, 1944.

dos outros com o desenvolvimento espiritual moderno: "Há hoje uma tendência geral" – e ela realmente se estende até nossos dias[92] – "de revitalizar antigas teorias da razão objetiva, com o fim de proporcionar um fundamento filosófico à decadente hierarquia dos valores universalmente aceitos. Para o uso moderno recomendam-se ontologias medievais, assim como tratamentos pseudorreligiosos ou semicientíficos, espiritismo, astrologia, versões banais de filosofias antigas como ioga, budismo ou correntes místicas, e formas populares de filosofias clássicas objetivistas. Mas a transição da razão objetiva para a subjetiva não foi um acaso, e não se pode fazer retroceder aleatoriamente, em um momento qualquer, o processo do desenvolvimento das ideias. As convicções baseadas na fé, que eram um componente essencial da cultura ocidental, viram sua base filosófica desintegrar-se por obra da razão subjetiva, sob a forma do esclarecimento; se isso ocorreu, no entanto, foi porque essa base filosófica revelou-se muito frágil. E sua revitalização acaba sendo totalmente artificial [...]. Até mesmo o absoluto torna-se um meio, e a razão objetiva, um projeto para a realização de propósitos subjetivos [...]."[93]

Horkheimer certamente não se coloca ao lado do empirismo, por exemplo, quando faz sua crítica de abordagens que se voltam à tradição. O que ele contrapõe à metafísica não se apoia de modo algum na falsa equiparação entre razão e ciência, preconizada pelo positivismo; mais que isso, contrapõe-se à compreensão positivista de ciência e a uma metafísica que, sem contribuir

---

92. Entre os neoconservadores, recrutados em grande número das escolas de J. Ritter e E. Voegelin, destaca-se: R. Spaemann. *Zur Kritik der politischen Utopie*. Stuttgart, 1977.

93. Horkheimer, 1967, p. 66.

para a compreensão da teoria científica, simplesmente a exalta. Horkheimer toma o neopositivismo e o neotomismo por verdades limitadas, que tentam, ambas, "angariar para si um papel despótico na esfera do pensamento"[94]. O empirismo lógico, como o tradicionalismo, precisa recorrer a princípios supremos autoevidentes; mas neste caso é o método científico não esclarecido em seus fundamentos que vem tornar absoluto o próprio empirismo lógico, como antes ocorria com Deus, natureza ou ser. O positivismo nega-se a fundamentar a identidade que afirma existir entre ciência e verdade. Limita-se à análise das formas procedimentais já disponíveis na prática científica. Nisso se expressa uma veneração pelas ciências institucionalizadas; mas continua ausente a justificação normativa da razão pela qual se podem reconhecer determinados procedimentos como científicos: "Para ser autoridade absoluta, a ciência tem de ser justificada como princípio espiritual; não se pode simplesmente deduzi-la a partir de procedimentos empíricos e então conferir-lhe condição de verdade absoluta com base em critérios dogmáticos de êxito científico."[95]

Naturalmente se fica curioso da explicação para o parâmetro que Horkheimer toma por base para sua própria crítica da "verdade ilimitada" do cientificismo. Ou ele precisa extrair esse parâmetro de uma teoria que esclareça os fundamentos das ciências modernas (naturais, sociais e do espírito) no horizonte de um conceito abrangente de verdade e conhecimento; ou, caso não haja (ou *ainda* não haja) uma teoria como essa, ele mesmo precisa enveredar pelo caminho tortuoso da crítica imanente da ciência, para então chegar ao parâmetro que procura

---

94. Horkheimer, 1967, p. 82.
95. Horkheimer, 1967, p. 80.

por meio de uma autorreflexão que vai aos fundamentos ligados ao mundo da vida, às estruturas da ação e ao contexto do surgimento da formação teórica da ciência e do pensamento objetivador em geral[96]. O trecho a seguir é obtuso em face dessa alternativa: "A ciência moderna, como a entendem os positivistas, refere-se essencialmente a enunciados sobre fatos e por isso pressupõe a reificação da vida em geral e da percepção em particular. Ela vê no mundo um mundo de fatos e coisas e exime-se de unir ao processo social a transformação do mundo em fatos e coisas. Justamente o conceito de 'fato' [*Tatsache*] é um produto – um produto da alienação social; nele concebe-se o objeto abstrato da troca como modelo para todos os objetos da experiência em uma dada categoria. A tarefa da reflexão crítica não é apenas entender os diferentes fatos em seu desenvolvimento social – e mesmo isso implicaria muito mais que a escolástica positivista pode imaginar –, mas também perscrutar o próprio conceito de 'fato', em seu desenvolvimento e, com isso, em sua relatividade. Os assim chamados 'fatos' obtidos com métodos quantitativos, que os positivistas costumam considerar os únicos realmente científicos, são com frequência fenômenos superficiais, e mais obscurecem que desvendam a realidade subjacente. Um conceito não pode ser aceito como medida de verdade, se o ideal de verdade a que ele serve pressupõe em si mesmo processos sociais cuja vigência o pensamento não pode aceitar enquanto dados últimos."[97]

---

96. Isso foi tomado seriamente como uma exigência no âmbito da segunda geração da Teoria Crítica, como mostram os trabalhos de Apel, Habermas, Schnädelbach, Wellner, entre outros.

97. Horkheimer, 1967, pp. 83 s.; sobre o conceito empírico da primeira Teoria Crítica, cf. agora W. Bonß. *Die Einübung des Tatsachenblicks*. Frankfurt/M., 1982.

Por um lado, é patente aqui a reminiscência da crítica de Lukács ao objetivismo científico; por outro, sabemos que Horkheimer não pretendia aceitar sem restrição as assunções básicas da crítica hegeliana (ou hegeliano--marxista) a Kant: Lukács está de acordo com Weber quanto a não se poder reverter a cisão entre razão teórica e prática, tampouco reverter a repartição da racionalidade em diferentes aspectos de validade, tais como verdade, correção normativa, autenticidade ou veracidade; isso não seria possível, segundo ele, nem mesmo por meio de um recurso (ainda que materialista ou dialético) à totalidade perdida, ao ente integral.

Eis por que não se pode entender o apelo à reflexão crítica como conclamação à retomada de um Hegel restaurado por via marxista; esse apelo só pode ser entendido como primeiro passo rumo a uma autorreflexão das ciências, que só *mais tarde* foi levada a cabo. De um lado, a autocrítica desenvolvida no âmbito da teoria analítica das ciências resultou nas posições ambíguas do assim chamado pós-empirismo (Lakatos, Toulmin, Kuhn, M. Hesse, Feyerabend), com consequências admiráveis. De outro lado, a concepção da ciência unitária – mediante influência da fenomenologia, da hermenêutica, da etnometodologia, da filosofia linguística, e também da teoria crítica – foi abandonada em meio à controvérsia metodológica acerca dos fundamentos das ciências sociais[98], e isso sem que se tivesse em vista uma alternativa clara. As duas linhas de argumentação não levam de modo algum a uma retomada inequívoca da problemática da racionalidade; elas até dão margem a raciocínios marcados pelo ceticismo e sobretudo pelo relativismo (Feyerabend, El-

---

98. Bernstein, 1979.

kana). As coisas, tampouco em retrospectiva, não se dão como se Horkheimer, de boa consciência, tivesse podido abandonar a reflexão crítica ao ardil do desenvolvimento científico. Essa perspectiva também lhe era muito alheia. Mas Horkheimer e Adorno não entendiam que sua tarefa consistisse na crítica material à ciência, ou em dar continuidade à situação de desagregação da razão objetiva, a fim de desenvolver um conceito de conhecimento "fenomenológico", ampliado pela autorreflexão, e tudo isso na trilha do fio condutor de uma razão subjetiva que se exterioriza em seus objetos – para aí então descortinar um (e não o único) acesso a um conceito de racionalidade diferenciado mas abrangente[99]. A partir da perspectiva ironicamente distanciada, que é própria a uma razão objetiva inapelavelmente desagregada, ambos trataram sim de submeter a razão subjetiva a uma crítica rigorosa.

(3) Esse passo paradoxal está motivado pela convicção de que a "grande" filosofia, sendo Hegel seu ponto culminante e derradeiro, já não dispõe de forças próprias para fundamentar e desenvolver de maneira sistemática a ideia de razão, a ideia de uma conciliação universal entre espírito e natureza – e em tal medida ela entrou em declínio, ao lado das imagens de mundo metafísico-religiosas. Mas está motivado também pela convicção de que a filosofia, por se ter perdido o momento possível de sua efetivação proclamada por Marx, constitui como que o único monumento acessível a nós em que se rememora a promessa de uma condição social humana – e em tal medida também a verdade estaria enterrada sob os escombros da filosofia, fonte única de que o pensamento pode extrair sua força, que nega e transcende a reificação:

---

99. Habermas, 1968b.

"A filosofia, que outrora parecia sobrepujada, permanece viva porque se perdeu o momento de sua efetivação" – essa frase dá início à *Dialética negativa*[100].

Horkheimer e Adorno estão diante do seguinte problema: por um lado, combatem a posição de Lukács para quem a racionalização aparentemente plena do mundo encontra seu limite ao deparar com o caráter formal de sua própria racionalidade – seja por via empírica, mediante a referência às formas de manifestação de uma reificação penetrante da cultura e da natureza interior; seja por via teórica, mediante a comprovação de que também o idealismo objetivo cultivado pelo marxismo de matiz hegeliano simplesmente dá continuidade à linha do pensamento identitário, reproduzindo em si mesmo a estrutura da consciência reificada. Por outro lado, Horkheimer e Adorno radicalizam a crítica de Lukács à reificação. Consideram não ser apenas "aparente" a racionalização plena do mundo, e portanto necessitam de um universo conceitual que lhes permita denunciar o todo – nada menos que isso – como sendo o inverídico. A via de uma crítica da ciência cuja abordagem se revela imanente não lhes permite alcançar esse objetivo; pois o universo conceitual que poderia atender a esse anseio ainda se situa no nível de pretensões da grande tradição filosófica. Essa tradição, no entanto – e aí se vê o componente weberiano inoculado na teoria crítica –, não é simplesmente passível de renovação; "sobreviveu" à própria pretensão, mas em caso algum pode ser renovada sob a forma da filosofia. Procurarei esclarecer de que maneira os autores da *Dialética do esclarecimento* buscam resolver essa dificuldade – e a que preço.

---

100. Adorno, 1973b.

De início, Horkheimer e Adorno generalizam a categoria da reificação. Caso se fique atento ao ponto de partida aí implícito, qual seja a teoria da reificação desenvolvida por Lukács em *História e consciência de classe*, distinguem-se três passos:

(a) Com sua análise da relação do trabalho assalariado caracterizada pela forma de mercadoria assumida pela força de trabalho, Lukács vislumbrou a forma de objetualidade específica para as sociedades capitalistas; além disso, deduziu daí as estruturas da consciência reificada, tal como elas se expressam no pensamento intelectual das ciências modernas, particularmente em sua autointerpretação em Kant. Ao contrário, Horkheimer e Adorno consideram básicas essas estruturas de consciência, a que chamam de razão subjetiva e pensamento identificador; a abstração da troca, nesse sentido, não é senão a forma histórica sob a qual o pensamento identificador atua na história mundial e determina as formas de circulação da sociedade capitalista. Apesar de referências esporádicas a abstrações reais que tenham se tornado objetivas nas relações de troca, é evidente que Horkheimer e Adorno, diferentemente de Lukács (e Sohn-Rethel), não tomam a forma de mercadoria para deduzir a partir dela a forma de pensamento. O pensamento identificador, cujo poder Adorno entende atuar mais na filosofia originária que na ciência, tem raízes mais profundas que a racionalidade formal da relação de troca; é tão somente pela diferenciação e autonomização do *medium* valor de troca que esse pensamento assume significado universal[101].

---

101. Sobre o *status* derivado da racionalidade de troca na obra de Adorno, cf. também J. F. Schmucker. *Adorno-Logik des Zerfalls*. Stuttgart, 1977, pp. 105 ss.

(b) Depois dessa retransposição idealista do conceito de reificação a um contexto da filosofia da consciência, Horkheimer e Adorno dão às estruturas da consciência reificada uma versão que, de tão abstrata, estende-se não apenas à forma teórica do pensamento identificador, mas à confrontação com a natureza exterior por parte do sujeito que age orientado por seus fins. Essa confrontação é concebida sob a ideia da autopreservação do sujeito; o pensamento serve para se dispor tecnicamente da natureza e para que seja possível adaptar-se à natureza exterior, objetivada no âmbito funcional do agir instrumental. É a razão "instrumental" que subjaz às estruturas da consciência reificada. Assim, Horkheimer e Adorno apreendem o mecanismo que gera a reificação da consciência e ancoram-no sobre os fundamentos antropológicos da história dos gêneros, isto é, sobre a forma existencial de um gênero [*Gattung*] que precisa reproduzir-se por meio do trabalho. Com isso retomam o primeiro passo abstrativo que haviam dado, qual seja a separação entre pensamento e contexto reprodutivo. A razão instrumental é concebida em termos das relações entre sujeito e objeto. A relação interpessoal entre sujeito e sujeito, determinante para o modelo das trocas, não tem importância constitutiva para a razão instrumental[102].

(c) Em um último passo, faz-se retrogradar a abstração da dimensão social, mas de maneira curiosa. Horkheimer e Adorno não entendem "domínio" da natureza como metáfora; encontram sob o título "dominação" um

---

102. J. F. Schmucker, 1977, p. 106: "Enquanto para o integrante da sociedade moderna de troca a dialética do instinto de conservação é constituída através de todo processo de troca, para a estrutura da subjetividade odisseica, ao contrário, ela foi derivada do princípio de domínio da natureza."

mesmo denominador para o controle da natureza e para o comando exercido sobre pessoas e sobre a natureza particular subjetiva: "Dominação da natureza inclui dominação das pessoas."[103] Essa é quase uma sentença analítica, quando se toma como ponto de partida o retorno da mesma estrutura do exercício de poder, ora na disposição da natureza pelo sujeito, ora no domínio de um sujeito que toma outro sujeito ou a si mesmo como objeto. O pensamento identitário, que no início havia sido ampliado até tornar-se razão instrumental, amplia-se novamente para tornar-se agora uma lógica do domínio exercido sobre coisas *e* pessoas. A razão instrumental, abandonada a si mesma, faz "da dominação da natureza, dentro e fora, o propósito absoluto da vida"[104]; é o motor de uma "autoafirmação asselvajada".

Lukács usou o conceito de reificação para designar a coerção que leva as relações inter-humanas (e a subjetividade) a tornar-se similares ao mundo das coisas – coerção que se dá quando as ações sociais deixam de ser coordenadas por meio de valores, de normas ou do entendimento linguístico e passam a sê-lo pelo *medium* valor de troca. Horkheimer e Adorno liberam o conceito não apenas do contexto histórico específico relativo ao surgimento do sistema econômico capitalista, mas até mesmo da dimensão das relações inter-humanas em geral; assim, generalizam-no do ponto de vista temporal (pela consideração de toda a história dos gêneros) e do ponto de vista objetivo (à medida que atribuem as duas coisas – cognição a serviço da autopreservação e repressão dos instintos naturais – a uma mesma lógica da dominação). Essa dupla gene-

---

103. Horkheimer, 1967, p. 94.
104. Horkheimer, Adorno, 1947, p. 45.

ralização do conceito de reificação leva a um conceito de razão instrumental que, ante a história inaugural da subjetividade e ante o processo de formação da identidade do eu, toma-os ambos e transfere-os a uma perspectiva histórico-filosófica abrangente.

O eu que se forma na confrontação com as forças da natureza exterior é produto de uma autoafirmação bem-sucedida, resultado das realizações da razão instrumental sob uma dupla perspectiva: é o eu que irrompe insofreável no processo de esclarecimento, submete a natureza a si, desenvolve as forças produtivas, desencanta o mundo à sua volta; mas também é, ao mesmo tempo, o sujeito que aprende a dominar-se, que reprime a natureza de si mesmo, faz avançar a auto-objetivação até seu interior, tornando-se sempre menos transparente para si mesmo. As vitórias sobre a natureza exterior são obtidas à custa de derrotas da natureza interior. Essa dialética da racionalização explica-se com base na estrutura de uma razão que se instrumentaliza em prol de um propósito de autopreservação que se impõe de maneira absoluta. É com base na história da subjetividade que se explica a maneira pela qual essa razão instrumental abate com a espada da irracionalidade todo progresso que angaria: "No momento em que o ser humano cinde e separa como natureza a consciência de si mesmo, todos os propósitos para os quais mantém-se vivo tornam-se nulos: progresso social, intensificação de todas as forças materiais e espirituais, a própria consciência; e a entronização do meio como fim, que assume no capitalismo tardio o caráter de demência desbragada, já pode ser percebida na história inaugural da subjetividade. O domínio do ser humano sobre si, que fundamenta seu si-mesmo, é virtualmente a aniquilação do sujeito a serviço do qual ocorre esse domínio; pois a substância dominada, reprimida e dissolvida pela autopreservação nada mais é que o elemento vivo; e as realizações da autopreservação definem-se tão só como funções desse elemento vivo, justamente como aquilo que cabe preservar."[105]

Qual é o *status* dessa tese no contexto da já mencionada tarefa de reabilitar um conceito abrangente de razão sem incorrer no regresso à noção da totalidade de uma filosofia que de certa maneira teria "sobrevivido"? Essa filosofia da história lança um olhar catastrófico sobre uma relação totalmente desfigurada entre espírito e natureza. Mas só se pode falar de desfiguração na medida em que se concebe em segredo a relação original entre espírito e natureza como se a ideia da verdade se ligasse a uma conciliação universal – conciliação incluindo aqui a interação do ser humano com a natureza, os animais, plantas e minerais[106].

Ora, se o espírito é o princípio que, por manter a natureza exterior sob controle, paga o preço da repressão da natureza interior, e se é também o princípio de uma autopreservação que ao mesmo tempo significa autodestruição, então a razão subjetiva, que pressupõe o dualismo de espírito e natureza, está tão imersa em erro quanto a razão objetiva, que afirma haver uma unidade original entre as duas coisas: "Tal hipostasiação surge da contradição fundamental na própria constituição do homem. Por um lado, a necessidade social de controlar a natureza sempre condicionou a estrutura e as formas do pen-

---

105. Horkheimer, Adorno, 1947, pp. 70 s.
106. Sobre a relação entre verdade e história natural em Adorno, cf. F. Grenz, 1974, pp. 57 s.

samento humano, mantendo o primado da razão subjetiva. Por outro lado, a sociedade não pôde reprimir por completo a noção de algo que ultrapassa a subjetividade do interesse próprio que o si-mesmo não se viu em condições de evitar enquanto objeto de seu anseio. Mesmo a separação dos dois princípios e sua reconstrução formal como princípios em separado estão baseadas em um elemento da necessidade e da verdade histórica. Por meio de sua autocrítica, a razão precisa reconhecer a limitação dos dois conceitos opostos de razão; precisa analisar o desenvolvimento do abismo entre ambos, e de que maneira todas as doutrinas com tendência a triunfar ideologicamente sobre a antinomia filosófica em um mundo antinômico eternizam esse abismo."[107]

Horkheimer entende haver uma crítica desse tipo em sua própria tentativa de revelar limitações complementares entre positivismo e ontologia: "O que se discute neste estudo, isto é, a relação entre o conceito subjetivo e o conceito objetivo de razão, deve ser tratado à luz das reflexões desenvolvidas acima sobre espírito e natureza, sujeito e natureza. O que na primeira parte designou-se razão subjetiva é a atitude da consciência de se adequar irrestritamente à alienação entre sujeito e objeto, ao processo social de reificação, e isso por medo de que, do contrário, a razão incorra em irresponsabilidade, arbítrio, e se torne mero jogo intelectual. Os atuais sistemas da razão objetiva, por outro lado, representam tentativas de evitar que se abandone a existência ao acaso e a uma imprecisão cega. Mas os defensores da razão objetiva correm o risco de não acompanhar os desenvolvimentos industriais e científicos, de afirmar um sen-

---

107. Horkheimer, 1967, pp. 163 s.

tido que se revela como ilusão e de gerar ideologias reacionárias."[108]

Essa dialética traz-nos à consciência a inverdade das duas posições. Surge com isso a pergunta sobre a mediação de ambas. A tese desenvolvida na *Dialética do Esclarecimento* certamente não encaminha o pensamento à travessia mais segura por entre a pertinácia dos diversos complexos de racionalidade e por entre os processos de racionalização social cindidos segundo os diversos aspectos de validade; tampouco à trilha que permite supor uma unidade da racionalidade sob o véu de uma práxis cotidiana que está racionalizada e reificada a um só tempo. Horkheimer e Adorno preferem sim perseguir a trilha bastante apagada que remete às origens da razão instrumental, para com isso *sobrepujar* o conceito de razão objetiva: "Desde o tempo em que a razão se tornou o instrumento de dominação da natureza humana e extra-humana pelo homem – ou seja, desde as origens mais remotas da razão –, foi desmantelada sua intenção própria de descobrir a verdade."[109] Por um lado, essa ponderação sugere um conceito de verdade que se pode interpretar sob o mote da conciliação universal, de uma emancipação do homem por meio da ressurreição da natureza: "sendo um instrumento de conciliação", a razão que seguisse a própria intenção de descobrir a verdade teria de "ser mais que um instrumento"[110]. Por outro lado, Horkheimer e Adorno podem apenas sugerir esse conceito de verdade; pois, se eles pretendessem explicitar as determinações que, conforme sua própria representação,

---

108. Horkheimer, 1967, p. 162.
109. Horkheimer, 1967, p. 164.
110. Horkheimer, 1967, p. 165.

não podem de modo algum inerir à razão instrumental, teriam de se apoiar sobre uma razão (instrumental, desde o início) que antecedesse a razão. Dada a ausência dessa razão originária, desviada da intenção de atingir a verdade, Horkheimer e Adorno convocam em seu lugar a mímesis, uma faculdade sobre a qual eles mesmos, submetidos ao infortúnio da razão instrumental, só podem falar como se diante de um fragmento de natureza ainda ignoto. A faculdade mimética, na qual a natureza instrumentalizada proclama seu lamento tácito, é denominada por ambos "impulso"[111].

O paradoxo que se opõe ferrenhamente à dialética, mesmo à mais amena, e no qual a crítica da razão instrumental se emaranha consiste portanto em que Horkheimer e Adorno tenham precisado construir uma *teoria* da mímesis que, segundo os conceitos deles mesmos, é impossível. Assim, é bastante coerente que eles não tentem, como Hegel, explicar a "conciliação universal" como a

---

111. "Mímesis", na opinião de G. Rohrmoser *(Das Elend der Kritischen Theorie.* Freiburg, 1970, p. 25), certamente não significa o mesmo que "a forma de uma participação imediata e de uma repetição imediata da natureza pelas pessoas"; mas, ainda sob o pavor da adaptação silenciosa à superioridade vivenciada, de uma natureza reagindo caoticamente às violações da razão instrumental, ela *lembra* o modelo de um intercâmbio não violento do sujeito com a natureza: "A constelação, porém, sob a qual se constrói igualdade, tanto a constelação imediata da mímesis como a constelação mediada da síntese, tanto a equiparação à coisa na consumação cega da vida como a comparação do que está reificado na formação científica de conceitos, continua sendo a do pavor" (Horkheimer, Adorno, 1947, p. 213). O fato de a reação mimética, "o ajustar-se orgânico ao outro", estar impregnada de pavor não toma da mímesis o papel de substituto de uma razão original cujo lugar foi usurpado pela razão instrumental. Schmucker (1977, p. 29, nota 63) não leva isso em consideração; de forma semelhante G. Kaiser. *Benjamin, Adorno.* Frankfurt/M., 1974, p. 99.

unidade da identidade e da não identidade entre espírito e natureza, mas que, em atitude próxima à da filosofia da vida, deixem essa "conciliação universal" em paz, qual um código subsistente. Em todo caso, ainda é possível acercar-se dessa ideia nas imagens da mística judeocristã – a fórmula do jovem Marx sobre o nexo entre humanização da natureza e naturalização do ser humano já remete a essa tradição[112]. A *Dialética do esclarecimento* é um evento irônico: aponta o caminho da verdade para a autocrítica da razão e, ao mesmo tempo, contesta a possibilidade "de que a ideia da verdade ainda esteja acessível nesse nível de estranhamento pleno"[113].

(4) Isso faz surgir a pergunta sobre que *status* Horkheimer e Adorno ainda podem reivindicar para aquela teoria que não se quer abandonar por mais tempo à elaboração e discernimento crítico entre filosofia e ciência. Por um lado, mesmo que com certas rupturas, essa teoria dá continuidade à tradição da grande filosofia e tem com ela diversos traços em comum: a insistência na contemplação, em uma teoria apartada da práxis; a aspiração a uma totalidade da natureza e do mundo dos homens; a volta às origens, com a tentativa de regredir para antes da ruptura entre cultura e natureza; e até mesmo o conceito de verdade, que Horkheimer definiu certa vez como concordância entre linguagem e realidade: "Filosofia é o esforço consciente de ligar todo nosso conhecimento e discernimento a uma estrutura linguística em que as coisas sejam chamadas pelo nome certo."[114] Por outro lado, Horkheimer e Adorno contemplam os siste-

---

112. Sobre a importância desse tema em Bloch, Benjamin e Scholem, cf. J. Habermas, 1981a.
113. Horkheimer, 1967, p. 165.
114. Horkheimer, 1967, p. 167.

mas da razão objetiva como ideologia; esses sistemas incorrem sem chances em uma crítica que oscila continuamente entre a razão subjetiva e a razão objetiva.

Se Horkheimer entende ser tarefa da filosofia atribuir nomes certos às coisas, é preciso entender o que é para ele o ato da nomeação: "Se o riso é até hoje sinal de violência, irrupção de uma natureza cega e presunçosa, ele mesmo guarda em si o elemento inverso: é com o riso que a natureza cega se conscientiza de si como tal e com isso abdica do poder destruidor. Esse duplo sentido do riso está próximo ao do nome; e talvez os nomes não sejam mais que sorrisos petrificados, como hoje são os apelidos, únicos nomes em que sobrevive o ato original da nomeação."[115] A crítica da razão instrumental quer ser crítica no sentido de que a reconstrução de seu curso insofreável rememore as vítimas, os impulsos miméticos de uma natureza oprimida – da natureza exterior, mas sobretudo da natureza subjetiva: "Por meio dessa memoração da natureza no sujeito, em cuja realização reside ainda ignota a verdade de toda cultura, o esclarecimento opõe-se à dominação em geral; e a conclamação para que se detenha o esclarecimento ressoava, já no tempo de Vanini, menos por medo diante das ciências exatas do que por ódio contra o pensamento indomável que escapa aos grilhões da natureza, ao confessar ser ele o tremor desta última em face de si mesma."[116] Cabe à crítica reconhecer também no interior do pensamento a dominação como natureza inconciliada. Ainda que o pensamento assenhoreie-se da ideia de conciliação, e esta não precise dar-se a partir de fora, de que maneira cabe-

---

115. Horkheimer, Adorno, 1947, p. 96. Sobre a filosofia da linguagem de Adorno, cf. F. Grenz, 1974, pp. 211 ss.

116. Horkheimer, Adorno, 1947, p. 55.

rá a ele, porém, transformar impulsos miméticos em discernimentos por via discursiva (estando em seu próprio elemento) e não apenas por via intuitiva (em "memorações" caladas)? E como poderá ocorrer tal coisa, se o pensamento é sempre pensamento identificador, ligado a operações que não têm sentido fora dos limites da razão instrumental, ainda mais hoje, quando a reificação da consciência parece ter se tornado universal após a marcha triunfante da razão instrumental?

Diversamente de Marcuse[117], Adorno não pretendeu mais apontar uma saída dessa aporia, sendo nesse ponto mais consequente que Horkheimer. A *Dialética negativa* tem caráter duplo: é uma tentativa de circunscrever o que não pode ser dito por via discursiva; e é também uma advertência sobre buscar refúgio em Hegel, nessa situação. Somente a *Teoria estética* vem selar a transferência de competências cognitivas para a arte, em que a faculdade mimética ganha forma objetiva. Adorno manifesta uma pretensão teórica: para a dialética negativa e a teoria estética ainda resta a possibilidade de "uma remeter à outra, ambas em desamparo"[118].

Adorno já havia percebido no início dos anos 1930 que a filosofia tem de aprender a "prescindir da questão da totalidade" e a "alcançar seus propósitos sem depender da função simbólica em que por longo tempo, ao

---

117. Sobre a tentativa de Marcuse de libertar-se das aporias com o auxílio de uma teoria do instinto, e também, principalmente, das consequências quietistas da crítica da razão instrumental, partilhada por ele, cf. J. Habermas. "Psychischer Thermidor und die Wiedergeburt der rebellischen Subjektivität", in J. Habermas, 1981a.

118. Th. Baumeister, J. Kulenkampff. "Geschichtsphilosophie und philosophische Ästhetik", in *Neue Hefte für Philosophie*, fasc. 5, 1973, pp. 74 ss.

menos no idealismo, o particular parecia representar o geral"[119]. Já naquela ocasião, com referência ao conceito do alegórico em Benjamin[120], ele se havia apropriado metodicamente do motivo do "despertar o que está cifrado e enrijecido" na história transformada em segunda natureza[121]; além disso, havia esboçado o programa de uma "interpretação do não intencionado" por meio de uma "composição do que é menor" que renegasse a certeza própria da *"ratio* autônoma": tratava-se da produção de modelos com que "a *ratio*, experimentando e testando, aproxima-se de uma realidade que se furta à lei, mas que vez por outra pode imitar o esquema do modelo, desde que corretamente imbuído dele"[122].

Mais tarde Adorno retoma essas tentativas ainda tateantes de livrar-se da sombra do pensamento identificador (da reificação), enquanto procura escapar à *Dialética do esclarecimento* para poder radicalizá-la. Deve-se entender a *Dialética negativa* como mais que mero exercício. À medida que ela reflete de novo sobre o pensamento dialético, prossegue com o que só se dá a ver desse modo: a aporética do conceito de não idêntico[123]. Não é verdade que a "estética [esteja] um passo mais longe do teor de verdade de seus objetos que a dialética negativa, por esta ter sempre se ocupado de conceitos"[124]. Por estar envolvida com conceitos, a crítica pode apenas demonstrar por que a verdade que escapa à teoria encon-

---

119. Adorno, 1973a, p. 336.
120. W. Benjamin. *Ursprung des deutschen Trauerspiels*. Frankfurt/M., 1963.
121. Adorno, 1973a, p. 357.
122. Adorno, 1973a, p. 341.
123. J. F. Schmucker, 1977, pp. 141 ss.
124. F. Grenz, 1974, p. 117.

tra nas obras mais arrojadas da arte moderna um refúgio – sendo que desse refúgio a verdade certamente não poderia ser convencida a sair, não fosse a *Teoria estética*.

A. Honneth[125] demonstrou que Adorno, mesmo enquanto teórico, equipara sua forma de representação à forma de representação estética; ela se orienta segundo a "ideia do bom êxito da liberdade em face do objeto; essa ideia dá mais do objeto a ele mesmo do que se ele fosse integrado sem misericórdia à ordem das ideias"[126]. A teoria de Adorno retira seu ideal de representação "das conquistas miméticas da obra de arte, e não do princípio de fundamentação da ciência moderna"[127]. De maneira intencional, o pensamento filosófico regride a seu nascimento, sob a sombra de uma filosofia que sobreviveu a si mesma.

Na mesma medida em que se opõem as intenções das respectivas filosofias da história de Heidegger e de Adorno (na fase final de seu pensamento), equipara-se também o posicionamento de ambos em face da pretensão teórica do pensamento objetivador e da reflexão: a memoração da natureza incide em espantosa proximidade com a reminiscência do ser[128].

Quando se olha retrospectivamente a partir da obra tardia de Adorno para as intenções que a teoria crítica perseguia *no início*, dá para ter noção do preço que a crí-

---

125. A. Honneth. "Adorno and Habermas", *Telos*, primavera 1979, pp. 45 ss.

126. Th. W. Adorno. "Der Essay als Form", in *Gesammelte Schriften*, vol. 11, 1974, p. 27.

127. Nesse sentido, também R. Bubner. "Kann Theorie ästhetisch werden?", *Neue Rundschau*, 1978, pp. 537 ss.

128. H. Mörchen dedicou um estudo detalhado e vasto à recepção de Heidegger por Adorno: *Macht und Herrschaft im Denken von Heidegger und Adorno*. Stuttgart, 1980.

tica da razão instrumental teve de pagar pelas aporias que assumiu de forma consequente. A filosofia que se retrai à "memoração da natureza", ou seja, a um ponto anterior às linhas do pensamento discursivo, precisa pagar pela força despertadora advinda do exercício de si mesma o preço de desviar-se da meta do conhecimento teórico – e portanto daquele programa do "materialismo interdisciplinar" em nome do qual a teoria social crítica do início dos anos 1930 havia anunciado suas primeiras atividades. No início dos anos 1940, Horkheimer e Adorno já haviam abandonado essa meta, mas sem admitir as consequências práticas de renunciar à ligação com as ciências sociais – pois do contrário não teriam logrado reconstruir um Instituto de Pesquisa Social após a guerra. Não obstante, já no Prefácio à *Dialética do esclarecimento* eles *haviam* declarado, de maneira inequívoca[129],

---

129. "Tendo também percebido há muitos anos que as grandes descobertas no meio científico moderno são pagas com a derrocada crescente de construções teóricas, mesmo assim acreditamos estar autorizados a prosseguir, de tal modo que nossa atividade se restringisse principalmente à crítica ou continuação de teorias específicas. Ela deveria ater-se ao menos tematicamente às disciplinas tradicionais, à sociologia, psicologia e epistemologia. Os fragmentos reunidos aqui mostram, entretanto, que devíamos desistir daquela crença" (Horkheimer, Adorno, 1947, p. 5). H. Dubiel (1978, pp. 51 ss., 81 ss., 113 ss., 125 ss.) analisa primorosamente essa mudança das concepções sobre a relação entre filosofia e ciência e o *status* da teoria social. Por toda a década de 1930 Dubiel acompanha um "refilosofar" de toda orientação teórica pelo Instituto, então emigrado para os Estados Unidos: "Por fim, na *Dialética do Esclarecimento*, cada trabalho científico específico é identificado com seu emprego técnico-produtivo e técnico-social e descreditado como 'positivista', 'instrumentalista' etc. Contra esse espírito de época concreto, 'instrumentalista', exemplarmente nas ciências específicas, a filosofia deve encapsular-se como reserva mental de uma cultura intelectual soterrada. A própria prática de pesquisa do Instituto é sintomá-

terem abandonado a esperança de poder cumprir a promessa das primeiras fases da teoria crítica. Diante disso, gostaria de insistir em que o programa da teoria crítica em sua fase inicial fracassou não por este ou aquele acaso, mas por causa do esgotamento do paradigma da filosofia da consciência. Demonstrarei que uma mudança de paradigma em direção à teoria da comunicação permite o retorno a um empreendimento que, a seu tempo, viu-se *interrompido* pela crítica da razão instrumental; essa mudança de paradigma pode consentir na retomada de tarefas de uma teoria social crítica que ficaram *abandonadas*. No item a seguir pretendo elucidar os limites da filosofia da consciência e apontar para alguns motivos que já em Horkheimer e Adorno conduzem para além desses limites.

(5) A autointerpretação filosófica da modernidade, na qual também se pode incluir a crítica da razão instrumental, foi caracterizada certa vez por D. Henrich com um exemplo que se referia a Heidegger: "Ela aceita que

---

tica para essa determinação (implícita) da relação entre filosofia e ciência específica. De fato, nas extensas pesquisas do fascismo e nas 'Studies in prejudice', ainda se continuou trabalhando empiricamente e em conformidade com as ciências específicas. Apesar disso, esses estudos empíricos, como os de Adorno e suas reflexões filosóficas temporalmente paralelas, estão lado a lado em uma imediatidade surpreendente" (op. cit., pp. 125 s.).

Por certo, Adorno se portara desde o princípio com um dissimulado ceticismo ante o programa de Horkheimer de uma teoria social baseada na pesquisa materialista interdisciplinar, que assumisse a herança da filosofia. Em sua preleção inicial de 1931, expressa esse ceticismo na forma de um paralelo em que confere à sociologia o papel de um ladrão a roubar tesouros cujo valor não reconhece (Adorno, 1973, p. 340). Eis a crítica positivista tardia de Adorno, já estruturada, que resulta em uma total depreciação das ciências sociais.

a subjetividade só pode determinar suas realizações a partir das estruturas que lhe são próprias, e não em decorrência de discernimentos sobre sistemas gerais de finalidades. Mas ela ao mesmo tempo acredita ter conhecimento de que subjetividade e razão, elas mesmas, têm apenas o *status* de meios ou de funções postas a serviço da reprodução de um processo que se preserva a si mesmo mas é indiferente à consciência. Foi em Hobbes que o materialismo moderno externou essa posição pela primeira vez. Ela esclarece a impressão e o efeito deixados por Darwin, Nietzsche, Marx e Freud sobre a consciência moderna. Via Hegel e Feuerbach, certamente ingressaram em Marx alguns traços da metafísica da conciliação."[130] Também Horkheimer e Adorno deixam-se guiar pela ideia da conciliação; mas preferem renunciar por completo à explicação dessa ideia, para não incidir em uma *metafísica* da conciliação. Isso os leva, como se demonstrou, às aporias de uma crítica que de certa maneira diminui a pretensão de chegar ao conhecimento teórico. A crítica da razão instrumental, que na *Dialética negativa* chegará a tornar-se um conceito, desmente sua pretensão teórica na medida em que trabalha com recursos da teoria.

Assim, nesse momento é apropriado o temor de uma reincidência na metafísica, mas apenas enquanto as relações se dão no horizonte da filosofia moderna da subjetividade. Nos conceitos básicos ligados à teoria da consciência de Descartes a Kant, a ideia da conciliação não pôde ser acolhida de maneira plausível, e nos conceitos

---

130. D. Henrich. "Die Grundstruktur der modernen Philosophie", in H. Ebeling (org.). *Subjektivität und Selbsterhaltung*. Frankfurt/M., 1976, p. 117.

do idealismo objetivo de Espinosa e Leibniz a Schelling e Hegel ela apenas foi formulada de maneira efusiva. Horkheimer e Adorno sabem disso, mas ainda permanecem fixados nessa estratégia conceitual, na tentativa de escapar a ela. Embora não analisem em detalhes qual é o funcionamento da razão, persistem nas apresentações de modelos que unem noções fundamentais da teoria do conhecimento idealista e da teoria da ação naturalista. A razão subjetiva regula justamente duas relações fundamentais que o sujeito pode manter com os objetos possíveis. Sob o termo "objeto", a filosofia do sujeito entende tudo que possa ser apresentado como essente [*seiend*]; e sob o termo "sujeito" entende primeiramente as capacidades de referir-se a entidades como presentes no mundo, com um posicionamento objetivador, e de se apoderar das coisas, de maneira prática ou teórica. Os dois atributos do espírito são representar [*vorstellen*] e agir. O sujeito refere-se a objetos ora para apresentá-los como eles são, ora para produzi-los como devem ser. Essas duas funções do espírito estão enredadas uma na outra: o *conhecimento* de estados de coisas está estruturalmente referido à possibilidade de *intervenções* no mundo enquanto conjunto de estados de coisas; por sua vez, o agir bem-sucedido exige o conhecimento do contexto dos efeitos em que ele mesmo intervém. No caminho que foi de Kant a Peirce, passando por Marx, quanto mais se impunha um conceito naturalista de sujeito, mais claramente ia chegando à consciência o nexo entre conhecer e agir, sob o viés da teoria do conhecimento. O conceito de sujeito desenvolvido no empirismo e no racionalismo, que estava restrito ao comportamento contemplativo, isto é, à apreensão teórica de objetos, é reformulado de modo que possa tomar para si o conceito de autopreservação desenvolvido na modernidade.

De acordo com as imagens de mundo metafísicas, *autopreservação* significava o esforço de cada ente individual por efetivar o propósito que inere de maneira imutável à sua essência, segundo uma ordem natural. O pensamento moderno libera o conceito de autopreservação de tal sistema de propósitos superiores; o conceito torna-se "intransitivo"[131]. Segundo as assunções básicas da física newtoniana, cada corpo mantém-se em estado de repouso ou em movimento retilíneo uniforme enquanto outras forças não atuam sobre ele. Segundo as assunções básicas da filosofia social e da economia burguesas, cada indivíduo mantém-se socialmente vivo enquanto persegue racionalmente seu interesse próprio, entendido como tal. Segundo as assunções básicas da biologia darwiniana e da atual teoria de sistemas, um organismo, uma população, um sistema mantêm a própria subsistência por meio da delimitação em face de um entorno mutável e altamente complexo, e por meio da adaptação a esse mundo[132].

Sob essa perspectiva, os atributos do espírito (conhecer e agir segundo um fim) transformam-se em funções da autopreservação de sujeitos que, como corpos e organismos, perseguem um "propósito" abstrato único: garantir sua subsistência contingente. É dessa maneira que Horkheimer e Adorno compreendem a razão subjetiva enquanto razão instrumental. O pensamento objetivador e o agir racional-finalista têm como "propósito" único servir à reprodução de uma "vida" em que sujeitos aptos a conhecer e a agir doam-se a uma autopreserva-

---

131. H. Blumenberg. "Selbsterhaltung und Beharrung", in Ebeling, 1976, pp. 144 ss.
132. N. Wiener. *Kybernetik, Regelung und Nachrichtenübertragung bei Lebewesen und in der Maschine*. Düsseldorf, 1963.

ção intransitiva, cegamente voltada a si mesma: "Se a razão existente no burguês foi sempre definida pela relação com a autopreservação individual, isso parece contrariar a determinação exemplar de Locke, segundo a qual a razão caracteriza o direcionamento da atividade intelectual, não importando a que propósitos ela possa estar servindo. Mas a razão, com esse descompromisso em relação a um propósito determinado, está longe de se ver livre do interesse-próprio da mônada; ao contrário, ela apenas perfaz uma série de procedimentos para pôr-se cegamente a serviço de qualquer propósito da mônada. A crescente generalidade formal da razão burguesa não encontra correspondência em uma crescente consciência de solidariedade universal."[133]

Para esclarecer o que significa solidariedade (a saber: "a presença do geral no interesse particular"), Horkheimer remete-se a Platão e Aristóteles, ou seja, utiliza-se de uma metafísica cujo universo conceitual já não está apto às experiências da modernidade: "Esses sistemas metafísicos, sob uma forma mitológica, ao menos em parte, expressam o discernimento de que só se pode alcançar a autopreservação em uma ordem supraindividual, ou seja, por meio da solidariedade social."[134] Horkheimer e Adorno não logram desmitologizar as ideias de solidariedade social porque se creem capazes de transcender a partir de dentro o processo de reificação, que já se havia tornado universal, e por acreditarem que a crítica da razão instrumental permanece atrelada ao modelo a que a própria razão instrumental obedece.

---

133. M. Horkheimer. "Vernunft und Selbsterhaltung", in Ebeling, 1976, pp. 47 s.
134. Horkheimer, 1967, p. 164.

O sujeito social comporta-se em face da natureza tal como o sujeito individual em face dos objetos – a natureza é objetivada e dominada a serviço da reprodução da vida social. Com isso, na formação da sociedade e de seus integrantes individuais, prossegue a resistência oferecida pela legítima coesão da natureza, com a qual o sujeito social se ocupa exaustivamente fazendo uso de seu conhecimento e de seu agir: "A resistência oferecida pela natureza exterior, origem da opressão, impõe-se sociedade adentro em meio às classes e atua sobre cada indivíduo, desde sua infância, enquanto rigidez dos demais indivíduos."[135] As relações entre sujeito e objeto reguladas pela razão instrumental não determinam apenas o relacionamento entre sociedade e natureza exterior, relacionamento que se expressa historicamente na situação das forças produtivas, em especial no nível de progresso técnico-científico. A estrutura da exploração de uma natureza objetivada e disponibilizada repete-se também no interior da sociedade, tanto em relações interpessoais, caracterizadas pela opressão das classes sociais, como em relações intrapsíquicas, caracterizadas por repressões da natureza instintiva.

Ora, o universo conceitual da razão instrumental foi criado para possibilitar a um sujeito que ele disponha da natureza, *e não para dizer a uma natureza objetivada o que de mal se faz a ela*. A razão instrumental é uma razão "subjetiva" também no sentido de que ela dá expressão às relações entre sujeito e objeto sob a perspectiva do sujeito que conhece e age, e não do objeto que foi percebido e manipulado. Por isso, ela não coloca à disposição instrumentos explicativos que possam esclarecer o que

---

135. Horkheimer, Adorno, 1947, p. 256.

significa afinal a instrumentalização de relações sociais e intrapsíquicas *sob a perspectiva de contextos vitais violados e deformados*; era esse aspecto que Lukács pretendia extrair da racionalização social ao utilizar o conceito de reificação. Assim, a evocação da solidariedade social pode apenas indicar *que* a instrumentalização da sociedade e seus integrantes destrói algo; mas ela não pode apontar de maneira explícita *em que* consiste essa destruição.

A crítica da razão instrumental, que permanece atrelada às condições da filosofia do sujeito, denuncia como mácula o que ela mesma, estando maculada, não é capaz de explicar. Isso acontece porque lhe falta um universo conceitual refinado o bastante para tratar da integridade do que é destruído pela razão instrumental. Horkheimer e Adorno certamente têm um nome para isso: mímesis. E, mesmo que eles não possam oferecer uma teoria da mímesis, esse nome já provoca as associações pretendidas: a imitação designa uma relação entre pessoas na qual uma se aconchega à outra, identifica-se com ela, compenetra-se do que ela sente. Alude-se aqui a uma relação em que a externação de um a exemplo do outro não significa a perda de si mesmo, mas ganho e enriquecimento. Pelo fato de a capacidade mimética renunciar ao universo conceitual de relações sujeito-objeto determinadas por via cognitivo-instrumental, essa capacidade é vista como mero oposto da razão, como impulso. Adorno faz mais que pura e simplesmente negar uma função cognitiva a este último. Em sua estética, procura demonstrar qual é a dívida da obra de arte para com essa força inclusiva da mímesis. Nas realizações miméticas, porém, é só quando se abandona o paradigma da filosofia da consciência (em que um sujeito *apresenta* os objetos e se *ocupa* deles de forma exaustiva) que se libera o núcleo racional – em favor do paradigma de uma filosofia da linguagem, entendimento intersubjetivo ou comunicação –, e só então se subordina o aspecto parcial cognitivo-instrumental a uma *racionalidade comunicativa* mais abrangente.

Essa mudança de paradigma – que Adorno não levou a cabo – está nos poucos trechos em que ele se decide a explicitar e pôr ao alcance das mãos, como complementares, as ideias de conciliação e liberdade. Certa vez ele explica "conciliação" com uma referência ao texto de Eichendorff sobre a "Bela estrangeira": "A situação conciliada não usaria o imperialismo filosófico para anexar a condição estrangeira, mas teria satisfação em que esta mantivesse, na proximidade que se assegura, o distante e o diverso, para além tanto do heterogêneo quanto do próprio."[136] Para descrever conciliação, Adorno utiliza conceitos de uma *intersubjetividade incólume* que se produz e se mantém na reciprocidade de um *entendimento* baseado no livre reconhecimento. Georg Herbert Mead já havia alçado a interação simbolicamente mediada à condição de novo paradigma da razão. Para ele, a razão tinha origem na relação comunicativa entre sujeitos, e as raízes dessa relação residiam no ato mimético de assumir papéis, isto é, na apropriação pelo *ego* das expectativas que o *alter* lhe dirige quanto a seu comportamento. Ainda voltarei ao pensamento de Mead. Com o conceito complementar de liberdade, as coisas se dão de maneira semelhante ao que ocorre com a ideia de conciliação, que se torna possível graças à intersubjetividade sem violência.

Horkheimer e Adorno, como G. H. Mead, partem de que a individuação só é possível pela via da socialização – de tal modo que com a "emancipação do indivíduo"

---

136. Adorno, 1973b, vol. 6, p. 192.

ele não se emancipe *da* sociedade, mas que a sociedade experimente "a libertação ante a atomização", ou seja, a libertação ante a individualização dos sujeitos, que "pode alcançar seu ponto extremo em períodos de coletivização e da cultura de massa"[137]. Adorno desenvolve esse conceito de liberdade implicitamente comunicativo nas frases a seguir: "Segundo o modelo kantiano, os sujeitos são livres na medida em que, conscientes de si mesmos, sejam idênticos a si; e em tal identidade deixam de ser livres quando se submetem à coerção dela e a perpetuam. Não são livres enquanto natureza difusa, não idêntica; mas são livres como tais porque, nas comoções que dominam – e a não identidade do sujeito consigo é isso e nada mais –, livram-se do caráter coercivo da identidade. A personalidade é a caricatura da liberdade. A aporia tem sua razão de ser em que a verdade, para além da coerção identitária, não seria pura e simplesmente diferente dessa coerção, mas mediada por ela."[138]

Adorno esboça aqui a perspectiva de uma "identidade-eu" que se afigura somente nas formas de uma intersubjetividade incólume. A interpretação de Kant está inspirada aqui pelo modelo estrutural de Freud. As formas de entendimento interpessoal estabelecidas em uma sociedade determinam a formação do superego, formação que nasce das interações da criança com suas pessoas de referência; dependem dessa formação, por sua vez, os modos de ser das formas do entendimento intrapsíquico e a maneira como o eu poderá confrontar-se com a realidade da natureza exterior e de sua própria natureza interior.

Adorno não pode aclarar a capacidade mimética com base em uma oposição abstrata à razão instrumen-

---

137. Horkheimer, 1967, p. 130.
138. Adorno, 1973b, p. 294.

tal. As estruturas de uma razão, a que Adorno apenas alude, só estarão acessíveis à análise quando as ideias de conciliação e liberdade puderem ser decifradas como códigos de uma forma utópica de intersubjetividade (seja ela qual for) que possibilite tanto um entendimento entre indivíduos no trato entre si, sem coerções, quanto a identidade de um indivíduo apto a manter entendimento consigo mesmo, também sem coerções – socialização sem repressão. Por um lado, isso significa uma mudança de paradigma na teoria da ação: deixa-se o agir orientado por fins e passa-se ao agir comunicativo; por outro lado, significa uma mudança de estratégia na tentativa de reconstruir o conceito moderno de racionalidade, que se tornaria possível a partir de um descentramento da compreensão de mundo. O fenômeno a ser explicado não é mais conhecimento e *disponibilização* de uma natureza objetivada, tomados enquanto tais, mas a intersubjetividade de um possível *entendimento* – tanto no plano interpessoal quanto no intrapsíquico. Com isso, o foco da investigação desloca-se da *racionalidade cognitivo-instrumental* para a racionalidade *comunicativa*. Para esta última, deixa de ser paradigmática a relação que o sujeito isolado mantém com alguma coisa apresentável e manipulável no mundo, e passa a ser paradigmática a relação intersubjetiva assumida por sujeitos aptos a falar e agir, quando se entendem uns com os outros sobre alguma coisa. Para tanto, os que agem de maneira comunicativa movimentam-se no *medium* de uma linguagem natural e fazem uso de interpretações legadas pela tradição, ao mesmo tempo que se referem a alguma coisa no mundo objetivo único, em seu mundo social partilhado, e no respectivo mundo subjetivo.

Diversamente de "representação" ou "conhecimento", "entendimento" exige o complemento "sem coerção", pois a expressão deve ser usada aqui no sentido de um conceito normativo. Da perspectiva do participante, "entendimento" não significa uma operação empírica da qual decorre um comum acordo fático; significa sim um processo de convencimento recíproco, que coordena as ações de muitos participantes com base no fundamento de uma *motivação decorrente de razões*. Entendimento significa comunicação que almeja chegar a um *comum acordo válido*. Só isso nos permite esperar obter, com o aclaramento das qualidades formais do agir orientado pelo entendimento, um conceito de racionalidade que expresse a concatenação entre os momentos da razão; esses momentos se separaram uns dos outros na modernidade, e não importa neste caso se os procuramos nas esferas de valor culturais, ou em formas da argumentação que se autonomizaram e se diferenciaram, ou na prática comunicativa cotidiana, por mais desfigurada que esteja.

Se tomamos como ponto de partida que a reprodução da vida social não está ligada apenas às condições da confrontação intelectual com a natureza externa por via cognitivo-instrumental (por parte de sujeitos individuais ou sujeitos unidos em cooperação), tampouco somente às condições da confrontação intelectual de indivíduos e grupos entre si por via cognitivo-estratégica; e se tomamos como ponto de partida que a socialização está igualmente submetida a condições da intersubjetividade próprias ao entendimento entre participantes da interação – então precisamos reformular a concepção naturalista de autopreservação, e certamente de outra maneira que não a sugerida por D. Henrich em uma controvérsia com Blumenberg e outros[139].

---

139. Cf. D. Henrich, 1976.

Henrich, naquela ocasião, defendia a tese de que para o estado da consciência moderna não seria constitutiva a autopreservação intransitiva proposta de maneira absoluta, mas o *nexo entre subjetividade e autopreservação*. A razão subjetiva, segundo ele, não é idêntica à instrumental porque a autorreferência do sujeito que age (o si-mesmo da autopreservação) tem de ser concebida em conjunto com a autorreferência do sujeito cognoscente, em conjunto com a autoconsciência. "Por estar orientado segundo possibilidades de formação de unidade que às vezes não se encontram atualizadas", também o processo da vida consciente seria "um ato permanente de autopreservação"[140]. Como o sujeito refere-se a seus objetos agindo *e* conhecendo concomitantemente, só pode manter sua subsistência quando se comporta de maneira reflexiva diante de si, enquanto sujeito cognoscente. Contudo, a unidade entre autopreservação e autoconsciência proíbe a instrumentalização da consciência a serviço da *mera* autopreservação: "O pensamento moderno espera (e nisto deposita suas esperanças) que seu si--mesmo, preocupado com a subsistência segundo critérios próprios de correção, logre encontrar afinal um fundamento interno de sua própria possibilidade; e que esse fundamento não lhe venha ao encontro de maneira tão estranha e indiferente como o aspecto da natureza, contra o qual ele precisa voltar as energias de sua auto-afirmação. A autoconsciência – no contexto que a inaugura, e sobre o qual ela sabe que seria insensato apresentá-lo como um contexto a mais de objetualidade dominável – espera por uma razão da essência e das realizações de si mesma."[141] Henrich, tal como Lukács a seu tempo, pre-

---

140. Henrich, 1976, p. 138.
141. Henrich, 1976, p. 114.

tende chamar a atenção sobre uma barreira interna, alojada na própria subjetividade, que se opõe a uma autoobjetivação plena da consciência; ele gostaria de obter da própria autoconsciência a caracterização que esclarece em que medida a subjetividade *não pode* diluir-se, mesmo ao cumprir os imperativos da autopreservação.

Henrich recorre a uma teoria da autoconsciência para desenvolver essa tese que se volta contra Heidegger e, implicitamente, contra Horkheimer e Adorno[142]. Entretanto, a tese não resulta em uma autointerpretação alternativa da modernidade, porque Henrich parte do mesmo modelo de filosofia da consciência que também subjaz ao pensamento de seus opositores. De acordo com esse modelo, o sujeito, ora apresentando, ora agindo, assume um posicionamento objetivador quando se refere a objetos ou estados de coisas. Assim, se é essa a maneira de um sujeito referir-se aos objetos, cabe que a *auto*consciência epistêmica seja determinante para sua subjetividade. Como sujeito, ele está essencialmente caracterizado por deter um saber não apenas sobre os objetos, mas também, de maneira igualmente original, sobre si mesmo. Esse saber do sujeito sobre si mesmo, em que coincidem o saber e o que se sabe, *precisa ser pensado segundo o modelo do saber sobre os objetos*. O "saber-se", que é constitutivo da autoconsciência, precisa ser explicado de modo que o sujeito se refira a si mesmo como se estivesse se referindo a um objeto qualquer, e de modo que se descrevam suas vivências como se fossem estados de coisas quaisquer; e tudo isso com a impactante certeza in-

---

142. D. Henrich. *Fichtes ursprüngliche Einsicht*. Frankfurt/M., 1967; do mesmo autor: "Selbstbewusstsein", in Bubner, Cramer, Wiehl (orgs.), 1970, I, pp. 257 s.; sobre isso: U. Pothast. *Über einige Fragen der Selbstbeziehung*. Frankfurt/M., 1971.

tuitiva de ser idêntico a esse mesmo objeto ou a esses mesmos estados de coisas. Segundo a argumentação que o próprio Henrich desenvolve com a devida clareza, a coerção determinada por tal estratégia conceitual acaba levando a um círculo que Tugendhat descreve da seguinte maneira: "A autoconsciência deve ser a consciência de um eu. Um eu, no entanto – eis o que ouvimos –, só deve ser algo quando dispõe da estrutura de identidade entre o sapiente e a coisa que se sabe. Ora, se a autoconsciência, de acordo com a teoria da reflexão, deve se realizar em uma volta a si mesma, é só no ato dessa volta que se produz a identidade entre o sapiente e a coisa que se sabe. Por outro lado, o sujeito sobre o qual o ato se volta já deve ser um eu. Portanto, por um lado o ato deve, ao voltar-se, apresentar o eu; e por outro lado o eu, de acordo com o conceito de eu, só se constitui nesse ato. Resulta daí um círculo, segundo demonstrou Henrich. Ao pressupor um sujeito já existente, a teoria da reflexão pressupõe algo que na verdade só se deve constituir na relação consigo mesmo."[143]

Para sair dessa dificuldade, Henrich opera com a assunção de que uma consciência anegóica [*ich-los*] subjazeria à autoconsciência; e essa consciência subjacente não se distinguiria mais pela autorreferenciação, mas por uma espécie de familiaridade ou conhecença originária de si mesma, na condição de algo como que impessoal. Henrich constrói um conceito de consciência que por um lado deve fazer desaparecer os vestígios de um si-mesmo que só pode atinar consigo enquanto objeto, mas que por outro lado deve conservar algo semelhante a

---

143. E. Tugendhat. *Selbstbewusstsein und Selbstbestimmung*. Frankfurt/M., 1979, p. 62.

uma subjetividade, aquém da auto-objetivação: "Em todo caso, cabe uma autorreferenciação à consciência desde que nos entendamos sobre esta última: ela é então, a um só tempo, consciência e conhecimento da consciência; e com isso, em uma dicção que pode ser mal entendida, apesar de ser quase inevitável: ela é conhecimento de si. A autorreferenciação sabedora, presente na reflexão, não é um estado de coisas fundamental, e sim explicitação que causa isolamento; porém, não sob o pressuposto de uma autoconsciência implícita, seja de que tipo for, mas sob o pressuposto de uma consciência abnegada (e implícita) do si-mesmo."[144] Esse conceito não é menos paradoxal que o conceito do não-idêntico concebido de maneira identificadora; e pela mesma razão. Contudo, ao passo que Adorno não pretendia revelar mais que a inevitabilidade do paradoxo, Henrich, com sua construção, pretende-se capaz de dar a conhecer as condições de uma "tematização do si-mesmo e da consciência, sem incorrer em contradições". Mas não chega a isso[145].

A ambiguidade da redução da autoconsciência a uma consciência despersonalizada e anonimizada já se revela na maneira como Henrich liga o conceito de consciência anegóica a duas correntes teóricas contrárias uma à outra. Por um lado, a noção de que o si-mesmo seja secundário em face da estrutura fundamental de uma consciência impessoal estabelece uma ponte com o acosmismo da mística oriental: "Autossuperação é a estrada régia que conduz ao autoconhecimento."[146] De outra parte, a noção de que autoconhecimento, no sentido de reflexividade, não possa ser constitutivo da consciência estabe-

---

144. Henrich, in Bubner, Cramer, Wiehl, 1970, p. 280.
145. Tugendhat, 1979, pp. 64 ss.
146. Henrich, 1970, p. 283.

lece uma ponte com as teorias sobre corpo-espírito, que entendem a consciência como processo objetivo: "Uma explicação no âmbito da [...] neurologia talvez pudesse evidenciar o nexo indissolúvel entre dois processos que correspondem à consciência e ao conhecimento da consciência."[147] Nesses dois pontos de partida, na mística e no objetivismo, reflete-se a estrutura paradoxal do conceito de uma consciência anegoica, que acaba por gerar alternativas como essas. Quando se pretende conservar o modelo de um sujeito que se refere a objetos, e não obstante regredir até antes da estrutura reflexiva da consciência, só há uma solução coerente, que Henrich tenciona evitar: a subsunção da consciência sob categorias da autopreservação. É isso que Horkheimer e Adorno afirmam: da reflexividade de uma relação objetificada não se podem extrair "critérios próprios de correção", a não ser os de uma asseguração cognitivo-instrumental da subsistência.

Por isso Luhmann não encontra dificuldade em retratar de acordo com a teoria de sistemas o tornar-se reflexivo das duas relações admitidas pelo modelo de sujeito-objeto. A teoria substitui "sujeito" por "sistema", e "objeto" por "entorno"; a seguir, toma as habilidades do sujeito de reconhecer objetos e lidar com eles e desloca-as para dentro do conceito de "realizações sistêmicas", as quais consistem em apreender e reduzir a complexidade do entorno. Se além disso os sistemas ainda aprendem a referir-se reflexivamente à unidade do próprio sistema, isso equivale a um passo a mais no aumento da própria complexidade, no sentido de tornar-se ainda mais apto ao entorno hipercomplexo – note-se que essa autoconsciência também continua presa à lógica da asseguração da sub-

---

147. Cf. também Pothast, 1971, p. 76.

sistência dos sistemas[148]. O que Henrich está certo em querer fazer valer como elemento específico da autopreservação de sujeitos autoconscientes ante uma autoafirmação "asselvajada" que instrumentaliza a razão não pode ser redimido no âmbito de uma filosofia do sujeito que se vê solapada pela teoria de sistemas, sob uma ironia incontível. Henrich crê que "autopreservação é mais que uma palavra de nosso idioma com a qual podemos descrever com sucesso o comportamento de sistemas e organismos. É preciso que essa palavra mantenha vinculadas a si a permissão e a pretensão de apreender adequadamente o verdadeiro caráter de um processo capaz de perceber-se ao mesmo tempo como processo básico da vida *consciente*"[149]. Mas a desesperança de Adorno explica-se justamente pela impossibilidade de conservar alguma coisa para além da razão instrumental, quando se pensa de maneira suficientemente radical "o processo fundamental da vida consciente" segundo suas próprias categorias, disponibilizadas pela filosofia da consciência.

A transição da filosofia da consciência para a análise linguística, que a semântica formal cumpre em continuidade a Frege e Wittgenstein, certamente representa apenas um primeiro passo. Pode-se ter clareza disso em face do fenômeno da autoconsciência. Quando comparadas à experiência de "saber-se", acessível apenas por via intuitiva, as sentenças vivenciais em primeira pessoa por certo têm a oferecer um ponto de partida metodologicamente mais confiável para a análise do conceito de eu.

---

148. N. Luhmann. "Selbstthematisierungen des Gesellschaftssystems", in Luhmann. *Soziologische Aufklärung*, vol. 2. Colônia, 1976, pp. 72 ss.

149. Henrich, 1976, p. 113.

Tugendhat também mostrou que a mencionada dificuldade das teorias da consciência egológicas dissipa-se quando se reformula sua questão inicial por via semântica[150]. Ao mesmo tempo, no entanto, a análise linguística limitada ao ponto de vista semântico faz desaparecer o sentido pleno da autorreferenciação, presente no emprego performativo da expressão "eu"; isso ocorre, afinal, porque ela substitui a relação entre sujeito e objeto, ou entre sistema e entorno, por uma *relação bivalente*, qual seja entre sentença e estado de coisas, permanecendo confinada em um modelo que abrevia epistemicamente a autorreferenciação. Por sua vez, as *vivências* que o *ego* manifesta sobre si mesmo em sentenças vivenciais são apresentadas ora como episódios interiores, ora como *estados de coisas* aos quais o acesso é privilegiado, sendo com isso *assemelhadas a entidades no mundo*. Para chegar à autorreferenciação que tradicionalmente foi tematizada (e ao mesmo tempo obscurecida) enquanto autoconsciência, é preciso ampliar por via pragmática as questões propostas por via semântica. Nesse sentido, a análise do significado, não do uso referencial, mas do uso performativo da expressão "eu" no sistema dos pronomes pessoais, oferece uma chave promissora para a problemática da autoconsciência.

Voltarei a tratar do nexo entre subjetividade e intersubjetividade gerada por via linguística. O tema autoconsciência é apenas uma boa oportunidade para mostrar que só se podem abranger os fenômenos que conduzem aos paradoxos do não idêntico (admitidos ou não) e aos da consciência não reflexiva, no âmbito do universo conceitual tradicional, quando se faz uso do modelo triva-

---

150. Tugendhat, 1979, pp. 63 ss.

lente para o emprego de sinais (atribuível a Bühler, na origem)[151] e quando desde o início se referencia a análise dos significados linguísticos à ideia de que ocorre um entendimento sobre algo entre os participantes da comunicação, em um mundo específico. Esse modelo introduziu uma *reviravolta atinente à teoria da comunicação*, cuja abrangência ultrapassa a reviravolta linguística da filosofia do sujeito. Não me interessa aqui, em nosso contexto, sua importância na história da filosofia, mas essa cisão equivalente ao *fim da filosofia do sujeito* para a *teoria social*.

Quando partimos de que o gênero humano se mantém por meio das atividades socialmente coordenadas de seus integrantes, e que essa coordenação precisa ser gestada por meio da comunicação, e em algumas áreas centrais por uma comunicação que almeja o comum acordo, então a reprodução do gênero *também* exige que se cumpram as condições de uma racionalidade inerente ao agir comunicativo. Na modernidade – com a descentralização da compreensão de mundo e a diferenciação e autonomização de diversas pretensões universais –, essas condições tornam-se palpáveis. Na mesma medida em que as imagens de mundo religioso-metafísicas perdem em credibilidade, também o conceito de autopreservação se altera em função disso, e não apenas sob o aspecto destacado por Blumenberg: o conceito perde seu direcionamento teleológico segundo propósitos objetivos, de tal modo que uma autopreservação que se tornou intransitiva pode alçar-se ao patamar de um propósito supremo para a cognição e o agir orientado ao êxito. Na medida em que se distende a integração normativa da vida cotidiana, também o conceito assume um direcio-

---

151. K. Bühler, 1934; ver supra, pp. 479 s.

namento ao mesmo tempo universalista e individualista. Um processo de autopreservação que precisa satisfazer as condições de racionalidade do agir comunicativo torna-se dependente das realizações interpretativas dos sujeitos que coordenam seu agir por meio de pretensões de validade criticáveis. Mais que a unidade entre autopreservação e autoconsciência, o que caracteriza o *status* da consciência moderna é a relação expressa pela filosofia social e pela filosofia da história: o nexo social da vida se reproduz por meio das ações – racional-teleológicas de seus integrantes guiadas pela mídia, e ao mesmo tempo por meio de sua vontade em comum, ancorada na prática comunicativa de cada indivíduo[152].

A subjetividade determinada pela razão comunicativa opõe-se à desnaturalização do si-mesmo em virtude da autopreservação. A razão comunicativa, diferentemente da razão instrumental, não se deixa subsumir *apaticamente* por uma autopreservação obcecada. Ela não se estende a um sujeito que se autopreserva, que se refere a objetos enquanto representa e age; tampouco a um sistema que procura preservar sua subsistência e se delimita em relação a um entorno; mas a um mundo da vida simbolicamente estruturado que se constitui nas realizações interpretativas de seus participantes e só se reproduz por meio do agir comunicativo. Assim, a razão comunicativa não depara apenas com a subsistência de um sujeito ou de um sistema, mas toma parte da estruturação do que cabe preservar. A perspectiva utópica de conciliação e liberdade está latente nas condições de uma socialização dos indivíduos por via comunicativa e já se encontra embutida no mecanismo linguístico de reprodução do gênero.

---

152. H. Neuendorff. *Der Begriff des Interesses*. Frankfurt/M., 1973.

Por outro lado, os imperativos de autopreservação da sociedade impõem-se não apenas na teleologia das ações de seus integrantes individuais, mas ao mesmo tempo nos contextos funcionais dos efeitos da ação agregados. A integração dos membros da sociedade, que se cumpre por meio de processos de entendimento, encontra seu limite não apenas no poder de interesses contrários, mas igualmente no peso de imperativos de preservação sistêmica que desenvolvem seu poder de maneira objetiva na intervenção que permeia as orientações da ação dos atores envolvidos. Então, a problemática da reificação não resulta tanto de uma racionalidade teleológica absolutizada e posta a serviço da autopreservação; não resulta tanto de uma razão instrumental asselvajada; resulta, sim, de que a razão assumidamente funcionalista da preservação do sistema não faz caso da pretensão de racionalidade alojada na socialização por via comunicativa, deixando que a racionalização do mundo da vida se perca no vazio.

Com o exemplo da recepção da teoria weberiana da racionalização, de Lukács a Adorno, fica evidente que a racionalização social sempre foi concebida como reificação da consciência. Os paradoxos a que isso conduz, porém, demonstram que os recursos conceituais da filosofia da consciência não bastam para operar satisfatoriamente esse tema. Antes de me dedicar uma vez mais à problemática da reificação e de reformulá-la mediante conceitos do agir comunicativo, por um lado, e mediante conceitos de uma formação de subsistemas que se dá com meios de controle, por outro, gostaria de desenvolver esses conceitos básicos a partir de seu contexto na história da teoria. Enquanto a problemática da racionalização e da reificação situa-se em uma linha "além" do pensamento da teoria social, marcada por Kant e Hegel, e se estende de Marx a Lukács e à teoria crítica, passando por Weber, a mudança de paradigma que ora me importa tem início com Georg Herbert Mead e Émile Durkheim. Mead (1863- -1931) e Durkheim (1858-1917), ao lado de Weber (1864- -1920), pertencem à geração dos fundadores da sociologia moderna. Ambos desenvolvem conceitos fundamentais que possibilitam assumir a teoria da racionalização weberiana e então libertá-la da aporética da filosofia da consciência – Mead por meio de uma fundamentação da sociologia ligada à teoria da comunicação, Durkheim com uma teoria da solidariedade social que cria referências entre a integração social e a integração sistêmica.

TRADUÇÃO DAS CITAÇÕES

p. 36, n. 17: "objetividade, publicidade e interpessoalidade, verdade, a unidade da razão, o ideal do acordo racional."

p. 38: "1. Somente ações que se encontram sob o controle atual ou virtual do agente são suscetíveis de uma avaliação crítica...
2. Somente ações dirigidas à consecução de um determinado propósito podem ser razoáveis ou não razoáveis...
3. A avaliação crítica é relativa ao agente e à sua escolha de um fim...
4. Os juízos sobre a razoabilidade são apropriados somente onde houver um conhecimento, ao menos parcial, da disponibilidade e da eficácia das intenções...
5. A avaliação crítica pode apoiar-se sempre em razões."

p. 40: "O fato de uma comunidade se referir ao mundo como essencialmente constante, como algo conhecido e cognoscível em comum com outros, fornece a essa comunidade bons argumentos para colocar questões de tipo particular, especialmente a seguinte: 'Como é possível que ele veja isto e você não?'"

pp. 41-2: "Na perspectiva de 'argumentadores mundanos', a assunção de um mundo não falsificável compartilhado por todos (mundo da vida), não pode ser tida como asserção descritiva. Ela pode ser considerada, no entanto, como especificação de relações que se estabelecem, em princípio, entre as experiências que os perceptores fazem em comum sobre o que se supõe ser o mesmo mundo (mundo objetivo)... Em linhas bem gerais, a unanimidade antecipada da experiência (ou ao menos dos relatos dessas experiências) pressupõe uma comunidade com outros que se supõe estejam observando o mesmo mundo, que têm uma constituição física que os capacita para uma verdadeira experiência, que têm uma motivação que os leva a falar sinceramente de sua experiência e que falam de acordo com esquemas de exteriorização compartilhados e reconhecíveis. No caso de uma incoerência, os argumentadores mundanos estão preparados para colocar em questão este ou aquele ponto. No seu entender, uma incoerência constitui razão suficiente para supor que certas condições a serem cumpridas quando se antecipa a unanimidade não se cumprem. Uma solução mundana pode ser gerada, por exemplo, quando tentamos saber se o outro é ou não é capaz de ter uma verdadeira experiência. Disso segue que a 'alucinação', a 'paranoia', o 'preconceito', a 'cegueira', a 'surdez', a 'falsa consciência', etc., podem ser utilizadas, à medida que são entendidas como indicadores de um método defeituoso ou inadequado de observação do mundo, como modelos para a explanação de incoerências. A característica distintiva dessas soluções – que as torna inteligíveis para outros argumentadores mundanos como soluções possivelmente corretas – consiste no fato de que colocam em questão, não a *intersubjetividade do mundo*, mas a adequação dos métodos mediante os quais experimentamos o mundo e tecemos informações sobre ele."

p. 46: "Desejar simplesmente um pote de lama é irracional porquanto seria necessária alguma razão a mais para desejá-lo. Todavia, desejar um prato de lama porque alguém deseja aspirar seu odor fluminense é racional. Não se necessita de nenhuma razão a mais para desejar sentir o inebriante odor fluminense, já que caracterizar o que se deseja como 'sentir o inebriante odor fluminense' significa apresentar uma razão aceitável para desejá-lo e esse desejo é, por conseguinte, racional."

pp. 48-9: "Qualquer pessoa que participa de uma argumentação demonstra sua racionalidade, ou a falta dela, pela forma como atua e responde aos argumentos oferecidos a favor ou contra pretensões. Quando ela é 'acessível a argumentos' pode assumir uma dupla atitude: reconhece a força dos argumentos, ou tenta negá-la; em ambos os casos ela tenta proceder 'de modo racional'. No entanto, se ela for 'surda aos argumentos' tentará ignorar as razões contrárias ou as enfrentará lançando mão de asserções dogmáticas. Isso significa que ela não consegue, em nenhum dos casos, enfrentar as questões 'de modo racional'."

pp. 58-9: "– Dúvidas sérias quanto ao alcance da abordagem da lógica dedutiva e da lógica indutiva tomadas como padrão: serão elas suficientes para modelar todas as formas de argumentações legítimas ou, ao menos, da maior parte delas?

– A convicção de que existem padrões, normas ou instrumentos para a avaliação de argumentos decididamente lógicos – não simplesmente retóricos ou relativos a um determinado campo – que não são, mesmo assim, captados pelas categorias da validade dedutiva e da força indutiva.

– O desejo de fornecer uma teoria completa do raciocínio capaz de superar a lógica formal – dedutiva e indutiva.

– A convicção de que a explanação teórica do raciocínio e da crítica lógica em termos não formais possui implicações diretas em outros ramos da filosofia, tais como a epistemologia, a ética e a filosofia da linguagem.

– O interesse por todos os tipos de convencimento discursivo aliado ao interesse em traçar os limites entre os vários tipos e em assinalar as sobreposições mútuas."

p. 60: "Toulmin sustenta que nenhuma destas posições é reflexiva; ou seja, nenhuma delas pode dar conta de sua racionalidade dentro de seu próprio quadro categorial. O absolutista não pode apelar a outro princípio primeiro para justificar seu primeiro princípio inicial ou para assegurar o *status* da doutrina dos primeiros princípios. Por seu turno, o relativista se encontra numa situação peculiar (inclusive autocontraditória), uma vez que pretende demonstrar que a sua doutrina supera, de algum modo, a relatividade que permeia os juízos de todos os demais campos."

p. 62, n. 40: "É preciso obter clareza sobre os *tipos* de temas que o argumento pretende levantar (por exemplo, estéticos ou científicos, legais, de preferência a psiquiátricos) e qual é a sua *finalidade* subjacente. As *razões* em que se baseia têm de ser relevantes para a *pretensão* que acompanha o argumento e suficientes para apoiá-lo. A *garantia* com que se conta para assegurar esse apoio tem de ser aplicável ao caso em questão e basear-se em um respaldo sólido. A *modalidade* ou força da pretensão resultante tem de ser explicitada, e as possíveis *refutações* e exceções entendidas."

pp. 73-4: "O que empresta força aos argumentos judiciais no contexto dos procedimentos de um tribunal? ... O *status* e a força desses argumentos – enquanto argumentos *judiciais* – só podem ser entendidos plenamente se os colocarmos em seus contextos práticos e se levarmos em conta as funções que desempenham e os propósitos a que se destinam no atual empreendimento do direito. De modo semelhante, quando uma discussão científica pretende chegar a uma crítica racional e aberta a todos os envolvidos, os argumentos aduzidos têm de ser expostos de modo ordenado e pertinente. No entanto, o que definitivamente confere valor e força a esses argumentos é, novamente, algo que ultrapassa sua estrutura e ordem; somente podemos entender plenamente seu *status* e sua força quando nos situamos em seus contextos originais e tentamos ver como contribuem para o empreendimento mais amplo representado pela ciência. Assim como os argumentos judiciais somente são sólidos e aceitáveis à medida que se prestam à finalidade mais ampla, que consiste em melhorar nossa compreensão científica. E o mesmo vale para outros campos. Nós só entendemos a força fundamental de argumentos médicos à medida que entendemos o próprio empreendimento que é a medicina. E o mesmo deve ser dito dos negócios, da política e de qualquer outro campo. Em todos esses domínios da atividade humana, o raciocínio e a argumentação têm o seu lugar como elementos centrais de uma empresa humana mais ampla. E com o intuito de realçar essa característica – o fato de que todas essas atividades colocam sua confiança na apresentação e na avaliação crítica de 'razões' e 'argumentos' – nós temos que caracterizar todos eles como empreendimentos racionais."

p. 75: "Ao estudá-los, identificaremos a maioria dos modos característicos de raciocinar, encontráveis em diferentes campos e empreendimentos, o que nos permitirá reconhecer o modo como eles refletem finalidades que subjazem nesses empreendimentos."

pp. 77-8: "Mesmo reconhecendo que a validade de uma pretensão... é estabelecida, em última instância, por decisões tomadas consensualmente na comunidade, Toulmin reconhece apenas implicitamente que existe uma diferença crucial entre decisões consensuais justificadas e não justificadas. Toulmin não separa claramente esses tipos distintos de consenso."

pp. 79-80: "(1) Nesse ano, os Oakland Raiders vencerão a supercopa.
(2) A epidemia foi provocada por uma infecção bacteriana transmitida de enfermaria para enfermaria pelos equipamentos do serviço de alimentação.
(3) No curto prazo, a melhor medida a ser tomada pela companhia é aplicar o dinheiro em bônus do município.
(4) Estou autorizado a acessar qualquer tipo de documento pertinente aos dossiês pessoais dos demitidos em nossa firma.
(5) O senhor deve envidar mais esforços para recrutar executivos do sexo feminino.
(6) O sentido psicológico dessa nova versão do *King Kong* é melhor que o da versão anterior.
(7) O aspargo pertence ao gênero das liliáceas."

p. 85, n. 66: "Para esclarecer as diferenças entre 'valor *qualificativo*' (*grading*) e 'valor *hierarquizador*' (*ranking*), convém levar em conta uma diferença entre dois sentidos da palavra 'bom'. Suponhamos, por exemplo, que estamos tentando decidir se determinado presidente dos Estados Unidos da América foi bom. Será que o sentido do termo 'bom' tem a ver com aquilo que os presidentes fazem em geral? Ou será que estamos tomando a palavra 'bom' em um sentido absoluto, tendo em mente um presidente ideal? No primeiro caso, nossa classe de comparação é constituída pelas trinta e cinco pessoas que foram, de fato, presidentes. Nesse caso, afirmar que alguém foi um bom presidente significa que ele foi *melhor do que a média*. Equivale a afirmar que ele cumpriu certos padrões em grau superior à maioria dos demais presidentes. Nesse caso, a palavra 'bom' está sendo utilizada como um termo *hierarquizador (ranking)*. No segundo caso, nossa classe de comparação não é mais a classe dos presidentes históricos mas a dos possíveis ou imagináveis. E afirmar, nesse sentido, que certo presidente foi 'bom' significa que ele cumpriu, em alto grau, os padrões que definem um presidente ideal. Nesse sentido, 'bom' é utilizado como uma palavra *qualificativa (grading)*. Não é possível especificar com exatidão em que grau os *standards* têm de ser preenchidos para que um presidente seja qualificado como bom, medíocre ou ruim. Isso depende dos *standards* que tomamos como referência (depende da concepção que se tem de um presidente ideal), da distância que cada um introduz entre o ideal e a realidade, bem como da maior ou menor clareza dos *standards* tomados para medir essa distância."

p. 111-2: "Qual deve ser minha atitude quando me defronto com um conjunto de crenças que parecem ser, *prima facie*, irracionais? Devo assumir uma atitude crítica, dando como certa a sua irracionalidade, passando a explicar, a seguir, de que modo elas foram assumidas, como elas se arranjam para sobreviver sem ser afetadas pela crítica racional, quais são as suas consequências, etc.? Ou devo tratar tais crenças de modo *caritativo* supondo que aquilo que parece irracional a meus olhos poderia não sê-lo caso fosse compreendido plenamente em seu respectivo contexto? Em suma, o problema se resume, em última instância, a saber se existem ou não *standards alternativos* de *racionalidade*."

p. 113: "Notemos que, ao atribuir a ele a irracionalidade, nós estaríamos apontando para a incoerência e a incompatibilidade entre a sua nova conduta e as crenças e critérios que ele já possuía. Isso não significa que seu comportamento esteja em desacordo com aquilo que acreditamos ser o mais apropriado, e sim, que está em desacordo com aquilo que nós sabemos que ele acredita ser apropriado."

p. 115: "Noções científicas são as que estão de acordo com a realidade objetiva, tanto no que se refere à validade de suas premissas como no que tange às inferências que se extraem das suas proposições... Noções lógicas são aquelas nas quais, de acordo com as regras do pensamento, as inferências seriam verdadeiras se as premissas também fossem, sendo irrelevante a verdade das premissas... Um pote se rompeu ao ser colocado no fogo. Isso talvez se deva ao saibro nele contido. Vamos examinar o pote para saber se esta foi realmente a causa. Trata-se, pois, de um pensamento lógico e científico. A doença é atribuída à bruxaria. Uma pessoa está doente. Vamos consultar os oráculos, a fim de descobrir qual é a bruxa responsável: aqui se trata de um pensamento que também é lógico, porém, não científico."

p. 116-7: "A realidade não é aquilo que confere sentido à linguagem. O que é real, e também o que não é, se mostra a si mesmo no sentido inerente à linguagem. Além disso, tanto a distinção entre o que é real e o que não é, como o conceito da concordância com a realidade, pertencem à nossa linguagem (isto é, a cada linguagem, J.H.)... Por conseguinte, se pretendemos entender o significado desses conceitos, temos de examinar o uso que deles é feito atualmente – *em* a linguagem."

pp. 117-8: "de que a concepção da 'realidade' tem de ser considerada inteligível e aplicável *fora* do contexto do próprio arrazoado científico, já que se trata de algo com o qual as noções científicas mantêm uma relação e as noções não científicas não. Evans-Pritchard, que enfatiza o fato de que um integrante de uma cultura científica possui uma concepção da realidade distinta daquela que se encontra num *zande* que acredita em magia, não se limita ao simples registro desse fato, nem à simples explicitação das diferenças: ele chega a afirmar, no final, que a concepção científica concorda com aquilo que a realidade é atualmente e a concepção mágica não."

p. 119, n. 96: "Imagens do mundo, tais como retratos, são casos de 'ver como'. Nós temos uma visão do mundo quando conseguimos apreender uma soma total de coisas como sendo uma coisa ou outra. Não é necessário fornecer uma razão para todos os itens individuais no mundo, apenas para o todo como um todo. Desta forma, uma visão do mundo tem de abarcar, num determinado sentido, todas as coisas. Porém, em um outro sentido não."

p. 120: "Jogos de linguagem são praticados por pessoas que precisam viver suas vidas – vidas que envolvem uma grande variedade de interesses diferentes que exercem entre si todos os tipos de influência. Por causa disso, o que uma pessoa diz ou faz pode fazer uma diferença não somente para a performance da atividade em que a pessoa está engajada no presente, mas também para a sua vida e para as vidas de outras pessoas... Ao estudar outras culturas podemos descobrir as possibilidades de produzir coisas ou técnicas seguindo diferentes caminhos. Mas podemos também descobrir que existem diferentes possibilidades de atribuir sentido à vida humana, e diferentes ideias acerca da importância que a realização de certas atividades pode ter para uma pessoa que tenta contemplar o sentido de sua vida como um todo."

p. 121: "de atribuir sentido à vida humana"

p. 122: "Agora pode parecer que temos razões claras para falar da superioridade da razão européia em relação ao pensamento *zande* à medida que esse último envolve uma contradição que ele não tenta superar e nem sequer reconhece: uma contradição que é reconhecida como tal no contexto dos modos de pensar europeus. Mas será que o pensamento *zande* sobre esta matéria implica realmente uma contradição? A explicação fornecida por Evans-Pritchard parece insinuar que os *zande* não levam sua forma de pensar sobre as bruxas até o ponto de cair em contradições."

p. 123: "de que é o europeu, obcecado com a ideia de pressionar o pensamento *zande* a chegar aonde ele não chegaria naturalmente, o verdadeiro culpado por mal-entendidos, não os *zande*. O europeu está cometendo, de fato, um erro categorial."

p. 124: "Para a aquisição de conhecimentos necessitamos, não somente do tipo correto de teorias, mas *também* da atitude correta em relação a elas."

p. 124: "Em outras palavras, a ausência de qualquer tipo de consciência em relação a alternativas tem como resultado uma aceitação absoluta das crenças teóricas estabelecidas e remove qualquer possibilidade de questioná-las. Nessas circunstâncias, as doutrinas estabelecidas se apoderam do crente com uma força compulsiva. Nos referimos a essa força quando falamos do caráter sagrado dessas crenças... Por isso, aqui encontramos duas modalidades básicas difíceis: a fechada – caracterizada pela falta de consciência acerca de alternativas, pela sacralidade das crenças e pela ansiedade diante de tudo que possa ameaçá-las; e a aberta – caracterizada por uma consciência acerca de alternativas, por uma menor sacralidade das crenças e um temor menor ante aquilo que as ameaça."

pp. 125-6: "É correto perguntar se, apesar de sofisticados como somos, não continuamos incorrendo, pelo menos algumas vezes e de modo mais sutil, no mesmo erro de Frazer. Porquanto, quando nos acercarmos das expressões e atividades de uma cultura estranha, de certo rito ou prática, por exemplo, tendo em nossa mente uma classificação bem estabelecida de gêneros, e perguntamos: 'trata-se de um fragmento de ciência aplicada? de um fragmento de atividade simbólica e dramática? ou de um fragmento de teologia?', pode ser que estejamos colocando um conjunto de perguntas cujas respostas são enganosas... Porquanto as expressões e as práticas em questão podem fazer parte, por assim dizer, de todos ou de nenhum dos gêneros que temos em mente. Pode ser que, para os implicados nessas práticas, nunca se colocou a questão acerca do modo correto de interpretar suas próprias manifestações – no sentido de 'interpretação' na qual adscrever uma prática ou uma manifestação a um gênero significa interpretá-lo mais como predição do que como expressão simbólica de um desejo, ou vice-versa. Por isso, se perguntarmos a eles como suas expressões devem ser interpretadas, poderemos receber uma resposta sincera, a qual, mesmo assim, nos decepciona. Porque pode acontecer que, pelo próprio fato de colocar essas questões, nós os tenhamos conduzido a um ponto no qual eles não têm como evitar a construção de suas próprias exteriorizações num determinado caminho, de preferência a um outro. Não obstante, pode ser que isso não tenha sido assim antes de formularmos a questão. Talvez as suas exteriorizações fossem ambíguas antes desse momento... Nesse caso, os mitos poderiam ser considerados como ciência, *e* literatura, *e* teologia; porém, se fossem considerados simplesmente mitos, eles não seriam ainda, atualmente, nem uma coisa nem outra. Portanto, é absurdo afirmar que os mitos desrespeitam a realidade; pode ser que eles constituam, no pior dos casos, uma representação não adequada da realidade, uma vez que, enquanto mitos, não pretendem ser uma representação."

p. 128: "motivos confusos vs motivos segregados" / "alta divisão cognitiva do trabalho vs baixa divisão cognitiva" / "atitudes mágicas em relação às palavras *vs* atitudes não mágicas" / "ideias ligadas a ocasiões *vs* ideias ligadas a ideias" / "o uso de normas idiossincrásicas" / "pensamento reflexivo *vs* pensamento irrefletido" / "atividades intelectuais de segunda ordem"

p. 129: "cláusulas institucionais estabelecidas"

p. 129: "Neste sentido, existe uma diferença sistemática na distribuição das cláusulas estabelecidas do sagrado, como entre os sistemas de pensamento selvagens e modernos. Num sistema de pensamento tradicional, o sagrado ou crucial é mais extensivo, mais disperso, mais desordenado e muito mais abrangente. Já num sistema de pensamento moderno ele é mais pontual, mais reduzido e, por assim dizer, mais econômico, baseado em alguns princípios inteligíveis, não atingindo, por via de regra, aspectos particulares da vida. Não se oferecem tantos sacrifícios à fortuna; ou seja, visto de um outro ângulo, pouquíssimos aspectos do tecido da vida e da sociedade se beneficiam do reforço oriundo de convicções sagradas estabelecidas."

p. 129: "atitude protetora *vs* atitude destrutiva"

pp 130-1: "Não pretendo moralizar, e sim sugerir que o conceito *'aprender de'*, que está em jogo no estudo de outras culturas, possui ligações íntimas com o conceito de *sabedoria*."

p. 130, n. 108: "Nas culturas africanas, o ato do incesto configura talvez a ocasião mais importante para uma reação em termos de tabu. Porquanto ele constitui um dos desafios mais flagrantes ao sistema de categorias estabelecidas, pois aquele que o comete trata a mãe, a filha ou a irmã como se fossem sua própria mulher. O nascimento de gêmeos constitui outra ocasião para a reação em forma de tabu. Aqui, a distinção categorial envolvida é a distinção entre seres humanos e animais, uma vez que os nascimentos múltiplos eram tidos como algo característico dos animais em oposição ao homem. Outro objeto submetido, em geral, a tabu era o cadáver humano que ocupa, por assim dizer, uma terra de ninguém, situada entre o que é vivo e o que é morto. Além disso, certas excreções do corpo humano, tais como fezes e sangue menstrual, também eram submetidas, de modo amplo, a tabu, porquanto ocupam a mesma terra de ninguém, entre o que é vivo e o inanimado. Frequentemente, as reações em forma de tabu também são despertadas por eventos repentinos ou radicalmente estranhos quando estes também não se encaixam (por definição) no sistema estabelecido de categorias."

p. 131: "Por ser cientista, talvez seja inevitável que, em determinados pontos, eu transmita a impressão de que o pensamento africano tradicional é uma coisa pobre e aprisionada quando comparado com o pensamento das ciências. Porém, continuo vivendo, como homem e por própria escolha, numa África profundamente tradicional, e não em uma subcultura ocidental de orientação científica na qual fui educado. Por quê? Bom, pode ser que haja um monte de razões excêntricas, sinistras, não reconhecidas. No entanto, uma dessas razões consiste certamente na descoberta de *coisas que já se perderam* no meu lar. A qualidade intensamente poética da vida e do pensamento de cada dia e um gozo vívido do momento fugaz – ambos afugentados da vida ocidental sofisticada que busca a pureza de motivos e a fé no progresso."

p. 131: *"busca da pureza de motivos"*

p. 131: "Quão necessárias são essas coisas para o avanço da ciência, porém, quão desastrosas quando rompem de modo selvagem os seus limites adequados!"

pp 133-4: "Refiro-me às transições de um sistema de crenças para outro que suscitam necessariamente questões do tipo que Winch recusa. Na Escócia do século XVII, por exemplo, era inevitável a questão: 'será que existem realmente bruxas?' E, quando Winch interroga, a partir de dentro, em que tipo de vida social e sob que sistema de crenças essa pergunta foi colocada, a única resposta é: ela foi colocada por homens que se viram confrontados com sistemas alternativos e foram capazes de extrair desse confronto certos critérios independentes de julgamento. Hoje em dia, muitos africanos se encontram na mesma situação."

pp. 142-3: "A 'racionalidade discursiva' não constitui uma concepção 'relacional' de racionalidade no sentido das condições mínimas de racionalidade invocadas por Lukes, MacIntyre e outros mais. Porquanto tais condições mínimas de racionalidade constituem simples derivados do princípio da não contradição, podendo ser expressas por um postulado de coerência. Ora, a racionalidade discursiva não constitui, a exemplo dos padrões específicos de racionalidade que operam na magia primitiva ou nos sistemas econômicos modernos, um padrão específico de racionalidade 'parasitária' ou dependente do padrão mínimo de racionalidade. 'Racionalidade discursiva' significa: (a) uma concepção procedimental de racionalidade, isto é, uma forma específica para se enfrentar incoerências, contradições e dissensos; (b) um padrão formal de racionalidade que opera em um 'metanível' situado acima dos padrões substantivos de racionalidade descritos no padrão mínimo de racionalidade de Lukes como 'parasitários'."

p. 151: "objetos sem corpo do mundo 3"

p. 168, n. 143: "Qualquer sentença pode ser considerada – *entre outras coisas* – como uma descrição de um estado de coisas... suponhamos agora que o possível estado de coisas descrito na sentença não se cumpre de fato. *Devemos, neste caso, culpar a sentença ou os fatos?* No primeiro caso, caracterizamos a sentença como assertórica; no segundo, vamos caracterizar a sentença como imperativa."

pp. 175-6: "Para certos propósitos as pessoas controlam o estilo de suas ações... e o sobrepõem a outras atividades. O trabalho, por exemplo, pode ser realizado por certas pessoas de forma que se ajuste aos princípios de uma representação dramática destinada a provocar certa impressão num inspetor ou num diretor... De fato, o que as pessoas estão fazendo raramente pode ser descrito adequadamente como *somente* comer ou *somente* trabalhar, porquanto revela sempre certas características estilísticas que possuem significados convencionais associados com tipos reconhecidos de papéis dramáticos."

p. 205: "A geração de descrições de atos por atores do dia a dia não constitui algo incidental na vida social enquanto *prática* em desenvolvimento, já que é parte absolutamente essencial da produção dessa vida e inseparável dela, uma vez que a caracterização do que os outros fazem, ou seja, mais exatamente, de suas intenções e das razões que aduzem para fazê-lo é o que torna possível a intersubjetividade mediante a qual tem lugar a transmissão do propósito de se comunicar. E nesses termos é preciso interpretar esse *entendimento*: não como um método especial de acesso para o mundo social peculiar às ciências sociais, mas como a condição ontológica da sociedade humana da forma como é produzida e reproduzida por seus membros."

p. 209: "Penso que esteja suficientemente demonstrado que os dados não podem ser separados da teoria e que sua formulação está impregnada de categorias teóricas; que a linguagem da ciência teórica é irredutivelmente metafórica e não formalizável e que a lógica da ciência consiste numa interpretação circular, em reinterpretações e autocorreções de dados em termos de uma teoria, de uma teoria em termos de dados."

p. 209: "Na ciência, a mediação de paradigmas ou de esquemas teóricos discrepantes constitui uma tarefa hermenêutica semelhante à que se desenvolve nos contatos entre outros tipos de pensamento. Porém, a sociologia, diferentemente da ciência natural, trabalha em um mundo pré-interpretado onde a criação e a reprodução de estruturas de pensamento é condição essencial daquilo que ela pretende analisar, a saber, a conduta humana social. É por isso que existe, nas ciências sociais, uma dupla hermenêutica."

p. 212: "O que nos interessa aqui... é o fato de que os *sentidos* – o sentido das expressões e do comportamento de outros povos, o sentido dos termos falados e escritos – *têm de ser vistos como fazendo parte daquilo que é dado*... Em outras palavras, nós propomos uma teoria perceptiva do sentido e de nosso conhecimento acerca de outras mentes."

p. 214: "A qual é o resultado da ambiguidade fundamental da situação humana; que o outro está aí como objeto para mim e como um outro sujeito comigo. Esse dualismo aflora em um dos principais meios de trato com o outro, a saber, na palavra falada. Podemos tratar as palavras que o outro profere como puros sons; ou, caso entendamos o seu significado, podemos tratá-las como fatos, registrando o fato que o outro diz o que diz; podemos também tratar o que o outro diz como *pretensão de conhecimento* e neste caso não nos ocupamos apenas com o fato biográfico de que o outro diz algo, mas com algo que pode ser verdadeiro ou falso. Nos dois primeiros casos, o outro constitui, por vias distintas, um objeto para mim; ao passo que, no último caso, o outro constitui um sujeito próximo que me concerne como alguém que se encontra em pé de igualdade comigo pelo fato de que ambos temos relações com nosso mundo comum."

p. 231: "estabelecendo um plano de vida para o trabalho científico"

p. 233, n. 202: "Entre as características de um cenário, ao qual se atêm os que participam dele, convém mencionar sua continuidade histórica, sua estrutura de regras e a relação que as atividades desenvolvidas no seu âmbito guardam com essas regras, bem como o *status* adquirido de seus participantes. Quando consideradas como uma aquisição temporal pelos que participam do cenário, essas características serão designadas como *corpus ocasionado* de características do cenário. Ao utilizar o termo *corpus ocasionado* queremos enfatizar que as características de atividades socialmente organizadas são particulares, realizações contingentes do trabalho de produção e de reconhecimento por parte dos envolvidos na atividade. Sublinhamos o caráter *ocasionado* do *corpus* que contrasta com um corpo de conhecimentos, de habilidades e de crenças dos membros, que é independente e anterior a toda a ocasião atual na qual tais conhecimentos, habilidades e crenças são exibidos ou reconhecidos. Esse segundo conceito costuma ser definido como cultura."

p. 235: "recurso e tópico"

p. 237: "Temos de aceitar que não existem razões adequadas para estabelecer critérios de verdade, exceto as razões empregadas para reconhecê-los ou concedê-los – a verdade é concebível somente como um resultado socialmente organizado de linhas contingentes de conduta linguística, conceitual e social. A verdade de uma declaração não é independente das condições de sua emissão e, por isso, estudar a verdade é estudar os caminhos pelos quais a verdade pode ser outorgada metodicamente. Ela constitui uma adscrição... Atualmente, esse princípio é aplicado a qualquer fenômeno da ordem social."

p. 238: "o conhecimento da estrutura social a nível do senso comum"

p. 238: "motivos rotineiros das atividades do dia a dia"

p. 239: "Se as práticas interpretativas têm de converter-se em tema de investigação, então os métodos 'interpretativos' têm poucas chances de proporcionar os meios para realizá-la... Pelo contrário,... qualquer explanação de características invariantes da interação terá de ser realizada em uma linguagem distinta da linguagem do ator cotidiano e em termos que sejam reveladores para ele."

p. 239: "Os etnometodólogos tratam o fato de que eles vivem e atuam no mesmo mundo social que investigam de um modo tal que pouco tem a ver com os sociólogos tradicionais."

pp. 241-2: "Por conseguinte, a cautela mais indicada consiste em negar-se a levar em consideração a proposta que está em voga, segundo a qual, a eficiência, a efetividade, a inteligibilidade, a consistência, a planificação, a tipicidade, a uniformidade e a reprodutibilidade de atividades, em uma palavra, as *propriedades racionais* de atividades práticas devem ser avaliadas, reconhecidas, categorizadas e descritas com o auxílio de uma regra ou *standard* obtido fora do contexto atual no qual tais propriedades são reconhecidas, utilizadas, produzidas ou convertidas em tema pelos participantes do contexto. Todos os procedimentos utilizados na avaliação de propriedades *lógicas* ou *metodológicas* das práticas, bem como os resultados das investigações, são de interesse, pois constituem *fenômenos* para o estudo etnometodológico. Porém, não servem para outra coisa... Todas as propriedades 'lógicas' e 'metodológicas' da ação, bem como as características do sentido, da facticidade, da objetividade, da comunalidade e da imputabilidade de uma ação devem ser tratadas como uma *realização contingente de práticas comuns organizadas socialmente*. Recomenda-se a cautela que leva a considerar qualquer cenário como algo que está se auto-organizando com respeito ao caráter inteligível de suas próprias representações, sejam elas representações de algo ou evidências de uma ordem social. Todo cenário social organiza suas atividades para converter suas propriedades em um entorno organizado de atividades práticas detectáveis, referíveis, enumeráveis, narráveis, analisáveis, ou seja, *imputáveis*."

p. 255, n. 220: "... se minha suposição de que a racionalidade constitui uma categoria sociológica, ineludível, estiver correta, então é necessário lançar fora a concepção positivista de uma sociologia que estabelece uma dicotomia lógica entre fatos e valores. Porquanto a caracterização das ações e das práticas institucionalizadas como racionais ou irracionais equivale a emitir uma avaliação. E essa avaliação não constitui um elemento acrescentado a um elemento original meramente descritivo. Caracterizar um argumento como falaz implica sempre, e ao mesmo tempo, uma descrição e uma avaliação. É paradoxal o fato de que a impossibilidade de inferir conclusões avaliativas a partir de premissas factuais tenha sido apresentada como uma verdade lógica, uma vez que a própria lógica é uma ciência na qual a coincidência entre descrição e avaliação é óbvia. Se eu estiver certo, o cientista social está comprometido, num sentido mais forte do que o cientista natural e em virtude de suas próprias explanações, com os valores da racionalidade. Para isso fazer sentido não é exigida apenas a racionalidade dos próprios procedimentos, já que ele não pode evitar, em suas investigações, o uso do conceito de racionalidade."

p. 548: "A dificuldade surge porque a linguagem natural está repleta de frases não clarificáveis de modo efetivo, e de frases para as quais não existe um procedimento efetivo para determinar se suas condições de verdade estão preenchidas ou não."

p. 548: "[...] a compreensão de uma declaração consiste na capacidade de reconhecer tudo o que se tem como capaz de verificá-la, isto é, como capaz de estabelecê-la como verdadeira. Não é necessário que nós tenhamos meios com que decidir sobre a verdade ou falsidade da declaração: basta apenas que sejamos capazes de reconhecer quando sua verdade foi estabelecida."

p. 549: "Como qualquer teoria do significado mais ou menos plausível, uma teoria verificacionista explica a significação de uma sentença nos termos das razões que fundamentam a sua afirmação; ela precisa distinguir, evidentemente, entre as razões atuais do falante, que podem ser indiretas ou não conclusivas, e o tipo de razões diretas e conclusivas em cujos termos o significado é dado, particularmente no caso das sentenças formuladas no futuro, para as quais o falante não pode ter, no momento em que as emite, razões do segundo tipo. Entretanto, uma teoria falsificacionista [...] vincula o conteúdo de uma asserção ao compromisso que o falante contrai ao fazer essa asserção; uma asserção constitui um tipo de aposta de que não se provará que o falante está equivocado."

p. 556

Fig. 15 *Classificação segundo três indicadores pragmáticos*

	Falante (F)	Ouvinte (O)
	orientado pelo conhecimento (C)	orientado pelo conhecimento (C)
Presente	O falante indica que apreendeu a mensagem do ouvinte? Exemplos: concordar reconhecer rejeitar	O falante tenta influenciar a visão que o ouvinte tem do mundo? Exemplos: afirmar argumentar declarar
	orientado pela pessoa (P)	orientado pela pessoa (P)
Passado	O falante se refere a si mesmo e/ou à sua ação passada? Exemplos: justificar defender-se lamentar	O falante se refere à pessoa do ouvinte e/ou à sua ação passada? Exemplos: acusar criticar ridicularizar
	orientado pela ação (A)	orientado pela ação (A)
Futuro	O falante se compromete com uma ação futura? Exemplos: prometer negar-se render-se	O falante tenta levar o ouvinte a fazer algo? Exemplos: aconselhar desafiar ordenar

Impressão e acabamento:

tel.: 25226368